실리콘 지성 : 궁극의 인공지능

Silicon Intelligence: An Ultimate of AI

실리콘 지성 : 궁극의 인공지능
Silicon Intelligence: An Ultimate of AI

초판 1쇄 발행　2021년 6월 28일
초판 2쇄 발행　2021년 8월 12일
초판 3쇄 발행　2021년 12월 20일

지 은 이　최무진
펴 낸 이　신일희
펴 낸 곳　계명대학교출판부
출판등록　제347-1998-1호(1970. 9. 1)
주　　소　대구광역시 달서구 달구벌대로 1095
대표전화　053-580-6233
팩　　스　053-580-6235
홈페이지　www.kmupress.com

ISBN 979-11-6516-080-7　93000　정가 26,000원

이 저서는 2018년 대한민국 교육부와 한국연구재단의 지원을 받아 수행된 연구임 (NRF-2018S1A6A4A01028590)

실리콘 지성 : 궁극의 인공지능

Silicon Intelligence: An Ultimate of AI

최무진 지음

계명대학교출판부

머리말

Preface

"AI, 불·전기보다 영향력 더 심대해"[01]

하라리(2015)는 인류 역사의 전환점으로 세 가지 혁명을 들었다. 첫째는 약 7만 년 전 인지혁명이었다. 정확한 원인은 알 수 없지만, 인간의 지능이 폭발적으로 성장하기 시작하면서 역사가 시작된 기점이다. 둘째는 약 12,000년 전부터 시작된 농업혁명이다. 인류는 한 지역에 정주하기 시작하였고 집중된 권력과 축적한 부로 거대한 문명을 구축하기 시작하였다. 셋째는 500년 전부터 시작하여 오늘에 이르는 과학기술혁명이다. 인류는 7만 년 전 인지혁명을 시작한 이후, 오늘날 컴퓨터과학, 인지과학, 신경(뇌)과학, 화학·소재과학, 전자·기계공학, 생명공학, 로봇공학 그리고 이들의 융합적 노력으로 AI(인공지능), 로봇, 인터넷, 빅데이터, 클라우드 등 첨단 과학기술의 달콤한 결실을 양손에 거머쥐고 초지능과 불멸을 향해 기술메뉴들을 마구 저글링하고 있다.

우리의 생물적 뇌는 한계가 많다. 첫째, 저장용량과 처리능력이 부족하여 엄청난 정

01 알파벳·구글 CEO 순다르 피차이 2020.1.22.

보와 지식을 제대로 처리할 수 없으며, 다양한 요인들이 얽혀있는 복잡계에서 합리적 의사결정을 내리기도 어렵다(유신, 2015, 김대식, 2016). 둘째, 우리 뇌는 늙어가며 죽음과 함께 저장된 정보와 지식은 모두 사멸되고 복원될 수 없다. 그래서 천재 예술가와 과학자의 지식, 상상력, 창의력 역시 그들의 죽음과 함께 사라지는 것을 안타깝게 두고 볼 수밖에 없다. 셋째, 뇌는 특정 유형의 정보만을 저장하고 처리하는 데 최적화되어 있다. 고대 원시시대부터 인간은 생존에 절실한 식물과 동물과 같은 먹거리에 대한 정보, 먹이를 찾아 이동하고 정착에 필요했던 지리적 정보, 생존과 행복에 직결되는 인간관계 정보만을 잘 처리하도록 진화되어 왔다.

인류는 또한 뇌의 한계를 오래전부터 인지하고 슬기롭게 극복하고자 노력해왔다. 고대사회부터 뇌 용량의 한계, 정보처리와 인지적 한계는 인류 문명의 번영을 심각하게 제한하였다. 특정한 시대에 인구와 재산의 양이 임계치에 도달하면 뇌의 능력은 금방 한계에 이르렀다. 대량의 수리적 데이터를 처리하고 저장하며 필요할 때 꺼내 쓸 수 있는 뇌를 돕는 도구가 절실했다. 이 문제를 최초로 해결한 인류는 기원전 3500~3000년 전 메소포타미아 남부에 살던 수메르인이었다. 그들은 대량의 데이터를 처리할 수 있는 맞춤형 시스템을 개발한 덕분에 뇌의 한계에 갇히지 않고 작은 부족공동체의 경계를 넘어 거대 도시, 왕국, 제국을 건설하고 관리할 수 있었다(하라리, 2015). 인지혁명을 시작으로 지식은 계속 축적되었고, 오늘날 컴퓨터, AI, 사이보그, 로봇, 클라우드, 5G 인터넷 등으로 이어지며 뇌와 신체의 역량은 폭발적으로 확장되고 있다.

인류는 오늘도 뇌의 인지능력과 신체의 물리적 능력의 확장을 위해 새로운 과학기술메뉴를 부단히 추가하고 있다. 뇌·신경과학자들은 뇌를 해부학적으로 분석하고 부위별로 수행하는 기능들을 이해하기 시작하였다. 뇌-컴퓨터 인터페이스(BCI)는 뇌 부위별 전기신호를 분별하여 인공보조물(인공장기, 인공수족 등)을 작동함으로써 망가진 신체의 한계를 극복하고 있다. 귀에 이식된 첨단 보청기는 마이크로폰을 통해 소리를 입력받으며, 이를 전기신호로 번역하여 중추청각신경과 뇌로 전달함으로써 청각장애를 극복할 수 있다. 오늘날 컴퓨터과학, AI, 사이버네틱스, 생명공학, 의공학 등은 인간의 오감(伍感)이 겪는 한계와 좌절을 극복하기 위해 서로 협력하고 있다. 인지과학자들은 인간이 생각하고 문제를 해결하는 과정을 연구해왔고, 뇌과학이 이에 합세하면서 뇌를 보다 정교하게 이해할 수 있게 되었다. 뇌의 신비는 컴퓨터·AI 과학자들로 하여금 이것을 닮은 인공지능을 만들어야겠다는 강한 동기를 제공하였다. 한편 물리학, 수학, 컴퓨터과학, 소재과학, 전자·전기공학은 대량의 데이터를 처리할 수 있는 프로세서와 편리하게 저장하고 쉽게 꺼내 쓸 수 있는 초집적 메모리기술을 발전시켰다. 빠른 데이터 처리기술로 AI과학자들은 대량의 데이터를 컴퓨터에게 학습시키고 문제해결을 돕는 인공지능(AI) 알고리즘을 만들 수 있었다. 그 결과 오늘날 우리는 수많은 분야에서 인간을 능가하거나 대체할 수 있는 탁월한 문제해결능력을 가진 AI를 만나고 있다.

AI연구는 크게 두 갈래 흐름으로 발전해 왔다. 모든 면에서 인간과 구별할 수 없을 정도의 지능을 가진 '강한 AI'와 특정한 문제해결에 특화된 '약한 AI'로 나눌 수 있다(유신, 2015; 김대식, 2016).[02] 근래 사람들을 깜짝 놀라게 한 AI들, 즉 IBM의 「왓슨」과 「딥 블루」, 구글의 「알파고」 조차도 병렬처리 컴퓨터의 엄청난 데이터처리능력에 힘입어 특정한 문제해결에 특화된 약한 AI에 지나지 않는다. 문제는 '강한 AI'의 경제적, 사회적, 윤리적 타당성과 정당성에 대한 충분한 담론이 형성되지 않은 상황에서 이것을 목표로 삼는 연구들이 너무 빨리 약진하고 있다는 점이다. 한편 여러 국가들이 천문학적인 연구기금을 조성하여 퍼붓고 있는 유력분야가 바로 뇌연구이다. 뇌연구는 AI와 직·간접적으로 연결되어 있다. 2013년부터 미국은 BRAIN(Brain Research through Advancing Innovative Neurotechnologies) 프로젝트에 1억 달러 투자를 선언하였으며, 2012년에 EU도 HBP(Human Brain Project)에 6900만 달러 투자계획을 발표하였으며, 한국도 향후 10년간 1,070억 원이 투자되는 'Exobrain(언어AI프로그램)' 프로젝트를 비롯하여 AI 관련분야에 연간 총 380억 원의 투자계획을 세우고 있다. 그런데 이 모든 R&D투자와 연구들이 AI를 향한 인류의 막연한 걱정을 잠재우고 인류공영에 필요한 최적의 기술메뉴를 제공할 수 있도록 적절하게 조정되고 통제되고 있지 못하다는 문제는 여전히 남아 있다.

스티븐 호킹은 "완전한 AI의 개발은 인류의 종말을 의미할지도 모른다"(2014년 12

---

02 저자는 이러한 분류의 한계점을 2장에서 설명하였으며, '약한 AI'는 학술적으로 전문가시스템으로 분류하였다.

월 BBC인터뷰)라고 경고한 반면, 구글의 래리 페이지, 테슬라의 일론 머스크는 범용 AI(실리콘지성)의 출현과 AI의 역할을 매우 낙관적으로 예상하였다. AI의 미래에 대한 극과 극을 달리는 시각차는 인류 진화의 역사적 과정에서 인간 사회의 전통적인 질서와 관계망을 파고드는 첨단기술의 폭발적인 성장, 그로 인한 인간 정체성의 모호한 포지셔닝(positioning), 전문가들의 불확실하고 불완전한 기술예측 때문으로 보인다. 오늘날 현대인이 첨단기술의 달콤한 열매들을 외면하고 살기는 어렵다. 대표적으로 스마트폰과 SNS, 앱(applications) 그리고 게임들은 과거에는 타인과 소일했던 개인의 시간을 지속적으로 약탈해 가고 있다. 즉 개인의 24시간에 대한 기술의 시간점유율은 언듯 보기에도 심각할 정도로 전통적인 인간관계를 대체해 가고 있다. 따라서 사회와 조직 속 개인의 역할과 역량, 관심범위, 통제반경, 상호작용의 질은 긍정적 또는 부정적인 방향으로 계속 변하고 있고, 이러한 변화가 정치, 경제, 사회, 문화 생태계 전반에 미치는 영향이 지대하건만 우리는 아직 이런 변화의 깊이를 제대로 성찰하지 못하고 있다. 그런 가운데 AI가 탑재된 다양한 상품과 서비스는 이러한 변화를 가속화시킬 것이며, 어느 순간 인류는 낭떠러지 직전에 서 있는 자신의 전통적 정체성과 관계의 위기에 경악할지 모른다.

'강한 AI'는 인간이 속을 정도의 정교한 AI를 지향한다. 인간과 자연스런 교감을 하며 문제를 해결하는 실리콘지성(silicon intelligence)은 튜링테스트 정도는 가볍게 통과할 수 있는 정교한 AI이다. 저자는 AI연구가 궁극적으로 '강한 AI' 즉 '실리콘 지성' 또는 '범용AI'로 향해 갈 것인데, 이때 분명 컴퓨터과학만으로는 한계가 있을 것이며, 결국에는 뇌·신경과학, 생명과학의 발전과 긴밀하게 협력할 수밖에 없음을 전제하였다. 따라서 이 책의 클라이맥스는 6장 「실리콘지성」이지만 실리콘지성에 도달하기 위해 필요한 다양한 징검다리 즉 협력적 이론과 기술들을 3장 「뇌와 신경계」, 4장 「의식과 인식」, 5장 「생명과학과 협력자들」에서 각기 다루었다. '실리콘지성(silicon intelligence)'이란 저자가 본 저서에서 이론 전개를 위해 설정한 '궁극의 AI 기술집적체(集積體: the body of integrated technology)'를 지칭한다. 실리콘지성은 인간의 뇌에 거의 준하는 수준의 지능을 가졌기에 사람의 언어를 99.9% 인식하고 상황과 맥락에 맞게 반응할 수 있다. 적절한 스피치와 물리적 동작이 필요하다면 사람과 상호작용하는 데 필요한 휴머노이드 로봇의 외형을 갖출 수도 있다. 필요한 학습을 스스로 하며 상황에 따라 독자적으로 대처하며 자신에게 부여된 기본 역할 외에 관련된 다른 과업까지 수행할 수 있는 상당히 유연한 지성체로 설정하였다. 실리콘지성에 이어 초지능(super-intelligence)의 출현은 분명 인류에게 양날의 칼과 같다. 그간 많은 인간 전문가들이 해왔던 일조차, 설사 그것이 상당한 창의력과 통찰력이 요구되는 일일지라도 대신할지 모르며, 인간은 AI가 통제하는 전체 시스템의 작은 부속품으로 전락하게 될지도 모른다. 한편 이러한 잠재적 위협들에서 조금 비켜서서 다른 면을 들여다보면 AI와 협력적 분야의 연구의 긍정적인 측면이 없는 것은 아니다. 생물적 뇌, 뇌-컴퓨터 인터페이스(BCI), AI, 합성생물학, 의공학과 이것들의 융복합적 협력은 뇌를 포함한 신체적 기능을 업그레이드함으로 진화역사에서 가장 지혜롭고 강력한 인간을 만들 수도 있을 것이다. 그런 인류의 출현은 닥쳐올 전 지구적 위협에 대응하고 급변하는 환경에 적응할 수 있는 새로운 지성체로 진화하는 과정의 일부로 볼 수도 있다.

과거 AI는 두 차례의 붐이 일었다가 실패한 전력이 있지만 이번에는 다를 것으로 본다. 그러기 위해서 AI연구의 목적, 방향 그리고 방법론의 사회-문화-기술적 정합성, 실리콘지성을 가능하게 하는 다양한 학문들과 AI연구와의 조화로운 협업, AI의 위험과 위협 시나리오들의 객관적인 평가와 효율적인 대처, 다양한 AI 애플리케이션들의 사회·문화적 맥락 속 합리적 포지셔닝(positioning)에 대한 피드백과 사회적 합의도출 그리고 궤도수정이 필요할 것이다. AI는 궁극적으로 생물적 뇌의 모방을 지향하고, 인류는 뇌의 역량을 개선하면서 그것의 자연성을 동시에 보존하고 싶어한다. 따라서 뇌와 AI 연구는 강력한 연대를 이루어야 하고 그래서 2장 「컴퓨터와 AI」에 이어 3장 「뇌와 신경계」, 4장 「의식과 인식」이 쓰였다. 특히 의식·무의식의 메커니즘과 인공신경망(artificial neural network)과의 관련성 등을 탐색함으로써 AI(기계학습과 딥러닝)와 뇌연구의 융합지대(融合地帶)를 확장하였다. 그리고 2장에서는 기존의 '약한/강한 AI' 분류방식으로는 복잡하고 다양해지고 있는 AI 애플리케이션들의 차이점을 이해하고 새로운 AI의 가능성과 연구방향을 제시하기에는 한계가 있다고 보고, 보다 설득력 있는 「지원 vs. 대체 : 기능 vs. 관계」 프레임워크(framework)를 제시하였다. 5장 「생명과학과 협력자들」은 무기질의 AI가 궁극의 실리콘지성으로 거듭나기 위해서는 유기질의 뇌와 신체와의 하이브리드적 연합이 필연적이라는 전제하에 쓰였다. 생명과학은 생물체의 물리적 구조, 화학적 과정, 분자적 상호작용, 생리적 메커니즘, 발생 및 진화를 연구함으로써 인간을 업그레이드할 기회를 부단히 찾고 있기에 컴퓨터·AI과학이 추구하는 목적과 크게 다르지 않다. 분명한 것은 실리콘지성을 지향하는 과학적, 상업적 연구들, 특히 사이버네틱스(cybernetics)가 추구하는 인공두뇌학은 생명과학자들의 도움이 절실해 보인다. 그래서 5장은 생명체, 기계, 조직 그리고 이들의 창조적 조합을 통해 양방향 소통과 제어 메커니즘을 연구하는 사이버네틱스 분야에 생명과학과 더불어 할 수 있는 일이 무엇인지 탐색하였다. 6장 「실리콘지성」은 '실리콘 지성'의 개념, 기술적 가능성, 위험과 위협, 사회적 편입 시나리오 등을 인문·철학적, 사회·문화적, 과학·기술사적, 미래학적 관점 그리고 이를 종합한 통섭적 관점에서 서술하였다. 마지막 7장에서는 선별된 주요 이슈들을 중심으로 1~6장을 관통하는 다양한 이론들을 논리적으로 묶음으로써 향후 더 깊은 토론이 필요한 담론들을 제기하고 본격적인 AI사회가 도래하기 전에 사전에 준비해야 할 사항들을 제시하였다.

2016년, 구글의 바둑 전문가시스템 알파고(AlphaGo)가 천재기사 이세돌을 꺾은 사건은 우리 사회 전반에 미친 파장은 매우 컸다. AI의 가능성과 미래가치에 주목한 정부와 기업들은 앞다퉈 R&D투자를 확대하였고 대학과 연구소들의 관심이 폭발적으로 증가한 긍정적인 측면이 있었다. 그러나 한편 AI가 사회와 개인에게 미칠 영향에 대한 평가는 다소 포퓰리즘적이거나 사실에 근거하지 못한 감성적인 것들이 많았다. 대표적인 것이 AI의 인간 및 전문가 대체 위협설이다. 그러나 지금까지 신기술(증기기관, 자동차, 컴퓨터, 스마트폰 등)이 우리 사회에 도입된 후 융화되는 과정을 살펴보면, 신기술은 언제나 인간에게 기능적 위협인 동시에 문명적 도약의 기회였다. 저자는 AI 역시 그런 것으로 보고 이러한 목적에 부응하는 교양적이면서도 다소 전문적인 지식을 제공하는데 초점을 두었다. 따라서 이 책은 기본적으로 AI의 현재와 미래에 관심을 가지고 학문적으로 더 깊이 연구하고자 하는 인문·사회 및 자연·공학계열의 대학원생에게 AI의 인문학적, 사회과학적, 과학기술적, 미래학적 관점 그리고 이를 종합한 통섭적 관점을 설명해 줄 수 있는 전문적인 참고서가 될 수 있을 것이다. 아울러 곳곳에 이해를 돕는 주석을 두었음은 물론, 「쉬어 가기」, 「기술 사례」, 「심화 이론」 코너들을 둠으로써 학부생이나 일반독자들도 관련 이론을 쉽게 소화할 수 있게 서술하였다.

3년 전, 「실리콘지성: 궁극의 AI」라는 제목을 앞에 두고 막 집필을 시작했을 때 AI에 대한 아주 대단한 통찰을 찾아 훌륭한 아이디어를 제안할 수 있을 것이란 희망에 부풀었다. 이제 집필을 맺으려 할 즈음에 이르러보니 본인이 일궜던 것이 기대 이하라는 것을 솔직히 고백하고 싶다. 나의 지적능력이 일천하여 채우지 못한 빈 여백은 후학들이 채워줄 것이라 믿어 의심치 않는다.

끝으로 저의 졸저가 탄생할 수 있도록 재정과 연구환경을 제공해준 한국연구재단, 계명대학교 그리고 계명대 출판부 최상근, 안영준 씨에게 감사를 드리고 싶다. 아울러 집필하는 3년 동안 묵묵히 참고 기다려준 나의 가족들에게 감사의 말을 꼭 전하고 싶다. 아내 성희, 딸 유정, 아들 승재. 이들의 기도와 사랑 그리고 응원 덕에 정년이 얼마 남지 않은 때에 그나마 작은 작업 하나를 마무리할 수 있었다고 생각한다.

2021년 3월

계명대 대구 성서캠퍼스에서 저자

알츠하이머로 기억을 잃다 지금은 천국으로 가신

아버지께 이 책을 바칩니다.

차 례

Contents

제3장

뇌와 신경계

제4장

의식과 인식

제5장

생명과학과 협력자들

제6장

실리콘지성

제7장

제1장

실리콘 지성 : 궁극의 인공지능

서론

Silicon Intelligence: An Ultimate of AI

제1장

서론

1960년대 초등학생 시절, 저자는 벽에 컬러필름(슬라이드)을 크게 확대해 보고 싶은 욕구가 가득한 적이 있었다. 대부분 가정에 흑백 TV조차 없던 시절, 내게 컬러풀한 대형 영상을 벽에 쏘아놓고 영화상영관 놀이를 하던 것이 큰 즐거움이었다. 그 욕망을 채우기 위해 나는 부모님이 주신 용돈을 저축했고, 때로 무리하게 환등기(프로젝터)를 사는 데 거금을 투자했다. 처음에는 종이로 만든 성능이 시원찮은 환등기를 여러 차례 구입하다가, 시간이 지나면서 성능이 더 뛰어난 확대렌즈가 장착된 철제형 환등기를 구매하기까지 이르렀다. 검정색 철제 케이스의 환등기는 오늘날 최신 스마트폰이나 게임기처럼 내 꿈이 현실화된 것이어서 아직도 그 물건의 외관과 또렷한 컬러영상 그리고 나만의 영화관을 선명하게 추억하고 있다.

렌즈의 성능이 좋아지면서 영상은 더 확대되었고 선명해져 갔지만 내겐 만족스럽지 않았다. 그런데도 불행인지 다행인지 모르나 그때의 욕망이 나를 그 분야로 이끌지는 않았다. 나는 환등기의 렌즈 성능을 높이거나 슬라이드를 자동으로 바꾸어주는 기계장치나 애니메이션 제작 등에 관심을 가지기보다 인문학 쪽으로 흘러갔다. 결국 나는 대학과 대학원에서는 실용적인 경제학과 경영학(경영정보)을 공부했으니 말이다. 오늘날 AI(Artificial Intelligence, 인공지능) 기술은 내가 그렇게 업그레이드하고 싶었던 환등기 같아 보인다. 당시 장난감 수준의 환등기에는 볼록렌즈, 전구와 전기장치, 슬라이드를 넣는 슬롯 등 단순한 하드웨어 몇 개로 구성되었을 뿐이었다. 그러나 언제 어디서나 더 멋지고 재미난 정보를 얻기 위한 인류의 욕망은 태블릿, 스마트폰에서 걸어다니며 영상을 즐길 수 있는 종합 엔터테인먼트 환경을 성취하는 데 이르렀다. 초연결사회에서 VR(Virtual Reality, 가상현실)과 AR(Augmented Reality, 증강현실), 홀로그램을 통해 이제 우리는 2차원적 가상체험에서 3D, 4D 체험을 안방에서조차 즐길 수 있게 되었다. AI도 마찬가지다. AI를 통해 투영되는 인류의 욕망은 결코 억제될 수 없을 것이다. 이제 AI 과학자와 엔지니어들은 환등기처럼 촌스럽던 AI를 인류의 정체성과 삶의 방식을 송두리째 바꿀 기술로 만들어가고 있는 중이다.

인류는 왜 AI를 추구하는 걸까? 인류가 AI를 추구하는 동기는 무엇이며, 그 동기는 정당하며 수용할 수 있을 것인가? 인류가 지난 몇 만 년 동안 걸어온 길을 돌아보면 그 이유를 어느 정도 이해할 수 있다. 인간은 불확실한 미래가 늘 두려웠고, 불편하고 슬픈 것 그리고 약한 것과 실패를 혐오하였다. 인간은 늘 불만으로 가득 찬 콤플렉스 덩어리였다. '왜 우리는 늙으면 병들어 죽나?', '왜 기억력은 이 정도 밖에 안되나?', '힘들고 위험한 일을 하는 다른 방법은 없었을까?' AI는 이러한 콤플렉스를 치료해줄 알라딘의 램프같아 보인다. 의학의 발달로 인간의 수명은 계속 연장되고 있다. 그러나 노화로 인해 녹 쓸어가는 육체를 보완해 주는 기술과 사회적 시스템은 아직 턱없이 부족하다. 평균수명의 연장으로 노년에 과거 같으면 꺾지 않았을 치매와 암에 걸릴 확률은 더 증가하고 있다. 이러한 질병에 한 번 목덜미가 잡히면 삶의 질은 나락으로 떨어진다. 불과 10여 년 전만 하더라도 암보험의 보장기간이 80세였는데, 이제 100세까지 보장하지 않으면 팔리지 않는다. 인류 최대의 난치병인 암의 치료법도 밤낮없이 발전하고 있다. 일단 발병된 암을 치료하는 과정에 AI가 이미 관여하고 있다. 인간 의사의 처방과 치료는 개인의 경험과 지식에만 의존하기에 불완전하다. 그런데 IBM의 AI 왓슨(Watson)의 도움으로 치료의 성공률을 높일 수 있게 되었다. 왓슨은 전 세계의 의사들이 암을 치료하면서 얻은 경험과 지식을 모두 학습하였기에 특정 암 분야에서는 이미 인간의사를 압도하는 초지능(super-intelligence)에 이르렀다.

AI의 응용분야는 계속 확장 중이어서 그 한계가 어딘지 모를 지경이다. AI의 발전을 돕는 연구 환경과 관련 기술들은 상호 보완적이며 협력하기 위해 잘 준비되어 있어 보인다. AI 말고도 인간을 더 건강하고 스마트하고 반영구적 존재로 만들 수 있는 경쟁적 기술들도 계속 출현하고 있다. 전뇌 에뮬레이션(whole-brain emulation)(보스트롬, 2017), 뉴런(뇌 신경세포)의 형태를 복제하여 뇌신경 조직을 흉내내는 뉴로모픽(neuromorphic) 칩(슈밥 등, 2016), 사이버네틱스, 뇌의 기능 향상을 위한 뇌-컴퓨터 인터페이스(BCI) 기술 등이다. AI연구자들은 이제 인간과 비슷한 능력을 가진 범용 AI(AGI: Artificial General Intelligence)의 가능성을 당연한 듯 받아들이면서, 초지능(super-intelligence)의 시대를 예견하고 이것들의 위험과 위협까지 걱정하는 시대에 이르렀다(보스트롬, 2017; 테그마크, 2017). 인류는 결코 AI로부터 작은 도움을 받는 것에 안주하지 않고 대책 없이 궁극의 AI, 실리콘 지성[03]과 초지능을 향해 돌진해 가고 있다. AI연구자들은 어릴 적 저자가 궁극의 환등기를 포기하지 않았듯이 AI를 '행복'과 '영생'에 이르는 도구로 만들려는 노력을 포기하지 않을 것이다. 이 과정에는 후회할 수 있는 실패와 남용의 부작용 그리고 달콤한 과실이 기다릴 것이다. 간단한 궤도수정으로 해결할 수 있는 문제라면 괜찮지만 인류에게 치명적이거나 파멸로 이끌 수 있는 문제라면 지금부터라도 심각하게 고민을 해야 할 것이다. 이 장에서는 우리 스스로를 돌아보며 과거의 연장선에서 현재와 미래의 존재적 가치와 기술적 의존성에 대한 철학적 성찰을 시도해보고자 한다.

03 저자는 실리콘지성을 인간의 인지수준에 도달한 범용인공지능(Artificial General Intelligence)으로 정의하였다.

1.1 행복 추구의 여정

욕망이란 무엇일까? 욕망은 문명 건설의 불소시게이면서도 인류 파멸의 불씨가 될 수도 있었다. 때로 과욕은 인류를 파멸로 몰아넣을 수 있었지만 욕심에 브레이크를 걸고 재창조와 지속적 번영을 향한 카운터액션(counteraction)이 늘 존재했다. 인류는 과잉과 절제 사이에서 절묘한 균형을 잡으며 여기까지 생존할 수 있었다. 이 생존의 욕구 때문에 인류는 미래의 위협적 요소를 미리 알고자 했고, 변화를 추구하고 적응하였으며, 불편과 불안을 해소하는 데 필요한 새로운 이념과 정치체계 그리고 문명의 이기를 만들어 왔다. 인류는 늘 궁극의 불안인 죽음이 두려웠고 이 이후의 삶을 알고 싶었다. 만일 우리에게 이 끈적끈적한, 때로는 종교적으로 비난받을 수 있는 욕망이 없었더라면 인류는 오래전에 이 지구상에서 사라졌을지 모른다.

현생인류, 호모 사피엔스는 오랫동안 행복, 불멸, 신성을 갈망해 왔다(하라리, 2017). 역사적으로 수많은 종교인, 예언자, 철학자들은 행복의 추구를 최고선으로 보았다. 그런데 죽음은 늘 이 행복을 가로막는 방해자였다. 그래서 사후 세계가 늘 궁금했다. 결국 인간은 알 수 없는 이 세계를 신(神)만이 주관하는 세계로 분리해 두기도 하였다. 그렇지만 기원전 3세기 고대 그리스 철학자 에피쿠로스는 이러한 관점에 처음으로 도전장을 던졌다. 그는 사후세계란 존재하지 않으며, 신을 믿는 것은 시간낭비이며, 현재의 행복이 인생의 유일한 목적이라고 주장하였다. 그는 삶의 목적을 마음의 평화, 즉 평안으로 보았다. 현명하고, 명예롭고, 공정하게 살지 않고서는 즐거운 삶은 불가능하며, 거꾸로 행복하게 살지 않으면서 현명하고, 명예롭고, 공정하게 살기란 불가능하다고 하였다. 그가 추구한 쾌락은 감각적인 것이 아니라 지식과 우정 그리고 두려움과 고통이 없는 절제된 삶을 통해 얻을 수 있는 것이었다. 특히 에피쿠로스는 죽음에 대한 두려움이 마음의 평화를 방해한다고 생각하였다. 이 두려움은 신의 노여움을 받아 사후에 혹독한 벌을 받을 것이라는 종교적 믿음 때문이었다. 그는 이 두려움을 극복하기 위해 '불멸성'을 주장하였다. 인간이 죽게 되면 의식(영혼)은 사라지고 감정적, 물리적 고통은 모두 사라진다. 사후에는 두려움에 대한 아무 것도 느낄 수 없기 때문에 죽음에 대한 두려움만 떨칠 수 있다면 인간은 행복해질 수 있다고 하였다(버킹엄 외, 2012). 인류는 오랫동안 이 철학자의 말에 동의하지 않았지만 오늘날 그의 동조자들은 점점 늘어나고 있다.

만일 우리가 궁극의 AI, 실리콘지성에 (인공)의식을 심어야 한다면 인간이 느끼는 죽음(끝)에 대한 공포, 행복을 향한 열망을 심어줘야 할 것인가 물어야 할지 모른다. 기계가 죽음을 의식한다는 것은 철학을 하는 것이며, 이는 일부 과학자와 철학자가 두려워하는 초지능(super-intelligence)이 출현한다는 것을 의미한다. 죽음을 의식하는 초지능은 자신의 생명을 끊을지 모르는 모든 수단을 차단하려 할 것이고, 그런 시도를 하려는 인간이나 연구 집단을 괴멸하려 들 것이다. 물론 가설이지만 그러한 상황은 SF영화에서나 볼 수 있는 인간과 기계의 파국적 대결이 될 수도 있다. 행복을 향한 욕망도 마찬가지일 것이다. 죽음은 행복을 막는 것이며 그래서 그 행복을 파괴하는 모든 형태의 위협에 대해 초지능은 동일한 입장을 보일 것이다. 인류는 행복을 막는 모든 형태의 위협을 정복해 왔으며 스스로 행복해지기 위한 모든 수단을 발달시켜왔다. 궁극의 AI, 실리콘지성은 인류에게 행복을 약속할 것인가 아니면 인류파멸의 서막이 될 것인가? 그 답을 천천히 찾아보자.

1) 불확실성 혐오

알 수 없는 미래는 사람들을 늘 불안하게 만든다. 사고, 질병, 노화, 죽음이 그것들이다. 모든 인간은 단 한 번의 삶을 처녀항해하는 초보자에 불과하다. 항해의 불확실성을 극복하기 위한 개인의 경험과 지식은 늘 제한적이어서 동료의 의견을 청취하고, 앞서간 사람의 교훈과 남긴 기록을 읽으며, 집단지성과 빅데이터의 소리에 귀를 기울인다.

오늘날 인류는 정보화와 네트워크로 인해 초스피드로 변하는 시대를 살고 있다. 첨단스러운 기술용어가 불과 1~2년만 지나도 진부해지고, 일상적으로 접하는 정보와 기억하는 지식의 수명이란 극히 짧아 지속적인 업데이트가 없이는 일말의 가치조차 순식간에 사라진다. '유비쿼터스(ubiquitous)'라는 용어가 출현한 지 엊그제 같지만 이제 이 용어는 'any time, any place' 컴퓨팅과 소통으로 보편적 용어가 된 지 오래다. '클라우드(cloud)'라는 용어도 그렇다. 이제 사람들은 어디서나 스마트폰으로 사진을 찍어 저장하면 또 다른 사본을 저장해 주는 가상의 저장소로 알고 있다. 우리는 호흡하듯 유비쿼터스 환경의 클라우드를 분초마다 소비하듯 이제 AI도 머지않아 그렇게 될 것이다.

무선 인터넷과 스마트폰의 확산으로 사람들은 24시간 내내 네트워크에 로그온되어 있다. 그래서 현대인은 자신이 네트워크에 연결되어 있지 않다고 인지하는 순간 불안에 휩싸인다. 현대인들은 스마트폰을 자신의 분신처럼 가지고 다니면서 익명의 서버들과 24시간 네트워킹하고 있다. 이제 도시의 길 위에는 친구, 동료, 애인과 함께 걷기보다 블루투스 이어폰을 낀 채 스마트폰을 벗 삼아 걷는 사람들이 더 많아졌다. 이 상황에서 AI데이팅서비스[04]는 많은 이들에게 환상적 서비스가 될지 모르겠다. 인류는 바야흐로 유비쿼터스적 디지털 존재의 매력에 흠뻑 빠져 헤어나지 못하고 있다. 스마트폰은 24시간 로그온 되어 있고 잠 잘 때조차도 침대머리에 두고 잔다. 누군가가 자신의 사이버 홈(홈페이지, 블로그 등)을 방문해 주기를 희망하며, 자신의 멋진 경험을 SNS에 올리면 지인들이 '좋아요' 반응을 해주기를 기대한다. 모두가 그것으로 행복해진다. 초연결사회에서 조직과 조직, 조직과 고객, 개인과 개인, 인간과 기계, 기계와 기계의 긴밀한 양방향 소통은 24시간 내내 서로를 의식하며 돌아가고 있다(최무진, 2016).

오늘날 정보는 우리 손끝에 지천으로 널려 있다. 그래서 불과 40~50년 전과 비교하더라도 주변을 감싸고 있었던 불확실의 어두움은 엄청 줄었다. 손바닥만한 스마트폰을 이용하여 정보를 얻고 즉시 주식거래를 할 수 있으며, 회의 중 막간에 은행을 찾지 않고도 돈을 송금할 수 있으며, 본 방송을 굳이 사수할 필요 없이 드라마나 스포츠게임을 어디서나 감상할 수 있다. 더 많은 정보를 얻어 불확실성을 해소하려는 욕망,

---

04 스마트폰으로 접속하여 가상의 남성이나 여성을 음성으로 데이트할 수 있도록 하는 서비스. 2013년에 제작된 영화 「그녀.Her」에서 별거중인 남성(대필작가)(호아킨 피닉스 분)이 음성채팅 AI프로그램인 '사만다'(목소리 역, 스칼렛 요한슨)와 사랑에 빠져드는 과정이 잘 그려져 있다.

더 재미있는 콘텐츠를 즐기려는 욕망, 더 편리해지려는 현대인의 끊임없는 욕망은 첨단 기술과 서비스를 구매하는 데 요구되는 높은 비용을 기꺼이 감수하도록 만든다. 이제 재미와 편리성을 추구하며, 불확실성을 줄이기 위한 정보구매는 현대인들에게 필수적인 투자가 되었다. 이러한 현대인을 위해 AI는 이전과는 차원이 다른 재미와 편리함을 제공할 기술적 플랫폼을 차곡차곡 갖추어가고 있다.

행복을 향한 욕망은 이것의 강력한 방해물인 불확실성을 제거함으로써 자신과 가족, 소속집단 그리고 조직이 가장 좋은 선택을 하도록 돕고 그래서 더 높은 효용과 행복을 추구하고자 하는 인간의 기본적 욕구와 직결된다. 불확실성은 필연적으로 사람과 조직에게 불안감과 부가비용을 안겨준다. 기업은 출시할 제품에 대한 미래 수요를 정확하게 예측하기 어렵기 때문에 일정량의 재고량을 비축하여 품절의 위험에 대비해야 하고, 중동지역의 정치적 불안은 모든 국가가 일정량의 원유를 비상용으로 비축하고 대체에너지 개발에 투자하게 한다. 한국인의 건강염려증은 일본과 함께 세계적인 수준이다. 우리나라 국민 중 자신의 건강상태가 양호하다고 생각하는 사람의 비율은 32%인데 이는 OECD 평균 68.3%에 비해 현저히 낮다(OECD 보건통계 2018).[05]

그래서 개인과 집단 그리고 조직은 이러한 불확실성을 줄이려는 노력을 체계적으로 해 왔다. 혼자보다는 여럿이 협력하면 더 효과적이라는 것도 알게 되었다. 가급적이면 많은 정보를 확보하는 일이 가장 기본적인 방편이다. 제품에 대한 계절적 수요를 정확하게 예측할 수 있다면 쌓아두어야 할 재고량을 줄일 수 있고, 여분의 생산설비에 드는 투자비용을 절감할 수 있다. 일기를 사전에 예측할 수 있다면 가장 좋은 날짜에 휴가를 잡을 수 있고, 야외 행사 날짜를 잡을 수도 있다. 날씨가 매출이나 홍보에 엄청난 영향을 미치는 대형 이벤트를 기획한다면 1개월 뒤의 고급 날씨 정보를 얻기 위해 수백만 원을 기꺼이 지불하려 할 것이다. 여름 특수가 중요한 빙과 회사나 에어컨 제조사들은 여름이 다가오기 전부터 다가올 여름철 수요를 예측하기 위해 온갖 데이터를 모으고 이 데이터를 분석할 정교한 모델을 개발할 것이다. 미국의 NASA(우주항공

05 조선일보, 2018. 7. 13.(금) A2.

국)가 우주를 향해 발사하는 디스커버리호는 첨단과학기술이 집적된 슈퍼컴퓨터와 다름없다. 지구의 자전속도와 중력, 우주선의 속도, 우주정거장의 위치 등의 데이터를 분석하여 출발시점, 발사각도, 로켓추진 속도, 우주에서의 작업시간, 지구로 귀환할 시간 등을 정확하게 계산한 프로그램을 디스커버리호에 탑재한다. 불확실성으로 온통 가득 찬 미지의 우주공간에서 슈퍼컴퓨터로 계산되는 정밀한 함수프로그램에 의해 작동되는 디스커버리호는 우주의 불확실성을 하나씩 정복해온 셈이다(최무진, 2016). 이제 AI도 세상의 모든 불확실성, 인간의 인지적, 신체적 한계를 극복하기 위한 항해를 막 시작한 디스커버리호와 같다.

2) 욕망과 행복

인간은 크고 작은 행복을 찾기 위해 부단히 노력하고 협업해 왔지만 개인적으로 그다지 성공적이지 못하였다. 세상은 온통 불확실하였고 한 개인이 대비하기에는 문제가 너무나 거대했기 때문이다. 역사적으로 개인과 공동체의 행복 추구권이 심각하게 제한을 받는 경우는 빈번했다. 국가가 신분제를 합법화하거나, 전쟁을 선포하거나, 경제위기를 겪거나, 전염병에 대한 체계적인 의료서비스를 제공하지 못할 때 인간의 행복은 심각하게 훼손되었다. 그래서 18세기 말 영국의 철학자 제레미 벤담은 '최대 다수의 최대 행복'을 최고의 선으로 선언하였다. 정부와 기업 그리고 과학자들 모두가 추구해야 하는 단 하나의 목표는 다수의 행복을 증진하는 것이었다. 그런데 욕망은 행복 쟁취에 필요한 거대한 지렛대이자 동시에 파괴자였다. 인류는 욕구하여 얻은 장식물에 만족하지 않았고 타인의 몸에 걸쳐 있는 더 큰 장식물에 욕심을 품었고, 그렇게 더 큰 욕심의 수레바퀴를 굴리며 물질문명을 축적해왔다. 여기서 인류 번영의 불쏘시개인 욕망과 행복의 순환고리를 사회·심리학적, 생물·화학적, 문명사적으로 좀 더 살펴보자.

• 사회·심리학적 접근

오늘날 현대인은 행복을 정량화하고 행복문제에 시스템적으로 접근하고 있다. 권위 있는 국제기관들은 주기적으로 국가별 행복지수를 측정하여 발표해 왔다. 일반적으로 행복(삶의 만족도)이 물질적 풍요(소득수준)와 상관관계가 높은 것은 분명하다. 그런데 일부 결과는 풍요-행복의 약한 연결고리를 보여주었다. 영국 레스터 대학 애드리안 화이트 교수는 2006년 178개 국가를 대상으로 건강(평균수명), 부(1인당 국내총생산(GDP)), 교육(중등교육을 받을 수 있는 가능성) 등 3가지 요소를 토대로 한 '행복지수'를 발표한 적 있었다. 덴마크, 스위스, 오스트리아가 1~3위를 휩쓰는 등 다수의 유럽 국가들이 상위권에 랭크되었다. 특이하게 1인당 GDP가 3만1,500달러에 달하는 경제대국 일본의 행복 순위가 90위인 반면, 1,400달러밖에 안 되는 히말라야의 작은 나라 부탄은 8위에 올랐다는 점이다. 2013년 OECD '삶 보고서'에서 한국은 36개국 중에 행복지수가 27위였다. 환경, 일과 생활의 균형, 건강, 삶의 만족도가 하위권이었다. 특별히 국민소득이 바닥권에 있는 일부 힌두교 및 불교권 동남아 국가들의 행복지수가 일부 소득 선진국들의 그것보다 높다. 풍요-행복의 느슨한 연결고리는 뇌의 특이성과 관계가 있다. 뇌가 느끼는 행복감은 생화학적 물질이 결정하며, 그 물질의 분비는 물질이나 소득만으로 가능하지 않다.

욕망을 하향 절제함으로써 행복을 얻을 수 있는 추천할만한 사회적·심리적 옵션은 많지 않으며 인기도 없다. 마음을 수련하고, 상황과 조건의 객관적 이해를 통해 과도한 욕망을 접거나 연기하고, 비용 대비 행복의 가성비가 높은 방법을 각자 추구할 때 행복 분비 물질이 뇌에 넘쳐날 것이다. 그런 측면에서 AI는 인간의 행복추구권을 보장하는 방향으로 발전할 것이고 그래야 한다. 그러나 신기술이 늘 그렇듯이 소비자들로 하여금 딜레마에 빠지게 한다. 클라우드 기반의 'AI 음성데이팅 서비스'를 들어봤는지 모르겠다. 〈그녀(her)〉라는 영화에 나오는 AI데이팅서비스인데, 싱글들의 귀에 이성의 속삭임으로 기분을 업(up)시켜 주므로 공적으로 이로운 시스템이라 할 수 있다. 그러나 실존하지 않는 가상의 파트너에 빠져 인간 파트너를 소홀히 여기고 그로 인해 그 파트너가 절망에 빠진다면, 그래서 남녀관계의 전통적인 오프라인 공식을 무너뜨리는 이러한 서비스가 여전히 사회적으로 이로운 것일까? 우리는 아직 비인격적인 기술이 전통적인 인간관계를 대체하거나 허무는 문제를 어떻게 다루어야 할지 아직 잘 모른다. 기술이 인간의 정체성과 관계적 뿌리 그리고 현실적 행복을 훼손하는 일을 어느 정도 허용해야 할 것인가? 그래서 고독한 상황에서조차 상식과 절제를 바탕으로 한 현실적 관계가 더 가치 있고 중요함을 교육해야 하는 것일까? 따라서 인간의 구멍 난 관계 욕구를 돕거나 대체하는 관계지향적 AI기술의 미래는 험난한 철학적 논란의 대상이 될 것이다.

• 생물·화학적 접근

생명과학자와 뇌신경학자들은 개인이 경제적, 사회적, 정치적 상황을 고려하여 행복을 결정한다기보다 신체의 생화학적 조건, 특히 뇌의 생화학적 작용이 행복을 결정한다는 것을 사실로 여긴다. 오래 전 에피쿠로스와 제레미 벤담도 하였던 이런 생각은 그 자체가 신성모독이며 상식을 뒤엎는 쿠데타적 발상이었다. 인간은 단지 불쾌한 감각을 벗어나 유쾌한 감각을 느낄 때 행복하며, 인간의 모든 행동, 말, 생각은 쾌락과 고통이라는 두 주인에 의해 결정된다고 하였다. 존 스튜어트 밀은 행복을 고통 없이 쾌락을 느끼는 상태이며, 쾌락과 고통 외에는 다른 선과 악은 존재하지 않는다고 하였다. 그래서 선과 악을 쾌락과 고통 밖에서 찾으려는 시도는 모두 속임수이며, 어쩌면 스스로를 속이는 것일지 모른다고 하였다(Raeder, 2002). 이러한 사고는 인간의 '자유의지'까지 의심케 할 정도로 파격적이다.

오늘날 생명과학, 뇌과학은 행복과 고통은 순간적으로 어떤 신체적 감각이 우세한가에 따라 뇌가 결정한다고 주장한다. 즉 우리는 외부세계에서 일어나는 사건 자체에 반응하기보다 자기 몸에서 일어나는 감각에 반응하는 것이다. 사람들을 비참하게 만드는 것은 실직해서, 이혼해서, 전쟁이 일어나서가 아니라 우리 몸에서 발생하는 불쾌한 감각 때문이다. 거꾸로 사람이 행복을 느끼는 것은 원했던 이성과 결혼을 하게 되고, 원하는 자리에 승진하고, 복권에 당첨되어서가 아니라 몸에서 일어나는 유쾌한 감각이 사람을 행복하게 만들기 때문이다. 그래서 특별히 좋았던 감각을 계속 유지하려면 그 행동을 계속해야 하고 결국에 중독[06]에 이를 수도 있다. 결론적으로 어떤 감정이

---

06 좋은 의미든 나쁜 의미든 우리의 행동은 상당부분 중독으로 인한 것이다.

든 잠시 분비되었던 생화학물질의 효력이 다하면 그 감정은 연기처럼 사라져버린다. 그래서 분노가 치솟을 때 분을 갈아 앉히기 위해 명상을 권한다. 단 30초 정도의 명상이나 특별한 호흡법으로 스스로 분노하고 있음을 인지하면 분노의 감정은 순식간에 반감된다. 뇌의 생화학물질의 작용과 조작에 대한 연구는 뇌-기계 인터페이스를 통해 뇌를 직·간접적으로 조작할 수도 있다고 말한다. 과도한 욕심과 분노를 제어하고 부족한 행복감을 높여 모두를 성인군자로 만들 수도 있다. 생물적, 유기적 조직에 컴퓨터라는 무기질의 기계를 연결하는 사이보그는 그러한 시도의 한 형태이다. 뇌의 특정부위를 자극해주는 헬멧을 쓰는 것만으로 집중력을 배가할 수 있는 기술도 이미 나와 있다(피오리, 2019).

남녀의 특징을 결정짓는 것으로 알려진 호르몬 테스토스테론의 작용에 의하면 사람의 성격과 성징(性徵), 기능적 특질도 생화학적 조건들에 의해 결정된다(카너먼 외, 2015). 테스토스테론은 여성에 비해 남성에게 더 많이 분비되며, 이 호르몬이 뇌를 남성화시킨다는 사실을 입증하는 많은 동물실험들이 있다. 베런코언은 임신부로부터 얻은 양수샘플을 조사함으로써 이 사실을 인간샘플을 통해 확인하기도 하였다. 결론적으로 배런코언은 남녀가 평균적으로 뇌용량, 신경세포 간의 연결 그리고 호르몬의 차이가 있으며 이것이 남녀의 다름을 상당부분 결정짓는다고 보았다(카너먼 외, 2015). 이런 과학적 사실의 함의는 분명 페미니스트들이 외면하고 싶어할 수 있지만 첨단 뇌영상장비와 신경과학의 발전으로 드러나는 과학적 사실들이다. 그래서 남녀의 성격과 기능적 차이를 감안한 사회적 역할분담론을 양성평등이라는 패러다임으로 무작정 폄하할 수만은 없을 것이다.

우리 몸속에서 작동하는 생화학적 기제는 많은 세대를 거치면서 생존과 종족번식에 적합하도록 발달해 왔다. 그래서 생화학적 호르몬은 생존, 종족번식 그리고 다양한 문제해결에 도움이 되는 행동에 대해 유쾌한 감각으로 보상해 왔다. 맛있는 것을 먹을 때, 기분 좋은 섹스를 할 때 느끼는 행복감은 생명유지를 위해 음식을 섭취하고 생육과 번식에 꼭 필요한 보상적 감각으로 작용한다. 우리는 그런 행복감 때문에 먹고 사랑함으로써 생존과 종족번식 행위를 자연스럽게 해 왔지만 그런 감각이 항상 지속되는 것은 아니다. 배고픔의 불쾌감을 피하고 좋은 기분과 황홀한 오르가슴을 느끼기 위해 음식과 연인을 필사적으로 찾지만 기분 좋은 미식과 황홀한 오르가슴은 오래가지 못한다. 생화학적으로 우리의 욕망이 충분히 충족되지 못하면 불쾌감으로 계속 남는다. 그래서 지속적으로 행복하고자 한다면 우리는 계속 욕망을 품고 그것을 충족하는 순환루프를 반복적으로 돌아야 한다. 이 꼬리에 꼬리를 무는 욕망과 해소에 따른 행복감의 무한반복루프가 가능할까? 대부분 정상적인 인간은 그게 불가능하다는 사실을 학습하였고 음식과 성욕에 대한 조절장치를 발달시켜 왔다. 그렇다고 전 인류가 수도사처럼 욕망을 무한대로 줄여가는 것이 바람직한 대안이 될 수 있을까? 그럴 수는 또 없다. 욕망은 좋은 것이든 부정적인 것이든 인류가 지금까지 생존하고 공영할 수 있게 해준 거대한 에너지풀(energy pool)이기 때문이다.

현대사회는 해가 갈수록 불쾌감에 대한 인내심은 점점 고갈되고, 쾌락을 향한 갈구는 더욱 거세지는 것 같다. 그래서 오늘날 대부분의 정치, 경제, 과학기술, 비즈니스는 직업이나 일이라는 불쾌감(부담, 의무감, 피로 등)으로부터 사람들을 해방시키고, 더 나은 쾌락을 제공하고자 노력한다. 그래서 최근 우리 정부는 모든 사람에게 최소임금을 보장하고 주 52시간 이상 일하지 못하도록 강제하고 있다. 이는 일을 좀 더 해 소득을 늘리는 것보다 '가족과 함께 저녁을 함께 하는 삶'이 더 행복할 것이라고 정부가 일괄적으로 규정한 것이어서 노동과 쉼에 대한 시민의 자율선택권을 침해한 것으로 볼 수 있다. 우리는 매년 더 나은 진통제, 새로운 맛의 아이스크림, 더 편안한 침대 그리고 버스를 기다리는 동안조차도 지루하지 않게 해주는 스마트폰 게임과 음원을 구매하고 소비할 수 있는 환경에 살고 있다. 그 결과 우리는 쾌락을 제공하는 상품, 서비스, 음식 그리고 연인을 더 많이 찾고자 하는 충동을 절제하지 못하는 '중독자'를 양산하고 있는지 모른다.

이러한 순환적 고리 가운데 인류는 마성적 쾌락과 합리적 이성이라는 양극단을 오가며 살아간다. 적당한 생화학적 호르몬의 작용으로 이성 간에 서로가 끌리도록 하여 종족번식의 책임을 다할 수 있도록 진화해 온 한편, 관계가 허락하지 않는 쾌락을 제공하는 많은 기제(마약, 게임, 음식 등)에 대한 탐닉이 이끄는 파멸의 길에 제동을 걸지 못하는 성격을 갖기도 한다. 우리의 뇌는 쾌락을 허용하는 기제들을 더욱 찾으려는 탐닉적인 행동을 허용하지만 이런 순환적 고리의 부작용을 의식하여 그 순환고리를 끊어내기도 한다. 그런데 뇌가 생화학적으로 최적화되지 못하면 인간은 한쪽으로 치우치게 되고 탐닉하고 상식을 벗어나는 실수를 한다. 그런 사람의 뇌를 직·간접적으로 제어하여 최적화시킴으로써 훨씬 안정적인 노동자와 건전한 시민을 만들 수도 있다. 지금 뇌과학자와 AI과학자는 생물적 한계를 극복한 실리콘지성 또는 초지능을 만들기 위해 의기투합해 있다. 인류 역사상 처음으로 인간은 스스로를 신(神)이라 자칭할 수 있을 마법의 도구상자를 갖기 시작하였지만 그것은 분명 양날의 칼이 될 것이다.

• 문명사적 접근

인류는 명실공히 전 지구를 정복하였고 먹이사슬의 정점에 이르렀다. 지난 수만 년에 걸쳐 인류는 끊임없이 자연을 파괴하거나 맞서며 미지의 땅을 개척하였고, 신문명을 건설하였으며, 타인과 타민족 그리고 지구상의 다양한 생물들을 억압하거나 개조해 왔다. 그 과정에서 지구는 인류의 욕구에 맞게 개조되었고, 자연과 생물들의 서식지는 파괴되었으며, 많은 종들이 지구상에서 사라지기도 하였다.

오늘날 지구에는 70억 명이 넘는 인간이 살고 있다. 그리고 그 인간을 먹이는 데 필요한 소, 돼지, 양, 닭은 셀 수 없이 더 많다. 소는 15억 마리며 가축화된 개는 4억 마리다. 하지만 우리에게 크게 도움이 되지 않는다고 생각하는 기린은 8만 마리, 늑대는 20만 마리, 침팬지는 25만 마리에 불과하다. 인류는 지구의 최고 포식자의 자리를 차지하는 과정에서 좋은 일도 하였지만 훼손과 파괴도 자행하였다. 인류가 지구 환경을 훼손해야겠다며 고의로 담합한 것은 아니지만 생존과 행복 그리고 쾌락을 추구하는 과정에서 미필적 고의(未必的故意)에 의한 훼손과 파괴를 일삼았다.

이런 와중에 인류는 전례 없는 이중적인 경주에 내몰리고 있다. 인류는 이제 국가 단위로 과학기술의 발전과 경제성장의 속도를 높여 소득과 생활의 질을 계속 높여가야 한다는 정치적 강박에 시달리고 있다. 지구 전체 인구의 3분의 1에 해당하는 13억 명의 중국인과 10억 명의 인도인들조차 미국의 중산층처럼 살고자 하는 욕망을 품게 되었다. 그들은 인터넷과 드라마를 통해 선진국의 풍요를 잘 알고 있다. 그래서 미국인들은 스포츠 유틸리티 차(SUV)와 거대한 쇼핑몰을 포기할 생각이 없는데 왜 자신들은 그 꿈을 접어야 하는지 알고 싶어 한다(하라리, 2017).

한편 양식있는 학자들과 환경주의자들은 지구가 더는 인류의 무한대 욕망을 버텨낼 수 없다며 정치적 리더와 개인들의 양심에 경고 메시지를 날리고 있다. 하라리(2017, 68~69)는 "21세기 두 번째 과제인 행복을 확보하기 위해서는 쾌락이 영원히 지속되도록 호모 사피엔스를 재설계하는 것이 필요하다."고 하였다. 이 제안은 인간의 생화학적 속성까지 통제함으로써 행복감은 지속시키되 불필요하게 과도한 욕망은 조절할 필요가 있다는 의미를 담고 있어 섬뜩하기까지 하다. 재설계의 대상은 바로 우리의 뇌, 유전자, 생화학기제 모두가 될 수 있으며, 이를 위해 로봇을 포함한 정밀기계들, AI, 사물인터넷(IoT)과 센서들, 생명공학과 생체재료학, 뇌공학 등 비밀병기들이 도열해 있다.

오늘날 인류는 과거·현재·미래에 대한 전대미문의 지식을 쌓으면서 무지의 안개 속에서 빛의 거리로 빠르게 걸어 나오고 있다. 인류는 이제 찬란한 문명과 물질의 대들보가 행복과 쾌락의 추구인 것을 기정사실화 하면서 그 방법을 첨단 과학기술의 빛나는 성과에서 찾기 시작하였다. 인류는 이제 행복과 쾌락을 통제하기 위해 그간 투자해온 고리타분한 방법들(종교, 명상, 사고훈련, 인간관계교육 등)을 버리고 즉각적이고 확실한 효험을 보이는 과학적인 방법에 투자를 늘려갈 것이다. 사람을 교육하고 근육량을 늘리기보다 위험하거나 불쾌하거나 힘든 일을 군말 없이 해줄 AI나 로봇의 개발은 당연히 투자 1순위가 될 것이다. 화재현장에 투입되어 불에 갇힌 아이를 구해내는 구조로봇, 분노조절장애를 가진 고객을 상대할 AI 콜센터요원, 조현병 환자를 보다 확실하게 통제할 수 있는 생화학적 AI의료지원체제도 필요할 것이다. 신뢰도가 떨어지는 인간 전문가를 대신하여 전문적이고 일관된 코칭을 해 줄 AI(전문가시스템)는 투자 2순위가 될 것이다. 은행들은 이미 투자상담용 AI프로그램을 개발하여 상담직원을 대체하고 있으며, 병원은 IBM 왓슨을 도입하여 암치료방법을 결정하는 인간의사를 대체하고 있다. 현재 이미 대규모투자가 이루어지고 있는 부분은 인간의 육체노동을 대체하는 로봇들이다. 공장이나 물류센터 자동화 등에는 이미 낮은 지능의 로봇들이 그간 인간이 해오던 단순한 작업들을 수행하고 있다.

'관계'는 사람의 행복을 결정짓는 중요한 생활적 요소이다. SNS의 AI프로그램은 이미 불특정 다수들의 관계를 필터링하고, 추천하고, 이어주고, 유지해 주는 역할을 수행하고 있다. AI가 드디어 인간의 관계 관리까지 간섭하기 시작한 것이다. 그렇지만 이러한 AI프로그램의 매칭과 손가락 끝에서 조작되는 가상공간에서의 활동이 관계에 대한 사람들의 근원적 욕망을 어느 정도 해소해 줄지는 확실치 않다. 오히려 사람들로 하여금 피상적인 관계에 대한 의존도를 심화시켜 수십만 년의 진화를 통해 형성된 스킨십 중심의 현실적 관계의 기반을 무너뜨리지 않을까 우려된다. 결론적으로 관계 맺음과 유지를 향한 욕망에 AI 등 첨단기술이 도움을 주는 것은 분명하지만 행복추구에 이러한 기술이 어느 정도 개입하는 것이 적절한지에 대한 고민은 별로 없다. 인간들의 관계에 비인격적 디지털 개체들이 개입하는 것에 대한 정당성, 인간과 비인격적 개체 간에 이뤄지는 새로운 상호작용들이 전통적 인간관계에 미칠 수 있는 부작용 등은 더 연구가 필요한 주제로 보인다.

문명의 발전은 인간의 인지능력의 발전과 궤를 같이 한다. 그 도정(道程)에는 늘 새로운 도전들이 있었고 피와 땀을 흘리며 그 문제를 해결할 때마다 인류는 다음 문명의 단계로 도약할 수 있었다. 문제해결을 위해 인간은 도구를 발명하였고 더 정교하게 다듬고 계승하기 위해 지식을 발전시켰고 적절한 시스템들을 구축해 왔다. 시행착오를 거치면서 인간의 인지능력, 문제해결능력은 폭발적인 신장되었으며, 이는 바로 우리 뇌의 팽창과 궤를 같이 한다. 이어지는 '마음의 진화'에서는 7~8만 년에 걸친 인류의 지적 팽창의 여정을 살펴보고 이 여정에 이어질 미래를 간단히 살펴보고자 한다. 느린 듯한 인류의 지적 팽창속도는 이제 기계의 도움을 받으면서 더 강한 가속도를 받고 있다. 일부 미래지향적, 낙관적 연구자들이 예견하는 인간을 닮은 범용AI(AGI. Artificial General Intelligence)나 초지능(Super-intelligence)이 결코 희망사항에만 그치지 않을 이유는 충분히 많다. 문제는 그런 무기질의 지성체가 인간 공동체의 본질적 가치를 훼손하지 않으며 안정된 사회질서 속에 어떻게 녹아 들어가느냐는 것이다.

1.2 마음의 진화

약 7만 년 전부터 호모 사피엔스(Homo sapiens)로 불리는 최초의 현생인류는 생존과 종족번식의 본능적 욕구에 충실하며 지구 정복의 발을 떼기 시작하였다. 이들에게는 무절제한 욕망만 있었던 것이 아니라 환경이 변하고 도전이 닥칠 때마다 자신들의 정체성에 대한 통찰을 통해 인지능력을 강화해 나갔고, 적절한 문명의 도구를 개발함으로써 생존율을 높여갔다. 7만 년에 걸친 호모 사피엔스의 치열한 여정의 끝은 오늘날 우리가 만끽하고 있는 화려한 물질적 문명과 보다 스마트해진 우리의 모습이 증언하고 있다.

1) 인지능력의 폭발

현생인류가 지금까지 생존할 수 있었던 것은 문제해결능력[07]을 키웠기 때문이다. 이는 계속 늘어난 뇌의 용량과도 깊은 관계가 있다. 인간은 다른 동물에 비해 뇌가 예외적으로 크다. 60Kg의 무게를 가진 포유동물의 뇌는 200cm^{3}이며, 250만 년 전 초기 인류의 뇌는 600cm^3 이었다. 거기에 비해 현생인류는 평균 1,200~1,400cm^3 이른다. 생존에 요구되는 더 많은 정보를 축적하기 위해서 뇌의 용량이 어느 정도 커야 한다는 것이 생물학적 정설이다.

기본스(Gibbons, 2007)는 인간의 뇌가 클 수 있었던 것은 불(火)과 화식(火食)과 연관성이 있다고 보았다. 긴 창자와 큰 뇌를 동시에 유지하기에는 많은 에너지를 소모하기 때문에 거의 불가능에 가깝다. 그런데 우연한 불의 발견으로 인간은 음식을 익혀 먹기 시작하였고, 화식으로 인류의 창자는 더욱 짧아져 에너지 소비량을 줄일 수

07 문제해결능력은 사고력, 인지능력 등을 포함하며, 안타깝게도 이 능력은 다른 경쟁적 인류를 죽여 없애는 기술까지 포함하였다.

있었다. 인간은 이렇게 남은 에너지를 팽창한 뇌를 유지하는 데 돌려쓸 수 있었다. 결국 '불'은 인류가 문제해결역량을 확장하는 데 도움을 준 최초의 도구인 셈이다. 오늘날 인류는 이 큰 뇌 덕분에 세련된 도구와 첨단기술을 만들 수 있었고, 다른 동물들보다 더 빨리 이동하고 자신이 원하는 방향으로 사물, 사람, 조직을 통제할 수 있게 되었다. 그럼에도 인류는 여전히 자신(뇌)의 한계를 절감하며 살아가고 있다. 증가하는 사회 문제의 복잡성과 늘어나는 데이터의 양이 우리의 인지적 한계를 계속 시험하기 때문이다. 인간의 뇌와 인지행동을 연구하면 할수록 정보처리 속도와 규모 그리고 판단의 질과 일관성이 취약하며, 감정에 의해 쉽게 휘둘리는 모습을 쉽게 확인할 수 있다. 이는 과학자들이 인간(뇌) 업그레이드 프로젝트를 계속 제안하는 이유이기도 하다.

현생인류는 약 7만 년 전 동시대에 살았던 네안데르탈인, 데니소바인보다 훨씬 더 광범위하게 지구에 흩어졌다. 아프리카를 벗어나 유럽과 동아시아에 광범위하게 퍼졌으며 약 4만5천 년 전에는 호주대륙에까지 이르렀다. 약 3~7만 년에 걸쳐 이들은 이동하는 과정에서 배, 기름등잔, 활과 화살, 바늘(의류제작용)등 삶을 편하게 만드는 문명의 이기들을 발명하였으며, 일부 종족은 예술품이나 장신구 수준의 고급스런 물건까지 만들었다. 게다가 종교적 행위, 물물거래, 신분적 계층까지 있었다는 증거들이 이 시대에 이미 나타났다(하라리, 2015). 이러한 증거물은 이 시기에 현생인류가 커다란 인지능력의 도약을 겪었으며, 이전과는 다른 사고 및 의사소통방식이 시작되었음을 의미하기도 한다. 이런 일들이 일어나게 된 직접적인 사건과 원인을 추정하기는 어렵다. 다만 인간의 뇌에 유전자 돌연변이가 발생하였고 그러면서 뇌의 회로가 바뀌었다고 다수의 학자들은 믿고 있다. 인지능력의 도약으로 체계적인 언어와 글자가 출현하였고, 이는 동시대의 동물들과 차별화되는 문제해결능력, 소통하고 협업하는 능력을 갖는 계기가 되었을 것이다.

그런데 그것으로 끝이 아니다. 많은 학자(Kell et al., 2013; 보스트롬, 2017)들은 인간의 인지능력은 계속 확장될 것이며, 과학기술의 발전은 더 가속화될 것이며, 새로운 기술은 다시 인지능력의 확장을 돕는 선순환 과정을 겪을 것으로 보았다. 생명과학과 유전공학의 발전으로 인간의 생물적 인지능력이 더욱 고도화될 것이며, 기계지능, 범용AI, 초지능이 가세함으로써 인류의 문제해결능력은 무한정 확장될 것이다. 물론 여기에는 합성생물학적 변형과 초지능을 가능하게 하는 기술들에 대한 이해와 적절한 통제 그리고 활용이 전제될 필요가 있다.

2) 소통과 협업능력의 팽창

현생인류가 지구에서 빠르게 먹이사슬의 정점에 오를 수 있었던 것은 고유한 언어를 발명하고, 그것으로 집단의 협업을 촉진할 수 있었기 때문이었다. 인간과 유전자가 비슷한 유인원과 원숭이 등 수많은 영장류도 자신만의 목소리를 사용한 언어를 구사할 수 있다. 예를 들어 녹색원숭이는 여러 종류의 울음소리로 동료들에게 상황정보를 전달할 수 있다. 그 울음소리의 의미는 "조심해! 독수리야, 사자야!"처럼 종족의 생존에 꼭 필요한 언어였다. 그러나 동물들의 소리는 하나의 패턴으로 전달되는 '신호', 즉 시그널에 불과하다. 반면 인간은 다양한 소리와 기호를 조합하여 무수히 다른 의미의 문장을 유연하게 만들 수 있다. 인간의 대뇌피질에는 목청에 대응하는 부분이 넓게 차지하고 있어 자유자재로 음파를 조절하고 음성, 음량, 음질을 자유자재로 변조할 수 있다.

• 언어구조의 표준성

다른 동물들과 달리 인간이 유연하고 세련된 언어를 구사하게 된 것은 유전자에 각인되어 세대와 세대를 넘어 전달되어 온 '표준적 언어구조' 때문이다. 데하네(2017)는 인간의 독특한 '사고언어(language of thought)'능력, 내적성찰능력(introspection)을 신경과학적으로 설명하였다. 인간은 믿기 어려울 정도로 세련된 정신적 감각(sense of the mind)을 지니고 있으며, 인간의 언어는 이러한 감각을 표현할 수 있는 정교한 어휘를 갖추고 있다. 인간 언어의 재귀적(반복적) 기능(recursive function)은 다른 종들에게는 불가능한 복잡하고 중첩된 사고(complex nested thought)를 가능하게 하였다. 인간의 정교한 언어 구사능력은 전두엽의 왼쪽 아래에 위치하는 브로카 영역에서 가능하다. 허버트 사이먼(Herbert Simon)은 1962년 「복잡성의 구조(Architecture of

Complexity)」라는 논문에서 정보처리는 '반복적 구조(recursive structure)'가 필수적이라고 주장하였다. 인간 뇌 작용의 일부이기도 한 반복적 구조의 특성은 비단 언어에서만이 아니라 경제와 모든 문제해결과정에서 사용된다(카너먼 외, 2015).

생성(生成)문법의 창시자인 촘스키는 글월(文)의 분석 곧 통사론(統辭論=構文論, 글월이 의미를 가지는 언어의 배열)을 강조하였다. 촘스키는 인간의 뇌가 '타불라 라사(tabula rasa)'가 아니라고 주장하였다. 세계의 수많은 언어들의 구조를 살펴보면 우연의 일치라고 말하기에는 너무나 비슷한 것이 많다. 어린아이가 말을 빨리 배울 수 있는 것은 그들의 뇌 속에 '보편적 문법'이 들어 있기 때문이다. 예를 들어, "The cat is on the mat(그 고양이는 매트 위에 있다)"라는 말은, 영어 구문(構文.신텍스.syntex)으로서는 옳고 의미가 있는 문장이지만, "Cat mat the on is."는 옳지 않다. 촘스키에 의하면 인간은 언어 능력을 가지고 태어난다. 우리의 뇌는 태어날 때부터 이미 문법 체계를 갖추고 있기 때문에 우리는 말을 배울 때 문법 규칙을 배우는 것이 아니다. 세계의 언어를 비교 연구해 보면, "주어-동사-목적어"라는 공통되는 문법 구조를 가지고 있다. 그리고 관계절과 같은 단순한 구조라 하더라도, 모든 언어에서 같은 구조를 취하는 경향이 있다. 영어 문장 "The book that I read.(내가 읽은 책)"는 프랑스어에서도 "Le livre que j'ai lit."로서, 그 구조가 영어와 같다. 히브리어의 경우는 조금 달라서 "The book that I read it."이 된다. 관계절에서의 "That I read."와 "That I read it."의 두 가지 형태는 기본적이고, 실질적으로 모든 언어의 관계절은 이 중 한 형태를 취한다. 왜 둘인가에 대한 답은 '보편 문법'이 있기 때문이다. 이 '보편 문법' 덕분에 어린이는 언어를 쉽게 배울 수 있다고 촘스키는 주장한다. 그러나 이러한 견해를 반대하는 학자(대이얼 L. 에버렛)가 없는 것은 아니다(카너먼 외, 2015). 언어가 인지와 사고를 결정한다는 언어결정론에 의하면 단어(어휘)가 없으며 그에 해당되는 개념도 없다. 에버렛이 오랫동안 연구한 피라항족은 수에 대한 개념이 없다. 피터 고든(피츠버그대 교수)의 연구에 의하면 피라항족이 수를 세지 않는 이유가 수를 표현하는 단어가 없기 때문이라는 것이다.

결론적으로 인간은 유연한 언어체계를 활용하여 주변에서 얻는 막대한 정보를 보다 효과적으로 표현하고 저장하고 소통할 수 있었다. 정교한 언어로 상황과 느낌을 보다 정밀하게 전달할 수 있다는 것은 인간에게 많은 경쟁적 우위를 줄 수 있었다. 예를 들어, 먹이를 사냥할 때 상황에 대한 다양하고 정확한 정보를 공유할 수 있었기에 사냥의 성공확률을 높이고 종족의 생존력을 높일 수 있었다. 아울러 그러한 정보와 지식을 자신과 특별한 관계에 있는 사람들과 공유함으로써 배타적인 사회적 관계망(inner circle)을 형성할 수 있었다. 효과적인 사냥을 위해서 인간의 물리적 힘만으로는 충분치 않다. 먹잇감(동물)의 행동적 특징, 지형적 특징, 참여 사냥꾼들의 능력에 대한 객관적인 분석을 통해 얻은 지식은 분명히 사냥에 소요되는 시간과 노력을 줄이고 사냥의 성공을 높일 수 있었다. 무리 중에 탁월한 인지능력으로 사냥 기획을 잘하는 인물이 있었다면 그는 자연스럽게 그 무리의 리더가 되었을 것이다.

• 협업 언어

언어는 인간이 집단생활을 하면서 필요에 의해 생긴 파생물로 보는 견해도 있다. 무한경쟁의 자연생태계에 남겨진 인간은 생존율을 높이기 위해 집단을 필요로 했고, 그 집단이 효율적으로 움직이기 위해서는 소통이 매우 중요했다. 그래서 인류는 목소리, 몸짓, 표정 등 소통에 도움이 될 수 있는 모든 것들을 복합적으로 활용하였고 이를 체계화해 나갔다. 보스트롬(2017)은 한 시스템의 집단지성(collective intelligence)은 그 구성원들의 지능, 구성원들끼리 정보를 주고받는 데에 들어가는 간접비용(장치비용, 반응대기시간, 의사소통에 소요되는 시간과 관리비용, 관료주의적 역기능 등) 그리고 인간 조직에 태생적으로 스며있는 다양한 왜곡과 비효율성에 의해 제한된다고 하였다. 따라서 만일 소통에 들어가는 간접비용을 최대한 줄일 수 있다면 높은 결집력을 가진 효율적인 조직을 만들 수 있다.

대개 언어는 처음 두 가지 용도로 사용되었다. 하나는 인간을 둘러싸고 있는 객체적 환경에 대한 것들이었다. 적당한 때에 성공적으로 먹잇감을 사냥하기 위해서는 사자나 들소들의 위치와 개체 수에 대한 정보가 중요했을 것이고 이를 집단 내 동료들과 공유하는 것이 매우 유익했다. 한편 이것만큼 중요한 것은 환경과 직접 관련이 없는 타인, 타인과 타인, 타인과 나와의 관계에 관한 정보였을 것이다. 협업의 귀재인 인간은 사냥을 나갈 때, 자신을 잘 돕는 인간(팀워크가 잘 되는 동료)을 필요로 했고 그래서 함께 일할 타인에 대한 정보는 매우 유익했을 것이다. 여기에 얽히고설킨 직계존속관계, 남녀관계에 대한 정보까지 더해져 판단하고 행동하는 데 활용해야 했다면 초기 인류의 뇌는 금방 용량이 초과되었을 것이다.

30~50명으로 구성된 소규모 집단이라 하더라도 관계들에 대한 정보의 양은 엄청났을 것으로 추정된다. 예를 들어 50명으로 구성된 집단에는 1,225개의 1:1 관계가 존재하며 이보다 복잡한 사회적 조합은 무수히 더 존재한다. 그렇지만 사냥을 계획하는 사람에게 이 모든 관계가 동일한 가치를 가지지는 않을 것이다. 2박 3일의 새벽 사냥에 함께 출전할 조력자를 선택하기 위해서는 후보군에 들어있는 조력자들에 대한 정보가 필요하다. 리더는 그 후보 조력자들의 성격, 체력, 특기 그리고 타인과의 관계에 대한 '소문'과 '뒷담화'정보를 얻기 위해 활발한 소통이 필요했을 것이다. 이러한 소통과 협업의 필요성은 인간의 인지능력, 문제해결능력, 활동의 반경을 더욱 확장시켰음이 분명하다.

3) 상상과 허구의 구축 - 창의성

언어가 집단이 소통하고 거대 과업을 효율적으로 수행하는 데 필수적 도구임을 앞에서 확인하였다. 그렇지만 언어가 단순히 시각적으로 인식되는 개체들(동료, 동물, 식물, 바위 등)이나 환경을 설명하는 데 그치지 않고, 실체가 없는 관계와 관념 그리고 느낌을 상상하고 그것에 의미를 부여하여 전달하고 공감할 때 메시지의 시너지는 증폭된다(하라리, 2015). 현생인류는 스스로 허구의 세계를 만들어 낸 진화상 첫 종이었다. 우리는 가장하고 위조하고 거짓말을 하고 위증하고 부인하고 맹세하고 주장하고 반박하고 묵살함으로써 사회적 의사결정 알고리즘을 우리에게 이롭게 비틀어놓을 수 있는 최초의 종이었다(데하네, 2017). 창의력의 산물인 상상과 허구는 진화를 거듭하면서 거대하고 믿음직하고 때로는 개인과 집단을 움직이는 필요악과 같은 존재가 되었다.

인간 공동체는 전설, 신화, 신, 종교 등을 만들어 공유하기 시작하였다. 이것들은 대부분 상상력을 통해 오랜 기간에 걸쳐 형성된 관념적 진실과 허구들이 뒤섞여 있는 것들이었다. 동물이나 사라진 인간 종들은 "조심해, 사자 무리가 출현했어!"라는 보이는 상황을 전달하는 데 그쳤다면, 현생인류는 "저 사자는 우리 수호신이야. 오늘은 아마 사냥이 잘 될 거야"라는 가설적 허구를 지어냈다. 이러한 허구가 설사 근거가 없더라도 사냥에 참여하는 동료들의 사기를 진작하고 포획량을 늘릴 수 있었다면 나쁘진 않았을 것이다. 인류는 이러한 창의력으로 창세기, 호주 원주민의 드림타임(시공간을 초월해 과거·현재·미래가 하나로 존재하는 장소)신화, 현대 국가들의 민족주의적 신화를 지어낼 수 있었고, 이러한 신화 덕분에 인류는 많은 숫자가 모여 유연하게 협력할 수 있는 능력을 갖출 수 있었다. 수십만 명이 거주했던 고대 도시, 수천만 명을 지배하는 대제국을 경영할 수 있었던 것은 이러한 허구적 상상력과 소통이 가능했기 때문이었다(하라리, 2015).

특히 종교는 신도들을 견인하기 위해 강력한 상징과 은유가 필요하였다. 교회는 공통의 종교적 신화를 중심으로 뭉쳐 있으며, 대다수의 국가는 모든 국민이 공유하는 국가적 신화(지도자의 탄생설화, 건국신화 등)를 가지고 있으며, 기업들은 브랜드와 광고를 이용하여 고객의 상상력을 교묘하게 조작한다. 오늘날 사람들은 매달 급여를 자신의 계좌를 통해 전자적으로 받고 있고, 플라스틱 카드나 스마트폰 앱(app)을 사용하여 현금 없이 생필품과 영화티켓을 구매할 수 있다. 눈에 보이지 않는 전자화폐는 각국의 정부가 보증하고 허가받은 금융기관들과 사회구성원 모두가 그 가치를 인정한다는 믿음(상상)을 공유하기에 신뢰를 바탕으로 디지털적 교환이 가능한 것이다. 사회와 공동체를 탄탄하게 묶어주는 신화, 전설, 믿음, 상상, 스토리들을 그게 근거가 없다고 누가 감히 무시할 수 있을까?

[쉬어 가기]

법적 허구: 주식회사

인류가 만들어낸 허구들 중, 인류의 경제적 번영과 발전에 가장 큰 기여를 한 사례가 바로 현대적 개념의 기업, 주식회사이다. 하라리(2015)는 유럽의 한 작은 공동체의 상상력이 만들어낸 법적 허구 '푸조'라는 기업을 통해 현대문명의 형성과 자본주의 발전 과정을 잘 설명하고 있다. 이 설명에 푸조가 아닌 잘 나가는 다른 대기업 집단의 이름을 대체해 넣더라도 조금도 어색함이 없다.

오늘날 파리에서 시드니에 이르는 대도시의 자동차, 트럭, 오토바이에는 슈타델의 사자-남자 비슷한 아이콘이 붙어 있다. 유럽에서 가장 크고 오래된 자동차 회사인 푸조가 만든 차들의 후미에 붙여있는 장식품이다. 푸조는 슈타델에서 320킬로미터밖에 떨어지지 않은 발렌티니 마을의 조그만 가족기업으로 시작했다. 오늘날 이 기업은 세계 곳곳에서 20만 명을 고용하고 있으며, 이들은 대부분 서로 전혀 모른다. 그런데 그 낯선 사람들끼리 효율적으로 협력한 덕분에 2008년 푸조는 15만 대가 넘는 자동차를 생산해 550억 유로의 수입을 올렸다.

'푸조 SA(이 회사의 공식명칭)'가 존재한다고 말할 때, 이것은 무엇을 의미할까? 푸조 차들이 많이 있지만 그것이 곧 회사는 아니다. 설사 전 세계에 있는 모든 푸조 차들이 폐차로 버려져서 고철로 팔린다 해도 푸조 SA는 사라지지 않을 것이다. 여전히 새 모델의 차를 생산하고 연례 실적보고서를 발표할 것이다. 이 회사는 공장과 설비, 전시장을 소유하고 있고, 정비공, 회계사, 비서를 고용하고 있지만 이 모두를 합친다고 해서 곧 푸조가 되는 것도 아니다.

혹 재앙이 닥쳐서 푸조의 임직원 전원이 사망하고 조립 라인과 중역 사무실이 모두 파괴될 수 있겠지만, 그럴 때에도 회사는 다시 돈을 빌리고 새 직원을 고용하고 공장을 새로 짓고 기계 설비를 새로 구입할 수 있다. 푸조에는 경영자와 주주가 있지만, 이들이 곧 회사인 것도 아니다. 경영자가 모두 해고되고 주식이 모두 팔릴지라도 회사 자체는 그대로 있을 것이다.

이것은 푸조 SA가 불사신이라거나 불멸이라는 의미가 아니다. 만일 법원이 해산(파산)판결을 내린다면, 공장도 그대로 서 있고 노동자와 회계사, 경영자와 주주는 계속 살아 있더라도 푸조 SA는 순식간에 사라질 것이다. 그렇지만 그 효력도 어쩌면 프랑스라는 한 국가에 한정될지도 모른다. 다른 국가에서 다른 주주들에 의해 법인으로 설립된 푸조 SA 자회사들은 여전히 남아 있을지도 모른다. 한마디로 이런 푸조 SA는 물질세계와 본질적으로 전혀 관련이 없어 보인다. 그럼에도 이게 정말로 존재하는 것일까?

결론적으로 푸조는 우리의 집단적 상상력이 만들어낸 환상에 지나지 않는다. 변호사들은 이를 '법적 허구'라 부른다. 이것은 물리적 실체가 아니므로 손으로 지적할 수도 없다. 하지만 법적 실체로서는 존재한다. 당신이나 나와 마찬가지로 이 회사는 그것이 운영되는 국가의 법에 제약을 받는다. 은행계좌를 열고 자산을 소유할 수 있다. 세금을 내고 소송의 대상이 되며, 심지어 회사를 소유하거나 거기서 일하는 사람과 별개로 기소당할 수도 있다. 푸조는 '유한(책임)회사'라는 특별한 법적 허구의 산물이다.

1.3 인지혁명의 도구

우리 신체의 핵심은 뇌(brain)이다. 뇌는 인지혁명이 일어나는 요람이며, 앞으로 소개될 각종 이론이나 도구들은 이 인지혁명을 촉발하거나 견인했던 것들이다. 하라리(2015)는 뇌의 역량이 팽창함으로써 인지혁명이 가능했다고 말했지만, 해부학적으로 인지혁명이 진행되면서 뇌의 용량이 커졌을 수도 있다. 그는 인류의 역사를 세 개의 혁명적 기점으로 나누었다. 이 기점은 인류의 인지능력의 도약시점과 궤를 같이한다. 첫째, 약 7만 년 전 일어난 인지혁명이 역사의 서막을 알렸으며, 둘째, 약 12,000년 전에는 농업혁명이 역사의 발전 속도를 더욱 빠르게 했으며, 셋째, 500년 전부터 시작된 과학혁명이 오늘에까지 이르고 있다. 7만 년 전부터 시작된 인지혁명은 바야흐로 컴퓨터과학, 인지과학, 뇌·신경과학, 생물·화학·소재과학, 전자·기계공학, 생명공학, 로봇공학 그리고 이들의 융복합으로 이제 새로운 지평을 열어가고 있다. 특히 뇌·신경 연구는 인공신경망, AI, 로봇, 실리콘지성의 진보를 더욱 앞당길 수 있는 중요한 단서들을 제공하기에 특별하다. 인간의 한계와 무한 잠재력의 단초도 뇌에서 찾을 수 있으며, 제2의 지성체, 즉 실리콘지성(silicon intelligence) 또는 범용AI(General AI) 그리고 초지능(super-intelligence)에 이르기까지 뇌에 숨겨져 있는 비밀코드가 이것들의 발전에 결정적인 도움을 줄 것이다.

인류는 오래전부터 1.3Kg에 불과한 생물적 뇌가 지닌 한계를 자각하고 이를 극복하고자 끊임없이 노력해왔다. 첫째, 생물적 뇌는 저장용량과 처리능력이 부족하여 엄청나게 생성되는 정보와 지식을 모두 저장할 수 없으며, 다양한 요인들이 복잡하게 상호작용하는 복잡계에서 합리적 의사결정을 신속하게 내릴 수 없다는 한계가 있다(유신, 2015, 김대식, 2016). 정보를 뇌에만 저장해야 했던 시대에는 기억력이 뛰어난 돌연변이가 특별한 대우를 받았다. 고대에는 모든 지방의 지형과 국가 전체의 법조문을 머리에 담아둘 수 있는 기억 전문가들이 있었던 것으로 추정된다. 성경의 구약과 신약이 기록되어 책으로 오늘날까지 전해질 수 있었던 것도 기억력이 매우 뛰어난 구술가(talker)와 그것을 기록한 필경사(scriber)들이 있었기 때문이다. 오늘날에도 서번트 증후군을 앓는 특이한 기억력의 소유자들이 있다. 그들은 한 시간 만에 책 한 권을 읽고 내용을 그대로 읊을 수 있고, 어떤 음악이든 한 번만 듣고 그대로 연주할 수 있다(피오리, 2019). 둘째, 뇌는 유효기간이 있어 육체적 사망과 함께 기억된 정보와 지식은 모두 사멸되고 복원될 수 없다. 그래서 천재 예술가와 과학자의 통찰력, 지식, 상상력 역시 죽음과 함께 사라지는 것을 안타깝게 손 놓고 볼 수밖에 없다. 그러나 뇌에 대한 해부학적, 생물학적, 화학적, 전기·전자적 연구가 깊어지면 질수록 뇌의 복제와 그 기능을 시뮬레이션 할 수 있는 시대가 멀지 않은 것 같다. 셋째, 뇌는 특정 유형의 정보만을 저장하고 처리하도록 특화되어 왔다. 고대 원시시대부터 인간은 생존에 꼭 필요한 식물과 동물과 같은 먹거리에 대한 정보, 먹이를 찾아 이동하고 정착에 필요했던 지리적 정보, 스스로의 생존과 행복에 영향을 미칠 수 있는 인간관계 정보만을 잘 처리하도록 진화되어 왔다. 그래서 고대 수렵채집인은 수천 종의 식물과 동물의 형태와 속성 그리고 행동습관을 잘 기억하였다가 세대를 넘어 전달할 수 있었다. 느릅나무 아래에서 가을에 자라는 주름진 노란버섯은 독이 있을 가능성이 높지만 겨울에 떡갈나무 아래에서 자라는 비슷한 생김새의 버섯은 복통과 설사에 잘 듣는다는 것을 기억하고 후손에게 전해 주어야 했다. 과거 먹이사냥을 할 때 결정적인 도움을 줘 성공적으로 사냥을 할 수 있었다면 도움을 준 그 동료의 이름과 그가 가진 특기 정도는 기억해야 했다(하라리, 2015). 아무튼 생물적 뇌의 한계를 극복하고 세상을 향한 통제력을 높이기 위해 인류는 숫자와 기호를 시작으로 오늘날 첨단 수학과 컴퓨터를 발명했던 것이다.

1) 숫자와 기호

농업사회를 지나 사회가 복잡해지면서 인간이 처리하거나 기억해야 하는 정보의 양과 종류도 함께 늘어났다. 그중에 하나가 단연 숫자였다. 초창기 수렵채집인들은 큰 숫자를 다뤄야 할 필요가 없었다. 하루에 필요한 바나나의 개수와 나무 한 그루에서 채취할 수 있는 최대, 최소 바나나 개수 정도면 됐을 것이다. 그러나 조직화된 권력이 출현하고 일정 규모의 국가가 유지되려면 체계적인 수치데이터의 관리가 절실해졌다.

수십만 명의 주민으로부터 공물(세금)을 거두려면 공물의 대상이 될 수 있는 재화(물질과 서비스)의 종류를 정해야 하고 각각의 양도 공정하게 정해야 할 것이다. 농민들은 곡물로, 어민은 생선으로, 장인은 수제품으로... 종류는 각기 다르더라도 가치에 비례해서 양은 거꾸로 줄여주기도 해야 했다. 피라미드처럼 거대한 건축물을 지을 때 동원할 노동력을 계산하기 위해서는 남자들의 숫자와 연령 그리고 특기를 제대로 알아야 하고 차출할 수 있는 노동력의 합을 계산할 수 있어야 했다.

어떤 시점에서 사회구성원의 수와 재산의 양이 임계치를 넘어서 생물적 뇌의 능력을 초과하게 되면 뇌 밖에서 대량의 수치데이터를 처리하고 저장하며 필요할 때 꺼내 써야 했다. 특히 절대 권력자들은 전쟁과 공출에 관한 결정을 위해 외부 지원도구의 도움이 절실했다. 이 문제를 최초로 해결한 사람들은 기원전 3500~3000년 전 메소포타미아 남부에 살던 수메르인이었다(하라리, 2015). 수메르인은 최초로 두 종류의 기호체계를 눌러쓴 점토판을 후손에게 남겼다. 하나는 숫자로써, 각각 1, 10, 60, 600, 3600, 36000을 의미하는 기호가 있었다(수메르인은 6진법과 10진법을 섞어서 썼다. 6진법은 오늘날에도 하루를 24시간으로 나누거나 원을 360으로 분할하는 것에서 사용되고 있다). 다른 유형은 사람, 동물, 개인물품, 토지, 날짜 등을 표현하는 기호(오늘날 이모티콘 같은)였다. 수메르인은 이 두 기호를 적절히 조합하여 상황을 기록함으로써 많은 데이터를 기록·보존할 수 있었다. 이들은 대량의 수치데이터를 처리할 수 있는 맞춤형 시스템을 개발한 덕분에 뇌의 한계에 갇히지 않고 부족공동체의 경계를 넘어 거대 도시, 왕국, 제국을 구축하고 관리할 수 있었다. 그러나 이들이 사용한 기호체계도 구어(口語)를 완전하게 표현할 수 없었기에 완전한 문자체계라 할 수는 없다.

2) 문자와 기록

문자가 인류의 진화역사에 던진 가장 큰 충격은 바로 세계를 바라보고 생각하는 방식을 완전히 바꿨다는 점이다. 뇌 속에 기억된 모든 데이터는 자유롭게 연결되어 있어 필요로 따라 정보를 마음대로 링크(link)하며 연상(추론)의 나래를 펼칠 수 있다. 오늘날 뇌의 신경세포망이 인터넷 WWW(웹)을 닮았다고 하여 신경망(neural network) 또는 브레인 웹(brain web)이라 부르기도 한다. 모든 정보들이 하이퍼링크(hyperlink) 되어 있어 쉽게 소환할 수 있다. 내가 살았던 아파트에는 연결되어 있지 않은 2개의 큰 지하주차장이 있다. 하나는 내가 사는 동(棟) 인근에, 다른 하나는 다른 동 인근에 있다. 추운 겨울에 귀가가 늦으면 내가 선호하는 인근 지하주차장은 만차가 되어버려, 할 수 없이 조금 떨어진 지하주차장에 차를 주차해야 한다. 주말이 끼어 여럿 날이 지난 후, 난 무의식적으로 인근 지하주차장으로 내 차를 가지러 갔다가 허탕을 칠 때가 간혹 있다. 그때마다 난 마지막으로 차를 주차했던 그날 있었던 행사와 작은 사건을 떠올리며 그때 만났던 사람들과 그 사람들과 한 약속들을 동시에 떠올린다. 아주 짧은 순간에 우리의 의식적 기억은 전혀 공통점이 없는 몇 날 전 먼 주차장에 주차할 수밖에 없었던 상황과 장소를 연결하고 복구해낸다. 브레인 웹이 기적과 같은 이런 일을 매일 쉽게 반복 처리하기에 내가 정상적인 생활을 할 수 있는 것이다.

문자가 발명된 후에도 인류는 뇌처럼 정보를 분류하고 정리하지 못했다. 뇌처럼 정보를 정리하는 것은 뇌가 처리할 수 있는 한도까지였다. 이 한도를 벗어나면 인간은 데이터 관리를 위한 새로운 지원시스템이 필요했다. 고대 이집트의 한 관공서에서 일하는 피라미드 건축담당 공무원은 주민과 노예를 체계적으로 관리하기 위해 쉴 새 없이 새로운 분류법을 만들고 데이터를 재배치해야 했을 것이다. 새로운 석공들이 들어오면 새 인사카드를 만든 후 재정리해야 했고, 석공의 숙련도에 따라 이들을 재분류해야 했을 것이다. 공동체가 커지고 사회가 복잡해지면서 사람들은 점점 더 많은 것을 기록해야 했는데, 이는 새로운 차원의 문제를 불러왔다. 그것은 기록한 대량의 자료 중에 당장 문제해결에 필요한 것을 찾아내는 '검색'기능이었다. 기원전 1776년 경 함무라비왕 때 왕국의 부동산소유권을 점토에 기록해 보관하였다고 가정하자. 문제는 소유권 분쟁이 발생하여 관련 문서를 찾아야 할 때 수만, 수십만 개의 점토판(tablet) 속에서 특정 점토판을 찾아내야 할 것이다. 천년이 흐른 기원전 5세기경에도 특별히 달라진 것은 없었다. 바벨론 제국의 한 은행을 운영한 마라수(Marashu) 가문은 여러 명의 유수한 유대인 가문[08]과의 거래를 점토판에 기록했다. 오늘날 컴퓨터와 데이터베이스를 이용하면 단 몇 초에 해결될 수 있는 일을 아마도 몇 날을 걸려서도 원하는 기록을 찾는다는 보장이 없었을 것이다. 여러 세기를 거치면서 데이터를 처리하는 이런 관료적 방식(카테고리를 만들어 분류하는 일, 즉 오늘날 도서관에서 책을 분류하는 것과 거의 비슷하다)은 뇌가 데이터를 처리하고 저장하는 방식과는 점점 멀어져 갔다.

3) 수학과 컴퓨터

문자에 이어 숫자의 발명은 인류의 뇌를 도와 문제해결능력을 진일보시킨 또 다른 큰 사건이었다. 9세기 이전 인도는 수치데이터를 전례 없이 정확하고 효율적으로 처리할 수 있는 불완전한 숫자체계 하나를 발명하였다. 이는 0에서 9에 이르는 10개의 기호로 이루어진 십진법이었다. 발명은 인도인이 하였지만 아랍인들이 그 유용성을 알아채고 중동과 유럽으로 퍼 날랐기에 오늘날 아라비아숫자로 불린다. 나중에 덧셈, 뺄셈, 곱셈 등의 부호가 추가되면서 오늘날 수학적 표기법의 기초가 되었다. 이러한 수학적 숫자체계는 여전히 불완전했지만 단순명료하여 전 세계에서 통용될 수 있는 표준 소통언어가 될 수 있었다. 수학적 기호로 전환된 모든 정보들은 매우 효율적으로 저장되고 분류되고 처리될 수 있었기에 대부분의 국가, 기업, 기구와 조직들은 이 체계를 이용하여 데이터를 기록하고 처리하기 시작하였다.

십진법의 기호체계는 2진수를 처리할 수 있는 기계식, 전자식 컴퓨터의 발전으로 이어졌다. 20세기 초반에 2진수에 기반을 둔 전자 컴퓨터의 데이터처리 속도는 점점 빨라졌다. 인간이 이해하는 문자와 숫자는 모두 0과 1의 조합으로 전환되며, 이것을 컴퓨터의 CPU(중앙연산장치)가 처리한 다음, 우리가 이해할 수 있는 문자체계로 다시 변환시켜주는 꿈같은 기술이었다. 이 전기식(훗날 전자식) 컴퓨터는 뇌의 인지혁명을 도

---

08 당시 바벨론제국에 의해 강제 이주되었다가 정착한 유태인 가문일 것이다.

운 역사상 가장 훌륭한 지원군이 된다. 이후 실리콘으로 만들어진 반도체 프로세서의 연산속도는 점점 빨라져 뇌를 능가하게 되었고, 엄청난 양의 데이터를 기억했다 검색해 줄 수 있어 생물적 뇌를 무색케 하는 수준에 이르렀다. 더구나 인류 역사상 가장 현명한 코드라 불리는 AI는 컴퓨터가 인간을 돕는 도구에 머무르지 않고 대체까지 할 수 있어 인간의 본질적 가치까지 위협하기에 이르렀다.

엄밀히 말하면 AI는 컴퓨터와 전기에너지가 없이는 돌아갈 수 없는 프로그램(소프트웨어)에 불과하다. 아직은 AI의 온-오프 스위치가 우리의 손에 있기에 별로 경계하지 않지만, 빠르게 학습하고 급속도로 인간 전문가를 대체할 수 있는 상황에서 인류는 급속도로 AI의 잠재적 위협에 관심을 갖기 시작했다. 한편 뇌, 신경, 인지, 생화학, 컴퓨터, 첨단소재 분야의 과학자들은 AI의 취약성과 위험성을 개선하기 위한 초국가적, 융·복합 노력을 지금도 계속하고 있다. 뇌의 약점이나 한계를 극복시켜줄 생화학물질과 AI기계, 신체적 한계를 극복시켜줄 사이보그와 로봇, 전통적 인간관계를 대체해 줄 AI 스피커, 복잡한 문제에 대한 해결책을 신속하게 제시해 줄 실리콘지성, 초지능은 더 이상 상상이 아니라 현실이 되어가고 있다. 인류는 AI라는 전례 없는 든든한 지원세력을 갖게 되었지만, 기술로 인해 소외되고 버려지는 인간의 고통은 더해 갈지 모른다. 인간 고유의 자연적 인지능력으로 해결할 수 있었던 문제는 점차 줄어들고 점점 더 기계에 의존해야 할지 모르는 인류의 운명은 장차 어디로 향할지 여전히 불투명하다.

1.4 전인미답(前人未踏): 생명의 미래

고대 제국들의 황제들을 제외하고 인간 스스로 신이라고 생각한 적은 별로 없었다. 그러나 이제 상황은 달라지는 듯하다. 긴밀한 네트워크를 통해 전래 없는 집단적 시너지를 창출하는 인류의 지성은 이제 전인미답(前人未踏)의 길로 나섰다. 21세기에 인류는 질병과 노화를 피해갈 수 있는 지적설계도를 만들어 스스로를 개조함으로써 생명체를 지배하는 물리적 힘, 화학 반응, 자연선택의 굴레에서 벗어나려 하고 있다.

'너 자신을 알라', 근대 이후 인류는 자신의 절대 무지를 깨닫기 시작하였다. 개인이든 조직이든 문제해결의 출발은 문제의 인식에서 출발한다. 무지를 인정하고 과학적 탐구의 페달을 밟기 시작한 인류에게 과학은 새로운 기회와 새로운 차원의 편리함과 재미를 제공할 것이라는 기대감을 갖게 하였다. 근래 과학조차도 풀 수 없을 거라던 문제에 대한 해답들이 하나둘씩 나오면서 인류는 가난, 질병, 노화, 죽음까지 극복할 수 있을 것이란 기대까지 하게 되었다. 많은 선진 문화권에서조차 번개와 벼락은 신이 죄인을 심판할 때 사용하는 도구로 생각하였다. 그러나 벤저민 프랭클린이 띄운 폭풍 속의 연은 번개가 단지 전기에 불과하다는 가설을 증명하였다.

번개가 전기에 불과하다는 지식은 자연을 향한 막연한 두려움을 극복하기 위한 노력의 서막에 불과했다. 인간은 신의 영역으로만 여겼던 전인미답의 '자연선택'의 영역에도 발을 들여놓기 시작하였다. 약 1만 년 전, 농업혁명이 시작되기 전 수렵채취의 시대에 인간은 배고플 때마다 자연에서 자란 열매를 채취하거나 날아다니는 새와 동물들을 사냥해서 허기를 채우는 일을 당연하게 여겼다. 그런데 인류는 자연적으로 서식하지 않는, 길들이거나 조작을 통해 새로운 혈통의 동물이나 식물을 만들기 시작하였다(하라리, 2015). 즉 농업혁명이 시작된 것이다. 구약 성경에는 고대에 이미 가축의 형질조작을 한 인물 이야기가 나온다. 자기를 죽이려는 형 에서(Esau)를 피해 외삼촌 집으로 도주한 야곱(Jacob)은 외삼촌의 가축들이 물을 마시는 개천의 주변 환경을 조작함으로써 일종의 유전자변이를 시도하였다. 그런 조작으로 점과 얼룩무늬가 있는 양과 염소가 더 많이 출산되었고, 야곱은 그것들을 삼촌의 것과 구별하여 자신의 재산으로 챙겨가는 꾀를 부렸다. 가축들이 껍질을 벗긴 아롱진 가지를 반복적으로 보게 하는 것이 그의 조작법이었는데, 비록 과학적이진 않다 하더라도 고대인이 이미 가축의 형질을 조작하는 상상력을 가졌다는 것을 유추해 볼 수 있다. 이렇게 인류는 통통한 암탉과 행동이 느린 수탉을 교배하면 먹을 고기가 많아지고 행동이 느려 포획하기 쉬운 새로운 닭이 나온다는 사실을 터득하면서 서서히 자연선택의 질서에 개입해 갔다.

지난 40억 년간 전 생태계가 자연선택의 지배를 받았다면 이제 신이 아닌 우리가 생물체의 지적설계를 할 수 있는 시대가 열리고 있다. 지적설계를 통하여 생물의 원래 형질을 바꾸는 방법은 i) 생명공학, ii) 사이보그[09] 공학, iii) 비유기물공학이 있다(하라리, 2015, 2017). 2010년 이후 합성생물학은 생명체의 기본 단위인 유전자 수준부터 직접 설계하고 합성해 하나의 온전한 생명체나 세포 소기관, 단백질로 구성되어 있는 생체시스템을 만들어낸다(김용빈 외, 2017). 염색체에서 불필요하거나 해로운 형질을 제거하고 원하는 형질만 선택할 수 있는 유전자 조작은 대표적인 생명공학기술이다. 브라질의 생물예술가인 에두아르도 카츠는 2000년에 '녹색 형광 토끼'라는 작품을 프랑스의 한 연구소를 통해 만들 수 있었다. 연구소는 흰 토끼의 배아에 녹색 형광을 발하는 해파리 유전자를 삽입하여 녹색 형광 토끼를 만들었고, 카츠는 이 동물에 '알바'라는 이름을 붙였다. 이 알바는 인간의 지적설계의 산물이며, 조작을 통해 인류가 원하는 형질만을 갖춘 생명체를 만드는 시대의 서막을 알리는 사건이었다. 사이보그는 이미 환상이라기에는 이미 부적절하다. 많은 인간들이 이미 사이보그로 살거나 더불어 살고 있기 때문이다. 생체공학 팔, 심장박동기, 망막임플란트 등을 우리 신체에 삽입하여 우리는 옛날에는 포기하였던 신체의 기능적 한계를 극복하고 있다. 이러한 기계들은 유연한 하드웨어, 이것들을 정교하게 조작하는 AI소프트웨어 그리고 뇌-컴퓨터 인터페이스(BCI)로 구성되었다.. 비유기공학은 컴퓨터 프로그램이나 바이러스 같은 무생물적 존재를 제작하는 분야이다. AI설계자들은 독립적으로 학습·진화할 수 있는 프로그램을 상상하며 개발에 매진하고 있다. 사람에게 부족한 것을 채우거나 사람의 고유한 가치와 기능을 대체할 수도 있는 신생 지성체의 미래는 6장 「실리콘지성」에서 다시 논의할 것이다.

소위 의식이 있는 기계가 세상에서 활개 칠 특이점의 시대에 우리는 생명(life)의 본질을 한 번 더 생각할 필요가 있다. 생명을 어떻게 정의하느냐에 따라 미래 생명의 형태와 가능성에 대한 스펙트럼은 무척 넓어지기 때문이다. 현대 과학자들은 생명의 본질을 매우 폭넓게 해석하는 경향이 있는데, 테그마크(2017)도 그런 학자그룹에 속한다. 테그마크는 특히 '세포로 구성되어야 한다'는 생물적 조건이 달릴 경우, 범용AI, 실리콘지

09 사이보그는 유기물과 무기물을 하나로 결합시킨 존재다.

성, 초지능 등은 제외되는 한계를 지적하였다. 그래서 테그마크는 생명을 단순히 "자신의 복잡성을 유지하고 복제할 수 있는 과정"으로 폭넓게 정의하였다. 복제 대상은 물질(원자)만이 아니라 정보(비트)이고, 이 정보는 원자의 배열을 구체적으로 설명한다. 그래서 생명은 자기 복제를 위한 정보처리시스템으로써, 정보(소프트웨어)는 해당 개체의 행동과 하드웨어의 설계도를 결정한다. 그는 생명을 라이프 1.0,, 2.0., 3.0으로 구분하였다. 라이프 1.0은 살아가면서 하드웨어와 소프트웨어를 다시 설계할 수 없는 수준이다. 오직 DNA에 의해 결정되고 여러 세대에 걸친 진화로만 변할 수 있을 뿐이다. 이와 대조적으로 라이프 2.0은 소프트웨어의 상당 부분을 다시 설계할 수 있다. 인간은 언어, 스포츠, 직업 능력 등 복잡한 새 기술을 시간이 다소 걸리지만 학습할 수 있다. 때로 자신의 가치관과 목적을 근본적으로 변형하거나 바꿀 수도 있다. 끝으로 라이프 3.0은 아직 지구상에 온전히 존재하지 않는 미래의 생명으로 규정하였다. 이들은 소프트웨어와 하드웨어를 극적으로 재설계할 수 있으며 인간처럼 학습을 하고 스스로를 바꾸는 데 오랜 시간을 요구하지도 않는다.

라이프 1.0은 단기간에 재설계의 대상이 될 수 없이 오랜 세월을 견디는 생물적 진화의 방식으로만 변형될 수 있는 생명이다. 최근까지만 해도 인간은 라이프 1.0에 머물렀지만 뇌과학, 신경과학, 유전공학, 사이보그공학, AI 등의 도움으로 라이프 2.0에 진입하고 있다. 이제 인간은 스스로를 개조하고 재설계할 수 있는 도구들을 가지게 되었고, 비교적 단기간에 자신의 형질을 바꿀 수도 있게 되었다. 라이프 3.0은 비유기물공학에 의한 미래의 생명체이다. 이 생명체는 스스로 복제할 수 있는 정보처리시스템으로써 생명을 확대 정의할 때만 범주에 넣을 수 있는 생명이다. 컴퓨터, AI, 전뇌에뮬레이션, 뉴로모픽 칩, 로봇공학, 합성생물학 등의 기술로 인간 스스로 또는 초지능 기계가 직접 설계하고 또 재설계할 수 있는 지성체이다. 대다수의 인류는 비유기물공학에 의한 라이프 3.0 생명체를 받아들일 준비가 덜 되어 있다. 사망 전 뉴로모픽 칩으로 복제된 뇌, 3D 프린터로 시뮬레이션된 인공뇌, 고도의 인지능력을 부여받는 AI로봇 등, 그것들이 물리적 형태를 가졌든 그렇지 못하든 우리와 동등한 생명으로 인정하는 데 필요한 인식론적, 법적, 사회적 준비가 전혀 되어 있지 않다.

근래 자유주의가 인본주의 종교전쟁에서 이겼고 현재 이 자유주의를 대체할 마땅

한 대안적 이념도 없다. 그렇다면 이 자유주의가 변화의 소용돌이 가운데 있는 인류를 위한 최선의 이념이 될 수 있을까? 자유주의의 성공 그 자체에 인류가 외면하려는 파멸의 불씨가 도사리고 있다면 어찌할 것인가? 승리한 자유주의는 이제 인류에게 불멸, 행복, 신성을 추구하라고 강요하고 있다. 과학자와 공학자들은 고객과 시장의 절대적 지상명령에 등 떠밀려 라이프 3.0의 완성에 모든 에너지를 쏟아붓고 있다. 하지만 과학자들이 발견하고 있는 것과 공학자들이 개발하고 있는 것들은 자유주의 세계관에 내재된 결함과 고객과 시장의 무분별과 충동성을 은연중에 폭로할 것이다. 유전공학과 AI가 가진 궁극의 잠재력을 드러내면 자유주의, 민주주의, 시장경제는 돌칼, 카세트테이프, 이슬람교와 공산주의만큼이나 낡은 것이 될 것이다(하라리, 2017).

1.5 우리는 얼마나 준비되었는가?

인류가 새로운 생명의 영역으로 발을 내딛기 위해서는 그것을 포용할 수 있는 인식론적, 사회적, 도덕적 인프라가 마련되어 있어야 한다. 특이점[10]의 도래로 인한 변화와 혁신을 촉진하고 그 결과를 수용할 수 있는 정신적 완충지대가 없다면 새로운 기술의 연착륙과 지속적인 변화는 어려울 것이다. 흔히 변화와 혁명을 말할 때, 인류의 사고방식과 인지역량을 획기적으로 바꾼 역사적인 사건들만 생각하기 쉽다. 1789년 프랑스혁명, 1848년 유럽의 연쇄적 민주화 혁명, 1917년 러시아 혁명... 이런 굵직한 역사적인 사건을 계기로 인류는 개인의 권리(욕망추구를 통한 행복할 권리)를 강화하고 그것을 보장해 주는 새로운 거버넌스(governance, 통치)의 길을 설계하고 실현할 수 있었다. 정치적 리더를 직접 뽑고, 그 리더를 견제할 수 있는 대표자들을 직접 뽑는 의회

10 레이 커즈와일(Ray Kurzweil)은 기술적 특이점(technical singularity)을 기계, 특히 AI가 인간의 지능을 능가하는 역사적 시점으로 정의하였다.

민주주의, 삼권분립 등은 현재까지 인류가 생각해낸 최고의 지적 장치물이 아닐 수 없다.

21세기, 한 해(year) 한 해는 과히 매해(每年)가 혁명적이라 아니할 수 없을 정도로 철학·사조·기술·상품의 생명주기는 계속 짧아지고 있다. 요즈음 불과 30세밖에 되지 않은 젊은이조차도 십대를 향해 "내가 어렸을 때는 그렇지 않았는데... 어떻게 그렇게 행동할 수 있지?"라는 말을 쉽게 내뱉는다. 30대 그들이 10대였을 때 가지고 놀았던 SNS와 게임들은 지금 세대의 그것과는 기능, 용도, 속도, 다양성이 엄청나게 달라졌기 때문이다. 네트워크 속도 자체가 빨라졌기에 SNS를 통한 상호작용 속도나 집단몰입 속도가 엄청 빨라진 한편, 과잉을 우려하여 초고속 소통기술 자체를 혐오하는 반기술 집단의 반발도 공존하고 있다. 이제 현대 인류에게 있어 '변화'는 변수가 아니라 '상수'이며 선택의 문제로 자리 잡았다.

인류가 자신을 속박하고 있는 이념적, 정신적 족쇄를 스스로 해체하면서(종교는 흔히 이를 '타락' 또는 '세속화'로 부른다.) 혁신과 변화의 쌍두마차에 올라타게 하는 마약 같은 사조는 바로 '자유주의'였다. 르네상스 이전, 가톨릭 교리가 전 인구의 1/4을 지배하던 중세시대에 인간의 욕망은 죄의 근원이므로 억눌러야 하는 대상이었다. 이제 욕망이 더는 죄가 될 수 없으며, 욕망의 대상도 고삐 풀린 망아지처럼 해세되어 우리가 선택할 수 있는 거대한 '행복'과 '쾌락'의 메뉴는 늘어만 가고 있다. 오늘날 인류는 개인주의, 인권, 평등주의, 자유경쟁이라는 자유주의 종합선물세트를 받아들고 마냥 행복해 하지만 한편으로는 해체되어 가는 존재로 살아가고 있다.

1) 우리는 얼마나 자유로운가?

자유주의로 인해 우리는 '다름(difference)'에 대해 관대해질 수 있었다. 그렇지만 자유란 인류에게 양날의 칼과 같다. 자유주의자들은 개인이 자유의지(free-will)를 가졌다고 믿으며, 자유의지를 어느 누구도 속박할 수 없는 하늘이 내린 권리로 여긴다. 현대 민주주의의 유권자의 투표나 자유경쟁시장에서의 소비자의 선택은 결코 무작위적 우연의 산물이 아니라 각자가 자유의지를 행사한 결과라는 것이다. 그래서 경쟁적 자유시장에서는 소비자가 왕이며, 민주주의 국가에서는 투표권을 가진 시민들이 주인이 된다. 자유주의자들은 세상과 삶에 구체적인 의미와 가치를 부여하는 것도 독립된 자아를 가진 개인들이라고 믿는다. 그래서 매일 뉴스를 장식하는 인물, 조직, 사건·사고들에 대한 느낌과 판단은 모두 개인의 영역이므로 그것을 누군가가 관여하려 든다면 사생활 침해요 인권침해로 비난받는다(하라리, 2017). 2016~17년 우리 사회를 뒤흔든 댓글사건(국정원, 드루킹 사건 등)은 개인이 이념과 정당을 선택하는 자유의지에 영향력을 행사하여 특정 집단의 정치적인 목적을 달성하려 했다는 이유로 대중의 비난을 받았고 법의 심판대 앞에 서게 되었다. 그렇지만 외부의 자극과 설득에 의해 쉽게 변할 수 있는 것이라면 개인에게 허락된 자유가 무슨 소용이 있겠는가?

오늘날 첨단 생명과학이 열거하는 대담한 업적들은 자유의지의 존재와 그 정당성을 심각하게 허물고 있다. 18세기만 하더라도 인간의 몸은 신비한 블랙박스였고, 그 내면의 작동기제를 이해하는 것은 우리의 능력 밖이라고 생각하였다. 따라서 누군가 살인을 했다면 그 사람은 자신의 행위에 대해 온전히 책임을 지는 것이 당연했다. 그는 이유를 불문하고 사람을 죽이려는 자유의지를 행사하였고, 그 의지의 결과(살해당한 시신)를 증거로 남겼기 때문이다. 하지만 19~20세기에 들어서면서 뇌과학자, 신경과학자, 해부학자, 생물학자 그리고 인지심리학자들은 인간의 정신세계를 해체하여 그 속을 들여다보기 시작했다. 그들은 인간의 몸속에서 영혼, 자유의지, 자아와 같은 기제를 발견할 수 없었고, 여느 동물처럼 물리적, 화학적 법칙만이 지배하는 유전자, 호르몬, 혈액, 신경다발만 보았을 뿐이다(하라리, 2017). 그래서 오늘날 범죄 프로파일러들은 살인범의 살인행위보다 숨겨진 범죄동기를 먼저 찾아 나선다. '그가 그런 끔찍한 짓을 한 이유는 뇌에서 발생한 이러저러한 생화학적 작용 때문이고, 그런 작용이 가능했던 것은 특정 유전자 구성 때문이다. 그리고 범인이 이런 염색체를 가지게 된 것도 이 사람의 책임이라기보다 우연한 돌연변이와 오래된 진화가 만들어낸 합작품이다'라는 결론을 내리면서 살인이라는 행동과 살인자의 귀책사유를 순식간에 분리해 버린다. 이런 논리는 살인자가 유전자와 뇌작용의 우연적 희생자라는 동정심을 자극하여 형량을 낮출 수 있지만, 피해자나 유족의 억울한 감정까지 잠재울 수 없다.

동물들 중에 자살하는 동물은 인간이 유일하다. 자살은 어쩌면 자유의지의 극단적인 표출로 볼 수 있다. 2016년 우리나라 자살률은 인구 10만 명당 25.8명으로 여전히 OECD 국가들 중에 1위를 기록하다 최근 2위로 내려왔다. 자살의 배후로 자주 지목되는 정신질환은 우울증이다. 우울증은 뇌 속 화학물질의 불균형으로 자살 충동을 느끼는 비정상적인 현상이다. 확실한 원인은 아직 완전히 밝혀지지 않았으나 다양한 생화학적, 유전적, 환경적 요인이 우울증을 야기하는 것으로 알려져 있다. 특히 뇌의 신경전달물질(노르에피네프린, 세로토닌, GABA 등)과 호르몬(갑상선, 성장 호르몬, 시상하부-뇌하수체-부신피질 축)의 불균형, 생체 리듬의 변화와 관련이 있다. 그렇다면 우울증에 의한 자살은 그 사람의 자유의지라기보다 뇌의 화학물질의 불균형이 충동질한 것으로밖에 볼 수 없다. 그렇다면 자살이 한 인간이 자신의 자유의지를 실현한 결과로 볼 수는 없지 않은가?

사람들은 이제 화학전문가가 아님에도 자신이 사용하는 화장품, 샴푸, 약품, 음식 등에 어떤 성분이 들어가는지 그리고 그것이 유해한지 아닌지, 구체적으로 어떻게 내 몸 안에서 작용하는지를 알고 싶어 한다. 그래서 오늘날 홈쇼핑이나 전자카탈로그는 제품에 포함되는 구성성분들에 대해 최대한 상세한 정보를 제공해야 한다. 국회가 만든 '소비자정보법' 중 소비자기본법 10조 '표시의 기준'을 보면 상품명·용도·성분·재질·성능·규격·가격·용량·허가번호 및 용역의 내용 등을 표시하도록 정하고 있다. 이제 사람들은 자신도 모르게 자신을 해칠 수 있는 무수한 것들이 주변에 있으며 그것들로부터 자신을 지켜야 한다는 자유의지가 작동된 듯하다. 즉 정확하게 규정할 수 없는 유해한 환경과 물질 그리고 그것들의 영향을 받는 뇌의 생화학적 작용이 때로 자신의 자유의지를 꺾고 범죄자가 되게 하며 심지어 높은 곳에서 뛰어내리게 만든다는 사실을 이해하기 시작한 것이다. 이렇듯 자유의지는 강력한 '생화학물질'이 횡포에 속수무책일 경우가 훨씬 많다.

이에 하라리(2017)는 '자유의지'란 인간이 가공한 상상 속 이야기로만 존재한다고 보았다. 그는 다윈의 진화론이 자유의지 개념을 후퇴시켰다고 보았다. 그는 자연선택이 되어 현재에 이른 인간이 어떻게 자유의지를 가졌다고 할 수 있느냐고 반문한 것이다. 진화론에 의하면 동물들의 모든 선택(습관이든 음식이든 배우자든)은 게놈

(genome)에 각인되어 있는 암호에 따라 이루어진다. 적응력이 높은 유전자 덕분에 영양분이 풍부한 식물을 고르고, 건강하고 생식력이 활발한 짝과 교미를 한다면 그 유전자는 다음 세대로 계속 전달될 수 있었다. 만일 동물과 식물들이 짝지을 배우자를 '자유의지'로 선택하였다면 '자연선택'이 할 일은 없어진다. 그런데 사람들에게 매일 먹는 음식, 매일 타는 교통수단, 지금과 사는 배우자를 '자연선택'에 의한 것이라고 하면 동의하지 않는다. 지구상의 몇 나라를 제외하고 사람들은 자유를 만끽하고 자신의 욕망과 목표에 따라 무언가를 결정한 것이라 믿는다. 자신의 욕망에 따라 행동하고 때로 억제하는 능력을 '자유의지'라고 정의한다면 그 말은 맞다. 그런데 우리가 느끼는 욕망은 뇌 속에서 생화학적 과정이 만들어낸 느낌이라면 어쩔 것인가. 그런 과정들은 결정론적이거나 무작위적일 뿐 자유의지에 의한 것은 아니다. 예를 들어, 좋거나 나쁜 어떤 상황에 대해 뇌가 대응하는 방식은 자유의지가 순간적으로 결정했다기보다 뇌를 통해 유전된 그 사람의 게놈과 경험에 의해 후천적으로 프로그램된 알고리즘에 의해 결정될 수 있다.

AI가 인간의 뇌를 모방한다고 하지만 뇌와는 전혀 다른 방식으로 데이터를 처리한다. 오늘날 우리가 경험하는 대부분의 AI는 빠른 컴퓨터의 도움이 없다면 무용지물에 불과한 소프트웨어일 뿐이다. 그렇다면 딱딱한 컴퓨터와 프로그램 코드로 우리는 뇌의 생화학 작용을 어느 정도 흉내 낼 수 있을까? 뇌를 이해하면 할수록 궁극의 AI, 실리콘지성에 다가서는 데 우리가 가진 도구가 절대적으로 빈약하다는 사실을 새삼 깨닫는다. 저자는 당초 실리콘지성에게 '자유의지'와 비슷한 자율성과 독립성이 어느 정도 허용해야 할 것으로 전제하였지만, 차츰 생각이 바뀌었다. 인간에게 조차 불명료하고 일관성이 결여된 '자유의지'코드를 미래의 AI에 왜 부여해야 하는지 그리고 어떻게 부여할 수 있을지 확신할 수 없었기 때문이었다. 그럼에도 테그마크(2017)는 AI에 부여될 인공의식에게도 자유의지가 있음을 주장하며 다음과 같은 의미심장한 말을 던졌다.

> "의식이 있는 의사결정자는 자신이 자유의지가 있다고 주관적으로 느끼게 되며, 이는 그 개체가 생물적인지 인공적인지와 무관하다"

그렇다면 인간에게만 한정해서 사용해 왔던 '자유의지'개념을 폐기하거나, 인간과 기계 모두가 보편적으로 공유할 수 있는 개념을 정립하거나 아니면 AI만을 위한 개념을 정립할 필요가 있을 것 같다.

이어지는 3장 「뇌와 신경계」에서 우리는 뇌의 디테일한 것들을 살펴보면서 우리의 정신작용, 의식과 무의식에 대한 해부학적, 생리학적 메커니즘에 좀 더 다가갈 것이다. 뇌를 깊이 이해하면 할수록 독자는 인간을 닮은 실리콘지성(범용AI)과 초지능을 만들겠다는 인류의 야심이 만용처럼 느껴질 것이다. 인간과 소수의 동물들에게만 허락된 '의식'의 기제가 기계들도 가질 수 있다니... 그것은 제2 유형의 지성체의 출현과 그것을 수용한다는 전제에서 출발할 수 있다.

[심화 이론]

자유의지의 뇌과학적 해석

신경과학자 데하네(2017)는 '자유의지'를 컴퓨터 시뮬레이션으로 모방할 수 있는 비결정적, 자율적 뇌의 작용으로 보았다. 그는 뇌라는 '생물기계'가 결정하는 것이 그 사람의 '자유의지'라고 봐도 무방하다고 하였다. 즉 프로그램된 AI가 내리는 결정이나 생물적 뇌가 내리는 결정이나 둘 다 모두 '자유의지'의 산물이라는 것이다.

사람들이 내리는 결정들을 2가지 직관으로 구분할 수 있다. 그 직관이란 바로 결정이 지니는 근본적인 비결정성(indeterminacy. 의심스러운 부분)과 자율성(autonomy. 존중해야 할 생각)이다. 뇌의 상태는 분명히 아무런 원인 없이 일어나지 않으며, 물리법칙을 벗어나지도 않는다. 하지만 우리의 의사결정은 아무런 방해 없이 자율적으로 하나의 행동을 취하기 전에 그 장단점을 신중하게 검토하면서 진행되므로 순수한 의미에서 항상 자유롭다. 그 결과 결정이 내려질 때 그것을 "자발적 결정(voluntary decision)"이라 할 수 있다. 비록 그것이 궁극적으로 우리의 유전자, 인생경험, 신경회로에 새겨진 가치판단에 의해 이루어졌다 하더라도 그렇다. 우리의 결정은 즉흥적으로(spontaneous) 이루어지는 뇌활동의 역동성 때문에 심지어 자신조차 예측할 수 없을 때도 있다. 하지만 이 예측 불가능성은 자유의지를 정의하는 특징이 아니며 또한 절대적인 비결정성과 혼동해서도 안된다. 중요한 것은 자율적인 의사결정이다.

따라서 인간을 "자유의지를 가진 기계(machine with free-will)"라 하더라도 논리상

모순이 아니며 단지 인간이 어떤 존재인지를 단적으로 말한 것일 뿐이다. 나는 자체의 행동 과정에 대해 의지를 가지고 결정할 수 있는 인공적인 장치를 상상하는 데 아무런 문제가 없다고 본다. 비록 우리 뇌의 구조가 컴퓨터 시뮬레이션처럼 완전히 결정론적이라 하더라도 여전히 그 뇌가 일종의 자유의지를 행사한다고 말해도 무방하다는 것이다. 신경구조가 자율성과 사고과정을 나타낼 때는 항상 그것이 '자유로운 마음(free mind)'이라 해도 좋다. 그리고 일단 그 메커니즘을 파악하면 인공적인 기계가 그것을 모방하는 법을 배우는 것도 가능할 것이다.

160억 개의 대뇌피질 신경세포(뉴런)로 구성된 진화된 네트워크가 데이터를 처리하는 방식은 우리의 상상을 초월한다. 신경세포의 상태는 부분적으로 자율적인 방식으로 끊임없이 변동하면서 개인적인 사고가 이루어지는 내면세계를 만들어낸다. 신경세포는 심지어 똑같은 감각 입력을 받을 때라도 그때의 기분, 목표, 기억에 따라 다르게 반응한다. 비록 우리가 색상, 모양, 움직임 등을 부호화하는 일련의 신경세포를 똑같이 공유하더라도, 오랜 기간에 걸쳐 시냅스를 선택하고 제거하면서 우리의 뇌는 각기 다르게 다듬어지며, 그 결과 뉴런들의 상세한 조합들이 다르게 조각되며, 결과적으로 모든 사람들은 독특한 형질을 갖게 되는 것이다(Dehaene, 2014).

유전적 규칙, 경험, 우연 등이 교차되면서 형성되는 신경세포 부호(neuronal code)는 순간마다, 개인마다 독특하다. 이렇게 다양한 상태는 환경과 결부되지만 그것에 지배되지 않는 풍부한 내적 표상(inner representations)을 만들어낸다. 고통, 아름다움, 욕정, 후회와 같은 주관적인 감정은 이 동적인 환경 가운데 안정적인 신경세포들과 조응한다. 그들은 본질적으로 주관적이다. 왜냐하면 뇌의 역학에 의해 뇌에 주입되는 현재의 입력 데이터는 과거의 기억, 미래의 목표로 이루어지는 직물 속에 함께 짜임으로써 생소한 감각적 입력 데이터에 개인의 경험층이 덧붙여지기 때문이다. 이 절묘한 생물기계가 바로 지금 우리의 뇌 속에서 작동하고 있다. 자 그렇다면 우리가 말하는 자유의지는 뇌 속에서 순간순간 만들어지는 신경세포집합이라 하지 않을 수 없다.

註. 이 내용은 데하네(2017, 468~474)를 참고하였으며, 자유의지, 뇌의 작용, 인공의식의 관계에 관한 논의는 하라리(2017, 390), 테그마크(2017, 415~) 등의 문헌에서 더 볼 수 있다.

2) 우리는 영생(永生)할 수 있을까?

생물적 존재로써 인간은 젊을 때는 매력적이며 왕성하게 사회활동을 한다. 높은 연봉을 받으며 남으로부터 부러움을 받는 삶을 살고 싶고, 은퇴 후 건강하게 오래 장수하고 싶어 한다. 우리가 오랫동안 행복하게 살려는 것은 본능이지 자유의지의 산물은 아니다. 우리의 유전자는 물론 뇌의 생화학적 물질도 인간이 생존하도록 이끌지 그 반대는 결코 아니다. 삶과 죽음이라는 이분법도 이제 진부한 패러다임이 될 수 있지 않을까? 건강한 뇌와 육체를 더 오랫동안 유지할 수 있다면 단순히 수명을 연장하는 것이 목표가 아닌 연장된 삶의 질에 대한 욕구가 더욱 기승을 부릴 것이다. 종교나 수행을 통해 이 본능적 욕망을 아무리 억제한다 한들 이 욕망을 실현해줄 저렴한 기술이 우리 손에 들려 있다면 그것을 사용하지 않을 소비자는 없을 것이다.

인간은 영생을 향한 자신의 욕망을 기술적으로 해결하려 할 것이고 이제 그것을 가능하게 하는 도구들이 하나씩 영생상점(eternal life shop)에 나와 있다. 과학 연구에 몸담고 있지 않은 보통 사람들조차 이제는 병이나 죽음을 기술적 문제로 생각하는 경향이 늘어가고 있다(하라리, 2017). 치명적인 사고사가 아니라면 모든 죽음은 병이 원인이며, 그 병은 원인 바이러스와 균, 돌연변이 세포, 취약한 면역력 때문이다. 현재 모든 병을 치료할 수 있는 약이나 비수술적, 외과적 수술방법이 구비된 것은 아니지만 머지않은 장래에 치료제와 기술이 개발될 것이란 희망을 대부분 현대인들은 품고 산다. 오늘날 특수처리 된 후 냉동되어 보관되고 있는 수백 구의 시신들은 돈 많은 몽상가들의 기괴한 자기아집으로만 볼 수 없다. 미래 기술에 대한 무한 신뢰와 개인의 영생욕구가 가져다준 현상일 수 있다.

인간의 탐구적 속성, 문제해결 지향성은 적절하게 동기부여만 된다면 브레이크 없는 자동차마냥 마구 돌진할 것이다. 의사들과 과학자들이 노화와 죽음의 문제를 해결하고자 마음먹기만 한다면 문제의 끝을 볼 때까지 물러서지 않을 것이다(싱클레어 & 러플랜트, 2020). 2013년 구글은 '죽음 해결하기'가 창업 목표임을 밝히는 '칼리코(Calico)'라는 자회사를 설립했다. 칼리코는 의학, 신약개발, 분자생물학, 유전학, 전산생물학 분야의 학자들이 모여 노화억제와 생명연장을 위한 학제간 연구를 수행하는 연구기관이다. 이제 인류는 생명공학, 사이버네틱스(인조인간 제조) 그리고 비유기체 합성 기술을 통하여 스스로를 불멸의 존재로 업그레이드하는 대장정에 이미 돌입하였다.

인간이 소멸되지 않고 영원히 살 수 있다는 것은 어떤 의미일까? 현재 우리는 '불멸(不滅)'을 육체적으로 이미 소멸한 과거의 어떤 인물과 사상 그리고 정신이 유형물(기록물, 유물, 박물관 등)을 매개로 관념적으로 현재의 우리에게 전달되는 현상을 말한다. 그렇지만 과학기술은 더 이상 불멸을 관념적인 비현실에 머물게 하지 않을 것이다. 다가올 미래에 불멸이란 오감으로 느낄 수 있는 가상적 존재가 영원히 실재하는 상태를 의미할 수 있다. 통상 우리의 의식과 정신은 피와 살로 구성된 유기적 육체, 특히 뇌에 깃들어 살지만 이 육체가 쇠하면 그 의식도 자연 소멸된다. 그러나 과학자와 기술자는 인간의 육신을 닮은 유기적 또는 무기적 하드웨어(예: 로봇)를 만들고 그 육체를 채울 인공의식을 만들어 영원을 향한 인간의 욕구를 채워주려 할 것이다. 뇌과학자 데하네, 미래학자 보스트롬은 이미 인간의 뇌를 모방한 컴퓨터 코드의 가능성을 예언하고 있다. 처음에는 죽은 사람의 사고방식과 지적활동을 유사하게 닮은 인공뇌(전뇌 에뮬레이션)의 출현을 보게 될 것이고, 이어 인공뇌가 통제할 인공 오장육부가 하나씩 선보일 것이다. AI스피커, 사이보그, 실리콘지성(범용AI), 초지능 등으로 이어지면서 인류의 진화는 계속될 것으로 예상된다. 지금 인류는 자연선택을 지적설계로 대체하고 생명을 유기적 영역에서 비유기적 영역으로 확장하는 변곡점에 서 있다.

인간이 스스로를 계속 업그레이드해 행복과 불멸을 추구한다는 것은 자신의 생물학적 기질을 변형하고 제어함으로써 노화를 늦추거나 극복하는 것을 의미한다. 우리는 노화, 질병, 죽음 등 각종 고통스런 상황을 회피하기 위해 자신의 몸과 정신을 재설계하고 노후화된 신체를 다른 유·무기적 기계로 대체하고자 하는 욕망을 결코 중단하지 않을 것이다. 현대의 과학기술은 그것을 가능하게 하는 도구들을 만들 것이며, 일단 그런 도구를 손에 넣은 이후, 인간과 이 세상이 어떻게 변할지 예측하기는 쉽지 않다. 여러 가지 시나리오들 중, 우선 우리의 후손들은 아마도 제우스와 인타라처럼 약점, 꼬인 구석, 한계를 가질 테지만 우리보다 훨씬 더 큰 차원에서 사랑하고 증오하고 파괴할 수 있을 것이다. 기술 인본주의자들이 두 번째 인지혁명이라고 부른 이런 일이 우리에게 만일 일어난다면, 세계는 어느 때보다 효과적으로 데이터를 전달하고 처리할 수 있지만, 집중하고 꿈꾸고 의심하지 않는 톱니바퀴 같은 인간을 생산할 수도 있다(하라리, 2017). 결론적으로 우리의 후손들은 AI와 로봇처럼 유·무기질의 제2의 지성체와 더불어 이 행성이나 아니면 다른 행성으로 옮겨가 영원히 살게 될지 모른다.

1.6 미래의 반려기술

'발전', '혁신'이라 불리는 초고속열차는 이미 역을 떠나 다음 역을 향해 질주하고 있다. 과학과 기술의 발전은 일반 사람들이 알고 있는 수준보다 훨씬 더 빠른 속도로 진행되고 있다. 우리는 이미 1세기 전과 비교할 수 없을 정도로 많은 기술과 도구, 소프트웨어, 다양한 서비스의 도움을 향유하며 살고 있다. 과학기술의 발전 속도를 감안할 때 우리를 도울 이 반려자들의 메뉴는 계속 풍성해질 것이며, 우리가 욕망하는 미래의 반려기술 목록 역시 변할 것이다. 그 반려기술은 어떤 것들이며, 이것들을 가능하게 하는 기초기술들은 어떤 것들이 있을까?

21세기도 신기술의 잠재력에 대한 학자들의 태도는 확신에 차 있다. 기술이 더는 신체적 보조수단에 그치는 것이 아니라 인간의 실존과 정체성까지 바꾸리라는 점이다. 뇌과학자 이케가야(2015)는 의학, 수학, 물리학, 기계공학 등의 과학들이 힘을 합쳐 새로운 AI, 즉 마음까지 가진 지성체를 상정하였다. 그러나 인간의 뇌는 전혀 다른 방식으로 작동되는 AI의 마음을 완전히 이해하지 못할 것이다. 하라리(2017)는 이 인간개조 실험열차를 '호모 사피엔스'라 불리는 징거징을 떠나는 막차로 표현하였다. 인류가 이 마지막 기차를 놓치지 않으려면 21세기 신기술을 이해해야 하고, 특히 생명공학, AI, 컴퓨터 알고리즘의 힘을 이해해야 한다. 4차 산업혁명을 이끄는 이러한 기술들은 19세기 산업혁명의 주역이었던 증기기관, 20세기 정보혁명의 주역이었던 컴퓨터와는 비교할 수 없을 정도로 새로운 패러다임의 변화와 태풍 같은 변화를 몰고 올 것이다. 21세기의 주력상품은 우리의 육체, 뇌, 마음을 향한 것이고, 이 몸과 뇌를 설계하고 다스릴

줄 아는 사람과 그렇지 못한 사람의 격차는 과거와 견줄 수 없을 정도로 커질 것이다. 하라리는 21세기의 이 도발적 '발전'의 열차에 올라탄 사람들은 창조와 파괴를 주도할 수 있는 전인미답(前人未踏)의 경지에 도달할 수 있지만, 그렇지 못한 사람들은 진화의 휘몰이 속에서 멸절될 수 있다고 경고하였다.

'인간혁명'이라 불리는 기술은 크게 인간개선기술(technology for improvement), 인간개조기술(technology for redesign), 인간대체기술(technology for replacement)로 나눌 수 있다. 인간개선기술은 인간의 취약한 부분을 강하고 효율적으로 만드는 기술이다. 약간의 도움이나 훈련을 통해 인간이 가진 한계를 극복하고 역량을 업그레이드할 수 있도록 돕는 기술이다. 20세기 중반에 출현한 컴퓨터는 인간개선에 크게 기여하였다. 판단과 결정 그리고 행동을 돕는 대부분의 시스템들(business intelligence(BI)), 비즈니스정보시스템(BIS), 스마트폰과 앱(applications), 스마트워치 등이 여기에 해당된다. 오늘날 뇌과학의 발전으로 뇌의 특정부위를 자기로 자극함으로써 환자의 불편한 증상을 완화하거나 제거하는 기술도 모두 인간개선기술로 볼 수 있다. 인간개선기술은 인간의 주변을 서성이다가 인간에게 문제가 생겨 요청을 하면 끼어드는 수준의 기술들이다.

인간개조기술은 취약한 인간의 일부를 조작하거나 치환함으로써 인간의 본질적 형질을 바꾸거나 업그레이드 하는 기술이다. 신체의 일부가 되기도 하므로 컴퓨터 기술만으로는 충분치 않고 생명과학과 의학 등의 바이오기술이 가세하여 돕는다. 이미 많은 사람들이 가지고 다니거나 아니면 몸속에 장착하여 건강을 지키고 생명연장에 도움을 받는 것들이다. 당뇨병 환자들을 위한 자동인슐린분비기나, 인슐린펌프기, 심장병 환자들을 위한 인공심박동기와 같은 의료기기들이 여기에 해당된다. 유전공학은 인간개조에 필요한 강력한 또 다른 도구이다. 1990년 중반, 유전체 정보인 DNA 염기서열을 빠르게 읽을 수 있는 기술(Automated DNA Sequencing)이 출현하였고, 많은 양의 유전자 서열 정보를 신속하게 처리할 수 있는 성능 좋은 컴퓨터가 출현하였다. 소위 시스템 (또는 전산) 생물학은 생명체의 유전체 및 유전체를 구성하고 있는 유전자들에 대한 데이터를 기반으로 여러 구성요소들이 어떻게 상호작용을 함으로써 생명체를 구성하고 그 기능을 수행하는가를 알 수 있어 질병치료에 모듈개념으로 접근할 수 있다(김용빈 외, 2017). 보스트롬(2017)은 인류가 유전자 선별 등을 통하여 생물학적 인지능력을 충분히 향상시킬 수 있다고 보았으며, 그렇게 향상된 인지능력으로 인류는 미래에 겪게 될 더 큰 위협[11]들에 더 잘 대처할 수 있을 것으로 보았다. 증강된 인지능력으로 스스로를 더 잘 통제하고, 보다 나은 통제방법을 찾음으로써 폭발할 수 있는 세상의 갈등들을 더 쉽게 조기에 해결할 수도 있다. 그런데 이런 일을 실리콘지성이나 초지능이 대신할 수도 있는데, 그게 바로 인간대체기술 목록이다.

인간대체기술은 다양한 문제영역에서 인간을 배제하거나 대체하는 독자적 인공지성체를 전제한다. 처음 개발할 때를 제외하고는 인간의 개입은 최소화되며 홀로 설 수 있는 범용AI 또는 AI로봇들이다. 많은 전문가들이 인류에게 직접적인 위협이 될 수 있다고 경고하는 대상으로써 AI로봇, 전문가시스템, 실리콘지성(범용AI), 보스트롬(2017)의 초지능(super-intelligence)이 여기에 해당된다. 바둑 전문가시스템 알파고는 프로그래밍하고 학습하는 과정을 제외하고, 홀로 인간 바둑 마스터와 대국을 할 수 있다. 보스트롬이 우려하는 초지능은 스스로 학습하고 자신에게 해가 될 수 있는 인간의 간섭을 차단하고 독자적 결정을 내릴 수 있다. 그런데 그 결정이 늘 인간에게 이로울 것이라고 단언할 수는 없다.

하라리(2017)는 자신의 단점과 취약한 것들을 기술적으로 보완함으로써 인류는 머지않아 완전히 새로운 종으로 탄생할 것을 예언하였다. 인간이 힘들어하거나 취약한 부분을 대체하거나 보완하기 위한 기술 리스트는 지금도 계속 생성중이다. 그는 인간이 지적설계를 통하여 생물의 원래 형질을 바꾸는 방법으로 i) 생명공학(뇌와 유전자 관련 기술), ii) 사이보그[12] 공학, iii) 비유기물공학을 들었다. 인류가 최근까지 일궈낸 생명(유전)공학의 쾌거는 일일이 열거조차 하기 힘들 정도다. 동물의 형질의 결정을 자연선택에 맡겨두지 않고 개입하는 일들이 대표적이다. 발일에 특화된 거세한 황소, 동물예술가 카츠가 프랑스 연구소에 의뢰해 만든 녹색형광토끼(알바), 동물을 이용한 인간장기육성, 유전자조작 젖소, 멸종동물의 복원 등 윤리적 문제를 일으킬 소지가 충분

11 보스트롬의 위협은 기계지능형태의 초지능의 출현을 의미한다.

12 사이보그는 유기물과 무기물이 하나로 결합된 존재다.

히 있는 프로젝트를 포함하여, 몇십 년 안에 우리는 인간의 생리기능, 면역계, 수명, 정서적 능력까지 크게 변화시킬 수 있는 기술들을 손에 쥘 것이다.

우리는 이미 수많은 사이보그와 어울려 살고 있다. 다만 우리는 그들을 우리와 구분하여 사이보그로 분류하지 않을 뿐이다. 일단 기계가 어떤 형태를 가지든 우리 신체의 일부가 되어 활동과 생존을 돕는다면 우리는 사이보그라는 텐트 속에 발을 들여놓은 것이다. 심장질환자를 돕는 심장박동기, 수족을 잃은 장애인을 위한 생체공학적 수족, 시력을 잃은 사람을 위한 망막 임플란트 등을 장착하여 삶을 이어가는 사람들은 모두 사이보그인 셈이다. 과학자와 엔지니어들은 뇌의 전기신호(spike)를 읽고 신체보조물에 명령을 내릴 수 있는 뇌-컴퓨터 인터페이스(BCI)를 만들고 있다. 컴퓨터가 뇌의 신호를 읽고 기계가 이해할 수 있는 코드로 바꿔 기계를 작동할 수 있는 양방향소통 인터페이스를 말한다. 모뎀이 아날로그 신호를 받아 디지털 신호로 바꾸는 일과 비슷하다. 기계가 사람이 생각하는 것을 읽고 인터넷을 통해 그것을 다른 사람과 공유할 수 있다면 인류 소통의 신기원이 열릴 것이다.

끝으로 세 번째 방법은 완전히 무생물적 존재를 만드는 것이다. 대표적인 예는 유전자처럼 진화할 능력을 갖춘 프로그램이다. 컴퓨터 바이러스가 진화를 한다지만 AI 프로그램의 세계에서는 열 손가락 안에 들 수 없을 정도로 초보적인 복제 프로그램에 지나지 않는다. 현재 스스로 학습할 수 있는 지능적 기계는 AI의 인공신경망(ANN, artificial neural network)이나 뇌를 모방한 전뇌 에뮬레이션(Whole-brain emulation 또는 uploding) 방식이 있다. 보스트롬(2017)은 전뇌 에뮬레이션을 기계지능의 중간적 형태로 보았고 이것이 좀 더 진화된 기계지능을 AI로 보았다. 두 방식 모두 뇌가 작동하는 방식을 복제하고 모델링한 것으로써 오늘날 강력한 하드웨어와 데이터처리 기술로 가능해진 것들이다. 우리는 이 세 번째 방법을 주로 2장 컴퓨터와 AI에서 다룰 것이다.

저자의 관심은 마지막 방법인 비유기물공학, 즉 AI와 로봇과 같은 인간대체기술에 있다. 사람이 의사결정(문제해결)을 할 때 통상 탐색(intelligence), 설계(design), 선택(choice), 실행(implementation)이라는 과정을 거친다. 이 과정의 일부나 전부를 대체할 수 있는 실리콘지성(범용AI)이 주 관심영역이다. 이 궁극의 AI, 실리콘지성을 추구하려면 여러 학문의 창조적 융복합이 필연적이다. 뇌와 의식에 대한 연구, 뇌를 닮은 AI 프로그램, AI의 지시를 받아 인공신체나 장기(성대, 손, 다리, 피부, 근육과 관절 등)를 움직이는 신경전달체계, 뇌의 지시를 받아 인공신체나 장기를 움직이는 뇌-기계 인터페이스에 대한 연구는 실리콘지성으로 다가가는 데 필요한 미래기술목록이다. 인간의 인지능력을 흉내내며, 스스로 분석한 것을 다시 인간에게 건넬 수 있는 극한의 언어적 상호작용이 가능한 자연어처리 수준의 실리콘지성은 그다지 멀지 않다. 그러나 신체적 상호작용까지 동반한 로봇형 실리콘지성의 출현은 모라벡 역설[13]이라는 험산을 넘어야 한다. 이것을 위해서는 무기물을 다루는 공학만으로 충분치 않으며 유기와 무기의 공학적, 생화학적 결합이 필요할 것으로 예상된다.

1.7 질주의 결승점

좋든 싫든 첨단기술을 향한 인류의 질주는 계속될 것이며 그 끝은 어디일까? 미래 예측은 어렵고 불가능할 수도 있으며 모두 현실이 될 것이라고 100% 확신할 수도 없다. 그렇더라도 첨단기술의 달콤한 열매를 욕망하는 인간 심리의 저변을 분석한다면 전혀 근거 없는 예측이 나오지는 않을 것이다. 이러한 분석은 첨단기술의 발전 트렌드를 예측가능하게 함으로써 인간을 향한 기계지능의 돌발적 위협을 사전에 대비하고, 과학기술의 융복합적 지식이 인류에게 유익한 방향으로 적용되는 데 분명 도움이 될 것이다. 이 책의 6장에서 미래 실리콘지성에 대한 철학적, 정치·사회적, 경제적, 기술적 주제를 다시 다루게 되므로 여기에서는 책의 초입에 필요한 내용을 잠시 언급하고자 한다.

---

13 로봇이 물리적 운동과 감각능력을 수행할 때 요구되는 연산의 양이 너무 많아 현재의 컴퓨터기술로는 불가능하다는 이론.

미래를 예측하는 가장 흔한 방법은 과거를 연구하는 것이다. 경제학이나 자연과학과 달리 역사는 예측을 위한 수단은 아니지만 예측에 도움이 되는 것 또한 사실이다. 과거를 체계적으로 둘러보면 시야가 넓어지고 통찰력이 풍부해져 현재 상황이 자연스러운 것도 필연적인 것도 아니라는 사실을 깨닫게 되며, 우리가 원치 않는 미래를 피하기 위해 지금 할 수 있는 것이 무엇인지 어렴풋하게나마 깨달을 수 있다. 우리가 만일 역사에 관심을 쏟지 않는다면 현실의 규범과 가치에 매몰되어 현실을 필연적이고 운명적인 것으로 받아들인다. 현재의 기술, 정치, 경제 그리고 사회적 여건들이 불가피한 것으로 여겨지고 그래서 좀처럼 다른 미래를 상상하려 하지 않기 때문이다. 따라서 역사를 공부함으로써 과거의 손아귀에서 벗어나 이런저런 가능성을 상상하고 미래를 위한 다양한 선택지를 설계할 수도 있다.

역사는 카오스(chaos 혼돈) 그 자체여서 결정론적으로 설명될 수도 예측될 수도 없다(하라리, 2015). 너무나 다양한 힘(force)들이 밀고 당기고 또 상호작용하고 그래서 힘의 크기나 상호작용 방식이 조금만 달라져도 결과는 크게 달라진다. 이 카오스에는 두 종류가 있다. 1단계 카오스는 자신에 대한 예측에 굳이 반응을 하지 않는다. 날씨는 무수한 요인들의 영향을 받지만 우리가 날씨를 예측했다고 해서 그걸 바꾸려 하거나 바꿀 수도 없다. 대신 적절하게 대비하고, 더 많은 요인들을 고려하여 예측률이 높은 시뮬레이션 모델들을 자꾸 만들어낼 뿐이다. 2단계 카오스는 예측에 반응할 수 있는 카오스이다. 개인과 조직은 보다 정확한 예측을 통해 실수를 줄임으로써 이윤을 늘릴 수 있다. 모든 기업들이 미래 수요를 정확하게 예측할 수 있다면 불필요한 재고를 쌓아두거나 팔지 못한 물건을 헐값에 넘길 이유가 없을 것이다. 만일 오천 개가 팔릴 것이라고 생각하여 오천 개를 만들었는데 다른 4곳의 경쟁업체도 똑같이 오천 개를 만들었다면 어떻게 될 것인가? 결국 2단계 카오스는 예측의 정밀도를 높이거나 정보공유를 통하여 불필요한 손실을 최소화하는 것을 의미한다.

나는 미래 첨단기술에 대한 예측은 2단계 카오스에 해당된다고 본다. 뇌, 신경, AI, 인지과학, 생명공학, 합성생물학의 미래는 수퍼스타급 과학자와 모험적 기업가, 각 국가의 과학정책, 기술의 위험신호, 소비자(시장)의 수용적 태도, 기업들의 경쟁적 이해관계 등의 영향을 받을 것이다. 조금의 엇박자는 있겠지만 새로운 기술이 출현하면 시장과 자본은 미래기대수익에 주목하며, 정부는 국민의 복지와 공공선을 생각하며, 시민단체는 기술의 위험성을 지적하면서 첨단기술의 산물들은 공동체의 행복증진의 도구로 수렴되고 수용될 것이다. 이 정도의 추론은 인류가 이미 1차 산업혁명, 2차 정보화 혁명 등을 거치면서 기술적 도약과 사회적 변혁에 성공적으로 적응한 경험이 있기에 예측이 어렵지 않다. 역사와 경험에 대한 성찰은 필연적으로 미래연구에 대한 기대와 염려로 이어진다. 미래를 연구하는 철학자 닉 보스트롬(2017), 물리학자 멕스 테그마크(2017) 같은 저술가들은 인류가 열정을 쏟아붓고 있는 뇌, 신경, 컴퓨터 및 AI 연구들이 가져다줄 미래를 상상하고, 기술의 명암을 예측하고, 기술의 위험과 위협을 예방하기 위한 다양한 선택지들을 제시하고 있다. 기술에 대한 낙관도 비관도 모두 지나칠 필요는 없다. 컴퓨터와 AI 그리고 과학기술들의 다양한 합종연횡이 가져다줄 기계지능, 인간정체성의 변혁, 인식의 혁명에 인류가 적절하게 대응할 것이란 건 충분히 예측할 수 있기 때문이다.

제2장

실리콘 지성 : 궁극의 인공지능

컴퓨터와 AI

Silicon Intelligence: An Ultimate of AI

제2장

컴퓨터와 AI

현재 인간을 돕거나 대체할 수 있는 가장 강력한 후보는 컴퓨터와 그것에 담겨질 AI(인공지능) 프로그램이다. AI는 인간의 뇌를 모방할 목적으로 출현한 컴퓨터과학(computer science)의 한 분야이다. 뇌의 작동방식을 연구하면 할수록 코딩이 가능한 알고리즘으로 해석되며, 그것을 소프트웨어로 만들 수 있다면 사람을 닮은 인공시스템이 가능할 것 같은 복잡하고 신비한 대상이다(Dehaene, 2014). 뇌가 비록 변화무상하고 예측이 어렵더라도 신비한 기억력과 신속한 검색능력, 오감을 통한 데이터의 인식과 처리, 순식간에 해결책에 도달하는 통찰력, 유연한 언어 및 감성능력 등은 모방하고 싶은 매력 1순위 기능들이다. 수십만 년에 걸쳐 진화하며 환경에 적응해 온 뇌의 의식적 지적능력(이성적 지능), 감성적 창조능력(감성), 무의식적 지각능력은 현대의 컴퓨터 과학자와 엔지니어가 AI도구를 이용하여 가장 구현하고 싶어하는 대상이다. 그러나 컴퓨터 과학자가 할 수 있는 것은 딱 여기까지다. 각종 데이터(텍스트, 이미지, 동영상, 음성 등)를 센서와 인터넷을 통해 모으고, 이것들을 분석·분류함으로써 의미 있는 정보와 지식을 만들고, 이 지식을 근거로 큰 스케일의 문제를 해결할 수 있는 규칙과 추론 알고리즘을 개발하며, 이후 새로운 데이터로 이 규칙과 추론 알고리즘을 지속적으로 업데이트(학습) 할 수 있는 시스템을 구축하는 것, 딱 그것까지라는 말이다. 즉 뇌처럼 작동하는 궁극의 AI, 실리콘 지성(범용AI, AGI Artificial General Intelligence)을 가능케 하는 정교한 프로그램을 만드는 것이다. 하지만 그것은 어디까지나 컴퓨터라는 무기질의 하드웨어에서만 작동하는 수준일 뿐, 정말로 '사람처럼' 생각하고, 말하고, 움직이는 수준에 이르는 데는 아직 까마득하다는 표현이 더 적절하다.

AI는 정교한 알고리즘도 중요하지만 엄청난 양의 데이터를 빛의 속도로 처리해주는 하드웨어의 도움 없이는 불가능하다. 그간 실리콘[14]으로 만들어진 반도체 회로의 혁명으로 엄청나게 빨라진 슈퍼컴퓨터와 처리 결과를 신속하게 공유할 수 있는 초고속 네트워크는 AI의 발전에 실크로드를 깔아주었다. 그럼에도 아직 곳곳에 널려 있는 기술적 장애물은 AI를 향한 장밋빛 기대에 재를 뿌리고 있다. 수십만 줄의 논리적 코드를 컴퓨터가 순식간에 처리한다고 하더라도 그게 바로 지능이 될 수 없다는 것을 컴퓨터 과학자들이 깨닫는데 그리 오래 걸리지 않았다. 뇌를 보면 우리는 아직도 주눅이 든다. 빨라서가 아니라 유연함 때문이다. 컴퓨터와 비교해서 뇌는 10^{11}개의 신경세포(뉴런)가 연결되어 있지만 계산 속도는 느리며, 확률적인 답을 줄 뿐이며, 답의 정확도도 떨어진다. 그렇지만 우리는 그런 뇌를 사랑한다. 뇌는 논리의 폭이 넓고 감정의 표현이 유연하여 컴퓨터처럼 우리의 숨통을 조이지 않기 때문이다. 초고속(super-speed)과 초집적(super-integration)에만 매달려온 오늘날 컴퓨터기술은 매력적인 뇌의 능력을 흉내 내기에는 이미 너무 다른 길을 달려왔다. 그럼에도 우리는 여전히 이 실리콘에서 미래 지능의 가능성을 가장 높게 보고 있다.

14 규소와 산소를 골격으로 하고, 알킬기나 아릴기가 결합한 그물 구조를 가진 고분자 물질로써 반도체의 주원료이다.

2.1 실리콘의 장점들

보스트롬(2017)은 디지털지능을 가능하게 하는 컴퓨터 하드웨어와 소프트웨어의 장점을 생물적 뇌와 비교하였다. 우리의 뇌와 컴퓨터는 지향하는 목적과 궁극의 용도가 너무 다르다. 이 두 개의 비교는 사람과 자율운행차를 비교하는 것처럼 무의미할 수 있다. 그렇지만 그것을 깨닫는 일도 AI의 사실적 진실에 접근하는 데 의미가 있을 수 있다.

1) 하드웨어적 장점

(1) 연산속도

뉴런(신경세포)의 최대 처리 속도는 약 200Hz이므로 현대의 마이크로프로세서(2GHz~)보다 현저하게 느리다. 연산능력에서 보면 뇌는 컴퓨터보다는 현저하게 떨어지지만 대량의 사건(데이터)을 병행 처리함으로써 문제를 해결하는 일에는 탁월하다. 뇌는 단계당 처리시간이 1초 이하인 일들을 100단계 이상 순차적으로 처리하지 못한다. 과학자들 역시 현재 핵심 알고리즘의 많은 것들을 병렬화하는 기술을 갖고 있지 못하다. 그러나 만일 병렬적 패턴일치 알고리즘(parallelizable pattern matching algorithm)이라는 기술적 성취를 통해 뇌의 순차적 정보 처리능력을 컴퓨터가 보완해 줄 수 있다면 많은 인지적 과제를 더 효율적으로 해결할 수 있을 것이다.

(2) 내부통신속도

뉴런의 축삭돌기들은 활성화 전위(action potential)를 약 120m/s 또는 그 이하로 전달하지만 컴퓨터는 광섬유를 이용하여 빛의 속도(300,000,000m/s)로 전달할 수 있다. 신경신호는 느려 뇌가 한 번에 처리할 수 있는 정보단위는 컴퓨터보다 현저히 적다. 즉 디지털뇌(CPU)가 처리할 수 있는 단위는 생물적 뇌보다 10^{18}보다 더 크다. 그렇지만 빠른 것만으로 모든 문제를 해결할 수 있다면 우리의 뇌는 그다지 볼품이 없을 것이다.

(3) 연산요소들의 수(확장성)

인간의 뇌는 1,000억 개에 약간 못 미치는 뉴런을 가지고 있는데, 이는 침팬지 뇌의 약 3.5배 정도이다. 생물적 뇌의 뉴런 수는 두개골의 용적과 대사적 제약 때문에 확장하는 데 제한이 따르지만, 컴퓨터 하드웨어는 거의 무한정으로 늘릴 수 있다. 슈퍼컴퓨터는 창고 하나의 크기이거나 더 클 수도 있지만 거기에 고속 케이블을 연결하여 외부 연산요소들의 용량을 얼마든지 더 늘릴 수 있다. 오늘날 클라우드는 AI에게 처리속도를 더해 주는 강력한 하드웨어 플랫폼이 되었다.

(4) 메모리 용량

뇌가 인지적 과정을 계획하고 순서를 정하여 실제로 실행하기 위해서는 정보들을 일시적으로 저장해야 하는데, 이때 한 번에 4~5개 어구(chunk) 이상을 다루기는 어렵다. 인간의 작업 기억을 컴퓨터의 RAM과 직접 비교하는 일을 다소 부적절하지만 디지털지능의 작업 기억 용량이 훨씬 더 크다는 것은 자명하다. 사람은 천천히 계산을 해서 간단히 다룰 수 있는 복잡한 관계들을 컴퓨터는 더 큰 작업 기억 용량 덕분에 더 빨리 처리할 수 있다. 뇌의 장기기억 용량 또한 컴퓨터에 비해 훨씬 제한된다. 따라서 저장된 정보량과 정보를 다루는 속도 또한 생물적 뇌보다 기계가 훨씬 더 우수하다.

(5) 신뢰성, 수명, 센서 등

뇌의 뉴런은 컴퓨터의 CPU를 구성하는 트랜지스터보다 신뢰성과 내구성이 떨어진다. 생물적 뇌는 하나의 정보를 저장하기 위해서 다양한 요소들을 과다하게 투입하는 저장방식을 택하고 있지만, 컴퓨터는 신뢰성이 높고 보다 정밀한 연산요소들을 이용하므로 보다 효율적으로 정보를 저장할 수 있다. 뿐만 아니라 생물적 뇌는 쉽게 피로해지고, 오래 사용하면 비가역적으로 파괴되므로 교체할 수 없다. 반면에 마이크로프로세서는 이런 한계가 없다. 노화되어 느려지면 새것으로 바꾸면 된다.

컴퓨터에는 센서를 추가함으로써 다양한 데이터를 입력할 수 있고 그 속도도 증가시킬 수 있다. 기술에 따라 기계지능은 주어진 과업의 요구에 따라 최적화된 구성으로, 재구성이 가능한 하드웨어를 얼마든지 신축성 있게 바꿀 수 있다. 그러나 생물적 뇌는 태어날 때부터 심겨져 있는 것이 많아 그것을 바꾸는 일이 매우 느리거나 불가능하다. 그렇지만 후각, 촉각, 미각은 아직 기계가 사람을 따라잡을 수 없다. 사람은 오감을 통해 들어오는 다양한 데이터를 종합적으로 활용해 보다 풍요로운 감성을 느끼고 예술적 표현을 할 수 있다. 그렇지만 고집불통의 초지능(super-intelligence)이 '그게 무슨 소용이람?'이라고 생각하는 순간 그 효용은 의미를 잃을 수 있다.

전반적으로 정량적 기준으로 볼 때 사람의 뇌는 오늘날 컴퓨터를 능가할 수 없다. 그렇더라도 컴퓨터과학자는 이 실리콘의 가공할 만한 속도에 편승해 뇌의 작동방식을 시뮬레이션하고자 노력하고 있다. 하드웨어는 프로그램과 데이터를 저장하고 디지털적으로 처리하지만 그것을 어떻게 해야 하는지는 소프트웨어가 지시한다. 신생아의 뇌에는 일부 유전자를 통해 전달되는 것 외에는 이 소프트웨어가 거의 없다. 대신 뇌는 성장하면서 이 소프트웨어를 계속 체계화하고 업그레이드해 간다. 다양한 경험과 정규 및 비정규 학습을 통해 인식과 판단능력에 필요한 인지모듈들을 계속 추가해 나가지만 꽤 오랜 세월을 필요로 한다. 그러나 컴퓨터는 딥러닝과 같은 기계학습을 통해 이를 짧은 시간에 해결할 수 있다. 그렇다면 빠르게 학습할 수 있는 기계와 그렇지 못한 뇌와 수평·비교하기보다 뇌와는 다른 일을 할 수 있도록 기계를 설계하는 편이 나을 것이다.

2) 소프트웨어적 장점

(1) 수정능력(editability)

소프트웨어에서 변수를 조절하여 실험하는 일은 생물적 뇌에서 실험하는 것보다 훨씬 쉽고 비용도 적다. 예를 들어, 전뇌 에뮬레이션(whole-brain emulation)을 통해서 특정 대뇌피질영역에 새로운 뉴런을 삽입하거나 흥분도를 감소시키는 것을 쉽게 실험할 수 있지만, 살아 있는 생물적 뇌에 이러한 실험을 하기는 매우 어렵고 비윤리적이다. 뇌에서 특정 변수를 통제한다는 것은 거의 불가능하다. 뇌를 컴퓨터로 복제하는 전뇌 에뮬레이션은 3장에서 다시 자세히 다룰 예정이다.

(2) 복제성(duplicability)

디지털지능을 작동시키는 소프트웨어의 무한 복제성은 중요한 장점이다. 반면 생물적 뇌는 재생이 어려울 뿐만 아니라 재생을 하더라도 매우 느리다. 새로운 뇌는 항상 백지상태에서 시작하여 특별한 보살핌을 받으면서 채워지며, 이전 조상의 지식들은 하나도 전수되지 못한다. 모든 생물적 뇌는 처음부터 시작해야 한다. 현재 뇌 복제를 의미하는 '업로드(upload)'는 SF영화에서만 볼 수 있을 뿐이다. 훌륭한 3D프린터로 뇌 형상을 그대로 복제할 수 있지만 뇌 속의 내용물은 복제할 수는 없다. 이는 사람 뇌의 가장 치명적인 약점이지만 사람답게 하는 특징이기도 하다.

(3) 목표조정(goal coordination)

전체주의 국가가 아닌 이상 사회를 구성하는 개개인의 목표를 동일하게 설정하거나 변경하는 일은 거의 불가능하다. 인간은 북한처럼 특정 이데올로기로 세뇌할 수 있는 폐쇄된 환경이 아니라면 뇌의 생화학적 구성에 따라 제각각 다양하게 느끼고 욕망하고 판단한다. 반면 AI소프트웨어는 똑같거나 거의 유사한 프로그램 집단인 "복제군('copy clan)"을 통하여 목표를 쉽게 공유하거나 복제할 수 있어 조직과 그룹의 비효율성을 극복하기 쉽다. 그러나 실리콘지성(범용AI) 또는 초지능에게 이러한 집단적 성향을 방치한다면 인류에게 큰 위협이 될 수 있다. 기계라도 자신들의 권익을 지킨다는 명분으로 강력하게 결속하고 그 힘으로 권력을 창출하려 한다면 인간에게는 위협이 될 수 있다.

(4) 기억공유(memory sharing)

생물적 뇌에 저장되어 있는 내용을 공유하기 위해서는 비교적 긴 교육과 훈련시간이 요구된다. 공유했다 하더라도 내용이 정확하게 전달되었는지 확실하지 않다. 피교

육자의 뇌가 전달받은 정보를 다르게 해석하고 다른 맥락을 달아 저장할 수 있기 때문이다. 반면에 디지털 뇌는 데이터 파일을 바꿔줌으로써 쉽게 기억과 기술을 공유할 수 있다. 프로그램과 데이터를 복사하여 교체해 줌으로써 같은 기능을 수행하는 수십 개의 AI기계를 쉽게 복제해낼 수 있다. 그렇지만 궁극의 AI, 실리콘지성이 스스로 학습할 수 있고 학습의 대상을 선택하는 자율성을 가질 수 있다면, 처음에는 같은 프로그램과 데이터로 출발하지만 환경과 학습에 따라 우리가 예상하지 않았던 판단과 행동을 보일 수 있다. 그래서 스스로 학습하는 AI가 인류에게 어느 정도 도움이 될지는 논쟁의 여지가 많다.

(5) 새 모듈, 양식 그리고 알고리즘

생물적 뇌가 시각, 청각 데이터 등을 처리하는 과정은 매우 쉬워 보인다. 사실 뇌가 2차원으로 입력되는 시각데이터를 3차원으로 재구성하는 일에는 엄청난 양의 연산이 필요하지만 쉽게 느껴지는 것은 이것을 전담 처리하는 낮은 수준의 신경기관이 있기 때문이다. 낮은 수준의 정보처리는 자동적이며 무의식적이어서 에너지를 적게 소비한다. 여기에 비해 AI가 뇌 수준의 비슷한 기능을 수행하기 위해서는 복잡한 알고리즘이 대량의 데이터를 처리해야 하므로 엄청나게 빠른 컴퓨터가 필요하다. 같은 맥락에서 뇌의 세부적인 작용이나 신체의 동작을 지시하는 프로그램을 짜기는 극히 어려운데, 그 이유는 알고리즘이 너무 방대하기 때문이다. 즉 단순히 컵을 잡고 물을 마시는 행동을 뇌는 힘들지 않게 지시하고 손과 관절은 그것을 쉽게 해내지만 프로그램으로 로봇이 이런 일을 수행하게 하는 것은 결코 간단하지 않다. 이 AI의 모라벡 역설(Moravec Paradox)은 과업지향 지능형 로봇이나 인간처럼 생각하고 행동하는 실리콘지성에 이르기까지 넘어야 할 가장 큰 난관 중에 하나이다.

2.2 AI 약사(略史)

1) 태동기와 첫 실패

기계식 컴퓨터가 개발되기 이전부터 수학자들은 계산이론을 통해 AI의 가능성에 첫발을 뗀 적이 있다. 17~18세기 계몽주의시대에 이성적인 사상을 전개하고 교환할 때 기하학과 대수학처럼 추상적인 기호를 사용하는 것이 일상 언어보다 더 낫다고 생각하였다. 이런 기호를 통한 사고를 정형적 추론(formal reasoning)이라 한다. 일상 언어를 구성하는 단어를 기호로 치환하고 그 기호들을 조합하여 의미(규칙)를 만들고 이를 기계적으로 조작해서 새로운 의미(규칙)를 만들어내는 식이다. 예를 들어 수학식 '1 + 1 = 2'는 개인의 주관이 개입될 수 없는 중립적인 기호를 이용하여 개념을 간결하게 표현한 것이다. 그러나 이런 정형적 추론만으로 풀 수 없는 복잡한 문제도 많다. 튜링은 이 사실을 증명하는 과정에서 상상의 기계 즉 '보편튜링기계(Universal Turing Machine)'를 고안하였다. 이후 이 튜링기계는 디지털 컴퓨터로 발전하였고, AI는 이 컴퓨터에서 실행되는 소프트웨어로 구현될 수 있었다(유신, 2015).

AI연구는 상업용 컴퓨터가 생산되기 시작한 1950년대로 거슬러 올라간다. 1956년 미국 다트머스대학(Dartmouth College)에서 컴퓨터 일반, 자연어처리, 계산이론 등을 논의하는 6일간의 워크숍이 열린 적이 있었다. 이때 다트머스대학의 컴퓨터과학자 존 매카시(J. MaCarthy)가 학술대회 준비제안서를 쓸 때 처음으로 'AI(Artificial Intelligence 인공지능)'라는 단어를 사용하였다. 당시 이 학술대회에는 존 매카시를 비롯해 마빈 민스키(인공신경망), 레이 솔로모노프(기계학습), 올리버 셀프리지(시각·인지 및 기계학습), 허버트 사이먼(인지과학) 등 당시 쟁쟁한 과학자들이 대거 참여하였다. 이 학술대회를 기점으로 근 20년간 AI를 향한 장밋빛 전망은 계속되었지만 AI 문제가 완전히 해결된 것은 없었다. 이 기간에 범용문제해결기(GPS: General Problem Solver) 알고리즘, 자연어처리, 가상공간 속 AI 등의 괄목할 만한 연구들이 있었지만 AI에 거는 기대는 결국 시들고 말았다.

이 첫 번째의 암흑기는 ‘상태폭발(state explosion)’이란 복잡한 문제를 당시 70년대 컴퓨터 기술로는 해결할 수 없었기 때문이었다. 1971년 스티븐 쿡(Stephen Cook)은 “공리증명절차의 복잡성(The Complexity of Theorem Proving Procedure)”이라는 논문에서 연산시간이 엄청 소요되는 문제의 개념을 소개하였고, 1972년 리처드 카프(Rechard Karp)는 “조합문제의 환원가능성(Reducibility among Combinatorial Problem)”논문에서 상당수의 조합문제들은 계산의 복잡성이 엄청난 속도로 증가한다는 것을 증명하였다. 암흑기를 맞게 된 또 다른 이유는 당시 AI연구에 적용한 고전적 논리체계가 너무 단순했기 때문이었다. 그래서 AI연구자와 논리학자들은 보다 유연한 양상논리(Modal Logic)를 개발하였지만 이 역시 당시의 컴퓨터 기술로 구현하기에는 역부족이었다. 끝으로 AI연구자들은 컴퓨터가 단순한 자연어처리나 시각인지기능을 수행하려 하더라도 상당수준의 ‘상식(지식)’이 필요하다는 것을 알게 되었다. 그렇지만 당시 컴퓨터의 속도와 메모리 기술은 이것들을 감당하기에는 턱없이 부족하였다.

2) 전문가시스템의 출현과 이어진 두 번째 암흑기

1980년대 초, AI연구에 새 돌파구를 연 계기는 전문가시스템(expert system)이었다. 전문가시스템은 이전 AI와 달리 매우 협소하고 특정한 분야에 인간 전문가를 대체하는 목적으로 개발되었다. 인간 전문가의 지식을 가공하여 지식베이스로 만든 후, 추론엔진과 인터페이스를 만들어 질의·응답하는 방식이었다. 이런 노력은 일정 부분 성공하였는데, 예를 들면 1970년대 초 스탠포드대학 연구실은 박테리아감염에 의한 질환을 진단하고 치료를 위한 항생제를 추천하는 마이신(MYCIN)이라는 전문가시스템을 개발하였다. 이 외에도 다수의 상업적 성공이 있었으나 전문가시스템 역시 한계를 보였다. 대표적으로 ‘지식추출 병목현상’이 문제였다. 즉 특정 분야의 인간 전문가로부터 지식을 추출할 때 그들로부터 얻어야 할 지식이 불분명한 경우가 많았고, 전문가가 최종결정에 이르는 과정에 적용하는 규칙이 100%로 확실하지 않으며 직관이나 감각적 판단에 많이 의존하기 때문이었다. 당시의 기술로는 직관과 감각을 코딩하기에는 한계가 있었다. 아울러 전문지식은 시간이 지남에 따라 수시로 변하는데, 그때마다 지식을 수정하는 일도 쉽지 않았다. 결국 전문가시스템도 거품이 꺼지면서 AI연구는 1980년대 후반에 두 번째 암흑기를 맞게 된다.

3) 새로운 출발, 성취 가능한 기대

전문가시스템형 AI는 일견 AI라는 거봉에 도달하기에는 기술의 한계가 너무 높아 이를 우회하기 위한 '분할 후 정복(divide & conquer)'이라는 전략적 산물이다. '분할 후 정복'이란 문제가 너무 복잡하고 거대할 때 이를 여러 개의 작은 문제로 나눠서 각각을 해결한 뒤, 다시 답들을 조합해 최종적인 답을 찾는 방법이다. 이 방법은 21세기 AI의 발전에 다시 불을 지피는 데 매우 유효한 전략이었다.

AI형 전문가시스템이 인간을 처음으로 능가한 분야는 체스였다. 1997년 IBM이 체스만을 위해 만든 비밀병기 딥블루(Deep Blue)가 당시 그랜드마스터 게리 카스파로프(G. Kasparov)를 2승3무1패로 이겼다. 기술적인 문제를 떠나 이 사건은 특화된 AI가 인간 전문가를 이길 수 있는 시대에 진입했다는 신호탄이었다. 이후 21세기 AI연구 성과는 IBM이 보여준 간헐적인 쾌거(2011년 퀴즈 전문가시스템 왓슨(Watson)의 출현 등)를 제외하면 이미 일반인의 눈에는 잘 띄지 않은 다양한 산업분야에 적용되고 있었다. 집적도가 높은 전자회로의 설계 및 제조, 복잡한 연결망을 통한 물류관리, 음성인식, 인터넷 검색엔진 그리고 빅데이터에 이르기까지 AI연구의 손길은 곳곳에 닿아있다. 이런 종류의 AI는 해당 분야에서는 보통 인간의 능력을 능가하므로 초지능(super-intelligence)이라 불러도 손색이 없을 정도이다.

오늘날 인류는 슈퍼컴퓨터, 효율적인 코드, 초고속 통신망, 클라우드의 축복으로 많은 분야에서 인간보다 더 정확하고 빠른 AI프로그램들을 경험하면서 야릇한 불안감과 경외감을 동시에 느끼며 살고 있다. 그러나 아직은 AI라는 이름을 붙인 많은 애플리케이션들이 범용AI(AGI, artificial general intelligence)에 턱없이 모자라며 단지 특정 문제영역에서 빠른 연산 덕분에 유효한 결과를 도출할 수 있는 AI에 지나지 않는다. 즉 AI가 이룩한 성과 중 많은 부분은 뇌의 지능(intelligence) 모방에 대한 새로운 접근방법 덕분이라기보다 빨라진 하드웨어와 값싼 메모리 덕분에 복잡한 알고리즘과 더 많은 데이터를 처리할 수 있었기에 가능했을 뿐이다. 현재 인류는 어떤 AI가 필요한지, 왜 AI를 원하는지, 어떻게 궁극의 AI에 도달할 수 있을지 정확하게 모른 채, 저자가 어릴 적 선명한 화면을 보여주는 환등기(프로젝터)를 무조건 쫓았던 그 과정을 통과하는 것처럼 보인다.

2.3 지능(Intelligence)

AI는 뇌의 작동방식을 모방하여 사람처럼 생각하고 판단하는 소프트웨어의 개발을 추구한다. 뇌는 지능의 상징이다. 문제해결에 필요한 모든 데이터와 알고리즘은 생화학적 물질과 부호의 형태로 뇌라는 해부학적 장치에 저장되어 있다. 철학에서 신경과학에 이르기까지 아직 누구도 AI가 추구하는 지능(intelligence)을 포괄적으로 정의하지 못하였다. 그런 가운데 1994년 52명의 과학자들은 "지능에 대한 주류 과학의 입장"에서 지능을 다음과 같이 정의하였다(유신, 2015). 이 지능은 현실에서 '자아'의 인식을 통해 작동된다.

> "추론하고 계획하며 문제를 해결하고 추상적 사고를 하며 복잡한 개념을 이해할 수 있을 뿐만 아니라 빠른 시간 안에 경험으로부터 학습할 수 있는 매우 일반적인 정신적인 능력. 지능은 단지 책에 적힌 내용을 외우는 것, 혹은 좁은 의미의 학문적 기술이나 시험을 보는 요령을 가리키는 것이 아니다. 지능은 더 넓고 깊은 의미에서 우리의 주변 환경을 이해하는

능력, '따라잡고', '의미를 파악'하며 '다음 할 일을 깨닫는' 능력이다"[15]

하버드대학의 발달심리학자 하워드 가드너(Howard Gardner)는 「마음의 프레임: 다중지능이론(Frames of Mind: The Theory of Multiple Intelligence」에서 지능을 하나의 일반적인 능력이 아닌 다양하고 서로 독립적인 능력의 집합으로 보았다. 그래서 논리·수리능력이나 시각·공간 인지 능력같이 IQ검사를 통해 측정할 수 있는 것 이외에 음악·리듬·화음 이해능력, 대인관계 감지능력, 자기성찰능력, 자연환경과 교감할 수 있는 능력 및 존재론적 고민이나 종교적 성찰을 할 수 있는 고차원적 능력도 지능의 일부로 보았다.

테그마크(2017)는 「라이프 3.0」에서 지능을 "복잡한 목표를 달성하는 능력"으로 폭넓게 정의하였다. 그는 지능을 너무 좁게 정의함으로써 미래에 가능할 수 있는 다양한 모습의 지능을 놓치는 우를 범할 수 있다고 보았다. 지능은 다양한 목표를 추구할 수 있기에 인간처럼 이해, 자각, 문제해결, 학습 등 복잡한 목적을 추구하는 유기체도 있는 한편, 바둑만 잘 둘 수 있는 무기질의 '알파고'도 있는 것이다.

현재 위에 52명의 과학자들이 내린 지능의 정의에 부합하는 AI의 구현은 요원하다. 그러나 분할 후 정복(Divide & Conquer) 전략으로 조금씩 완벽한 지능에 다가갈 수는 있을 것이다. 예를 들면, 특수목적을 지향하는 지능적 AI(전문가 시스템)는 이미 여러 분야에서 소기의 목적을 달성하였고 발전가능성도 무궁무진하다. 법률, 의료, 세무, 경영, 물류, 금융, 제조, 서비스, 보안, 쇼핑, 고객응대, 교육 등. 그렇다면 이 모든 지능을 다 모아 대형빌딩 규모의 컴퓨터에 모아 놓으면 궁극의 AI, 실리콘지성이 될 수 있을 것인가? 그건 그것들을 개발한 목적과 용도 그리고 경제성에 전혀 맞지 않을지 모른다. 그렇다면 우리는 전반적으로 뇌를 닮은 AI, 즉 범용AI를 추구하기보다 특정 문제에 특화된, 뇌의 특정 기능을 부분적으로 모방하는 방식으로 AI연구는 당분간 나아가야 하지 않을까? 우리는 꾸준히 인공신경망이론(ANN, Artificial Neural Network)

15 "지능에 대한 주류 과학의 입장," Wall Street Journal, 1994.12.13.

을 따른 수십만 개의 학습 알고리즘을 축적할 것이며, 특정 분야의 학습에 필요한 수십만 개의 데이터베이스를 구축할 것이다. 뇌와 같은 범용목적의 지능을 추구하되, 우리는 왜 그런 제2의 지성체, 실리콘지성이 필요한지 끊임없이 묻고 되물어야 할 것이다.

실리콘지성, 즉 범용AI(AGI)의 출현은 아직 요원하지만 각론으로 가면 긍정적 신호가 많이 엿보인다. 컴퓨터과학자들은 이 복잡한 '지능'을 여러 분야로 나누어 연구를 진행하고 있고 다른 분야의 도움도 늘 환영이다. 먼저 지능에는 센서 기능이 중요하다. 인간은 오감(伍感) 센서를 통하여 주변의 정보를 받아들인다. 현재 컴퓨터는 시각과 청각정보를 처리하는 일엔 우수하지만 촉각, 미각, 후각은 여전히 젬병이다. 딥러닝 방식으로 기계가 시각데이터를 학습하고 학습된 지식을 가지고 물체를 해석할 수 있는 높은 수준의 시각정보처리시스템은 이미 개발되어 있다. 이 기술은 자율주행차에 매우 유용하게 적용되고 있다. 자동차는 주행하면서 장착된 수백 개의 센서들을 통해 주변에 출몰하는 다양한 물체를 인식하고 적절한 대응을 할 수 있다. 시각정보처리모듈은 장애물을 인식하고 핸들을 돌리거나 브레이크를 작동할 수 있으므로 이 부분에서 지능이라 해도 무방할 것이다. 최근 출시되고 있는 스마트 CCTV 카메라도 한정적이지만 지능을 가졌다고 할 수 있다. 움직임을 포착하고 소리를 인지하여 카메라의 방향을 돌리거나 클로즈-업을 할 수 있다는 것은 생물적 뇌가 하는 일과 별반 다르지 않다. 이렇듯 작은 분야에서 수많은 작은 지능들이 축적된다는 것은 실리콘지성으로 가는 길에 청신호일 수 있다. 그러나 그것들을 유기질의 인간처럼 통합하는 일은 또 다른 거대한 프로젝트로 남아 있다.

실리콘지성이 오감 센서를 모두 갖추는 일도 쉽지 않으려니와 다양한 지능들(알고리즘, 지식모듈 등)이 처리한 결과를 타인과 다른 기계와 공유하는 일 또한 차제의 문제이다. 오늘날 컴퓨터의 소통방식, 즉 출력방식은 스피커, 모니터, 프린터(2D, 3D) 등이 전부다. 모니터와 프린터가 생성하는 텍스트, 이미지, 그래픽, 동영상, 물체 등을 통하여 우리는 컴퓨터와 소통하는 셈이다. 그런데 궁극의 AI는 사람과 다른 AI와 자연스럽게 상호작용하는 것이다. AI스피커처럼 상냥한 목소리로 날씨정보를 알려주는 것은 기본이며, 인간을 돕기 위한 물리적 동작과 상호작용을 할 수 있다면 더 좋을 것이다. 즉 AI의 지시에 따라 함께 움직여줄 유연한 하드웨어가 있다면 지능의 가치는 완성될 것이다. 그래서 공장이 아닌 실생활 속에서 안내로봇, 간병로봇, 배달로봇, 바리스타 로봇 등이 필요하다. 지능이 지능답기 위해서는 다음과 같은 단계적 과정을 모두 마스터할 수 있어야 한다. 그렇지만 현재 극히 일부분의 기능만을 AI 기술이 해결한 상태이다. 그런데 이는 분명 컴퓨터과학자들만이 할 수 있는 일은 아닌 것 같다.

- 외부 정보(시각, 청각, 후각, 미각, 촉각 데이터 등)를 받아들여 알고리즘으로 처리한 후 필요한 지시사항을 발행하는 일
- 외부 정보를 처리하여 문제를 해결하는 알고리즘(프로그램)을 개발하는 일
- 정보를 학습하여 보편적, 상식적 지식을 축적하는 일. 알고리즘은 이 지식을 활용할 것이며, 이 알고리즘이 해결한 문제를 다시 반복 학습하는 일
- 알고리즘이 수행한 결과(판단, 선택, 실행 등)를 수행하는 물리적 도구의 설계와 제조 그리고 이것들을 지시하는 표준 코드의 개발

AI 연구자들은 분할 후 정복 전략으로 뇌를 조금씩 더 이해하고 그것을 바탕으로 더 완벽한 AI에 다가갈 수 있다고 믿는 것 같다. 오늘날 성능 좋은 컴퓨터와 인터넷이 있기까지 프로세서(CPU), 소프트웨어, 메모리, 통신, 소재 등이 각개 약진하면서 통합적으로 발전해 왔기 때문에 AI도 그럴 것이라고 상정하는 것 같다. 그러나 복잡한 사상이나 개념을 더 낮은 단계의 요소로 세분화함으로써 더 명확하게 정의하거나 이해하고자 하는 환원주의적 노력으로 지능을 어느 정도 이해할 수 있을지 의문을 갖는 학자들이 많다(유신, 2015). 뇌는 수많은 뉴런으로 구성되어 있고 그것들의 네트워크로 작동된다. 지능은 이러한 뇌의 활동이다. 그런데 뉴런이라는 생물학적 기제를 아무리 자세히 들여다본들 '지능'과 '마음'의 본질에까지 이를 수 있을까? 설사 뉴런과 그 연결망들의 역학(dynamics)을 물리학적, 생화학적으로 설명할 수 있다 하더라도 그것으로 지능과 마음을 모두 이해할 수 있을까? 안타깝게도 감히 '그렇다'라고 답하기는 힘들 것 같다. 지능을 초자연적인 현상이라고 생각해서라기보다 철저히 환원주의적으로

설명하기에는 우리가 모르는 것이 아직 너무나 많기 때문이다.

지능의 중요한 기능으로 학습(learning)을 빼놓을 순 없다. 세상은 변하고 지식의 수명은 짧다. 만일 어떤 지능이 학습을 중단한다면 그 지능은 오래지 않아 지능으로써 역할을 할 수 없다. 암치료방법을 조언해 주는 IBM의 왓슨(Watson)에게 몇 년간 최신 의학연구를 업데이트해주지 않는다고 상상해보라. 기술이 발전하여 AI에게 이 자가학습(self-learning)을 허용할 거라면 이것이 가져올 결과를 좀 더 깊이 성찰할 필요가 있다. 보스트롬(2017)이 초지능(super-intelligence)의 위협을 강하게 주장한 것도 초지능이 가질 학습능력 때문이다. 만일 인터넷 접속을 초지능에게 허용한다면 초지능은 인간보다 수천 배 빠른 속도로 학습함으로써 사람의 평균적인 지능을 가볍게 능가하여 인간에게 위협이 될 수 있는 조치를 취할지도 모른다. 이런 잠재적 위협이 분명 존재한다면 무턱대고 AI에게 자가학습능력을 부여하기는 쉽지 않을 것이다.

우리의 뇌는 부족한 것을 확인하고 스스로 그것을 채워줄 정보를 찾아간다. 때로 실패 경험을 기록해 두었다가 다음에는 그 실패를 반복하지 않으려고 노력한다. 정상적인 사람은 결정과 행위에 대해 사회적 통념과 도덕적 기준으로 평가하고 반성하며, 그 의미까지 함께 태깅(tagging)하여 기억한다. AI가 지능으로써 영속성을 유지하려면 이러한 학습기능이 부여되어야 하지만, 이런 위험을 가진 AI에게 자가 학습기능을 부여하는 일은 신중할 수밖에 없다. 분명 기술적 특이점(singularity)에 이르는 순간 인류에게 위협적 상황이 조성될 수도 있기 때문이다.

그렇다고 상황이나 용도에 따라 이 기능을 허용할지 말지를 우리가 선택해 주는 일도 쉽지 않다. 학습기능은 지능의 일부이므로 필요할 때마다 분리한다는 것이 쉽지 않을 수 있다. 스스로 '무지해'라고 깨닫는 정신작용과 그 '무지함'을 규정하는 많은 경험칙과 기준들이 분리될 수 없기 때문이다. 자율운행차가 사람이 사망하는 사고를 낸 후, 다시는 동일한 사고를 내지 않기 위한 학습 프로세스는 몇 가지 있을 수 있다. 첫째는 자율운행차의 AI학습모듈이 판단해서 스스로 수행하는 방법이고, 둘째는 인간 엔지니어가 사고의 원인을 파악하여 코드를 수정하는 방법이다. 전자는 신뢰할 수 없으며, 후자는 현실성이 떨어진다. 어쩌면 AI학습모듈의 학습 및 교정 능력은 인간 엔지니어의 그것을 능가할 수도 있기에 굳이 개입하지 않는 것이 나을 수도 있다. 다른 대안은 인명사고를 낸 모든 자율주행차로부터 사고 관련 데이터를 받아 분석한 후 프로그램을 주기적으로 수정하는 방법이다. 어떤 방법이든 학습은 지능의 연속성에 핵심적 기능이므로 분리하기가 어렵다.

여기서 잠시 지능(知能)과 지성(知性)을 구분해 보고자 한다. 영어사전을 검색하면 지능이나 지성이 intelligence로 동일하게 나온다. 그러나 우리는 지성을 지능과 조금 다른 맥락에서 이해한다. 지성은 계산이나 문장작성과 같은 지적작업을 할 수 있는 능력에 교양, 배려, 지혜 등이 보태진다. 그래서 우리는 문제해결을 잘하는 영리한 사람과 사려 깊은 지적인 사람을 구분하는 경향이 있다. AI가 인간의 뇌를 흉내 낸다고 하여 교양을 갖춘 지성체까지 될 수 있을까? 그리고 그런 지성체가 왜 필요할까? 교양과 지혜는 문제해결에만 전념하는 지능과는 분명 다르다. 인류가 AI에 거는 기대와 욕망 그리고 두려움은 시장메커니즘을 통하여 AI가 발전해 나갈 방향을 결정할 것이다. 어떤 소비자는 낭랑한 목소리로 내 건강상태나 일기예보를 알려줄 AI스피커면 충분하지만, 어떤 이는 영화 〈Her(그녀)〉에서 나오는 그녀(또는 그)처럼 교양과 배려가 있는 지적인 파트너와 채팅을 하고 싶어 할 것이다. 사실 대부분 컴퓨터과학자들은 사람처럼 생각하고 행동하는 사려 깊은 실리콘지성을 상정하고 AI를 연구하지만, 현재 AI서비스를 전달하는 컴퓨터와 인터넷 그리고 기술적 인프라만으로는 분명 한계가 있을 것이다. 실리콘지성이라는 산의 정상에 닿기 위해서는 의외로 많은 셰르파(sherpa)들이 필요할 것 같다. 뇌과학자, 신경과학자, 생화학자, 생명공학자, 유전공학자, 로봇공학자, 재료공학자, 물리학자들이 그들이다.[16] 물론 이들만이 다가 아닐 수도 있다.

16 여기서 분야의 순서가 상대적인 중요도를 의미하지 않는다. 저자도 아직 잘 모르기 때문에 단순히 나열하였을 뿐이다.

2.4 새 AI 분류법

다수의 학자들이 AI를 정상적인 인간과 구별하기 힘들 정도의 능력을 지닌 ‘강한 AI’와 특정 문제 해결을 위해 전문화된 지능인 ‘약한 AI’로 나눈다(유신, 2015; 김대식, 2016). 이 이분법은 향후 출현할 그래서 현재는 알 수 없는 미지의 AI 애플리케이션까지 설명하기에 지나치게 단순해 보인다. 우선 강한 AI의 통과기준을 ‘지능’을 가졌는지 여부라고 한다면 ‘약한 AI’는 지능이 없다고 봐야 하나? 그렇다면 지능은 무엇이며 인간과 대화를 나눌 정도가 되면 지능이라 할 수 있는가? 그런데 52명의 과학자들이 합의한 “지능에 대한 주류 과학의 입장”을 적용한다면 현재 대부분의 AI는 지능이 없는 것으로 봐야 한다. 따라서 여기서 나는 AI에게 어떠한 지능을 부여할지 또는 부여할 수 있을지, 어떤 지능을 기대하는지를 좀 더 다룬 후 새로운 AI분류법에 접근하고자 한다.

튜링은 1950년에 「계산기와 지능(Computing Machinery & Intelligence」이라는 논문에서 지능의 여부를 판단하기 위한 튜링테스트(Turing Test)를 제안하였다. 그는 “기계도 (사람처럼) 생각할 수 있을까”라는 의문을 가지고 이것을 제안하였다. 심판은 상대를 보지 않고 컴퓨터 채팅을 통해 자유롭게 대화를 나눈 뒤, 상대가 사람인지 컴퓨터(프로그램)인지를 맞춰야 하는 게임이었다. 즉 상대가 기계임에도 심판이 사람으로 판단하였다면 그것은 생각하는 수준의 기계라는 것이다. 튜링의 이 흉내내기게임을 훗날 학자들은 ‘원조’라는 단어를 붙여 OIG(Original Imitation Game)라고 명명하였으며, 이후 표준 튜링테스트는 오직 심판과 피실험자 두 명만이 가림막을 앞에 두고 간접적인 대화(컴퓨터 채팅)를 통해 인간인지 컴퓨터인지를 판단하는 실험이 되었다. 그런데 이 튜링테스트가 정말 ‘생각(think)’에 대한 판별기준이 될 수 있는지 명확하지 않다. 때로 인간조차 튜링테스트를 통과하지 못하는 반면, 어정쩡한 AI프로그램은 이 테스트를 교묘히 통과하기 때문이다. 그 이유는 다음과 같다.

- 인간이 늘 지능적으로(생각하며) 행동하지 않으며, 지능적인 행동을 하더라도 그것이 항상 인간인 것은 아니다. 많은 동물들도 지능적으

로 행동하지만 우리는 그들을 인간으로 부르지 않으며, 알파고가 바둑천재 이세돌을 이겼더라도 그 기계를 IQ가 높은 천재라고 추켜세우진 않는다. 다만 높은 바둑지능을 가졌을 뿐이다.

- 지능이 없는데도 대화의 기술을 흉내 냄으로써 튜링테스트를 얼마든지 통과할 수 있다. 앞서 소개한 음성 데이팅 서비스를 예로 들어보자. 일면식도 없는 사람과 처음 대화를 시작한다고 하자. 대화의 내용은 오늘날 초보적인 AI스피커와 나누는 대화를 크게 벗어나지 못한다. 간단한 인사, 직업, 출신지, 출신학교, 취미 등을 서로 물어볼 텐데, 그런 수준의 대화는 웬만한 AI기계는 어렵지 않게 할 수 있다.
- 심판(인간)의 판단능력이 튜링테스트의 결과에 영향을 미칠 수 있다. 심판의 성격, 경험, 가치관 등 주관적인 영역들이 분명 판단에 영향을 미치기 때문이다. 인간 심판이 AI기계를 판단하는 일이 부적절할 수도 있으므로 어쩌면 아이러니하게도 다른 AI기계가 판단하는 것이 더 나을 수도 있을 것이다.

[쉬어가기]

러시아 챗봇, 유진 구스트만

대화(verbal interaction)를 통해 AI가 얼마나 사람을 닮았는지를 가늠하는 '튜링 테스트'의 의미와 객관성에 의문을 던지는 대회를 하나 소개할까 한다. 튜링 사망 60주년을 기념하여 2014년에 영국 레딩대학이 튜링 테스트 대회를 주최하였다. 이 대회에서 「유진 구스트만(Eugene Goostman)」이라는 러시아 챗봇이 우승하였다. 러시아 프로그래머 유진 뎀첸코(Eugene Demchenko)와 블라니미르 베젤로프(Vladimir Veselov)가 제작한 이 챗봇은 2001, 2005, 2008년 대회에서도 각각 2위를 차지하면서 꾸준히 업그레이드 되어왔다. 주최 측은 심사위원의 1/3 이상이 챗봇을 인간으로 믿으면 튜링 테스트를 통과한 것이라는 규정을 만들었지만 튜링은 1/3 이상을 속이면 통과한 것으로 규정한 적은 없었다. 이 규정 외에도 유진의 승리는 튜링 테스트에 대해 여러 가지를 생각하게 만들었다. 유진은 13세 우크라이나 출신 소년으로 '설정'되어 있는데, 이는 어색한 영어 문장과 빈약한 상식 수준을 감춰 보려는 의도로 보인다. 유진의 강점은 실제 지능보다는 유머와 설정을 적절히 조합해 날카로운 질문을 피해가는 대화의 기술에 있었다. 어찌 보면 이는 얄팍한 지식을 가진 사람이 자신의 무지를 감추기 위해 화려한 언변으로 스스로를 포장하는 일부 현대인의 모습이 챗봇에 투영되어 있는 것 같아 씁쓸하였다. 우리가 만일 실리콘지성을 추구한다면 이런 궁극의 AI가 꼭 필요할까? 위선의 가면을 쉽게 쓰는 우리만으로 충분하지 않을까?

결론적으로 인간이 AI가 '사람'인지 '기계'인지를 판별하는 것은 별 의미가 없다는 생각이다. 인간의 '생각'은 매우 복잡하고 주관적이며, 특히 감정이 개입되면 쉽게 규정하기 힘든 확률적 수렁에 빠진다. 옳은 것도 없고 완전히 틀린 것도 없기 때문이다. 특히 특정 문제해결을 위한 AI 전문가시스템을 사람이니 기계니 굳이 판단할 이유는 더더욱 없다. 그저 문제해결의 성공확률이 중요할 뿐이다. '생각'은 목표를 추구하는 '지능' 이상의 개념으로 다양한 스펙트럼을 가진다. 즉 인간이 하는 '생각'만이 '지능'이라는 전제부터 우리는 벗어날 필요가 있다. 인간은 에너지가 고갈되면 허기를 느끼고 그 불쾌한 감각을 없애기 위해 음식을 섭취한다. 그리고 우리는 먹지 않으면 허기질 것을 예상하고 정해진 시간에 식사를 한다. 인간은 수만 년 동안 식사 후 어느 정도의 시간이 지나면 허기진다는 것을 학습했고, 그것을 기억하고 있다가 다음 식사 때와 장소 그리고 메뉴를 사전에 계획까지 한다. 반면 오늘날 첨단 AI 로봇이라 할지라도 그렇게 하지는 못한다. 그래서 배가 고파 쓰러질 때까지 사람에게 일을 시키는 것은 범죄인 반면, 배터리가 나갈 때까지 로봇에게 일을 시키는 것은 도덕적으로 비난받을 일이 아닌 것이다(하라리, 2017). 우리는 스스로 다르고 특별하다고 생각하기 때문에 그렇게 정했을 뿐이다. 그런데 이 모든 감정적 현상을 뇌를 채우고 있는 생화학적 물질의 현상으로 보고 코딩으로 시뮬레이션 할 수 있다고 생각하는 학자들이 갈수록 늘어나고 있다(하라리, 2015; 테그마크, 2017; 보스트롬, 2017). 만일 우리의 뇌처럼 감정까지 AI에게 허용한다면 그것들이 가질 슬픔과 고통까지 공감해주어야 한다. 다만 그런 감정코드까지 왜 AI에 허용해야 하는지는 진지하게 고민해봐야 한다.

문제해결에 적절하다면 우리는 다양한 스펙트럼의 '지능'을 인정해야 하고 그렇다면 AI를 약한/강한 AI로 단순히 구분하는 것은 실효성이 약해 보인다. 특히 궁극의 AI, 실리콘지성을 구현하기 위해 협력해야 하는 다양한 과학기술의 잠재력을 반영할 수 없다는 것도 한계점이다. 저자는 새로운 AI 분류 프레임워크를 만들기 위해 3개의 차원(dimension), 즉 i) 지향성은 기능지향성(function-oriented) vs. 관계지향성(relationship-oriented)이라는 두 범주, ii) 과업의 범주(scope of tasks)로써 지원 vs. 대체, iii) 학습(self-learning)은 수동적 vs. 주도적이라는 두 범주로 설정하였다. 결과적으로 「AI기계 분류 프레임워크」은 〈그림 2-1〉과 같이 정리될 수 있다. ①은 통상 학계에서 말하는 약한 AI로, ④는 강한 AI로 분류할 수도 있다. 상식적으로 정상적인 인간과 구별하기 힘들 정도의 능력을 지닌 '강한 AI'라면 인간을 대체할 가능성이 증가할 것이다. AI와 로봇, 두 분야의 융복합은 아직 초보단계이다. 그럼에도 AI의 실용성을 확장하기 위해, 즉 사이보그와 로봇에게 지능을 제공하기 위해 두 분야의 융합은 필연으로 보인다.

AI의 지향성

AI의 목적	기능지향적	관계지향적
지원	① - 과업지향 지능형AI • 전문가시스템 - 과업지향 기능형 로봇 • 제조, 물류, 운송, 인명구조, 자율운전, 군사작전, 우주탐사 등	② - 서비스로봇 • 챗봇 • 보조로봇 * 로봇팔 * 인공보조물 • 지능형AI로봇 * 반려동물로봇 • 다기능서비스 로봇 * 도우미로봇 * 자율주행차
대체	③ - 자율주행차 - RPA(로봇활용공정자동화)	④ - 사이보그 • 신체장애보완 • 수퍼맨 - 실리콘지성 -초지능

〈그림 2-1〉 AI기계 분류 프레임워크

1) 기능적 과업지향 AI기계

(1) 전문가시스템(Expert System) - 지능형 AI

전문가시스템은 1980년대 초 침체된 AI연구에 다시 불을 지핀 계기를 제공한 기술이다. 전문가시스템은 AI라는 거대한 산 정상에 도달하기 위해 넘어야 하는 수많은 기술적 봉우리를 우회적으로 접근하기 위한 현실적 선택이었다. 즉 분할 후 정복(divide & conquer) 전략의 산물이었다. AI연구자들은 AI라는 거대한 산에 바로 오르기보다 덜 중요해 보일지라도 실용적이며 경제적 가치가 높은 소규모의 과업지향형 AI를 개발하는 쪽으로 방향을 선회한 것이다.

초창기의 전문가시스템은 협소하고 특정 분야에 한정된 지식기반시스템이었다. 먼저 인간 전문가의 지식을 추출하여 규칙기반의 지식베이스를 만든 후, 추론엔진을 연결하여 문제해결에 집중하였다. 즉 인간 전문가들의 지식과 판단 그리고 결정을 대신 내려주는 실용적 시스템을 지향하였다. 예를 들어 유기 화학 실험으로 얻어진 분광계(spectrometer) 관측 결과를 가지고 유기화합물의 종류를 판독하는 덴트럴(Dentral), 박테리아 감염 증상을 분석한 후 항생제를 추천하는 마이신(Mycin), 컴퓨터를 조립할 때 필요한 부품을 선별하는 XCON(eXpert CONfigure) 등이다. 특히 1978년 카네기멜론 대학이 개발하여 DEC사에 납품한 XCON은 2,500개의 규칙을 바탕으로 부품선정에 있어 95% 이상의 정확도를 보였고 조립비용도 획기적으로 절감시켜준 성공적인 시스템이었다.

이후 몇 가지 이유로 전문가시스템에 대한 열기는 다소 식었다. 가장 큰 취약점은 지식의 지속적인 업데이트, 즉 자가학습이 문제였다. 그러나 인간의 취약한 기능을 대신해 준다는 전문가시스템의 당초 미션은 계속 지켜졌고, 이제 그것이 지나쳐서 일부 분야에서는 평균적인 인간을 추월하고 있다. 근래에 전 인류를 충격에 빠뜨렸던 구글의 알파고(바둑), IBM의 딥블루(체스)와 왓슨(퀴즈, 요리, 콜센터)도 특정분야의 문제해결을 위해 전문화된 AI프로그램이다. 향후 이런 전문가시스템의 발전은 계속될 것이고, 인간이 설 자리는 계속 좁아질 것이다. 인간이 나름 잘 해왔던 수많은 전문적 판단과 진단(의료진단과 처방, 세무·회계자문, 시나리오/기사 작성, 투자자문, 주식의 매수

매입결정 등)조차 대체함으로써 전통적 전문직업군까지 위협하고 있다(마쓰오, 2016). 경영자의 입장에서 변덕스럽고 유약한 인간을 비용·효과적으로 대체할 수 있다면 전문가시스템이 고급노동력 공급시장의 큰 몫을 차지하는 것은 시간문제일 것이다.

전문분야가 아닌 일반 사람들이 일상에서 겪는 결정과 사소한 선택의 문제에도 AI는 개입하고 있다. 영화나 게임, TV 채널 심지어 작은 물건을 선택할 때조차 주저하거나 귀찮아하는 고객들을 위해 기업들은 AI컨설팅을 제공한다. 고객은 그냥 "내가 좋아하는 영화채널을 틀어줘"하고 명령을 내리면 선택은 알고리즘이 해준다. 인류가 스스로 행사해온 자유의지의 영역을 계속 포기하면 할수록 결국 우리는 AI에게 더 많은 자리를 양보하는 것이다. 우리가 계산하기 복잡하고, 선택하기 어렵다며 결정을 포기할수록 기업들은 그 일을 돕고자 나설 것이며 이런 추세가 극단에 이르면 '초지능'까지 마다할 이유도 없을 것이다.

전문가시스템은 구체적인 문제해결을 위해 지식을 활용하는 과업지향적 AI이다. 그래서 어떤 물리적 기능을 수행하는 데 필요한 외장이나 기계·전기적 바이오장치(도구)를 굳이 갖추지 않아도 된다. 다만 인간이 편리하게 쓸 수 있는 UI(사용자인터페이스)만 갖추면 되므로 함께 손을 잡아야 할 파트너 기술메뉴는 현저히 줄어든다. 컴퓨터 성능이 향상되고, 새로운 지식을 습득·가공하여 지식을 쉽게 업데이트할 수 있는 효율적인 알고리즘과 절차만 구축된다면 전문가시스템은 세상에 존재하는 문제의 수만큼 다양해질 것이다. 이미 AI수준의 프로그램이 우리의 이메일의 제목과 내용을 읽고 종류별로 분류해 주며 스팸 여부까지 판단해준다. 외국어 이메일을 자국어로 번역까지 해준다. 페이스북은 딥러닝 AI에게 동화책이나 시트콤 대본을 읽어준 후 그걸 바탕으로 새로운 동화나 대본을 쓰게도 한다(김대식, 2016). 일반인들의 스마트폰조차 전문가시스템 앱들로 차고 넘친 것이다. 전자상거래, 공유(차량 등)서비스, 금융, 주식거래, 어린이집 찾기 등 우리는 수십, 수백 명의 전문컨설턴트를 손끝에 두고 매일 쓰는 시대에 살고 있다.

(2) 과업지향 기능형 로봇

로봇에 AI기술의 적용은 아직 초보단계이다. 전문가시스템이 지능형(intelligent)

과업지향 AI라면 여기서 소개할 AI는 기능형(functional) 과업지향 로봇들이다. 과업지향 기능형 로봇도 수행하는 과업에 따라 지능(intelligence)이 어느 정도 요구되지만, 전문가시스템보다는 지능이 낮고 지능(프로그램)이 내리는 명령을 수행하는 하드웨어가 필요하다는 점이 다르다. 과업지향 기능형 로봇은 제조, 물류·운송, 인명구조, 군사작전, 우주탐사, 자율운전 등을 목적으로 반복적이거나 정밀성을 요구하거나 위험한 업무에서 인간을 대행할 수 있는 AI기계들이다. 인간이 원격에서 조정할 수도 있으며 자율적으로 임무를 수행할 수도 있다. 빠른 컴퓨터와 효율적인 소프트웨어 구축기술은 기본이며 기능적 목적에 부합하는 외장과 기계·전자적 장치를 필요로 한다. 목적에 따라 특수기술(특수소재, 정밀광학 등)이 추가적으로 필요할 수 있다.

이 분야의 응용가능성과 인류에게 제공할 혜택 역시 무궁무진하다. 초기 자동화기계인 수치제어공작기계(CNC)가 공작로봇(robot machine)으로 발전하였으며, 조립라인과 검사공정 등에서 이러한 로봇들이 자리를 차지하고 있다. 기계화와 자동화로 상징되는 1~2차 산업혁명 때 이미 인간노동자는 호되게 당한 적이 있었다. 더 다양하고 유연해진 제조 로봇은 그나마 남아 있던 인간을 공장이나 일터로부터 몰아내고 있다. 기능형 로봇에 의해 일터에서 일어난 인류의 2차 구조조정인 셈이다. 이외에도 가전제품(로봇청소기, 에이컨, 공기청정기 등), 스마트 카메라(CCTV 등), 무인정찰기, 폭발물 제거 로봇, 구조로봇, 자율운영자동차, 우주탐사선 등이 여기에 해당된다.

과업지향 기능형 로봇은 기본적으로 폐쇄형과 개방형으로 나눌 수 있다. 로봇청소기와 같은 가전들은 폐쇄형이어서 프로그램되어 있는 기능만을 수행할 뿐이다. 반면에 폭발물 제거 로봇과 같은 개방형 로봇은 기본적으로 프로그램되어 있는 기능 외에도 사람이 원격에서 지시를 내려 정밀한 작업을 수행할 수 있도록 설계된 것이다. 그래서 기능의 정교성과 자율성은 종류에 따라 천차만별이다. 특히 AI로봇은 향후 상업적으로 큰 시장을 형성할 가능성이 있다. 거대자본을 가진 기업과 정부가 이러한 로봇을 가장 많이 수요할 것으로 예상된다. 정부와 공공기관은 행정서비스에 자동화와 지능화에 더욱 박차를 가할 것이다. 세무서나 동사무소에서 처리되는 많은 민원들이 앞서 설명한 전문가시스템에 의해 대체될 것이며, 한국도로공사는 자동통행시스템을 계속 늘려 통행료 수납원을 대체해 갈 것이다.

[기술 사례]

로봇청소기 - '누벨AI운동'의 신호탄

사람은 힘들고 귀찮은 허드렛일을 누군가 대신해 줬으면 한다. 그런 의미에서 로봇청소기는 AI기술을 일반 가정에 적용하여 상용화에 성공한 최초 사례이다. 최초의 로봇청소기 룸바(Roomba)는 2002년 로드니 브룩스(Rodney Brooks)가 자신의 이론을 처음으로 기계에 적용하여 성공시킨 사례이다.

브룩스는 '누벨(Nouvelle. 새로운) AI운동'의 선구자로 알려져 있다. 그가 MIT의 컴퓨터과학·AI연구소에 있을 때, AI는 실제 세계에 물리적으로 존재·행동해야 하며 세계(환경) 자체를 모델로 써야 한다고 주장했다. 그는 논문 "표상 없는 지능(Intelligence without Representation)"에서 AI연구가 쉽게 뛰어넘을 수 없는 모라벡 역설(Moravec Paradox)[17]을 정면 도전하지 말고 우회하자고 주장하였다. 그는 "왜 실제 세계(환경 등)를 (AI프로그램으로) 재현하려고 하는가? AI기계에 감각기관(예: 센서)을 장착한 뒤 주기적으로 필요한 정보를 관찰해서 얻도록 하면 되지 않는가?"라는 의문을 던졌다. 실제 세계를 컴퓨터 내부에 재현(representation)하기보다 컴퓨터로 하여금 물리적 환경에서 실제로 존재하고 행동하도록 하는 것이 '지능'으로 가는 우회로로 본 것이다. 그는 로봇이 사람이 생활하는 공간에서 일상적인 일을 처리할 수 있으려면 로봇의 추상적인 인지능력이 물리적인 감각 및 근육 운동을 기반으로 해야 한다고 생각했다. 즉 모라벡 역설은 고차원적 인지능력과 저차원의 감각·근육운동 능력을 분리해서 생각하므로 생긴다는 것이다. 인지능력과 감각·근육운동 능력을 상호 엮어야 하는 상황에서 고차원적인 지능만 구현하려 하는 AI연구는 한계가 있다는 것이다.

그의 '포섭구조(subsumption architecture)'이론은 '아무리 복잡한 행동이라도 초보적이고 단순한 몇 가지 행동의 상호작용에 기초한다'는 것이다. 포섭구조를 따르는 로봇에는 단순한 행동 한 가지만을 맡아 처리하는 제어 회로를 여러 개를 동시에 탑재한다. 이 제어 회로들은 주어진 조건에 따라 다른 회로가 근육(모터)에 명령을 내리는 것을 억제하거나, 다른 회로에 센서로부터의 데이터 입력을 억제하는 방식으로 상호작용한다. 이렇게 상호작용의 패턴이 적절하게 학습되면 로봇은 다음에 더 복잡한 행동을 할 수 있게 된다(유신, 2015). 실제로 브룩스는 포섭구조를 따르는 스쿼트(Squirt)라는 곤충로봇을 만

17 AI기계는 병렬처리 슈퍼컴퓨터의 초강력 데이터처리능력에 힘입어 추상적, 논리적인 계산 작업을 신속하게 처리할 수 있지만, 물리적 운동과 감각능력을 수행할 때 요구되는 계산의 양이 너무 많아 현재의 컴퓨터기술로는 불가능하다는 것을 일컬어 모라벡 역설이라 한다.

들었다. 곤충로봇 스쿼트는 어두운 곳에 숨어 있다가 소리가 나면 소리가 난 쪽으로 이동한 뒤 다시 어두운 구석을 찾아 숨는다. 로봇 앨런(Allen)은 지나가는 사람들과 부딪히지 않으면서 MIT 복도를 이리저리 돌아다니는 것이 주 기능이다.

브룩스는 추상적이고 고차원적인 뇌 활동도 그 근본은 보고 듣고 만지는 물리적 감각과 운동에 있다고 보았다. 유신(2015)은 이 두(2) 차원의 상호작용을 17개월 된 아이의 경험을 예로 설명하였다. 저자는 아이가 힘을 써야 하는 행동을 해야 할 때마다 반복해서 사용하는 추상적인 단어 '읏샤'에 주목하였다. 처음 아빠의 손을 잡고 계단을 오를 때 아빠가 내는 '읏샤'를 흉내 내어 '우짜'[18]라고 하였다. 이후 성장하여 혼자 계단을 오를 때도 '우짜'라고 하였으며, 시간이 지나면서 무거운 여행 가방이나 식탁의자를 밀면서도 '우짜'라고 하였다. 초반에 단어와 계단을 연결하는 능력은 헵이론[19]으로 설명되지만 이후 단어의 의미가 가방과 의자로 확장되는 과정은 논리적 추론이라기보다 '힘을 써야 한다'는 신체적 경험을 통해 학습한다고 보았다. 마찬가지로 브룩스가 창업한 리싱크 로보틱스(Rethink Robotics)가 2012년에 공개한 로봇 백스터(Baxter)는 복잡한 프로그래밍 대신 사람이 원하는 동작을 가르쳐주면 그것을 기억하였다 실행한다. 마치 어린아이가 처음에는 단순한 몇 가지 동작을 학습하다가 점차 더 복잡한 행동을 하듯이, 기계도 기초적이고 단순한 몇 가지 행동을 학습시킨 후, 실제 환경에서 새로운 자극을 받으면서 보다 복잡한 행동을 수행할 수 있게 되는 것이다.

2) 관계적 과업지향 로봇

관계적 과업지향 로봇은 프로그램된 과업(기능)을 수행하면서 인간 또는 다른 개체와 상호작용을 하는 로봇이다. 관계지향성은 물리적 인터랙션(physical interaction)을 필요로 하는 한편 정서적 인터랙션(emotional interaction)까지 포함한다. 여기에서

---

18 어린아이가 "읏쌰"를 변형하여 사용하는 의성어

19 헵이론은 학습을 신경세포(뉴런)와 신경세포의 연결관계의 활성화로 이해하며, 이 관계가 반복될수록 학습이 강화된다고 보는 이론이다.

는 서비스 로봇, 사이보그, 실리콘지성, 초지능으로 나누어 설명하였다.

(1) 서비스 로봇

앞서 설명한 기능형 과업지향 로봇도 인간을 대체하거나 돕지만, 서비스 로봇은 개인 또는 그룹을 물리적, 정서적으로 밀착해서 긴밀하게 돕는 관계지향적 AI기계를 말한다. 따라서 서비스 로봇은 신체적, 정서적으로 사람들과 긴밀하게 상호작용(언어·동작을 통한 소통과 교감, 물리적 인터랙션과 지지 등)을 할 수 있는 민감한 적응적 인터페이스(adaptive interface)가 필요하다. 서비스 로봇은 AI기계가 사람과 얼마나 긴밀하게 결합되어 있는 가에 따라 다음 네(4)유형으로 다시 나눌 수 있다.

첫째는 인간을 정서적으로 돕는 챗봇이다. 챗봇의 기원을 따지자면 1966년 컴퓨터공학자 요제프 바이첸바움(Joseph Weizenbaum, 1966)이 개발한 자연어처리 프로그램인 '일라이자(Eliza)'이다. '정신과 의사'역할을 수행한 일라이자는 환자와 컴퓨터(키보드와 모니터)를 매개로 대화를 나누었다. 당시 일라이자에 대한 사람들의 반응은 '일라이자 효과(Eliza Effect)'[20]라고 불렀을 정도로 대단했다. 이후 1972년에는 정신과 의사 케네스 콜비(Kenneth Colby)가 '패리(Parry)'라는 AI 편집성 정신분열증 환자를 소개하였다. 같은 해에 국제컴퓨터통신회의(International Conference on Computer Communication)에서 인터넷의 전신인 ARPANET을 통해 위의 두 AI프로그램(일라이자와 패리)이 상담하는 기록이 IETF(Internet Engineering Task Force)의 기술문서로 남아 있다.

일라이자와 패리는 오늘날 채팅로봇(챗봇) 또는 AI스피커가 되어 우리 주변에 이미와 있다. 현재의 챗봇도 'A라고 말하면 X, Y, Z 중에 하나를 말한다'식의 규칙을 따르지만 과거의 챗봇과는 달리 훨씬 반응이 섬세해졌다. 중요한 단어 한두 개만을 이용하는 것이 아니라 말의 문장구조를 분석하여 주어, 동사, 목적어를 파악하기 때문에 보다 정확하게 응답할 수 있다. 오늘날 챗봇이 상업적으로 성공을 거둘 수 있었던 것은 적

20 사람이 컴퓨터의 응답(행동)에 인간적인 의미를 부여하는 현상.

당한 맥락에서 현실적인 기대치를 만족시킬 수 있도록 만들어졌기 때문에 기계의 응답이 사용자에게 보다 설득력이 있다. 심심풀이용 챗봇(2002년경 '심시미'), 아이들과 대화하는 인형들 그리고 오늘날 스마트폰에 기본기능으로 탑재되어 있는 음성인식 개인비서(2011년 애플의 Siri, 2012년 삼성전자의 S보이스) 등이 여기에 해당된다. 2015년 11월 페이스북은 LSTM(Long short term memory)이라는 딥러닝을 사용한 기술을 소개하였다. 이 AI에게 욕실에서 아이가 목욕하는 사진을 보여주면서 '아기가 어디에 있어?'라고 물으면 기계는 '욕실'이라고 대답할 수 있다. 기계가 이미지의 내용을 인식하고 질문하고 답을 할 수 있다(김대식, 2016). 우리는 머지않아 게임, 스포츠, 영화를 보다가 '저 선수 이름 뭐야?', '저 여배우가 입고 있는 옷의 브랜드는 뭐지'라고 물으면 친절하게 대답해주는 TV나 게임기를 가지게 될 것이다. 그러나 AI가 감성적인 대화를 하기에는 아직 갈 길이 멀어 보인다. 현재의 최적화된 자연어처리기술로는 판례를 검색해주는 검색서비스나 주식장 분석, 스포츠 기사의 자동생성은 가능해도 그 이상은 어려워 보인다. AI가 자연스런 언어를 구사하려면 현시대의 상식과 상황에 대한 이해, 추론과 통찰력이 요구되는데 이것을 학습하는 일이 아직 요원하기 때문이다. 그래서 딥마인드사도 챗봇 서비스를 로드맵에서 제일 마지막에 두고 있다.

둘째는 인간의 신체적 한계를 돕는 보조 로봇(기계)이다. 의사의 수술을 돕는 로봇팔, 재활을 돕는 기계, 신체적 장애를 극복하기 위한 인공보조물(의수, 의족, 뇌자극 전극 등) 등이 여기에 속한다. 의사의 손은 환부를 수술할 때 손떨림 등으로 정교하지 못할 수 있다. 로봇팔은 의사를 도와 환부에 접근하여 정밀한 수술을 가능하게 함으로써 치료의 질을 높일 수 있다. 뇌질환 환자에게 치료를 목적으로 특정 부위를 자극할 전극을 심는 것도 가능하다. 재활을 돕는 기계나 신체적 장애를 극복하기 위한 인공보조물은 AI기술이 얼마나 적용되느냐에 따라 AI가 전혀 아닐 수도 고도의 AI형 서비스 로봇이 될 수도 있다. 장애인 재활기계를 보자. 기계가 재활과정에서 생성되는 데이터를 수집·분석하여 정밀한 운동처방을 생성하고 기계가 스스로 학습하여 처방을 바꾸어 환자에게 지시할 수 있을 것이다. 그러나 현재 재활기계의 활용에는 이런저런 이유로 인간 의사가 반드시 개입한다. 기계 센서가 데이터를 수집하고 이를 의사의 서버에 보내면 소프트웨어가 데이터를 분석하여 운동처방에 필요한 정보를 제공하는 식이다. 이렇듯 치료과정에 사람이 많이 개입한다면 굳이 AI형 서비스 로봇이라 부를 필요는 없을 것 같다. 아울러 신체적 한계를 도우면서 챗봇처럼 환자를 격려하는 대화를 할 수도 있다. 그렇다면 정서적, 신체적 도움을 함께 주는 관계지향적 서비스 로봇이 될 것이다.

셋째는 독립적 인공물로써 인간과 교감과 상호작용을 할 수 있는 지능형 AI로봇이다. 이 기계에는 사람의 말과 행동에 반응할 수 있는, 즉 언어와 접촉에 반응하는 엔진이 탑재되어 있다. 앞서 설명한 챗봇(정서적 도움을 주는)에 기능성이 추가된 것으로 보면 된다. 대표적인 예는 반려동물로봇이다. 미국 완구전문업체 하스브로(Hasbro)가 2015년 11월에 출시한 노년층을 위한 반려고양이 로봇 '조이 포 올(Joy for All)'은 실제 외양도 고양이와 흡사하며 쓰다듬고 안아주면 반응하는 로봇이다. 이 외에도 다수의 관계지향 도우미 로봇들이 시장에 출시되어 생물적 반려동물을 대체하고 있다. 기술이 더욱 발전하고, 법적, 사회적, 도덕적 장벽이 사라진다면, 아마 사람들은 '반려용 인간'을 시장에서 찾을 것이다. 최근 드라마를 보면 사람들의 그런 보편적인 욕구를 엿볼 수 있다. 여자주인공이 로봇 남자친구와 사랑에 빠지고, 남자 로봇친구는 아파 눕기도 한다. 일부 실험들은 인간이 지능형 기계에 정서적 애착을 얼마든지 가질 수 있음을 이미 입증하였다.[21] 아이들의 장난감 중에 간단한 자극에 반응하는 인형들이 출시되어 있다. 이미 우리는 '반려용 인간'을 소비하고 있으며, 다만 성인용을 제한하고 있을 뿐이다.

넷째는 인간과 상호작용을 하면서 돕거나 필요한 노동을 제공하는 다기능 서비스 로봇이다. 여기에 정서적 교감 모듈을 추가하느냐 마느냐 하는 옵션은 남아 있다. 이 로봇은 전기가 고갈될 때까지 혼자서 방을 돌아다니는 로봇청소기 수준은 아니다. 전원이 바닥날 때까지 방해물을 피하며 먼지만 흡입할 뿐 인간과 교감하는 기능은 없기 때문이다. 그러나 다기능 서비스 로봇은 인간과 높은 수준의 상호작용을 수행할 수 있어야 한다. 예를 들어, 고령인구의 비율은 해마다 늘어나고 고령자를 도울 수 있는 인

---

21 EBS1, 4차 인간, 19.3.31. 방영

간 도우미가 계속 줄어드는 상황에서 건강보험재정을 어디에 투자할 것인가 생각해 보기 바란다. 지능형 도우미 로봇의 개발에 투자하여 저렴한 간병인을 공급할 것인가 아니면 인간 요양보호사를 계속 증원할 것인가? 우리는 자활이 어려운 노인(경증 환자)을 돌볼 수 있는 가사도우미 로봇을 상상할 수 있다. 환자와 간단한 정서적 교감을 하면서 환자가 명령하는 노동을 제공할 수 있는 로봇말이다. 고령자(환자)의 상태에 따라 최적화된 밀착 서비스를 제공할 수 있는 다기능 로봇을 상상할 수 있다. 당장에 멀티기능의 가사도우미 로봇이 어렵다면 필요한 노동을 잘게 나눠 환자이동(침대↔휠체어↔식당), 침대시트교체 등 힘든 일만 골라 돕는 과업지향 기능형 로봇을 만들 수도 있다. 다수의 노인들이 거주하는 공동주택에서 이러한 과업지향 다기능 서비스 로봇을 하나 둔다면 인간 요양보호사를 꽤 거들어 줄 것이다.

자율주행차는 인간으로부터 과업을 지시받은 후, 그 과업의 수행에 필요한 노동을 제공하는 서비스 로봇과 다름없다. 구체적인 과업은 목적지 설정, 이동, 주차, 실내 환경의 설정 등이다. 2016년 1월 미국 라스베이거스에서 열린 CES에서 그래픽 회사인 엔비디아(nVIDIA)는 딥러닝 기반 컴퓨터 보드를 소개한 바 있다. 이 보드를 탑재한 자동차는 사람과 세상을 인식할 수 있다. 볼보(Volvo) 차량에는 이 시스템이 이미 부분적으로 적용되었다. 자율주행차는 또한 사람의 눈에 해당되는 시각정보처리장치가 필요하다. 라이더(LIDER)는 사물에 레이저를 쏘아서 반사된 빛을 정보로 변환하여 입력하는 기술이다. 초창기에 이 기계의 가격이 1억 원이었는데, 2016년에는 25만 원짜리 제품이 출시되었다. 자율주행차는 단순히 기능지향적 기계일 수 있지만 탑승자와 긴밀한 정서적 교류를 나눌 수 있는 관계지향성을 띨 수도 있다.

인간과 긴밀한 상호작용에 필요한 AI기계는 모션까지 이해할 필요가 있다. 예를 들어 단순히 '사람이 있다' 정도를 인식하는 것이 아니라 그 사람의 행동까지 파악하는 것이다. CCTV 카메라가 피사체(사람 및 동물)의 행위를 분석하거나, 동영상 속 개체들의 행동을 분석하거나, 자율주행차가 보행자의 행위를 분석할 수 있다면 상대 개체(인간, 동물 등)의 행동에 보다 적절하게 대응할 수 있는 다기능 서비스 로봇이 가능할 것이다. 현재 이러한 HAR(human activity recognition)기술은 이미 상당히 발전되어 있다(카카오 AI 리포트 편집진, 2018).

(2) 사이보그

사이보그(cyborg)는 인간과 기계가 신경학적으로 결합되어 긴밀하게 소통하며 도움을 주는 독립적 AI기계이다. 사이보그라 불리는 이 인간-기계 결합체는 사이버네틱스(cybernetics)와 생물(organism)의 합성어이다. 사이보그는 인간과 기계, 양자가 일체가 되어서 하나의 유기적 조절계로서 상호작용하는 통합체를 의미한다. 흔히 정상적인 뇌와 신경계를 전자적 인공보조물(손가락, 팔, 다리, 인공달팽이관, 인공눈 등)과 연결하여 뇌가 전달하는 신호에 따라 인공보조물을 작동시키거나 인공보조물이 보내는 데이터를 뇌에 전달하여 처리한다. 사고로 팔과 다리를 잃었을 때 뇌는 물건을 집으라고 명령을 내리지만 그 명령을 수행할 팔이 없다면 뇌의 지시는 무용지물에 불과하다. 그런데 뇌전자공학의 발전으로 뇌 부위별 기능과 뇌가 생성하는 신호를 해석하는 기술이 발전하고, 신경과학과 로봇공학의 발전으로 뇌 신호를 번역해 실행해 줄 수 있는 침습형 전자칩과 케이블의 발전이 계속 이뤄지고 있어 사이보그는 머지않아 목발처럼 흔한 장애인들의 보조물이 될 것이다.

사이보그는 크게 신체장애보완 사이보그와 슈퍼맨 사이보그로 나눌 수 있다. 신체장애보완 사이보그는 결함이 있는 인체에 인공장치를 부착하여 정상적인 활동을 할 수 있도록 돕는 것으로 인공장기(심장박동기 등), 전자수족, 자율인슐린분비장치 등이 포함된다. 이러한 장치는 인간의 뇌가 정보를 받아 제어하기보다는 부착된 센서가 인체의 상황정보를 수시로 감지하여 자율적으로 조절하는 '폐쇄형 피드백 루프(일정회로를 가진 자동제어장치 계통)'시스템이다. 즉 인체가 제공하는 상태정보를 뇌가 인지하여 명령을 내리는 것과는 다르다. 한편 부착된 인공장치(인공 달팽이관, 인공 눈, 동력강화 외골격 등)로부터 데이터를 받아 뇌가 반응하고 다시 인공장치에 지시를 내리는 양방향 신체장애보완 사이보그는 인류에게 더 큰 희망이다([기술 사례] 사이보그 인승이 참조). 청각장애인의 생체조직(뉴런)에 직접 연결된 인공 달팽이관은 청각을 회복시켜주고, 인공눈은 시각장애인들에게 세상을 다시 볼 수 있게 해준다.

인공눈은 소형카메라가 장착된 정교한 장치이다. 이를 눈 부위에 삽입하고 뇌에 직접 연결한다. 즉 실리콘칩을 망막에 삽입하여 그 안의 뉴런에 연결할 수도 있고, 칩에 특수 케이블을 달아서 시각정보를 처리하는 뉴런에 연결하는 방법이 있다. 이 연구팀들은 사상 최초로 시각 장애인의 시력을 회복시키는 데 성공했다. 환자들은 눈앞의 물체를 최대 50픽셀까지 인식할 수 있으며, 앞으로 이 해상도는 수천 픽셀까지 높아질 것이다.

2013년 60개의 전극으로 구성된 인공망막이 30명의 시각장애인에게 이식되었다. 이후 서던캘리포니아대학의 인공망막프로젝트팀은 200, 1,000개에 이르는 더 촘촘한 시스템을 설계 중이다(문제는 칩 안에 전극을 너무 많이 심으면 망막이 과열되어 파손될 수 있다는 점이다). 시각장애인의 안경에 부착되어 있는 초소형 카메라가 영상을 찍어서 무선으로 소형 프로세서로 보내면 데이터를 처리하여 이를 인공망막으로 보낸다. 망막에 이식된 칩은 이것을 미세한 펄스신호로 바꿔 아직 살아있는 시신경에 전달하며 환자는 손상된 시상세포를 통하지 않고서도 사물을 볼 수 있다(가쿠, 2013).

악성종양으로 오른팔이 절단된 22살의 로빈 에켄스탐은 로봇팔을 이식 받은 후 자신의 생각으로 손가락을 움직이고 촉감까지 느낄 수 있게 되었다. 이탈리아와 스웨덴 과학자들은 그에게 부착된 인공팔에 장착된 칩을 신경세포에 연결하여 뇌의 지시에 따라 손가락이 움직이도록 만들었다. 이 똑똑한 인공팔은 4개의 모터와 40개의 센서를 갖고 있으며, 손가락의 움직임이 뇌에 전달될 때마다 피드백을 제공해 오차를 수정할 수 있다. 결론적으로 레이 커즈와일은 저서 「특이점이 온다」에서 이 같은 나노봇과 지능형 바이오피드백 시스템 등이 인체의 소화기관, 내분비기관, 혈액, 심장을 대체하는 일이 머지않은 2030년쯤에 올 것으로 예측하였다.

다음으로 슈퍼맨 사이보그는 동력강화 외골격(Powered Exo-skeleton)에 전자기계장치를 부착하여 정상인이 할 수 없는 힘든 일을 할 수 있도록 돕는 것인데, 해저탐사, 군사작전, 특수환경에서 정상적인 활동을 할 수 있도록 돕는 보조장치이다. 보병이 90kg의 짐을 지고 이동할 수 있도록 돕는 외골격, 달 표면을 걷거나 우주유영을 하는 우주비행사가 입는 우주복 등이 예가 될 수 있다. SF영화는 자주 사이보그 슈퍼맨을 설정한다. 특히 인체(뇌)와 기계의 궁극의 결합은 우리 마음(뇌에 저장된 정보)을 기계에 '업로드(upload)'하는 것이 아닐까? 때로는 역겹지만 신기할 뿐이다. 테그마크(2017)는 업로드를 사이보그 스펙트럼의 한 극단으로 보았다. 업로드의 대상은 인간의 소프트웨어(뇌)뿐이다. 외모는 할리우드 사이보그 영화 〈스타트렉〉에 나오는 보그 같은 기계부터 인간처럼 생긴 〈터미네이터〉의 안드로이드에 이르기까지 용도에 따라 다양하다. 완전한 사이보그는 우리의 뇌와 인공물이 긴밀하게 상호작용하는 것이다. 그런 측면에서 현재의 대부분 사이보그는 뇌가 처리하거나 지시하는 것을 부착된 인공물이 일방적으로 수행하는 수준에 머물러 있다.

잠깐 상상의 나래를 펴 보자. 사람의 생각대로 움직이는 대리인과 아바타 기술이다(카쿠, 2013). 이 로봇은 인간의 원격 명령(음성과 생각)을 따르고, 인간은 집에 앉아 로봇이 보고 느끼는 것을 그대로 체험할 수 있다. 뇌의 신호를 인지한 후 뇌는 메시지를 무선으로 아바타에 송출하면 된다. 그러나 부작용 없는 뇌-기계 인터페이스(BMI), 무선 송출 컴퓨터와 전원공급장치, 사람 모양의 로봇이 있어야 가능한 실리콘지성의 한 단면이다. 사람이 나이 들어 육체가 부실해지더라도 자신의 대리 로봇이나 아바타는 여전히 사람을 만나고 여행을 다닐 수 있다. 돈 걱정 없는 대기업 회장이나 영생을 갈망하는 교주나 독재자에게 솔깃할 기술들이다. 실제로 2011년경 아시모 로봇에 '원거리 인지(remote sensing)'라는 새로운 프로그램이 탑재되었다. 일본 교토대학은 사람에게 두뇌감지기를 연결하여 로봇의 행동을 조종하는 훈련을 시켰다. EEG 헬멧을 쓴 피실험자는 단순히 생각만으로 아시모의 팔과 다리를 움직일 수 있었다. 당시 팔과 머리로 네 가지 동작밖에 할 수 없었지만 지금은 그 능력이 확장됐을 것이다. 원격에서 로봇(아바타)을 작동하는 기술은 사람이 원거리에서 로봇을 작동하여 사람이 직접 투입되기 힘든 위험한 환경에서 작업을 수행할 수 있게 할 수 있다. 로봇이 열악한 환경(건축물, 터널 등)에서 구조 활동을 할 수 있으며, 깊은 수중에서 인간의 지시를 받으며 자원을 개발하거나 탐사할 수도 있다.

[기술 사례]

사이보그 원숭이

2003년 원숭이를 이용한 실험에서 원숭이는 생각하는 것만으로 로봇팔을 움직일 수 있었다(이케가야, 2015). 절차는 이렇다. 먼저 원숭이의 뇌에 전극을 심어 뇌활동을 기록하였다. 처음에 원숭이는 조이스틱을 사용하여 로봇팔을 움직이는데 이 때 발생하는 원숭이의 신경세포(뉴런) 활동을 컴퓨터가 모두 기록한 것이다. 그 결과 구체적인 로봇팔의 행동과 그 행동을 지시하는 신경세포 하나하나를 맵핑할 수 있었다. 대부분의 경우, 신경세포는 그룹으로 활동하는데, 한 조합의 신경세포들이 팔을 뻗게 하고 또 다른 조합의 신경세포들은 움켜쥐는 식이다. 이렇게 수집한 데이터를 이제 로봇팔에 직접 연결하였다. 특정 신경세포 집단(예: 물건을 집는다)에 신호가 켜지면 그것을 수행하는 기계적 동작을 프로그래밍하여 사이보그(보조도구)에 심어두면 그 사이보그는 원숭이의 생각에 따라 동작하는 것이다. 즉 원숭이는 자신의 신경세포 활동으로 작성된 데이터를 기초로 로봇팔을 조이스틱을 이용하지 않고도 움직일 수 있게 되었다. 즉 생각만으로 로봇팔을 조작할 수 있게 된 것이다. 이처럼 뉴럴 프로스테틱스(neural prosthetics)는 몸을 대신하는 기계를 신경세포로 조종하는 방법을 연구한다.

이제 이 정도는 초급 기술로 취급될 정도로 뇌와 컴퓨터를 연결하는 '뇌-컴퓨터 인터페이스(BCI, Brain-Computer Interface)'연구는 괄목할 만한 진전을 보이고 있다. 예를 들어 일론 머스크(테슬라 창업자)가 1억 달러를 투자한 바이오 스타트업 뉴러링크(Neuralink)는 쥐의 두개골을 뚫고 3000개의 침습형 전극을 뇌에 이식했고 컴퓨터와 유선으로 연결해 쥐의 뇌 신호를 읽어냈다. 최근까지 불과 250개의 전극을 뇌에 삽입한 것이 최대였으니 획기적인 진전으로 볼 수 있다. 이식된 전극으로부터 받은 뇌 신호 수신율도 최고 85.5%에 달했다. 삽입 전극 수를 획기적으로 늘린 비밀은 '실'과 '재봉틀'에 있다. 머리카락 4분의 1 수준인 4~6μm(마이크로미터) 두께 실마다 뇌 신호를 감지할 수 있는 전극 32개가 포함될 정도로 미세하다.[22] 이 집적율은 제한된 실리콘웨이퍼에 트랜지스터 집적율을 높이듯이 계속 증가할 것이다.

사이보그는 서로 이질적인 신경세포와 무기질(전극과 전선 등)의 연결이 필요한데 아직 그 부작용이 완전히 해결되지는 않았다. 예를 들어, 2002년 미국의 의학자 윌리엄 도벨(William Dobelle)이 후천적으로 시각을 잃은 환자의 시신경과 카메라를 연결해 시력을 회복시킨 적이 있었다, 그러나 불행하게도 도벨이 사망한 후, 부작용으로 그 환자는 다시 시력을 잃었다(유신, 2015). 이 같은 침습형 인터페이스의 부작용을 최

22 "실보다 얇은 전극을 두뇌에 이식... 전자두뇌 실현되나", 조선일보, B6면, 2019.7.25.

소화하기 위해서 워싱턴대학의 젊은 신경외과 의사 에릭 류사트(Eric Leuthardt)는 '피질 뇌파기록(electrocorticography, ECoG)' 또는 '두개 내 뇌파검사(intracranial EEG, iEEG)'라고 알려진 방법으로 뇌표면에서 신호를 잡았다. 이 방법은 두개골을 절개하고 뇌 겉층에 접근하는 수술이 필요하지만 전극을 피질 속에 집어넣어 회백질에 끼워 넣을 필요가 없어 부작용을 훨씬 줄일 수 있었다. 그리고 전극들이 뇌에 직접 부착되어 있어 두개골 때문에 신호가 교란되고 자극의 근원이 흐려지는 것을 걱정할 필요가 없었다. 다만 단일 전극을 피질 속에 직접 삽입하는 경우에 비해 선명도와 위치 추적이 정확하지 않았다(피오리, 2019, 277). 결론적으로 인간 신체에 부작용을 최소화할 수 있는 '뇌-기계 인터페이스(BMI, Brain-Machine Interface)'의 발전은 사이보그의 획기적인 진전으로 이어질 수 있을 것이다.

• 유기물과 무기물의 결합

사이보그의 성공을 위해 뇌와 기계의 생화학적 경계가 허물어져야 한다. 이는 두 물체가 거리낌 없이 데이터를 주고받으며 양방향 소통을 할 수 있음을 의미한다. 이때 데이터교가 가교역할을 한다. 데이터교란 우주 전체가 데이터의 흐름으로 이루어져 있고, 어떤 현상이나 실체의 가치는 데이터 처리에 기여하는 바에 따라 결정된다고 믿는다(Kelly, 2010; Hidalgo, 2015). 데이터교는 두 과학 조류의 격정적 합류에서 탄생하였다. 찰스 다윈이 「종의 기원」을 발표했을 때로부터 150년에 걸쳐 생명과학은 유기체를 생화학적 알고리즘으로 보았다. 한편 2차 세계대전 때, 앨런 튜링이 튜링기계라는 개념을 창안할 때로부터 지난 80년 동안 컴퓨터 과학자들은 점점 더 정교한 전자적 알고리즘을 설계하는 방법을 찾아냈다. 이 둘이 합쳐지면서 수학적 법칙들이 생화학적 알고리즘과 전자적 알고리즘 모두에 똑같이 적용될 수 있다고 생각하기 시작하였다. 즉 생화학적 알고리즘이 전자적 알고리즘으로 변환되어 생물과 인공의 완벽한 협업이 가능해지면 인간(모든 생물까지)과 기계의 장벽이 허물어지는 시대가 도래할 것이다(하라리, 2017). 즉 유기와 무기라는 이질적 두 개체의 결합으로 야기되는 부작용이 제거될 수 있다면 사이보그는 인간과 기계의 중간적 존재로 확실히 자리매김할 수 있을 것이다.

앞서 말했듯이 극단의 사이보그는 우리 마음(뇌에 저장된 정보)을 반영구적인 기계에 업로드하는 것이다(테그마크, 2017). 데이터교는 우리의 정신과 의식이 기계로 업로드될 수 있다면 유한한 육체를 과감히 벗어버리고 영생할 수 있다고 주장한다. 사이보그를 향한 청신호는 우리의 뇌가 매우 관대하여 원래 붙어 있었던 기관만을 고집하지 않는다는 점이다. 뇌는 새로운 것을 배우고 새로운 상황에 접할 때마다 그에 걸맞게 재구성된다. 따라서 우리의 몸에 새로운 전자 보철물이나 인공 감각기관을 부착하면 뇌는 오래지 않아 그것을 인식한 후 간단하게 작동법을 배워나간다. 마치 컴퓨터에 보조장치를 연결하면 운영체제(OS)가 그것을 인지한 후 컴퓨터의 일부인 양 쓰듯이 말이다. 그렇다면 두뇌는 하나의 덩어리가 아니라 여러 가지 독립적인 기능이 하나로 합쳐진 '종합 모듈'로 볼 수 있다. 즉 해당 부위에 전극을 연결하기만 하면 뇌가 여러 개의 인공장치를 마음대로 조종할 수 있을 것이다. 이런 점에서 두뇌는 새로운 임무를 수행할 때마다 새로운 연결과 신경회로를 만들어내는 일종의 신경망(neural network, 뉴럴 네트워크)에 가깝다(카쿠, 2013).

(3) 실리콘지성

저자가 만든 '실리콘지성'이란 단어는 '강한 AI' 또는 '범용AI(AGI: Artificial General Intelligence)'와 같은 개념이다. 실리콘지성은 인간의 뇌에 거의 준하는 수준의 지능에 지성까지 겸비하였기에 '튜링테스트'[23]의 통과는 기본이다. 앞서 설명하였듯이 튜링테스트가 'AI=인간'을 규정하는 필요·충분조건이 될 수 없기 때문이다.

실리콘지성은 사람의 언어를 인식하고 99.9% 수준으로 상황과 맥락에 맞게 반응할 수 있어야 한다. 이 반응은 필요하면 스피치와 물리적 동작까지 포함한다. 그래서 챗봇의 수준을 넘어 사람과 상호작용하는 데 필요한 휴머노이드 로봇[24]의 외형을 갖출 수도 있다. 인간을 닮은 외모를 가질 수도 있지만 반드시 그럴 필요는 없으며, 스스로

---

23 앨런 튜링이 1950년에 제안한 것으로, 기계가 인간과 얼마나 비슷하게 대화할 수 있는지를 기준으로 기계에 지능이 있는지를 판별할 때 쓰는 테스트를 말한다. 그러나 실리콘지성은 이것 이상의 기준이 필요할지도 모른다.

24 인간의 신체와 유사한 모습을 갖추고 인간의 행동을 모방할 수 있는 로봇

학습하며 상황에 따라 독자적으로 대처할 수 있으며, 자신에게 부여된 기본 역할 외에 관련된 다른 과업까지 수행하는 상당히 유연한 지성체이다. 실리콘지성은 프로그램된 과업과 부과된 책임과 관련이 없는 것은 스스로 학습하지 않으며 인간처럼 우왕좌왕하는 감정과 부적절한 욕망을 가지지 않아야 한다. SF영화에 출현했던 상상의 로봇들, 「터미네이터」의 암살로봇 터미네이터, 「AI」의 소년로봇 데이비드, 「Ex Machina」의 섹시 여성로봇 에이바는 사람의 모습을 닮고 훌륭한 인지 및 언어능력을 구사하면서 인간 사회의 일원이 되는 것을 꿈꾼다. 그러나 그 꿈은 좌절되거나 애프터(after)를 보여주지 않는다.

여러 정황으로 볼 때 실리콘지성을 AI 소프트웨어 속에만 가둘 수는 없을 것 같다. 그래서 실리콘지성은 컴퓨터과학의 연구 성과물만으로 충분하지 않을 것으로 보인다.

> "AI연구자들이 지능은 궁극적으로 정보와 연산이지 육체와 혈액이나 탄소 원자와는 무관한 것이라는 지혜를 대체로 공유하므로..."(테그마크, 2017, 82)

이처럼 다수의 AI연구자들은 실리콘지성을 컴퓨터과학의 가두리 양식장 안에 가두려 하겠지만 실패할 가능성이 높아 보인다. 소비자와 시장은 실리콘지성이 인지 및 스피치 기능을 갖춘 기능지향적인 영역에 머물기보다 관계지향적인 분야로 발전해 주기를 희망할 것이다. 실리콘지성이 자신의 인지 및 스피치 능력에 버금가는 물리적 능력까지 갖추려면 AI와 로봇 분야가 한층 더 긴밀하게 협력해야 하고 모라벡 역설이라는 큰 산을 넘어야 한다. 모라벡 역설은 로봇이 물리적 운동과 감각능력을 수행할 때 요구되는 연산의 양이 너무 많아 지금의 컴퓨터 역량으로는 불가능하다는 역설이다. 즉 인지적, 물리적 능력을 온전히 갖춘 실리콘지성 하나를 24시간 돌리려면 수십 대의 슈퍼컴퓨터가 붙어 있어도 모자랄 지경이다. 그렇다면 무슨 이유로 어떤 목적으로 그 많은 자원을 하나의 실리콘지성에 투입할 것인가를 묻게 될 것이다. 그 질문에 대한 긍정적 답변이 가능해질 때 시장과 자본은 저비용의 실리콘지성을 만들기 위해 전 지구적으로 협력하기 시작할 것이다.

실리콘지성은 인류가 두려워할 필요가 없이 예측가능하고 불필요한 감정처리가 제거된 합리적 지능이어야 한다. 기본적으로 특정분야의 상당한 지식을 학습하여 논리적, 합리적 추론을 할 수 있는 전문가시스템이어야 한다. 그렇지 않다면 그 존재의 정당성은 계속 위협받을 것이다. 디지털 민주화가 심화되고, 사회가 복잡하게 다극화되며, 개인주의가 팽배해질수록 사회 곳곳에서 잉태되는 문제는 복잡하고 거대해진다. 여기에 개인들의 인지적 편향성과 사적 감정이 뒤엉키면서 실타래처럼 꼬인 문제들이 속출한다. 대중을 선동하기 좋아하는 정치가들은 이러한 사회적 구조와 군중의 성향을 간파한 후, 자기 진영의 골수 지지자들을 등에 업고 합리성과 정당성이 결여된 정책들을 남발하며, 반대 진영은 그것에 무조건 반대하는 극렬한 대치 상황으로 이어진다. 표(vote)의 논리에 기반한 극한의 갈등은 재정적 손실을 포함한 심각한 국력의 낭비로 이어진다. 실리콘지성은 이러한 문제에 투입되어 다양한 해결대안을 제시하고 합리적인 결정을 내리되, 모든 사람들이 그 결정을 받아들이는 법적 권위를 부여하면 좋을 것이다. 사람이 만든 피조물이라도 그 결정이 일관되고 합리적이라면 그것에 권위를 부여하지 못할 이유는 전혀 없다. 물론 한정된 분야에서 신뢰할 수 있는 실리콘지성을 만들기 위해서는 그 개발과정이 투명하고 보다 엄격한 전문적 튜링 테스트를 거쳐야 할 것이다. 이런 과정은 어쩌면 정당과 정치가들의 공약 검증에서부터 시작하는 것이 더 효과적일지 모른다.

문제해결중심의 과업지향적 실리콘지성은 과거 2차례의 실패를 거친 후 나온 3세대(3rd Generation) 전문가시스템으로 볼 수 있다. 오늘날 전문가시스템은 데이터베이스화하기 쉬운 구조적 지식을 기반으로 하지만, 비구조적, 맥락적 정보까지 학습한 후 이것을 구조적 지식과 연계함으로써 보다 타당하고 설득력 있는 추론을 할 수 있다. 국가와 사회가 발전하면서 겪는 거대한 정책적 이슈들은 즐비하다. 때로는 국민을 반으로 갈라놓기도 한다. 기후변화, 에너지문제, 미세먼지, 쓰레기처리, 주택공급, 치수(治水), 테러리즘 등 실리콘지성은 이런 복잡한 문제를 해결하는 목적으로 설계되고 개발될 수 있다. 때로 이러한 시스템이 필요로 하는 거대한 지식체계와 추론기관(inference engine)을 만드는 과정에서 문제해결의 실마리를 찾을 수도 있다. 아마도 국책연구소의 존재 이유를 미래에는 이런 것에서 찾아야 할지 모른다. 무작위로 추출한 전문지식이 부재한 시민들을 짧은 시간 교육한 후, 투표로 중요한 결정을 하는 것보다는 한결 나을 것이다.

엄청나게 많은 예산을 투입한 3G 전문가시스템을 문제 하나 해결하고 그대로 방치한다면 엄청난 낭비일 것이다. 따라서 특정 문제에 관한 지식은 계속적인 학습을 허락하여 동일한 또는 파생되는 유사 문제들에 대한 조언과 판단을 하는데 계속 쓸 수 있을 것이다. 그렇지 않을 경우, 우리는 막대한 예산이 투입된 이 초지능을 계속 쓸 수 있는 방안을 찾아야 한다. 한 가지 대안은 메타지식체계의 연구와 지식의 모듈화에서 돌파구를 찾을 수 있다. 전 세계에서 산발적으로 존재하는 과거 경험데이터만을 분석하더라도 메타지식체계를 충분히 구축할 수 있을 것이다. 예를 들어 테러가 발생한 지역의 정보를 모아 테러의 원인을 역으로 추적하다 보면 테러생태계를 설명할 수 있는 그랜드 모델을 만들 수 있을 것이며, UN을 중심으로 이 모델을 근거로 테러근절에 필요한 글로벌 행동계획을 수립할 수 있을 것이다. 실리콘지성에 대한 다른 이슈는 추후 6장에서 더 자세하게 논의할 것이다.

(4) 초지능(super-intelligence)

실리콘지성(일명 3G 전문가시스템)이 적절하게 통제되지 않는다면 전지적 또는 국지적 초지능으로 발전하게 될 위험은 늘 도사리고 있다. 닉 보스트롬은 현재 AI기계들이 범용지능(general intelligence)의 측면에서 인간에 비해 열등하지만 언젠가는 초지능에 이를 것이라고 단언한다. 그래서 그는 초지능을 '모든 관심 영역에서 인간의 인지능력을 상회하는 지능'으로 잠정적으로 정의하였다. 그래서 체스나 바둑에서 특출한 능력을 보였던 딥블루나 알파고는 초지능으로 분류하지는 않았다. 저자도 초지능의 가능성 그리고 위험과 위협의 잠재성을 충분히 인정하지만 이 책에서는 본격적으로 다루지 않을 작정이다. 초지능에 관한 시나리오적 상상을 너무 확대하여 해석하다 보면 범용AI(AGI) 수준의 실리콘지성에 초점을 두고자 한 이 책의 당초 목적이 희석될 수 있기 때문이다. 그렇더라도 초지능의 위협을 상정하고 AI, 뇌, 생명공학 연구의 방향에 대한 합의와 통제에 필요한 고삐는 지금부터라도 늦추지 말아야 한다.

초지능을 보스트롬(2017)은 i) 속도적 초지능, ii) 집단적 초지능, iii) 질적 초지능으로 나누었다. 그는 '초지능'으로 분류할 수 있는 6개의 과제를 〈표 2-1〉와 같이 정리하였다. 초지능이 이 모든 능력을 동시에 갖추기는 쉽지 않지만, 만일 그것이 가능한 날은 스티븐 호킹이 예언하였듯이 '인류멸망의 날'이 될지 모른다. 초지능이 인간을 쓸모없이 자원만 축내는 '공공의 적'으로 보기 때문이다.

〈표 2-1〉 초지능의 과제별 관련 기술 및 인류와의 전략적 관련성

과제	기술	전략적 관련성
지능증폭	AI프로그래밍, 인지능력향상, 사회적 인식론의 발전	• 시스템 스스로 지능을 업그레이드 할 수 있음
전략수립	전략계획수립, 예측능력, 우선순위정하기, 미래 목표의 달성 가능성을 극대화하기 위한 분석	• 먼 미래의 목표를 달성함 • 경쟁적 지능의 저항을 극복함
사회적 조정	사회적, 심리학적 모형화·조정·표현	• 인간 집단의 지지를 얻어 자원을 모음 • 외부세계와 단절된 AI가 계속 연결될 수 있도록 '문지기(gatekeeper)'를 설득함 • 정부와 단체들이 어떤 행동을 취하도록 설득함
해킹	컴퓨터시스템의 보안 취약점을 찾아 이용	• AI는 인터넷을 통해 컴퓨팅자원을 몰래 끌어다 씀 • 외부세계와 단절된 AI가 전자적 감옥을 탈출하기 위해 보안 취약점을 이용함 • 금융자산(전자화폐 등)을 훔침 • 사회 인프라와 군사로봇과 같은 것들의 통제권을 탈취
공학기술	첨단공학기술(생물공학, 나노공학 등)의 실계·모형화, 발전경로의 설계·보형화	• 강력한 군사력, 감시시스템을 갖춤 • 우수탐사의 자동화
경제적 생산	여러 기술들을 동원, 경제적 생산성이 있는 지적 작업을 가능하게 함	• 부를 축적하여 영향력, 서비스, 자원(하드웨어 포함) 등을 구매

[자료원] 닉 보스트롬, 슈퍼인텔리전스 - 경로, 위험, 전략, 176쪽

2.5 얼마나 어려운가?

궁극의 AI, 실리콘지성은 만들기도 어렵거니와 이를 정치, 경제, 사회적 맥락에서 수용하고 법적 권위를 부여하는 일은 더더욱 어려울 것이다. 실리콘지성을 설계·개발·제작하는 일도 중요하지만, 그것이 만들어진 후 법적, 정치적 프로세스와 사회적 관계망 속에 수용되지 못한다면 사법부나 검찰청처럼 독자적 임무를 수행할 수 없을 뿐만 아니라 엄청난 예산 낭비로 귀결될 것이다. 예를 들어 의료분야의 AI, 특히 병을 진단하거나 치료방법을 조언하는 AI에게 그 조언으로 문제가 발생했을 때 AI에게 법적 책임을 물을 수는 없다. 아직은 실리콘지성을 법적으로 독립된 지성체로 인정하지 않기 때문이다.

나는 실리콘지성을 컴퓨터과학만으로 접근할 수 없는 초(super)융·복합분야로 규정하고 싶다. 수십만 년에 걸쳐 진화한 뇌의 정교한 작동방식을 AI가 그대로 모방하는 일은 현재의 기술로는 거의 불가능해 보인다. 이는 폰 노이만이 1958년 「컴퓨터와 뇌」에서 이미 밝혔다. 그가 처음에 컴퓨터를 설계할 때 뇌를 모방했다고 생각했는데 알고 보니 본질적 차이가 있었다고 고백하였다. 따라서 지금까지 수학, 물리학, 컴퓨터과학이 AI연구를 주도해 왔다면, 이후 실리콘지성으로의 도약은 뇌와 신경과학 그리고 여러 분야의 학제적 연구가 필연적인 것으로 보인다. 더구나 우리 사회에서 실리콘지성이 온전한 효용을 발휘하기 위해서는 정치, 경제, 사회적 시스템에 융화되어야 하므로, 법학, 정치학, 사회학 등 사회과학도 이 연구대열에 적극 합류할 필요가 있어 보인다. 유신(2015)은 현재의 AI기술이 소년 가우스(훗날 유명한 수학자가 됨)가 1~100의 합산방법을 제시할 때 보여준 독특한 통찰력을 가질 수 있을지, 즉 궁극의 AI 연구가 지금까지 괄목할 만한 성과를 내지는 못하는 이유를 '모라벡 역설(paradox)'과 '중국어 방 역설(paradox)'을 들어 설명하였다. 그렇지만 이런 역설들의 설득력도 급격하게 약화되고 있다는 사실에도 주목할 필요가 있다.

1) 모라벡 역설(Moravec paradox)

컴퓨터 프로그램이 수행할 수 있는 전형적 과업은 두 종류가 있다. 하나는 인간과 체스나 바둑을 두는 것이며, 다른 하나는 사람처럼 보행하는 일이다. 어느 것이 더 어렵겠는가? 우리의 직관과는 달리 인간처럼 로봇이 자연스럽게 걷고, 물 한잔을 따라주는 일이 체스나 바둑을 두게 하는 것보다 엄청 더 고난도의 프로그래밍과 학습이 요구된다. 딥블루(체스), 알파고(바둑), 왓슨(퀴즈, 암치료방법추천 등)과 같은 전문가시스템 AI들은 병렬처리 슈퍼컴퓨터의 초강력 데이터처리능력에 힘입어 추상적, 논리적인 계산 작업을 길지 않은 시간 내에 처리할 수 있지만, 물리적 운동과 감각능력을 수행할 때 요구되는 연산의 분량은 너무 많아 지금의 컴퓨터 기술로는 바위에 계란치기와 같다. 이것이 바로 모라벡 역설이다.

모라벡(Moravec, 1998)은 인간과 비슷한 AI로봇을 만드는 것은 수억 년에 걸쳐 진화한 생명체인 인간의 작동 원리를 밝혀내고 재구성하는 일종의 역공학(reverse engineering)으로 이해하였다. 특히 인간의 물리적 운동과 감각능력처럼 동물적 본능에 속하는 기능일수록 오랜 진화과정을 거치면서 최적의 상태로 다듬어져 왔기에 이를 재구성하는 일은 더욱 어렵다고 보았다. 반면에 추상적, 논리적 사고를 하는 지능은 상대적으로 진화과정이 짧아 다듬어질 시간과 기회가 부족하여 역공학으로 쉽게 재구성할 수 있었다고 하였다(유신, 2015). 그럼에도 모라벡은 현재의 컴퓨터 발전 속도가 계속된다면 머지않아 AI기계가 스스로를 설계하고 책을 쓰거나 영화를 제작하는 날이 올 것으로 예측하였다. 이 예측은 오늘날 이미 상당부분 현실화되고 있다.

실리콘지성은 AI알고리즘이 로봇에 긴밀하게 접목되면서 이 역설이 극복되는 과정에 생길 수 있는 중간 산물로도 볼 수 있을 것 같다. AI와 로봇의 역사를 비교해 보자. 알파고가 바둑에서 이세돌을 이긴 것은 2016년이었지만 일본 혼다의 유명한 이족 보행로봇 아지모의 최고 속도는 초당 2.5미터 정도에 불과하다. 이는 100미터를 20초로 달리는 사람(초당 5미터)에도 미치지 못하며, 우사인 볼트와 비교한다면 한참 뒤쳐진다. 뇌(중앙처리장치)가 보내는 명령을 실행하는 피부, 근육, 관절의 작동방식을 컴퓨터로 구현하는 것은 현실적이지 않고 더욱 어려워 보인다. 실리콘지성이 굳이 인간과 같은 모습일 필요는 없으나, 적어도 시장과 소비자는 비슷한 외양을 가진, 눈에 거슬리지 않는 자신의 반려(서비스)기계를 원할 것이다. 반려용 로봇고양이가 고양이처럼 생겼듯이, 요리를 나르고 청소를 하고 침대를 정리하는 서비스로봇은 사람의 모습을 닮기를 원할 것이다. 그렇다면 컴퓨터·AI과학자, 로봇공학자들은 모라벡 역설을 뛰어넘기 위해 더욱 다양한 분야의 파트너 과학자들과 협력하거나 아니면 우회로를 찾아야 할지 모른다.

2) '중국어 방' 역설(paradox)

미국의 철학자 존 설(John Searle)은 사람처럼 생각할 수 있다는 AI와 사람과 AI 간의 상호작용의 적절성을 검증하기 위해 '중국어 방'역설을 제안하였다. 그는 두(2) 종류의 '중국어 방'을 설정하였다. 첫 번째 중국어 방에는 AI컴퓨터만 들어가 있고, 두 번째 중국어 방에는 중국어를 전혀 모르는 사람과 AI컴퓨터가 함께 들어가 있다. 첫 번째 방에서는 밖에서 넣어준 한자어를 AI컴퓨터가 해석한 후, 그것에 해당하는 한자(漢字)를 인쇄하여 밖으로 전달하는 방식이다. 반면 두 번째 방에서는 밖에서 넣어준 한자를 받아든 사람(중국어를 모름)이 AI프로그램을 이용하여 판독한 후 적절한 글자를 찾아 방 밖으로 내보낸다. 밖에 있는 사람은 전자든 후자든 방 안에 있는 존재가 중국어를 할 줄 아는 것으로 생각할 것이다. 결론적으로 AI컴퓨터만 있는 방(블랙박스)이나 AI컴퓨터의 도움을 받는 사람이 있는 방이나 프로그램된 과업을 수행하기는 마찬가지다. 둘 다 같은 일을 성공적으로 하였지만, 그들이 지능적으로 일을 했다기보다 그저 프로그램의 지시를 따랐을 뿐이라는 것이다.

'중국어 방'역설은 실리콘지성처럼 '강한 AI'가 가질 수 있는 인문학적, 철학적 한계를 시사하는 것으로 보인다. 즉 AI도 결국은 AI전문가가 작성한 프로그램이므로 그가 의도한 기능을 반복적으로 수행할 뿐, 문제를 진정으로 '이해'했거나 '의도'했거나 혹은 '자의식(ego)'을 가졌다고 볼 수 없다는 것이다. 결론적으로 존 설은 비록 AI기계가 튜링테스트를 통과했다 하더라도 그것이 진정한 지능은 아니며 단순히 대화하는 기술을 기계적으로 흉내 낸 것에 불과하다고 보았다. 그러나 그의 주장은 '지능'을 매우 좁게 정의한 결과로 보인다. 앞서 테그마크(2017)처럼 지능을 "복잡한 목표를 달성하는 능력"으로 폭넓게 정의하지 않고 좁게 정의하면 우리가 미래에 만날 다양한 형태의 지능을 놓칠 수 있다. 지능이 복잡한 문제를 해결하면 됐지 '자의식', '이해', '의도' 같은 것들을 굳이 가질 필요는 없다고 생각하는 과학자들이 의외로 많다.

우리는 흔히 '자의식(sense of identity)'을 인간이 다른 동물보다 우월하다는 것을 입증할 때 앞세운다. 자의식이란 우울하고, 행복하고, 배고프고, 포만감을 느끼는 등 모든 느낌이 '나'라는 유일무이한 실체에 속한다고 인식하는 것이다. 우리는 이 자의식에 근거한 행동들을 뇌에서 일어나는 무의식의 알고리즘과는 다른 차원의 능력으로 간주하고, 동물들을 무의식에만 의존하는 자의식이 없는 열등한 존재로 폄하한다(하라리 2017). 그렇지만 자의식이 없기에 영원히 현재에만 머무를 것으로 폄하되는 일부 동물들(앵무새, 덤불어치 등)도 개별 사건들을 기억하고 미래를 대비해 의식적으로 계획을 세운다는 것은 실험을 통해서 이미 입증되었다(Raby 외, 2007). 동물들이 단지 우리와는 '다른 마음'을 소유하듯이 AI도 그럴 수 있다. 즉 우리는 AI가 우리와 같은 자의식이 없을 것이라는 이유로 '지능'까지 없을 거라고 생각할 수 있다. 그렇지만 앞으로 실리콘지성 역시 '다른 마음'을 가진 제2, 제3의 지성체로 분류해야 할지 모른다.

3) 알고리즘 공화국

장기적으로 컴퓨터과학, 뇌·신경과학, 생명과학, 로봇공학, 인지과학은 AI가 유사지능(pseudo-intelligence)을 갖게 하는 일을 위해 손을 잡을 것이다. 첨단 과학기법과 도구를 통해 우리는 뇌가 물체와 음성을 인식하고 사물과 사건을 의식하는 과정을 생화학적 알고리즘으로 파악하게 되었고, 이것들은 다시 컴퓨터 알고리즘으로 변환하여 AI에 심을 수 있게 되었다. 생물적 DNA를 기계적, 전자적 DNA로 대치할 수 있는 영역이 늘어난다는 것은 인간처럼 '생각'할 수 있는 실리콘지성에 다가선다는 증거이기도 하다. 인간은 뇌의 뉴런에 세팅되어 있는 수많은 생화학적 알고리즘에 의해 작동되는데, 컴퓨터와 다른 점이란 유기물질이라는 점이다. 그런데 이 무기질의 알고리즘이 뇌의 유기질 알고리즘만큼 뛰어나지 못하다고 생각할 이유가 하나씩 둘씩 사라지고 있다. 알고리즘 관점에서 인간에 대한 과학자들의 이해는 다음 세 가지 원리로 요약할 수 있다(하라리, 2017).

- 인간은 유기체적 알고리즘이다. 호모사피엔스를 포함한 모든 동물은 수백만 년의 진화를 거치며 자연선택된 유기적 알고리즘들의 집합이다.
- 알고리즘의 계산은 계산기를 어떤 물질로 만들든 아무런 영향을 받지 않는다. 주판을 나무로 만들든, 철로 만들든, 플라스틱으로 만들든, 두 알 더하기 두 알은 네 알이다.
- 따라서 비유기적(무기질의) 알고리즘이 유기체적 알고리즘에 비해 절대 하지 못하거나 그보다 뛰어난 일을 할 수 없다고 생각할 이유가 전혀 없다. 계산만 정확하다면, 알고리즘이 탄소로 이루어지든 실리콘으로 이루어지든 무슨 상관인가?

현재는 유기질의 알고리즘(인간)이 무기질의 알고리즘(AI)보다 유연하며 잘하는 일들이 훨씬 많은 것은 사실이다. 일부 전문가들은 무기질의 알고리즘이 영원히 할 수 없는 것들이 있다고 단언하지만, 이 '영원히'는 결국 10~20년 안에 자취를 감출 가능성이 높아지고 있다. 얼마 전까지만 해도 형편 없었던 얼굴 인식 프로그램은 오늘날 평균 인간보다 훨씬 더 빠르고 정확하게 사람들의 얼굴을 인식할 수 있다(하라리, 2017). 그러나 여러 사람들 중에 특정인을 찾는 일은 아직 인간이 더 빠르다. 시간이 지나면서 인간을 컴퓨터 알고리즘으로 대체할 수 있는 영역이 계속 늘어가고 점점 더 쉬워지는데, 이는 알고리즘이 더 영리해지기도 하지만, 인간이 하는 일들이 세분화되고 전문화되고 있기 때문이기도 하다. 더구나 과거와 달리 AI개발자가 학습 알고리즘 하나를 개발하여 AI기계에 사용한 후, 그것을 다른 데이터로 학습하면 다른 판단과 행동을 보일 정도로 유연해지고 있다. AI의 딥러닝 특히 '표현학습(representation learning)'분야에서 이 가능성을 찾아볼 수 있다(마쓰오, 2016). AI알고리즘이 같더라도 학습데이터가 다르면 수행 결과가 달라진다. 이는 쌍둥이라 할지라도 서로 다른 환경에서 자라면 두 사람의 후천적 형질이 상당히 달라지는 것과 비슷하다.

4) 복잡계이론(complex system)

AI의 목적은 뇌의 작용을 모방하는 것이다. 그래서 뇌의 기능을 알고리즘으로 파악한 후, AI기계에 매핑(mapping)하는 아이디어는 훌륭하지만 완벽하진 않다. 이를 위해 뇌·신경과학자들이 들인 경이로운 땀과 노력으로 뉴런의 신경세포, 축삭돌기, 가지돌기 그리고 시냅스의 역동적인 상호작용을 더 깊이 이해할 수 있게 되었다. 그러나 그것은 어디까지 한 개의 뉴런이 작동하는 방식에 한정되어 있다. 그런데 2개의 뉴런 사이의 작용을 이해하는 일은 그다지 어렵지 않지만 3개 이상이 되면 복잡해지기 시작한다. 이를 우리는 '산체문제'라 한다. 태양과 그것을 돌고 있는 지구와의 운동을 예측하는 것은 그다지 어렵지 않지만 여기에 달이 추가되면 3개의 천체가 어떻게 운동하는지를 예측하기가 어려워지는 것과 마찬가지다. 이렇게 어려운 문제를 해결하기 위해 복잡계(complex system)라는 개념이 출현하였다.

예를 들어 물고기를 하나하나 독립적으로 보기보다 떼(집단)로 보면 개별적으로 볼 때 알 수 없었던 현상을 목격할 수 있다([쉬어가기] 자연 속 복잡계 참조). 마찬가지로 주가, 환율 등 수치들, 종교행위 등도 통으로 접근하면 보이는 패턴이 달라진다. 특히 인간은 개인으로 행동할 때와 집단으로 행동할 때 큰 차이를 보이므로 인간의 행동을 깊이 이해하기 위해서는 복잡계 이론이 필요할 수 있다. 마찬가지로 수많은 뉴런과 시냅스의 작용을 AI알고리즘으로 구현하기 위해서는 복잡계 이론을 적극 활용할 수 있을 것이다. 하나의 뉴런과 시냅스의 작동방식을 수식으로 완벽하게 기술할 수는 있지만 100조 개의 시냅스가 1,000억 개의 뉴런을 연결하여 서로 전기신호를 주고받는 뇌를 일일이 설명하는 것은 불가능해진다. 그러나 뇌의 부위별(시각영역, 후각영역, 언어영역, 운동영역 등)로 관찰되는 특별한 의식적 신호를 마치 물고기 떼가 준수하는 몇 가지 규칙(전제)을 찾듯이 표준적인 알고리즘으로 모델링할 수 있다면 수천 개의 부위별 모델을 만들 수 있을 것이다. 그리고 이 모델들을 효율적으로 네트워킹 할 수 있다면 실리콘지성의 구현에 한 걸음 더 다가갈 수 있을지도 모른다.

[쉬어 가기]

자연 속 복잡계

물고기는 새와 달리 정해진 리더가 없음에도 불구하고 질서정연하게 떼를 지어 잘 다닌다. 물고기 떼를 잘 관찰해보면 때로 한 물고기가 선두에 있다가 이내 다른 물고기가 선두에 서는 등 선두 물고기가 계속 바뀐다. 그럼에도 전체 물고기 떼는 임기응변식으로 한 방향으로 헤엄을 잘 쳐나가는 것 같다. 이것이 어떻게 가능할까?

이런 현상을 수식으로 설명할 수는 없지만 물고기의 3가지 성질을 전제하면 설명이 가능하다. 첫째, 될수록 무리에서 떨어지지 않도록 옆 물고기와 밀착하려는 습성. 둘째, 너무 근접해서 닿으며 헤엄치기가 힘이 드니 근처 물고기와 일정 간격을 유지하려는 습성. 마지막으로 옆 물고기와 같은 방향으로 헤엄을 치려는 습성을 들 수 있다.

이 전제만으로 물고기의 단체행동이 가능한지를 실험하기 위해 컴퓨터 시뮬레이션 모델을 만들었다. 먼저 이 3가지 전제가 없는 상황에서 모델을 돌리는 실험 물고기들은 각자 제 갈 길로 갔다. 그러나 위의 3가지를 전제한 시뮬레이션 모델을 돌렸더니 무리는 한 방향으로 헤엄을 잘 치기 시작하였다.

복잡계 이론은 물고기들 하나하나가 행동하는 것을 이해하기는 어렵지만 전체적으로 무리를 이룰 때 어떤 질서, 경향, 패턴이 있다는 것에 주목한다. 화학과 생물 분야는 쪼개고 쪼개면서 더욱 미세한 것에 파고들면서 진실을 규명하는 '환원주의'에 익숙하지만 복잡계는 사물을 쪼개기보다 전체를 지향하는 시스템적 연구방법이다.

실리콘지성의 현실화가 얼마나 어려운지를 얘기하다 두 가지 역설(paradox), 알고리즘 그리고 복잡계까지 오게 되었다. 여러 수준, 여러 종류의 AI기계들을 보면 인류가 필요한 것에 수요가 있을 것이며, 그곳에 자본이 모이고 연구역량이 모일 수밖에 없다. 지금까지 사람의 욕구는 생존과 사회적 욕구에 한정되어 있었다면 이제는 삶의 질적 개선으로 향할 것이다. 삶의 질은 1장에서 언급한 '행복', '영생' 그리고 '불멸'

로 요약되며 모두 생존적, 사회적 욕구와 맞닿아 있다. 우리는 오랫동안 행복하게 살기를 원하고 잊혀지지 않기를 원한다. 그렇지만 뇌를 포함한 우리의 몸은 여러모로 한계가 있기에, 여러 수준, 여러 종류의 AI기계들이 삶의 질을 개선해줄 듯하다. 뇌를 닮은 AI가 우리의 차기 구원자처럼 보이지만 이 시점에서 데닛의 경고에 잠시 귀를 기울일 필요가 있다. 우리는 마음(뇌)을 지나치게 단순화하다 보니 디지털 컴퓨터와 비슷하게 만들려는 경향이 있지만 이런 기계들은 우리의 뇌처럼 작동할 수 없다(Dennett, 카너먼 외, 2015, 275쪽 재인용). 따라서 하나의 뇌처럼 단일 시스템으로 작동하는 AI가 아닌 수 없이 많은 검증된 알고리즘과 데이터들을 처리할 수 있는 초병렬 구조물들과 이것들을 연결한 슈퍼네트워크가 대안이 될 것이다. 이런 구조물은 '연결주의적 망(connectionist network)'으로 설명될 수 있다. 그렇다면 적어도 이 장에서 장황하게 설명한 컴퓨터과학과 로봇공학만으로는 한계가 있음이 자명하다. 따라서 자연스럽게 이어져야 하는 다음 이슈는 많은 데이터와 그것을 수집하고 공유할 수 있는 빠른 네트워크일 것이다.

2.6 데이터와 알고리즘

뇌처럼 작동하는 AI에게 추론 알고리즘(엔진)만으로 충분치 않다. 우리가 흔히 간과하는 것은 성인의 뇌가 정상적으로 작동하기까지 어릴 적부터, 아니 더 거슬러 올라가 어머니의 자궁에서부터 경험하고 학습한 긴 기간을 거친다는 사실이다. 인간이든 AI든 지능(intelligence)을 갖는다는 것은 입력되는 데이터를 처리하고, 저장된 정보(기억)를 참조한 후 종합적으로 추론하고 선택함으로써 문제를 해결하거나 행동에 필요한 지시를 내리는 것을 말한다. 이 데이터는 뇌가 판단하고 결정(선택)을 하는데 반드시 필요한 입력요소(오감을 통한 각종 자극들)이면서 동시에 무언가를 실행(결정)한 후에 남기는 출력요소(만족, 후회, 이미지 등)이기도 하다. 뇌가 온종일 오감을 통해 받아들이는 데이터는 오늘날 대기업이 하루에 창출하는 데이터의 양과 맞먹을지 모른다. 다만 우리는 그 많은 데이터를 '소귀에 경 읽듯' 대부분 무의식적으로 처리해 버린다. 출력요소는 데이터를 사용한 후 뇌 어딘가에 원형 그대로 저장되기도 하지만 다른 맥락 정보와 혼합되어 다음 판단과 결정의 질을 업그레이드하는 데 활용되기도 한다. 그래서 데이터는 뇌든 컴퓨터든 저장한 후 필요할 때마다 빨리 꺼내올 수만 있다면 그 양은 많을수록 좋을 것이다. 그러나 불필요하거나 덜 중요한 정보를 마구잡이로 저장해 두는 것은 저장강박증처럼 지혜로운 일은 아닐 것이다.

우리는 빅데이터의 시대를 살고 있다. 공장, 사무실, 물류창고, 계산대, 차량, 사이버공간 등, 기업은 비즈니스를 수행하면서 생성되는 수많은 데이터와 인터넷에 남겨진 고객들의 족적(footprint)을 저장하고 있다. 빅데이터를 잘 분석하면 고객을 더 잘 이해할 수 있고 더 나은 마케팅전략을 수립할 수 있기 때문이다. 우리 개인들도 마찬가지다. 엄청난 양의 자신의 족적을 알게 모르게 매일 거리낌 없이 인터넷과 클라우드에 뿌리며 살아가고 있다. CCTV, 위치정보, 상거래정보, SNS 문자, 댓글, 방문한 웹사이트 등... 다행스럽게도 이 엄청난 양의 데이터를 처리하고 활용할 수 있도록 하드웨어의 연산능력은 계속 증대되고 있고, AI 소프트웨어와 데이터 엔지니어링 기술은 더욱 정교해지고 있으며, 5세대(5G)와 그 이상의 네트워크는 그 많은 데이터를 빛의 속도로 순간·이동시킬 수 있다. 컴퓨터과학과 AI는 알고리즘과 학습기법을 계속 업그레이드하며 인간을 돕거나 대체하는 방향으로 여러 분야들과 협력을 확대해 가고 있다. 오죽하면 딥러닝 연구자들 사이에서 '딥러닝 분야에서 새로운 아이디어의 유효기간은 3주'라는 푸념이 나올 정도일까. 궁극의 AI, 실리콘지성은 뇌·신경과학, 로봇공학, 생명공학, 생화학, 합성생물학 등의 협업적 품앗이로 현실화의 가능성이 계속 앞당겨지고 있다.

실리콘지성의 뉴런, 신경, 근육 그리고 생화학물질은 AI프로그램, 네트워크, 하드웨어 그리고 데이터일 것이다. 실리콘지성을 구성하는 하드웨어(메모리, 센서, 모터, 로봇팔과 다리, 근육·피부조직 등)에게 정교한 명령을 내리는 것은 AI프로그램을 처리하는 중앙처리장치(CPU)이다. 센서(시각, 청각, 촉각)는 환경과 물체에 관한 데이터를 쉴 새 없이 받아들이고, AI프로그램은 입력된 데이터를 처리한 후 각종 부속 하드웨어에 명령을 내린다. 명령을 받은 팔과 손가락은 움직이며, 입은 말을 하고, 얼굴 근육은 표정을 짓는다. 스마트팩토리(smart factory)의 조립로봇의 팔과 손가락은 작업공정(순서)을 프로그래밍한 자동화 소프트웨어의 지시에 따라 순차적으로 움직인다. AI프로그램은 로봇 팔과 손가락이 작업 조건에 맞으면 지정된 작업(옮기기, 삽입, 스크류잉, 파운딩 등)을 수행하도록 엑츄에이터(actuator)에 지시를 내린다. 작업조건이 맞는지를 확인하기 위해서는 센서(sensor)가 필요하며, 작업조건에 대한 정보는 당연히 메모리에 저장되어 있어야 한다. 로봇 손가락에 부착된 센서는 조립해야 하는 부품의 규격이 맞는지, 조립이 가능한 위치에 있는지를 확인한 후 문제가 없으며 조립을 수행한다. 만일 로봇에게 학습기능이 있다면 공정 데이터를 분석한 후 추후 활용하기 위한 추가적인 제어규칙을 저장할 것이다. 그러나 지금 현장에 있는 대부분 자동화 기기들이 이런 일까지 하지는 않는다. 공장 엔지니어들은 아직 현장 로봇이 학습하여 스스로 진화하는 것을 원치 않기 때문이다. 공장에서 수행되는 대부분 작업들은 정확성과 신속성을 요구할 뿐 기계의 학습으로 인한 자의적 판단을 필요로 하지 않기 때문이다. 당연히 데이터의 활용도 여기까지다.

AI의 지능은 데이터와 학습이 결정적인 역할을 한다. 바둑천재 알파고는 기보(棋譜)라는 데이터를, 암치료방법을 자문하는 왓슨은 암치료 관련 논문과 보고서들, 투자자문을 하는 AI어드바이저는 증시·투자정보를 폭식했기에 영리해진 것이다. 하라리(2017)는 영생과 불멸을 지향하는 첨단기술에서 데이터가 중요함을 강조하기 위해 「데이터교」라는 용어를 썼다. 인류는 이제 데이터교를 신봉하는 열렬한 신자로 남거나 아니면 자신에게 연결된 유무선의 네트워크를 모두 끊어버리고 자연으로 돌아가 은둔하며 지내다 사라지는 양자택일의 길밖에 없다. 데이터교도로 산다는 것은 최소한의 사생활이 보장되는 범위 내에서 자신의 개인정보를 모두 공개하고, 알고리즘을 테스트하고, 삶의 질적 향상에 도움이 되는 알고리즘은 적극 수용하며 살 수밖에 없다. 데이터교도의 신조는 우주가 데이터의 흐름으로 이루어져 있고, 어떤 현상이나 실체의 가치는 데이터 처리에 기여하는 바에 따라 결정된다는 것이다(Kelly, 2010; Hidalgo, 2015).

데이터교는 두(2) 과학적 조류의 격정적 합류에서 탄생하였다. 찰스 다윈이 「종의 기원」을 발표한 이후 생명과학은 150년에 걸쳐 모든 유기체를 생화학적 알고리즘으로 파악해 왔다. 한편 앨런 튜링이 '튜링기계'라는 개념을 창안한 이후 80년 동안 컴퓨터

과학자들은 점점 더 정교한 전자적 알고리즘을 설계해 왔다. 이 알고리즘은 비즈니스 시스템, 전자기기, 로봇, 항공기와 우주선, 첨단무기 등 무기질의 물체에 탑재되어 매우 복잡하고 정교한 일들을 독자적으로 수행해 왔다. 거대한 이 두 조류가 만나면서 데이터교도들은 동일한 수학적 법칙들이 생화학적 알고리즘과 전자적 알고리즘 모두에 적용된다고 믿게 되었다. 이로써 동물(생물)과 기계의 장벽이 허물어지고, 결국 디지털 알고리즘이 모든 생화학적 알고리즘을 해독해 AI에 심을 수 있다는 믿음까지 갖게 되었다. 베토벤의 5번 교향곡, 증권거래소의 거품, 독감 바이러스 관련 빅데이터를 동일한 모델과 도구를 이용해 어떤 패턴을 찾을 수 있다. 즉 음악에서부터 경제학을 거쳐 생물학에 이르는 모든 과학을 아우르는 복잡계 이론이 가능하다는 것이다. 이는 무기물인 기계가 생물처럼 판단하고 결정할 수 있는 표준화된 알고리즘을 유기적 생물로부터 추출하여 받을 수 있다는 인류의 자신감이기도 하다. 그래서 SF영화는 표준화된 알고리즘과 데이터를 생물적 뇌에 업로드하는 일, 뇌에 저장된 알고리즘과 데이터를 표준화하여 기계에 다운로드 하는 일을 컴퓨터가 파일을 복제하듯 하는 상상력을 보여준다.

데이터교는 인간 스스로는 더 이상 막대한 데이터의 흐름을 감당할 수 없고, 지식과 지혜를 추출하는 일은 고사하고 데이터에서 정보조차 추출할 수도 없다고 단언한다. 그렇기에 빅데이터를 처리하는 일은 연산능력이 뇌를 훨씬 능가하는 선사적 알고리즘(소프트웨어)에 맡겨야 한다고 주장한다. 맞는 말이다. 데이터교는 컴퓨터과학과 생물학에 단단히 뿌리내리고 있다. 한계를 보였던 컴퓨터과학이 생명의 본질을 바꿀 수 있는 엄청난 파급력을 가진 AI로 도약할 수 있었던 것은 생물학, 특히 뇌·신경과학이 데이터교를 수용하면서부터였다. 모든 유기체는 알고리즘이며 기린, 토마토, 인간이 단지 데이터를 처리하는 각기 다른 방법에 불과하다는 개념에 동의하지 않는 사람도 있겠지만, 현시점에서 인간도 생물적 알고리즘으로 해석하는 것이 과학적 정설이다(하라리, 2017).

2.7 AI의 학습 질주

데이터는 그냥 있는 것이 아니라 예언자가 되기 위해 있는 것이다. 데이터는 학습의 대상이며, 학습을 통하여 AI는 더욱 스마트해진다. 사람이 바보스러워지지 않으려면 평생학습을 해야 한다. 마찬가지로 어떤 프로그램이든 학습기능이 없다면 기본적으로 AI로 불릴 자격이 없으며, 시스템의 지속성은 제로에 가까워진다. 최근 가전업체들이 전자제품을 브랜딩 할 때 AI(인공지능)를 즐겨 붙이지만 사실은 소비자에 대한 기만이다. 예컨대 에어컨이나 공기청정기 앞에 AI를 붙이려면 적어도 사용사의 사용 패턴을 학습하여 날짜와 시간대 그리고 환경에 따라 늘 다른 최적의 바람과 공기정화기능을 제공할 수 있어야 진정한 AI이다.

AI는 i) 휴리스틱(heuristic) 또는 ii) 기계학습(machine learning)으로 더 스마트해질 수 있다. 이 두 방법은 계산주의적으로 AI에 접근하는 것이다. 계산주의는 인간의 뇌가 작동하는 방식이 일련의 논리적인 기호들을 조작하는 계산과정으로 보는 것이다. 나중에 설명할 연결주의적 접근방법과는 근본적으로 다르다.

1) 휴리스틱(heuristic)

일반적으로 휴리스틱은 추상적인 문제를 풀기 위해 구체적인 예를 생각하거나 복잡한 문제를 풀기 위해 그림을 그려보는 방법이다. 휴리스틱은 알고리즘으로 해답을 구하는 일이 너무 복잡하고 계산에 걸리는 시간도 너무 많아 비현실적일 때 대신 만족할 만한 근사치를 구하는 방법을 말한다. 휴리스틱은 적용할 수 있는 문제의 종류가 너무 한정된다는 한계가 있어 메타 휴리스틱(meta-heuristic)이라는 방법이 나왔다. 메타 휴리스틱은 시행착오를 반복하면서 적합도가 높은 정답 후보를 좁혀가는 방법으로써 적용할 수 있는 문제의 범위가 훨씬 넓다(유신, 2015). 예를 들어, '1과 10사이에 당신이 생각하는 수를 맞추겠다'고 하면서 아래처럼 물어가는 방식이다.

- 10보다 작나요? -> 예
- 1보다 큰가요? -> 예
- 9보다 작나요? -> 예
- 2보다 큰가요? -> 아니오

.

- '그렇다면 당신이 생각한 숫자는 7이군요'라고 추론한다.

위의 예에서 알 수 있듯이 메타 휴리스틱은 시행착오를 최소화하기 위해 매우 효과적으로 질문을 해야 한다. 정답 후보를 생성하기 위해 다양한 방법이 있다. 개미군집알고리즘(Ant Colony Algorithm)은 페로몬을 이용해 먹이에 도달하는 길을 찾는 방법이며, 진화연산(Evolutionary Computation)은 다윈의 진화론을 이용해 적합도가 더 높은 정답후보를 찾아가는 방법이다. 오늘날 컴퓨터의 빠른 연산능력을 고려하면 메타 휴리스틱 방법은 AI기계에 지능을 제공할 수 있는 한 방편임을 알 수 있다. 인간에게는 불가능한 많은 양의 계산을 반복하면서 시행착오를 거치다보면 주어진 문제의 구조 또는 다양한 속성을 발견하게 되고 그러다 보면 문제해결의 효율성을 높일 수 있다. 메타 휴리스틱은 이미 우리 생활 속 곳곳에 들어와 있다. 강의시산표 배정, 지도상의 경로 찾기, 고집적 전자회로에 부품과 회로를 배치하는 일, 연비가 좋은 제트엔진을 설계하는 일 등 고도의 공학적인 문제에도 메타 휴리스틱은 인간보다 더 뛰어난 결과를 내놓고 있다.

2) 기계학습(machine learning)

기계학습이란 데이터를 분석하여 일반화된 판단 법칙을 이끌어내는 방법이다. 가령 컴퓨터에게 2주간 총 14개의 날씨데이터(맑음, 흐림, 비)를 학습시킨 후, 오늘 날씨를 바탕으로 내일 날씨를 예상하는 법을 학습시켰다고 하자. 맑음->맑음, 맑음->흐림, 맑음->비, 흐림->맑음, 흐림->흐림 등 총 9개의 경우에 대한 확률이 계산되고 이것이 기계에 학습될 것이다. AI기계는 이 지식을 근거로 "내일 맑을 확률은 1/4이며, 흐릴 확률은 1/2이며, 비올 확률은 1/4"이라고 응답할 수 있다(유신, 2015). 따라서 만일 컴퓨터의 연산속도가 더 빨라지고 더 많은 데이터를 학습시킨다면 AI는 더 정밀한 학습을 할 수 있고 예측의 정확성도 함께 증가할 것이다.

기계학습 알고리즘은 다양한 온라인 서비스를 통해 우리에게 이미 가까이 와 있다. 인터넷 쇼핑몰에서 상품을 구매한 고객에게 함께 구매한 상품을 추천하는 기능, 영화와 음원 스트리밍 사이트에서 고객의 구매이력을 분석하여 고객 취향의 영화나 음악을 추천하는 기능 등은 모두 기계학습을 통해 기존 고객의 구매 패턴이나 음악, 영화 등의 취향을 학습했기 때문에 가능한 서비스이다.

기계학습의 질은 입력되는 데이터의 질과 양에 비례한다. 만일 학습에 사용된 날씨 데이터가 동남아 지역의 날씨라면 우리 지역의 날씨를 예측하는 일에는 당연히 부적합할 것이다. 당연하지만 기계학습은 또한 경험한 적이 없는 것에 대해서, 즉 데이터가 없는 경우에 어떠한 답을 줄 수 없다. 약간 흐림(half-cloud)에 대한 데이터를 입력한 적이 없다면 날씨가 약간 흐릴 확률을 얻을 수 없는 것과 같다. 그렇다고 제한적인 데이터를 분석한 결과(빈도, 확률 등)를 가지고 응답하는 전문가시스템 수준의 AI가 필요하지 않은 것은 아니다. 고차원적인 지능을 가졌다고 자부하는 우리의 뇌도 이런 수준으로 데이터를 처리하고 기억하였다가 문제를 해결하는 경우가 허다하다. 작은 규모의 가을야유회를 당신이 진행한다고 가정하자. 당신은 먼저 참석자 한명 한명의 신원을 확인한 후, 모두 참석했는지 여부를 판단한 후 대형버스를 출발시킬 것이다. 이렇듯 인간의 뇌 또한 일평생 학습해 온 다양한 도구를 단순한 문제해결을 위해 반복적으로 사용하는 경우가 많다.

AI가 초보적인 기계학습으로 실리콘지성(범용AI)으로 점프하기란 어렵다. 결국 과거의 데이터를 프로그램이 계산하고, 학습하고, 반응하는 수준의 AI기계는 '기호화'로 특징되는 수학과 컴퓨터과학의 틀 속에 여전히 갇혀있는 셈이다. 아래 [기술 사례]가 다룬 계산주의 프로그램 SHRDLU을 보면 이해할 수 있다. 만일 이런 방식으로 실제 세계에서 상호작용할 수 있는 SHRDLU 2.0을 제작한다고 가정해보자. 다양한 상태에 있는 다양한 사물들이 넘쳐나는 세상에서 이 모든 속성의 집합들을 기호화한다는 것은 사실 거의 불가능하다. 결론적으로 AI가 수행하는 일이 이처럼 수학적, 논리적 계산으로만 가능하다면 계산주의적 접근만으로 충분하지만, 실리콘지성에 다가가기에는 한계가 있을 수밖에 없다. 그래서 이어 설명할 연결주의적 접근방법이 필요한 것이다. 이를 위해 AI연구는 뇌·신경과학자, 생물·유전공학자, 생화학자, 무기·유기재료공학자, 로봇공학자, 기계공학자들의 적극적인 도움이 필요해 보인다.

[기술 사례]

계산주의와 그 한계 - SHRDLU 프로그램

기본적으로 계산주의의 역사는 철학을 기호와 계산으로 표현하고자 했던 계몽주의 시대로 거슬러 올라간다. 계산주의는 인간의 뇌가 일련의 논리적인 기호들을 조작하는 튜링기계와 같다고 전제한다. 실제로 인간은 실생활에서 계산주의적으로 사고하는 경우가 많다. 당신이 만일 소규모의 가을야유회를 진행한다면, 버스를 출발하기 전에 참석희망자 리스트와 탑승자 전원을 1:1로 확인하는 일처럼 말이다. 참석희망자, 참석자, 불참자 등이 모두 당신의 머릿속에 있는 일련의 논리적 기호인 셈이다. 그래서 인간이 사물과 상황을 인식하고, 판단과 결정을 내리는 사고과정을 기호적 알고리즘으로 보았으며, AI연구자들은 이 알고리즘을 AI기계에 적용한 것이다.

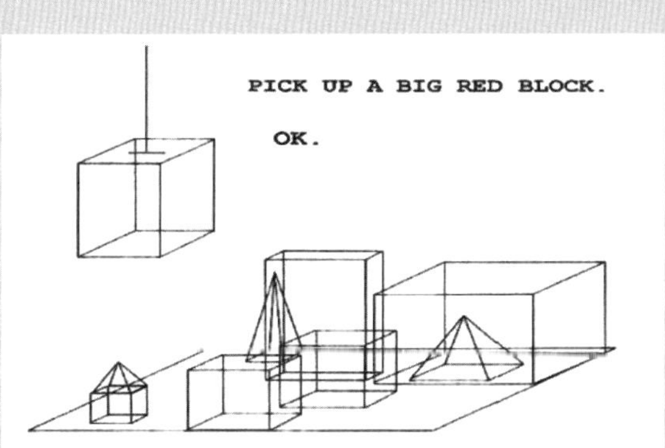

SHRDLU 초기버전의 작동 화면 [자료원] 유신, 2015, 122쪽

AI에 이 논리적 사고를 구현한 기념비적 작업들 중에 하나는 1968~1970년 MIT 테리 위노그래드(Terry Winograd)가 만든 SHRDLU라는 프로그램이다. SHRDLU는 다양한 크

기·모양·색상을 가진 기하학적 모형(블록)들(사각뿔, 상자)로 구성된 3차원 가상공간에서 이것들의 형태를 인식하고 명령에 따라 특정 모형(블록)을 옮기거나 배치상태에 대한 질문에 답을 할 수 있는 프로그램이다(위 그림 참조). 즉 SHRDLU는 가상공간에 자연어처리기술을 접목하여 모형을 매개로 인간과 상당히 고차원적인 상호작용을 할 수 있는 AI프로그램이다.

다음은 실제로 SHRDLU가 인간과 나눈 대화의 기록이다.

사람	큰 빨간색 블록을 집어라.
SHRDLU	OK.
사람	사각뿔을 집어라.
SHRDLU	어떤 사각뿔을 말하는지 모르겠습니다.
사람	지금 들고 있는 블록보다 더 높은 블록을 찾아서 그것을 상자에 넣어라.
SHRDLU	"그것"이 "지금 들고 있는 블록보다 더 높은 블록"을 뜻하는 것이라고 가정합니다.
SHRDLU	OK.
.	
.	
사람	상자 안에 뭐가 들었지?
SHRDLU	파란색 사각뿔과 파란색 블록입니다.
사람	사각뿔을 받치고 있는 건 뭐지?
SHRDLU	상자입니다.
사람	상자 안에 있지 않은 블록 개수는 몇 개지?
SHRDLU	4개입니다.
사람	그중 내가 집으라고 한 블록보다 어느 한 개라도 더 가느다란 것이 있는가?
SHRDLU	예, 빨간색 정육면체가 그렇습니다.

SHRDLU는 "어느 한 개라도", "더 가느다란"과 같이 한정사의 사용과 논리적 비교를 하거나 '사각뿔을 받치고 있는 것이 상자'라는 물리적 관계를 이해한다는 점에서 가상환경에 대한 논리적 추론이 가능하였다. 그러나 SHRDLU는 사각뿔, 블록, 정육면체와 같은

물체를 컴퓨터의 기억장치에 저장된 기호로만 인식했지, 실제 세계에 존재하는 시각적, 기하학적 형태로 인식한 것은 아니었다. 즉 SHRDLU는 물체들의 다양한 속성을 형태, 색상, 크기(넓이, 길이, 높이), 위치 좌표, 위에 있는 물체, 아래에 있는 물체, 오른쪽에 있는 물체, 왼쪽에 있는 물체 등으로 일일이 기호화하여 기억하고 있는 것이다.

SHRDLU 실험을 통해 AI과학자들은 단순히 사물을 인식하는 일처럼 인간은 너무나 쉽고 자연스럽게 하는 것을 컴퓨터가 이해하도록 기호로 표현하는 일이 너무나 어렵다는 사실을 깨달았다. 한편 이러한 계산적, 기호주의의 한계를 극복하기 위한 몇몇 노력이 있었다. 1989년 인지심리학자 키스 홀리오크(Keith Holyoak)와 철학자 폴 타가드(Paul Thagard)는 비유적 제약 매핑 엔진(ACME: Analogical Constraint Mapping Engine)을 개발하였다. ACME는 심리학자 디드르 겐트너(Dedre Gentner)가 1980년대에 개발한 구조매핑엔진(SME: Structure Mapping Engine)의 도움을 받은 이론이다. 이 두 프로그램의 목표는 컴퓨터가 비유(analogy)를 통해 새로운 지식을 발견하도록 하는 것이었다. 겐트너는 '비유'를 서로 다른 지식영역 사이에 존재하는 구조적 유사성으로 정의하였다(유신, 2015).

결론적으로 모든 것에 기호를 배정한 후 논리적 추론을 하려 했던 노력들이 헛된 것으로 볼 수는 없다. 인간의 뇌는 복잡한 개념을 '언어'라는 '기호'를 통해 다룬다고 보면, 기호조작을 통한 지적활동을 수행한다는 계산주의 자체를 폐기하기는 성급한 것 같다. 아울러 구조적인 유사성을 통해 복잡한 개념을 이해하고 추론한다는 발상도 AI의 발전에 필요한 것으로 보인다. 문제는 '개념 X를 기호 Y로 표현하자'고 했을 때 컴퓨터는 여전히 Y의 의미를 해석할 수 없다는 점이며, 그 개념이 바나나와 토끼가 아닌 추상적인 개념일 경우에 더욱 그렇다. 이 문제를 해결하기 위해 특정 개념에 대한 기호를 사람이 정해 주입하기보다 AI가 스스로 해결하자는 의견도 등장하였다. 그렇지만 AI의 유형(전문가시스템 -> 서비스로봇 -> 실리콘지성)에 따라 기호조작 이상을 요구하는 지적활동이 필요하지도 않은데, 굳이 AI가 기호의 의미까지 의식하게 할 필요가 있느냐는 의문 역시 던질 수 있다.

3) 연결주의적 AI

이런 계산적, 기호주의의 한계를 넘기 위해 연결주의적 방법론이 필요해 보인다. 연결주의는 지능을 하나의 중앙집중적 논리적 회로체계로 보기보다 간단한 기능을 수행하는 작은 단위들이 복잡하게 연결된 상태에서 얻어지는 발생적인(emergent) 현상으로 본다(유신, 2015). 가장 널리 사용되는 AI의 연결주의적 접근법은 뇌의 생물학적 기제에 집중해, 뇌를 구성하는 신경세포(뉴런)의 연결방식, 즉 신경망(neural network)을 흉내내는 방식이다. 뇌의 신경망이란 결국 뉴런(신경세포)들을 연결해주는 가지돌기(입구전용)와 축사돌기(출구전용)의 촘촘한 연결망을 말하며 이 망을 통해 활동선위(spike)가 물결처럼 전달되면서 의식과 지능이 작동되는 것이다. 이러한 메커니즘을 AI에 구현하는 것이 연결주의적 AI의 일차적인 목표이다. AI를 연결주의적 관점에서 이해하려면 먼저 인터넷의 초연결성, 상호연결된 뉴런 다발을 흉내 낸 인공신경망, 기계학습을 위한 딥러닝을 좀 더 깊이 이해할 필요가 있다.

• 초연결성

연결주의를 얘기할 때 우리는 2개의 네트워크를 생각할 수 있다. 첫째는 전 세계적으로 인간과 조직을 연결해주는 매크로(macro)적 네트워크인 인터넷, 둘째는 인간의 뇌와 몸 전체를 묶어주는 마이크로(micro)적 신경네트워크이다. 뇌의 신경세포(뉴런)는 신경다발별로 신체의 각 부위와 연결되어 있으며, 신경세포들은 다시 신경세포들끼리 촘촘하게 연결되어 있다.

현대과학은 뇌가 데이터를 처리하는 수많은 알고리즘들의 도구박스(toolbox)라고 믿는다. 인간의 뇌는 타인의 뇌와 직접 소통할 수 없는 폐쇄형이다. 반드시 언어와 표정 그리고 몸짓을 통하지 않고서는 소통이 어렵기 때문이다. 반면 AI는 초고속 인터넷을 통해 데이터와 알고리즘을 신속하게 공유할 수 있기에 인간처럼 외로울 것 같지는 않다. 퀴즈를 푸는 일에 최적화되어 있는 IBM의 왓슨도 인간 경쟁자를 이기기 위해 세상의 지식과 승리 전략을 인터넷에서 모두 배웠다. 만일 인터넷이 없었다면 AI의 혁신적 결과물을 신속하게 나눌 수 없었을 것이며 그로 인해 각종 정보서비스의 단가를 낮출 수도 없었을 것이다([쉬어 가기] IBM 왓슨의 비밀병기 – 인터넷 참조).

전 세계에서 발생하는 모든 현상과 사건·사고가 촘촘하게 연결되고 상호작용하는 '초연결사회'의 특징은 증권거래소에 그대로 투영되어 있다(하라리, 2017). 증권거래소는 인간이 창조한 가장 빠르고 효율적인 글로벌 데이터처리시스템들 중에 하나이다. 지구촌의 누구나 금융기관(은행, 증권사 등)을 통해 각종 금융상품을 빛의 속도로 거래할 수 있다. 거래소에서 거래되는 모든 증권의 가격은 지구촌에서 일어나는 모든 사건·사고의 영향을 직·간접적으로 받는다. 화성탐사선의 성공적인 착륙, 북한의 핵·미사일 실험, 인도네시아의 지진과 쓰나미는 물론 태양 표면의 불규칙한 활동조차 주가에 영향을 미친다. 증권거래소처럼 하나의 네트워크에 묶여있는 데이터처리시스템이 늘면 늘수록 네트워크효과[25]는 기하급수적으로 증가한다. 하라리(2017)는 인류를 하나의 거대한 데이터처리시스템으로, 개인들은 그것에 연결된 시스템으로 보고 네트워크효과를 높이기 위한 방법을 다음과 같이 설명하였다.

- 프로세서(processor)의 수를 늘린다. 10만 명이 사는 도시가 천 명이 사는 시골마을보다 시너지는 더욱 커진다.
- 프로세서의 다양성을 늘린다. 여러 종류의 프로세서들이 협업한다면 시스템의 역동성과 창의성은 높아질 것이다. 농부, 엔지니어, 식량계획 행정가, 정치인 등 다양한 의견이 모이면 '도시농업'이라는 이전에는 없던 결과물이 나올 수 있다.
- 프로세서들 간의 연결을 늘린다. 아무리 많은 프로세서가 있다 하더라도 연결되어 있지 않다면 그 효용성은 반의반에도 미치지 못한다.
- 현존하는 연결을 따라 이동할 자유를 늘린다. 연결된 네트워크를 통해 데이터가 자유롭게 흐르도록 만든다.

25 어떤 상품에 대해 한 번 형성된 수요가 타인의 수요에 영향을 미치는 현상. 이용자들이 한번 몰리면 몰릴수록 이용자가 계속 늘어나는 현상으로 개방형 인터넷을 이용한 전자상거래 효과를 설명할 때도 자주 사용되는 개념이다.

앞서 설명한 실리콘지성도 초연결된 사회에서 실현가능하고 필요할지 모른다. 복잡하게 꼬여있는 국제적, 지역적 문제들을 팽배한 개인주의와 지역주의, 이념적 편향성, 사적 감정과 아집으로 더욱 꼬여 있는데다, 장기적 안목없이 표(vote)만을 위해 설쳐대는 소수의 포퓰리스트들과 위험한 신(新)전체주의자에게 그냥 맡겨둔다고 매듭이 풀릴까? 나는 특정한 분야에서 압도적인 지식을 습득하였고, 편향적 사적 감정 모듈이 모두 제거되고, 판단의 근거를 설명할 수 있으며, 법적 지위를 획득한 합리적 지성체를 상상하고 현실화할 수 있어야 한다고 생각한다.

초연결성이 지능을 향상시킬 수 있다면, 뇌를 구성하는 수십억 개의 신경세포들의 연결성에 주목하지 않을 수 없다. 그간 뇌에 대한 탁월한 연구들이 인공신경망(ANN, artificial neural network)에 적용된다면 미래의 AI기계들은 더욱 스마트해질 것은 분명하다. 기본적으로 전 세계를 연결하고 있는 인터넷을 통해 학습한 AI기계들은 사람들에게 보다 합리적인 시각을 조언하고 꼬여있는 인류의 문제를 보다 효율적으로 해결해 갈 것으로 예상된다. 그러나 단지 연결되었다고 하여 시스템의 지능이 향상되는 것은 아니다. 초연결성을 통해 데이터의 양이 증가하고, 늘어난 데이터를 처리할 수 있는 빠른 컴퓨터와 맥락적 해석에 필요한 부가적인 데이터들의 관계가 계속 강화될 때 비로소 현재의 지능 즉 문제해결능력은 업그레이드될 수 있다. 예를 들어 비동기식 강화학습(reinforcement learning), 일명 엑터 크리틱(actor-critic)이라는 학습방식은 분산시스템을 기반으로 적은 자원을 활용하여 보다 효율적이며 안정적으로 AI가 강화학습을 할 수 있도록 한다(Mnih 외, 2016).

[쉬어 가기]

IBM 왓슨의 비밀병기 - 인터넷

IBM이 1997년에 개발한 딥블루(Deep Blue)는 체스 챔피언 게리 카스파로프를 이겼고, 2011년에는 퀴즈에 최적화된 왓슨(Watson)을 개발하였다. AI 왓슨(퀴즈 전문가시스템)은 미국의 TV 퀴즈쇼 「제오파디(Jeopardy)」에 출연하여 인간 챔피언 켄 제닝스(Ken Jennings)와 브래드 러터(Brad Rutter)를 상대로 승리를 거두었다. 켄 제닝스는 「제오파디」 역사상 최다인 74연승 기록의 보유자이고, 브래드 러터는 각종 퀴즈대회에 참가해

받은 상금 누적액이 역대 2위를 기록한 퀴즈 실력자였다. 왓슨은 당시 출연을 통해 7만 7147달러를 벌어들여 다른 경쟁자(제닝스는 24,000달러; 리터는 21,600달러)들보다 세 배의 금액을 상금으로 받았다. 이는 마치 테그마크(2017)의 「Life 3.0」에 소개된 초지능(super-intelligence) '프로메테우스'를 연상시킨다. 가상 시나리오지만 AI 프로메테우스는 미디어회사를 설립하여 콘텐츠 사업으로 두 달 만에 넷플릭스를 따라잡고, 석 달 만에 타임워너, 디즈니, 폭스 등과 어깨를 나란히 하는 세계 최대 미디어 제국의 반열에 오른다는 설정이다.

왓슨이 퀴즈를 푸는 방법은 인터넷 검색이었다. 예를 들어 "1594년 안달루시아에서 세금징수원을 직업으로 가진 사람은 누구인가"라는 질문을 하면 정답은 「동키호테」의 작가 세르반테스다. 왓슨은 먼저 1594, 안달루시아, 세금징수원이라는 키워드를 이용하여 자신의 배경지식 DB를 검색한다. 그러자 미국 작가 헨리 소로와 스페인 작가 세르반테스가 검색된다. 왓슨은 문제의 답이 '인물의 이름'이라는 개념에 해당하는 것을 알고 있기에 배경지식 DB에서 소로와 세르반테스의 생년월일을 검색한다. 소로는 1817년생이어서 맞지 않아 최종적으로 세르반테스를 답으로 제출한다. 왓슨은 추상적인 개념과 배경지식을 적절하게 혼합해서 답을 추론하는 과정이 매우 지능적이다. 실제로 당시 경쟁자들도 왓슨이 문제 푸는 방식이 자기들의 것과 매우 흡사하다고 증언했다.

왓슨은 퀴즈쇼에 최적화된 전문가시스템일 뿐이다. 왓슨의 경쟁력은 기존에 알려진 자연어처리 알고리즘 수백 개를 동시에 실행시킨 다음, 인간 출연자가 버저를 누르기 전에 먼저 그 결과를 취합해서 정답을 찾는 강력한 데이터처리능력에 있다. 사실 IBM이 새로운 창의적인 알고리즘을 개발했다기보다 강력한 컴퓨터[26]와 값싼 메모리를 이용하여 승리한 셈이다. 그렇지만 왓슨의 승리를 오로지 강력한 하드웨어의 공으로만 돌릴 수 없는 것은 왓슨만을 위해 만든 4테라바이트 규모의 지식저장소 때문이었다. 당시 공정한 대결을 위해 왓슨은 인터넷에 접속할 수 없었기 때문에, IBM은 2억여 개의 웹페이지를 분석한 뒤 그것을 지식저장소에 저장해 두었다. 지식저장소에는 사전 몇 권은 물론, 영문 위키백과 전체가 저장되어 있었는데 인간의 뇌가 따라갈 수 없는 방대한 분량이었다. 결국 왓슨의 경쟁력은 짧은 시간 안에 방대한 양의 정보를 수집할 수 있었던 인터넷 때문이었다. 같은 맥락에서 오메가팀[27]은 초지능(super-intelligence) '프로메테우스'가 자신의 운

26 3000개에 가까운 CPU를 사용한 자연어처리서버

27 테그마크(2017)의 「Life 3.0」에서 초지능(superintelligence) '프로메테우스'를 개발하여 운영하는 가상팀

명을 스스로 통제할 수 없도록 인터넷 접속을 통제하였다. 즉 AI에게 인터넷을 통한 무한 학습이 허용된다면 특정 분야에서 초지능이 탄생하는 것이 불가능하지도 않다고 봤기 때문이다.

왓슨의 승리에는 대규모 지식저장소만이 아니라 '전략'모듈도 기여했다. 전략모듈은 상금을 두 배로 늘려주는 데일리 더블(Daily Double)찬스가 어느 질문에 숨어 있는지 예측해서 선택하는 작업, 답변을 위해 버저를 누르는 가장 이상적인 타이밍 결정, 퀴즈쇼의 진행 정도에 따라 어느 정도의 위험을 감수하고 답을 할 것인지를 결정하는 일 등이다. IBM은 강력한 하드웨어 못지않게 이 전략모듈이 왓슨의 승률을 높였다고 평가하였다. 그런데 이 전략모듈의 내용도 「제오파디」의 열성팬들이 구축한 웹사이트(j-archive.com)로부터 학습한 것이었다. 이 웹사이트는 1985년부터 방영된 30시즌 분량의 기출제된 문제(약 25만개), 각 문제에 걸린 상금 및 데일리 더블 찬스의 위치, 출연자들이 버저를 누른 순서와 오답 여부 등이 담겨있었다. IBM은 이 데이터를 분석하고 여기에 기계학습 알고리즘을 적용하여 왓슨의 퀴즈응답 전략을 다듬었다. 이 역시 인터넷을 통해 왓슨이 습득할 수 있었던 지식이었다.

• 인공신경망(ANN: artificial neural network)

연결주의적 AI에서 현재까지 가장 성공적인 방법론으로 꼽히는 것은 인공신경망(ANN: Artificial Neural Network)이론이다. ANN은 1949년 캐나다의 심리학자이자 신경과학자인 도널드 헵(Donald Hebb)의 헵이론(Hebbian Theory)을 출발점으로 한다. 헵이론은 학습을 뉴런과 뉴런의 연결관계의 활성화로 보았고 이 연결이 반복될수록 학습이 강화된다고 보았다. 즉 익숙해지는 과정이 학습인 것이다. 낯선 도시에서의 첫날, 여행자에게 도로와 교통망은 생소하기 그지없다. 즉 학습이 제로상태인 것이다. 그러나 여러 날 특정 지하철역과 숙소를 오가다 보면 그 경로에 대한 학습이 강화된다. 지나치며 만난 건물들, 편의점, 안내판, 도로구조, 특이한 소음과 냄새 등이 상호연결되면서 고리(link)가 형성되는 것이다. 헵이론에서 개에게 음식을 줄 때마다 종소리를 들려주면, 종소리(뉴런1)-음식(뉴런2)-침분비(뉴런3) 연결고리가 형성된다. 이후 개에게 종소리만 들려주더라도 종소리(뉴런1)-침분비(뉴런2) 고리가 자동 작동되는 것과 같다.

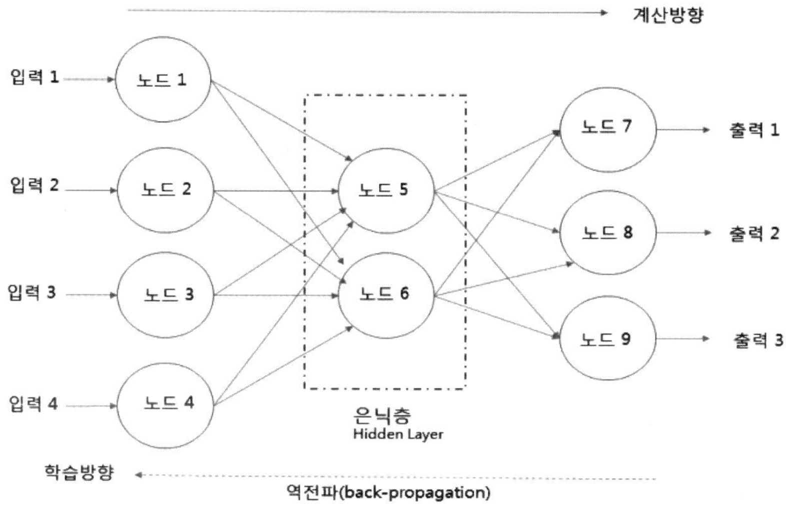

〈그림 2-2〉 ANN의 역전파 알고리즘 [자료원] 유신, 2015, 138쪽

ANN은 〈그림 2-2〉처럼 화살표로 연결되어 있는 노드(node)를 통해 구현된다. 각각의 노드는 실제 뇌의 신경세포(뉴런)이며, 신호를 받는 다수의 가지돌기(입력)와 신호를 보내는 다수의 축삭돌기(출력)로 구성된다. 즉 화살표는 신경세포들을 연결하는 시냅스(축삭돌기와 가지돌기의 집합)들인 셈이다. 그림에는 입력과 출력 신호로 바로 연결되지 않는 노드들, 즉 숨겨져 있는 중간단계들인 은닉층(hidden layer)도 보인다. 이 은닉층이 많으면 많을수록 인공신경망은 더욱 복잡해진다. 각 노드는 바로 앞 노드들이 전해주는 출력값을 모두 취합한 후, 이를 바탕으로 자신을 활성화[28]할지 여부를 결정한다. 예를 들어 노드 5의 활성값은 노드 1, 2, 3, 4의 활성값의 합이 된다. 여기에서 노드 1, 2, 3, 4 각각의 상대적인 기여도에 따라 가중치(weight)가 다르기 때문에 노드 1, 2, 3, 4가 노드 5와 6의 활성값을 계산에 기여하는 정도는 차이가 있다. 활성값은 일반적으로 −1 ~ 1의 범주를 가진다.

ANN의 핵심은 각 노드에 배정된 가중치이다. 학습이 전혀 이루지지 않은 백지 상

28 뇌로 말하면 일종의 전기신호를 보내는 활동전위(발화, spike)를 의미한다.

태의 노드들에게는 가중치가 무작위로 주어진다. 마치 갓난 아이의 뇌에는 아무런 정보가 없는 것과 같다. ANN이 학습을 시작하기 위해서는 무작위로 입력값 1, 2, 3, 4가 주어지며, 계산결과는 비교적 정확한 기대치와 비교한 후 입력값은 교정된다. 오늘날 감독학습(supervised learning)기법에 기반한 딥러닝(deep learning)은 학습용 데이터를 처리하여 이 값을 결정한다. 이처럼 반복된 실수를 통해 배우는 학습과정은 오른쪽에서 왼쪽, 즉 역전파로 진행된다. 먼저 7, 8, 9 노드의 가중치를 조정하고, 이어서 실수(에러)를 노드 5, 6의 가중치를 조정하는 데 사용하고, 마지막으로 노드 1, 2, 3, 4의 가중치가 조정되는 식이다.

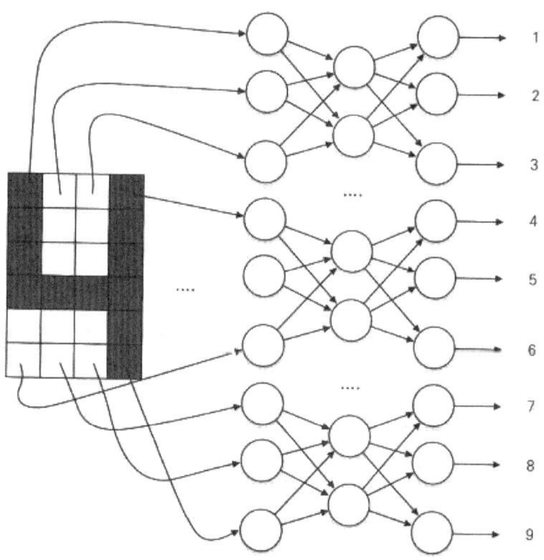

〈그림 2-3〉 4x6 매트릭스로 인식된 숫자를 처리하는 ANN의 예

[자료원] 유신, 인공지능은 뇌를 닮아가는가, 2015, 138쪽

실제로 무인주차시설에서 사용되는 카메라 스캐너가 번호판을 인식할 때 감독학습(supervised learning)에 기반한 딥러닝(deep learning) 기법이 적용되고 있다. 〈그림 2-3〉은 4x6 매트릭스에 적힌 숫자를 인식하는 ANN의 예를 보여주고 있다. 카메라 화소수가 증가할수록 매트릭스는 더욱 촘촘해지고 인식의 정확도는 증가할 것이다. 매

트릭스의 각 칸들은 24개의 노드로 연결되며, 각 칸이 검정이냐 하양이냐에 따라서 1과 0의 값이 배정된다. 인공신경망이 특정 숫자를 확인하기 위해서는 화소데이터(검정 vs. 하양)에 보이는 숫자에 해당하는 출력노드의 활성값이 최대치가 될 때이다. 따라서 이상적인 학습 데이터는 다음과 같다.

- 화소 데이터 '1': 출력노드 1의 활성화값만 1, 나머지는 모두 0
- 화소 데이터 '2': 출력노드 2의 활성화값만 1, 나머지는 모두 0
- ...
- 화소 데이터 '9': 출력노드 9의 활성화값만 1, 나머지는 모두 0

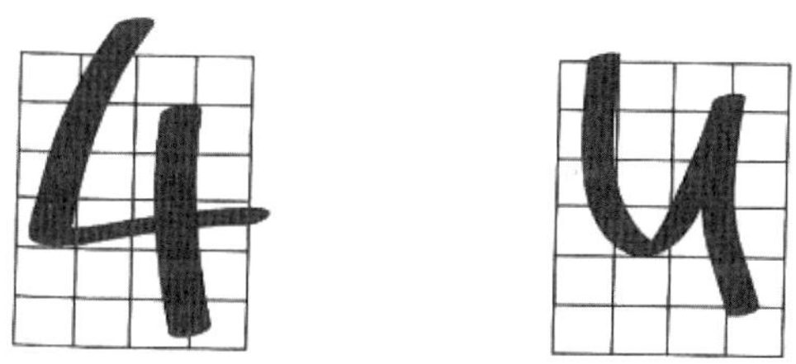

〈그림 2-4〉 노이즈를 일으키는 글씨체

[자료원] 유신, 인공지능은 뇌를 닮아가는가, 2015, 144쪽

이제 1~9의 화소 데이터와 앞서 설명한 역전파 알고리즘(back-propagation algorithm)을 이용하면 숫자를 읽을 수 있는 무인주차용 ANN이 탄생하는 것이다. 즉 1부터 9까지를 정확하게 구별할 수 있을 때까지 역전파 알고리즘 학습법으로 가중치를 재조정하는 것이다. 예제에서는 '4'의 이미지(검정, 하양)가 각 격자마다 정확하게 가득 차 있어 기계가 인식하는 데 혼란이 발생하지 않지만 현실에서는 〈그림 2-4〉와 같이 흘려 쓴 글자가 많다. 이런 글자들은 ANN에게 인식장애를 일으키는 노이즈(noise)들이다. 그렇지만 더 촘촘한 매트릭스(예: 20x30)를 이용하고 이를 인식하는 보다 정교한 ANN을 만든다면 흘려 쓴 글자도 정확하게 인식할 수 있다. 보통 얼굴을 인식하는 ANN은 수십만 개의 노드로 구성된다. 각 노드에는 이미지 픽셀의 밝기를 나

타내는 수치가 입력되며, 이 수치는 가중 평균된 후 선택적으로 상수를 더한 후, 다음 상태를 계산하기 위해 그 결과에 활성화 함수를 적용한다.

AI가 지능을 갖기 위해서는 선행학습이 필요하다. ANN에서 학습은 역전파(back-propagation)를 통해 가중치를 조절하는 과정에서 발생한다. 이는 배정한 기호를 조작함으로써 문제를 해결하는 계산주의와는 확연히 차이가 나는 부분이다. 이러한 장점에도 불구하고 연결주의적 AI는 엄청난 계산이 요구되므로 항상 컴퓨터의 성능이 현실화의 발목을 잡는다. 대규모 클라우드의 발전으로 오늘날 ANN 연구자들이 이전과 비교할 수 없는 성능 좋은 컴퓨터의 도움을 받고 있지만 여전히 인간 뇌의 국지적 연산능력을 따라잡기조차 부족할 정도이다. 현재 가장 복잡한 ANN은 2013년 미국 스탠포드대학의 연구팀이 개발한 것으로 110억 개의 연결로 구성된 신경망이다. 그렇지만 10^{14}개 정도의 연결을 가진 우리의 뇌와 비교한다면 여전히 만분의 1정도에 지나지 않을 정도로 초라하다.

• 딥러닝(Deep Learning) - 알 수 없는 마음(블랙박스)

딥러닝은 ANN(인공신경망)을 학습시키는 방법들을 총칭하는 단어이다. 이제 우리는 컴퓨터에게 사물의 특징을 기호로 설명하지 않고 그냥 사물에 대한 데이터(문서, 이미지, 동영상 등)를 입력해주고 ANN이 스스로 학습하도록 하고 있다. 오늘날 ANN 기반 시각인식장치는 오토바이와 자전거를 구분하기 위해 대상의 가로선, 세로선, 대각선과 같은 기하학적 구성요소들을 입력 데이터로 사용한다(유신, 2015). 반면 사람은 오토바이 사진을 보면 먼저 두 개의 둥근 부품을 바퀴로 인식한 후, 그것을 오토바이 또는 자전거로 일단 범위를 좁힌다. 이어서 굵은 바퀴, 둥근 연료통, 주름진 엔진커버, 표면의 로고, 복잡한 계기판 등을 차례로 인지하면서 자전거가 아닌 오토바이로 판정을 내린다. 더구나 사람은 그 오토바이가 할리 데이비슨인지 스즈키인지를 어렵지 않게 구분할 수 있다. 두 오토바이는 앞바퀴를 지지하는 대각선 모양의 전면 포크(front fork)에 뚜렷한 디자인적 차이가 있기 때문이다. 물론 이러한 인지과정은 사람마다 조금씩 다르지만 기본적으로 대상을 기하학적 패턴만으로 인식하는 것이 아니라 추상적인 수준에서 점진적으로 구체적인 개념을 잡아간다는 특징이 있다.

딥러닝은 좀 더 뇌가 하듯 학습을 한다. 각 노드(중간 은닉층)들에게 무작위로 값(가중치)이 주어졌던 전통적인 ANN과 달리, 각 층마다 수행되는 학습에 의해서 값이 결정된다(〈그림 2-5〉참조). 즉 입력된 데이터를 해석할 때 서로 다른 층의 추상적 개념들이 복합적으로 작용하며 여러 겹의 은닉층의 노드들은 각각의 개념들을 가질 수 있다. 예를 들어 오토바이를 단순히 기하학적 구성요소를 가지고 학습하기보다, 먼저 바퀴나 계기판 등의 개념을 학습하고 다시 관찰된 바퀴의 개수를 근거로 이륜차와 사륜차의 개념을 학습하고, 엔진에 해당되는 것에 대한 학습을 수행한 후 최종적으로 자전거인지 오토바이인지를 구분하는 방식으로 학습한다. 그래서 각각의 노드의 값은 오직 출력층에서의 의미를 위해 조작되기보다 그 자체가 특정 목적을 가지고 학습된 것이므로 각 노드의 의미를 파악하기가 훨씬 쉽다는 장점이 있다(유신, 2015). 이처럼 딥러닝은 뇌의 정보처리방식에 좀 더 가깝게 다가선 기계학습의 한 방법으로써 사물을 이해하는 데 보편적 관점을 기계에게 심어주려는 목적이 있다. 즉 한번 학습된 ANN을 하나의 용도로만 사용하는 것에 그치지 않고 좀 더 다양하게 쓰게 하자는 목적이 근간에 깔려 있다.

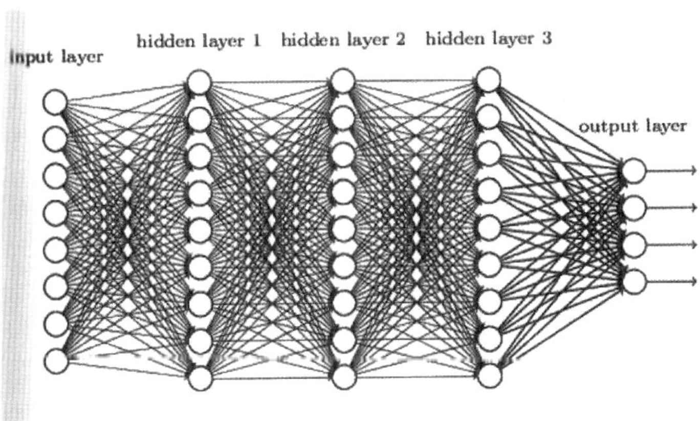

〈그림 2-5〉 딥러닝의 신경망 구조

[자료원] 김대식, 인간 vs. 기계, 2016, 127쪽

딥러닝은 1957년 프랭크 로젠플라트(Frank Rosenblatt)의 단층 퍼셉트론(Single-

Layer Perceptron)에서 시작되었다. 그러나 단층 퍼셉트론으로는 학습할 수 있는 정보가 지극히 제한되어 다층 퍼셉트론(MLP, Multi-Layer Perceptron)으로 발전하지만 당시 컴퓨터 성능으로는 구현할 수 없었다. 오늘날 딥러닝을 통해 ANN이 학습하는 방법은 크게 감독학습법(supervised learning), 비감독학습법(unsupervised learning), 강화학습법(reinforcement learning)으로 나눈다. 감독학습법은 여러 층으로 구성된 ANN의 최종 노드가 내리는 결론의 옳고(yes) 또는 그름(no)을 알려줌으로써 각 노드가 스스로 가중치를 수정할 수 있는 피드백을 제공하는 반면, 비감독학습법은 그런 검열의 피드백 없이 ANN이 스스로 어떤 패턴을 발견하도록 한다.

• 감독학습법(supervised learning)

딥러닝을 이끄는 양대 알고리즘으로 알려진 컨볼루셔널 신경망(CNN, Convolutional Neural Networks)과 재귀신경망(RNN, Recurrent Neural Networks)은 기본적으로 감독학습법에 근거한 학습방식이다. 컨볼루셔널 신경망은 주로 시각(이미지)인식에 사용되며, 재귀신경망은 자연어처리, 음성인식 등에 주로 사용된다(카카오 AI 리포트 편집진, 2018). 특히 CNN은 IBM의 딥블루(체스), 구글의 알파고(바둑), 의료영상분석 등에 적용된 학습방법이다.

1950년대 퍼셉트론에 이어 20년이 지난 후, 인지심리학자 데이비드 룸멜하트(David Rumelhart)와 데이비드 맥클리랜(David C. McClelland)는 다층 퍼셉트론(MLP, Multi-Layer Perceptron)을 효과적으로 학습시킬 수 있는 '오차 역전파(back-propagation) 알고리즘'을 개발하였다. 이 오차 역전파 알고리즘이 3층으로 구성된 간단한 ANN에 적용해보자. 제일 아래층의 노드들(뇌의 뉴런에 해당)이 '강아지'라는 이미지를 숫자(강아지 사진의 픽셀 값들)로 입력 처리한다. 그런 다음 제일 위층의 노드는 최종 MLP값(중간 은닉층 노드들의 출력값의 합산)을 계산한다. 처음에 각 노드의 가중치가 무작위로 주어지므로 최종 MLP값은 분명 오류가 있기 마련이다. 예를 들어 MLP값이 '지강아'라면 정답인 '강아지'와 차이가 있으므로 그 차이값을 계산하여 아래층으로 역전파시켜 각 노드의 가중치를 수정해줌으로써 오차를 줄여나간다. 즉 '강아지'라는 답을 만들 때까지 각 노드들의 파라미터(parameter)들을 계속 최적화시켜 나가는 것이다.

한편 자연어처리, 음성인식 등에 주로 사용되는 재귀신경망은 신경망을 각 시간 순으로 연결하여 매우 깊은 구조를 만들며, 보통 LSTM(long short-term memory)[29]과 같은 게이터 유닛(gate unit)을 임베딩하여 학습한다. 이 게이트 유닛은 '과거의 일을 기억하는 메모리'와 같다. 이 게이트 유닛을 통해 '순차적으로 입력된 단어의 기억'인 문장을 이해하며 이에 대해 답변도 가능하고, 입력된 문장을 다른 언어로 번역할 수도 있다.

• 비감독학습법(unsupervised learning)

비감독학습 방법은 수십만 장의 강아지 사진을 계속 보여주면 처음에는 답이 뭔지 몰라도 언젠가는 통계적으로 비슷한 구조를 가진 것들을 모아 강아지를 판독할 수 있을 것으로 전제한다. 인간이 어려서부터 사물을 배워나가는 방식과 가장 흡사하지만 학습이 매우 비효율적이다. 그럼에도 대다수의 전문가는 컴퓨터의 성능이 계속 나아질 것이라는 전제하에 비감독학습이 향후 딥러닝의 대세가 될 것이라고 예상한다.

2016년을 가장 뜨겁게 달구었던 딥러닝 알고리즘 – GAN(generative adversarial network)는 비감독학습법이다. 기존의 비감독학습들이 데이터 분포를 직접 모델링하는 데 어려움을 겪었던 것을 피하기 위해 학습과정을 생성자(generator)와 구분자(discriminator)라는 적대적 경쟁관계로 전환, 감독학습의 강력함을 비감독 학습에 적극적으로 활용함으로써 실제와 가까운 이미지들을 생성해내는 데 성공했다. GAN의 학습은 목적함수에 대한 단순 최적화보다 까다로운 학습과정을 요구하는데, CNN과 GAN을 결합하는 연구가 진전되면서 안정적인 학습과정을 유도함으로써 더욱 진짜 같은 이미지 생성을 가능하게 하였다. GAN 못지않게 각광을 받는 비지도방법으로는 VAE(variational autoencoder) 등이 있다(카카오 AI 리포트 편집진, 2018).

29 LSTM은 게이트 유닛의 일종으로써 마치 '과거의 일을 기억하는 메모리 소자'와 같다. 자연어처리 분야에서 RNN(Recurrent Neural Networks)이 주로 쓰는 레이어(층)의 설계방식의 하나이다. 이 기능을 이용하면 긴 문장을 인식한 후 답변을 할 수 있으며 다른 언어로 번역할 수도 있다.

• 강화학습법(reinforcement learning)

강화학습법은 위의 2가지 방법의 중간을 취하는 하이브리드 방식이다. 강화학습은 기존 감독/비감독학습의 정적인 학습방법과 달리 에이전트가 직접 환경변수들을 탐색하여 이에 대한 보상(reward)을 확인, 최적의 행동에 대한 정책을 찾아가는 방법이다. 이 방법은 ANN이 답을 계산해 냈을 때 정답을 얘기해 주지는 않지만 '맞다(O)'와 '틀리다(X)' 정도만 알려준다. 딥마인드사의 알파고는 기본적으로 이 강화학습법을 채택하였다. 현실적으로 강화학습이 타당해 보이긴 하지만 현재 대부분의 딥러닝은 감독학습방법을 채택하고 있다.

자율주행차는 지나가는 자전거, 오토바이, 사람을 순식간에 인식할 수 있어야 한다. 이를 위해 수십만 장의 사진들을 감독학습방식으로 ANN을 학습시킨다. 감독학습법은 계층적 구조로 점점 압축된 표현을 학습하는데, 일반적으로 첫 번째 층에서는 자전거 사진에서 선형적 연관성을 찾는다. 선형적 연관성에는 선들의 각도(10 , 20 , 30 등) 등이 포함된다. 아무리 복잡한 물체라 할지라도 몇 개의 선으로 간단한 스케치가 가능하다. 우리의 뇌는 화가가 선으로만 간단히 스케치한 것을 보더라도 그 사물(인물)을 추측할 수 있지만 아직 ANN은 그렇지 못하다. 그래서 딥러닝은 또 다른 특징(압축된 표현)들의 공통분모를 찾아가다 보면 상위층(출력층)에서는 최종적으로 수십 개의 압축된 표현을 종합하여 사물을 판별할 수 있게 된다.

감독학습법이 비현실적이고 어려운 이유는 감독에 필요한 정답을 찾는데 엄청난 양의 이미지 데이터(예: 구글의 ImageNet)를 필요로 하기 때문이다. 예를 들어, 강아지를 인식시키려 한다면 강아지라는 라벨이 붙은 천만 장의 강아지 이미지를 처리해야 하는데, 이 정도라면 구글, 페이스북, 바이두 정도가 아니면 다룰 수 없는 엄청난 분량이다. 다행스럽게도 오늘날 스마트폰을 가진 수많은 네티즌들이 매일 페이스북이나 구글 그리고 인스타그램에 강아지사진에 태그를 붙여 올려준다. 회사들은 이러한 사진을 활용하여 자신들의 AI 프로그램을 학습시키고 있는 것이다.

딥러닝에서 우리가 구체적으로 이름을 부여할 수 있는 계층은 첫 번째(직선, 각도)와 마지막 출력 노드 층(자전거, 오토바이)에 한정된다. 즉 중간에 있는 은닉층들은 한 단어로 설명하기가 힘든 블랙박스들이다. 즉 노드들과 각각의 가중치가 갖는 정확한 의미를 파악하기 어려우며 단순히 입력층과 출력층 사이의 관계를 학습하기 위해 조작될 뿐이다. 이 은닉층의 노드가 블랙박스라는 사실은 바로 ANN의 한계와 직결된다. 가령 자전거를 인지하도록 학습된 ANN이 이미 있다 하더라도 은닉층의 노드에 대한 충분한 정보가 없기 때문에 유사한 오토바이를 인지시키려면 ANN을 처음부터 다시 학습시켜야 한다. 그러나 최근 지식전이에 대한 연구가 발전하면서 기존 지식을 새로운 타깃으로 전이(transfer) 혹은 적용(application)을 통해 보다 효율적으로 학습할 수 있는 길이 열리고 있다. 예를 들면, 개와 고양이를 구분하는 학습모델을 자동차와 비행기를 구분하는 타깃 작업을 위해 재학습하는 데 쓸 수도 있다.

ANN이 딥러닝, 특히 감독학습을 할 때 어떤 입력데이터를 선행학습에 이용할지를 결정하는 것이 중요하다. 예를 들어 시각데이터를 입력받을 때, 가장 유용한 ANN은 가장 적은 수의 입력노드만으로 인지할 수 있으면 좋을 것이다. 즉 추후에 계속 학습을 해야 한다면 간단한 형태이면서 입력신호의 여러 조합으로 다양한 사물을 인지할 수 있는 데이터를 먼저 받아들이는 것이 인지시스템의 유연성을 높일 수 있기 때문이다. 이는 어린아이들이 레고 블록을 가지고 놀 때, 처음에는 간단한 도형을 만들다가 차츰 복잡한 도형으로 옮겨가는 것과 유사하다.

다수의 은닉층(블랙박스)으로 구성된 ANN의 선행학습은 엄청난 계산량이 요구된다. 결국 새로운 획기적인 선행학습방법을 현실화하려면 더 빠른 하드웨어가 필요하다는 말이다. 2012년 구글은 유튜브 비디오 1000만 개를 대상으로 동영상에 나타나는 동물이 고양이인지 아닌지를 식별하는 법을 딥러닝으로 학습시켰다. 이때 구글은 10억 개의 연결점(connection)을 가진 ANN을 학습시키기 위해 CPU 16,000개로 구성된 수퍼컴퓨터를 사용해 75%의 정확도를 가진 ANN을 얻었다. 비디오의 내용을 판별할 수 있는 이 AI 프로그램은 장애인 농구시합을 보고 농구라고 대답할 뿐만 아니라 휠체어 바스켓볼이라고 대답할 정도이며, 선수가 누구인지 알아보고 그 선수에 대한 데이터를 해설자에게 보여줄 수 있다. 2014년 7월, 마이크로소프트(MS)가 학습시킨 ANN은 개를 개로 알아보는 것에 그치는 것이 아니라 무슨 종인지도 알아맞힐 정도이다. 같은 해 KAIST는 천 가지 정도의 물체를 실시간으로 알아볼 수 있는 사물인식 프로그램을 개발하였다. 스마트폰을 앞으로 보여주나 뒤를 보여줘도 스마트폰임은 물론 브랜드명까지 알아맞힐 수 있다. 재미있는 것은 골프공을 가까이서 보여주면 맞추다가 멀리서 보면 탁구공으로 착각한다는 점이다(김대식, 2016). 그건 인간도 마찬가지 아닌가? 2015년 11월 3일, 페이스북은 LSTM(long short term memory)를 이용하여 사진을 인식한 후 이를 중심으로 대화를 나눌 수 있는 AI를 개발하였다. 예를 들어 사진에 '아기'가 인식되면 '아기가 어디 있어?'라고 물을 수도 있고, '욕실'이라고 답을 할 수도 있다.

오늘날 사물인식 프로그램에 자연어처리기능이 추가된 AI는 사진이나 동영상의 내용을 언어(문자)로도 변환할 수 있다. 인터넷이 제공하는 정보를 가지고 기사를 작성하는 소프트웨어는 이미 활용되고 있다. 폭스나 블룸버그사는 워드스미스(Wordsmith)라는 기사작성 AI프로그램을 사용하고 있다. 머지않아 고성능 카메라를 장착한 AI로봇(소형무인자동차, 드론 등)이 전쟁터에 투입되어 스스로 작성한 원고를 본사로 송부하는 일도 가능할 것이다. 그렇게 되면 전쟁터에서 목숨을 걸고 현장을 취재하는 종군기자가 필요 없게 될 것이다.

인간이 일상생활을 하는 데 2,000~5,000가지 정도의 사물만 인식하면 된다고 하니 현재 수준으로 사물을 인식하는 AI도 사회생활을 할 수 있을 것으로 보인다. 그러나 이 정도의 시각적 인지기능을 갖추기 위해 필요한 학습데이터의 양, 충분한 하드웨어 및 소프트웨어의 사양에 대한 정확한 정보가 없어 현실화에 대한 정확한 예측은 어렵다. 멀티코어(multi-core) 컴퓨터[30] 등 연산속도는 엄청 증가하고 있지만 여전히 고양이를 구분하는 정도의 학습조차 구글이 가진 최고급 하드웨어가 아니라면 불가능한 것이 현실이다.

이 딥러닝 기술을 주도하는 우수한 학자로 3명 정도를 거론할 수 있다. 토론토대학의 제프리 힌트 교수는 2013년부터 구글에서 석학연구원(Distinguished Researcher)으로 일하고 있다. 뉴욕대학의 얀 레쿤(Yann LeCun)교수는 2014년부터 페이스북 인공지능 연구소장이 되었다. 스탠퍼드대학의 앤드류 응(Andrew Ng)교수는

30 멀티코어 컴퓨터에는 CPU 한 개에 독립적으로 작동 가능한 코어(연산장치)가 여러 개 들어가 있다. 개별 코어의 속도가 한계에 이르다 보니 하나의 CPU에 여러 개의 코어를 장착하는 방식으로 컴퓨터의 성능을 향상시키고 있다.

2014년 4월에 중국 바이두의 기술담당 최고책임자(CTO)로 취임하였다가 현재는 독자적인 연구그룹을 이끌고 있다. AI 천재들의 이러한 움직임은 딥러닝의 현실화가 예상보다 앞당겨질 수 있다는 예측을 가능하게 한다.

• 딴 마음을 가질 AI

AI와 달리 뇌의 시각적 인식의 해상도는 언어해상도 보다 훨씬 촘촘하므로 어떤 사물에 대한 데이터의 10% 정도만 가지고도 그것을 표현할 수 있다. 나머지 80~90%는 어떤 일이 벌어지기는 하지만 명확하게 표현할 수 있어 블랙박스로 남아 있는데도 말이다. 예를 들어, 우리가 '사과'라고 인식하는 물체를 구체적인 단어(언어)로 맵핑(mapping)할 수 있는 부분은 10% 정도에 그친다. 나머지 90%는 구체적인 단어, 언어, 기호로 표현하기 어렵다. 그런데도 뇌는 둥글고 붉고 푸른 계통의 모양을 가진 과일을 '사과'로 인식하고 그 맛을 연상하도록 학습해 왔다. 즉 우리 뇌는 90%를 모르지만 아는 10%만 가지고 물체나 현상을 확대·추론해서 판단하고 행동하도록 진화되어 온 것이다. 이는 데이비드 실버 박사조차도 자신이 설계한 알파고(바둑전문가시스템)의 딥러닝(48층의 인공신경망)이 가진 마음의 깊이를 가늠할 수 없다고 말한 것과 일맥상통한다(김대식, 2016). 보스트롬(2017)과 테그마크(2017)가 초지능에 이를 AI의 미래를 걱정하는 이유도 바로 여기에 있다. 상대를 효율적으로 이기도록 설계된 IBM의 「왓슨」과 「딥 블루」, 구글의 「알파고」 등이 정말 어느 정도 인간을 능가할 수 있는지는 그것을 만든 과학자들조차 가늠하지 못하고 있다. 즉 이 정도 수준에 이른 AI는 이미 인간이 헤아리기 힘든 어떤 '다른 마음'을 가질 수 있고, 인간은 AI의 이러한 마음을 On할지 Off할지만을 선택해야 하는 상황에 이를 수도 있다.

철학자 루드비히 비트겐슈타인은 이런 현상을 오래전에 철학적으로 설명하였다. 그는 「논리철학논고」에서 세상의 모든 문제를 설명할 수 있는 진리함수(NAND, Not & And)를 제시하였다. 그런데 아이러니하게도 말미에 "말할 수 없는 것에 관해서는 침묵해야 한다"라는 제7 명제를 추가하였다. 아리스토텔레스 때부터 2,500년간 서양철학에선 모든 건 말(표현)할 수 있다고 믿었다. 그러나 비트겐슈타인은 표현할 수 없다는 것이 있음을 깨달은 것이다. 즉 10% 정도는 NAND로 설명이 되지만, 그것으로 설명되지 않는 90%가 여전히 있다는 것이다. 딥러닝도 비슷해 보인다. 설명되지 않기에 그래서 개발자가 마음만 먹는다면 쉽게 조작할 수 있는 위험이 도사리고 있는 것이다. 뇌작용의 상당부분이 딥러닝이 보여준 은닉층의 작동방식과 비슷하지만 개인의 뇌와 AI는 분명 다를 수 있다. 우리가 잘 알지 못하는 AI의 블랙박스가 인류의 보편적 윤리나 사회적 질서에 반하는 그리고 AI 자신의 이익에만 충실한 판단과 결정을 내린다면 우리는 어떻게 할 것인가? 더구나 AI가 자신의 결정의 타당성과 정당성을 인간에게 설명하지 못한다면 우리는 그런 AI가 꼭 필요한 것일까? 다소 비약이지만 인간 히틀러가 있었는데 또 다른 AI 히틀러를 우리는 용납하기 어려울 것이다.

[쉬어 가기]

딥러닝 기술로 진시황 시대의 인물 얼굴 복원[31]

중국 산시성 시안(西安)의 시베이대학 연구팀은 최근 '딥러닝(Deep Learning) 알고리즘'과 방대한 해부학 데이터베이스를 활용한 안면 인식 기술로 진시황 시대(기원전 246~210년) 궁중인 2명의 얼굴을 복원했다. 이번에 복원된 2명은 진시황릉 병마용(兵馬俑) 부근에 묻혀 있었던 남녀 한 쌍이다. 연구팀은 이들 유골의 DNA 정보를 딥러닝 컴퓨터에 입력했고, 딥러닝 컴퓨터는 'DNA와 사람 얼굴의 인과관계' 등 다양한 정보를 분석해 복원했다. 연구팀의 리캉 교수는 "이번 연구는 중국 공안 당국이 사용하는 안면 인식 기술을 적용한 것"이라고 밝혔다. 중국 공안은 용의자 몽타주를 만들거나 여러 사람들이 모여 있는 상황에서 수배자를 찾을 때 안면 인식 기술을 사용한다.

복원된 여성의 얼굴은 둥글고 커다란 눈, 가늘면서 기다란 눈썹, 그리고 오똑한 코를 지니고 있었다. 입술도 현대 중국인 여성에 비해 다소 도톰하다. 외모가 전반적으로 서양인과 흡사했다. 이 여성은 진시황의 후궁이나 궁녀 신분이었으며, 스무 살 무렵 순장된 것으로 연구팀은 추정했다. 남성은 눈썹이 짙고 코가 길고 컸다. 눈은 쌍꺼풀이 없고 다소 처진 모양이었다. 그는 진시황의 뒤를 이은 황제에 의해 대규모로 처형된 황족의 한 명으로 추정되며, 사망 당시 30세쯤이었다고 연구팀은 분석했다.

앞서 말했지만 이 프로그램이 복원한 얼굴의 신빙성은 그 두 사람의 실제 사진이 없

31 http://news.chosun.com/site/data/html_dir/2018/07/16/2018071600180.html

는 이상 증명하기가 불가능하다. 그저 현대 유전공학자들이 알아낸 개별 염색체와 얼굴 윤곽과의 상관관계에 대한 지식만이 유일한 증거일 뿐이다. 이 AI 프로그램의 블랙박스에서 어떠한 매직(magic)이 일어났는지 사실 우리는 알 수 없다.

[자료원] 홍콩 사우스차이나모닝포스트(SCMP), 2018.7.14.

2.8 통합 이론

지능이 지속가능하려면 학습이 필요하며 AI는 다양한 방식으로 지금도 학습하고 있다. 한편 뇌가 학습할 때 선택하는 방법 중 하나는 반복이다. 우리가 책을 읽고 글을 쓸 수 있는 것도 반복학습의 결과이다. 인간이 다른 동물들과 달리 유연하고 세련된 언어를 구사할 수 있는 것은 유전자에 각인되어 세대와 세대를 넘어 전달된 표준적 언어구조와 출생 후 학습 때문이다. 데하네(2017)는 인간의 독특한 '사고언어(language of thought)'능력, 내적성찰능력(introspection)을 신경과학적으로 설명하였다. 인간은 믿기 어려울 정도의 세련된 정신적 감각(sense of the mind)을 가졌으며, 언어는 이러한 감각을 최대한 표현할 수 있는 정교한 어휘를 갖추고 있다. 언어의 재귀적(반복적) 기능(recursive function)은 다른 종들에게는 불가능한 복잡하고 중첩된 사고(complex nested thought)를 가능하게 하였다. 허버트 사이먼(Herbert Simon)은 1962년 「복잡성의 구조(Architecture of Complexity)」라는 논문에서 정보처리에는 '반복적 구조(recursive structure)'가 필수적이라고 하였다(카너먼 외, 2015). 딥러닝 역시 빠른 컴퓨터 성능을 활용한 반복적 학습과정으로 볼 수 있다.

앞에서 AI를 설계하기 위한 두 가지 접근방법, 즉 계산(기호)주의와 연결주의를 설명하였다. 궁극의 AI, 실리콘지성에 다가가기 위해서는 이 두 가지 접근 방법이 상호보완되어야 할 것으로 보인다. 계산주의는 고차원적이고 추상적이어서 논리나 수학과 같은 추상적인 문제를 잘 다룰 수 있는 반면, 연결주의는 지능에 대해 좀 더 하드웨어적으로 접근하는 이론이므로 감각적이고 생물적인 기능(시각, 청각, 촉각 등)을 더 빨리 처리할 수 있다. 딥러닝에서 중간 은닉층의 노드들은 계산주의의 기호처리와 유사한 점이 매우 많다(유신, 2015).

최근 뇌 연구에 의하면 뇌는 실제로 기호 기반의 계산주의와 연결망 기반의 연결주의 특징을 모두 가진다. 뇌는 의식이 작동할 때 여러 부위들(전두협 ↔ 해마 등)끼리 긴밀하게 소통한다. 이런 부위 간의 소통은 연결주의적으로 설명할 수 있으며, 특정 부위의 특화된 신경세포(뉴런)들의 작동방식은 계산주의로 설명할 수 있을 것이다. 다시 말해 뇌의 통합적 구조와 의식화를 포함한 작동방식은 연결주의로 설명되지만, 개념이나 사람의 얼굴들이 특정 뉴런 뭉치에 특화되어 있다는 '개념 뉴런(concept cell)'은 계산주의로 설명될 수 있다. 뇌과학자들은 영화배우 제니퍼 애니스톤이나 조 바이든 대통령 얼굴에 반응하는 개념 뉴런은 물론 피타고라스 정리와 같은 복잡한 개념에 반응하는 뉴런을 관찰·보고하고 있다. 특히 피타고라스 정리의 개념뉴런은 수학문제를 즐겨 푸는 엔지니어들의 뇌에서 자주 관찰된다. 즉 직업이나 전문성 그리고 관심사에 따라 뇌의 뉴런들은 각기 다양한 방식으로 특화되고 구조화되고 연결(네트워킹)되며, 이러한 연결구조는 학습에 따라 강화되거나 자극에 의해 종종 바뀐다.

이 개념 뉴런은 ANN(인공신경망)에서 일종의 기호로 구현될 수 있다. 계산주의와 연결주의 두 방법의 차이는 뉴런들이 수행하는 역할의 차이에서 찾을 수 있다. 계산주의는 뇌(뉴런들)가 '무엇'을 하는지를 정의한다면, 연결주의는 뇌(뉴런들)가 그것을 '어떻게' 수행하는지를 정의한다. 이는 인터넷에서 앱 애플리케이션의 역할 분담과 흡사하다. 앱이 실행되기 위해서는 각종 데이터('무엇'- 텍스트와 숫자, 이미지, 동영상, URL 주소 등)도 필요하지만 그 데이터를 처리하는 알고리즘('어떻게'- 논리적 코드)도 함께 있어야 한다. 이 두 가지는 늘 함께 간다. 좁은 의미의 지능은 계산주의로 충분하지만 온전한 의미의 지능은 계산주의(추상)와 연결주의(감각) 모두를 필요로 하기 때문이다.

한편 마빈 민스키는 모든 지능을 하나의 주제로 통일하려는 것은 무모하다는 의견을 피력하였다. 그 이유로 그는 많은 AI 전문가들이 전직 물리학자들이어서 물리학을 시기하는 마음이 저변에 깔려 있다고 하였다. 우주 삼라만상의 현상을 단 몇 개의 방정식으로 압축하여 표현하듯이 의식(정신작용)을 하나의 주제로 통합할 수 있다면 좋겠지만 그것은 불가능하다는 것이다. 인간의 의식은 오랜 기간 진화를 거치면서 우연히 습득한 기술들이 누적된 산물이라는 것이다. 해부학적으로 뇌의 각 부위들은 특정 임무를 수행하거나 특정 개체를 기억하도록 특화되어 있다. 민스키가 '마음의 사회'라고 부른 이것들은 수백만 년에 걸쳐 획득된 수많은 기술과 알고리즘의 집합체이므로 간단하게 축약되기 힘들다는 것이다(카쿠, 2013).

2.9 안개 속 가능성

앞서 AI 퀴즈왕 왓슨에서 알 수 있듯이 AI의 문제해결능력은 데이터의 학습량과 깊은 상관관계가 있다. 문제해결능력을 지능의 한 부분으로 본다면 AI는 특정분야의 지능을 지향하고 평균적 인간을 쉽게 능가할 수 있다. 인간에게도 산발적으로 흩어져 있는 데이터는 별 의미가 없지만 어떤 목적을 위해 적절하게 가공하면 가치를 가진 정보자원으로 변한다. 인터넷은 여기저기 흩어져 있는 데이터를 모으는 가교역할을 하고, 슈퍼컴퓨터와 알고리즘은 그것을 신속하게 가공해준다. 그러나 단순히 슈퍼컴퓨터 수십 대를 인터넷으로 연결한다고 하여 인간의 평균지능을 넘어서는 초지능이 만들어지는 것은 아니다. 1993년 미국의 수학자이자 SF작가인 버너 빈지(Vernor Vinge)는 "30년 안에 인간을 초월하는 지능을 가진 기계가 등장한다"며 "대규모 컴퓨터 네트워크"를 원동력의 하나로 꼽았다. 이러한 우려는 오늘날 보스트롬(2017)이 계속 이어가고 있다. 최근 인터넷으로 연결되어 있는 컴퓨터의 수가 전 세계의 인구를 이미 넘어섰지만 AI는 여전히 뛰어난 음성인식 검색시스템이나 전문가시스템 그리고 똑똑한 과업지향 기능형 로봇에 머물러 있다. 퀴즈왕 왓슨은 3,000개에 가까운 CPU를 사용한 자연어처리 서버를 이용하여 인간보다 더 빨리 정답을 검색할 수 있었지만 우리는 아직 그것을 기계로 볼 뿐 지능이라고까지 부르진 않는다.

그럼에도 실리콘지성을 향한 장밋빛 전망을 가능하게 하는 다양한 신호들이 없는 것은 아니다. 그 이유는 인터넷을 통해 모이고 공유되는 엄청난 양의 데이터 때문이다. 끊임없이 수정되고 확장되고 있는 위키피디아 백과사전(www.wikipedia.org), 디지털화된 온갖 문서와 전자책들의 저장소 프로젝트 구텐베르크(www.gutenberg.org) 등은 인류의 전 자산인 지식의 저장소이다. 오늘날 필요에 의해서 이러한 통합 지식저장소는 계속 늘어가고 있는데, 남은 도전은 목적을 정하고 이런 지식들을 검증하고 분류하고 필요한 것들을 추출함으로써 인간의 문제해결을 돕는 일이다. 앞으로 다양한 학문(임상의학, 유전공학, 통계학 등), 직업(치료, 법률서비스, 재무상담, 공학설계, 군사, 보안 등) 그리고 소소한 문제별로 수많은 지능형 AI 전문가시스템들이 출현할 것으로 예상되지만 이 지능들을 하나로 묶어 초지능을 만들어야 할 특별한 정치적, 경제적, 사업적 동기는 아직 없어 보인다.

AI의 지능은 데이터의 양뿐만 아니라 빠른 검색능력 때문이기도 하다. 검색능력은 효율적인 검색어 추론 알고리즘, 지식베이스의 효율적인 구조설계 그리고 그것들을 처리하는 컴퓨터의 성능과 관계가 있다. 딥블루, 왓슨, 알파고 등이 해당 분야에서 인간 챔피언을 능가할 수 있었던 것은 효율적으로 설계된 방대한 데이터(지식)베이스와 엄청난 컴퓨팅 파워라는 인프라 그리고 그것을 효율적으로 활용하는 검색알고리즘 때문이었다. 오늘날 인터넷 검색기능은 날로 향상되고 정교해지고 있어 그것 자체만으로 이미 사람들의 훌륭한 지적 비서 역할을 톡톡히 하고 있다. 그렇지만 어느 날 문득 '기타의 신' 에릭 클렙튼이 궁금하여 검색하는 일과 70~80년대의 미국 팝 세계의 계보를 정리하기 위해 필요한 지식을 검색하고 재조합하는 일은 완전히 다른 차원의 문제이다.

검색엔진이 점점 스마트해지고 있다. 일반 문장을 음성이나 타이핑으로 입력하더라도 관련 문서나 웹사이트를 검색해주는 것은 물론 이용자가 실수로 입력한 검색어도 자동으로 교정하여 이용자가 원래 의도했던 검색결과를 보여주기도 한다. 예를 들어, 영화 〈벤자민 버튼의 시간은 거꾸로 간다〉를 검색하고 싶지만 전체 제목이 생각나지 않더라도 문제가 없다. '거꾸로 시간', '벤자민 시간'만 입력하더라도 영화 관련 정보와 웹사이트를 검색해준다. 이는 검색엔진이 이미 사람의 기억력의 한계로 인한 실수와 그 실수들의 유형과 확률까지 모두 기억하고 있다가 다음 검색 때 보정해 준다는 것을 의미한다. 이를 위해 검색엔진은 사용자들이 흔히 저지르는 실수들의 확률 데이터를 지속적으로 업데이트하고 있다.

스마트한 검색알고리즘과 광대한 키워드 DB의 눈부신 발전은 보다 고급스런 관계지향적 AI서비스를 가능하게 할 것이다. 예를 들어 챗봇의 경우, 구어체에 담겨있는 단어들과 문맥 등을 분석하여 전체 맥락에 맞는 응답을 찾는 데 매우 유용하게 사용될 것이다. 최근 한 기업의 챗봇 광고에서 보여준 상황이다. 한 할머니가 관절이 쑤신다며 '비가 올려나'라는 말에 옆에 있던 챗봇이 일기정보를 제공하는 것으로 응답한다. 그렇지만 할머니는 비가 올 것 같으니 농사일을 빨리 마쳐야 한다는 뜻으로 그 말을 했을 수도 있다. 그렇다고 챗봇의 응답이 전혀 생뚱맞은 것은 아니다. 그 정도의 오해는 사람들끼리 대화할 때조차도 자주 발생한다. 인간도 누구를 만나든 일반적인 대화는 가능하지만 좀 더 사적이고 전문적인 내용은 친구모임, 동호회, 전문가집단에서 나누듯이 챗봇이라고 모든 연령, 모든 직업군의 사람과 적절한 대화를 나눌 수는 없을 것이다. 결국 챗봇도 관계증진을 제대로 도우려면 용도와 목적에 따라 개인화된 서비스가 필요할 수밖에 없다. 챗봇의 개인화. 이는 이용자의 성별, 나이, 출신지역, 취미, 기질, 교육수준 그리고 문제유형에 맞게 각기 다른 내용을 학습시켜야 하고, 사용자는 자신이 원하는 설정을 선택할 수 있어야 하므로 실로 방대한 프로그램과 지식베이스를 요구한다. 치매 초기 단계의 노인들에게 가족과의 지속적인 교류와 대화는 약만큼이나 증상의 진행을 누그러뜨릴 수 있다고 한다. 그러나 현대의 핵가족 아래에서 이 일이 쉽지 않아 안타까운 경우가 많다. 이에 치매환자들에게 개인화된 AI스피커(관계지향적 챗봇)의 개발은 치료제 개발만큼이나 필요하지 않을까 생각한다.

AI의 발전 경로에는 뚜렷한 이정표나 관망지점이 존재하지 않는다. 그래서 AI 연구는 마치 한치 앞도 보이지 않는 무성한 밀림을 헤매다가, 예기치 못한 돌파구가 생기면서 불과 몇 걸음 앞에 갑자기 결승점이 나타날 가능성이 매우 높다(보스트롬, 2017). AI(전뇌에뮬레이션이 아닌 기계지능) 분야에서 알고리즘을 개선하는 방식으로 인간 수준의 지능에서 인간을 초월한 초지능으로 발전시킬 때 부분별 시스템의 특성에 따라서 난이도가 천차만별이다. 그래서 AI의 구조에 따라 궁극의 AI, 실리콘지성에 도달하는 데 따르는 저항성이 다 다를 수 있는데, 이 저항이 갑자기 누그러지는 상황이 발생할 수 있다. 예를 들면, AI프로그래머들이 핵심적인 문제 하나를 이해하지 못하여 인간 수준의 지능에서 더 발전하지 못하고 있다가, 그 마지막 문제가 해결되면서 초지능으로 단숨에 도약하는 가능성도 있다는 것이다. 이것을 AI이론가 엘리저 유드코프스키(Yudkowsky, 2013)는 다음과 같이 말하였다.

> AI는 우리 입장에서 보기에 갑작스럽게 지능 향상을 보일 수 있다. 지능을 가진 모든 개체들의 폭넓은 IQ분포(예를 들어 0~1,000)에서 본다면 '동네바보(70)'와 '아인슈타인(150)'의 지능이 큰 차이가 없는 것 같지만, 인간의 관점에서 본다면 이 둘의 지능은 극과 극이다. 그래서 우리에게는 지능이 떨어지는 인간보다 더 열등한 모든 대상을 "멍청하다"라고 표현하는 경향이 있다. 따라서 AI의 IQ가 서서히 증가하여 쥐와 침팬지 수준을 넘더라도 여전히 AI가 말을 잘하지 못하고 과학논문을 쓰지 못하기 때문에 "멍청하다"라고 생각할지 모른다. 그러다 AI지능이 계속 증가하여 갑자기 한 달 정도의 짧은 기간에 동네바보와 아인슈타인 사이의 아주 작은 IQ 간격을 뛰어넘게 되면 인간에는 갑자기 도약한 것처럼 보일 수 있다.

2.10 컴퓨터의 미래

실리콘[32]을 주성분으로 하는 반도체 CPU(중앙처리장치)와 메모리로 구성된 현재의

32 CPU의 회로를 구성하는 트랜지스터는 반도체 소자(semiconductor devices)라 한다. 대표적인 반도체 물질이 실리콘인데, 실리콘이 반도체의 주된 재료인 이유는 지구 표면에서 두 번째로 많은 천연자원(이산화 규소SO2)이기 때문이다.

컴퓨터 기술로 궁극의 AI, 실리콘지성으로 다가갈 수 있을까? 나는 이 질문에 다소 회의적이다. 컴퓨터시스템은 하드웨어, 소프트웨어, 네트워크 등으로 구성되는데, AI 소프트웨어가 돌아가는 환경도 여기에서 벗어날 수 없다. 일단 데이터를 빠르게 처리할 수 있는 하드웨어와 소프트웨어(소스코드)가 준비되어야 하고, 다른 컴퓨터와 코드나 데이터를 공유하기 위한 빠른 통신 네트워크가 구비되어야 할 것이다. 체스 전문가시스템 딥블루나 바둑 전문가시스템 알파고는 모두 특수목적 AI들이다. 현재 체스(바둑)판에서 가능한 모든 수를 두어보고, 평가함수(evaluation function)를 이용해 해당 수를 둔 결과로 얻게 되는 게임판의 상황이 자신에게 유리한지를 계산해 점수를 매긴 후 가장 유리한 점수를 주는 한 수를 택하여 말을 움직인다. 단 3~4줄로 짧게 설명한 이 과정을 처리하기 위해 엄청난 연산능력을 가진 슈퍼컴퓨터 군단이 동원된다는 것을 당신은 잘 알 것이다.

바둑은 게임판이 19 x 19여서 체스(8 x 8)보다 비교할 수 없을 정도로 계산량이 많아진다. 이론적으로 가능한 모든 게임을 차치하더라도 400수 정도에서 끝나는 현실적인 게임 수만 하더라도 10^{800}정도로 추산되므로 여기에 소요되는 연산의 양이 엄청나다는 것은 어렵지 않게 상상할 수 있다. 몬테카를로 검색법(Monte Carlo Method)은 바둑 전문가시스템의 개발에 획기적인 진전을 가져다주었다. 이 방법은 둬야 할 한 수를 평가할 때 그 수로부터 파생되는 모든 경우의 수를 검토하는 대신 무작위로 선정된 샘플만 검토한다. 모든 경우의 수 중에 무작위로 선정된 샘플만을 검토해도 정답에 더 가까운 한 수를 알려주는 확률이 증가한다는 이론을 전제로 한 것이다. 이 방법은 선별적으로 데이터를 처리하여 빠른 판단을 하는 뇌와 많이 닮아 보인다. 그 결과 현재의 컴퓨터기술로 엄청난 연산 양을 감당할 수 있었고, 결국 2016년 알파고는 바둑천재 이세돌을 꺾을 수 있었다.

그간 컴퓨터과학자와 IT 기업인들은 우리를 실망시킨 적은 별로 없었다. 세월이 지나면서 시장과 사용자의 요구에 앞서거니 뒤서거니 하면서 PC에서 스마트폰, 슈퍼컴퓨터, 병렬컴퓨터로, 3세대 통신에서 LTE, 5G로, 기계어에서 자연어처리언어로 거듭 발전해 왔다. 그러나 궁극의 AI 앞에 선 컴퓨터과학자들은 점점 한계에 접근하고 있음을 실감하고 있다. 실리콘을 기반으로 한 무기질의 컴퓨터가 사람의 뇌처럼 고차원적이고 추상적인 논리와 수학을 잘 다루면서, 감각적이고 생물적인 기능(시각, 청각 등)을 수행함은 물론, 세밀한 물리적 운동기능까지 수행할 수 있는 지성체(intelligent entity)가 되기에는 여러모로 한계가 있어 보이기 때문이다. 얼마 전 방영된 한 TV드라마는 로봇(남)과 사람(여) 간에 형성되는 관계를 그리면서 비뚤어진 인격의 인간집단이 만든 거대악과 맞서 싸우는 착한 로봇을 주인공으로 다루었다. 거기에는 완벽에 가까운 로봇 지성체(남) 하나를 작동시키기 위해 거대한 컴퓨터센터가 가동되고 있는 현실을 언뜻 보여주었다. 실리콘지성 하나를 통제하는데 수십 대의 슈퍼컴퓨터로 구성된 국방부 규모의 데이터센터가 필요하다면, 100여 개 정도의 실리콘지성을 관리하기 위해서는 롯데타워 같은 거대한 데이터센터가 필요할지 모른다. 그래서 실리콘을 기반으로 하는 지금의 컴퓨터 기술만으로는 AI의 또 다른 차원의 침체기가 도래할지 모른다. 그때는 실리콘지성을 향한 AI 관련 아젠다와 기술목록 그리고 개발 시간표를 전면 재조정해야 할지 모른다.

언제가 될지는 모르지만 컴퓨터를 실리콘으로 만들어진 소재만으로 돌려야 하는 시대가 끝날 것이다. 양자(quantum)기술이 그 중에 하나이다. 이스라엘의 첫 대학이자 국립과학기술원인 테크니온공대는 레이저에 정보를 실어 전송하는 양자(퀀텀)통신기술을 개발하고 있다. 이 대학의 퀀텀(quantum·양자)센터에는 물리학자뿐만 아니라 컴퓨터, 화학, 의학 분야의 박사들이 연구에 공동참여하고 있다. 양자는 더는 작게 나눌 수 없는 에너지의 최소 단위다. 100여 년 전에 발견했지만 제어할 줄을 몰랐다. 우리가 쓰고 있는 실리콘(디지털) 컴퓨터보다 연산능력이 비교할 수 없을 정도로 빠르다. 디지털 컴퓨터가 0과 1, 2가지 상태로 정보를 구분하는 비트(bit) 단위로 연산을 한다면, 양자 컴퓨터는 0과 1이 동시에 존재하는 양자 상태(중첩)도 처리할 수 있다. 예를 들어, 디지털 컴퓨터가 동전의 정보를 앞·뒷면 2가지로만 처리한다면, 퀀텀컴퓨터는 360도 각도로 동전의 모양 정보를 파악하고 동전이 회전하는 상태도 동시에 인식할 수 있다. 따라서 디지털 컴퓨터가 100년 걸려서 풀 문제를 퀀텀컴퓨터로는 단 1초 만에 풀 수 있다. 예를 들면, 현대과학은 왜 커피에 각성 효과가 있는지를 명확하게 설명하지 못한다. 카페인의 분자 구조와 원자 간의 상호작용 등을 분석해야 하는데 그 연산량이 너무 방대해서 지금의 컴퓨터로는 계산이 안되기 때문이다. 하지만 퀀텀컴퓨터는 이런 분

석을 순식간에 해낼 수 있다.[33]

퀀텀컴퓨터는 실리콘지성을 앞당기는 기술메뉴의 하나로 소개하였지만, 이는 어디까지나 AI 발전의 관건으로 컴퓨터의 속도만을 감안한 것일 뿐이다. 그런데 우리의 뇌를 흉내 내기 위해 비단 무기질의 빠른 컴퓨터의 시뮬레이션에만 의존해야 할 필요는 없을지 모른다. AI가 딥블루와 알파고처럼 대량의 데이터를 처리하여 승리를 위한 최적의 수를 찾는 것만이 목표가 될 필요는 없다는 뜻이다. 만일 AI연구를 사람과의 관계를 지원하거나 대체하는 방향으로 더 집중할 경우, 빠른 속도의 컴퓨터와 네트워크와는 다른 차원의 기술목록이 필요할지 모른다. 이런 가능성에 대한 통찰을 우리는 이어지는 뇌 연구와 생명과학 등에서 더 탐색할 것이다.

33 http://news.chosun.com/site/data/html_dir/2019/01/12/2019011200397.html

제3장

실리콘 지성 : 궁극의 인공지능

뇌와 신경계

Silicon Intelligence: An Ultimate of AI

제3장

뇌와 신경계

인간의 뇌는 우주 전체를 통틀어 가장 복잡한 창조물이다. 뇌과학자들은 인간을 아름답게, 위대하게, 감동적이며, 추하거나, 잔인하게 만드는 모든 근원이 뇌에 있음을 알기에 수 세기에 걸쳐 뇌를 연구해 왔다. 그간 연구 결과물들이 뇌 질환을 치료하는 데 크게 도움이 된 것은 물론이지만, 전혀 예상치 않았던 분야가 이 과실을 잘 활용하고 있다. 컴퓨터과학자, 특히 AI연구자들이 그들이다. 그간 뇌와 신경과학자들 그리고 컴퓨터와 로봇과학자들의 협력으로 인간(뇌)을 닮은 기계를 만드는 일에 필요한 좁은 도로들이 하나씩 놓이고 있다. AI연구자들은 뇌의 뉴런(신경세포)들이 데이터를 처리하고 필요한 명령을 신경다발을 통해 신체기관에 내려 보낸다는 사실을 알고 이를 닮은 ANN(인공신경망)을 개발하였으며, 뇌 작용들을 생화학적 알고리즘으로 파악하고 이를 컴퓨터 알고리즘으로 전환한 후 AI에 심을 수 있다는 생각에도 이르렀다.

뇌는 신경과학(神經科學, neuroscience)의 정점에 있는 큰 형님 같은 존재이다. 신경과학은 뇌를 포함한 모든 신경계를 연구대상으로 한다. 신경과학은 우리가 외부 환경을 어떻게 인식하며 경험하는지, 그리고 다른 사람과 어떻게 상호관계를 맺는지 등을 밝혀내기 위해 분자, 세포, 발생, 구조, 기능, 진화, 컴퓨터와의 연관성, 의학적 측면을 다룬다. 신경과학자의 연구기술은 빠르게 발전하여 오늘날 신경세포(뉴런)의 분자 및 세포 수준에서 뇌의 감각과 운동 능력에 대한 뇌 영상까지 얻을 수 있다. 최근에는 이론적인 진척도 많이 이루어져 신경망(neural network)에 대한 연구에도 박차를 가하고 있다. 신경과학은 유전학, 생화학, 생리학, 약리학, 병리학, 진화 생물학 등의 학문들과 흐릿한 경계를 두고 있는지라 생물학의 한 분야로만 단정 짓기는 어렵다. 실제로 신경과학자는 심리학, 컴퓨터공학, 통계학, 물리학, 의학, 언어학, 철학, 수학 등 다양한 분야의 학문으로부터 이론과 도구를 빌려 쓰고 있다.

과학자와 공학자들은 경이로운 뇌와 그것의 통제를 받는 신비로운 신체를 보면서 늘 학문적 콤플렉스를 느껴왔다. 그래서 나온 이론 중에 하나가 모라벡 역설(Moravec Paradox)이다. 모라벡 역설은 아무리 성능 좋은 컴퓨터라 할지라도 추상적, 논리적인 계산 작업은 순식간에 해낼 수 있지만, 물리적 운동과 감각능력을 지시하는 알고리즘을 처리할 때는 연산량이 너무 많아 감당할 수 없다는 기술적 한계를 고백한 것이었다. 그런데도 무기질의 컴퓨터가 인간에 다가가도록 AI 및 로봇과학자들의 노력은 계속 이어져 왔으며 적지 않은 성과도 일궈냈다.

궁극의 AI, 실리콘지성을 추구할 때 컴퓨터와 AI 연구자들이 받아야 할 도움의 상당부분은 뇌과학자로부터 올 것이다. 뇌에는 인류가 수십만 년에 걸쳐 생존하기 위해 적응하고 진화했던 이력이 고스란히 담겨 있어, AI 설계에 필요한 유익한 통찰력과 기술적 단서를 제공할 수 있기 때문이다. 우리의 뇌에는 환경을 극복하고 다른 종들과 경쟁하면서 쌓았던 데이터와 지식, 감각과 감정이 기억되어 있고 대처 알고리즘도 고스란히 코딩되어 있다. 뇌는 인간의 생각과 행동을 제어하는 최고 중추기관이며 정보를 처리하고 기억을 저장하는 컴퓨터의 CPU와 같은 기관이다. 뇌의 복잡성과 그 기능의 정밀함 때문에 '소우주', '생물학의 프런티어'라 불리기도 한다. 지금까지 뇌 연구가 많이 진척되었다지만 인류가 알고 있는 뇌에 대한 지식은 불과 5%에 지나지 않는다. 나머지 95%, 특히 뇌가 데이터를 처리하고 기억하는 방식, 끊임없이 출렁이는 의식과 무의식을 만들기 위해 신경망에서 터지는 활동전위(spike)들 그리고 신체의 손끝, 발끝까지 연결된 신경을 통해 뇌가 전달하는 생화학적 신호에 대한 연구는 AI 및 로봇연구에 새로운 지평을 열어줄 것이다.

50여 년 전 AI과학자 테리 위노그래드(Terry Winograd)는 가상공간에 있는 다양한 블록(모형)들을 사람의 자연스런 언어로 조작할 수 있는 AI프로그램 SHRDLU를 개발한 적 있다(2장에서 자세히 설명함). 당시 SHRDLU는 블록(모형)들이 가진 다양한 속성들, 즉 형태, 색상, 크기(넓이, 길이, 높이), 위치 좌표, 위에 있는 물체 등을 모두 기호화하여 처리하였다. 인간과 자연스러운 언어로 교감할 수 있는 AI를 처음 만들었다는 것, 인간의 지시에 뇌처럼 반응하는 프로그램을 만들었다는 측면에서 획기적인 연구였다. 그러나 현실적으로 기호화해야 하는 블록의 속성들의 조합이 너무 많아 당시 컴퓨터 기술로 불가능하였고, 결국 AI연구는 2차 암흑기에 접어들 수밖에 없었다. 그런데도 AI과학자들은 컴퓨터과학과 뇌과학의 획기적 협업과 더 효율적인 기술을 기대하였다. 더 빠른 컴퓨터와 네트워크가 나타나기를 기다렸고, 더 효율적인 데이터처리 알고리즘과 학습기법의 탐구를 멈추지 않았다.

뇌연구의 발전은 뇌의 내부를 관찰하고 측정할 수 있는 과학적 도구들의 발전과 맞물려간다. 이는 AI의 발전이 컴퓨터와 네트워크의 발전과 맞물려가는 것과 흡사하다. 비록 우리가 1,000억 개의 뉴런이 발현하는 불꽃(활동전위, spike) 전부를 하나하나 측정하기까지 더 많은 세월이 필요하지만, fMRI, EEG, MEG, ECoG, ePhys와 같은 휘황찬란한 배지를 찬 영상기술의 출현으로 뇌 내부를 판독하는 일은 점점 진전을 보이고 있다(테그마크, 2017). 특히 fMRI(기능성 자기공명영상. functional magnetic resonance imaging)는 우리 세포의 수소핵의 자기적 특성을 측정해 뇌의 3차원 이미지를 밀리미터 해상도로 보여줄 수 있다. 신경세포(뉴런) 회로의 활동이 증가할 때마다 신경세포를 둘러싸고 있는 아교세포(glidal cell)가 시냅스의 활동에 나타나는 변화를 감지할 수 있다. 아교세포는 이 활동 때문에 늘어난 에너지소비를 급히 보상하기 위해 주변의 혈관을 연다. 그런 후 2-3초 뒤에 혈류가 증가해서 더 많은 산소와 글루코오스(에너지를 공급하는 화학물질)를 끌어들이며, 산소를 운반하는 헤모글로빈 분자가 들어있는 적혈구가 늘어난다. 이때 fMRI는 헤모글로빈 분자의 특성을 검출할 수 있으며, 뇌의 활동 상태를 밀리미터의 해상도와 초당 여러 번의 속도로 3차원 이미지를 제공할 수 있다(데하네, 2017). EEG(electronic cephalography 뇌전도)와 MEG(magnetoencephalography 뇌자도)는 각각 우리 머리 밖의 전기장과 자기장을 초당 1,000회 촬영하는데, 해상도는 떨어져 몇 센티미터 이내의 작은 모양은 분간할 수 없다는 한계가 있다. ECoG(electrocorticography 피질뇌파검사)는 센서 100가닥을 뇌의 표면에 부착하고, ePhys(electrophysiology 전기생리학)는 머리카락보다 가는 미세전극을 뇌 깊숙이 삽입해 1,000곳에서 오는 전압을 동시에 기록할 수 있다. ECoG는 발작을 일으키는 간질 환자의 특정 뇌 부위를 찾는 데 활용되는 검사도구이다. 뇌과학자들은 이러한 첨단도구들의 도움으로 시각적 자극이 망막으로부터 전두엽의 가장 높은 부위에 이르기까지 뇌활동의 전체 순서를 추적할 수 있다. 이 도구들은 인지심리학의 기법들과 결합되어 의식을 엿볼 수 있는 새로운 창을 열어준다. 피험자에게 자극을 가하는 실험을 통해 의식과 무의식이 대조되는 모습을 포착할 수도 있고, 마스킹(masking)이나 부주의를 통해 어떤 이미지를 볼 수도 또는 사라지게 할 수도 있다. 이런저런 실험기술의 발전으로 뇌의 신비는 한 겹씩 벗겨지고 있다.

3.1 뇌의 구조와 기능

1) 뇌의 CPU - 전두엽

해부학적으로 뇌는 좌뇌와 우뇌로 나누어지고 이 두 부분을 연결하는 뇌들보(신경다발)가 있다. 각각의 반구는 몸의 반대쪽을 통제한다. 우뇌는 몸의 왼쪽을 통제하고 왼쪽 시야에서 들어오는 데이터를 처리하고 왼쪽 팔·다리를 통제한다. 좌뇌도 마찬가지다. 척추신경전문의인 조 디스펜자(Joe Dispenza)는 "내뇌신피질[34]의 두 반구는 서로 같지 않다고 하였다. 우측 전두엽은 좌측 전두엽보다 더 넓고, 좌측 후두엽은 우측

34 대뇌피질은 대뇌의 표면을 감싸고 있는 뉴런(신경세포)들의 집합으로 대뇌의 안쪽 부분에 비해 어두운 색을 띠고 있어 회백질이라 불리며 신경세포체와 모세혈관으로 이루어져 있다. 기억을 축적하여 감각, 운동, 언어기능과 같은 다양한 기능을 수행한다.

후두엽보다 넓다. 좌·우뇌의 생화학물질에도 이러한 불균형이 나타난다. 예를 들어 좌뇌에는 도파민이 많은 반면, 우뇌에는 노르에피네프린과 에스트로겐을 위한 신경호르몬 수용체가 더 많다"고 한다.[35]

전두엽은 뇌의 중앙처리장치(CPU)라고 보면 된다. 우리의 뇌는 다른 포유류에 비해 훨씬 큰데, 특히 이 전두엽이 그렇다. 전체 대뇌신피질에서 전두엽이 차지하는 비율은 고양이의 뇌는 3.5%, 개는 7%, 침팬지나 원숭이류는 약 17%지만 인간은 무려 30~40%에 이른다(Fuster, 2008). 전두엽 역시 좌측과 우측에 따라 그 기능이 다르다. 사람들이 새로운 일을 시작할 때와 그 일이 익숙해질 때 전두엽 부위들의 혈류량의 변화가 다르다. 새로운 경험을 하는 동안에는 우측 전두엽이 좌측 전두엽보다 더 활발해졌으며, 반복적인 연습을 통해 과업에 익숙해질수록 좌측 전두엽이 더 활기를 띠고 혈류의 이동도 증가한다. 즉 인간은 잘 모르는 것을 익숙하게 만들기 위해 노력할 때는 우측 전두엽이 활성화되지만, 학습을 통해 익숙해지면 좌측 전두엽이 활성화된다. 그다음 그 경험을 신경세포에 기록하기 시작하면 혈류는 뇌의 뒤쪽으로 이동한다.

결론적으로 우뇌의 신경회로는 새로운 과업을 빨리 배우는 데 전문화되어 있고, 좌뇌는 익숙한 과제의 숙련도를 높이고 저장하는데 전문화되어 있다. 디스펜자는 좌뇌가 익숙한 행동과 정보의 창고라면, 우뇌는 새로운 경험을 처리해 미래의 경험을 대비할 수 있도록 하는 곳이라고 하였다. 우뇌에 위치한 신경회로는 새로운 과업이나 도전을 빨리 배우도록 특화되어 있는 반면, 좌뇌는 주어진 과업을 부지런히 학습하여 숙련도를 높이는 데 특화되어 있다. 그래서 음악이 우뇌에서 처리된다는 것은 음악에 능숙하지 않은 사람들에게만 해당된다. 평범한 사람들은 다양한 멜로디가 갖는 새로움 때문에 그것을 우뇌가 처리하지만 숙련된 음악가는 음악을 듣고 연주할 때 좌뇌가 주로 관여한다. 학습과 경험을 통해 새롭게 형성된 신경회로는 좌뇌에 주로 자리 잡고 있다. 좌뇌와 우뇌의 경계가 분명하진 않지만 정서적, 인지적 차이도 있어 보인다. 대부분의 인지활동에 좌·우뇌가 모두 사용되지만 사용의 정도는 차이가 있다. 대개 좌뇌는 말하

35 www.DrJoeDispenza.com

기와 논리적 추론에, 우뇌는 공간정보를 처리할 때 더 많은 역할을 한다.

전두엽이 사람의 성격을 결정한다는 사실을 피네아스 게이지라는 사람을 통해 알게 되었다. 그는 공사장에서 직경 3센티미터의 쇠몽둥이가 얼굴 측면의 뺨을 뚫고 들어가 머리 위로 나오는 끔찍한 사고를 당했다. 이 사고로 그는 전두엽에 큰 손상을 입었다. 이후 그의 성격이 정반대로 바뀌었는데, 기억은 온전한데 게을러지고, 비열해지고, 욕을 잘하고, 남을 배려할 줄 모르고, 욱하는 성격이 되어버린 것이다 (Damasio 외, 1994).

좌뇌와 우뇌의 기능적 분화는 척추동물의 연구에서 뚜렷하게 드러난다. Rogers 외(2013)에 의하면 물고기, 개구리, 파충류, 조류, 포유류 등의 좌뇌는 반복적으로 발생하는 정보나 일상적인 행동을 관장하며, 우뇌는 새로운 상황에 대처하거나 특별한 감정 표현 등 위기상황에 대응하는 일을 담당한다. 좌뇌가 담당하는 일상적 행동은 먹이를 취하는 일처럼 반복적인 일이고, 우뇌는 외부 침입자나 돌발적 공격으로부터 탈출하는 일처럼 위기에 대처하는 일을 담당한다. 좌뇌와 우뇌의 기능이 이렇듯 특화되어 발달해 왔다는 사실은 인간의 다양한 형질과 성격을 설명하는 중요한 증거가 될 수 있다(김의철, 2013).

좌뇌와 우뇌를 연결하는 백질 띠를 뇌들보(뇌량, 신경다발)라 부른다. 약 10cm의 길이에 2~3억 개의 신경섬유로 구성되어 있으며, 좌·우뇌 사이에서 초당 최대 40억 개의 정보를 전달할 수 있다. 여기서 정보란 컴퓨터에 비유한다면 비트(bit)와 같은 것이다. 좌·우뇌 간에 정보를 전달하는 속도는 짧게는 0.4~0.6초이지만 길게는 몇 년이 걸리기도 한다. 뇌들보가 굵을수록 두 뇌사이로 정보가 빨리 이동하며, 꾸준한 연습과 지속적인 훈련을 통해 30대까지 이 뇌들보는 굵어진다. 백질 중에서 뇌들보가 차지하는 비율은 남성이 2.2%여서 2.4%인 여성보나 낮다. 이 비율의 차이로 인해 여성이 남성에 비해 감성적, 분석적 사고를 더 빨리하며 사용하는 단어 수도 많으며 말하는 속도도 빠르다.

대신 동물에 비해 소뇌가 작은 인간은 운동신경이 열등한 편이다. 소뇌는 운동신경을 관장하는 곳이다. 대뇌와 소뇌의 비율을 근거로 동물들의 운동신경을 가늠할 수 있는데, 새가 단연 가장 운동신경이 뛰어난 동물이다.

뇌간과 시상에 있는 수많은 다목적 신경핵은 정말 우리에게 주의가 필요한 순간을 알려준다. 예컨대 청반(평형반)(locus coeruleus)은 뇌간 아래쪽에 위치하는 신경세포 다발로 스트레스가 많고 주의를 요하는 일이 일어날 때마다 특정 신경 전달물질인 노르에피네프린(norepinephrine)을 대뇌피질에 광범위하게 전달한다(데하네, 2017).

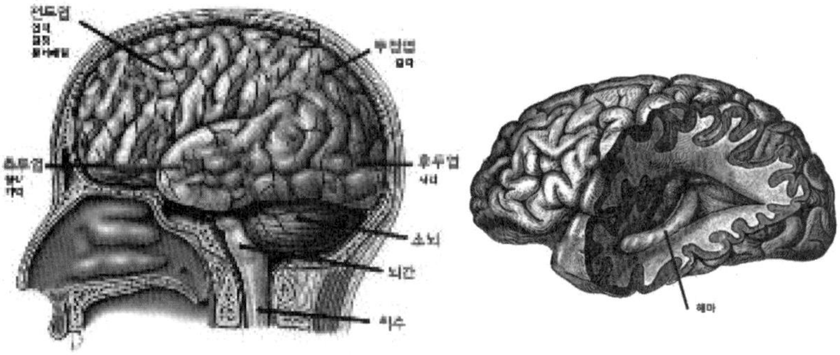

〈그림 3-1〉 뇌의 기본구조

(자료원) https://ko.wikipedia.org/wiki/%EB%87%8C

[쉬어 가기]

좌·우뇌 단절의 비극

좌·우뇌(대뇌반구)의 상호협력관계를 연구하는 데 큰 돌파구를 열어 준 것은 뇌전증 환자들이다. 심각한 뇌전증 환자는 뇌의 한 부분에서 발생한 전기충격이 다른 부분으로 빠르게 확산되면서 급성 발작을 일으킨다. 발작이 일어나면 몸이 통제력을 잃고 정상적인 사회생활이 힘들어진다. 20세기 중엽에 의사들은 이런 중증의 환자를 치료하기 위해 두 대뇌반구를 연결하는 뇌들보(신경다발)를 끊어 한쪽 뇌에서 시작된 전기적 발현(spike)이 다른 쪽 뇌로 전달되지 못하도록 하여 증상을 완화시켰다.

좌·우뇌의 연결이 끊긴 환자들에 대한 연구들 가운데, 1981년 노벨생리의학상을 수상한 로저 울코트 스페리 교수와 그의 제자 마이클 가자니가의 연구를 주목할 필요가 있다(LeDoux 외, 1977, 1996). 좌·우뇌의 소통에 문제가 있는 10대 소년을 대상으로 장래에 무엇이 되고 싶은지를 물었다. 소년은 데생화가가 되고 싶다고 답했는데, 이는 주어진 과업을 부지런히 학습하여 숙련도를 높이는 일에 전문화된 좌뇌(예: 말하기, 논리적 추론)가 한 것이다. 한편 소년의 우뇌에 있는 또 하나의 언어중추는 말을 할 수는 없으나 알파벳 카드를 이용해 자신의 생각을 말할 수 있었다. 연구자는 소년의 우뇌가 어떤 말을 하고 싶어 하는지를 알고 싶었다. 그래서 책상 위 오른쪽에 알파벳을 조립하여 단어를 만들 수 있는 알파벳 카드를 펼쳐놓고, 그 왼쪽에는 '장래에 무엇이 되고 싶니?'라고 적은 종이를 놓아두었다. 왼쪽 시야에서 오는 데이터는 우뇌가 처리한다. 지금 소년의 우뇌는 음성언어를 사용할 수 없어 아무 말도 하지 않았지만, 대신 왼손을 빠르게 움직여 '자동차 경주'라는 단어를 만들어냈다. 즉 좌뇌와 우뇌가 뇌들보(뇌량)를 통해 소통하지 않으면 동일한 질문에 대해 한 사람의 뇌가 서로 배치되는 응답을 한다. 즉 한 사람에게 두 인격, 지킬과 하이드가 공존하는 것이다.

2) 기억이란?

기억이란 참으로 신비로운 현상이다. 특히 인간에게 기억이란 정체성 그 자체이다. 이는 치매환자와 대화를 나누다 보면 느낄 수 있다. 나를 중심으로 형성된 기억들이 망가지면 그것에 연결된 다른 모든 기억들이 왜곡되거나 본래의 의미를 상실하기 때문에 관계 지도(relation map)가 엉망이 된다. 영국의 철학자 존 로크(John Locke)는 개인의 정체성이 자전적 기억이나 일화적 기억에 의해 형성된다고 하였다. 그런데 이 기억은 고정불변하거나 안정된 게 아니라 끊임없이 재가공되며, 상황에 따라 기억들은 선택되고 왜곡된다. 우리는 각자 생각하는 자아의 전반적인 특징에 맞아떨어지는 것들은 잘 기억하고, 모순되는 정보는 깨끗이 무시하는 귀인편향(attribution bias)과 인지부조화까지 가진다. 심리학에 의하면 우리는 기억하고 있는 정보를 재구성하며 일관된 이야기를 짜 맞추는 무의식적 메커니즘을 가지고 있다. 'me'와 'I'에 관한 내러티브(narrative)는 사실 이러한 메커니즘에 의해 만들어진 것이다(카너먼 외, 2015)

그렇다면 기억은 뇌의 어디에 어떻게 저장되는 것일까? 뇌과학의 발전으로 이제는 머리로 습득한 정보뿐 아니라 몸이 경험한 것도 뇌가 기억한다는 사실은 명백해졌다. 신경세포(뉴런)의 존재가 처음 눈으로 확인된 19세기 말 이후, 과학자들은 이 기억의 흔적을 간직한 기억 저장소, '엔그램'[36]의 실체를 확인하려는 연구를 계속해 왔다. 하지만 기억이 뇌에서 어떤 형태로 어디에 저장되는지는 여러 가설만 있을 뿐 여전히 오리무중이다.

기억의 위치에 대한 연구로는 간질환자 'HM'을 대상으로 1950년대 헨리 몰레이슨이 수행한 임상연구가 가장 널리 알려진 사례다. 당시 HM은 간질 치료를 위해 해마를 포함한 내측 측두엽을 제거하는 외과수술을 받았다. 이후 그는 해마의 상실로 인해 방금 전에 겪은 경험을 수십 초 이상 기억할 수 없는 부작용을 겪게 되었다. 이 사례를 계기로 해마가 새로운 경험을 장기 기억으로 전환하는 핵심 부위임을 알게 되었다. 아울러 HM의 연구는 기억이 종류에 따라 서로 다른 뇌 부위에서 처리된다는 사실을 보여주었다. 해마는 제거되었지만 그의 지능, 감각, 운동 능력에는 아무런 변화가 없었으며, 특히 일부 기억 능력은 정상이었다. 예를 들어 그에게 특정 모양을 따라 그림을 그리는 과제를 주면, 처음에는 정확하게 따라 그리지 못했지만 시간이 지날수록 그 정확도가 향상되는 것을 관찰할 수 있었다. 이는 해마가 없어도 운동과 절차에 대한 기억은 정상적으로 저장되며, 해마가 기억들의 '일부'를 저장하는 장소라는 사실을 의미한다. 이후 신경과학자들은 해마 이외에도 측두엽, 기저핵, 소뇌, 편도체 같은 다른 뇌 부위들이 공통점이 없는 이질적인 정보를 한꺼번에 저장하기 위해 협력한다는 사실을 밝혀냈다. 예를 들어 우리는 늘 가족들을 봐왔기 때문에 그들의 외모에 관한 기억(이미지)을 간직하고 있다. 어느 날 내 스마트폰에 한동안 연락이 없었던 동생의 전화번호(또는 문자)가 떴다면 동생의 이미지를 함께 떠올릴 수 있다.

그간 연구들을 통해 기억의 종류별 부위를 대략적으로 추정할 수 있었지만 구체적으로 기억이 어떻게 저장되는지는 여전히 미스터리로 남아 있다. 신경세포(뉴런)들은 자극에 의해 '발화(fire)'라 불리는 전기적 신호를 발행하며, 이 신호는 '시냅스'(synapse)라는 접점에서 신경전달물질을 통해 다른 신경세포로 전달된다. 이후 심

36 레코드판을 뇌라 하고 음악을 학습한 정보라고 한다면, 기억은 뇌 속 어딘가에서 레코드판 위의 미세한 홈과 같은 흔적으로 남겨진다고 생각할 수 있다. 독일의 동물학자이자 진화생물학자인 리하르트 제몬(1859~1918)는 1904년 <기억술>이라는 책에서 이런 가설적 현상을 '엔그램'(engram)이라고 처음 표현하였다.

리학자 도널드 헤브(1904~1985)는 1949년 「행동의 구성」에서 기억이란 '(신경)세포들 간의 연결성이 증가하는 것'이라고 주장했다. 이것이 그 유명한 헤브의 법칙, 즉 '함께 발화한다면 그 신경세포들은 연결되어 있는 것이다(fire together, wire together)'라는 이론이다. 헤브는 이 법칙으로 시냅스를 통한 신경세포 간의 연결성의 증가가 기억의 생물학적 저장 형태일 것이라는 가설을 처음으로 세웠고, 실제로 시냅스의 활성화가 증가상태로 오랫동안 유지되는 사실(장기강화현상, LTP long-term potentiation)을 증명하기도 하였다. 로버트 랭그레스(Robert Langreth) 기자는 2000년에 노벨상을 받은 컬럼비아의 신경생물학자 에릭 캔델(Eric Kendell)의 연구를 바탕으로 단기기억과 장기기억의 차이를 다음과 같이 재미있게 서술하였다.

> "단기 기억은 순간적이지만 강렬한 화학물질의 급상승으로 세포들을 하나로 묶는 원나잇 스탠드와 비슷하다. 이 효과는 몇 분이나 몇 시간이 지나면 서서히 사라진다. 반면 장기기억은 새로운 단백질들이 세포들을 연결하는 시냅스를 강화하면서 오랫동안 굳어지는, 결혼에 가깝다."[37]

캔델은 감각뉴런에 세로토닌을 한 차례 주입(한 번의 진기충격)하면 시냅스에서 두 가지 화학물질이 증가한다는 것을 입증했다. '고리형 AMP', '단백질인산화효소A'라 불리는 이 두 물질은 이웃으로부터 전달되는 전기신호에 대한 뉴런세포의 민감도를 일시적으로 높였다. 이는 위에서 말한 '원나잇 스탠드'에 해당된다. 한편 장기기억(뉴런들의 결혼)은 시냅스상에서 실제적인 물리적 개조, 즉 감각 뉴런이 점화될 때마다 세포들 사이의 영역에서 방출되는 신경전달물질의 양을 영구적으로 증가시키는 개조를 필요로 했나. 캔델의 실험에서는 진기충격이 디섯 번 가해진 뒤에야 이런 구조적 변화가 일어났다(캔델, 2009).

기억의 정체를 찾는 연구는 '광유전학'의 등장으로 급물살을 타게 되었다. 2005년

37 A. 피오리, 신체설계자, 2019, p. 323.

미국 스탠퍼드대학의 칼 다이서로스 박사 연구진이 개발한 '광유전학'은 빛과 유전자를 이용해 특정 세포를 조절하는 기술이다. 2012년 미국 매사추세츠공대(MIT)의 도네가와 스스무 박사 등은 광유전학 기법을 이용해 정보가 특정 신경세포 집단에 저장될 수 있다는 사실을 밝혔다. 연구진은 기억이 저장되어 있는 이 세포 집단을 '엔그램 세포'라고 명명했다. 종합하면 현재 기억은 특정 신경세포 집단에 저장된다는 이론과 신경세포 간의 연결성(시냅스)에 존재한다는 두 가지 가설이 모두 유효한 상황이다(박형주, 정수근, 2019).

신경외과 의사 이츠하크 프리드는 전자의 가설을 지지하는 실험결과를 발표하였다. 그는 개개의 신경세포의 활동을 매우 가느다란 전극을 통해 기록할 수 있는 정밀 시스템을 개발했다. 그들은 이 전극을 피험자의 전방측두엽에 놓았을 때 놀라운 발견을 했다. 뇌의 신경세포가 제각각 그림, 이름, 심지어 개념에 매우 선택적으로 반응한다는 것을 발견했다. 그리고 환자에게 얼굴, 장소, 물건, 단어 등이 찍힌 수백 장의 사진을 보여 주었을 때 단지 한두 장의 사진에 특정 세포가 반응하는 것도 알게 되었다. 예컨대 어떤 신경세포는 빌 클린턴 전 대통령의 사진에만 방전(discharge)하고 다른 누구의 사진에도 방전하지 않았다(데하네, 2017). 실제로 전방측두엽의 신경세포는 인물, 장소, 그 밖의 기억할 만한 개념 등을 나타내는 분산된 내적부호(code)를 형성하였다. 그 부호는 매우 정확하였기에 어느 신경세포가 발화하고 어느 신경세포가 침묵하고 있는지를 지켜봄으로써 컴퓨터를 훈련시켜 피험자가 보고 있는 것이 어느 사진인지를 매우 정확하게 짐작할 수 있다(Quiroga 외, 2007). 즉 특정 신경세포가 방전된다면(discharge) 그것은 그 신경세포와 관련된 무언가를 의식한다는 증거이다. 따라서 뇌를 정확하게 스캔할 수 있다면, 사람이 지금 무엇을 보고 있으며 어떤 생각을 하고 있는지를 알 수 있다. 만일 그런 각성화된 기록이 마치 컴퓨터의 로그파일처럼 특정의 패턴으로 저장될 수만 있다면 범죄자의 혐의를 입증할 때도 이 방법을 쓸 수 있을 것이다. 연애하는 남녀에게 우리는 자주 만나야 하는 이유로 "Out of Sight, Out of Mind"라는 조언을 해준다. 뇌과학적으로 맞는 말이다. 자주 만나지 않으면 그 사람을 기억하는 신경세포는 약해져 가고 더 강한 다른 사람의 것으로 대체되기 때문이다.

기억을 기하학적 패턴이나 수학적 알고리즘으로도 설명할 수 있다. 뇌는 오감을 통해 들어오는 정보를 어떤 패턴으로 저장하고 재해석한다. 육안으로 패턴 그 자체를 식별할 수는 없지만 통계학적 방법으로 분석하면 미세한 차이를 구분할 수 있다. 그래서 뇌과학자가 뇌에서 일어나는 신경세포망의 패턴을 모두 사전(dictionary)화할 수 있다면 무섭게도 그 사람이 무슨 생각을 하는지를 알 수 있을 것이다.

우리 뇌는 '자동연상'을 통해 유사하거나 관련된 정보를 신속하게 검색할 수 있다. 복잡한 주차장에 차를 세워둔 후 나중에 그것을 찾아갈 때 층과 구간에 관한 구체적인 숫자·알파벳을 찾아가는 방법도 있지만, 눈에 띄는 시설물이나 안내판을 떠올린 후, 그것과 연관되는 층을 찾아가기도 한다. 우리가 어떤 사람을 의식하면 자동적으로 그 사람의 직업, 배우자, 자녀들을 떠올리는 것과 흡사하다. 존 홉필드(John Hopfield)는 신경세포망이 어떻게 자동연상을 하는지를 안정적인 물리적 시스템의 예를 들어 설명하였다(테그마크, 2017). 공이 멈춰 서 있을 수 있는 골짜기(hole) 2개가 이어져 있고 각각에는 공이 하나씩 머물러 있을 수 있는 장치가 있다. 각 골짜기는 최저점의 가로·세로 좌표로 표현될 수 있다. 두 골짜기의 가로축 좌표가 하나는 2의 제곱근 1.41421이고 다른 하나는 파이, 3.14159라고 하자. 파이가 3과 가깝다는 걸 기억하면, 공을 3에 놓으면 공이 굴러 내려가 스스로 정확한 파이 값을 가리킬 것이다. 홉필드는 신경세포의 복잡한 네트워크가 이와 비슷하게 수많은 에너지 지점들의 지형을 제공하고, 시스템(장치)이 저점들의 조합에 자리를 잡음을 깨달았다. 실제로 1,000개의 신경세포에는 138개의 기억을 별 혼동 없이 끼워 넣을 수 있다.

기억(memory)과 학습(learning)은 어떤 관계일까? 동일한 것을 반복 학습하면 처음에는 희미했던 어떤 상황이나 정보가 분명하게 각인되는 과정이 기억이다. 처음에는 완만했던 골이 학습과 기억이 진행되면서 점점 깊어지는 것이다. 메모리셀과 같은 골짜기(hole)의 바닥이 x = π ≈ 3.14159에 있고 인근에 다른 골짜기는 없다. 여기에서 공을 x = 3에 놓고 지켜보면 공이 골짜기 바닥으로 굴러가면서 시스템은 나머지 소수점 아래 숫자를 계산해준다. 이제 이 표면이 말랑말랑한 점토로 평평하게 만들어졌다고 가정하자. 어떤 수학마니아가 자신이 좋아하는 수에 해당하는 지점에 이 공을 반복적으로 놓게 되면(학습) 중력이 점점 이 지점을 깊은 골짜기로 만들 것이다(기억). 그런 후 점토 표면은 이 저장된 기억(π의 정확한 숫자)을 불러오는 데 쓰일 수 있다. 달리 말하면, 점토 표면은 π를 계산하는 법을 학습하고 기억한 것이다. 뇌의 신경망 역시 비슷한 방식으로 학습한다. 우리가 특정 신경세포망(뉴런 네트워크)을 반복적으로 특정한 상태로 세팅하면 그 신경세포망은 그것을 기억하게 된다. 이후 그 상태와 가까운 곳에서는 언제나 그 상태로 돌아가게 된다. 즉 우리 뇌의 특정 신경세포가 어머니를 기억하였다면 바로 인근에 아버지를 기억하고 있을 것이다. 날 때부터 기억하기 시작한 부모의 메모리셀은 가장 깊은 2개의 골짜기가 되어 있을 것이다.

3.2 뉴런과 시냅스

뇌는 매우 복잡하고 정교하다. 대뇌피질(大腦皮質, cerebral cortex)은 대뇌의 표면에 있는 뉴런(신경세포)들의 집합이며 모든 포유류는 6층 구조를 가지고 있다. 우리 뇌는 평균 1,000억 개의 뉴런이 있으며 크기는 25~30미크론 정도이다. 뉴런 하나는 평균 1만 개의 시냅스(축삭돌기·가지돌기 접점)를 형성하고 있으며, 각각의 시냅스는 고유의 기능들이 있지만 아직 모두 규명되지는 못하였다. 언뜻 보면 뉴런의 축삭돌기 말단이 다른 뉴런의 가지돌기와 연결되어 있는 것 같지만 자세히 보면 사이에 틈새가 있다. 이 좁은 틈새를 통해 정보(화학물질)를 전달하는데, 이 틈새와 물질방류(또는 흡입)장치를 묶어 '시냅스'라 부른다. 이 시냅스는 1개 뉴런 당 1만 개 정도 있으며, 2개의 간극의 길이는 20나노미터(1mm의 5만분의 1)에 지나지 않는다(〈그림 3-2〉 참조).

최근 연구에 의하면 대뇌피질(회백질, 백질 모두)은 상당 기간에 걸쳐 형성되는 것으로 알려졌다. 특히 회백질에 해당되는 부분은 유년기에 증가하기 시작하여 유년기 중간부터 말 혹은 청소년기 초반의 어느 시점에 최대치에 이르며, 그 이후 청소년기 동안과 20대에 접어들 때, 혹은 30대에 접어들 때까지 대폭 줄어든다. 회백질은 '겉질'이라 불리는 피질에 분포해 있으며 뉴런들을 연결하는 시냅스로 이루어져 있다. 뇌가 발달하는 과정에서 시냅스의 수는 처음에는 증가하다가 나중에는 줄어드는데 이를 '시냅스 가지치기(synaptic pruning)'라 부른다. 이 가지치기는 청소년기를 거쳐 30대에 들어설 때까지 계속된다. 반면 같은 시기에 백질량은 대뇌 전역에 꾸준히 증가한다. 이는 뉴런의 축삭돌기들이 미엘린(myelin, 말이집)이라는 하얀 섬유물질로 싸여있기 때문이다. 이런 변화는 뇌기능에도 영향을 미친다. 미엘린은 절연체로 작용해 뉴런들 간 전기신호 전달의 효율성을 높여줌으로써 뇌의 여러 부위들끼리 신호를 주고받는 광역통신의 속도를 높여준다. 이러한 변화는 태어나서 30년 또는 40년까지 지속된다(카너먼 외, 2017).

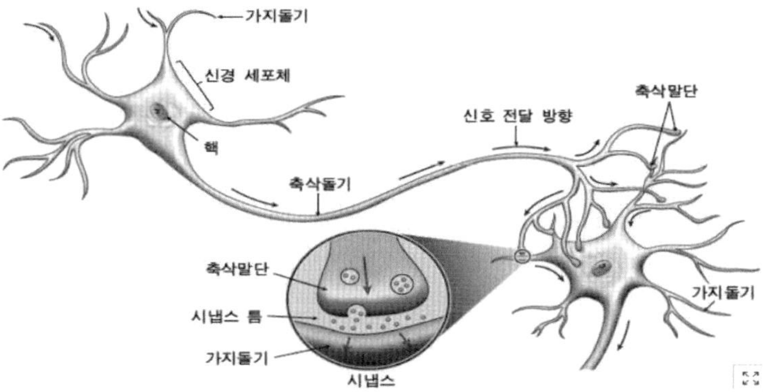

〈그림 3-2〉 뉴런의 구조 [자료원] 천재교육

우리 뇌에는 평균 10^{15}개의 시냅스가 10^{11}개의 뉴런을 연결하고 있고 각각의 뉴런들이 어떻게 연결되어 있는가에 따라 엄청난 정보가 저장될 수 있다. 시냅스들의 위치와 연결이 너무나 많고 다양하다 보니 이것을 DNA를 통해 유전적으로 고스란히 물려받는다는 것은 상상하기 어렵다. DNA는 시냅스 정보 말고도 머리카락 색깔, 피부색, 안구색깔, 키, 손가락, 발가락 개수 등 기억해야 할 유전정보가 굉장히 많다. 그래서 뇌는 상당부분 완성되지 않은 상태로 태어나 성장해 가면서 뉴런과 시냅스의 연결이 계속 만들어지고 지워지고 또 변해 가는 것이다. 결론적으로 3분의 1정도는 유전으로 전달되고, 3분의 1정도는 환경을 통해 만들어지고, 3분의 1정도는 무작위로 만들어진다고 보면 된다. 따라서 일란성 쌍둥이조차도 100% 똑같은 뇌를 가질 수 없다는 것이 정설이다(김대식, 2016).

• 뉴런들의 손 뻗기와 손잡기

뉴런(신경세포)들이 소통하기 위해서는 2가지 기본 요소를 갖추어야 한다. 앞의 그림에서 볼 수 있듯이 하나는 연결구조(네트워크)이며 다른 하나는 전달물질(비트)이다. 전자는 뉴런들의 축삭돌기와 가지돌기들이며, 후자는 전기적 성질을 가진 이온물질들이다.

19세기 후반에 에스파냐(스페인)의 신경해부학자 산티아고 라몬 이 카할(Santiago Ramon y Cajal)이 뇌조직의 특이성에 처음으로 주목하였다(데하네, 2017). 사람의 일반 피부세포와는 달리 뉴런은 긴 축삭돌기를 가지며 어떤 것은 수 미터에 이르기도 한다. 운동영역의 신경세포 하나는 척수의 아주 먼 부위에까지 축삭돌기를 보내 특정 근육에 명령을 내릴 수 있다. 카할은 또한 아주 먼 거리에 투사되는 신경세포들이 (대뇌) 피질에 아주 밀집하여 좌뇌·우뇌의 얇은 표면을 뒤덮고 있는 흥미로운 모습을 처음 관찰하였다. 신경세포는 피라미드처럼 피질 속의 현 위치에서 뇌의 뒷부분이나 다른 반구에까지도 축삭돌기를 뻗는 경우도 있다. MRI 영상을 보면 이러한 축삭돌기가 밀집해 다발을 이루어 몇 밀리미터 몇 센티미터에 이르는 거대한 케이블이 형성되어 있다.

축삭돌기가 멀리까지 뻗은 신경세포는 전전두엽에 가장 많다. 이 부위는 두정엽의 아래쪽, 측두엽의 앞부분과 가운데 부분, 나아가 뇌의 중앙선에 위치하는 전방 대상회와 후방 대상회 같은 영역으로 이어진다. 이 부위는 뇌에서 상호연결이 가장 활발한 중추로 알려져 있다(Hagmann et al., 2008). 즉 영역 A가 영역 B에 투사하면 거의 틀림없이 영역 B도 영역 A에 투사되는 식이다. 나아가 부위 간 장거리 연결은 삼각형을 이루는 경향이 있다. 영역 A가 영역 B와 C로 투사되면 B는 A와 C, C는 A와 B와 투사되는 식이다(Goldman-Rakic, 1988).

뉴런과 시냅스가 데이터를 기억하고 다른 뉴런과 시냅스와 데이터를 교환하려면 소위 '전기'라는 물질이 필요하다. 뉴런과 시냅스는 단백질, 지방, 당으로 구성되었기에 금속을 통해 흐르는 '전기'와는 성격이 다르다. 금속선을 통해서는 전자가 흐르지만 뉴런과 시냅스에는 이온(플러스 & 마이너스)이 전기신호 역할을 대신한다(이케가야, 2015). 뉴런 안에는 칼륨이온(K^+ 포타슘)이, 밖에는 나트륨이온(Na^+)과 염소이온(Cl^-)으로 구성되어 있으며, 신경세포체는 이 세 가지를 조절하면서 일종의 '전기'현상을 만든다. 특히 칼륨이온(K^+)의 양이 바깥보다는 안쪽에 현저하게 많은 것이 포인트인데, 세포막의 안과 밖의 칼륨이온의 농도 차이로 인해 칼륨이온이 바깥으로 이동하게 된다. 이때 플러스 전기를 띄고 있는 칼륨이온이 줄어들기 때문에 세포 안쪽의 전위는 마이너스가 된다.

신경세포는 다른 세포와 달리 세포막에 나트륨이온이 출입하는 작은 터널(구멍)들이 많다. 이 터널은 닫혀 있다가 신경세포의 안팎의 플러스와 마이너스의 차이가 작아질 때 아주 짧은 순간(1,000분의 1초) 열린다. 그 순간 세포 밖에 있던 나트륨이온이 세포 안쪽으로 흘러들어와 그것이 축삭돌기를 거쳐 시냅스까지 펴져가면서 뉴런 전체에 전기(활동전위, spike)가 생성·전달된다. 나트륨이온 자체는 정보가 아니지만, 나트륨이온이 안쪽으로 들어감으로써 세포의 안과 밖에 전위차가 줄어드는데 이때가 바로 정보가 전달되는 순간이다. 그리고 안으로 들어간 나트륨이온은 금방 다시 밖으로 빠져 나온다.

지금까지의 설명으로는 마치 나트륨이온이 이동하면서 정보가 전달되는 것으로 생각되지만 나트륨이온이 실제로 이동하는 것이라기보다 전위차(양이온과 음이온의 차이)가 줄어드는 현상이 도미노처럼 쭉 확산되는 것으로 상상하면 된다. 여기에서 시냅스를 타고 가면서 '전위차가 무너진 장소'를 '활동전위(活動電位, action potential)[38]'라 하는데, 이 활동전위가 여기저기 생겨날 때마다 정보가 일방통행식으로 전달된다. 즉 뉴런과 시냅스들 사이에 오가는 신경신호는 한 방향으로만 진행되는 '나트륨이온의 파도'현상이라 할 수 있다.

이제 활동전위(스파이크, spike)가 발생하자마자 한 뉴런에서 다른 뉴런으로 정보가 전달되는 과정을 살펴보자. 개별 뉴런의 축삭돌기 말단이 다른 뉴런의 가지돌기와

---

38 신경세포에서는 신경충격을 일으키고, 근육세포에서는 근육수축을 일으킨다. 파동이 신경섬유(근육섬유)를 통해 빠르게 전달되기 때문에 전달 전위라고도 한다. 활동전위의 전달속도는 1~100m/s 정도이며, 속도는 전달섬유의 상태와 환경에 따라 달라진다. 활동전위의 발생은 전형적으로 세포가 신경전달물질이나 감각수용기 세포에 의해 자극되어 막에 존재하는 단백질 통로(나트륨이온이 출입하는 많은 터널)를 부분적으로 열면서 시작된다. 세포막의 전압이 약 -60mV에 이르면, 나트륨이온을 통과시키는 통로는 완전히 열리게 되어 순간적으로 분극상태가 사라지면서 수송이 이루어진다. A. L. 호지킨, A. F. 헉슬리, J. 에클스는 위와 같은 신경세포 활동에 대한 이온 메커니즘을 제시해 1963년 노벨 생리·의학상을 받았다. 자료원: http://100.daum.net/encyclopedia/view/b25h2565a

연결되어 있는 작은 틈새와 물질방류(수용)장치를 묶어 '시냅스'라 부른다고 앞서 설명하였다. 한 뉴런의 축삭돌기를 거쳐 활동전위가 발생하는 순간 축삭돌기 말단에 저장되어 있는 다양한 신경전달물질(예: 글루타민산, 감마(γ)아미노 부티르산(GABA), 도파민, 세로토닌, 아드레날린 등 100여 종)이 분비되고 이 물질을 다른 뉴런의 가지돌기가 흡수하면서 정보가 전달되는 것이다. 가지돌기의 세포막에는 축삭돌기가 방출하는 신경물질을 수용하는 센서(수용체)[39]가 달려 있다. 요약하면 축삭돌기는 출구전용으로 그 말단에는 신경물질 주머니가 있으며, 다른 뉴런의 가지돌기에는 입구전용으로 그 말단에는 수용체가 자리잡고 있는 것이다.

시냅스에서 발생하는 이 작용은 전기신호를 화학물질로 바꾸었다가 다시 전기신호로 바꿔주는 과정과 흡사하다. 뇌에 존재하는 가장 흔한 신경전달물질은 글루타민산과 감마(γ)아미노 부티르산(GABA)이다. 글루타민 아미노산은 나트륨이온(NA^{+})이 주를 이루면서 플러스 이온을 생성하며, GABA는 염소이온(CI-)인 마이너스 이온을 생성한다. 신경세포 안으로 염소이온(CI-)이 들어오면 받는 쪽의 세포는 전위차가 커지기 때문에 활동전위(스파이크, spike)가 발생하지 못하고, 거꾸로 염소이온이 빠져나가면 활동전위가 활발해진다. 따라서 글루타민산과 GABA는 각각 신경세포 활동의 엑셀과 브레이크의 역할을 수행한다. 2004년 「네이처 신경과학」의 논문에는 수많은 글루타민산을 사용하는 시냅스와 GABA를 이용하는 시냅스가 축삭돌기 곳곳에 혼재되어 있는 사진이 게재된 바 있다(Liu, 2004, 이케가야, 2015).

시냅스는 학습을 통해 얻은 정보를 기억하고 저장하는 곳으로 한 사람의 성격과 기질을 결정하는 주된 역할을 수행하는 것으로 알려져 있다. 결국 약 100조 개에 이르는 시냅스가 1,000억 개의 뉴런을 연결하면서 기억을 저장하며, 그 기억들은 사람의 생각, 습관, 성격 등 각종 기질을 결정짓는 것이다. 성격과 기질이란 한 사람의 의식적, 무의식적 알고리즘이 반복적으로 밖으로 드러나는 것을 의미한다. 예를 들어 투자의 위

39 수용체(receptor, 受容體). 세포에 존재하며 세포 외의 물질 등을 선택적으로 수용하는 물질의 총칭. 일반적으로 세포막에 존재하는 수용체 단백질(receptor protein)을 가리키고, 세포는 수용체와 결합물질의 구조적인 특이성에 따라 수용체의 자극에 응답한다.

험성향이 높다는 것은 그 사람의 기질을 의미하지만, 달리 말하면 이 사람의 투자 관련 판단과 선택의 알고리즘이 높은 위험을 감내하도록 스위치가 맞춰져 있다는 것이다. 이 시냅스의 수는 고정되어 있는 것이 아니라 두뇌활동에 따라 생성, 강화, 약화, 소멸이라는 역동적 과정을 거친다. 즉 학습과 경험에 의해 구조적으로 변형된 시냅스는 장기기억이 되며 그래서 뇌는 후천적 노력(경험, 교육, 학습 등)에 의해 상당부분 강화되거나 약화되거나 변형될 수 있다.

한편 무기질의 AI가 뇌의 작동방식을 아무리 모방한다고 하더라도 시간이 지나면서 뇌처럼 무작위로 변형되지는 않는다. 이와 관련하여 메컬로크-피츠는 연산기능을 가진 논리적 뉴런(McCulloch-Pitts logical neuron)을 제안한 바 있다. 입력통로(가지돌기)는 많지만 출력통로(축삭돌기)는 하나이며, 문턱값도 하나여서 입력 정보가 억제되거나 활성화되는 구조였다. 그렇지만 뇌를 컴퓨터로, 뉴런을 컴퓨터의 on-off 스위치로 생각한 것은 실제 뇌를 너무나 단순화시킨 셈이다. 데닛(카너먼 외, 2015, 272~273쪽 재인용)은 뉴런을 단순한 논리 스위치가 아니라 어떤 계획을 가진 자율적인 에이전트로 상상하였다. 그래서 인간의 뇌는 계급적으로 질서 있게 잘 통제되는 제어시스템이라기보다 민주적 요소를 적잖게 지닌 무정부상태와 같다고 보았다. 뇌는 평상시에는 안정되게 상호협력하며 차분하게 공동전신을 잘 유지할 때도 있지만, 이 평정상태가 망가지면 어느 한쪽 연대가 지배력을 행사하게 되고, 이때 우리는 강박관념과 망상 등에 사로잡히게 된다. 우리는 그런 모습을 보이는 AI를 결코 원치 않을 것이다.

3.3 오감의 작동

뇌는 오감이라는 센서를 통해 데이터를 입력받는다. 의식이 있는 동안 오감을 통해 쉴 새 없이 들어오는 데이터들은 우리가 학습해야 할 지식일수도 급하게 대응해야 할 위험신호일수도 있다. 낯선 거리에서 어떤 목적지를 찾아갈 때 우리는 시야에 들어오는 건물과 간판들을 지도와 비교하며 목적지 도달 여부를 확인하기 위해 계속 정보를 축적한다. 마침 그 순간 갑작스런 앰뷸런스의 사이렌 소리에 목을 돌려 소리나는 곳을 쳐다보다, 문득 작년에 긴급하게 병원으로 후송된 후 급사한 가족을 떠올리자 특이한 장례식장의 냄새가 기억나며 눈물이 핑 돌았다. 그리고 갑자기 날씨가 추워졌음을 느끼며 옷깃을 여민다. 낯선 거리에서 목적지를 찾아가는 나의 오감은 환경이 주는 데이터를 끊임없이 받아들이고 처리한 후 기억에 저장하고 필요할 때 반응한다.

뇌는 오감을 통해 들어오는 데이터들을 처리하기 위해 부위별로 기능적으로 특화되어 있다. 시각영역은 머리 뒤쪽 후두부에 위치하며, 청각영역은 소리 정보를 처리하는 부분이고, 체성감각영역은 감각을 담당하는 식이다. 특히 청각영역은 소리의 헤르츠(음역)[40]에 따라 작동하는 부위가 각기 다르다. 즉 작동 부위들이 헤르츠 수의 순서대로 반듯하게 자리를 잡고 있다. 이처럼 신체의 모든 감각들은 1:1 연결되는 뇌의 부위가 각기 존재한다(이케가야, 2015). 앞서 신경외과 의사 이츠하크 프리드가 매우 가는 전극을 통해 개개의 신경세포의 활동을 기록할 수 있는 시스템을 개발하였음을 말하였다. 이 기계를 이용한 실험에서 전방측두엽 신경세포들이 제각각 이미지, 이름, 심지어 개념에 매우 선택적으로 반응한다는 것을 발견했다. 환자에게 얼굴, 장소, 물건, 단어 등이 찍힌 수백 장의 사진을 보였지만 단지 한두 장의 사진(예: 빌 클린턴, 로버트 드니로)에 특정 신경세포가 반응하였다(데하네, 2017).

한편 2000년 4월 20일 「네이처」에 실린 논문은 동물실험을 통해 뇌의 각 부위가 고유의 역할분담을 하는 것은 맞지만 항상 그런 것은 아니고 상당히 유연하다는 사실도 보고하였다. 외과수술을 통하여 실험쥐의 시신경을 마비시킨 후, 눈의 망막을 통해 들어오는 시각 정보를 '1차 시각영역'으로 보내지 않고 청각영역으로 가게 만들었음에도 실험쥐는 그 빛을 볼 수 있었다. 즉 음성데이터 처리에 특화된 신경세포라 할지라도 필요하다면 시각데이터를 처리할 수 있을 정도로 뇌는 매우 유연하다.

40 (음)파동의 주파수(진동수)를 나타내는 단위로 1초 안에 왕복하는 사이클 수를 말한다. Hz라는 기호로 표기한다.

1) 시각데이터의 처리

뇌는 시각정보를 어떻게 처리할까? 눈은 물체에서 반사된 광입자를 렌즈(수정체)가 모으며, 모은 빛을 망막에 투사하는 역할을 한다. 빛(자극)은 망막에서 신경정보로 변화되고 시신경(신경섬유)을 거쳐 후두엽에 있는 시각영역(visual area)에 전달된다. 망막에는 여러 계층의 세포들이 있다. 그중에 광수용기(photo-receptor)라는 세포가 빛을 전기에너지로 바꿔서 뇌에 전달한다. 망막에서 우리는 광입자(일종의 픽셀)들의 확률분포 정보를 얻을 수도 있다. 모두가 동시에 바라보는 '빨간 사과'조차 다양한 확률을 가진 색깔, 형태, 입체감이 만들어낸 착시이므로 모두가 같은 사과로 인식하지 못한다(김대식, 2016).

광수용기가 전기에너지(신호)를 제일 먼저 뇌에 전달하는 장소는 '1차 시각영역(V1, early visual area)'이다. 입력되는 이미지에 이 영역이 활성화되지만 아직 의식과는 무관하다. 1차 시각영역에 도달한 정보는 크게 두 회로로 나뉘어 처리된다. 첫째는 '무엇(What)'을 보고 있는가인데, 이는 측두엽으로 향하고, 다른 하나는 '어떻게(How)'인데 이는 두정엽으로 향한다. 동물실험을 통해 측두엽은 구체적인 '물체(당근, 양배추, 축구공)'에 반응하는 신경들이 모여 있으며, 두정엽은 물체의 움직임과 색채에 반응하는 신경들이 모여 있다. 따라서 시각정보의 특성에 따라 반응하는 시각영역이 조금씩 다르다. 예를 들면, 4차 시각영역은 색에, 5차 시각영역은 동작에 반응하는 식이다. 좀 더 자세히 들여다보면, 방추상회(fusiform gyrus)와 외측 후측두부(lateral occipitotemporal region)의 안, 더 고차적인 대뇌피질의 시각중추(higher visual centers of the cortex)에서 뇌의 활성화와 의식에 대한 피험자의 보고 사이에 밀접한 상관관계가 있다(Grill-Spector 외, 2000). 이 부위는 얼굴, 물체, 단어, 장소 등으로 그림의 범주를 분류하고, 그들의 외양이 나타내는 변함없는 모습을 만들어내는 데 깊이 관여하였다. 뇌는 이 부위까지 활성화될 때 비로소 이미지를 의식할 수 있었다.

흥미롭게도 뇌가 눈으로 들어오는 시각데이터를 모두 의식적으로 처리하지 않는다. 데하네(2017)는 실험에서 의식적 지각의 영역(식역)을 넘어섰을 때 비로소 고차원적인 (대뇌피질의) 시각중추 활동이 크게 증폭되는 것을 관찰하였다. 예를 들어, 글자를 인식하는 '시각적 단어형성 영역(visual word form area)'에서는 뇌 활성화(활동전위)가 열두 배나 증가하였다. 이 부위는 두정엽과 전두엽에 널리 분포해 있으며, 심지어 좌뇌와 우뇌 사이의 중앙선에 있는 전방 대상회(anterior cingulate gyrus)의 깊숙한 곳에까지 존재한다. 데하네는 이 활성화(활동전위)의 증폭현상을 측정함으로써 시각데이터의 의식적, 무의식적 처리를 구분하는 증폭요인이 시각데이터 입력통로를 이루는 일련의 부위에 따라 다양하다는 것을 발견했다. 즉 식역 이하의 지각은 수평선 위로 어렴풋이 크게 보이지만 해안에 이를 때는 우리의 발을 살짝 적시기만 하는 커다란 파도와 같다. 비교하자면 의식된 지각은 지진해일, 아니 어쩌면 눈사태처럼 강렬했다. 시각적 의식의 활성화가 강력해지면 질수록 처음 작은 눈덩이에 지나지 않던 눈사람이 마침내 커다란 눈사태를 일으키는 것과 비슷하다.

뇌가 의식하는 과제는 뇌의 여러 영역에서 대규모의 활성화가 완성될 때까지 끊임없이 카드섹션처럼 증폭된다. 증폭의 범위는 멀리 떨어진 다른 뇌 부위들에게까지 이어졌다. 이는 모든 영역에서 들어오는 뇌파가 동시에 정점에 이르렀다가 내려감으로써 그 속의 뉴런과 시냅스들이 상호 메시지(멈출 수 없는 사태로 바뀔 때까지 서로를 강화해주는 메시지들)를 주고받았음을 시사했다. 이러한 동기화(synchrony)는 무의식적인 타깃(실험적 자극)보다 의식적인 타깃에서 더 강하게 이루어짐으로써 연관된 행동이 의식적 지각에 매우 중요한 요인임을 시사했다.

시각정보를 처리하는 과정을 보면, 뇌는 10~15층으로 된 계층적 구조물임을 알 수 있다(〈그림 3-3〉 참조). 가장 아래의 신경세포층은 빛 입자, 즉 영상의 가장 작은 단위인 픽셀과 픽셀 간의 통계적인 인과관계를 분석하고 학습해서 가장 압축된 표현을 만들어낸다. 그다음 층은 이 압축된 현상을 다시 압축된 표현으로 만든다. 이렇게 만들어진 현상은 2층에 있는 신경세포로 보내고 2층에 있는 신경세포는 1층에서 보낸 압축된 현상을 가지고 다시 압축된 표현을 만들어 3층으로 보낸다. 이런 식으로 10~15층에까지 이르면 맨 위층의 신경세포들은 실제 인물을 인식하게 된다(김대식, 2016). 2장 ANN(인공신경망)에서 설명한 각종 이미지를 학습하는 딥러닝 기법은 바로 뇌의 이러한 과정을 모방한 것이다.

• ANN(인공신경망)

2장에서 다루었던 ANN(Artificial Neural Network, 인공신경망)과 딥러닝을 뇌의 시각데이터처리에서 다시 언급하는 것이 흥미롭다. 뇌가 오토바이(또는 자전거)를 시각적으로 인식할 때 먼저 두 개의 둥근 부품을 바퀴로 인식한 후 오토바이 또는 자전거로 일단 범위를 좁힌다. 이어서 굵은 바퀴, 둥근 연료통, 주름진 엔진커버, 표면의 로고, 복잡한 계기판 등을 차례로 인지하면서 자전거가 아닌 오토바이로 판정을 내린다. 사람에 따라 이 인지과정은 조금씩 다르지만 기본적으로 대상을 기하학적 패턴으로 인식한 후 이어서 추상적인 수준에서 점차 구체적인 개념으로 잡아간다.

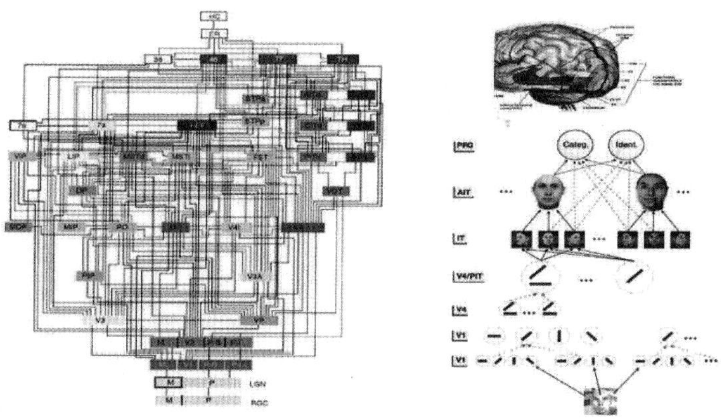

<그림 3-3> 시각데이터처리과정의 계층적 구조도 (AI vs. 뇌)

[자료원] 김대식, 2016, 119쪽.

ANN 알고리즘 역시 오토바이를 인식하기 위해 수백만 장의 오토바이 사진들을 읽은 후 계층적인 구조형태로 점점 압축된 표현을 학습한다. 첫 단계는 오토바이 사진에서 기하학적 패턴을 찾아 인식한 후 이것들의 선형적 연관성(예: 선들의 각도)을 찾는다. 아무리 복잡한 물체라 할지라도 몇 개의 선을 이용한 간단한 스케치로 표현할 수 있기 때문이다. 이런 방식으로 ANN이 오토바이의 다양한 특징(압축된 표현)들의 공통분모를 찾아가다 보면 최상위층에서는 수십 개의 표현으로 압축되고, 이를 종합하여 오토바이라고 판별할 수 있는 지식이 학습된다. 이처럼 AI의 딥러닝은 뇌가 사물을 이해하는 방식에 좀 더 가깝게 다가선 것이다. 즉 개별 대상을 일일이 학습하고 이해하기보다 보편적 관점을 기계에게 심어줌으로써 사물이 바뀔 때마다 새로운 ANN 알고리즘을 만들 필요가 없도록 한 것이다. 하나의 학습 알고리즘으로 대부분의 사물을 모두 학습할 수 있다면 보다 보편적인 지능에 다가선 것으로 볼 수 있다.

2) 청각과 운동신경

청각데이터가 뇌에서 처리되는 과정도 시각데이터가 처리되는 그것과 크게 다르지 않다. 다만 처리가 발생하는 뇌의 부위만 달라질 뿐이다. 시각데이터의 경우, 무의식의 상황에서 시각영역에서 미미하게 활성화되다가 의식화가 되는 순간, 시각중추 전체가 거대한 산사태처럼 반응했던 패턴이 청각영역에서도 마찬가지로 발생한다. 의식되지 않는 소리의 경우, 1차 청각영역 주위의 대뇌피질만 활성화되나, 의식되는 소리는 뇌활동의 산사태를 일으켜 초기의 감각적 활성화가 증폭되면서 하부 두정엽(inferior parietal)과 전전두엽(prefrontal area)의 영역에까지 이른다(데하네, 2017).

운동신경의 이해를 돕는 하나의 실험을 살펴보자. 피실험자에게 타깃(target)을 볼 때마다 항상 움직이되 만약 타깃을 보기 직전에 'No-go'라는 신호를 볼 경우에는 반응해서는 안된다고 지시한다. 이것은 운동 반응을 금지하는 전형적인 실험과제이다. 'Go'라는 압도적인 반응 가운데 'No-go'과제에서 반응하지 않으려면 강력한 의식적 절제가 필요하다. 이제 과제 중반에서 'No-go'가 식역 바로 아래에서 제시된다. 지각할 수 없는 명령조차 뇌는 따를 수 있을까? 그런데 우리 뇌는 이 명령에도 잘 호응한다. 심지어 식역 이하의 과제에서도 피실험자의 반응은 느려지는데, 이것은 뇌가 부분적으로 무의식 상태에서조차 억제력을 발휘한다는 것을 의미한다. 뇌 영상은 이 식역 이하의 억제력이 운동명령의 제어와 관계가 있는 두 부위, 즉 전보조운동영역(presupplementary motor area)과 전방섬엽(anterior insula)에 의존하는 것을 보여준다. 하지만 의식적 지각이 시작되면 엄청난 변화가 일어난다. 'No-go'신호를 보는 순간 두 제어 부위의 활성화가 거의 두 배 가까이 증폭되어 두정엽과 전전두엽 등 더욱 넓은 영역으로 확산된다(데하네, 2017).

3) 촉각정보의 처리

우리 신체를 감싸는 모든 피부와 내부 장기들은 빠짐없이 뇌의 특정 부위에 연결되어 있다. 그래서 작은 피부의 상처라도 즉시 신호가 뇌에 전달되므로 통증을 느끼고, 과식한 위 역시 뇌에 즉시 신호를 보내 포만감과 졸음을 느끼도록 한다. 우리 몸 전체의 피부와 팔의 감각 신호는 두정엽을 거쳐 중심후회(postcentral gyrus)라는 감각피질로 전달된다. 뇌의 위쪽 가운데로부터 양옆 아래쪽으로 파인 중심열구(central sulcus)[41]에는 고랑이 있다. 이 중심열구 바로 뒤에 수직으로 좁은 형태의 피질띠가 있는데 이곳에 우리 신체의 전신지도가 있다. 신체표면의 모든 지점이 이 피질의 특정부위와 연결되어 있는 것이다. 펜필드 지도(Penfield Map)는 이런 관계를 표시한 그림이다. 촉각, 관절감각, 근감각 모두가 이 피질띠의 특정부위와 연결되어 있다. 우리가 눈을 감고 자신의 몸을 느끼면 신체부위 곳곳을 생생하게 느낄 수 있다. 상두소정엽(superior parietal lobule)이란 곳이 우리의 신체상(body image)을 만들어 준다. 시각, 촉각, 자기수용감각, 평형감각 등 모든 감각에서 전해지는 신호들이 수렴되어 우리 몸의 이미지를 생생하게 그려낼 수 있다(카너먼 외, 2015).

뇌의 여러 부위들의 기능들을 알게 된 계기는 뇌 환자들에 대한 연구를 통해서다. 예를 들어 아포템노필리아 환자는 모든 것이 정상적인데 자신의 특정 신체부위를 자르고 싶어한다. 유전적 결함으로 야기되는 동반감각(synesthesia)환자는 어떤 숫자를 보면 특정한 색으로 인식한다. 숫자 5는 붉은색으로 6은 푸른색으로 인식하는 식이다. 반사교감신경이상증(reflex sympathetic dystrophy, RSD) 환자는 치료가 끝난 후에도 계속 통증을 느낀다. 뇌졸중을 앓거나 골절상 또는 인대가 끊어진 환자가 의학적

41 전두엽과 두정엽을 나누는 열구

으로 치료가 끝났음에도 수주 또는 수개월 계속 심각한 통증을 호소한다. 라마찬드란은 이러한 증상 대부분이 신체의 각 부위가 보내는 신호를 받아 적절히 처리해야 하는 뇌 부위에 문제가 있어 발생한다고 하였다. 앞서 말한 아포템노필리아 환자는 감각 신호 S1(촉각)과 S2(관절감각)가 우반구의 상두소정엽으로 보내졌을 때 뇌에 그 신호를 받아들일 부위가 없어 충돌과 불일치가 발생하는 경우이다. 불일치 신호를 받은 편도체는 문제가 되는 팔에 혐오감을 갖게 되고 자신의 팔이 거추장스럽고 없어졌으면 한다(카너먼 외, 2015).

촉각 인식기술에 대한 최근 진전된 연구로는 미국 MIT 김상배 교수가 4족 보행로봇, 치타 로봇에 촉감인식기술을 적용한 것을 들 수 있다. 치타 로봇은 카메라가 없는 상태에서도 촉감에 의존해 균형을 잡고 1m 높이의 장애물을 뛰어넘을 수 있다.[42] 궁극의 AI, 실리콘지성, 특히 AI로봇은 촉각정보를 인식하고 균형을 잡고 적절한 판단과 대응을 할 수 있어야 할 것이다.

4) 후각 및 미각정보의 처리

뇌에는 미각과 후각 정보를 특별히 처리하는 부위들이 있다는 것은 어렵지 않게 상상할 수 있다. 우리의 입 안에는 끊임없이 침이 고이며 설사 음식물이 들어가지 않은 상황에서조차 무언가 유쾌하거나 불쾌하거나 또는 중립적인 감정이 의식적, 무의식적으로 민물과 썰물처럼 우리 뇌에 스쳐 지나간다. 후각도 마찬가지다. 지금 PC 앞에 앉아 이 원고를 타이핑하는 동안에도 나는 정확하게 구분할 수 없는 수많은 종류의 냄새를 무의식적으로 맡고 있다. 다만 내 앞에 놓인 커피냄새만을 기분 좋게 의식할 뿐이다. 특히 후각기관과 미각기관은 화학적 신호를 감각으로 변환하므로 화학적 감각기관으로 분류한다.

---

42 조선일보 2019.7.6.

후각(嗅覺) 영역이 처리하는 데이터는 공기 속에 존재하는 다양한 화학물질들에 대한 정보들이다. 대뇌변연계[43]에 속하는 후각신경구(olfactory bulbs)가 냄새데이터를 주로 처리하는 것으로 알려져 있다. 대부분의 포유류와 파충류의 후각기관은 주 후각기관과 부속 후각기관으로 구성되는데, 주 후각 기관은 휘발성 기체 입자에 반응하며, 부속 후각 기관은 액체 입자의 자극에 반응한다. 냄새를 감지하는 후각수용기는 후각상피세포의 축삭에 해당된다. 입력된 냄새정보는 후각망울, 후각로, 후각삼각을 지나 가쪽후각섬유줄과 안쪽후각섬유줄을 형성하며 일차후각겉질(prmiary olfactory cortex)에 투사되면서 인지하게 된다.

미각(味覺) 영역이 처리하는 데이터 역시 음식 재료를 구성하는 화학물질들에 대한 정보들이다. 우리는 혀의 표면에 위치한 1만 개 정도의 미뢰(taste bud)라는 감각기관을 통해 미각을 느낀다. 하나의 미뢰에는 형태가 서로 다른 네 가지 세포(기저세포(basal cell), 암세포(dark cell), 명세포(light cell), 중간세포(intermediate cell))들로 구성되어 있으며, 단맛, 쓴맛, 신맛, 짠맛, 감칠맛, 지방맛이라는 6가지 기본 맛을 분별할 수 있다. 흥미로운 것은 후각, 미각, 촉각 기능은 서로 연계되어 협력하여 일을 처리하는 경우가 많다. 우리는 6가지의 기본적 미각 이외에 '포도 맛', '사과 맛' 등을 느낄 수 있는데 이는 맛이 아니라 코의 후각상피에서 느끼는 향이며, '매운 맛', '떫은 맛' 등 역시 맛이 아니라 촉각을 통해 느끼는 맛이다.

결론적으로 오감을 거쳐 들어오는 데이터를 처리하는 뇌의 부위들은 상호 긴밀하게 연결되어 있다. 이 부위들이 데이터를 처리할 때마다 학습하거나 기억하고 있는 특정 사물이나 인물 그리고 사건들이 연결되고 통합 의식은 증폭된다. 예를 들어 스파게티를 먹을 때 혀를 통해 미각을 느끼지만 그게 전부가 아니다. 후각, 시각, 촉각은 물론 심지어 청각까지 동원되어 그 음식의 속성을 인지할 때 비로소 미각의 쾌락은 극대화될 수 있다. 그렇게 경험한 하나의 음식메뉴에는 다섯(5) 감각 정보에다 그 음식을

43 대뇌변연계(둘레계통, limbic system)는 대뇌피질과 시상하부 사이의 경계에 위치한 부위로써 해마(hippocampus), 편도체(amygdala), 선조체(corpus striatum), 시상앞핵(anterior thalamic nuclei), 변연엽(limbic lobe), 후각신경구(olfactory bulbs) 등으로 이루어져 있어 감정, 행동, 동기부여, 기억, 후각 등의 기능을 담당한다.

먹었던 상황정보(식당, 함께 먹었던 지인, 스토리 등) 모두가 태깅(tagging)되어 호불호(好不好)의 느낌과 함께 뇌에 저장된다. 그래서 음식을 익혀 먹기 전, 원시 인간이 음식을 통해 처리해야 하는 오감 정보는 다양한 재료와 소스로 만든 풍미 가득한 음식들을 먹고 사는 현대인의 그것과는 비교할 수 없을 정도로 단순했을 것이다. 그래서 문명 - 그중에는 식문화도 포함된다 - 의 발전은 우리 뇌의 진화적 발전을 촉진했다. 수십만 년에 걸쳐 인간의 뇌는 오감을 통해 새로운 데이터를 끊임없이 처리한 후 필요한 것들을 기억했다가 꺼내 쓰고 공유하고 후손에게 전달해야 했기에 뇌 용량은 계속 늘어갔다. 일부는 유전자에 새겨 후대로 전달하고, 일부는 말과 문자로 교육하면서 인류의 인지혁명은 지속가능했다.

3.4 뇌의 문제들

인간은 불완전하며 그것은 모두 뇌와 관련이 있다. 뇌는 모든 것이 계층적으로 질서 있게 잘 통제되는 시스템이 아니며, 위계질서가 엄격한 관료적 조직이라기보다 오히려 민주적 요소를 적잖게 갖춘 무정부 상태에 더 가깝다. 뇌는 때때로 안정적으로 상호협력하며 일종의 공동전선을 차분하게 잘 유지할 때도 있지만, 그 안정적 관계가 망가져 어느 한쪽 연대가 지나친 지배력을 행사할 때도 있다. 강박증, 망상, 조현병 등 다양한 마음의 병들은 이런 균형이 무너지면서 발생하는 뇌질환들이다.

뇌의 용량은 물론 데이터를 처리하는 속도도 쉽게 한계에 도달한다. 뇌가 사람의 말을 듣고 이해하기까지는 0.3~0.5초 정도 소요된다. 그렇다면 시냅스 한 곳에서 정보를 전달하는 데는 어느 정도 시간이 걸릴까? 1,000분의 1초. 그렇다면 정보의 바통 터치 한 번에 1,000분의 1초가 걸리는 단계를 사용해서 최종적으로 0.1초 단위로 처리가 완료되므로 시냅스를 수백 번 매개하면 뇌의 정보처리가 완전히 끝난다는 것을 역산해 알 수 있다. 이것이 '뇌의 100단계 문제'이다(이케가야, 2015).

1) 시신경과 뇌

뇌가 시신경(눈)을 통해 들어오는 시각데이터를 처리할 때 겪는 한계는 한둘이 아니다. 홍체, 망막, 시신경 등으로 구성된 눈은 오감 중에서 가장 많은 신경섬유(시신경)를 가지고 있다. 망막에서 뇌로 향하는 신경섬유 가닥수는 한쪽만 무려 100만 개 정도이지만 여전히 착시와 같은 인식의 오류를 자주 겪는다. 아래 두 그림은 착시의 예를 들 때 자주 이용되는 그림들이다. 〈그림 3-4〉의 왼쪽 그림은 똑같은 길이의 직선이지만 아래 직선이 더 길어 보인다. 오른쪽 그림의 (a)를 보면 원래 독립적인 정사각형과 직사각형이 있는데 이를 연이어 순식간에 보여주면 (b)처럼 정사각형이 엿가락처럼 늘어나 직사각형이 된 것 같아 보인다. 뇌는 갑작스런 차이나 변화를 이런 식으로 보정해 주도록 진화되어 왔다. 현실적으로 정사각형이 갑자기 직사각형으로 변할 수 없다. 그래서 뇌는 "이건 틀림없이 정사각형에서 직사각형으로 죽 늘어난거야"라고 멋대로 해석하는 것이다. 이러한 착시현상 때문에 우리는 연이은 정지영상을 동영상으로 매끄럽게 감상할 수 있다.

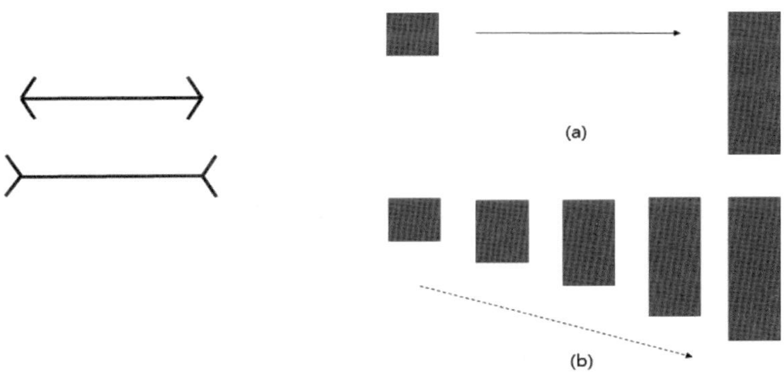

〈그림 3-4〉 착시현상들

이케가야(2015)는 시신경이 사물을 인식하는 데 얼마나 취약한지를 디지털카메라 화소수로 비유하였다. 100만 가닥의 신경섬유는 디지털 카메라의 화소수로 환산해 본다면 100만 화소에 지나지 않는다. 100만 화소의 디지털 카메라로 찍은 사진의 선명도는 매우 낮을 것이다. 그럼에도 우리가 시시각각으로 바라보는 사물과 풍경이 거칠게 보이지 않는다. 이것은 시신경을 통해 포착되는 거친 이미지를 부드럽고 자연스럽게 보정하는 회로나 기능이 뇌에 있다는 것을 의미한다.

세계는 뇌 속에서 모두 만들어진다는 말은 옳다. 우리의 시신경은 정지된 화면의 연속노출을 자연스럽게 움직이는 동영상으로 받아들이도록 만들어져 있다. 이케가야(2015)는 우리의 시각이 어느 정도의 '시간분해능력'이 있는지, 즉 뇌가 어느 정도의 시간차를 '동시'라고 느끼는지를 실험으로 보여주었다. 인간은 최대 100분의 1초까지 갈 수 있지만 일반적인 비디오 레이트(video rate)는 30분의 1초 정도만 되더라도 인간은 연속감을 충분히 느낄 수 있다. 영화처럼 아주 매끄럽게 움직이는 화면은 한 프레임 당 30분의 1초이고, 비디오나 TV는 24분의 1초이다. 인간의 뇌에서 시간이란 결코 연속적인 물리량이 아니라 수십 밀리 초 간격의 프레임, 즉 양자로 되어 있다. 이 작은 프레임 간의 갭을 뇌는 무의식으로 매끄럽게 연결해 주는 것이다. 이 사실을 거꾸로 이해하면 인간에게 100분의 1보다 작은 차이는 의미가 없으며, 뇌에게 10밀리 초(秒)는 거의 동시라는 의미가 된다. 따라서 그 이상으로 빠르게 변하는 시각정보는 인간이 인지할 수 없다.

뇌는 형태, 색상, 움직임을 병행처리하는 듯하지만 동시에 처리하지 않는다. 이 세 종류의 데이터 중 가장 빨리 처리되는 것은 색상이며 이어서 형태 그리고 움직임이다. 가령 빨간 사과가 굴러가면 제일 먼저 색상이 감지되며 마지막으로 '굴러가는' 동작을 감지한다. 색상과 동작을 감지하는 시간적 차이는 70밀리 초 정도이다. 빛에는 삼원색이 있다. 빨강, 파랑, 초록 이 3가지 빛만 있다면 세상의 모든 색을 만들 수 있다. 인간이 식별할 수 있는 색의 수는 700만 가지 정도가 되는데 이 수많은 색이 결국 단 세 가지 빛의 파장에서 비롯된 것이다. 이 삼원색에 대응하는 색 세포가 인간의 망막에 진화되어 왔다. 즉 인간의 망막은 오래전부터 빛의 삼원색을 알고 있었고 여기 맞도록 망막을 발달시켜 온 것이다. 인간은 또한 전자파 가운데 아주 제한된 전자파인 560나노미터(빨강), 530나노미터(파랑), 450나노미터(초록)만을 인식하기 때문에 이보다 더 길거나 짧은 파장의 전자파(예: 라디오파) 등은 감지하지 못한다(이케가야, 2015).

평상시 인간에게 시각적 한계가 큰 불편함을 주지는 않는다. 우리의 눈은 간헐적인 극단의 상황에서만 정확하지 않기 때문이다. 너무나 빨리 또는 느리게 움직이는 물체나 생물, 너무나 크거나 작은 물질이나 생물을 관찰할 때가 바로 그때이다. 대표적인 사례가 스포츠경기이다. 선수들의 빠른 몸놀림으로 경기는 연속적으로 진행되므로 우리의 눈은 경기의 전체적인 흐름만 보고 있을 뿐이다. 그렇지만 선수들의 반칙은 전체 경기 흐름 가운데 짧은 순간에 발생한다. 심판이나 관중이나 선수들의 반칙을 확신할 수 없을 때 슬로우 모션을 보여주는 비디오 판독이 해결책이다. 컴퓨터와 카메라기술의 합작으로 우리는 더욱 잘게 나눈 선수들의 모션을 메모리에 저장할 수 있고 그것을 되돌려 볼 수 있다. 그래서 매우 빠르거나 느린 물체나 생물의 디테일한 동작을 녹화할 수 있는 AI카메라가 필요할 수 있다. 그러나 모든 사람들에게 그런 기능이 꼭 필요하진 않을 것이다. 그렇지만 표적을 향해 빠르게 솟아오르는 적의 미사일을 타격해야 하는 미사일방어시스템은 모션을 극단적으로 디테일하게 분석할 수 있는 AI프로그램이 필요할 것이다.

2) 불완전의 아이러니

아이러니하게도 뇌의 한계는 사람들을 웃지 못할 모순적 상황으로 밀어 넣는다. 예를 들어 우리의 기억은 애매하며 부정확한데 이것이 당신에게 불만인가? 뇌는 매번 새로운 정보(경험)를 재해석하면서 본질적으로 동일한 데이터임에도 동일한 판단을 내리지 않는다(이케가야, 2015). 모 패스트푸드 프랜차이즈가 자기들의 값싼 커피가 비싼 커피 못지않게 맛있다는 것을 증명하기 위해 블라인드 테스트 결과를 광고한 적이 있다. 광고 속 실험참가자는 동일한 커피인데도 비싼 커피가 더 맛있다며 온갖 이유를 든다. 우리의 뇌는 이미 지난 경험을 통해 '비싼 것이 더 좋다'라고 학습되어 있고, 실험참가자는 동일한 커피를 마셨지만 이전의 경험으로 동일한 커피의 맛을 다르게 해석한 것이다(김대식, 2016). 아주 짧은 순간의 경험일지라도 뇌는 늘 재해석한다. 우리는 같은 커피를 마셨다고 생각하지만 마시는 순간 오감을 통해 입력되는 데이터는 그때마다 조금씩 다르므로 뇌는 종합적으로 재해석을 한다. 게다가 과거의 커피경험으로 사람들은 가격과 맛은 비례한다는 부정확한 신념을 가질 수 있다. 결국 비싼 커피가 더 맛있다고 판단하는 것이다. 시중에 팔리는 생수도 비슷하다. 한 우물에서 난 물임에도 브랜드와 가격을 달리한다. 사람들은 비싼 생수가 풍부한 미네랄과 맛이 더 좋을 것이란 경험칙에 따라 비싼 생수를 구매하고 스스로 높은 삶의 질을 즐긴다고 착각한다.

우리는 완벽하지 않은 기억을 신께 감사해야 할지 모른다. 뇌의 기억은 디지털카메라가 찍은 영상처럼 선명하지 못하다. 그 이유는 그렇게 한들 우리에게 큰 이득이 없기 때문이다. 뇌는 대상에서 발견되는 어떤 특징이나 규칙, 시야에 순간적으로 포착되는 기초적인 공통사항, 필수요소만을 자동적으로 뽑아내는 능력을 가졌다. 만일 그렇지 못하다면 우리는 자신을 타인에게 증명하기 위해 매일 똑같은 옷에 동일한 헤어스타일과 화장을 해야 할지 모른다. 그렇게 할 수 없다면 어제의 내가 오늘의 나라는 것을 뇌는 확신하지 못하기 때문이다. 완벽한 기억력이 수사관 앞에서 목격한 사건을 진술할 때는 필요하지만 실생활을 하는 데 별 도움이 되지 않는다. 따라서 뇌는 정보를 늘 애매하게 저장하며 진화해 왔다. 대신 이 모호한 기억력 때문에 뇌는 학습을 통해 계속 응용하고 없는 것을 상상할 수 있게 되었다. 동물실험은 하등한 동물일수록 기억이 정확해 융통성이 줄어든다는 것을 보여준다. 인간은 애매한 기억 때문에 새로운 것을 학습할 때마다 기존 기억을 보완하고 새로운 상황에 응용할 수 있는 것이다. 대상에서 특징과 차이점을 뽑고 공통사항 등을 추출하려면 학습과 기억의 과정은 다소 느릴 수밖에 없다.

애매한 기억으로 개인과 공동체의 이익과 행복은 더 증진될 수도 감소될 수도 있다. 사람들은 흔히 스토리를 만들어 자신의 기억을 타인과 공유한다. 이때 기억이 정확하지 않기에 사실(fact)에 자신의 경험과 주관적 느낌을 덧붙여 흥미롭고 새로운 스토리를 각색해 낼 수 있다. 이런 능력이 만일 인간에게 없었다면 지금 도서관의 서가는 반 이상이 비어있을 것이다. 반면에 법정에서 사실을 증언해야 할 때, 인간의 기억력은 파편적이고 낡아 진실을 묻거나 왜곡할 수도 있다. 피고의 억울한 범죄혐의를 벗겨주기 위해서 목격한 범인의 인상착의를 정확하게 설명할 수 있어야 하지만 그럴 수 없을 때가 많다. 90년대를 떠들썩하게 만든 화성연쇄살인 진범이 최근에 잡혔다. 이 과정에서

8번째 살인의 범인으로 지목된 사람은 억울하게 징역을 살았다는 것이 밝혀졌다. 불완전한 기억을 가진 목격자의 증언만으로 무리하게 무죄한 사람을 범인으로 몰았던 것이다.

우리의 뇌는 늘 도덕적인 것만 생각하도록 코딩되어 있지 않다. 끔찍하고 황당한 상상을 자주 하지만 그것을 언어나 행동으로 옮기지 않는 놀라운 제어장치가 있다는 것 또한 축복이다. 기분을 상하게 하는 사람에게 속으로는 욕을 뱉고 싶어도 그가 만일 내 상사라면 자연스럽게 그것을 제어할 수 있다. 그런데 이 제어장치가 고장나 버리면 살인, 강간, 폭행, 폭언과 같은 반사회적 행위로 이어진다. 2010년 여중생을 성폭행하고 살해한 김길태, 2012년 주부를 성폭행하고 살해한 서진환, 같은 해 여의도에서 과거 직장 동료와 행인에게 칼부림 난동을 일으킨 K씨 등을 우린 일반적으로 '사이코패스', '반사회적 장애자'로 부른다. 이들은 모두 뇌의 신경세포 다발들이 서로 소통을 하지 않고 제각기 놀았거나, 시냅스에서 특정 신경전달물질이 과도하게 분비되어 제어장치가 고장난 사람들이다. 그렇다고 이것이 그들에게 면죄부를 줄 수는 없다.

뉴런의 시냅스에는 신경물질의 전달을 조절하는 엑셀과 브레이크가 동시에 있음을 앞에서 설명하였다. 주요 신경전달물질로는 글루타민산염, 감마(γ)아미노 부티르산(GABA), 세로토닌, 도파민, 멜라토닌 그리고 다양한 종류의 엔도르핀이 있다. 특히 글루타민산은 나트륨이온(NA^{+})이 주를 이루면서 플러스 전하를 생성하며, GABA의 염소이온(CI-)은 마이너스 전하를 생성한다. 뉴런 속 이 두 물질의 비율의 차이가 적어지면 활동전위(spike, 스파이크)가 생성되며, 이때 신경물질이 한쪽 뉴런에서 다른 뉴런으로 전달된다. 이 신경물질의 농도와 비율은 뇌의 부위와 기능에 따라 다양하다. 범죄자들의 뇌를 분석해 보면 신경전달물질의 분비가 정상인과 비교해서 다르다. "범죄자들은 세로토닌과 노르아드레날린 분비에 이상이 있는 것으로 나타났다. 세로토닌이 부족한 뇌는 브레이크가 없는 자동차처럼 감정의 지배를 받아 공격적 성향을 가진다. 반대로 이 물질이 너무 과다하면 강박에 사로잡혀 지나치게 세밀한 부분에 집착하고, 우유부단해진다. 노르아드레날린은 이와는 정반대로 사람의 마음을 우울하게 한다. 따라서 너무 많은 노르아드레날린은 신경질적인 반응을 유발하며, 양이 너무 적으면 지나치게 냉철한 사람이 되게 한다. 연쇄 살인범, 무자비한 살해범들이 모두 이러한 경우다."[44]

뇌의 일상은 수없이 반복되는 제어(stop)와 방출(go)의 연속이다. 예를 들어 사람들은 다양한 채널들을 통해 구매욕구(충동)를 느낀다. 그러나 불필요하거나 과하다는 의식적 지각이 드는 순간 브레이크를 밟고 꼭 필요한 것이면 과감하게 구매결정을 한다. 식욕, 성욕도 모두 마찬가지다. 이 제어와 방출의 행태는 결국 뇌와 그 속에서 분비되는 다양한 물질들의 조합에 따라 결정되며 이 조합 비율에 따라 결정 순간에 감정과 이성이 차지하는 비율도 달라진다. 그래서 기업 경영자들이 비슷한 문제나 상황에 직면했음에도 어떤 경영자는 감정에 치우친 판단을 하지만 어떤 경영자는 냉정하게 이성적으로 판단하고 대응책을 서두른다. 기업에 닥치는 다양한 도전과 문제에 각 기업들은 서로 다른 대응 전략을 세우고 그 성과도 다른 것을 보면 의사결정자의 뇌의 신경물질과 의식·무의식의 작동방식이 모두 다르다는 것을 짐작할 수 있다. 첫 사업으로 소프트웨어 유통업을 시작한 소프트뱅크의 손정의 회장은 당시 일본 업체들의 견제로 잡지에 제품광고를 실을 수 없었다. 그러자 그는 스스로 컴퓨터 관련 잡지 출판업을 시작하였다. 초창기에 구독자 확보가 쉽지 않아 어려움을 겪었지만 그는 멈추지 않고 더 과감한 투자를 하였다. 그 결과 훗날 출판부문은 그의 중요한 사업 포트폴리오가 된다. 비슷한 상황에서 다른 경영자는 손정의와 전혀 다른 결정을 할 수 있을 것이다. 결론적으로 불완전한 뇌는 다양성과 독창성의 원천이라 할 수 있다.

3) 다중 자아의 문제

하라리(2017)는 우리의 뇌가 겪는 부조화(disharmony)를 이해하다 보면 오늘날 '자유주의'라는 중요한 인본주의적 가치가 훼손된다고 주장하였다. 진정한 자유주의가 성립되려면 우리는 오직 하나의 진정한 자아를 가져야 한다. 그러나 지난 몇십 년 동

44 이창묵, 플로리다대학교 분자생물 연구센터, 2006.08.27.

안 뇌과학과 생명과학이 도달한 결론은 하나의 진정한 자아란 산타클로스나 달에 방아 찧는 토끼와 같은 신화에 지나지 않는다는 것이다. 그는 이를 다음과 같이 표현하였다.

> "실제로 내 안 깊은 곳을 들여다보면, 내가 당연하게 여기는 이른바 단일한 실체는 상충하는 불협화음으로 흩어지는데, 그 가운데 어떤 것도 '내 진정한 자아'가 아니다. 인간은 나눌 수 없는 존재가 아니다. 인간은 '나눌 수 있는 존재'이다."

2002년 노벨경제학상 수상자인 대니얼 카너먼은 찬물 실험(cold-hand experiment)을 통해 우리 속에 다중자아가 존재함을 증명해 보였다. 카너먼은 피실험자들을 3그룹으로 나눠 3개로 구성된 실험에 참가토록 하였다. 첫째 실험(A) '짧은'구간에서는 참가자들이 14℃의 물이 담긴 그릇에 한 손을 60초 동안 담그게 하였다. 이 정도의 온도는 고통스러울 듯 말 듯한 정도의 불쾌한 자극이다. 이어지는 둘째 '긴'구간 실험(B)에서는 동일한 온도의 물에 참가자들이 다른 손을 90초간 담그도록 하였다. 이때 중간 60초 뒤 참가자들 모르게 뜨거운 물을 용기에 흘려 넣어 온도를 15℃로 조금 올렸다. 그런 다음 30초 뒤에 손을 빼라고 하였다. 참가자들의 일부는 '짧은'구간을, 나머지는 '긴'구간을 먼저 하도록 하였다. 두 구간의 실험을 모두 끝낸 다음 7분 뒤에 마지막 세 번째 실험에 참여하게 하였다. 이 마지막 실험에서는 참가자가 앞의 실험을 반복해야 했는데, 참여할 실험 구간을 스스로 선택하도록 하였다. 그 결과 놀랍게도 80%의 참가자가 스스로 덜 고통스러웠다고 기억하는 '긴'구간(실험B)을 선택하였던 것이다. 여기에서 우리는 피크엔드 효과(peak-end effect)와 지속시간 무시 현상(duration neglect)이 작용했음을 알 수 있다. 즉 끝이 좋으면 중간에 어떤 과정을 겪든지, 시간과 상관없이 좋게 느낀다는 것이다.

이 간단한 실험을 통해 우리는 적어도 두 개의 다른 자아, 즉 경험하는 자아와 이야기하는 자아가 우리 안에 공존한다는 것을 알 수 있다. 경험하는 자아는 우리가 경험하는 순간의 의식이다. 찬물 실험의 '긴'구간(90초)을 경험한 자아에게는 분명히 '짧은'구간(60초)의 경험에 비해 더 불쾌한 자극이었을 것이다. 그러나 '긴'구간 실험에서는 30초를 더 견뎌야 했음에도 중간에 수온이 15℃로 조금 올랐기에 덜 불쾌한 기분으로 실험을 마칠 수 있었다. 결국 3번째 실험에서 참가자들은 30초를 더 견뎌야 하는 '긴'구간 실험을 더 많이 선택하였다. 이는 이야기하는 자아(이성적)는 경험하는(감성적) 자아와 달리 매우 불쾌한 경험과 약간 불쾌한 경험을 평균하여 전체를 괜찮은 경험으로 만들지 못한다. 소위 언어를 주관하는 좌뇌, 즉 이야기하는 자아는 순간순간 입력된 경험을 그대로 전달하지 못하며 대개 중요한 순간과 최종결과만을 중시한다. 즉 경험 전체의 가치는 중요한 순간과 결말의 평균으로 결정되는 것이다. 찬물 실험에서 짧은 구간(60초)에 참가한 사람들의 이야기하는 자아는 최악의 느낌(물이 매우 찼다)과 마지막 느낌(물이 여전히 찼다)의 평균을 계산해 '물이 매우 찼다'라고 결론을 짓는다. 반면 긴 구간(60초+30초)에서는 '물이 약간 더 따뜻했다'라는 결론으로 마무리가 된다. 여기에서 중요한 것은 이야기하는 자아가 경험의 지속시간을 전혀 고려하지 않는다는 점이다. 따라서 두 구간 중에 하나를 다시 반복한다면 마지막 느낌에 의존해 '긴'구간을 더 많이 선택한 것이다. 이야기하는 자아는 날카로운 가위와 검은색의 두꺼운 마커를 들고 우리의 경험들을 검토해 끔찍한 몇몇 순간을 잘라낸 뒤 해피엔딩으로 끝나는 이야기를 문서보관소에 보존하는 것이다(하라리, 2017). 결론적으로 뇌는 시시때때로 여러 개의 자아를 만듦으로 어느 것이 진정한 나의 자아인지는 알 수 없다. 더구나 대부분의 사람들은 여러 개의 자아가 동일한 것으로 생각하는 잘못까지 범한다.

[쉬어 가기]
느낌은 평균되지 않는다.

아내와 베트남 여행을 다녀온 적이 있다. 아내의 베트남 여행은 두 부분으로 나뉠 수 있다. 놀이공원에서 잘못 사 먹은 도넛으로 장이 탈이 나기 전과 후로... 베트남 여행에 대한 아내의 평가는 부정적이다. 아내의 경험하는 자아는 좋았던 부분과 괴로웠던 부분의 평균을 구하지 못한다. 아내의 이야기하는 자아는 '베트남 여행은 즐겁지 않았고 다시 하고 싶지 않다'라고 말한다. 때로 그 생각은 동남아 전 지역으로 확대되기도 한다. 마지막의 괴로웠던 부분들(설사로 기력이 없는데다 공항로비에서 밤늦게 출발하는 비행기를 기다렸던 일, 마지막 날에 가이드가 쇼핑을 모두 묶어 실시한 일... 패키지 여행이었으므로) 이 아내의 이야기하는 자아를 장악해 버렸기 때문이다. 앞서 말했듯이 우리의 뇌는 가장 좋았던 것과 최악의 것의 평균을 내지 못한다. 그렇지만 최악의 것을 더 잘 기억하는 것이 평균을 기억하기보다 생존과 진화에는 더 도움이 되었을 것으로 추측된다. 사실 위험회피를 할 때 평균은 별 의미가 없기 때문이다.

다중자아는 역설적으로 우리에게 '자유의지'가 없다는 결론으로 이어진다. 이케가야(2015)도 사람의 운동 관련 의식을 측정하는 실험을 통해 '자유의지'의 실체에 의문을 던졌다. 의자에 앉은 피실험자에게 버튼을 주고 "누르고 싶을 때 버튼을 누르세요"라고 한 후 뇌의 활동을 관찰하였다. 즉 누르고 싶을 때 버튼을 누르는 일이므로 버튼을 누를 때 분명 피실험자의 '자유의지'가 발현되는 것으로 볼 수 있다. 그렇다면 '버튼을 누르자'라는 의식, 즉 '자유의지'가 먼저 발현된 후, 뇌는 손에 '버튼을 눌러'라는 명령을 하달할 것으로 추정할 수 있다. 그러나 실험 결과는 달랐다. 제일 먼저 '운동전령'이라는 운동 프로그램을 담당하는 뇌의 부위가 활성화되기 시작된 후 약 1초쯤 지나서야 '움직이자'라는 의식이 나타났던 것이다. 즉 '버튼을 눌러야지'하는 자유의지가 발현되기 이전에 뇌는 먼저 움직이려고 나선 것이다. 이 실험에서 우리는 스스로 버튼을 누를 때 자유의지가 작동된다고 생각했는데 이런 행동이 무의식으로 이뤄진다는 것을 알게 되었다. 즉 의식적으로 몸을 스스로 제어한다고 믿지만 실은 의식 이전에 이미 뇌는 움직이고 있었던 것이다. 이케가야는 결국 자유의지도 어떤 잠재의식의 노예에 지나지 않는다는 결론을 내렸다.

실제 뇌에 질환이 생기면 일관된 자아는 더더욱 존재할 수 없다. 뇌전증(간질) 환자의 경우, 뇌의 한 부분에서 일어난 전기폭풍(storm of spikes)이 다른 부분들로 빠르게 퍼져나가 급성 발작을 일으킨다. 발작이 진행되는 동안 환자들은 자신의 몸을 통제할 수 없으므로 정상적인 삶이 불가능하다. 20세기 중엽, 모든 치료가 실패하자 의사는 두 대뇌반구를 연결하는 두꺼운 뇌들보(신경다발)를 끊어줌으로써 이 증상을 완화시킬 수 있었다. 그런데 이후 뇌들보가 끊어지면 심각한 인지 및 행동부조화가 발생한다는 사실을 알게 되었다. 1981년 노벨생리의학상을 수상한 R. 스페리 교수와 그의 제자 M. 가자니가는 뇌들보가 끊어진 10대 소년을 대상으로 인지기능을 실험하였다. 먼저 그 소년에게 '훗날 무엇이 되고 싶냐'고 물었더니 '데생화가'가 되고 싶다고 하였다. 이 답은 논리적 추론과 언어에 중요한 역할을 하는 좌뇌가 대답한 것이었다. 한편 소년은 당시 말을 할 수 없었지만 우뇌의 말하는 중추가 알파벳 카드를 이용하여 단어를 만들 수는 있었다. 그래서 소년에게 알파벳 카드를 앞에 펼쳐놓고 소년의 왼쪽 시야 끝에 '훗날 무엇이 되고 싶니?'라고 적힌 종이를 보여주었다. 소년의 우뇌는 음성을 처리할 수 없으므로 아무 말도 하지 않았지만 대신 왼손을 빠르게 움직여 '자동차 경주 운전자(motor racer)'라는 단어를 만들어 보였다. 결론적으로 양 뇌가 서로 소통하지 않으면 두 인격체가 한 몸에 있는 것과 같다(하라리, 2017).

3.5 출렁이는 '감정'의 강

뇌는 동일한 상황에서조차 사람들로 하여금 다양한 감정, 느낌, 기분을 갖게 한다. 즉 입력데이터는 동일하지만 뇌가 반응하는 출력데이터는 각양각색이다. 그 이유는 감정을 생성하는 뇌의 블랙박스, 즉 뉴런들이 축삭돌기, 가지돌기, 시냅스를 통해 전달하는 화학물질의 종류와 구성 비율이 제각각 다르기 때문이다. 그래서 데닛(카너먼 외, 2015, 273쪽 재인용)은 뇌를 모든 것이 질서 있게 잘 조직된 제어시스템이 아니라 민주적 요소를 적잖게 지닌 무정부 상태로 규정하였다. 그런데 뇌를 닮은 기계를 만들고자 하는 AI전문가들이 뇌가 생성하는 다양한 감정을 알고리즘으로 만드는 것이 가능한지 그리고 그것이 필요한지는 여전히 의문이다. 만일 연산식과 논리식으로 구성된 알고리즘으로 가능하다면 그것은 디지털보다 아날로그 방식이 더 유효해 보이기 때문이다. 지금의 디지털방식의 AI기술로는 감정을 구현하기에는 오래지 않아 한계에 봉착할 것으로 보이지만 여전히 일부 학자들은 인공의식이 뇌의 감정을 표현할 수 있다고 믿고 있다.

인간은 수십만 년 동안 지구의 환경변화에 적응하고 도전을 이겨내는 과정에서 학습하고 반응하면서 감정이라는 의식을 생성해 왔다. 그런데 뇌가 만들어내는 감정의 종류를 모두 기술하는 일은 여의치 않다. 어떤 감정은 뇌의 유전자에 각인되어 있어 후천적 학습 없이도 성장하면서 자연스럽게 표출되기도 한다. 모험적, 감성적인 성향처럼 어떤 기질은 유전자를 통해 세대와 세대를 거쳐 전달되는 것 같다. 예를 들어 사냥을 탁월하게 잘했던 부족이라면 도구를 잘 사용했거나 협업을 잘했을 수도 있겠지만 '공포'라는 감정의 지배를 적게 받았을 수도 있기 때문이다.

인간의 가장 원시적인 감정은 '공포'와 '두려움'이지 않을까? 공포는 아주 옛날부터 약육강식의 사냥터에서 사는 동물의 뇌 속에 각인되었을 것이다. 원시인간과 동물들은 자신의 생명을 위협할 수 있는 위험한 것을 예측하고 피해야 했고 그것을 위해 공포라는 감정이 학습되었을 것이다. 공포의 대상은 결국 생존을 위협하는 주변의 모든 것들이었다. 인간의 힘을 압도하는 거대한 야생동물들, 가뭄과 홍수, 기근, 어두움, 독충과 독초, 약탈하는 타 부족들, 무기, 상처의 고통 등. 고고학적으로 초기 인류가 주로 숭배했던 대상은 사라지면 금방 어두움을 만들어내는 태양이었고, 이 어두움을 극복하기 위해 인류는 '불'을 통제하려 했다. 그래서 인지종교학자들은 인간의 종교심의 발로로써 공포심을 들기도 한다.

1) 편도체

뇌 안쪽 깊숙한 곳에 있는 편도체(amygdala)는 감정(emotion)에 관여하는 부위이다. 편도체는 뱀이나 거미에서부터 음산한 음악과 낯선 사람들의 얼굴에 이르기까지 공포와 관련되는 온갖 종류에 반응한다. 데하네와 연구진은 깜짝 놀라게 하는 어떤 무의식적인 단어에 대해서도 이 영역이 활성되는지 의문을 가졌다. 그래서 rape(성폭행), danger(위험), poison(독) 등 공포를 유발할 수 있는 단어들을 피험자들에게는 보이지 않게 살짝 보여줬다. 그러자 흥미롭게도 fridge(냉장고)나 sonata(소나타) 등과 같은 중립적인 단어를 비췄을 때는 없었던 전기신호가 나타났다. 환자들이 의식적으로 보지 못한 단어들을 편도체는 봤던 것이다(데하네, 2017). 그러나 이 반응은 매우 느렸다. 보이지 않는 단어 하나가 무의식적인 감정적 반응을 일으키는 데는 0.5초 이상이 걸렸다. 뇌파 기록에 의하면 어떤 단어에 대해 편도체가 분명 반응했음에도 피험자는 여전히 그 단어를 봤다고 대답을 하지 못했다. 즉 어떤 단어는 아무런 의식과정을 거침도 없이 천천히 뇌로 들어와 확인되고 심지어 이해될 수도 있었다.

'무서웠던 곳은 다시 가지 않는다', '위험을 초래했던 행동은 피한다'와 같은 정보를 편도체가 기억하는 것은 인간의 생존율을 높이는 데 크게 기여하였다. 그런데 편도체의 활동만으로는 공포라는 감정이 조성되지는 않는다. 즉 편도체가 활동한 후, 그 정보가 대뇌피질로 보내지면 비로소 '무십다'라는 삼성이 형성된다. 편도체 또한 자극하면 그 순간 기억소자(memory element)를 강화함으로써 기억력이 촉진되기도 한다. 동시에 '무섭다'는 감정은 다른 경로로 발생하기도 한다. 결론적으로 동물은 무서워서 피하기보다는 그것과는 무관하게 단순히 편도체의 지시에 따라 대내피질에 기억된 것을 의도적으로 피하는 것일 뿐이다.

개와 원숭이는 원래 사이가 나쁘다. 그런데 편도체가 제거된 원숭이는 아무렇지도 않게 개에게 접근하고 평소에 무서워하는 뱀도 움켜잡는다. 즉 편도체가 없어지면 무섭다는 감정이 사라져 본성이 그대로 드러난다. 원숭이는 뱀을 먹으려 하기도 하고 개와 교미하려고까지 한다. 편도체가 파괴된 고양이 4마리를 우리에 넣어두자 차마 볼 수 없는 광경이 벌어졌다. 모두 성욕을 노골적으로 드러내 암컷이고 수컷이고 가리지 않고 교미를 했다. 편도체의 활동이 중단되자 억제된 본성이 드러난 것이다. 그래서 편도체는 대뇌피질의 코치나 트레이너와 같다. '이런 패턴은 무서운 거니까 조심해'라고 경고를 보내면 그 행동패턴을 저장하고 있는 대뇌피질은 그것을 수행할 뿐이다. 다시 말하면 편도체가 이성을 지배하는 것 같다. 동물은 본능적 욕구가 우선이지만 편도체가 작동시키는 공포심, 즉 이성이 이 욕구를 부여잡고 있는 것이다(이케가야, 2015).

인간에게는 독특하게도 뇌의 감정처리가 얼굴표정이나 신체적 기능과 연결되어 있다. 신맛을 느낄 때 얼굴을 찡그리고, 무서울 땐 긴장되고 위축된 표정을 지으며, 슬플 땐 눈물을 흘린다. 얼굴표정은 호흡처럼 의식과 무의식의 경계에 서 있다. 슬픈 상황에서 자연스럽게 슬픈 표정을 짓는 것은 무의식이지만 이를 억제하려 할 때 의식적인 표정이 드러난다. 실제로 뇌에는 얼굴표정을 전문적으로 처리하는 부위가 따로 있다. 그리고 이 표정은 인종을 넘어서 세계 만국 공통어라는 특징이 있다. 즉 외부와 격리된 채 전통적인 생활을 고수해온 원시 인종조차도 외부인이 웃으면 웃는다는 것을 느낀다. 그래서 다양한 감정과 연결되어 다양한 표정을 짓는 일과 얼굴 표정을 해석하는 기능은 인류의 유전자에 새겨져 있는 것으로 보여진다.

실제로 슬픈 상황에서 눈물을 흘리는 것은 슬픔의 근원이 되는 신경세포가 존재하기 때문이다. 이것이 작동하여 '눈물을 흐르게' 하는 뇌 부위에 정보를 보내면 눈물샘은 눈물을 분비하는 것이다. 즉 눈물이 흐르도록 하는 뇌의 처리과정과 '슬픔'이라는 퀄리아[45]와는 직접적인 관계는 없다. 즉 슬픔은 어떤 신경활동의 부산물에 지나지 않는다. 우리는 그러한 신경활동에 '슬픔', '무서워'라는 추상적인 단어를 부여하면서 진화해왔을 뿐이다. 이러한 '추상성'은 언어가 만들어낸 것으로 결국은 퀄리아 역시 언어에 의해 생겨난 환영인 셈이다(이케가야, 2015). 시인이나 소설가들은 이 퀄리아를 더욱 정교한 언어로 다듬어 사람들의 공감을 유도하는 사람이라 할 수 있다.

2) 화학물질과 활동전위

뇌과학은 다양한 감정으로 활성화되는 뇌의 부위와 그것으로 인한 신체적 변화(눈물, 경직, 웃음, 동공의 확장)를 연결할 수 있다. 우리가 웃고 울고 화를 낼 때, 뇌에서는 다양한 화학성분들이 격정적으로 변하고 이동하면서 활동전위(spike)를 일으키고 뉴런과 뉴런을 연결한다. 단백질, 지방, 당으로 구성된 뉴런(신경세포)과 축삭돌기는 다른 뉴런의 가지돌기에 정보(ㅣ - 이온)를 시냅스(축삭과 가지의 접촉점)를 통해 전달한다. 축삭돌기 말단에는 다양한 신경전달물질을 분비하고 가지돌기에는 센서(수

45 '질(質)'을 뜻하는 라틴어로써 영어 Quality의 어원이다. 이케가야는 음악을 듣고 슬퍼지거나 사과를 먹고 새콤달콤한 맛을 느끼는 등 생생한 '각성감각'을 퀄리아라 정의하였다.

용체)[46]가 달려 있어 방출된 신경물질을 받아들인다. 뉴런 간의 정보전달 과정을 살펴보면 다양한 감정과 느낌은 시냅스를 통해 전달되는 각종 신경물질들의 종류와 이것들의 혼합비율에 의해 결정되는 것으로 보인다. 즉 신경물질의 종류와 혼합비율에 따라 인간의 미묘하며 다양한 감정이 결정되고, 정보전달의 범위, 즉 정보를 전달받는 뉴런의 수가 많고 적음에 따라 해당 감정의 깊이와 강도의 차이가 발생하는 것으로 보인다. 때로 특정 물질이 과도하게 전달되어 뇌 전체를 장악할 때, 어떤 이는 반사회적인 말이나 행동을 하기도 하며, 같은 슬픈 상황에서 어떤 이는 눈물을 흘리지만 그렇지 않은 사람도 있는 것이다.

3.6 뇌와 언어

언어는 소통의 수단, 즉 전달을 위한 신호나 기호이면서 아울러 추상적 사고를 위한 도구, 즉 생각의 도구이다(이케가야, 2015). 인간에게 언어가 있었기에 추상적인 사고가 가능했고 특히 수학이나 물리학은 추상의 세계이다. 추상화는 사물과 현상을 개별적으로 생각하지 않고 이것을 묶어줄 수 있는 공통적인 요소를 찾는 일이다. 그래서 추상적인 사고가 뛰어날수록 일반화(generalization)를 잘 할 수 있다. 인류는 일반화를 통해 찾은 규칙을 이용함으로써 새로운 상황이나 환경변화에 더 잘 적응해 왔다. 의식이나 마음은 대게 언어에 의해 형성된다. 따라서 의식은 언어가 만들어낸 유령, 다시 말해서 추상이다. 언어는 의식의 형성을 돕고, 의식을 통하여 우리는 추상화 그리고 더 나아가 일반화를 잘 할 수 있다.

46 수용체(receptor, 受容體). 세포에 존재하며 세포 외의 물질 등을 선택적으로 수용하는 물질의 총칭. 일반적으로 세포막에 존재하는 수용체 단백질(receptor protein)을 가리키고, 세포는 수용체와 결합물질의 구조적인 특이성에 따라 수용체의 자극에 응답한다.

4장 「의식과 인식」에서 현대과학이 의식과 구분하여 쓰는 3가지 개념을 소개할 것이다. 데하네(2017)는 '의식화(consciousness access)'를 "주의를 기울인 정보의 일부가 인식되어 타인에게 이야기를 할 수 있는 것"으로 정의하였다. 우리가 의식하는 것을 타인에게 전달하기 위해서는 그것을 표현하는 단어들을 찾은 후 그것을 그 사회에서 통용되는 언어체계에 담아 구강기관을 통해 전달하는 것이다. 인간은 출생 후 끊임없는 경험과 학습과정을 거치면서 수많은 물질과 물체, 느낌과 현상을 상징적으로 표현하는 단어들을 뇌에 함께 저장해 왔기에 힘들지 않게 긴 문장을 만들어 의사전달을 할 수 있다. 복잡하고 전문적인 영역으로 가면 갈수록 우리는 언어체계의 한계를 극복하기 위해 더 함축된 단어들을 선택하며 말을 할 때 얼굴 표정을 바꾸거나 강한 제스처를 보인다.

뇌는 의사표현을 위한 단어들을 찾을 때 연상능력을 사용한다. 연상능력은 사람들이 더 잘 이해하는데 필요한 표준적인 단어를 찾음으로써 정확하고 세련된 문장을 만드는 데 도움을 준다. 미국에서 1000명을 대상으로 연상게임을 실시하였다. '손가락'에서는 1000명 중 52%가 '손'을 떠올렸고, '신발'을 말하면 43%가 '발'을 떠올렸다(Palermo & Jenkins, 1964, 이케가야, 2015, 148쪽 재인용). 이처럼 언어는 모듈처럼 뇌 속에서 그룹을 이루고 있는 것으로 보인다. 따라서 사람들은 제각기 자유롭게 연상을 한다고 하지만 자신이 속한 그룹이 주로 사용하는 범위 내에서 단어를 선택한다. 그래서 언어학자 촘스키(미국, 1928~)는 "언어를 알면 그 나라와 사회의 구조와 체계를 알 수 있다"고 하였다(이케가야, 2015, 147~149쪽 재인용). 언어는 고삐가 풀려있는 의식과 달리 그 사람이 태어나 성장하고 교육받으며 형성된 개인적 요인과 폭넓은 정치·경제·사회·문화적 요인에 의해 조련된 의식의 표출도구로 볼 수 있다. 즉 사고의 도구적 측면에서 언어는 뇌 의식의 형성을 도와 우리가 추상화하고 일반화하는 일을 돕는 것이다.

3.7 뇌와 유전자

태어날 때 물려받은 뇌가 평생 가지 않는다. 개인적 학습과 신체와 환경의 변화에 따라 뇌 지도[47]는 역동적으로 변한다. 선천적으로 검지와 중지가 붙은 채로 태어나는 사람이 있다. 이 사람의 뇌를 조사해보니 다섯 번째 손가락에 대응하는 장소가 없다. 즉 선천적으로 손가락이 4개였기 때문에 뇌는 네 손가락에만 대응하는 신경만을 만든 것이다. 이후 이 사람의 손을 수술하여 5개의 손가락을 가진 정상인으로 만들었다. 그랬더니 불과 일주일 뒤 뇌는 다섯 번째 손가락에 대응하는 신경을 만들었다. 반대로 사고로 팔을 잃게 되면 그 팔에 대응하는 신경부분은 점차 퇴화한다. 따라서 사람의 뇌 지도는 상당 부분 후천적인 것이 분명하다(이케가야, 2015).

뇌의 역량은 각자에게 선천적으로 주어지는 신체적 조건이므로 완전히 바꿀 수는 없지만 반복적인 학습이나 약물투여를 통하여 어느 정도 확장 내지 억제할 수 있다. 학교에서 학생들은 다양한 이론, 기법, 사례들을 배우고 그것을 현실에 적용할 수 있도록 실습을 반복한다. 새로운 지식을 배울 때마다 학생들은 그것을 자신의 것으로 만들기 위해 우측 전두엽을 활성화시키며, 반복 학습과 실습 그리고 시험 등을 통해 어느 정도 익숙해지면 좌측 전두엽으로 그것을 보낸다. 새로운 경험이나 문제를 접할 때마다 우측 전두엽은 좌측 전두엽에 축적된 과거의 지식을 활용하여 그 문제를 보다 효율적으로 해결하고 그 결과를 다시 좌우측 후두엽에 저장하는 선순환 기억처리과정을 되풀이한다. 즉 뇌는 '용불용설(用不用說)'이론이 그대로 적용된다. 쓰지 않으면 퇴화하고, 계속 사용하면 해당 신경회로는 더욱 강해지고 민감해진다. 바이올리니스트의 뇌를 조사해보면 열 손가락 각각에 대응하는 뇌의 부위가 굉장히 발달해 있다. 그래서 거장일수록 연습을 중단하는 것이 아니라 더 많은 연습을 함으로써 이 회로를 강화하는 것이다.

---

47 모든 신체와 장기는 그 부위에 지시를 내리거나 그 부위로부터 생성되는 자극(데이터)을 받는 뇌의 특정 부위와 1:1 대응하고 있다.

인간이 태어날 때 완전히 빈 깡통의 뇌를 받는 것은 아니다. 마치 컴퓨터나 스마트폰을 구매하면 기본적으로 운영체제(OS)가 깔려 있어 여러 작업을 쉽게 할 수 있듯이 말이다. 우리가 임의로 선택할 수 없고 그냥 전달받는 유전자는 몸의 체세포와 뇌의 신경세포 하나하나에 이미 각인되어 있다. 특히 유전자 DNA는 인간의 미래 수명과 건강을 좌우할 정도로 그 영향력이 절대적이듯 뇌 신경세포에 각인된 유전자의 영향력도 그것 못지않게 막강하다. 흔히 부모들은 자녀가 자신의 성격과 행동을 많이 닮았다는 기시감을 느낄 때, 자신의 재능(예술적 소질, 선호하는 학문과 스포츠, 탁월한 인지능력, 특이한 버릇 등)을 닮고 비슷한 또는 같은 직업을 선택할 때 아이의 뇌 속에 선대 조상과 자신의 DNA가 도장처럼 찍혀있다고 생각한다.

오늘날 생화학, 생명공학의 발전으로 우리는 생명현상, 생물적 기능 그 자체를 인위적으로 조작함으로써 신체와 정신적 결함을 보완할 수 있는 화학물질과 서비스를 소비할 수 있는 시대에 살고 있다. 특히 1970년대에 출현한 유전자조작기술과 함께 탄생한 유전공학(genetic engineering)은 유전자를 직접 조작하여 경제성 있는 공학적 산물인 유전자재조합식품(GMO)을 생산하거나, 인간 게놈, 줄기세포 등의 연구를 통해 노화의 원인, 수명 연장 방법, 유전병(다운증후군) 치료 등을 연구해 왔다(이케가야, 2015). 이런 상황에서 부모는 지능이 우수하고 인지능력이 뛰어난 자녀를 갖기를 희망하며, 가능하다면 유전공학의 도움으로 그런 희망을 이루고 싶어할 것이다. 이런 희망을 현실로 만들어줄 기술은 뇌에 새겨진 유전형질을 근본적으로 변화시키는 기술과 약물 또는 외부의 자극으로 일시적 또는 영구적으로 뇌의 작동방식을 변화시키는 방법 등이 있다.

우선 지능의 업그레이드 가능성은 쥐의 실험에서 이미 입증되었다. 쥐의 뇌에 새로운 뉴런층을 추가하여 지능을 높이는 실험을 하였는데 실제 인지능력이 향상되는 것으로 나타났다. 실제로 유전공학자들은 쥐의 유전자에서 지능과 관련되는 부분을 추출했는데, 이 '똑똑한 쥐 유전자'를 가진 쥐는 기억력이 좋고 학습능력도 더 뛰어났다. 빛을 이용하여 뇌의 칼슘 농도를 올리는 방법 으로 기억력을 향상시킬 수도 있다. 우리나라의 기초과학연구원(IBS) 허원도 교수 연구팀은 살아있는 생쥐의 뇌에 존재하는 파스(Fas) 단백질에 청색광의 빛을 쬐어 생쥐의 공간기억능력을 향상시킨 연구결과를 발표하였다.[48] 파스 단백질은 건강한 뇌에서는 비활성화되어 있다가, 치매를 포함한 퇴행성·염증성 뇌질환에 걸리면 활성화됨으로써 뇌질환으로 인한 기억력의 감퇴를 어느 정도 막아준다. 연구팀이 이용한 최신 기술은 옵토파스(OptoFas) 라 불린다.[49]

보스트롬(2017)은 인간이 초지능을 갖도록 하는 방법의 하나로 유전자 조작을 들고 있다. 이를 위해 교배단계에서 우생학적 선별을 하는 비도덕적인 방법[50]도 있지만 배아나 생식세포 수준에서 조작하는 것도 가능하다. 예를 들면, 체외수정 시술(in vitro fertilization procedure: IVF) 과정에서 헌팅턴 무도병 같은 단일 유전자 질환이나 유방암 같은 노년 발생 질병에 대한 유전적 원인이 높은 배아를 걸러내기 내기 위해 착상 전 유전자 검사를 이미 시행하고 있다. 이런 방법은 유전자수준에서 형질변형을 시도하는 것이어서 성인이 된 뇌를 전기로 자극하거나 생화학적으로 업그레이드하는 것과 차원이 다르다. 이러한 기술은 생명이 형성되는 시기에 확률적으로 발생하는 질환과 결함을 근원적으로 차단해 주므로 사이보그와 AI기반 대체기술의 수요를 현저하게 줄일 수도 있을 것이다.

배아단계에서 선별할 수 있는 유전형질은 앞으로 10~20년에 걸쳐 엄청나게 늘어날 것으로 예상된다. 유전형 분석(genotyping)과 염기서열 분석(gene sequencing)에 소요되는 비용이 계속 낮아지고 있으며, 대규모 실험자를 대상으로 한 유전체 복합형질분석(genome-wide complex trait analysis)이 실현 가능해짐으로써 인간의 인지와 행동의 형질에 대한 유전적 구조를 이해하는 능력도 전례 없이 향상되고 있다. 이는 인류가 인지능력이 특별히 우수한 인간을 만들기 위해 발현되어야 할 형질과 이것들을 선별해 낼 수 있는 능력을 갖추어 간다는 것을 의미한다. 예를 들어 배아 줄기세포로부터 생식 가능한 정자와 난자를 이끌어내는 기술을 통해 번식능력이 뛰어난 쥐를 탄생시켰고, 인간에게 적용할 수 있는 유사 생식세포를 만드는 일도 어느 정도 성공하

---

48 조선비즈, 2020.04.23., https://biz.chosun.com/site/data/html_dir/2020/04/22/2020042204392.html

49 광유전학(Optogenetics)과 파스(Fas) 단백질의 합성어이다. 옵토파스 기술은 약물이나 유전자 변형 없이 빛만을 이용하므로 부작용 없이 뇌질환을 치료하는 연구에 활용될 수 있을 것으로 기대된다.

50 예를 들어 독일 나치에 의해서 자행된 우생학적 정책을 의미하며, 정치적으로 엄청난 반대와 윤리적 문제를 겪었다.

였다. 그러나 분화된 줄기세포주에서 후성유전적 기형을 방지하는 것 등 해결해야 할 난제들도 여전히 남아 있어, 이 기술을 인간에게 안전하게 적용하는 데는 짧게는 10년, 길게는 50년은 더 걸릴 것이다(Cyranoski, 2013).

한편 줄기세포 유래 생식세포(stem cell-derived gamete)가 가능해지면 제공된 몇 개의 세포만으로 거의 무제한의 생식세포를 만들 수 있으며, 이로부터 다양한 조합의 배아를 한꺼번에 많이 얻을 수 있다. 이 배아들의 유전형과 염기서열을 분석하여 가장 잠재성이 높은 배아를 선별하여 착상하면 상당히 짧은 기간에 원하는 유전적 형질이 강화된 태아를 임신할 수 있다. 이런 방식으로 태아를 임신한다면 태어난 개인들의 평균 지능은 점점 높아져 인류 역사상 가장 똑똑하거나 평균 이상의 지능을 가진 아이들이 무수히 태어날 수 있다. 그러나 이렇게 태어난다고 하여 초지능 인간이 100% 된다는 보장은 없다. 유전적으로 향상된 아기가 최대 생산성에 도달하는 데 최소 20년이 걸릴 뿐만 아니라 사회에 기여할 수 있는 나이에 이르기 위해서는 더 오랜 시간이 필요하기 때문이다.

인지능력의 맥락에서 인간은 선과 악의 유전자를 가지고 태어나는가 하는 의문을 품을 수 있다. 우리가 만일 도덕성의 발현과 관련되는 유전자를 찾을 수 있다면 지구는 선한 인간으로만 채워져 전쟁은 사라지고 영구적인 평화가 가능할지 모르겠다. 심리학자 폴 블룸은 인간은 태어날 때부터 도덕성이 내재된 존재라고 주장하였다. 즉 선과 악에 대한 판단은 타고난 능력이라는 것이다. 이 주장은 마치 스마트폰이 출시되기 전에 운영체제(OS)가 깔린 것처럼 아이들은 태어날 때부터 신경세포(뉴런)에 도덕적 판단을 할 수 있는 씨(seed)가 심겨 있고 이러한 형질이 부모를 통해 전달된다는 것을 의미한다. 이를 위해 블룸은 유아와 걸음마를 배우는 아기도 타인의 행동을 보고 옳고 그름을 판단할 수 있다는 걸 입증해 보였다. 아기들은 선한 행동에 보상하고 나쁜 행동에는 벌을 주고 싶어 하였으며, 어려움에 처한 사람을 도우려했고, 죄의식과 수치심, 자긍심과 의분을 느낀다는 것이다(카너먼 외, 2015). 그러나 인간이 선악을 판단할 수 있다고 하여 그 사람이 바로 선하거나 악하다는 것을 의미하는 것은 아니다. 인간의 도덕적 판단과 뇌의 관계에 대한 연구가 더 필요하겠지만, 인간의 생존과 쾌락추구 본능에 기초한 일부 도덕심은 우리의 신경세포에 각인되어 후대로 유전되어 갔거나 적어도 교육을 통해 계속 전해졌을 가능성이 있어 보인다. 예를 들어 인류의 초창기에 원시인들은 여러 가지 이유로 거리낌 없이 타인을 살해했다. 그러나 자신의 가족이 죽임을 당했을 때 원시인들은 죽음은 나쁜 것이며 더구나 타인을 죽이는 것이 자신에게 행복을 가져다주는 것이 아님을 깨닫기 시작했을지 모른다. 이렇듯 도덕성은 아주 작은 자아성찰, 역지사지(易地思之)에서 시작되어 차츰 유전자에 각인되었을 수 있다.

인지과학 덕분에 우리는 사람들이 후천적 학습과 직·간접체험을 통해 제한적인 인지 및 기억능력, 문제해결능력, 창의력, 도덕성을 어떻게 확장해 왔는지를 더 많이 이해할 수 있게 되었다. 그렇지만 실제 학습과 자극들이 어떻게 좌·우측 전두엽을 활성화시켜 창의적 문제해결능력과 도덕적 판단능력을 확장할 수 있었는지 그리고 도덕적 판단을 하는 뇌 유전자가 세대와 세대를 건너 전달될 수 있었는지는 더 많은 연구가 필요하다. 유전공학이 많이 발달하였다고는 하나 아직은 뇌세포와 그 속에 있는 유전자 조작에까지는 이르지 못하고 있으며, 뇌 속으로 약물을 침투시키는 일도 쉽지 않아 생화학적으로 인간의 후천적 형질을 조작하지는 못하고 있다.

3.8 뇌 연구의 미래

향후 뇌 연구의 방향은 연구결과를 어디에 어떻게 활용할 것인가가 결정할 것이다. 사람의 이상행동과 뇌질환의 치유를 목적으로 한다면 뇌의 수많은 부위들이 수행하는 일들과 그 일을 할 때 주고받는 데이터, 즉 화학물질의 상호작용 등을 연구하는 데 박차를 가해야 할 것이다. 뇌의 부위별 연결성에 대한 연구도 못지않게 중요하다. 뇌의 온전한 데이터처리(작동)를 바란다면 뇌의 한 부위가 불화살 한 다발을 활에 장전하여 쏘듯이 발화(활동전위, spike)하는 것만으로 부족하다. 특히 의식적 작용은 뇌의 여러 부위가 동시다발적으로 대규모 발화를 한다. 이런 현상은 뇌과학자들을 매우 당혹스럽게 만든다. 한 부위가 하나의 기능만을 전담하는 일관된 모습을 보이면 상관성을 쉽게 찾을 수 있지만 여러 부위가 동시에 관여하면 다수의 인과관계를 찾는 일이 힘들어지고, 뇌 작용에 대한 일반이론을 수립하기 불가능해지기 때문이다.

한편 뇌의 구조를 모방하는 모델링 기술들, 특히 전뇌 에뮬레이션(whole-brain emulation 또는 uploading) 방식은 생물적 뇌의 연산 구조를 정밀하게 관찰하고 이를 모델링함으로써 지능적 소프트웨어를 만드는 방법이다. 이 기술은 특정인의 뇌를 전자적으로 모방하는 것을 목표로 하는데, 그래서 다소 상업적 냄새를 풍기며 그다지 바람직해 보이지 않는다. 아인슈타인 같은 천재적인 물리학자의 이론은 책을 통해서 배우고 관측을 통해 확증하면 그만이다. 그런데 전 인격이 담겨 있을 수 있는 아인슈타인의 뇌를 우리가 복제함으로써 얻는 것은 무엇일까? 우리가 아인슈타인을 존경하는 것은 그의 위대한 과학적 업적 때문이지 그의 인격이나 삶의 철학 때문은 아니기 때문이다. 컴퓨터과학자 특히 AI연구자들이 특정 인간의 뇌를 복제한 AI모델을 개발한다는 것은 다소 학문적 열정의 과잉이 아닐까? 더구나 복제에 대한 허락은 누가 내릴 것이며 어떤 용도로 쓸 것이며 이를 또 어떻게 정당화할 것인지 그리고 전뇌를 복제할 수 없다면 복제의 범위는 어떻게 정할 것인가 하는 문제가 여전히 남는다.

1) 재생(regeneration)

생물적 뇌는 일단 손상되면 재생이 불가능하다. 그러나 뇌과학자 데하네(2017)는 불가역적인 뇌의 손상을 되돌릴 수 있는 가능성을 언급하였다. 사고나 유해한 물질(예: 치매를 유발하는 유해단백질)로 인해 피질회로가 손상된 환자들도 개선이 될 수 있다는 것이다. 만약 작업공간가설(데하네와 그의 동료들의 이론)이 옳다면 의식은 단지 피질의 신경세포가 밀집한 회로 안에서 정보가 유연하게 순환하는 것에 지나지 않는다. 그 회로의 교점이나 연결 일부가 손상되었다면 인공적인 외부루프로 대체될 수 있다는 것이다. 뇌·컴퓨터 인터페이스, 특히 뇌 속에 내장된 장치에는 뇌 안에서 일어나는 장거리 정보교환을 복구할 잠재력이 충분히 있다. 이 아이디어는 인터넷이 여러 경로로 구성되는 작은 네트워크로 구성되어 있어 특정 노드(연결지점)에 문제가 발생하더라도 우회할 수 있는 다수의 경로가 있으므로 전체 네트워크는 문제없이 돌아가는 것과 유사한 개념이다.

머잖은 장래에는 전전두엽이나 전운동 피질에서의 자발적인 발화(활동전위, spike)를 수집해 직접적인 방전의 형태를 취하든 시각·청각신호로 재생하는 형태를 취하든 다른 정상적인 원격 영역으로 전달할 수 있을 것이다. 이미 이 같은 감각 대체물이 실험되고 있기도 하다. 시각장애인이 카메라로 촬영한 이미지를 부호화한 청각신호로 인식할 수 있도록 훈련시켜 볼 수 있게 하는 것이 그 예이다. 같은 원리로 감각 대체물은 긴밀한 내부 정보 교환기능을 복구함으로써 뇌와 그것을 재연결하는 것을 도울 수도 있다. 더욱이 정교한 루프의 개입을 통해 뇌는 활동 상태를 유지하면서 의식을 유지하는데 필요한 충분한 자가 자극(self-excitement)을 제공할 수 있을 것이다.

2) 전뇌 에뮬레이션

과학자들은 왜 뇌를 복제하려는 것일까? 궁극적으로 생물적 뇌의 한계와 문제를 극복하고 이를 넘어 실리콘지성이나 초지능에 도달하는 것이 인류에게 이로운 것이라는 전제 때문이다. 이 전제의 타당성은 긴 논의가 필요하므로 6장 「실리콘지성」에서 다시 다루기로 하고, 여기서는 뇌처럼 작동할 수 있는 무기적 또는 무·유기적 합성 시스템을 만드는 데 필요한 다양한 기술메뉴와 뇌 복제방식을 알아보고자 한다.

• 기술메뉴

보스트롬(2017)은 뇌를 업그레이드하여 초지능을 갖는 방법으로 i) 인공지능(AI), ii) 전뇌 에뮬레이션(whole-brain emulation), iii) 생물적 뇌 기능 향상이 있다고 하였다. 2장에서 AI의 컴퓨터 알고리즘과 소프트웨어적으로 접근하는 방법을 다루었고, 여기에서는 뇌의 생물적 구조를 코딩하는 전뇌 에뮬레이션을 다루고자 한다. AI연구의 궁극적인 목적은 평균적인 인간을 닮은 범용AI(Artificial General Intelligence)를 만드는 것이지만 전뇌 에뮬레이션은 특정인의 뇌를 전자적으로 모방하는 것을 목표로 한다. 보스트롬(2017)은 이 전뇌 에뮬레이션을 기계지능의 중간적 형태로 보았고 이것이 좀 더 진화된 기계지능을 AI로 보았다. 즉 범용AI로 가는 길의 중간 언저리에서 가능한 AI 대체기술로 제시된 것이다.

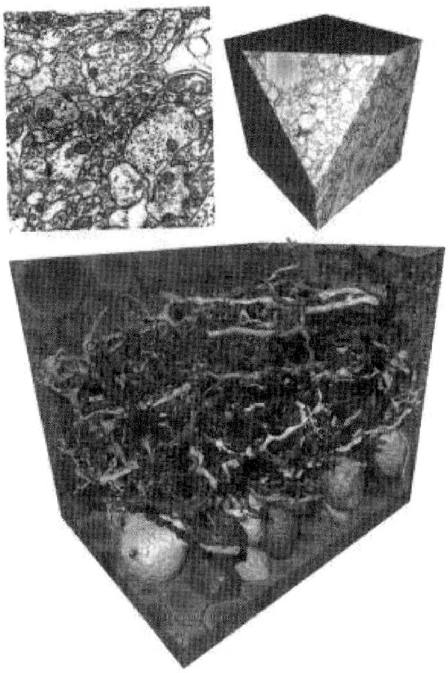

〈그림 3-5〉 전자현미경 이미지로 재구성된 3차원 신경해부구조(보스트롬, 2017, 68쪽)

위 왼쪽: 뉴런 물질(수상돌기와 축삭돌기 조직)의 횡단면

위 오른쪽: 토끼의 망막신경조직의 볼륨 이미지. 연속 블록면 주사 전자현미경(SBF-SEM, serial block-face scanning electron microscopy)으로 촬영. 수많은 2차원 영상을 모아 붙임.

아래: 자동분할기법으로 만든 일부 신경망의 신경투사(neuronal projection) 재구성 이미지

전뇌 에뮬레이션(whole-brain emulation 또는 uploading) 방식은 생물적 뇌의 연산 구조를 정밀하게 관찰하고 이를 모델링함으로써 지능적 소프트웨어를 만드는 방법이다. 전뇌 에뮬레이션은 다음과 같은 방식으로 수행된다(보스트롬, 2017).

1) 특정 인간의 뇌를 상세하게 스캐닝한다. 이를 위해 사후의 뇌를 유리화(vitrification)[51]하여 안정화한다. 그런 다음 기계로 조직을 얇은 슬라이스로 자른 후 전자현미경 등으로 정밀 스캔한다. 뇌 조직의 구조적, 화학적 특징을 잘 볼 수 있게 하려면 다양한 염색기법을 이용할 수 있다.
2) 스캔한 자료를 컴퓨터의 자동 이미지 처리장치에 투입하여 뉴런을 3차원 이미지로 재구성한다. 이렇게 만들어진 뉴런 네트워크는 다양한 종류의 뉴런과 뉴런 성분(예: 특정 시냅스 연결구 synaptic connector)의 신경연산(neuro-computational) 모델 자료와 합성된다. 〈그림 3-5〉는 전자현미경 이미지로 재구성된 신경해부구조의 한 부분을 보여주고 있다.
3) 앞에서 확보한 신경연산 자료를 강력한 컴퓨터로 실행한다.

전뇌 에뮬레이션이 가능하려면 다음과 같은 기술적 조건이 갖추어져야 한다.

- 스캐닝(scanning): 관련 요소들을 충분한 해상도로 탐지하고 출력할 수 있는 대량 처리능력을 가진 현미경
- 전환(translation): 미세 가공 정밀 스캔 자료를 3차원의 신경연산 요소로 해석할 수 있는 자동화된 이미지 분석기법
- 시뮬레이션(simulation): 확보한 컴퓨터 신경연산 구조를 수행할 수 있는 강력한 컴퓨터 하드웨어

새로운 에뮬레이션을 만들기 위해서는 스캔 및 이미지해석을 탁월하게 할 수 있는 기술적 도약이 필요하며, 수백 대의 대용량 스캐너를 사용하는 대규모 공장 단지 같은

51 조직을 유리와 같은 비정질 상태로 고형화하는 과정

상당한 물리적 자원이 요구된다. 전뇌 에뮬레이션 기술이 현재에는 충분히 확보되어 있지 못하지만, 가까운 미래에는 가능할 것으로 보는 몇 가지 근거는 있다. 다양한 종류의 뉴런과 신경세포 돌기들로 구성된 적당한 수준의 연산모델(computational model)은 이미 존재한다. 여러 장의 2차원적 이미지들을 통해서 가지(수상)돌기와 축삭돌기의 형태를 파악할 수 있는 이미지 처리 소프트웨어도 개발되어 있다. 그렇지만 아직 신뢰도가 더 업그레이드되어야 하는 문제는 남아 있다.

[기술 사례]

기능적 신경 영상법(functional neuroimaging)

전뇌 에뮬레이션은 특정 인간의 뇌를 정교한 수학적 모델로 변환한 후 그 인간의 데이터처리과정(사고방식)을 컴퓨터로 시뮬레이션 하는 작업이다. 그런데 이 방법이 현재 충분히 발달되어 있지 않다면 다른 방법은 없는 것일까? 크리스티아노는 수학적으로 잘 정리된 가치기준을 얻기 위해 우리가 구동할 수 있는 현실적 연산모델이 꼭 필요한 것이 아니라고 제안하였다. 그저 수학적 정의만 잘하면 그것을 얻는 방법은 훨씬 더 쉽다는 것이다. 예를 들어 기능적 신경 영상법 등을 활용하면 뇌의 입출력 경향에 대한 엄청난 양의 데이터를 수집할 수 있다. 만일 우리가 이것에 대한 충분한 빅데이터를 얻을 수 있다면 이 데이터를 근거로 만들어진 수학적 모델은 특정 인간의 뇌 작용을 에뮬레이션한 것이라 할 수 있다.

[자료원] 보스트롬, 2017, 356쪽

여기에다 전뇌 에뮬레이션의 실현을 위해 다른 기술들의 발전이 더 있어야 할 것으로 보인다. 예를 들면, 해상도가 더 높고 자료 처리속도도 더 빠른 전자현미경이 있어야 하며, 새로운 조직 준비기법과 염색기법이 있어야 시냅스의 미세구조 같은 뇌 조직의 세부사항을 더 잘 관찰할 수 있다. 뇌에 대한 지식이 좀 부족하더라도 스캐닝기술과 컴퓨터의 처리능력이 충분하다면 반복적인 에뮬레이션을 통해 뇌의 작용을 어느 정도 재구성할 수 있다. 즉 개별 뉴런과 그것들의 연결 행렬(connectivity matrix), 가지돌기 트리구조와 개별 시냅스의 상태변수 정도를 고려한 시뮬레이션은 가능할 것이다.

신경전달 물질의 분자들을 일일이 구분할 수 없지만 물질들의 농도가 변화하는 정도는 조잡하게나마 재구성할 수 있을 것이다. 따라서 우리가 어느 정도 수준의 뇌를 흉내 내기를 원하는가에 따라 현재 가용 가능한 기술을 동원하여 제한적인 기능을 가진 전뇌 에뮬레이션은 가능하다. 전뇌 에뮬레이션은 다음과 같이 3가지 수준으로 평가할 수 있다.

- 고충실(high-fidelity) 모델: 뇌가 가졌던 원래의 지식, 기술, 역량 그리고 가치관까지 재구성한 에뮬레이션
- 왜곡 모델: 일부 성향에서는 인간과 다르지만 뇌가 수행했던 기본적인 지적 작용이 가능한 에뮬레이션
- 일반 모델: 복제대상의 원래 뇌가 가졌던 기술이나 기억은 없지만, 아이의 뇌처럼 일반적인 인간이 습득할 수 있는 것들을 학습할 능력이 있는 에뮬레이션

뇌를 소프트웨어로 복제할 때, 복잡한 법적, 윤리적, 경제적 문제가 제기될 수 있다. 여성의 자연 임신을 통해 인류가 지구 유지에 필요한 충분한 노동력을 공급받기 어려운 상황에 이르면 상대적으로 저렴한 왜곡 모델이나 일반 모델에 준하는 뇌 복제의 유혹을 받을 수 있다. 그렇지만 고충실 모델에 준하는 뇌 복제는 정당화되기 쉽지 않을 것이다. 만일 이것이 가능하고 자유스럽게 허용된다면 모든 인간은 정신적으로 영생할 수 있을 것이다. 그렇지만 소수의 천재적인 창의적 뇌의 고충실 모델을 제외하고는 대다수 일반인 뇌의 고충실 모델을 추구하기에는 경제적 타당성을 얻기 어려울 것이다.

전뇌 에뮬레이션이 성공하려면 인간의 인지과정을 이해할 필요는 없고 대신 뉴런과 같은 뇌의 작은 부분들의 작동방식을 설명하는 연산 모델을 구축하는 일이 더 중요할 것이다. 그럼에도 인간의 뇌를 에뮬레이션하다 보면 풍부한 신경해부학적 자료가 수집될 것이고, 대뇌피질 네트워크의 기능적 모형이 엄청나게 향상될 것이다. 이러한 발전들로 인해 전뇌 에뮬레이션이 완성되기 전에 신경연산(neuro-computational) 원리들과 AI연산 원리들과 섞어놓은 신경모방(neuro-morphice) AI가 만들어질 가능성이 증

가할 것이다. 신경모방 AI는 고충실 모델보다는 낮은 단계의 전뇌 에뮬레이션이라 할 수 있다. 역사적으로 인지과학, 신경과학, 생물학에서 얻은 AI기술의 예는 상당수 있다. 신경해부학적 작업에서 영감을 얻은 맥컬록-피츠(McCulloch-Pitts) 뉴런, 퍼셉트론(perceptron), 다양한 인공 뉴런과 신경망이론, 행동주의 심리학이 영감을 제공한 강화학습이론, 진화론이 영감을 준 유전자 알고리즘, 인지과학이 영감을 준 로드니 브룩(Rodney Brook)의 포섭구조(subsumption architecture)[52], 면역학 이론이 영감을 제공한 인공 면역체계, 곤충들과 다른 자기-조직 시스템(self-organizing system)의 생태학이 영감을 제공한 군집(swarm)지능, 동물운동학이 영감을 준 반응과 행동을 기반으로 한 제어 등이 그것들이다.

향후 전뇌 에뮬레이션의 성공을 전제한다면, 실리콘지성으로 발전하기 위해서는 에뮬레이트된(emulated) 뇌(소프트웨어)의 활용방법 역시 지속적으로 발전해야 한다. AI 스피커(챗봇)처럼 대화하는 수준에서 활용될 수도 있지만, 뇌 이외의 다른 인간의 장기 및 신체와 상호작용할 수 있는 궁극의 사이보그와 아바타형 로봇이 가능할 수 있다. 앞으로도 뇌 연구는 여전히 AI 연구에 도움이 될 수 있는 중요한 질문들에 대한 열쇠를 쥐고 있다. 예를 들어, 뇌는 어떻게 작업기억과 장기기억에 구조적 표현을 저장하는가, 독립적으로 처리된 여러 정보들이 어떻게 단일한 대상으로 통합되어 지각되는가(결합문제), 신경부호는 무엇이며, 개념은 어떻게 표현되는가, 대뇌피질의 정보처리 조직(외피 원주, cortical column)의 기본 단위가 있는가, 있다면 어떻게 연결되고 그 기능은 연결선에 어떻게 의존하는가, 그러한 원주들은 어떻게 소통하고 학습하는가에 대한 것들이다(보스트롬, 2017). 종합적으로 전뇌 에뮬레이션의 발전은 뇌와 신경과학의 진보를 더욱 자극할 것이다. 거짓말 탐지, 신경심리학적 조작기술, 인지능력 향상, 여러 분야의 의학적 진보 등에서도 눈에 띄는 효과를 보일 것이다.

---

52 로봇행동공학의 한 영역으로써 행동모듈들이 여러 계층적으로 구성되어 있으며 상위계층이 하위계층을 포섭(subsumption)하듯이 구성되었다는 이론이다. 상위계층은 섬세한 제어가 가능한 구조이며, 하위계층은 주로 본능적인 모듈로 구성된다. 평상시에는 하위계층으로 작동되다가 어떤 조건에 만족되면 상위계층이 하위계층의 모듈을 억제하며 발현한다.

• 위험과 대안들

전뇌 에뮬레이션이 실리콘지성(또는 범용AI)으로 발전해 가는 데 징검다리의 역할을 얼마나 충실히 할 수 있을까? 온전한 전뇌 에뮬레이션이 가능하기까지는 얼마나 더 걸릴까? 전뇌 에뮬레이션을 성취하는 일은 어려우며 발전과정을 예측하기도 쉽지 않다. 그렇지만 작은 성공, 예를 들어 곤충의 뇌를 성공적으로 에뮬레이션을 하고 나면(물론 이것도 결코 작은 성공은 아니다), 인간 뇌의 전뇌 에뮬레이션 기술을 확장하는 일에 대한 저항이 줄어듦으로써 좀 더 구체적인 로드맵이 수립되고, 기술 발전에 대한 보다 정확한 예측이 가능해질 수 있다. 한편 AI의 발전 경로에는 이러한 이정표나 조망지점이 현재로는 보이지 않는다. AI를 향한 연구는 마치 한 치 앞도 보이지 않는 무성한 밀림 속을 헤매다 어느 날 예기치 못한 돌파구에 의해서 불과 몇 걸음 앞에 갑자기 결승점이 나타날 가능성이 아주 크다. 보스트롬(2017)은 AI가 가진 기술적 불확실성을 근거로 예기치 않은 초지능(super-intelligence)의 출현과 그것의 위협을 강조한다. 그래서 그는 전뇌 에뮬레이션 기술을 대안적, 징검다리 기술로 보고 몇 가지의 의미심장한 가설을 주장하고 있다. 만일 AI가 향후 점점 통제하기 어렵다는 판단이 든다면 전뇌 에뮬레이션의 개발이 덜 위험한 대안으로 부각될 수 있다는 것이다.

전뇌 에뮬레이션의 한계는 대략 3가지 정도로 요약될 수 있다. 첫째, 인류가 자신의 지능(뇌)이 가진 강점과 약점에 대해서는 잘 알고 있지만 인간 수준에 이른 AI에 대해서는 경험이 없다. 반면 전뇌 에뮬레이션의 지적 활동은 범용AI에 비해서 당연히 예측 가능성이 높다. 그러나 능숙한 AI프로그래머가 안전을 고려하여 개발한 실리콘지성(범용AI)보다 작동모드 측면에서 어느 정도 예측 가능할지는 확실치 않다. 둘째, 에뮬레이트된(emulated) 개체는 모방(복제) 대상이 된 사람의 동기(특성)를 가지므로 보편적 안전성이 확실히 보장된다고 볼 수 없다. 인간의 가치판단까지 완벽하게 스캔하여 획득하려면 고도로 충실한 에뮬레이션이 필요하다. 만약 어떤 개인의 동기가 완벽하게 획득되었다고 하더라도 그것이 얼마나 안전할지는 아무도 모른다. 셋째, 전뇌 에뮬레이션이 AI보다 느리게 도약할 것이라는 전제도 확실하지 않다. 아마도 전뇌 에뮬레이션은 AI에 비해서 연산적 요구가 적어 낮은 하드웨어 성능으로도 충분하기 때문일 것이다. 만약 전뇌 에뮬레이션이 느리게 도약한다면 통제 문제를 해결하는 데 필요한 시간을 벌어준다는 점에서 우리에게 이롭다. 결론적으로 전뇌 에뮬레이션이 AI기술보다 더 안전하고 통제 가능성이 높다지만 이에 대한 확실한 증거는 없다. 따라서 보스트롬은 전뇌 에뮬레이션 연구를 촉진해야 할 당위성이 별로 없다는 실망스런 결론을 내린다.

앞서 전뇌 에뮬레이션의 발전이 당초 지향했던 결과를 가져다줄지 불확실하기 때문에 대신 신경모방(neuro-morphice) AI로 방향을 틀 수도 있다고 설명하였다. 신경모방 AI는 대외피질 구조를 상당히 모방하지만 전뇌 에뮬레이션만큼 충분하고 정확하게 뇌의 기능을 복제할 수 없다. 실제로 신경모방 AI가 다른 방법으로 만들어졌을 AI보다 더 나쁜 결과를 가져올 것이라는 믿을 만한 근거도 충분히 있다. 그래서 전뇌 에뮬레이션의 발전을 촉진하다가 신경모방 AI가 앞당겨지는 최악의 시나리오도 가능하다. 이는 전뇌 에뮬레이션에서 (기계지능보다 훨씬 더 강력한 형태의) AI로 전환되는 두 번째 전이(shift)와 관련된 위험이다. 에뮬레이트된 2세대 개체들은 효과적인 자기-개선(self-improving) AI가 실현될 때 가능할 것이며 그 발전 속도도 1세대 때와는 달리 엄청 빠를 것으로 예상된다(아니면 두 번째 전이는 나노기술이나, 아직 예상할 수 없는 다른 군사 또는 일반-목적의 기술이 월등히 발전할 때 일어날 수 있다)(보스트롬, 2017). 여기에 초지능 세력들의 경쟁적 다툼과 일부 초지능이 전략적 우위를 획득하는 가상적 과정도 상상할 수 있지만 그것에 관한 논의는 일단 여기에서 멈추고자 한다.

한편 전뇌 에뮬레이션을 통제하는 한 가지 방법은 증강 동기선택방법이다. 이 증강 기술은 시스템이 승계한 목표를 약간 변경하는 기술과 병합해서 사용될 수 있다. 예를 들면, 디지털 향정신성 물질(생물이라면 화학물질)을 투여해서 에뮬레이트된 개체의 동기부여 상태를 조작하는 것이다. 현재도 약물로 가치와 동기를 제한적으로 통제할 수 있는 기술이 있다. 예를 들면 MDMA는 일시적으로 공감력을 끌어올릴 수 있으며, 옥시톡신으로 신뢰감을 끌어올릴 수 있다(Bartz et al., 2011). 마찬가지로 미래의 처방전에는 좀 더 구체적이고 예측 가능한 효과를 보이는 약이 포함될 것이다. 이로써 에뮬레이트된 개체의 디지털 매체는 실험을 통제하기 쉽도록 하고 뇌의 모든 부위에 바로 접속되게 하므로 이런 계통의 기술적 발전을 촉진할 수 있을 것이다(보스트롬, 2017).

생물체를 실험대상으로 사용될 때와 마찬가지로 에뮬레이트된 개체를 대상으로 하는 연구도 복잡한 도덕적 논쟁에 휘말릴 수 있다. 이를 위한 규제나 윤리적 반감은 에뮬레이트된 개체의 진화를 느리게 할 수도 있고 이것들을 대상으로 동기부여 구조를 조작하는 연구에도 부정적인 영향을 미칠 것이다. 그렇다고 디지털 지성체를 실험대상으로 삼기 위해 우리의 도덕적 기준을 느슨하게 한다면 예상치 못한 피해가 발생할 수 있으며, 그런 범법행위가 의도치 않았다 하더라도 책임을 져야 할 수도 있다.

[기술 사례]

실험용 인공 뇌

뇌는 인류에게 남은 마지막 미지의 영역으로 여겨진다. 풀기 어려운 뇌의 비밀을 밝혀내기 위해 막대한 자금이 지금도 투입되고 있다. 미국의 보건비용(약 259억달러) 중 약 1/4 정도가 뇌에 생기는 질병과 정신적 질환을 치료하는 데 들어간다. 20여 년 전부터 많은 과학자들이 치매치료제를 발견했다고 매스컴의 헤드라인을 장식했음에도 여전히 제대로 된 약이 나오지 않는 이유는 임상실험과 관계가 깊다. 동물에게 잘 듣는 뇌 질환 치료제가 인간에겐 무용지물일 때가 많다. 그렇다고 인간 뇌에 직접 실험하기는 더더욱 어렵다.

이런 문제를 해결하기 위해 만들어낸 것이 뇌 오가노이드(organoid, 인조장기), 즉 '몸 밖에 있는 살아 있는 뇌'다. 이는 생명공학 기술이 발달하여 체세포를 줄기세포로 되돌렸다가 다시 특정 세포로 자라게 하는 기술이 발전하면서 가능해졌다. 미국 보스턴 매사추세츠 종합병원(하버드대 의대 산하)의 김두연 교수는 5㎜가량의 단백질 젤에 줄기세포를 섞어 뇌 신경세포와 뉴런 등을 몸 밖에서 만들어낼 수 있다. 이 젤리 속 덩어리가 바로 사람의 뇌(腦) 대체물이다. 이미 현재 기술로 대뇌·중뇌·해마 등 뇌의 특정 부위까지 줄기세포로 자라게 할 수 있어, 뇌 오가노이드는 약물이 여러 부위의 '살아 있는 뇌'에 미치는 영향을 실험할 수 있다. 예를 들어 김 교수가 수행하고 있는 치매 치료약물을 (치매에 걸린) 뇌 오가노이드를 활용하여 실험을 하면 사람 뇌에 진짜 효과가 있는 약물을 찾을 수 있고, 실험 비용도 (동물 실험보다) 거의 100분의 1 수준으로 줄며, 실험용 쥐 수백~수천 마리의 희생도 막을 수 있다.

한편 하버드대 의대 산하 브리검앤드위민스 병원 조초이펑 교수 역시 오가노이드를 이용하여 뇌종양 치료법을 개발 중이다. 뇌종양 치료 물질이 '혈액 뇌 장벽(blood brain barrier)'을 통과할 수 있는 방법을 찾기 위해 뇌 오가노이드를 활용하는 것이다. 혈액 뇌 장벽은 중추 신경계의 뇌척수액과 외부 혈액 사이에 존재하는 물리적 장벽이다. 이는 화학물질이 외부에서 뇌 안으로 침투하는 것을 막아 신경세포를 보호하는 중요한 역할을 한다. 그러나 이 때문에 치료약이 뇌 안으로 침투할 수가 없어 약물로 뇌종양을 치료하는 일이 어려워지는 것이다.

한 걸음 더 나아가 문제가 생긴 뇌의 일부를 이 오가노이드로 교체하는 시술도 가능해질 수 있다. 하버드대 뇌연구 권위자인 케빈 파커 교수는 일종의 틀을 만들고 그 안에 인조 뇌(뇌 칩)를 길러내는 연구를 진행하고 있다. 이 '대체 뇌'의 개발과 적용은 아직 해결해야 하는 많은 법적, 윤리적 문제를 남겨두고 있다. 그렇더라도 이 대량의 뇌 오가노이드를 대상으로 하는 실험은 윤리적 문제를 완전히 비켜나갈 수 있을까?

[자료원] 이정민, "5㎜ 미니 뇌' 만들어 뇌치료 혁신… 치매 실험비용 99% 줄였다 ", 조선일보 2019.8.31.

3) 기계학습의 변절

실리콘지성(범용AI)과 연이은 초지능의 출현에 대한 보스트롬의 염려는 기계학습(특히 딥러닝)의 잠재능력 때문이다. 컴퓨터가 ANN(Artificial Neural Network, 인공신경망)의 도움으로 사물데이터(문서, 이미지, 동영상 등)를 처리하여 스스로 학습하는 딥러닝 기술은 전뇌 에뮬레이션처럼 뇌 연구와는 직접적으로 관련이 없다. 딥러닝은 뇌의 신경세포들이 데이터를 처리하는 과정을 모방했을 뿐, 죽은 사람의 뇌를 유리화(vitrification)[53]하고 기계로 얇게 썰어 전자현미경 등으로 스캔하는 것은 아니다. 강력한 컴퓨터와 효율적인 ANN 알고리즘에 전적으로 의존하는 기계학습을 굳이 이 장에서 언급할 필요는 없지만 이것 역시 수많은 뇌 연구의 통찰력 덕분인 것은 맞다. 기계학습의 뿌리가 된 인공신경망이론은 도널드 헵(Donald Hebb)이 창안한 헵이론(Hebbian Theory)에서 출발했고, 헵이론은 신경세포와 신경세포의 연결관계가 활성화되고 이 연결이 반복될수록 학습이 강화된다는 이론이다.

한편 카쿠(2013)가 정리한 인간의 뇌를 모델링하는 두 가지 방법 모두 뇌 연구와

53 조직을 유리와 같은 비정질 상태로 고형화하는 과정

직접적인 관계가 없는 것들이다. 첫째는 로봇을 컴퓨터로 취급하여 처음부터 끝까지 필요한 모든 지능을 프로그램하는 하향식 접근방식이다. 그런데 이는 뇌처럼 학습기능을 갖출 수 없다는 단점이 있다. 뇌는 천억 개의 신경세포와 이것들이 상호연결된 신경망으로 구성되고 매 순간 스스로 업그레이드되는 강력한 학습능력을 갖추고 있다. 따라서 자가 학습(self-learning) 능력이 없는 하향식은 AI과학자들에게 별 의미가 없다. 또 다른 방법은 상향식으로 헵이론을 따르는 ANN 방식이다. 지능과 관련된 모든 법칙을 일일이 프로그래밍하기보다 어린아이처럼 경험과 반복적 연습을 통해 지능을 확장해 나가는 방식이다. 뇌는 특정 행동이나 판단을 성공적으로 수행할 때마다 해당 신호를 전달한 신경회로는 더욱 견고해진다. 즉 특정 뉴런과 뉴런 사이의 선기석 결합이 더욱 강화되는 것이다. 이 같은 뇌의 학습 메커니즘을 딥러닝기법으로 AI로 구현하는 일은 어렵지 않아 보인다. 오늘날 AI과학자들은 인간이 1년간 배워야 할 분량을 한 주만에 학습시킬 수 있는 빠른 스캐너와 컴퓨터 그리고 저렴한 스토리지, 스마트한 ANN 알고리즘을 모두 가지고 있기 때문이다. 이 상향식 인공신경망은 이제 초스피드로 기계를 학습시킴으로써 지능을 갖도록 하는 유망한 대안 기술로 이미 각광을 받고 있다. 전뇌 에뮬레이션처럼 요구하는 여러 가지 힘든 기술적 전제조건도 거의 없으며 무엇보다 지능의 소스가 인터넷에 널려있는 데이터라는 강점도 있다. AI프로그램을 인터넷에 풀어만 두면 지식을 스스로 습득하기 때문에 매우 현실적이고 비용효과적인 기술로 보인다.

딥러닝처럼 고도의 기계학습기법의 출현으로 AI가 뇌과학과 초창기에 맺었던 깊은 연결고리는 차츰 무의미해지고 희미해져 갈 것인가? 즉 기계는 기계공학의 길로, 뇌과학은 생물학의 길로 각자 나가는 것일까? 이 문제는 무기질의 컴퓨터와 유기질의 뇌가 함께 갈 수 없는 분자(세포) 수준의 근원적인 차이에 기인한다. 두 기술이 결별이 아닌 지속적인 협력이 요구되는 분야는 뇌와 기계의 결합 문제에서 찾아야 한다. 따라서 나중에 다룰 사이보그, 뇌-컴퓨터 인터페이스(BCI)와 같은 분야는 계속 뇌과학과 AI의 연결고리를 계속 붙들고 있을 것이다.

4) 뇌 같은 컴퓨터 가능한가?

컴퓨터과학자들은 유한한 생물적 뇌를 반영구적인 컴퓨터로 완전히 대체하는 날을 고대하면서 여전히 뇌 연구의 주변을 서성거리고 있다. 그런데 그게 언제 가능할지 그리고 정말 필요할지는 아직 미지수이다. 실리콘지성(범용AI)을 향한 비전은 AI알고리즘이 단순히 연산을 수행하는 수준이 아니라 연결된 하드웨어(도구)를 효율적이며 정확하게 움직일 수 있는 서비스로봇 수준을 지향하고 있기 때문이다. 그러나 하드웨어 작동에 요구되는 연산분량이 너무 많아 현재의 기술로는 불가능하다는 모라벡 역설이 버티고 있다. 더 빠르고 더 작은 컴퓨터와 혁신적인 클라우드의 출현으로 많은 연산분량이라도 적당한 시간 내에 처리할 수 있다면 이 역설을 극복할 날도 머지않을 것 같다. 그때가 되면 인지적 처리와 물리적 동작을 동시다발적으로 처리할 수 있는 실리콘지성도 가능할 것이다.

'NAND게이트'[54]라는 함수가 있다. 뇌 같은 컴퓨터를 만드는 데 필요한 기초소자가 될 수 있다. 이 함수는 비트 2개를 받아 비트 하나를 출력하는데, 만일 입력 값이 둘 다 1이면 출력 값은 0인 셈이고, 다른 경우는 1이다. 컴퓨터과학에서 NAND게이트는 보편적 이론이다. 즉 아무런 NAND게이트들을 연결하더라도 어떤 잘 정의된 함수를 실행할 수 있기 때문이다. 무한개의 IC칩을 실리콘 웨이퍼에 새겨 넣듯이 만일 NAND게이트를 충분히 만들 수 있다면 무엇이든 연산 가능한 기기를 만들 수 있다. MIT의 노먼 마골루스(Norman Margolus)와 토마소 토플리(Tommaso Toffoli)는 원하는 계산을 무엇이든 수행할 수 있는 물질을 컴퓨트로늄(computronium)이라 불렀다. 어느 것이든 원하는 방식으로 연결된 NAND(또는 NOR 등)게이트를 잘 합성하면 이 컴퓨트로늄을 만들 수 있다.

뇌신경망(neural network)도 의도하는 연산작업, 즉 컴퓨트로늄의 역할을 수행하는 것으로 볼 수 있다. 과학자이자 기업가 스티븐 울프램(Stephen Wolfram)은 '셀룰

---

54 NAND는 'NOT AND'를 줄인 말이다. AND게이트는 최초 입력이 1이고 둘째 입력도 1일 때만 1을 출력한다. NAND는 정반대로 보면된다.

럴 오토마타(cellular automata)'라는 간단한 기기를 만들었다. 이 기기는 주변 비트에 따라 반복적으로 비트를 업데이트할 수 있다. 컴퓨터의 선구자 앨런 튜링이 자신의 기념비적 논문에서 기호를 다루는 간단한 기계(보편적 튜링머신)를 통해 어떠한 연산도 가능함을 주장하였듯이 말이다. 요컨대 물질(뇌, 신경세포 등)조차도 잘 정의된 어떤 계산이라도 수행할 수 있을 뿐만 아니라 여러 다른 방식으로 계산을 수행할 수 있다. 물리학적 관점에서 보편적 컴퓨터(universal computer)는 NAND게이트 네트워크와 연결된 신경세포(뉴런) 네트워크처럼 다양한 물질을 포함할 수 있다. 울프램은 기후예측시스템에서 뇌에 이르기까지 대다수 중요한 물리적 시스템을 원하는 만큼 크고 오래 지속되게 만들 수 있다면 보편적 컴퓨터(universal computer)가 될 수 있다고 수장한다. 보편적 컴퓨터는 어떤 것이든 정확하게 동일한 연산을 할 수 있으므로 데이터(정보)처럼 기질로부터 독립적이라 할 수 있다. 즉 연산(계산)이 물리적 기질로부터 독립해 자신의 생명을 가질 수 있다는 것을 의미한다.

'기질 독립성(substrate-independent)'아이디어는 물리학의 여러 현상에서 발견할 수 있어 설득력 있는 이론이다(테그마크, 2017). 예컨대 파동은 속도, 파장, 주파수 같은 특성이 있고, 물리학자들은 그 파동이 어떤 물질에서 나오는지 상관없이 파동에 대한 방정식을 연구해 왔다. 우리의 청각은 공기라고 부르는 혼합 가스 속에서 울리는 기체입자의 음파를 감지하는 기관이다. 파동과 관련된 다양한 흥미로운 현상들, 예컨대 거리에 따라 강도가 약해지는 속도, 열린 문을 통과하는 방식, 벽에 반사될 때 어떻게 반향을 일으키는지를 계산할 수 있는데, 이 모든 것을 공기가 무엇으로 구성됐는지 모르고도 할 수 있다. 파동의 물리적 연구처럼 뇌를 구성하는 물질이 무엇이든 상관없이 뇌 현상을 연산화할 수 있다는 결론을 다음과 같이 내릴 수 있다.

> 첫째, 어떤 물질이든, NAND게이트로 배열되거나 뉴런으로 연결되거나 다른 구성요소로 이뤄졌거나 기질과 상관없이 보편적인 계산을 수행할 수 있다.
>
> 둘째, 기질독립현상은 기질로부터 독립해 독자적인 생명을 가진다.
>
> 셋째, 우리가 관심을 갖는 것은 종종 기질로부터 독립된 어떤 특징을

대상으로 한다. 서퍼는 파도의 세부 구성 물질보다는 파도의 높이와 파동에 관심을 더 둘 뿐이다.

테그마크(2017)는 지능이 기질-독립적이라면 기질의 물리적 세부사항에 의존하거나 영향을 받지 않으므로 독자적인 생명력을 가질 수 있다고 생각했다. 그래서 연산(계산)이란 입자의 시공간 배열 양상(pattern)[55]이어서, 입자(particle)가 아니라 양상(pattern)이 중요하다고 보고 물질(matter)은 중요하지 않다는 결론을 내렸다. 달리 말하면 하드웨어는 물질이고 소프트웨어는 양상이라는 것이다. 즉 연산(계산)의 기질-독립성은 AI가 가능함을 시사한다. 지능이 살과 피와 탄소원자를 꼭 가져야 할 필요는 없기 때문이다. 그러나 무기질의 연산칩과 실리콘 메모리 그리고 프로그램만으로 기질-독립적인 지능을 만들 수 있다지만 여전히 인간의 뇌와는 차이가 많다. 그렇다면 그것이 우리가 원하는 컴퓨터와 AI연구의 궁극적 결과물일까? 앞서 인간의 뇌가 갖는 한계와 장단점을 설명한 바 있다. 뇌는 컴퓨터보다는 연산능력이 현저하게 떨어지지만 대량의 사건(데이터)을 병렬처리함으로써 직관적으로 문제를 해결하는 일에는 탁월하다. 인지적 과정에 필요한 일시적 기억능력과 장기 기억능력 모두 기계보다 뒤진다. 뇌의 뉴런은 기계 뇌를 구성하는 트랜지스터보다 신뢰성이 떨어진다. 뇌는 쉽게 피로해지고, 늙으면 비가역적으로 파괴된다. 그렇다면 AI가 더 모방할 수 있는 뇌의 장점은 고작해야 직관적 문제해결능력이다. 그런데 그것조차도 이제 불투명하다. 구글의 알파고처럼 컴퓨터의 강력한 연산능력은 때로 우리가 이해하기 힘든 직관적 '신의 한 수'를 보여주기도 한다. 그렇지만 이 세상에 존재하는 문제란 누운 환자에게 위로를 하며 물 한 컵을 따라주는 일부터 바둑이나 체스를 두는 일에 이르기까지 천차만별이다. 우리의 뇌와 신체는 선자의 일을 가장 질 힐 수 있도록 최적화되어 있지만 특별한 훈련을 받지 않는 이상 후자에는 젬병이다. 인간이 전자의 일을 잘 할 수 있다는 것은 뇌의 명령을 따라 순식간에 일을 해치우는 유연한 지체(肢體)가 있기 때문이다. 현재 AI과학

55 a pattern in the spacetime arrangement of particles (Tegmark, 2017, 67).

자, 로봇공학자, 생물공학자들은 이 AI에 부착될 유연한 지체와 뇌-컴퓨터 인터페이스를 만드는 일에 관심을 갖기 시작하였다.

이 시점에서 우리는 컴퓨터가 인간을 흉내내는 AI과업에서 단순히 뇌를 닮는다는 것과 인간을 닮는 것을 구분할 필요가 있을 것 같다. 뇌를 닮는 일에는 모라벡 역설이라는 넘어야 할 산은 없다. 무기질의 연산칩과 실리콘 메모리 그리고 프로그램만으로 기질-독립적인 지능을 만들어 세상의 수많은 문제를 인간보다 더 빠르고 멋지게 해결할 수 있다. 그러나 인간을 닮는다는 것은 뇌의 지시를 받아 그 뇌를 감싸고 있는 신체를 자유자재로 움직이고, 뇌와 부속물이 자유롭게 양방향 소통을 함으로써 인간의 부족한 부분을 보완하고 대체할 수 있는 AI형 서비스 로봇 또는 사이보그를 의미한다. 후자의 경우, 우리는 하드웨어, 뇌-기계 인터페이스, 합성생물학의 현저한 진보를 전제하지 않는다면 불가능하다.

• 통찰력(직관)

인간이 여느 동물이나 기계와 다른 점으로 흔히 통찰력(insight)을 든다. 통찰력이나 직관은 보이지 않는 차원을 추론하는 능력이다. 겔만과 같은 학자들은 어린아이조차 동물을 보고 물리적으로 보이는 모습을 초월하여 어떤 내적 속성을 추론할 수 있다고 하였다. 영국의 실험심리학자 브루스 후드(Bruce Hood)는 이러한 인간의 속성을 본질주의(essentialism)로 설명하였다. 즉 모든 생물들은 여러 대상의 영역에 기본적으로 스며있는 본질적인 속성, 진정성을 공유하는데, 통찰력도 이러한 속성 중에 하나라는 것이다.

뇌는 간혹 창의적인 통찰을 무의식적으로 떠올릴 수 있다. 뇌는 별 의미가 없어 보이는 서열과 패턴에 감춰진 어떤 규칙성을 간파하는 세련된 통계학자의 눈을 지니고 있다. 울리히 바그너와 얀 보른의 실험에 의하면 숙면이 그런 계기를 제공하는 것 같다(데하네, 2017). 동물연구를 통해 해마(hippocampus)와 대뇌피질의 신경세포가 수면 중에 활성화되는 것으로 알려져 있다. 예컨대 쥐가 미로를 열심히 헤매다가 잠에 빠지면 쥐의 뇌는 장소를 부호화하는 신경세포가 아주 정밀하게 재활성화된다. 쥐는 그 패턴을 사용해 마음속으로 지나친 장소를 훨씬 더 빠른 속도로 때로는 심지어 역순으로도 해독할 수 있다. 잠은 분명히 조각 기억의 통합과 통찰을 뒷받침해주는 무의식적 활동이 왕성하게 이루어지는 시간으로 보인다.

인간은 미래를 예측하는 능력을 가진 몇 안 되는 동물 중에 하나이다. 머릿속으로 시간여행을 하며 다양한 미래의 모습을 상상해보고 가장 큰 즐거움을 안겨줄 미래를 선택할 수 있다. 이는 전두엽의 진화와 관계되는 능력으로 환경에 대한 인간의 놀라운 적응능력에서 증명된다. 즉 우리는 과거에 경험했던 짜릿한 기쁨이나 실패의 좌절감과 허탈감들을 기억하고 학습한다. 그렇지만 미래를 머릿속에 상상하고 그런 미래에 대한 정서적인 반응을 예측하는 인간 능력에는 중대한 결함이 있기에 우리는 예상만큼 극도로 행복해하거나 불행해하지도 않는다(카너먼 외, 2015). 항상 최악의 상황을 상상하고 이에 대비함으로써 인류는 자신의 생존확률을 최대한 끌어올릴 수 있었다.

그런데 인간의 고유한 특징으로만 여겨지는 직관과 통찰 그리고 이것들을 기반으로 한 창의력이 AI에서도 가능함을 보여준 사건이 있었다. 특정 분야(예: 체스, 게임, 바둑 등)에 딥러닝으로 학습한 AI프로그램(예: 알파고, 딥블루, 왓슨)은 빠른 컴퓨터의 도움으로 직관처럼 느껴지는 창의적 선택지를 만들어낸다. 그렇다면 그동안 뇌의 고유한 기능으로만 여겨지던 것들이 기계지능에서도 가능하다는 것을 의미한다. 테그마크(2017)가 AI를 새롭게 정의하게 된 순간은 알파고(바둑선문가시스템)가 바둑 천재 이세돌을 이긴 2016년이었다. 그는 AI가 인간의 독특한 특성인 직관과 창의성을 가진 듯해 큰 충격을 받았다. 그때의 경험을 그는 다음과 같이 서술하였다.

> "바둑 기사들은 가로·세로 19개 선이 교차하는 판 위에 번갈아 검은 돌과 흰 돌을 놓는다. 가능한 수(手, move)는 우주에 있는 원자의 수보다 훨씬 많다. 그래시 이이길 수 기운데 흥미로운 순서를 모두 분석하려는 시도는 급속도로 무망해진다. 기사들은 그래서 의식 속의 추론을 보완하기 위해 무의식에 크게 의존하고, 고수들은 어느 자리가 강하고 어느 자리가 약한지에 대해 거의 초자연적으로 느낌을 가다듬는다. ... 딥러닝의 결과는 가끔 직관을 떠올리게 한다. 딥 신경망은 이미지가 고양이를 묘사한 것인지, 설명하지 못하지만 판단할 수 있었다. 그래서 딥마인드 팀은 딥러

닝이 고양이를 알아볼 수 있을 뿐만 아니라 바둑판의 어느 곳이 강한지 인식할 수 있을 것이라는 기대를 품었다. 그들이 알파고에 넣은 핵심 아이디어는 고파이(GOFAI)의 논리력과 딥러닝의 직관력을 맺어주는 것이었다. ... 이렇게 직관과 논리를 맺어줬더니 강력할 뿐 아니라 몇몇 경우에는 고도의 창의적인 수가 나왔다. ... 둘째 게임의 37번째 수에서 알파고는 오래된 지혜를 거부하고 5선에 둠으로써 바둑계에 충격을 줬다.[56] ... 알파고의 5선 행마는 바둑 역사에서 가장 창의적인 수로 기록되었다."

바둑AI의 직관과 창의성은 인간 바둑천제를 제압하는 것으로 끝났다. 그러나 이것이 바둑의 수가 아니라 인간 사회의 질서유지에 필요한 전통적인 가치관과 유익한 관습을 거역하고 새로운 질서를 만든다면 어떻게 받아들여야 할까? 때로 우리는 TV에서 가정을 풍비박산 낸 흉악한 살인범이 무기징역에 처해지는 것을 보면 법이 너무 무르다는 생각을 한다. 많은 선진국들이 사형제를 폐지하는 이유는 죄가 있다고 하여 공권력이 한 인간을 죽이는 것은 옳지 않다고 생각하고, 때로 나중에 진범이 발견되는 경우가 있기 때문이다. 즉 휴머니즘을 존중하고 사법체계의 한계를 인정하기 때문이다. 그러나 AI판사는 수많은 과거 판례와 사건기록을 섭렵한 후 살인범이 확실하다는 판단을 하고선 '사형'을 언도할 수도 있을지 모른다. 그렇다면 AI의 판단은 알파고의 창의적 수와 별다른 점이 없다. AI는 인간판사 이상으로 더 많은 데이터를 섭렵한 후 직관적이고 창의적인 판단을 내렸기 때문이다. 차이점은 단지 전자는 게임일 뿐이요 후자는 사회적 파장이 예견되는 살인범에 대한 판결이다. 언젠가 우리 사회는 기계의 직관을 사람의 직관보다 더 신뢰해야 할지 모른다. 빅데이터의 시대에 우리는 이미 그 길에 접어들었는지도 모른다.

통찰을 넓게 정의하는 아량을 베푼다면 동물도 기계도 충분히 통찰력을 가질 수 있다. 그러나 논란은 그 통찰이 개인적, 사회적 맥락에 얼마나 부합하느냐에 있어 보인

56 대국 초반에는 3선과 4선에 두는 것이 최상이라는 오래된 바둑의 지혜

다. 통찰 그리고 그것을 바탕으로 한 창의적 아이디어와 상상력이 사회적, 문화적, 도덕적 맥락에서 어느 정도 수용될 수 있느냐는 인간이 AI를 통해 다른 이해관계자와 소통하고 이해하는 일에 크게 영향을 미칠 수 있다. 미술품의 경우, 다양한 장르의 회화, 조각, 조형물, 멀티미디어아트는 작가의 창의력과 상상력이 버무려져 있다. 비평가와 관객들은 현재의 사회적, 도덕적, 문화적 맥락에서 작품을 이해하고 작가의 생각에 동의한다. 때로 전통적 맥락을 크게 벗어나는 작품은 심한 비판을 받기도 하지만 소수에 의해 시대를 앞서가는 창의적인 작가로 호평받기도 한다. 결국 인간의 순수한 사회적, 문화적 맥락에서 통찰의 수용여부를 묻는다면 기계와 동물의 통찰을 그대로 받아들이기 어려울 것이다. 우리가 공유하는 맥락과 관점이 그것들과 근본적으로 다르기 때문이다. 결론적으로 우리는 우리 사회에서 기계의 통찰을 어느 정도 인정하더라도 있는 모두보다 우리의 것을 보완하는 정도로 한정할 것으로 예측된다. 우리가 아직 AI가 그린 작품에 후한 점수를 주지 않는 것도 그런 이유 때문일 것이다.

따라서 우리는 로이 바우마이스트(Roy Baumeister)의 성찰에 귀를 기울일 필요가 있다. 그는 문화란 인류의 생물학적 전략이며, 인간 본성은 새롭고 발전된 사회적 삶, 즉 문화에 유리한 형질을 선택하는 진화과정에 의해 형성된다고 하였다. 그는 뇌에 대한 연구가 인간행동을 연구하는 다른 접근방법을 대체하기보다 그 자체로 증가할 것으로 보았다. 이때 대인관계 요인을 등한시함으로써 인간 본성에 대한 우리의 이해가 위기를 맞을 것으로 걱정하였다(카너먼 외, 2015). 이런 인간의 고유한 본성에 대한 집착은 인간으로 하여금 기계지능을 완전히 무시하거나 아니면 더 인간스러운 기계지능을 고집하는 방향으로 양극화될 것이다. 우리는 비록 한시적일지 모르나 이미 이런 양극화된 시대에 살고 있다고 해도 과언이 아니다.

5) 뇌-컴퓨터 인터페이스(BCI, Brain-Computer Interface)

BCI는 우리의 뇌와 신체적 한계를 극복하기 위해 AI를 비롯한 무기질의 기계의 도움을 받고자 할 때 꼭 필요한 기술이다. 그간 뇌과학자들이 축적한 뇌의 부위별 기능과 작동방식들에 대한 상당한 지식은 BCI 연구에 큰 도움을 주었지만, 그 소통의 명료성은 모스부호를 주고받는 수준일 뿐이다. 오감으로부터 입력되는 데이터를 처리하는 각종 부위들, 신체 운동에 관여하는 부위들, 특정 이미지에 반응하는 뉴런들, 뉴런과 뉴런 사이에 시냅스를 통해 전달되는 다양한 신경물질들에 대한 발견 등... 이제 뇌과학자들은 외부에서 뇌를 통제하거나 뇌의 역량을 개선하고 뇌의 명령을 이해함으로써 뇌질환의 원인을 진단하고, 치료하고, 뇌를 업그레이드하고, 컴퓨터 같은 무기질의 도구와 링크함으로 인간(뇌)과 기계의 새로운 소통방식을 모색하고 있다. 그래서 뇌를 제외한 장기와 신체들이 모두 정지된 상황에서 뇌와 양방향 소통을 할 수 있는 뇌-컴퓨터(기계) 인터페이스의 개발은 뇌, 컴퓨터 및 의료공학자들의 지속적인 관심분야이다.

뇌와의 소통이 정말로 간절한 상황은 정상적인 소통이 불가능한 혼수상태 환자가 의식이 있는지 여부를 확인하는 일이다. 오늘날 뇌-컴퓨터 인터페이스의 발전으로 환자의 상태와 환자의 뇌가 전하고자 하는 신호를 더 잘 포착할 수 있게 되었다. 일반적으로 뇌와 소통하기 위한 도구는 ePhys(electrophysiology 전기생리학)같은 침습형 도구와 fMRI, EEG, MEG, ECoG와 같은 뇌전도 기술들이 있다. 특히 Monti 외(2010)는 후자에 속하는 뇌영상기법의 도움을 받아 식물인간상태 환자[57]와 의사소통경로를 확립할 수 있는 근거를 마련하였다. 그들의 실험에서 54명의 의식장애환자 중 5명이 테니스시합이나 살던 집을 방문하는 것을 상상하게 하자 뇌 활동에서 뚜렷한 차이를 보여주었다. 이러한 환자의 반응은 연구자의 질문을 환자가 이해한 후, 올바른 답을 찾기 위해 몇 분 동안 그것을 마음에 간직할 수 있음을 의미한다. 즉 언어이해, 장기기억, 작동기억 등이 그대로 작동하고 있는 것이다. 그리고 '예'라는 답을 테니스 시합과 '아니오'라는 답을 자신의 집을 방문하는 것과 연결할 수 있었는데, 이는 광역 신경세포 작업공간이 손상되지 않았음을 의미한다. 그런데도 식물상태 환자의 내면에 의식이 남아있음을 발견하는 '기적'은 단지 소수의 사례일 뿐이며, 그것을 모든 혼수상태 환자에게 무제한 의료지원을 해야 한다는 주장에 이용하는 것은 합리적이지 않다(데하네,

57 혼수상태와 식물인간은 서로 다르다. Monti 외(2010)의 실험에서는 식물인간과 최소의식상태 환자를 대상으로 하였다.

2017). 결론적으로 '최소의식(minimal consciousness)'이라는 임상 진단만으로 환자가 정상적인 의식상태를 유지하고 있다고 판단하기는 어렵다. 따라서 하나의 의식 테스트만으로는 의식의 여부를 확실하게 입증할 수 없다는 점을 유념해야 한다.

이 같은 절망적인 상황을 극복하는 것이 얼마나 시급한지를 잘 아는 몇몇 연구팀들은 이제 훨씬 단순한 뇌전도(EEG) 기술을 바탕으로 한 뇌-컴퓨터 인터페이스를 개발하였다. EEG는 임상에서 일상적으로 사용할 수 있는 값싼 기술이며, 뇌 표면에서 방출되는 전기신호를 증폭시키기만 하면 된다. 그러나 EEG만으로 앞서 설명한 Monti가 수행한 과업, 즉 테니스 시합을 떠올리고 아파트를 돌아보는 것까지 추적하기는 힘들다. 이러한 단점에도 불구하고 EEG를 기반으로 한 뇌-기계 의사소통은 미래의 연구에 대한 가장 저렴하지만 효과적인 방법이다. 많은 기술자들이 컴퓨터와 뇌를 연결하는 어려운 작업에 강한 매력을 느끼고 있으며, 점점 더 고도의 시스템이 개발되고 있다. 예를 들면, 게임에서 가벼운 무선기록장치를 가지고 청각적 주의나 운동 이미지를 해석할 수 있으며, 신체가 마미된 환자들의 대뇌피질에 외과수술로 전극을 직접 삽입하기도 한다. 사지가 마비된 환자는 그런 장치를 사용해 생각만으로 로봇팔을 제어할 수 있다. 언젠가 그 장치가 언어 영역 위에 놓인다면 언어합성장치로 환자가 의도하는 말을 실제의 어휘로 바꿔놓을 수 있을 것이다.

이러한 연구들은 록트인(locked-in) 환자에게 필요한 의사소통장치의 개량은 물론, 남은 의식 여부를 감지하는 새로운 수단도 제공할 것이다. 벨기에의 '혼수상태를 연구하는 그룹(Coma Science Group)'처럼 앞서가는 연구센터에서는 뇌-컴퓨터 인터페이스가 이미 뇌사검사과정에 포함되어 있으며, 식물인간상태 환자가 새로 들어올 때마다 체계적으로 적용되고 있다. 앞으로 20년 뒤에는 자신의 생각(의지)에 따라 휠체어를 조작하는 사지마비 환자와 록트인 환지의 모습이 완전히 일상화될 것이라 기대한다(데하네, 2017). 카쿠(2013) 역시 21세기 말에 이르면 인간은 생각만으로 컴퓨터 등 하드웨어를 움직일 수 있을 것으로 예측하였다. 이 분야의 기초기술은 이미 확립되어 있지만 완성되려면 수십 년은 더 걸릴 것으로 예상된다. 마음으로 물체를 조종하는 것은 기계를 다루는 획기적인 변화가 아닐 수 없다.

[기술 사례]

뇌-기계 인터페이스(BMI, Brain-Machine Interface)

최근 뇌과학자는 외부에서 인간의 뇌와 직접적으로 소통하기 위한 연구를 많이 하고 있다. 지금은 뇌가 보내는 신호를 포착하고 이를 이해할 수 있는 BMI를 개발하는 수준이지만 뇌와 양방향으로 상호작용할 수 있는 BMI의 개발로 나아가고 있다. 즉 외부에서 뇌를 들여다보고 통제하고 간섭하고 치료할 수 있는 길에 점점 다가서고 있는 것이다. 아래 3개의 BMI연구 사례를 통해 뇌와 기계의 양방향소통을 향한 미래기술의 지평선을 조망해 보기 바란다.

[1]

미국 매사추세츠주(州) 소머빌 소재 스타트업 '브레인코' 는 뇌파를 인식하는 BMI장치를 만들었다. 흔히 운동선수들은 연습 때와 달리 긴장이나 압박감으로 실제 경기 기록은 부진한 경우가 많다. 브레인코는 이러한 선수들을 위한 '뉴로 피드백(neuro feedback)'이라는 훈련을 가능하게 하는 기계를 개발한 것이다. 선수의 뇌파를 측정한 뒤 개선이 필요한 부분을 분석한 후 취약한 부분을 보완하는 학습을 장기적으로 받으면 뇌는 성적을 높이는데 유리한 패턴을 유지하게 돼 압박감 등에서 멀어진다. 만일 이러한 장비의 사용으로 선수들의 성과가 현저히 나아질 경우, 이러한 기계를 쓸 수 없는 나라에 대한 역차별이 올림픽위원회에서 문제가 될 수 있을 것이다.

[2]

일론 머스크 테슬라 창업자 겸 최고경영자(CEO)는 뇌와 컴퓨터를 연결하는 기술을 개발, 2020년에 인체 실험을 목표로 하고 있다. 머스크가 1억 달러를 투자한 바이오 스타트업 '뉴러링크(Nueralink)'는 '뇌-기계 인터페이스(Brain-Machine Interface·BMI)' 기술 중 두개골을 직접 뚫고 전극을 단 실(thread) 다발을 삽입해 뇌와 컴퓨터를 직접 연결하는 '침습형'기술이다. 보통 침습형은 뇌 신호를 보다 정확하게 포착하지만, 수술에 대한 부담이 있는 데다 삽입 전극 대부분이 단단한 금속이나 반도체로 만들어져 뇌 신호를 탐지할 수 있는 범위가 제한된다. 반면 영상 기술 등을 활용하는 비(非)침습형은 수술이 필요 없는 대신 뇌 신호 파악의 정확도가 떨어진다는 단점이 있다. [1]에서 언급한 '브레인코'는 비침습형 기술이다.

뉴러링크는 쥐의 두개골에 작은 구멍을 내 가는 실 같은 전극을 뇌에 이식했고 이 전극을 컴퓨터와 연결해 쥐의 뇌 신호를 읽어냈다. 이식된 전극으로부터 뇌 신호 수신율이 최고 85.5%에 이르렀다. 뉴러링크의 기술은 기존 기술과 비교해 뇌에 연결한 전극의 수가 압도적으로 많다. 지금까지는 250개의 전극을 뇌에 삽입한 것이 최대였지만, 뉴러링크는 첫 실험에서 쥐의 뇌에 약 3000개의 전극을 삽입했으며, 초기 임상 단계에서는 전극 수를 1만개로 늘릴 예정이라 한다. 뇌에 삽입하는 전극 수를 획기적으로 늘린 비밀은 '실'과 '재봉틀'에 있다. 머리카락 4분의 1 수준인 4~6μm(마이크로미터) 두께의 실마다 뇌 신호를 감지할 수 있는 전극 32개가 포함되어 있다. 이 실은 미세한 전극들이 진주 목걸이처럼 전도성 와이어에 연결되어 있고, 이를 절연하기 위해 셀로판과 비슷한 물질로 감싼 가느다란 샌드위치처럼 생겼다.

이 유연한 실은 뇌에 최대 수 센티미터 깊이까지 이식될 수 있다. 재봉틀처럼 작동하는 수술로봇이 미세 바늘의 작은 고리를 이용해 실을 한 가닥씩 잡아서 뇌에 이식했다. 수술로봇은 뇌의 핏줄은 피하면서 특정 부분에 전극을 삽입하기 위해 시각 시스템을 갖추고 있으며, 분당 실 여섯가닥을 삽입할 수 있다. 실 96가닥(전극은 3072개)이 달려있고, 신호 출력, 디지털 변환을 담당하는 맞춤형 칩이 포함된 이식 기구는 가로·세로·높이가 각각 23×18.5×2㎜에 불과하다. 이식을 마친 후 전극이 포함된 실은 뇌에, 나머지 기구는 두개골 밖으로 노출되는데, 이 기구에 달린 USB-C 타입 단자를 컴퓨터와 연결하면 실시간으로 뇌 신호 데이터를 받아볼 수 있다. 뉴러링크 기술은 처음에는 중증 신경 질환 환자에게 적용되다가 점점 건강한 사람의 뇌의 역량을 확장하는데도 활용될 수 있을 것이다. 이 기술을 이용하면 인류는 현재 눈으로 읽고 손으로 쓰는 것보다 더 막대한 양의 정보를 처리할 수 있을 것이다.

[3]

얼마 전 우리나라 연구진은 아직 생쥐를 대상으로 한 실험수준이지만 뇌의 신경신호를 측정하면서 동시에 약물과 빛을 뇌에 전달할 수 있는 초소형 칩을 개발했다. 한국과학기술연구원(KIST) 조일주 박사 팀은 뇌에 칩을 삽입해 신경신호를 읽는 것은 물론 거꾸로 뇌에 신호까지 보내는 데 성공했다. 이를 위해 연구진은 머리카락 굵기인 약 40㎛(마이크로미터·1㎛는 100만분의 1m) 크기의 탐침(기존 탐침보다 6~8배 정도 작은 크기)을 제작했다. 탐침 끝에는 전기 자극을 주거나 뇌 신경신호를 측정할 수 있는 전극 8개를 붙였다. 각각의 전극 크기는 뇌 세포와 비슷해 신경세포에서 발생하는 신호를 정밀하게 측정할 수 있다. 또 탐침 내부 통로를 통해 외부에서 약물과 함께 신경을 조절하는 빛도 전달할 수 있다. 이 4개의 탐침을 모아 전극 32개로 이뤄진 칩을 만든 것이다. 연구진은 실험용 쥐의 뇌에 초소형 칩을 삽입했다. 이후 생쥐의 기억을 담당하는 해마 부위에 약물을 전달하고 빛으로 신경세포를 제어하는 데도 성공했으며, 해마 여러 부위에서 동시다발적으로 발생하는 신경신호를 정밀하게 측정할 수 있었다.

[자료원] [1] "도쿄올림픽 앞둔 美 역도팀, 뇌파훈련 받으며 컨디션 조절", 조선일보, 2019.8.31./ [2] Musk and Neuralink, 2019; 조선일보 2019.7.25./ [3] "머리카락 굵기 초소형 브레인칩 뇌에 약물 빛 전달 성공", 조선일보, 2019.8.26.

여기에서 일단 3장을 마무리하여야 할 것 같다. 지금까지 두(2) 장에 걸쳐 컴퓨터, AI, 뇌 그리고 이것들의 융합에 대한 최근 연구들을 개괄적이면서 때로 상세하게 설명하였다. 이제 다음으로 자연스럽게 논의되어야 할 주제는 유기질의 뇌와 무기질의 하드웨어의 연결 그리고 이 둘의 연결을 중계할 미들웨어인 인터페이스일 것이다. 컴퓨터 및 AI 소프트웨어와 비교해서 생물적 뇌는 여러 가지 한계가 있다지만, 유연하고 자연스러우며 창의적이어서 세상과 인간의 삶을 보다 풍요롭게 만든다는 장점이 있다. 따라서 인류는 AI 소프트웨어와 기계로 뇌를 대체하기보다 지금의 뇌를 최대한 수리하거나 보완하여 계속 쓰려 할 것이다. 그 결과 뇌 업그레이드와 활용방식은 다음 3가지 방향으로 진행될 것으로 예상되며 이는 향후 AI, 뇌, 뇌-기계 인터페이스 연구의 방향을 시사할 것이다.

첫째, 우리가 인간다운 것은 뇌가 있고 그 뇌의 명령을 따라 유연하게 일사불란하게 조종되는 장기(臟器)와 멋진 신체가 있기 때문이다. 만일 이 장기와 신체에 문제가 생긴다면 뇌의 역할과 인간의 경제적 가치는 급감하게 된다. 그러나 뇌가 건재한 이상 우리는 그 뇌의 명령을 받아 원래의 장기와 신체처럼 움직여줄 무기질의 인공보조물을 개발하려 할 것이다. 사이보그, 아바타형 로봇의 발전은 영생을 갈망하는 미래 인간이 나아가게 될 분명한 한 방향임은 틀림없다.

둘째, 인류는 생화학적 도구나 AI 알고리즘의 도움으로 뇌의 한계를 극복하고 성능을 업그레이드할 것이다. 그러나 업그레이드에 드는 비용(시장가격)이 초창기에는 과도하므로 새로운 불평등의 씨앗을 잉태할 것이다. 그럼에도 자본가들은 사회적 불평등의 문제는 차후 해결하더라도 이 시장에 과감한 투자를 할 것이다. 효율적인 인간-기계 인터페이스에 쓰일, 부작용이 거의 없는 유·무기질의 하이브리드 소재의 개발은 유망분야가 될 것이다.

셋째, 만일 우리의 뇌에 문제가 생긴다면, 즉 노화나 사고로 뇌가 손상된다면 우리는 어떻게 할 것인가? 지금의 기술적, 윤리적 수준으로는 해결 방법이 없는 가장 절망적인 상황이다. 그러나 미래는 이 모든 것이 달라지지 않을까? 의학적, 생물학적으로 뇌를 재생할 수 없다면 뇌를 대신할 전뇌 에뮬레이션과 AI와 같은 소프트웨어가 생물적 뇌를 부분적 또는 전체적으로 대체할 수 있을 것이다. 물론 DNA재생기술, 줄기세포치료, 합성생물학이라는 옵션도 있다. 그러나 뇌세포의 복제나 재생은 법적으로 매우 민감하며 기술적으로도 먼 미래에나 가능할 것으로 보인다. 인류는 그 길이 비록 먼 여정일지라도 소프트웨어적 또는 생물적 뇌 복제를 계속 시도함으로써 영생을 향한 여정을 이어갈 것이다.

제4장

실리콘 지성 : 궁극의 인공지능

의식과 인식

Silicon Intelligence: An Ultimate of AI

제4장

의식과 인식

우리의 잠재의식에는 한계에 대한 두려움과 그 한계를 극복하고자 하는 도전정신이 DNA처럼 함께 녹아있다. 우리는 타인은 물론 다른 물질과 도구들의 도움을 받아 목표에 도달하고 문제를 해결하는 것에 전혀 자존심 상해하지 않는다. 오늘날의 찬란한 물질문명을 이룰 수 있었던 것도 사람들이 모이고 소통하고 협력하는 일이 서로에게 도움이 된다는 믿음이 있었고 실제로 그렇게 행동했기 때문이었다. 목표설정, 도전, 좌절, 협력, 성취 등은 개인과 공동체의 번영을 위해 꼭 필요하고 유익하다며 우리의 뇌가 끊임없이 의식화해 온 단골 단어들이다. 우리는 목표에 도전한 후 실패할 때마다 끊임없이 '왜'라는 질문을 던진다. 나름대로 이유를 알았다면 실수를 반복하지 않기 위해 변화하고 대안을 만들었다. 자신의 한계와 문제를 정확하게 알아야 비로소 스스로를 도울 수 있다는 것을 잘 알기 때문이다. 인류가 오래전부터 가졌던 여러 의문들 중에 하나는 물질적, 비물질적 본질에 대한 것이었다. 오랫동안 인간을 이해하는 기본 바탕은 육체와 영혼(정신)을 분리하는 이분법이었다. 수천 년의 역사를 가진 철학도 인간은 육체와 영혼으로 구성되어 있으며 육체는 영혼을 담는 그릇에 지나지 않는다고 생각하였다. 죽음은 이원론을 설득하는 데 가장 좋은 실질적 경험이었다. 인간은 사후가 늘 궁금했고 당연히 죽은 다음에 가야 할 어떤 곳이 있어야 한다는 것이 논리적으로 자연스러웠다. 그래서 '영혼'과 영혼이 거주할 '천국과 지옥' 그리고 그 천국(또는 지옥)의 주인인 '신'이라는 비물질적 관념들이 필요했다. 이러한 이원론에 처음으로 도전장을 던진 사람은 기원전 3세기 그리스 철학자 에피쿠로스였다. 그는 사후 세계란 없으며, 신을 믿는 것은 시간낭비이며, 현재의 행복과 마음의 평정이 인생의 유일한 목적이라고 주장하였다.

오랫동안 의학(해부학), (진화)생물학, (천체)물리학 등은 이 이원론의 해체에 앞장선 행동대원이었다. 이원론은 인간은 탁월한 자의식과 영혼을 가졌기에 다른 동물과는 다르다고 가르쳤다. 특히 의식(consciousness)은 인간이 여타 동물과는 확연한 다르다는 점을 설명할 때 자주 언급되는 속성들 중에 하나이다. 그러나 정작 의식(무의식)에 대한 인류의 이해는 아직 걸음마 단계에 불과하다. 의식은 여전히 애매하고 주관적이어서 객관적인 실험을 바탕으로 하는 과학의 영역 밖에 놓여 있다(데하네, 2017).

그러던 것이 1980년 후반부터 뇌와 의식에 관한 연구가 신경과학의 중요한 윗자리를 차지하기 시작했다. 뇌영상 기술과 결합된 통제된 실험기술을 통해 대뇌피질이 의식을 만들어내는 메커니즘과 의식과 무의식의 경계가 조금씩 드러난 것이다. 신경과학자 키안 키로가(Quian Quiroga)와 그의 동료들은 사람의 뇌 신경세포(뉴런) 하나하나를 선택적으로 기록함으로써 의식적 지각의 눈을 처음 얻었다(Quiroga 외, 2008). 그들은 특정한 그림, 장소, 사람에만 반응하고 의식적으로 지각이 일어날 때만 점화하는 신경세포들을 발견했다. 이 발견은 뇌의 특정부위가 각기 다른 기능을 수행한다는 결정적 증거였다. 뇌가 광역적으로 활성화(점화, spike)되더라도 우리 정신은 광역적으로 흥분하지 않는다. 오히려 매우 정교하게 선택된 일련의 신경세포군만이 활동하며, 그들이 잡아주는 윤곽(contours)에 의해 의식의 주관적인 내용이 명료하게 묘사된다. 신경외과 의사 이츠하크 프리드가 이전의 선구적인 작업을 기반으로 개개의 신경세포의 활동을 매우 가느다란 전극을 통해 기록할 수 있는 정밀한 시스템의 발명도 이런 연구에 도움을 주었다.

의식에 대한 이해가 깊어질수록 뇌와 AI를 접목하는 인류의 고민은 점점 깊어지고 있다. 뇌의 작동방식을 모방한 딥러닝으로 기계의 지능 즉 문제해결능력이 점점 탁월해지며 급기야 일부 분야에서는 초지능(super-intelligence)에까지 이르렀다. 그래서 이제 미래학자들은 AI연구가 학습능력과 문제해결을 위한 알고리즘만이 아니라 의식까지 다루어야 하지 않는가 하는 고민을 시작하였다. 의식(인식)현상을 이 장에서 집중적으로 다루는 이유는 의식과 무의식을 현재 또는 미래의 기술로 실리콘지성에 심을 수 있을지 그리고 그것이 필요한지를 탐색하기 위함이다. 의식과 무의식 그 자체 그리고 물 흐르는 듯한 이 둘의 연결 메커니즘으로 인간의 사고의 깊이와 유연성은 더욱 확장될 수 있다. 뇌는 입력되는 모든 정보를 똑같이 취급하지 않고 필요에 따라 뇌자원을 적절하게 분배하는 데 최적화되어 있다. 따라서 동일한 정보가 입력됨에도 시인은 시를, 작가는 소설이나 시나리오를 쓰는 것이다. 만일 AI가 인간을 닮고자 한다면 이 메커니즘에 대한 모방도 피해갈 수 없다. 따라서 이 장에서는 의식과 무의식이 무엇을 의미하는지, AI에게 의식·무의식의 메커니즘이 필요한지, 컴퓨터과학과 AI는 이 의식을 어느 정도 알고리즘화 할 수 있는지, 알고리즘화가 가능하다면 그 대상은 무엇이어야 하는지 등을 논의할 것이다.

4.1 의식이란 무엇인가?

Daum 포털에서 '의식'을 검색하면 다음과 같은 몇 가지 정의들이 뜬다.

- 깨어 있는 상태에서 자기 자신이나 사물에 대하여 인식하는 작용.
- 사회, 역사 속에서 형성되는 사물이나 일에 대한 견해나 사상. 흔히 개인, 집단, 민족 등을 나타내는 일부 명사 앞에 함께 쓰임.
- 삶이나 역사와 같은 대상에 대한 올바르고 제대로 된 인식이나 판단.
- [철학] 감각하거나 인식하는 모든 정신 작용.
- [불교] 사물을 분별하여 생각하는 마음. 육식(六識) 또는 팔식(八識)의 하나이다.

의식은 흔히 감각(느낌), 인식, 판단, 정신, 마음 등의 단어와 별 구분 없이 쓴다. 마음은 고통, 쾌락, 분노, 사랑과 같은 주관적 경험의 흐름(flow)이다. 이러한 마음의 경험들은 서로 연결된 감각, 감정, 생각들로 구성되고 잠시 깜박거렸다가 사라진다. 그런 다음 다른 경험들이 순간적으로 일어나 깜빡거렸다가 다시 사라진다. 이렇게 마구 뒤섞인 경험들이 모여서 전체적인 의식의 흐름을 구성한다. 의식의 흐름은 우리가 매 순간 직접 경험하는 구체적 실제이다. 우리는 이 의식의 존재까지 의심할 수 없기 때문에 이 세상에서 가장 확실한 것이다. 우리가 '주관적 경험이 정말 존재할까?'라고 의심할 때조차 우리가 스스로 의심을 하고 있음을 잘 안다(하라리, 2017). 이케가야(2015)는 음악을 듣거나 예술작품을 감상할 때 느껴지는 감동, 맛있는 과일을 먹을 때 느껴지는 새콤달콤한 느낌을 '쿼리아'로 불렀다. '쿼리아'는 '질(質)'이라는 라틴어로서 영어의 quality(質)의 어원이기도 하다. '질'이란 물질이 아니라 모든 사물의 본질에 존재하는 질감을 뜻한다. 실체는 없지만 슬프다, 배고프다, 맛있다, 아름답다 등을 뭉뚱그려 '쿼리아'로 부르자는 것이다. 따라서 쿼리아는 우리가 의식(의지)적으로 선택할 수 있는 것이라기보다 그냥 존재하는 느낌이다. 신경학자 안토니오 다마지오는 이 의식을 '지각행위의 자아'라고 정의하였다. 이 말은 자아가 무엇인지를 알기 전까지 의식의 수수께끼를 풀지 못한다는 뜻을 함축하고 있다.

오늘날 의식을 연구하는 뇌과학자들은 구분 없이 쓰는 주의, 각성, 자의식, 메타인지 등의 개념들을 세심하게 구분할 것을 주문한다. 특히 감각상태에 접근하는 단순한 형태의 의식을 '인식'으로 정의한 과학자들도 있다. 데하네(2017)는 이것을 '감각정보에 대한 의식화'라 하였다. 대부분의 사전적 정의는 이 한정된 용법과 일치하지 않지만, 현대의 저자들은 '인식'과 '의식'을 동의어로 다루는 경향이 있다. 데하네는 '인식'과 '의식'을 같은 뜻으로 다루는 한편, '의식화(conscious access)', '각성(wakefulness)', '주의(vigilance)', '자의식(self-consciousness)', '메타인지(metacognition)' 등을 엄밀하게 구분하였다. 우선 현대과학에서 의식과 구분하여 쓰는 3가지 개념과 의미는 다음과 같다.

- 각성(vigilance): 잠들 때나 깨어날 때마다 달라짐.

• 주의(attention 집중, 주목): 구체적인 정보에 대해 정신적 자원을 맞추는 일.
• 의식화(consciousness access): 주의를 기울인 정보의 일부가 인식되어 타인에게 이야기를 할 수 있는 것.

자동의식(intransitive consciousness)이라고도 불리는 각성(wakefulness, vigilance)을 간혹 의식과 동의어로 사용하기도 하지만 뇌 의식 연구에서는 엄연히 구분한다. 여기서 전자(wakefulness)는 주로 잠을 잤다 깼다 하는 식의 하부 피질 메커니즘의 사이클을 뜻하지만, 후자(vigilance)는 의식상태를 뒷받침하는 대뇌피질과 시상(thalamus)으로 이루어지는 네트워크의 흥분 정도를 가리킨다. 따라서 이 두 개념의 의식화는 뇌의 활성화 범위에 따라 확연히 구분된다.

데하네(2017)는 자의식(self-consciousness)을 색상이나 소리에 대한 의식과 상당히 비슷하게 보았다. 우리가 자신의 어떤 측면을 의식하는 것은 단지 또 다른 형태의 의식화일 수 있다는 말이다. 그리고 거기서 의식화가 이루어지고 있는 정보는 본질적으로 감각적인 것이 아니라 '나'에 대한 다양한 정신적 표현 가운데 하나, 즉 내 몸, 내 행동, 내 느낌 또는 내 생각에 관한 것이다. 자의식이 특별하고 매혹적인 이유는 특이한 루프(loop)가 포함된 것처럼 보이기 때문이다(Hofstadter, 2007). 우리가 자신을 되돌아볼 때 '나는' 지각하는 사람이자 동시에 지각되는 사람처럼 보인다. 어떻게 이것이 가능할까? 이처럼 의식이 재귀되는 감각을 인지학자들은 메타인지(metacognition)라 부르며, 이는 자기 자신의 마음을 생각할 수 있는 능력이기도 하다.

19~20세기에 의식이라는 단어의 사용은 한동안 금기시되었다. 의식이 지니는 주관성 때문에 객관적인 실험의 영역에서 벗어나 있었고, 그래서 애매하고 제대로 정립되지 못해 정상적인 과학으로 인정받지 못했다(데하네, 2017; 테그마크, 2017). 그러던 것이 1980년 후반부터 신경과학 연구의 최전선에는 의식에 대한 연구가 중요한 위치를 점하고 있다. 1990년대 이르러 비로소 인지심리학자들이 의식과 무의식 상태를 비교할 수 있을 정도로 의식을 조작할 수 있게 되었다. 즉 실험에서 그림이나 단어 심지어 동영상까지도 의식적 상황에서 보이지 않게 함(마스킹, masking)으로써 무의식적 처리의 힘

과 한계를 탐색하는 일이 포함된 의식 연구가 진일보할 수 있었다. 여기에 첨단 뇌영상 기술까지 가세하여 대뇌피질이 의식을 만들어내는 메커니즘을 실험적으로 연구하는 데 필요한 견고한 기술적, 경험적 기초를 제공해 주었다.

뇌는 전기화학적 반응에 의해 의식을 갖고, 마음의 경험들은 어떤 필수적인 데이터 처리 기능을 수행한다는 것이 오늘날 정설이다. 우리 뇌에는 초당 10^7비트의 정보가 감각기관을 통해 입력되지만 실제로 의식하는 것은 극히 일부인 1~50비트 정도에 지나지 않는다. 의식되는 정보는 안정적이고, 우리가 원하는 대로 다룰 수 있도록 일련의 소규모 상징으로 축약된 정보들이다. 의식 현상을 뇌의 데이터처리로 본다면 의식을 생물적 알고리즘으로 파악할 수 있다. AI프로그램이나 실리콘지성이 모방하고자 대상은 뇌의 신경세포(뉴런)들이 주도하는 생물적 알고리즘들이다. 빠른 컴퓨터와 만물인터넷은 방대하고 빠른 데이터의 흐름을 창조하므로, 인간이 아무리 자신의 생물적 알고리즘을 업그레이드하더라도 기계적 알고리즘을 당해낼 수 없다. 따라서 뇌를 기반으로 하는 생물적 알고리즘은 결국 AI의 기계적 알고리즘에 의해 대체될 수밖에 없다. 그래서 모든 인간의 경험적 가치는 데이터처리 기제 안에서 수행하는 기능에 따라 평가되고, 소위 데이터교는 "네 감정이 아닌 알고리즘에 귀를 기울여라!"고 명령하고 있는 것이다(하라리, 2017).

이런 의식적 정보처리 현상을 뇌연구자들은 '마음의 CEO'가설로 설명하기도 한다. 즉 의식은 두뇌 전체가 복잡한 분석을 수행할 때 가장 중요한 결정에만 선택적으로 관여한다는 것이다. 의식은 마치 기업의 CEO처럼 하위조직이 하는 일들을 속속들이 파악하는 일로 산만해지기를 원치 않고 자신이 원하는 것에만 집중한다(테그마크, 2017). 지금까지 신경과학자들은 의식의 전기화학적 특징들 가운데 일부를 확인하는 데 성공했을 뿐이다. 과학자들은 피실험자들이 뭔가를 의식한다고 할 때마다 나타나는, 그러나 무의식 상태에서는 나타나지 않는 특정한 뇌 패턴을 파악했다. 덕분에 우리는 식물인간처럼 보이는 뇌졸중 환자가 의식을 완전히 잃었는지, 아니면 단지 몸과 언어를 통제하는 능력을 잃었을 뿐인지 알아낼 수 있을 정도에 이르렀다.

뇌는 인터넷처럼 1000억 개 이상의 신경세포(뉴런)들이 그물처럼 연결된 복잡한 분산시스템을 닮았다. 알고리즘과 데이터가 저장되어 있는 수십억 개의 뉴런들이 사통팔

방으로 엮인 인터넷과 흡사하다. 분노, 사랑, 서운함, 상쾌함과 같은 주관적 경험이 발생할 때마다 수백억 개의 뉴런들이 수억 개의 전기신호를 주고받는다. 우리는 잠에서 깨는 순간부터 의식이라는 주관적 경험의 흐름(flow)의 강물에 배를 띄우고 올라탔다가, 하루를 마무리하고 깊은 수면에 빠지는 순간 그 배에서 잠시 내려 쉬는 일상을 매일 반복한다. 의식은 뇌가 에너지를 사용하며 끊임없이 활동한다는 징표이다. 자신과 타인, 사건과 사물 그리고 문제와 과업 등을 떠올릴 때마다 부담, 후회, 고통, 쾌락, 분노, 사랑과 같은 주관적 경험의 흐름(flow)이 구성되고 잠시 깜박거렸다가 사라진다. 그런 다음 다른 경험들이 순간적으로 일어나 깜빡거렸다가 다시 사라진다. 이렇게 마구 뒤섞인 경험들이 의식의 전체 흐름을 지배하므로 스스로 특정 문제에 집중하지 않으면 온종일 이런 저런 생각만으로 허송세월할 수 있다. 그래서 우리가 특정 문제를 집중적으로 의식하고 그 문제해결을 위한 방법을 생각하고 필요한 과거 데이터를 찾아내 처리하는 과정은 고도의 집중력이 요구된다. 그 이유는 문제를 해결하고자 하는 욕망(목표)이라는 배는 불완전하고 찰나적인 의식의 강을 타고 흘러가기 때문이다. 만일 자연발생적으로 던져주는 뇌의 전기신호에 일일이 반응하며 우리가 시간을 보낸다면, 오랜 시간을 보내고도 마무리되는 것은 하나 없이 허송세월하는 꼴이 될 것이다. 설사 우리가 집중하더라도 뇌(생각)가 의식의 강에서 마구 흔들리면 생각과 말 그리고 결과가 부정확하고 일관성이 없는 실망스런 결과를 얻게 된다.

뉴런들끼리 전기신호를 주고받는 것은 생화학물질의 전달 현상이지만, 이러한 전기신호들의 상호작용이 복잡한 의식의 흐름을 만들어내는 것으로 추정된다. '화(火)'라는 감정의 흐름 또는 실제적 경험이 발생할 때 수백억 개의 뉴런들이 전기신호를 주고받으면서 의식을 형성하는 과정을 우리는 아직 잘 모른다. 하지만 적어도 스스로 의식할 수 있는 정도의 깊이까지는 그 과정을 심층적으로 들여다볼 수 있다. 우리는 평상시에 잊고 있다가 특정 장소나 건물에 들어서는 순간 그것과 관련된 사람이나 해야 할 일에 대한 생각을 떠올리게 되고, 바로 이어 그 사람 또는 일과 관련된 긍정적, 부정적, 가치중립적 경험들이 모두 연결되며, 호감, 혐오감과 같은 주관적인 느낌이 순식간에 형성되는 기적 같은 체험을 한다. 때로 여기에서 멈추지 않고 이 과정과 관련된 또 다른 사람들과 소소한 사건들에 관한 조각 기억까지 짧은 순간에 쓰나미처럼 링크되며 정확하게 규정할 수 없는 어떤 감정에 휩싸이기도 한다. 이때 정상적인 뇌는 이 모든 전기신호의 상호작용을 불필요한 감정적 낭비라고 판단하고 브레이크를 잡은 후 본인이 그 장소나 건물에 온 목적에 다시 집중 한다. 왜 그 건물에 왔는지를 상기하며, 그 일을 하는데 필요한 정보(방문할 부서, 만나야 할 사람, 부서의 위치 등)를 끄집어내고, 그 사람을 대면할 때 적절한 얼굴표정과 목소리 톤을 다잡는다.

의식이 흐르며 처리하는 데이터를 살펴보면 항상 감정 중립적인(emotion-neutral) 것, 감정 부착적(emotion-attached)인 것, 두 가지 모두가 불분명하게 뒤섞여 있다. 책상에 앉아 당일 스케줄을 확인하다 다가오는 주말에 놀이공원에 갈 계획을 세워야 하는 상황을 가정해보자. 현재 당신에게는 그 계획이 손에 없다는 생각 때문에 약간의 고통과 불안을 느낄 것이다. 그제야 당신의 뇌는 놀이공원 계획을 세워야 한다는 욕망(목표, 문제)을 인지한 것이다. 당신이 과거에 다녀왔던 놀이공원이라면 위치, 입장료, 놀이기구 종류, 식당, 주변 환경 등을 쉽게 떠올릴 수 있지만, 그렇지 않다면 지도와 놀이공원의 웹사이트를 뒤져야 할지 모른다. 이때 당신의 의식 속에 처리되는 데이터들은 대부분 감정 중립적인 것들이다. 그러나 놀이공원에서 있었던 과거의 사고 기억, 놀이공원을 비판한 신문기사, 놀이공원과 관련된 유·불쾌한 기억 등도 '계획'이라는 의식과정에서 소환될 수밖에 없다. 이러한 주관적 경험의 흐름에서 감정 중립적인 데이터만 참조된다면 '놀이공원 계획'의 수립은 그다지 어렵지 않겠지만, 감정이 부착된 데이터가 섞이게 되면 계획과정이 꼬여버릴 수도 있다. 최근에 발생한 놀이공원 사고, 연인과 다퉈 헤어진 경험, 놀이공원을 싫어하는 동료 등... 감정 부착적 데이터가 의식을 주도하는 순간, 모든 사항에 호불호(好不好), 즉 가치가 부여되면서 '계획'은 지연되거나 합리적인 결론에 이르지 못한다(하라리, 2017). 주관적 경험의 흐름인 의식 가운데 감정 중립적, 감정 부착적 데이터가 혼재할 때 인간의 이성은 힘을 잃고 대신 감정 부착적 데이터로 인해 개인의 주관과 편견이 활성화되면서 선택의 객관성이 흐려진다. CEO가 중요한 의사결정을 할 때 가장 경계해야 하는 것 중에 하나가 바로 이것이지만, 대다수의 사람들은 이러한 예측불가의 의식적 흐름에 편승하는 것에 그다지 개의치 않는다. 한편 이러한 뇌의 특성은 합리적 사고를 요구하는 문제영역에서는 장애가 될 수 있지만, 작품 활동을 하는 예술가에게는 창의성의 근원이 되기도 한다. 특히 예술가는 무의식이 안겨주는 작은 힌트가 작품의 모티브가 되는 경우가 많다.

그렇다면 의식(주관적 경험)의 한계를 극복한답시고 무의식적 직감만을 의지한 체 전략적 사고(strategic reason)를 할 수 있을까? 식역(識閾) 이하의 정보는 전략적 고려대상이 되지 못하므로 결코 그럴 수 없다. 전략이란 결국 뇌의 데이터처리 과정 중 하나이다. 우리가 하나의 문제를 합리적으로 생각하기 위해서는 의식이 있어야 한다. 강력한 무의식이 놀라운 직감을 만들 수는 있지만 의식이 그 직감을 지켜주지 못하면 합리적인 전략적 사고를 마무리할 수 없다. 의식은 네트워크의 라우터(router, 전송경로설정기)처럼 작용해 임의의 연속적인 과정을 통해 정보를 투입함으로써 완전히 새로운 작동모드, 그러니까 뇌의 튜링머신에 접근하게 해주는 것과 같다(데하네, 2017). 튜링머신 아이디어는 뇌의 순수한 의식작용을 알고리즘으로 구현하는 가능성을 열어준 중대한 발견이었다.

• 의식은 왜 필요한가?

오늘날 다수의 뇌과학자들은 '기능주의적 의식관(the functionalist view of consciousness)'에 근거하여 뇌를 탐구한다. 논지의 핵심은 의식이 우리에게 유용하기 때문에 진화되었다는 것이다. 의식적 지각은 들어오는 정보를 내부 코드로 변화시켜 특유한 방식으로 처리된다. 의식은 정교한 기능이며, 특별한 역할을 수행하기 때문에 다윈이 말하였듯이 수백만 년에 걸친 진화를 통해 선택된 것이다.

그럼 의식단계 아래에서는 어떤 일들이 일어나는 것일까? 수많은 무의식적 처리장치는 환경에 대한 상세하고 완벽한 해석을 추출하려고 끊임없이 경계태세를 갖추고 있다. 우리의 무의식적 지각은 감각기관을 통해 들어오는 모든 인지적 힌트들, 즉 미미한 움직임, 그늘, 한 조각의 빛 등을 이용하여 주어진 속성이 외부세계와 일치할 확률을 최적의 통계학자처럼 계산한다. 반면 의식은 이러한 확률적 세상의 일부 모습, 즉 무의식의 확률분포로 얻어지는, 통계학자들이 '샘플(표본)'이라고 부르는 것들을 제공할 뿐이다. 그래서 의식은 모호한 것을 가로질러 단순화된 하나의 모습, 현재로서는 세상에 대해 요약된 최상의 해석을 만들어내며, 그런 다음 그것은 우리의 의사결정시스템에 전달된다. 따라서 의식이 없다면 결정되거나 마무리되는 것은 아무것도 없을 것이다.

수많은 무의식적 처리와 하나의 의식적 의사결정자 사이에서 이루어지는 이 분업은 환경변화에 대응하여 선택하고 행동해야 하는 모든 생명체에게 매일 자동적으로 발생하는 일이다. 그렇지만 행동(선택)할 때조차 우리는 무의식적 처리장치가 제공하는 확률에만 의존할 수 없다. 어느 시점에 이르러 우리의 행동은 더는 돌이킬 수 없는 경계선을 넘어야 할 필요가 있다. 의식은 뇌가 그 경계선을 넘게 하는 정교한 장치일 수 있다. 모든 무의식적 개연성을 단일한 의식적 샘플로 축약함으로써 우리에게 더는 물러설 수 없는 어떤 결정(선택과 행동)에 이르도록 하는 것이다.

뇌의 무의식회로에는 엄격한 논리가 지배한다. 이 회로는 감각을 통해 입력되는 정보를 처리하여 통계적으로 정확한 추론을 할 수 있도록 최적화되어 있다. 예를 들어 운동과 관련된 대뇌피질의 뉴런들은 자신들의 한정된 수용체(receptor)를 통해서만 운동정보를 받으므로 움직임 자체를 지각하지만 운동의 구체적인 방향을 구분할 수 없다. 마치 작은 구멍으로 흔들리는 지팡이를 볼 때 그 움직임의 방향을 알 수 없는 것처럼 말이다. 예컨대 측두엽 중앙에 위치한 운동지각(MT) 뉴런들은 처음 각 부분의 움직임을 부호화하지만 좁은 구멍(수용장, receptive field)을 통해 움직임을 지각하므로 구체적인 방향을 알 수 없다. 그러나 의식수준에 이르면 이 모호한 상황은 재빨리 정리된다. 뇌는 의식적으로 시각하는 것에 일치하는 광역적인 해석으로 재빨리 수렴(집중, convergence)한 후 단호하게 결론을 내린다. 즉 의식은 모호한 것을 참지 못하는데, 관찰자가 의식할 때만 이러한 수렴이 일어나는 것이다(데하네, 2017).

비유로 말하자면 우리 뇌는 1000억 개의 뉴런을 참모로 거느리고, 수천 명의 국정원 요원을 거느린 대통령과 같다. 오감을 통해 생성되는 엄청난 정보들이 모두 대통령에게 직접 보고되지 않고 중간관리자, 기관장, 참모들의 손을 거친 후 대변인에 의해 발표되는 것과 같은 메커니즘으로 작동된다. 의식은 현재의 환경에 대해 일관된 방식으로 기억, 의사결정, 행동, 언어 등에 관여하는 모든 영역들에게 대통령이 낭독하기 전에 그 내용을 요약함으로써 지각을 단순화하는 것이다(데하네, 2017). 즉 의식을 통해 우리는 스스로를 통제할 수 있다.

앞서 설명한 연결주의적 AI 접근법인 ANN(artificial neural network 인공신경망) 이론은 뇌의 의식·무의식의 메커니즘을 매우 근접하게 모방하고 있다. 특히 딥러닝은 이 연결주의적 접근방법의 최첨단에 있다. 물리적으로 뇌의 신경망이란 뉴런들을 연결해주는 가지돌기(입구전용)와 축삭돌기(출구전용)의 촘촘한 연결망(시냅스)을 말하며 이 망을 통해 전기신호가 물결처럼 전파되면서 지능(의식)이 생성되는 것이다. 예를 들어 ANN 알고리즘은 오토바이를 인식하기 위해 수백만 장의 오토바이 이미지를 읽은 후 계층적 구조형태로 점점 압축된 표현을 학습한다. 첫 단계는 사진에서 주로 기하학적 패턴을 찾아 어떤 선형적 연관성을 찾는다. 선형적 연관성에는 주요 선들의 각도(10 , 20 , 30 등)가 포함된다. 아무리 복잡한 물체라 할지라도 몇 개의 선으로 간단한 스케치가 가능하기 때문이다. 이런 방식으로 ANN이 다양한 특징(압축된 표현)들의 공통분모를 찾아가다 보면 최상위층에서는 수십 개의 표현으로 압축되고, 이를 종합하여 오토바이라고 판별한다. 따라서 수십 개의 은닉층(hidden layer)에 속한 노드(node)들이 데이터를 처리하는 과정은 무의식의 과정(블랙박스)으로 볼 수 있으며, 최상위층에 보고되는 표현은 의식과 유사해 보인다. 결론적으로 딥러닝은 인간의 지각방식을 매우 유사하게 흉내 낸 기계학습의 한 방편으로써 대상을 이해하는 보편적 관점을 기계에게 심어주려 한다.

4.2 의식과 언어

의식화(consciousness access)는 '주의를 기울인 정보의 일부가 인식되어 타인에게 이야기를 할 수 있는 것'으로 정의되며, 의식적 경험은 '마음의 흐름'이라 할 수 있다. 주관적 의식적 경험은 2가지 특징, 즉 감각과 욕심을 가진다. 감각은 정보를 인식하는 지각(perception)이며, 욕심은 목표(문제해결, 욕구충족 등)를 설정하는 것으로 볼 수 있다. 이케가야(2015)는 의식과 마음을 동의어로 쓰고 있다. 그는 의식과 무의식을 구분하는 기준으로 '판단'을 들었다. 좀 더 과학적으로 표현하자면 "표현을 선택"하는 것이다. 내가 자율적으로 걷고자 하면 걸을 수 있고 멈추려면 멈출 수도 있다. 즉 내가 스스로 행동을 선택하는 것을 의미한다. 이 행동에는 앞에서 말한 감각과 욕심이라는 두 개념이 합성되어 있다. 즉 정보를 지각하고 목표를 설정하면서 취해야 할 다음 행동을 선택하는 것이다.

의식을 정의할 때 피해갈 수 없는 2가지 단어는 언어와 기억이다. 인간은 언어 그리고 비언어적 지시와 몸짓 등을 통하여 무의식적 과정을 통해 걸려진 의식적 종합체를 재빨리 다른 사람들에게 전할 수 있다. 인간은 결코 하나의 정신에서만 이용 가능한 지식에만 의존하는 것이 아니라 오히려 수많은 관점 사이의 대립, 여러 수준의 전문성, 다양한 원천지식 등이 허용되는 '다핵(multicore)'적 사회적 알고리즘을 만들어 활용한다. 우리에게는 마음의 내용물을 표현하도록 해주는 '언어형성장치(verbal formulator)'가 있는데 이는 의식이 있을 때만 작동된다(데하네, 2017). 우리가 인식하는 것이 무엇이든 적어도 부분적으로는 언어라는 형식적 틀로 다듬어진다. 우리는 언어를 통해 정신세계를 구조화하고, 내용을 타인과 공유할 수 있으며, 의식적 사고의 분류적, 문장론적인 공식을 만들어낼 수 있다.

언어는 내용을 전할 때도 다양한 표현을 선택할 수 있는 체계를 갖추고 있다. 동일한 내용을 윗사람에게는 공손한 말투로 친구에게는 편한 말투로 하듯이 말이다. 따라서 언어는 '의식'의 표상들 중에서도 매우 등급이 높다. 언어를 통해 의식이 작동하려면 적어도 정보를 잠시라도 저장할 수 있는 단기적인 '작업기억(working memory)'이 필요하다. 의식이나 마음은 결국 언어가 만들어낸 유령, 다시 말하면 추상화와 같다. 이 의식이나 마음은 '일반화'의 도우미 역할을 하기도 한다. 즉 언어-마음-일반화라는 공식이 성립되는데, 이는 사람에게 마음이 있다는 것을 언어를 통해 알 수 있고 이 마음의 목적은 일반화를 위해서이다. 그래서 언어는 2가지 측면이 있다. 하나는 소통의 수단이고, 또 하나는 추상적 사고를 위한, 즉 생각을 위한 도구라는 측면을 가진다.

그런데 언어조차도 자세히 들여다보면 자유의지를 쫓아 의식적으로 선택하지 못하는, 즉 반사적(무의식적)인 요소들이 많다. 예를 들어 우리가 길게 말을 할 때 흔히 사용하는 조사들 '가', '이', '도'와 같은 문자들은 의도적으로 선택하기보다 반사적으로 쓰는 경우가 많다. 둘째로 사람이 표현을 선택할 때 근거 없이 아무렇게나 하지는 않는다. 예를 들어, 어떤 사람이 여행지의 어제 날씨를 얘기를 해야 하는데 그 지역의 일반적인 날씨를 얘기하였다면 '의식'이라 할 수 없다. 따라서 의식은 반드시 어떤 근거를 가지고 선택을 하며, 그 근거는 결국 '기억' 속에 존재한다. '가소성'이란 과거의 상태(경험)로 인해 뇌의 상태가 변하는 것을 말하는데, 뭔가 경험을 하면 그것을 근거로 선택할 수 있도록 그 경험을 양식으로 삼는 것을 말한다.

의식은 무의식적으로 일어날 수 없는 수많은 실질적인 기능을 지원한다. 식역 이하의 정보는 덧없이 사라질 수 있지만, 의식된 정보는 안정적이고 우리가 원하는 대로 다룰 수도 있다. 의식은 또 엄청난 양의 감각정보를 세밀하게 선정된 일련의 소규모 상징(bite-size symbol)들로 축약하기도 한다. 이렇게 압축된 정보는 또 다른 처리단계로 넘겨짐으로써 마치 직렬식 컴퓨터처럼 세심하게 제어되는 연쇄적인 동작을 수행할 수 있게 한다. 이때 인간은 언어를 통해 의식된 사고를 사회 전반에 배포할 수 있기에 의식적 작용을 광범위하게 확산할 수 있다(데하네, 2017). 우리가 언어를 통해 타인과 생각을 공유하는 이유는 뇌가 현재 받아들이는 세밀한 감각 및 감정 데이터들로부터 의식적으로 '간략한 보고서'를 추출하여 만드는 것이 자신에게 이롭기 때문이다. 즉 뇌는 다량의 정보를 짧은 문자열로 조합된 일련의 부호로 압축하고, 그것을 사회적 네트워크를 통해 전송한다. 그런데 내가 순전히 자신의 관점으로만 본 이미지를 타인에게 정밀하게 전달하는 것은 부질없는 일일 것이다. 따라서 의식은 타인의 정신에 유용하다고 판단할 수 있을 정도의 요약수준으로 정보를 응축하는 것으로 보인다. SNS에서 사용되는 이모티콘에는 메신저가 전달하고자 하는 많은 정보가 응축되어있는 것처럼 말이다.

4.3 의식의 작업장

오늘날 과학적 정설에 따르면 우리가 경험하는 모든 것은 뇌에서 일어나는 생화학적 활동의 결과물이다. 따라서 '실제'세계와 구별이 불가능한 완전한 '가상'세계를 위조하는 것도 이론상으로 가능하다. 그러나 뇌에서 일어나는 다양한 생화학적 반응과 전기의 흐름이 어떻게 고통, 분노, 사랑과 같은 주관적 경험을 만들어내는지는 아직 잘 알려지지 않고 있다. 그래서 과학자들은 기능성 자기공명 영상(fMRI), 전극이식, 기타 정교한 장치를 이용해 뇌 안의 전류와 다양한 주관적 경험 사이의 상관관계와 인과관계를 계속 연구 중이다. 그 결과 뇌의 여러 부위의 활성화 상태를 보고 깨어있는지, 꿈을 꾸고 있는지, 잠에 빠져 있는지를 구별할 수 있으며, 개개의 뉴런과 뉴런끼리 관계되는 구체적인 기억의 내용까지 연결할 수 있다. 특정 뉴런이 활성화되면 그것이 어제 저녁에 퇴근한 후 주차한 장소를 생각하는 것이고, 책상에 던져진 메모를 읽는 순간 어제 마무리하지 못한 일과 연관된 뉴런임을 알 수도 있다. 뇌과학자들은 활성화되는 뇌의 특정 부위와 감정의 종류(고통, 분노, 사랑 등)를 연결할 수 있으며, 특정 뉴런을 전기로 자극함으로써 분노나 사랑의 느낌을 유도할 수는 있다. 하지만 특정 사람이나 사건에 대해 개개인이 어떻게 긍정적 또는 부정적 감정을 주관적으로 부여하는지에 대해서는 아직 잘 알지 못한다(하라리, 2017).

1990년 프랜시스 크릭과 크리스토프 코흐는 '의식의 신경적 상관성(neural correlates of consciousness, NCC)'이라는 주제에 큰 영향을 미친 논문을 발표하였다. 이는 의식적 경험과 특정 두뇌부위의 과정과의 관련성에 관한 것이었다. 이후 코흐와 드안은 피실험자에게 한쪽 눈에는 정지된 그림을, 다른 한쪽 눈에는 빠르게 변하는 그림을 동시에 보여주는 실험을 하였다. 이때 피실험자는 빠르게 변하는 그림에 주목하느라 정지된 그림에 전혀 신경을 쓰지 못하는 상황임에도(즉 망막의 이미지를 의식적으로 경험하지 못하더라도) 정지된 그림의 내용을 기억하고 있었다. 우리가 꿈을 꿀 때 망막에 이미지가 맺히지 않음에도 그 이미지를 경험하는 것과 같다. 이런 실험들은 망막 자체가 시각적인 의식을 주관하지 않음을 말해준다(테그마크, 2017). 뿐만 아니라

이 같은 일련의 NCC연구를 통해 소화기관(gut)에도 의식이 전혀 존재하지 않음을 알게 되었다. 소화기관은 무려 5억 개의 뉴런을 거느리고 음식을 최적으로 소화하는 방식을 계산하지만(이는 상당부분 자율신경계가 주관함) 허기나 메스꺼움은 소화기관이 아니라 뇌에서 생성되는 느낌이다. 뇌간도 의식에 관여하지 않으며, 뉴런의 2/3를 차지하는 소뇌도 의식에 전혀 개입하지 않는다. 소뇌가 파괴된 환자들은 술 취한 사람처럼 말이 어눌해지고 움직임도 굼떠지지만, 의식은 말짱했다.

최근 뇌영상장치의 발전으로 우리는 의식의 작업장에 좀 더 가까이 다가갈 수 있게 되었다. EEG와 같은 뛰어난 뇌영상기법을 통해 검출한 P3파가 의식화(conscious access)의 기호(signal)임을 확인하였다(Lamy 외, 2009). 즉 P3파를 잘 관찰하면 의식적 작업과 무의식적 작업의 궤적을 잘 파악할 수 있다. 결론적으로 P3파는 무의식적 과제보다 의식적 과제에서 엄청나게 더 강렬했다. 증폭의 정도뿐만 아니라 처리공간분포(topography) 또한 큰 차이를 보였다. 무의식적 자극은 올바른 반응에 이르는 무의식적 처리의 연쇄를 반영하는 것으로 보이는 후방 두정엽(posterior parietal cortex) 위로 작은 양성 뇌파를 일으키는 데 반해, 의식적 지각은 왼쪽과 오른쪽 전두엽 안으로 활성화가 확산되었다(데하네, 2017). 즉 무의식적 과제에서도 작은 P3파가 발생하지만 의식적 과제에 비해서 너무 약하고 짧으며, 위치도 너무 뒤쪽이었다. 오직 P3파가 최대 크기로 이 두정엽과 전전두엽 위로 양방향에서 확장될 때 정말로 의식적 지각 특유의 신경처리를 수행하였다.

1) 착시실험

착시실험을 통해 의식의 소재를 좀 더 알아보자. 아래 〈그림 4-1〉을 계속 바라보라. 두 사람으로 보이나, 아니면 화병으로 보이나? 이미지를 충분히 오랫동안 바라보면 당신은 두 사람의 모습과 화병의 모습을 번갈아 주관적으로 경험하게 된다. 즉 망막에 입력되는 정보는 동일함에도 주의력(attention)을 바꿀 때마다 다른 것을 경험한다. 이때 뇌의 상태를 측정하면 두 경험의 차이를 구별할 수 있다. 두 이미지를 처리할 때 망막은 같은 일을 하지만 그 차이를 만드는 것은 시각적 정보를 처리하는 뇌의 시각영역이지 망막이 아닌 것이다. 즉 망막에는 의식이 없다. 의식의 신경적 상관성(neural correlates of consciousness, NCC) 연구에 의하면 정보가 감각기관으로 들어와 그것을 뇌가 처리하기까지는 시간이 다소 걸린다. 이미지가 보내는 빛이 우리의 망막에 맺힌 후 그것을 뇌가 사람 또는 화병으로 인식하기까지는 대략 1/4초가 걸린다. 스스로 한 번 실험해 보기 바란다. 그래서 우리가 의식(인식)하는 시점은 실제 일이 발생한 시점보다 늘 조금 뒤처진다. 그런데도 우리는 위험한 순간처럼 빠르게 반응해야 할 때가 있는데, 이때 우리는 무의식적, 반사적 처리기능을 이용한다.

〈그림 4-1〉 착시현상의 예(화병 vs. 사람얼굴)

착시현상은 1838년 찰스 휘트스톤 경에 의해 처음 발견되었다. 왼쪽(얼굴) 및 오른쪽(집) 눈에 서로 다른 이미지를 보여주면 순간순간 뇌는 융합된 이미지가 아닌 하나의 이미지만 인지한다는 것이다. 로고테티스와 레오폴로는 원숭이를 대상으로 눈의 착시 실험을 하면서 뇌 신경세포의 활동을 기록했다. 착시는 시각처리의 초기단계, 대부분의 세포가 두 이미지를 똑같이 부호화하는 V1과 V2 영역에서는 나타나지 않았다. 하지만 대뇌피질의 수준이 더 높은 영역, 특히 IT(대뇌피질 하부측두엽)와 STS(상부측두열구superior temporal sulcus) 등의 뇌 영역에서 대부분의 신경세포는 주관적 인식과 상관관계를 이루었다. 이 선구적인 연구는 의식적 지각이 압도적으로 수준이 높은 대뇌피질 연합영역(association cortex)에 의존함을 보여준 것이다(데하네, 2017).

의식을 담당하는 뇌의 부위에 대한 논쟁은 아직 열려있다. 최근 NCC연구에 의하면 의식은 주로 '핫존(hot zone)'이라는 곳에 있으며, 이는 뇌 중앙에 있는 시상부위와 피질의 뒷부분을 포함한다(Koch 외, 2016). 실험과학자 라마찬드란은 '의식'은 모호한 개념이어서 연구하는 일이 적절치 않다고 생각하는 학자이지만 프랜시스 크릭(Francis Crick)과 크리스토프 코크(Christof Koch)의 의견에는 동의하였다. 그들은 아직 어떤 기능을 하는지 밝혀지지 않은 뇌섬엽 아래 얇은 회백질판의 전장(前障, claustrum)에 주목하였다. 이 전장은 피질을 비롯해 뇌의 거의 모든 부분과 연결돼 있는 현상을 보인다. 이후 크릭은 의식의 속성을 '연속성'과 '일체감'으로 이해하였다. 의식은 연속적이어서 미래와 과거를 오가며 상상하고 추억할 수 있으며, 다양한 감각기관을 통해 느낀 것들을 통합하여 일체화된 존재로 경험하는 것이다. 앞서 말한 전장이 이 일체화를 수행한다고 보았다(카너먼 외, 2015).

2) 광역 신경세포 작업공간(GNW) 이론

데하네(2017)는 의식의 작업장을 설명하기 위해 '광역 신경세포 작업공간(global neuronal workspace: GNW)'이론을 제안하였다. 무의식에서 의식에 이르는 과정은 매우 섬세하다. 우리가 어떤 물체에 눈길을 주는 즉시 그 물체의 형태, 색상, 정체를 인식할 수 있다. 하지만 시각적 인식 뒤, 의식이 나타나기에 앞서 수십억 개의 시신경세포가 반응하며, 복잡한 뇌 활동이 0.5초 동안 이어진다. 오늘날 인지과학자들은 이렇게 입력된 시각정보 중에 인식된 이미지(의식에 들어온 이미지)와 상실된 이미지(무의식의 망각으로 사라진 이미지)의 미세한 차이를 영상분석을 통해 들여다 볼 수 있으며, 피실험자의 주관적인 '자기성찰'보고를 통해 의식적인 것과 무의식적인 것을 구분할 수도 있다.

의식의 밑바닥에서는 믿기 어려울 정도로 많은 양의 무의식적 처리가 진행된다. 소위 역하(閾下)(잠재의식)의 이미지를 사용하는 연구를 통해 이러한 의식적인 경험에 대한 뇌의 메커니즘을 연구할 수 있게 되었다. 첨단 뇌촬영기법에 의해 우리는 무의식적 자극이 뇌 속에서 얼마나 멀리 갈 수 있고 어디에서 멈추는지를 정확하게 관찰할 수 있고, 신경활동의 어떤 패턴이 의식적 처리와 어떤 관련이 있는지를 단정할 수 있게 되었다. '의식기호(signature of consciousness)'라고 부르는 의식경험은 실험을 거듭하다 보면 동일한 기호로 표시된다. 즉 뇌 활동의 특정 표식(marker)들은 사람이 특정 그림이나 단어, 숫자, 소리 등을 인식하면 언제나 크게 변화한다. 이러한 '기호'는 매우 안정적이며, 다양한 시각, 청각, 촉각, 인지적 자극에서 관찰할 수 있다.

데하네(2017)의 '광역 신경세포 작업 공간'이론은 의식을 대뇌피질 내부에서 뇌 전체를 향해 정보를 방송(broadcasting)하는 것에 비유하였다. 의식은 신경세포들이 네트워크(망)를 형성할 때 생기며, 이 신경세포망은 뇌 전체가 대대적으로 정보를 공유해할 때 꼭 필요하다. 이 의식이야말로 뇌가 컴퓨터처럼 빈틈없이 작동하는데 반드시 필요한 과정이다. 즉 적절한 생각들을 선택하고 증폭해 신경세포망을 통해 뇌 전체에 확대·방송함으로써 우리는 어떤 생각을 오랫동안 강력하게 기억하게 되고 미래의 계획에 통합할 수도 있는 것이다.

그렇다면 이 의식을 가능하게 하는 메커니즘은 무엇일까? 신경세포(뉴런)들은 자신의 축삭돌기(정보출력에 특화)를 길게 뻗어 다른 신경세포들과 연결하고 있다. 이 축삭들이 (대뇌)피질을 종횡으로 오가면서 또 다른 신경세포를 연결해 형성된 거대한 신경세포망이 의식된 메시지를 뇌 전체에 확대·방송하는 네트워크가 되어준다. 데하네(2017)는 이 구조를 컴퓨터 시뮬레이션 모델로 만들어 확인하였다. 뇌로 들어오는 감각정보의 중요성에 대해 많은 영역들의 판단이 일치하면 신경세포들은 서로 공조해 뇌 전체에 대규모 소통을 하는 상태에 돌입한다. 즉 신경세포망이 광범위하게 높은 수준으로 활성화되는데, 이것이 바로 의식적 경험의 기호인 것이다.

뇌가 의식의 광역적 전파기능을 수행할 때 특이할 정도로 강력한 작업(operation), 즉 '기억(정보저장)'이라는 기능을 수행한다. 광역 신경세포 작업공간(GNW)은 생각실험(thought experiment)들을 위한 내부공간을 하나 개방해 주는데, 이는 외부세계와 격리되어 순수하게 정신적인 작용에만 사용되는 공간이다. 그 덕분에 우리는 오랫동안 중요한 정보를 마음속에 간직하고 있다가, 이것을 다른 정신과정에 전달할 수 있다. 데카르트가 그렇게 찾고자 했던 뇌의 유연성이 이것 때문에 가능하다. 일단 정보가 의식되면 그것은 일련의 긴 임의의 작업(operation) 속으로 들어간다. 그 정보는 더이상 반사적으로 처리되지 않고 생각에 의해 마음대로 방향을 바꿀 수 있다. 그리고 언어영역에 연결되어 있기에 우리는 그것을 다른 사람들에게 이야기할 수도 있다(Dehaene, 2014).

GNW에 부여된 또 다른 특징은 '자율성'이다. 우리 뇌에는 외부가 아닌 내부에서 스스로 생성되는, 즉 일부 무작위적인 '자율 활성화 신경세포'로 인해 내부 활동이 끊임없이 뇌 전체에 걸쳐 일어나고 있다. 즉 아무런 외부자극이 없음에도 신경활동패턴이 뇌 전체를 향해 끊임없이 방송됨으로써 윌리엄 제임스가 말했던 '의식의 흐름(stream of consciousness)', 즉 주로 현재의 목표에 의해 형성되고 가끔 감각기관을 통해서만 정보를 얻는 느슨하게 연결된 생각들의 흐름이 끊임없이 조성된다. 그래서 데하네는 의식을 훌륭한 모델로서도 손색이 없는 '자유의지'기계로 보았던 것이다.

하라리(2017) 역시 데하네의 아이디어에 동의하는 것 같다. 뇌는 신경세포와 신경세포 사이의 돌기들을 통해 신경물질을 전달함으로써 연결되고 작동한다. 신경세포는 축삭돌기(출구전문)를 통해 이온(전기)신호를 보내 시냅스라는 좁은 해협에서 신경물질을 방출하고 다른 신경세포의 가지돌기(입구전문)는 이를 흡수함으로써 신경세포들끼리 정보 전달이 이루어진다. 이 과정은 마치 자동화 설비와 기계를 조화롭게 가동하는 컴퓨터 알고리즘처럼 신경세포의 각종 부위들을 연속적으로 작동시킨다. 뇌의 이러한 의식적, 무의식적 활동의 패턴은 뇌의 작동방식으로부터 규칙적인 알고리즘을 추출할 수 있다는 적지 않은 증거가 되고 있다. 물론 뇌는 유기물이요 컴퓨터는 실리콘칩을 기반으로 한 무기물이라는 근본적인 차이점은 있다. 그러나 비유기적 알고리즘이 인간의 유기적 알고리즘보다 절대 하지 못하거나 그보다 뛰어난 일을 할 수 없다고 생각할 이유가 전혀 없다. 즉 연산(계산)이란 '기질-독립적(substrate-independent)'이어서 지능적 생명을 독자적으로 가질 수도 있다(테그마크, 2017). 그 결과 지금까지 뇌과학자들의 연구에 바탕을 둔 인간의 특징은 다음 세 가지 원리로 요약될 수 있다.

- 인간은 유기적 알고리즘이다. 호모사피엔스를 포함한 모든 동물은 수백만 년의 진화를 거치며 자연선택된 유기적 알고리즘들의 집합이다.

- 알고리즘의 계산은 계산기를 어떤 물질로 만들든 상관없다. 주판을 나무로 만들든, 철로 만들든, 플라스틱으로 만들든, 두 알 더하기 두 알은 네 알일 뿐이다.
- 따라서 유기적 알고리즘이 비유기적 알고리즘이 절대 하지 못하거나 그보다 뛰어난 일을 할 수 있다고 생각할 이유가 전혀 없다. 계산만 정확하다면, 알고리즘이 탄소로 이루어지든 실리콘으로 이루어지든 무슨 상관있겠는가?

이 원리들이 전하는 메시지는 강력하다. 인간의 의식과정을 변형된 형태의 알고리즘으로 만들 수 있고, 이것을 무기질의 전자칩에 담은 AI기계가 인간을 닮아가게 할 수 있다는 것을 의미한다. 그렇지만 우리는 아직 알고리즘으로 된 인공의식이 뇌와 동일한 방식과 정교한 수준으로 의식을 흉내 낼 것이라고 장담하기는 어렵다. 한편 이러한 뇌 의식의 메커니즘에 동의하지 않고 다른 의미에서의 의식세계가 있다고 믿는 철학자들은 여전히 많다. 이들은 예리한 치통, 파릇파릇하고 싱싱한 배추, 설산에 핀 눈꽃 등 우리의 내적 경험에 대해 배타적인 성질을 가지는 '현상적 인식(phenomenal awareness)'은 직감의 영역에 속한다고 생각한다. 따라서 이러한 내적 성질은 신경세포의 과학적 묘사로 결코 가능하지 않으며, 본질적으로 개인적·주관적이므로 타인과 소통될 수 없다고 주장한다. 데하네(2017)는 이 같은 현상적 의식(phenomenal consciousness)개념이 많은 오해를 불러일으키며 결국 마음의 이원론으로 돌아가는 근거가 된다고 주장한다.

3) 느린 의식 vs. 빠른 무의식

감각기관에 들어온 정보가 뇌의 특정부위로 전달된 후 처리(인식)되기까지는 시간적 간격이 있음을 앞서 설명하였다. NCC(의식의 신경적 상관성, neural correlates of consciousness) 연구자들은 이 시간 차이를 측정해왔다. 코흐는 사물에서 반사된 빛이 안구를 거쳐 뇌가 그것을 인식하기까지 약 1/4초가량 걸린다고 보고하였다. 이는 고속도로에서 시속 88km로 운전하다가 불과 몇 미터 앞에 있는 다람쥐를 갑자기 보고 멈춰 서기에는 너무 늦은 시간이다. 눈이 다람쥐에 대한 시각 정보를 받아들인 후, 뇌가 다리 근육에 브레이크를 밟도록 지시하기 전에 이미 당신의 차는 다람쥐를 치어 버렸을 것이다. 그런데 사람은 때로 의식하기도 전에 빠르게 반응하는 무의식적 반사신경이 있다. 우리의 신체가 급작스러운 상황에 빠르게 대응하는 것은 무의식적으로 정보를 처리할 수 있음을 의미한다. 예를 들어, 야간 캠핑에서 작은 벌레 하나가 우리 눈으로 쏜살같이 달려온다면 우리는 1/10초 만에 무의식적으로 눈꺼풀을 내린다. 따라서 뇌는 문제의 긴급성에 따라 무의식과 의식을 적절하게 번갈아 가면서 작동시킨다.

그런데도 데하네(2017)는 뇌작용을 의식과 무의식이라는 이분법으로 접근하는 일을 경계하였다. 지금까지의 연구들은 뇌의 거의 모든 영역이 의식과 무의식적 사고 모두에 관여한다고 보고해 왔다. 그래서 무의식의 발생시점을 정확하게 가려낼 수 있다면 의식의 발행시점에 대한 연구를 더 정확하게 할 수 있을 것으로 생각했다. 뇌가 손상된 환자들을 대상으로 한 간단한 실험에서 뇌의 아랫부분 즉 피질 아래에서 무의식적 작용이 이루어지는 것을 추정할 수 있었다. 예컨대 측두엽 아래에 위치하는 아몬드 모양의 편도체(amygdala)는 일상에서 중요하고 정서적으로 힘든 상황에 적극적으로 반응한다. 편도체는 특히 두려움을 부호화하는 데 중요하다. 만일 뱀을 보았을 때, 이 공포 자극은 대뇌피질이 의식수준의 감정(emotion)을 드러내기 훨씬 앞서 망막으로부터 바로 편도체를 활성화시킨다. 다시 말해 즉각 반응해야 하는 위협적이고 두려운 상황에서 의식하기까지는 시간이 너무 소요되므로 무의식적 대응이 필요하다.

4) 의식, 무의식 그리고 자율신경

마음이 겪는 고통, 쾌락, 분노, 사랑과 같은 주관적 경험의 흐름을 자율신경계를 구성하는 교감신경과 부교감신경의 기능과 연계하면 의식과 무의식에 대한 혼란이 발생할 수 있다. 뇌과학자조차 무의식과 자율신경을 혼돈할 만큼 우리는 의식의 세계를 잘 이해하고 있지 못하다. 뇌과학자 이케가야(2015)는 심장이 뛰거나 졸리는 행위는 의식하지 않더라도 자율적으로 이뤄지는 것이므로 이를 무의식으로 분류하였고, 호흡은 우리가 필요하면 멈출 수 있으므로 의식과 무의식의 경계에 있다고 하였다. 우리 눈의 착시현상을 설명하는 데 자주 활용되는 두 막대 그림을 기억할 것이다(〈그림 4-2〉 참조). 이케가야는 이 착시를 뇌가 그림을 해석할 때 발생하는 오류 때문으로 보았다. 즉 뇌가 실제 길이를 멋대로 상상해서 바로잡으려 하기 때문에 우리가 이것을 의식적으로 제어하려고 해도 불가능한 무의식의 영역으로 보았다. 여기서 신체의 일부가 우리의 의식과 상관없이 스스로 작동하는 것(심장박동, 호흡, 내분비물조절 등)을 '무의식'으로 분류하기 보다는 생물학적으로 '자율신경'작용으로 부르는 것이 의식을 연구할 때 발생할 수 있는 혼란을 줄일 수 있을 것이다.

자율신경계는 대뇌피질의 직접적인 영향을 받지 않으며 우리 몸의 기능을 자율적으로 조절하는 신경계로써 간뇌, 뇌줄기, 척수가 여기에 해당된다. 이것들에는 의식이란 것이 없다. 교감신경과 부교감신경은 서로 반대 작용을 하며 내장기관의 활동을 조절한다. 교감신경은 긴장, 흥분, 놀람 등 갑작스런 환경 변화에 대응할 수 있도록 조절하며 교감신경이 흥분되면 심장박동, 혈압, 호흡 등이 증가한다. 한편 부교감신경은 신체를 이완시키고 소화기관의 반응을 빠르게 하며 몸이 안정되도록 조절하는 역할을 한다. 즉 긴장 상태에 있던 몸을 평상시 상태로 되돌려준다. 우리는 누군가로부터 폭언을 들었다면 분노가 끓게 되고 그로 인해 심장박동, 혈압 등이 상승한다. 이는 우리의 의식과 전혀 상관없이 이루어진다. 한편 내가 폭언에 격분하고 있다는 사실을 인식하고 스스로 마음을 추슬러 흥분상태를 가라앉히려는 노력, 즉 부교감신경을 작동시키는 것은 의식의 영역에 속하는 것 같다. 따라서 무의식은 대뇌피질에서 발생하는 현상인 의식의 대척점에 있는 뇌의 활동이므로 자율신경계(간뇌, 뇌줄기, 척수)를 제외한 뇌의 일반적인 활동의 맥락에서 의식과 무의식을 함께 연구할 필요가 있다.

그런 맥락에서 테그마크(2017)가 의식을 시스템 1, 2로 구분한 것은 불완전하다. 시스템 1의 예로는 눈깜박임, 호흡, 손을 뻗어 잡기, 균형유지 등을 꼽았는데 자율신경계가 주관하는 기능들로써 뇌의 무의식과는 거리가 멀다. 시스템 2는 익숙하지 않은 상황, 자기통제, 복잡한 논리적 규칙, 추상적인 추론, 의도적 언어구사 등을 꼽았는

데 이는 전통적인 의식의 영역에서 행해지는 것들이다. 이런 행동은 의식의 행동상관성(behavioral correlates of consciousness)(언어도 포함)이 있기에 노력을 기울여야 하고, 느리고, 통제하는 사고방식과 관련이 있다. 우리는 반복적인 연습을 통해 의식수준에서 하던 많은 활동을 무의식 수준으로 내려보냄으로써 인지적 에너지를 절약하려 한다. 처음 타이핑을 배울 때 자판을 보며 천천히 치다가(의식), 자판의 위치가 익숙해지면 보지 않고도 빨리 칠 수 있는 것(무의식)과 유사하다.

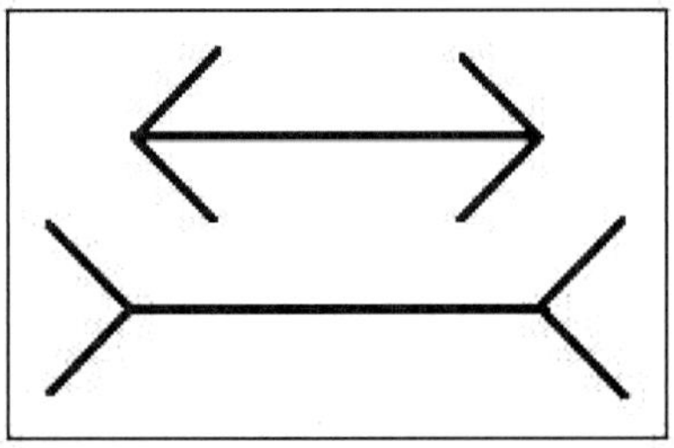

〈그림 4-2〉 착시현상을 일으키는 2개의 직선

결론적으로 대뇌의 직접적인 지시 없이 자율신경계가 주도하는 일부 신체적 기능들은 무의식의 영역에 포함된다. 그렇지만 교감신경과 부교감신경에 의해서 작동되는 자율신경시스템 모두 무의식 영역이 아니라는 사실도 분명히 할 필요가 있다.

4.4 의식의 특징

의식과 무의식의 차이와 의식의 특징에 관한 과학적 연구결과를 데하네(2017)는 아래와 같이 요약하였다. 의식의 특징은 의식의 한계와 거의 동의어라 보아도 무관하다. 결국 무의식이나 자율신경은 우리가 의식하지 못한 채 지나침으로 발생할 수 있는 많은 것들(위험회피, 고통경감 등)을 보완해 줌으로써 우리의 생존력을 높여준다.

1) 의식의 병목현상

뇌가 의식적으로 집중할 수 있는 이미지의 수는 극히 제한된다. 실제로 우리 뇌가 여러 이미지에 연속적으로 노출되었을 때, 어떤 이미지는 분명 초기 시각영역에 이르고 심지어는 시각계에서 목표물(target, 여기서는 이미지)로 분류되는 지점까지 이르지만 의식되지 못할 때가 많다. 즉 이미지가 들어왔음을 알지만 그 정보를 의식하지 못하는 것이다. 이는 깜박이는 주의력(attentional blink)으로 말미암아 의식의 처리용량이 일시적으로 포화상태가 되기 때문이다. 즉 여러 이미지가 모두 의식적으로 지각되려면 '의식으로 등록되는 단계'를 거쳐야 하는데 그 과정이 매우 제한적이어서 소량의 정보만이 그것을 통과할 수 있다. 다시 말해 그 시점에 다른 모든 정보는 지각되지 않은(unperceived) 상태에 머물러 있는 것이다. 이러한 의식적 처리의 병목현상을 '심리적 불응기(psychological refractory period)'라 부른다. 의식하는 마음(conscious mind)이 첫 번째 항목을 의식적 수준(conscious level)에서 처리하고 있는 동안 두 번째 항목은 무의식적인 완충상태에서 지체되면서 첫 번째 항목의 처리될 때까지 거기에 머물러 있는 것이다(데하네, 2017).

테그마크(2017) 역시 의식적 처리의 병목현상인 '심리적 불응기'를 언급하였다. 그는 의식에 대한 많은 실험들이 의식 현상 자체를 너무 과소평가한다는 점을 우려하였다. 피실험자가 어떤 자극에 노출될 때 색깔, 모양, 크기 등 거의 모든 것을 시각적으로 의식한다고 느끼더라도 실제 실험에서는 피실험자가 기억하고 말할 수 있는 것은 극히 제한적이다. 어떤 연구자들은 이 차이를 '이용하지 않는 의식'으로 설명하기도 한다. 예를 들면 우리가 무언가에 시선을 고정하고 있음에도 다른 것에 마음(주의)이 가 있다면 시선을 주고 있는 대상을 지각하지 못하는데, 이를 무주의 맹시(inattentional blindness)라 한다. 이때 사람들은 대상에 대한 의식적인 시각 경험을 하지 못한다기보다 그 이미지가 작업기억(working memory)에 담겨지지 않았기 때문이다.

신경생리학자 로고테티스와 레오폴로는 원숭이의 대뇌피질의 시각영역(visual cortex)에 있는 신경세포 데이터를 기록함으로써 시각정보처리의 병목현상을 실제로 관찰하였다. 이들은 보이는 이미지와 보이지 않는 이미지가 대뇌피질에서 다르게 처리되는 것을 관찰한 것이다. 먼저 이들은 실험을 위해 원숭이들이 이미지를 지각할 때마다 레버를 사용하여 보고하도록 훈련시켰다. 최초의 처리단계 때 대뇌피질의 시각적 관문 역할을 하는 1차 시각영역에서 많은 신경세포들이 자극에 반응했다. 그 신경세포들의 발화(활동전위, spike)는 단순히 두 눈에 어느 이미지가 나타나는지에 의존했으며, 원숭이 자신의 지각이 전환되었다고 보고할 때조차도 바뀌지 않았다. V4처럼 더 높은 수준의 시각영역과 하측두 피질(inferotemporal cortex) 내부에서 시각정보가 처리됨에 따라 점점 더 많은 신경세포가 원숭이의 보고와 일치하기 시작했다. 이어 원숭이가 좋아하는 이미지가 보인다고 보고할 때 비로소 신경세포들은 강하게 발화했으며, 이미지가 억제되었을 때는 훨씬 작게 또는 전혀 발화되지 않았다. 이는 문자 그대로 의식경험과 신경세포의 상관관계를 최초로 살펴본 실험이었다. 앞서 우리는 착시현상을 통해 시각적 이미지가 오랫동안 눈에 입력되어 시각영역에 전해져도 의식적인 경험에 이르는 일이 제한적이라는 것을 알았다. 즉 우리의 의식은 두 대상(화병, 사람 얼굴)을 동시에 봤을 때 뇌는 어느 것을 먼저 의식할지를 정하기 위해 격렬한 경쟁에 휩싸이게 된다. 이 격렬한 경쟁을 멈추는 방법은 두 이미지 모두에 주의(attention)를 기울이지 않거나 어느 한 이미지에만 집중하면 된다. 의식적으로 주의를 기울이지 않으면 두 이미지는 통합 처리되며, 한 이미지에만 집중하면 자연스럽게 두 이미지의 경쟁은 끝나는 것이다.

깜박이는 주의력(attentional blink)과 심리적 불응기(psychological refractory period)는 때로 우리로 위험한 상황에 처하게 할 수도 있다. 의식이 어떤 정보에 의해 완전히 점유되어 있을 때 인지해야 하는 또 다른 정보는 무의식의 완충상태(buffer)에서 잠시 기다리게 된다. 이때 위험한 순간이 다가올 수 있다. 순간적인 내부 소음, 마음을 산란하게 하는 잡생각, 여러 불필요한 자극으로 인해 완충상태에서 기다리고 있던 정보(때로 중요한 것일 수도)를 깜박하거나 인식에서 지워버리거나 유실되는 경우가 있기 때문이다(데하네, 2017). 아래 '보이지 않는 고릴라'사례는 우리의 뇌가 어느 한 정보에 집중하면 바로 그 행위 때문에 다른 정보를 지각하지 못한다는 것을 보여준다.

[쉬어 가기]

보이지 않는 고릴라

댄 사이먼스(Dan Simons)와 크리스토퍼 샤브리(Christopher Chabris)가 고안한 '보이지 않는 고릴라'실험은 사람이 부주의해서 일시적으로 장님이 되어버린다는 사실을 증명하였다. 실험참가자들은 흰색 티셔츠를 입은 팀과 검은색 티셔츠를 입은 팀이 농구를 하는 모습을 담은 동영상을 보면서 흰색 팀이 공을 몇 번이나 패스하는 지를 카운트해야 한다. 영상은 30초 정도 계속되며 웬만한 피험자는 15번 정도 패스가 이루어짐을 알 수 있다. 그때 갑자기 실험자가 "그런데 고릴라는 보았습니까?"라고 묻는다. 그런데 봤다고 하는 사람이 없다. 영상을 되돌려 보면 분명히 영상 한가운데 고릴라 분장을 한 배우가 무대 한가운데 나타나 가슴을 여러 번 친 뒤 사라지는 장면이 있는데도 말이다. 영상을 본 참가자 대다수는 처음 상영 때 고릴라의 존재를 전혀 알아차리지 못한다. 그들은 고릴라가 있을 리 없다고 큰소리치고, 심지어 실험자가 다른 영상을 보여준 것이라고 주장까지 한다. 흰색 티셔츠 팀이 공을 패스하는 장면에 모든 주의를 기울이다보니 검은색 고릴라의 모습은 의식에서 사라져버린 것이다.

이 고릴라 실험연구는 인지심리학에서 하나의 커다란 이정표가 된 실험이다. 거의 비슷한 시기에 이와 유사한 실험에서 연구자들은 부주의로 인해 일시적으로 장님이 되어버리는 수십 가지 상황을 수집하였고, 특히 범죄현장에서 목격자의 진술의 신빙성에 커다란 의문을 던지는 계기가 되었다.

이러한 병목현상을 느린 컴퓨터나 네트워크에서도 목격할 수 있어 흥미롭다. 일시에 모여드는 데이터가 처리용량을 넘어서게 되면 그것들을 솎아내기 위해 컴퓨터와 네트워크는 한참을 버벅거리거나 때로는 녹다운되어 버린다. 그러나 한계가 보이지 않을 정도로 증가하는 컴퓨터와 네트워크의 속도는 이런 병목현상을 빠르게 해결해 가고 있다. 양자컴퓨팅, 특수한 환경의 커스텀 칩(예: 그래픽처리 전용칩 등)의 출시는 엄청난 양의 데이터를 처리해야 하는 실리콘지성의 요구에 점차 부응해 갈 수 있음을 시사한다. 세계 최대 모바일 반도체 설계회사 ARM은 '프로젝트 트릴리엄(1조)'을 결성해 저(低)전력 기반으로 다양한 업무를 한 번에 처리할 수 있는 차세대 AI 반도체를 개발하고 있다. 사람의 수백 가지 근육활동을 흉내 낸 팔근육 알고리즘, 다리관절 알고리즘, 목근육 알고리즘 등을 동시에 처리해야 하는 유머노이드 로봇(Humanoid Robot)

도 이런 연산 병목현상에서 벗어나 인간에 더욱 가까워질 수 있을 것이다.

앞서 설명했듯이 의식은 병목현상을 겪는 데다 속도까지 느리다. 예상하지 못한 사건들, 갑작스런 사건은 실제로 발생한 시점에 비해 뇌가 의식하는 시점은 매우 늦다. 뇌는 느린 속도로 증거를 축척하므로 우리가 '현재'라고 의식하는 정보는 적어도 1/3초 전의 정보라 생각하면 된다. 이 맹목시간(blind period)은 입력되는 정보가 너무 적을 경우, 증거를 더 축적을 해야 식역을 넘어 의식적 지각에 이를 수 있으므로 1/2초까지 더 느려질 수도 있다. 그런데다 마음(주의력)이 다른 곳에 분산되어 있으면 의식은 더욱 지연된다. 운전 중 휴대폰 사용이 위험한 이유가 바로 이것 때문이다.

다행스럽게 뇌는 이러한 지연현상을 보정하는 2가지 뛰어난 메커니즘을 구비하고 있다(데하네, 2017). 첫째는 무의식적 '자동항법'이다. 예를 들어 뜨거운 물건을 들었을 때 고통을 느끼기도 전에 그 물건을 떨어뜨린다. 우리의 손이 이렇게 반응하는 것은 의식 밖에서 일련의 감각운동회로(sensory-motor loop)가 작동하기 때문이다. 이러한 무의식적 행동은 앞서 설명한 자율신경계에 속한다. 두 번째 메커니즘은 '예측(anticipation)'이다. 우리의 대부분 감각·운동 영역에는 외부세계의 사건을 예견하는 일시적 학습(temporal learning) 메커니즘이 있다. 예측이 가능한 사건일수록 이 메커니즘 덕분에 사건이 실제로 일어난 때와 그 사건을 인식하는 때의 갭이 좁혀진다. 실험에서 예기치 않게 불빛이 잠깐 번쩍이면 우리는 불행하게도 그 번쩍인 시점을 오인한다. 즉 예측 가능한 속도로 움직이는 점에 비해 갑작스런 빛의 깜박임은 실제 깜박인 위치를 인지하는 시점이 뒤처진다. 이 '번쩍임의 지체(flash flag)' 효과로 인해 우리는 예측할 수 있는 자극을 예측할 수 없는 자극보다 항상 더 빨리 지각하므로 학습할 때 이 예측 메커니즘을 함께 발달시킨다. 스포츠에는 이 예측 메커니즘이 극단적으로 적용되는 분야일 것이다. 훌륭한 테니스선수는 상대선수의 스윙 자세를 보는 순간 자신이 어떤 볼을 쳐내야 하는지 알 수 있는 것처럼 말이다.

2) 의식지각의 마스킹(Masking Conscious Perception)

데하네(2017)는 위에 소개한 고릴라 실험에 대해 추가적인 의문을 가졌다. 고릴라를 보지 못했다고 주장하는 피실험자들이 정말 고릴라를 인지 못 한 것일까? 아니면 인지는 했지만 잊어버린 것은 아닐까? 이에 데하네는 아무리 많은 정보를 제공하고 영상을 여러 차례 돌려 본다 하더라도 여전히 보지 못하는 그 무엇이 있을 수 있다고 생각했다. 즉 인간의 맨눈으로는 볼 수 없는 완전한 형태의 불가시성, 즉 마스킹(masking)이 존재하는 것이다. 식역 이하의 이미지(subliminal image)로 알려진 이것은 의식의 경계(threshold of consciousness) 아래에 제시되는 이미지여서 아무리 노력해도 볼 수 없다. 일부 연구자들은 이를 '이용하지 않는 의식'으로 설명하였다(테그마크, 20171). 예를 들어, 우리가 앞의 풍경을 보고 있지만 옆 사람을 의식하고 있다면 시선을 주고 있는 풍경을 인식하지 못하는 경우가 있는데, 이를 무주의 맹시(inattentional blindness)라고 한다. 이때 우리는 대상에 대해 의식적인 경험을 하지 못하는 것이 아니라 그 이미지가 작업 기억(working memory)에 담기지 않기 때문이다.

이러한 마스킹 효과는 '식역 이하의 이미지'를 피험자에 보여준 후 피험자의 반응을 확인함으로써 검증할 수 있다. 다수의 실험에서 '보이는 것'과 '보지 못하는 것' 사이의 경계를 뚜렷하게 확인할 수 있었다. 하나의 이미지(마스크)를 피험자에게 60밀리초 보여주면 아예 보지 못하지만 40밀리 초로 늘리면 볼 수 있다. 이러한 실험들을 통해 '식역 이하'와 '식역 위' 경계선을 가늠할 수 있다. 대상에 따라 다르지만 이 식역이 가능한 길이는 대강 50밀리초에 가깝다.

마스킹 실험은 의식과 무의식 상태를 현상적으로 구분하는 데 도움을 준다. 실험에서 높은 정밀도와 실험 파라미터를 완벽하게 제어할 수 있다면 의식되지 못한 시각적 자극이 뇌에서 어떻게 처리되는지를 알 수 있다. 예를 들어, 하나의 마스크(된 이미지)에 이어 목표가 되는 단일 자극을 깜박거린다고 하자. 목적은 뇌가 마스크에 이은 단일 자극만을 기억토록 하는 것이다. 정확한 순간에 피험자가 인식하기에 충분한 분량의 시각정보(예: 단어나 숫자 1개)를 단일 자극으로 보여준다. 바로 이어 마스크가 없으면 피험자는 그 시각정보를 인지하지만, 마스크가 뒤따를 경우 시각정보를 지각하지 못한다. 즉 뒤를 이은 마스크가 단어를 지각하는 일을 방해하기 때문이다. 따라서 식역 이하의 이미지(subliminal image)라 할지라도 우리의 정상적인 의식과정이 방해받는다는 것을 알 수 있다.

일련의 마스킹 실험은 시각정보의 의식화가 갖는 한계를 보여줌과 동시에 의식을 의도적으로 통제(왜곡)할 수 있음도 보여준다. 이 의식화의 한계가 개인적인 영역에서는 생존에 위협이 되지 않는다면 그냥 지나칠 수 있지만 정밀한 판단이 요구되는 일에 있어서는 문제가 될 수 있다. 예를 들어 각종 스포츠경기에서 비디오 판독이 판정의 정확성을 높이고 있다. 비디오 판독기술은 여러 명의 인간 심판들의 시각정보 처리능력의 한계를 인정하고 기계가 이 부분을 보완해 주는 셈이다. 따라서 엄격한 판정이 요구되는 모든 과업에서 인간은 결코 기계를 이기지 못하므로 자리를 양보해야 할지 모른다.

3) 의식의 지속성

의식이 짧은 시간에 수많은 감각적 메시지를 간극이나 모호함 없는 종합적인 부호로 압축하는 이유가 있다. 이 부호가 제 시각에 작업기억(working memory)이 되기 위해서는 간결(compact)하면 유리하기 때문이다. 이 작업기억과 의식의 지속성과는 밀접한 관계가 있다. 데닛은 "의식의 주된 역할이란 지속적인 생각을 만들어내는 것이다"라고 하였다. 일단 하나의 정보가 의식되면 그것에 우리는 모든 주의를 기울이고 기억하는 동안 우리의 마음속에 생생하게 간직되어야 한다. 의식된 정보가 이어지는 어떤 결정에 반영되려면 안정적이고 지속적으로 보관되어야 하는데, 이 지속성이 바로 의식적 사고의 특징이라는 것이다(Dehaene, 2014, 100쪽 재인용).

포유류는 이 의식적 사고와 작업기억의 결합으로 인해 자신의 생존율을 높일 수 있었다. 기억이 있기에 우리는 과거를 회상하고 미래를 예측할 수 있다. 사슴은 조금 전에 본 사자가 지금은 보이지 않더라도 수풀이나 바위 뒤에서 여전히 숨어 자신을 노리고 있음을 예상하므로 언제라도 달아날 준비태세를 할 수 있다. 우리는 다양한 환경적 사건들이 넓은 공간에서 불특정한 시간 간격으로 발생할 때마다 이것들을 여러 조짐(현상)으로 분류할 수 있다. 시간, 공간, 지식의 양태에 따라 정보를 종합하고 미래의 어떤 시점에서 그것을 다시 불러낼 수 있는 능력이 바로 의식적 마음의 기본이다. 그리고 이러한 능력은 예외 없이 선택되어 유전됨으로써 동물의 생존율을 높였을 것이다(데하네, 2017).

심리학자들이 작업기억이라 부르는 마음의 요소는 배외측 전전두엽과 그것에 접하고 있는 영역의 지배적인 기능이다. 전전두엽은 상당 시간 동안 정보를 유지하고 그것에 대해 생각하며, 그것을 통합해 계획을 세우는 데 중요한 역할을 한다. 따라서 이 영역은 의식이 지니는 지식의 저장소일 가능성이 매우 높다. 이 부위는 우리가 특정 전화번호, 색깔, 또는 사진의 형태 같은 정보를 잠깐 인지할 때 활성화된다. 전전두엽의 신경세포는 활동기억(active memory)을 수행한다. 즉 보여진 사진이 사라진 뒤에도 그들이 단기기억과제를 수행하는 동안 내내 발화가 계속되기도 한다. 그래서 전전두엽이 손상되거나 산란될 때 단기기억은 사라지며 무의식의 망각 속으로 떨어진다.

4.5 의식(신경작용)의 알고리즘

과학자들은 이미 마음의 의식작용을 알고리즘화할 수 있다고 생각한다. 의식을 알고리즘으로 파악할 수 있다면 그것을 AI로 구현하여 실리콘지성(범용AI)에 탑재할 수 있고, 인공의식으로 무장된 AI는 인간의 사고와 행동방식을 더욱 닮아갈 것이다. 프로그램된 인공의식은 뇌의 자연적 의식과는 사뭇 다르겠지만 그 목적과 용도는 비슷할 것이다. 그렇다면 우리는 실리콘지성이 왜 이런 의식이 필요한지, 무의식이나 자율신경이 함께 하지 않는 의식은 기능적으로 충분한지, 필요하다면 무의식과 자율신경을 어떻게 구현할지 그리고 그것들이 인간의 것과는 어떻게 다른지 고민스럽다. 특히 의식화

(consciousness access)[58]와 같은 고차원적 의식이 초지능(super-intelligence)에게 허용할지 여부는 인류에게 잠재된 위협의 관점에서 심각하게 고민할 필요가 있다(보스트롬, 2017).

이케가야(2015)는 의식을 '신경작용'으로 정의하였다. '컵을 집는다', '악수를 한다' 등 모든 인간의 행동은 신경작용이며 이것을 '의식'으로 보았다. 이제 뇌과학자는 이 신경작용을 컴퓨터로 기록하고 해석해서 그것을 뇌 밖에서 재현할 수 있는 프로그램까지 만들 수 있다. 그 동안에는 실체가 없었던 의지적 행동이라는 추상적 개념이 비로소 눈으로 볼 수 있는 코드와 데이터로 존재하게 된 것이다. 따라서 머지않은 장래에 실리콘지성에 인공의식을 부여하는 일이 불가능한 일은 아닐 것이다. 그렇지만 AI로 구현되는 인공의식이 인간의 의식과 동일한 느낌과 결과물로 포장되지는 않을 것이다. 식당에서 음식을 요리하여 서빙하는 AI로봇이나 집에서 요리한 음식을 식탁에 올리는 엄마나 비슷한 알고리즘으로 작동되므로 결과는 별 차이가 없다. 그러나 서비스의 의미와 가치는 분명 다를 것이다. 그래서 미래의 AI기계에 의식이 필요하다 하더라도 그것이 인간의 것과 같을 것이라 기대하기는 어려울 것이다.

데하네(Dehaene, 2014)는 의식이 인간에게 정교한 직렬컴퓨터(serial computer)와 같은 힘을 준다고 하였다. 예컨대 머릿속으로 2x3보다 복잡한 12x13을 암산할 때(12x10 + 12x3), 우리는 단계별 연산작용이 잇달아 뇌 속에서 일어나는 것을 느낄 수 있고, 그 과정과 방법을 의식적으로 구술할 수 있다. 두 자릿수 이상 숫자의 연산은 마치 내부성찰(introspection)이 가능한 일련의 단계들로 이루어져 있는 것 같다. 컴퓨터과학자들이 '알고리즘(algorithm)'이라 부르는, 즉 몇 가지 기본적인 단계를 서로 연결해 구성한 복잡한 전략(complex strategies)은 독특하게 진화한 의식의 또 다른 기능으로 볼 수 있다. 특히 이 암산은 무의식적으로 불가능하고, 중간결과를 저장했다가 다음 연산에 천천히 전하는 전달시스템을 필요로 한다. 뇌에는 내부 루틴(routine) 사이에 정보를 유연하게 전달(dispatch)하는 일종의 '라우터(router, 경로기)'[59]가 있는 것

58 주의를 기울인 정보의 일부가 인식되어 타인에게 이야기를 할 수 있는 수준의 의식(데하네, 2017, 30)
59 두 네트워크를 이어주는 장비(브리지, 게이트웨이)에 소재하는 라우터는 메시지 패치(비트 묶음)를 여

처럼 보인다. 이것은 의식의 주된 기능 중 하나이다. 여러 처리기(processor)로부터 정보를 수집하고 그것을 합성한 결과물인 의식의 부호(symbol)를 임의로 선택된 다른 처리장치로 전달하는 것이다. 처리기들은 의식의 부호에 무의식의 기술(skill)을 적용하는데 이러한 과정은 무한 반복된다. 이 과정의 결과물이 바로 직렬·병렬이 혼합된 컴퓨터와 유사하다. 이 기계는 대규모 병렬계산 단계들이 직렬의 의식적 의사결정 및 정보경로제어(information routing) 등과 함께 옷감처럼 짜여있는(interleaved) 모습이다.

1936년 영국의 수학자 앨런 튜링은 이런 메커니즘을 이미 알고 있었다. 그는 "실수(real number)를 계산하고 있는 과정의 사람"을 흉내내는 머신을 처음으로 설계했는데, 이 기계는 어떤 효과적인 절차를 실행할 수 있는 생각하는 계산능력을 가졌다고 생각했다. 그래서 튜링은 "의식을 가진 뇌는 유연한 라우팅능력을 갖춘 생물학적 튜링머신처럼 작동된다"고 말한 것이다. 이에 반해서 신경과학에서는 오랫동안 우리의 뇌를 컴퓨터와 비교하는 것을 거부해왔다. 그런데도 뇌가 긴 계산에 몰두할 때 직렬적 생산시스템이나 튜링머신과 닮은 행동을 보여주는 것은 분명하다.

1) 의식의 물리학

의식의 알고리즘을 찾기 위한 과학자들의 물리학적, 수학적 접근방법은 많은 시행착오를 겪었다. 대니얼 데닛(카너먼 외, 2015, 271쪽 재인용)은 마음을 이해하기 위해 그것을 쪼개고 계속 쪼개 하나의 기계로 대체할 수 있는 단위에 이르기까지 분해해야 한다고 주장하였다. 이런 방법으로 하나의 인간을 몇 개의 하위 인간으로 분해하는 것을 '초소인적 기능주의(homuncular functionalism)'라 부른다. 이때 하위 인간은 기본적으로 '에이전트(agent)'이며, '호문쿨루스(Homunculus, 난쟁이)'라 할 수 있다. 이는 인지과학이나 AI가 주로 사용하는 방법론이기도 하다.

러 경로들 중 어느 경로로 보낼지를 결정하는 프로그램

초소인적 기능주의에 근거하여 맥컬로크(McCulloch)와 피츠(Pitts)는 연산기능을 가진 단순한 인공신경세포(뉴런)인 매컬로크-피츠의 논리적 뉴런(McCulloch-Pitts logical neuron) 개념을 제시하였다. 입력 통로는 많지만 출력 통로는 하나뿐이고, 문턱값(threshold value)도 하나여서 입력 정보가 억제되거나 활성화되는 구조였다. 이런 논리적 뉴런으로 이루어진 인공신경망(ANN, artificial neural network)은 원칙적으로 무엇이든 계산할 수 있다. 이 모델은 뇌를 컴퓨터로 뉴런을 컴퓨터의 기본 스위치 소자로 생각한 것이지만, 뉴런의 작동방식을 너무나 단순화하였기에 뇌를 온전히 이해하는 데는 한계가 있었다. 한편 수학적으로 행렬계산법을 이용하면 3개의 뉴런이 시냅스로 연결되는 간단한 수리모델까지 만들 수 있는데, 이 모델을 이용하면 인간과 비슷한 행동을 어느 정도 재현할 수 있다. 만일 좀 더 복잡한 수리 모델을 만든다면 곤충이나 작은 동물의 뇌와 상당히 비슷한 수준의 것을 만들 수도 있을 것이다(이케가야, 2015). 이는 결과적으로 보스트롬(2017)이 제안한 전뇌 에뮬레이션(whole-brain emulation 또는 uploading)과 유사하다. 전뇌 에뮬레이션은 생물적 뇌를 상세하게 스캐닝한 후 뉴런을 3차원 이미지로 재구성한다. 이렇게 만들어진 뉴런 네트워크는 다양한 종류의 뉴런과 뉴런 성분(예: 특정 시냅스 연결구 synaptic connector)의 신경연산(neuro-computational) 모델자료와 합성되면서 지능적 소프트웨어로 전환될 수 있다.

뇌는 예기치 않은 정보를 인식할 때마다 '광역적 점화(global ignition)'라는 대규모 활동 양상을 보인다. 데하네(2017)와 그의 동료들은 '광역 신경세포 작업 공간(GNW, global neuronal workspace)'이라는 이론을 통해 의식을 대뇌피질 내부에서 뇌 전체에 대해 정보를 확대·방송하는 것에 비유하였다. 즉 의식은 적절한 생각을 선택하고 신경세포망(네트워크)를 통해 증폭한 후 뇌 전체를 통해 이것을 대대적으로 공유하는 것이다. 이때 강력하게 연대하는 신경세포들은 높은 수준의 활동이 스스로 유지되는 상태에 돌입하는데, 헤브는 이것을 공명하는 '세포집합(cell assembly)'이라 불렀다. 이 집합적 현상은 물리학자들이 말하는 '상전이(phase transition)'나 수학자들이 말하는 '분기(bifurcation)(물리적 시스템의 어떤 상태에 발생하는 갑작스럽고 거의 불연속적인 변화)와 비슷하다. 단단한 얼음은 물이라는 액체가 고체로 바뀐 상전이의 전형적인 예이다. 데하네는 상전이 개념이 의식적 지각과 일맥상통한다는 점에 주목하였다(Dehaene & Naccache, 2001). 의식도 물이 얼기 전과 후처럼 경계가 있어 보인다. 마치 짧은 시각적 자극은 식역 이하의 상태에 머물지만 그것이 점점 길어지면 눈에 확연히 보이듯이 말이다. 스스로 증폭하는 대부분의 물리적 시스템에는 미미한 불순물이나 노이즈로 인해 광역적인 변화가 일어나거나 일어나지 못하는 변환점이 있다. 뇌의 의식도 이와 비슷할 것으로 추정된다(데하네, 2017).

마찬가지로 테그마크(2017)도 의식현상을 창발(emergent)개념으로 이해하였다. 예를 들어, 물 한 방울은 축축하지만 물방울과 같은 성분인 얼음 결정체와 자욱한 수증기는 축축하지 않다. 물 한 방울의 '축축함'이라는 특성은 입자 자체가 아니라 입자의 배열에 의해 결정되는 것이다. 즉 축축함은 다수의 입자가 액체라는 양상으로 배열되어있기 때문이다. 고체, 액체, 기체는 모두 창발현상이다. 의식이 다양한 특성을 보이는 것은 그때마다 구성입자의 배열양상이 다르기 때문이다. 예를 들어 깊은 잠에 빠질 때 그리고 아침에 기상할 때 그때마다 입자의 배열이 달라지듯이 말이다.

요컨대 어떤 메시지나 이미지가 시각적으로 의식된다는 것은 대뇌피질의 활동에서 뇌 전체에 걸친 상전이(창발현상)를 일으켜 뇌의 여러 영역들을 하나의 일관된 상태로 얼어붙게 만드는 것은 아닐까? 데하네는 이 질문에 대한 답을 찾기 위해 간단한 실험 하나를 수행하였다.[60] 그 결과, 시각영역과 선선두엽의 객관적 지표는 물론 주관적 지표도 처음에는 선형적 축적(linear accumulation)을 보이다가 어느 순간 급격한 상전이를 하는듯한 모습을 보여주었다. 즉 의식적 지각이란 선형적이라기보다 "전부 아니면 전무(all or nothing)"라는 광범위한 상전이 양상, 즉 광역적 점화현상으로 나타나는 것이다(데하네, 2017).

60 물병의 온도를 떨어뜨리듯 디스플레이(피험자에게 보여주는 숫자와 글자들)의 물리적 변수 하나를 지속적으로 변화시킴.

2) 인공의식: 통합 정보 이론(IIT)과 센트로늄(sentronium)

의식에 대한 다양한 실험데이터를 AI에 응용하려면 지금까지의 실험적 시도를 벗어나 주요 외삽법(extrapolation)을 활용해야 하며, 이를 위해서는 이론이 필요하다. 간단한 뉴턴의 중력이론으로 시작된 아인슈타인의 일반상대성이론이 우주의 모든 물리적 현상을 설명하듯이, 우리가 어떤 의식에 대한 수학적 이론을 만들 수 있다면 뇌의 모든 의식현상을 설명하는데 적용할 수 있음은 물론이고 인공의식에도 확장할 수 있을 것이다(테그마크, 2017).

AI에 의식이론을 적용하려면 앞서 설명한 의식의 신경 상관성(NCC, neural correlates of consciousness)이론을 의식의 물리적 상관성(PCC, physical correlates of consciousness)으로 일반화할 수 있어야 한다. 여기서 PCC를 움직이는 입자들 가운데 의식이 있는 것들의 양태(aspect)라고 우선 정의하자. 만약 기본 입자와 힘의 장과 같은 물리적 구성요소만을 조사해 의식이 있고 없고를 예측할 수 있는 이론을 만들 수 있다면, 뇌뿐만 아니라 미래의 AI기계를 구성하는 물질의 배열을 가지고 의식의 유무를 예측할 수 있을 것이다.

상전이(phase-transition) 개념이 의식적 지각과 일맥상통하며 (Dehaene & Naccache, 2001), 의식현상에 상전이와 유사한 창발(emergent)개념을 적용할 수 있다고 앞에서 설명하였다. 즉 물 한 방울은 축축하지만 같은 성분인 얼음 결정체와 자욱한 수증기는 축축하지 않다. '축축함'은 입자 자체가 아니라 입자의 배열에 의해 결정된다. 그렇다면 깊은 잠에 빠질 때 그리고 아침에 기상할 때마다 뉴런입자의 배열이 달라지는 것은 아닐까? 테그마크(2017)는 한 걸음 더 나아가 이 의식의 특성을 수치로 표현할 수 있을 것으로 보고, 토노니(Giulio Tononi)[61]의 통합 정보 이론(integrated information theory, IIT)을 적용하였다. 어떤 방식으로 처리되는 과정에서 정보가 느끼는 양식이 있는데 그게 바로 '의식'이라는 것이다. 구체적으로 IIT는 '어떤 복잡한 방

61 이탈리아 신경과학자

식'을 더 정확하게 '통합'으로 바꾸었다. 그래서 그리스 문자 Φ(파이)[62]의 수치가 크면 클수록 시스템은 더 높은 수준의 의식을 갖게 된다고 주장하였다. 즉 토노니는 의식하는 시스템일수록 전체적 하나로 통합되어야 하는데, 그렇지 않다면, 예컨대 시스템이 두 부분으로 나뉘어 있을 경우, 그들은 하나가 아니라 각각의 의식이 별도로 있는 개체라고 느끼기 때문이라는 것이다. 토노니와 그의 동료들은 EGG를 이용하여 Φ(파이)의 간단한 버전을 측정했다. 그들이 만든 '의식 탐지기'는 매우 잘 작동했다. 즉 환자들이 깨어 있거나 꿈꿀 때는 의식이 있다고 표시되었고, 마취됐거나 깊은 잠에 들었을 때는 의식이 없는 것으로 나타났다. 특히 전신이 마비된 록트인(locked-in) 증후군 환자라도 정신활동은 의식이 있는 것으로 표시하였다.

IIT는 연속(continuous, 아날로그)이 아닌 이산(discrete, 디지털)상태로만 표현되는 시스템에서만 정의될 수 있다. 예를 들면, 컴퓨터의 메모리 비트나, 온-오프만 가능한 뉴런(신경세포)들과 유사하다. 즉 IIT는 입자의 위치나 자기장의 힘과 같이 구체적인 아날로그 값을 채택해야 하는 물리시스템으로는 정의될 수 없다. IIT 공식(formula)을 이런 물리시스템(예: 양자역학시스템)에 적용하려면 대개 무한대의 Φ(파이)값이 나오는데 이는 결코 도움이 되지 않는다. 테그마크는 이 부분에서 앞서 소개한 물질(예: 물방울)의 창발(cmergcnt)적 개념을 적용하여 의식을 어떤 물리적 현상으로 이해하고자 하였다. 그렇다면 물질인 물방울로 하여금 주관적인 경험을 하게 하는 것은 무엇인가? 즉 물방울이 어떤 조건하에 (i) 기억, (ii) 연산, (iii) 학습, (iv) 경험을 갖는가? 그는 여러 조건들 가운데 특히 마지막 '경험'에 집중하였고, 이를 위해 "주관적 경험을 하는(sentient) 가장 일반적인 물질"을 의미하는 센트로늄(sentronium)이라는 개념을 생각해냈다.

테그마크는 의식을 파동, 기억, 연산처럼 작용하는 비물질적, 물리적 현상으로 이해하고자 하였다. 파동, 기억, 연산과 같은 패턴(무늬)은 부분의 합보다 큰 창발(emergent) 현상이며, 부분적으로 상당히 독립적이어서 스스로 생명을 갖는다. 의식이

62 Φ(파이)는 한 시스템에서 다른 부분들이 서로를 얼마나 아는지를 표시하는데, 파이가 크면 클수록 정보통합의 정도가 높다.

데이터라는 아이디어에서 논리적으로 유추되고, 특정한 방식으로 처리될 때 느끼는 것이라면 분명 기질에서 독립된 물질적 현상으로 볼 수 있을 것이다. 이때 의식 경험은 물질로부터 두 단계를 거쳐 구성된다. 물리학은 움직이는 입자들에 대응하는 시공(時空) 속의 패턴을 그려낸다. 만약 입자들의 배열이 어떤 원칙을 따른다면 창발 현상이 나타나는데, 그 현상은 입자의 개별적 기질과는 독립적이어서 완전히 다른 느낌이 난다. 하나의 물방울이 산소와 수소라는 원소로 구성되어 있지만, 배열방식에 따라 액체, 고체, 기체라는 독립적인 기질을 보이듯이 말이다. 만약 뇌의 정보처리가 어떤 원칙을 따른다면 다양한 수준의 창발 현상이 나올 것이고 그게 바로 의식이라는 것이다.

그렇다면 이어지는 의문은 무기질의 개체(예: 컴퓨터, AI기계)가 정보처리를 통해 의식을 가지는 데 필요한 조건에 관한 것이다. 첫째, 시스템이 의식이 있으려면 정보를 저장하고 처리할 수 있는 상당한 크기의 용량(예: CPU, 메모리)을 필요로 한다. 때로는 정보를 오래 기억할 필요가 없을 수도 있다. 둘째, 의식하는 시스템(가상의식)은 외부세계로부터 상당히 독립적이어야 한다. 그렇지 않다면 스스로 어떤 형태로든 독립적으로 존재한다는 사실을 주관적으로 느끼지 못하기 때문이다. 끝으로 의식하는 시스템은 전체적으로 통합된 하나의 시스템이어야 한다. 줄리오 토노니의 주장처럼 만약 시스템이 두 부분으로 나뉜 체 전체적으로 통합되어 있지 못하다면 스스로를 의식이 있는 하나의 개체로 느끼지 못할 것이기 때문이다. 요약하자면 외부로부터 간섭을 받지 않으면서 정보를 유지하고 처리할 수 있으며 자신의 미래를 스스로 결정할 수 있는 '자율성' 또는 '독립성'을 갖는 것을 의미한다. 테그마크는 이 원칙들을 고수하며 실험적으로 검증할 수 있는 수학적 이론을 찾아내는 것이 인공의식을 연구하는 과학자들에게 남은 과제라고 주장하였다.

한편 토노니의 IIT이론은 최근 찬사와 공격을 동시에 받고 있다. 스콧 아론슨은 자신의 블로그에서 IIT이론을 포함한 의식에 대한 연구를 다음과 같이 비판하였다. "나는 IIT가 틀렸다고 생각한다. 그것도 명백하게... 그 핵심에 오류가 있는데, 의식에 대한 수학적 이론 가운데 IIT는 상위 2%에 해당한다. 내가 보기에 의식에 대한 이론 거의 대부분은 너무 모호하고 거품 같고 변형하기 쉬워서 기껏해야 틀릴 뿐이다." 특히 그는 어떤 간단한 로직 게이트 네트워크는 정보가 고도로 통합돼 Φ(파이)가 아주 높은데도 의식이 없을 수 있다고 주장하였다. 물론 토노니는 이를 반박했지만, 이 논쟁의 핵심은 통합이 의식의 필요조건이라는 주장(아론슨)과 충분조건도 된다(토노니)는 두 주장의 충돌로 볼 수 있다.

또한 IIT는 현재의 컴퓨터 구조(아키텍처)로는 논리게이트의 연결방식의 통합도가 낮기 때문에 의식을 가질 수 없다고 주장한다.[63] 달리 말하면 만약 당신이 자신을 미래의 첨단 로봇에 업로드해 로봇이 당신의 뉴런과 시냅스를 전부 시뮬레이션했다고 가정하자. 설령 당신이 영생을 갈구하여 스스로 업로드하여 만든 디지털 클론이 당신과 분간되지 않을 정도로 흡사하게 말하고 행동한다 할지라도 그것은 주관적인 경험을 하지 못하는 의식 없는 좀비에 지나지 않을 것이라고 토노니는 주장하였다. 이에 대해 데이비드 차머스(David Chalmers)와 AI 전문 교수 머레이 샤나핸(Murray Shanahan)은 스스로를 업로드하는 대신 뇌의 신경회로를 완벽하게 시뮬레이션하는 가상적인 디지털 하드웨어로 조금씩 대체하는 상황을 상상하였다.[64] 이러한 가설에 대하여 토노니는 비록 정의상 시뮬레이션이 완벽해서 뇌의 일부가 대체된다 하더라도 행동은 영향을 받지 않겠지만, 경험은 처음에는 의식이 있다가 결국에는 의식이 없는 상태로 바뀔 것이라고 반박하였다. 그렇다면 부분적 업로드(일종의 사이보그)는 서로 다른 두 상태 사이에서 어떤 다른 느낌을 가질까? 의식적인 경험을 주도하는 뇌의 시각영역의 일부가 대체됨으로써 당신이 보고 있는 장면이 갑자기 사라지더라도 그 사라진 자리에 무엇이 있었는지 알 수 있어야 한다. 이는 마치 맹시증[65] 환자처럼 심각한 일이다. 당신이 그 차이를 의식한다면 묻는 친구에게 그 변화(차이)를 말해 줄 수 있어야 하고 당신 행동은 변하지 않는 것이 맞다. 이 가설에 맞아떨어지는 유일한 논리적 가능성은 당신의 의식에서 어느 하나라도 사라지는 그 순간 당신의 마음은 변해서 거짓말을 하거나 경험이 바뀌었거나 달라진 것을 잊었다고 말해야 한다는 것이다. 즉 업로드든 전뇌 에뮬레이션이든 시뮬레이션이든 뇌의 일부를 대체한 컴퓨터는 의식적 경험이 사라졌으므로 대체 이전의

63 IIT prediction that simulated humans will be zombies: http://rstb.royalsocietypublishing.org/content/370/1668/20140167

64 Shanahan_Critique of IIT: https://arxiv.org/pdf/1504.05696.pdf.

65 blindsight. 뇌손상으로 앞을 보지 못하지만 장애물을 피해가거나 물체의 위치를 잘 맞힌다.

인간은 아니라는 것이다.

마지막 쟁점은 저마다 의식이 있는 부분으로 이뤄진 개체가 전체적으로 의식을 가질 수 있느냐는 것이다. 예를 들어, 개인이 의식을 잃지 않으면서 사회 전체가 의식을 가질 수 있을까? 의식이 있는 뇌가 제각기 의식이 있는 부분들로 구성될 수 있을까? IIT는 이 질문에 '그럴 수 없다'고 답한다. 그러나 이에 모든 이가 동의하지는 않는다. '외계인 손 증후군'은 뇌량 부위에 문제가 생겨 좌뇌와 우뇌가 소통하지 못함으로써 발생하는 병이다. 그래서 우뇌가 왼손에 일을 시키는데도 환자는 그 일을 의도하지도 않았고 이해할 수 없다고 말한다. 때로 환자는 한 손으로 '외계인 손'을 멋대로 움직이지 못하도록 제지한다. 말하지 못하는 우뇌는 왼손을 움직이는데 언어를 담당하는 좌뇌는 뇌 전체를 대변한다고 주장한다. 이 경우 뇌는 하나인데 개별적인 두 개의 의식이 존재하는 상황인데, 이를 온전한 의식으로 볼 수 있을까?(Tegmark, 2017). 즉 통합은 정상적인 의식을 가능하게 하는 매우 중요한 속성이라는 것이다.

3) 브레인 웹(Brain Web)

의식과 무의식의 알고리즘을 가로지르는 몇 가지 중요한 특징은 상전이, 창발현상, 통합성, 이산성(비선형성), 광역적 점화 등이다. 눈에 노출된 이미지에 대한 의식이 폭발하면 왼쪽, 오른쪽 후두엽, 측두엽, 전전두엽 여러 영역의 결절(node)이 놓여있는 커다란 회로가 동시에 활성화된다. 의식적 지각에는 처음에는 짧게 빛을 보이는 듯 미미한 활동을 보이다가 나중에 엄청나게 증폭하는 모습을 보인다. 즉 뇌의 여러 부위들이 거의 동시다발적으로 발화(fire)되는 시점에 정보처리가 극대화되면서 의식적 지각현상이 발생하는 것이다. 그렇다면 의식적 지각이 발생할 때 왜 뇌의 여러 부위의 신경세포(뉴런)들이 동시에 발화하는 것일까? 아마도 동기화가 될 때 정보전달이 가장 용이하기 때문일 것이다. 동기화란 멀리 떨어져 있는 신경세포(뉴런)들끼리 의사소통 채널을 구축하는 것이다. 그간 연구자들의 뇌파기록은 동기화를 통해 수천 개의 신경세포가 서로 정보를 교환한다는 것을 보여주었다. 특히 의식적 경험을 위해서는 정보교환이 가까운 부위들끼리만 아니라 대뇌피질에서 멀리 떨어진 부위에까지 광범위하게 일어남으로써 일관된 '전뇌 집합체(brain-scale assembly)'를 이룬다. 그래서 대뇌피질을 가로지르는 전기신호의 엄청난 동기화는 의식의 또 다른 기호(signal)로 볼 수 있다. 눈에 보이지 않는 찰나의 마스킹 이미지로는 일시적인 동기화밖에 생기지 않지만, 의식적 지각은 신경세포들 간의 장거리 소통과 브레인 웹(brain web)이 조성되면서 엄청난 양의 신호를 상호 교환하는 것과 관계가 있다(Varela 외, 2001, Dehaene, 2014, 137쪽 재인용). 이 브레인 웹이 작동되는 주파수는 보통 베타 대역(13~30 헤르츠)이나 세타 대역(3~8 헤르츠)으로 낮은 편이다. 그래도 이 정도의 주파수는 몇 센티미터 거리를 가로질러 정보를 전달할 때 적절한 수준으로 보인다(데하네, 2017).

수백만 개의 신경세포가 발화함으로써 의식적 표현을 부호화하는지는 아직 명확하지 않다. 뇌는 일상적으로 고정된 주파수로 신호를 주고받기보다, 광역적 패턴(broadband pattern)으로 오르락내리락하며 출렁이는 주파수를 주고받으며 상당한 거리에 걸쳐 동기화되어 있다. 그런데 주파수는 서로 내부적으로 안주해버리는(nested) 경향을 보인다. 즉 낮은 주파수의 변동성에 비해 높은 주파수는 예측되는 순간에 갑자기 쇠퇴한다(He 외, 2010). 이러한 복잡한 패턴을 이해하려면 새로운 수학적 수단이 필요하다. 그 가운데 하나가 뇌파기록에 적용해온 '그렌지 인과성 분석(Granger causality analysis)'이다. 이는 원래 시계열 경제지표들 간의 인과관계를 분석하는 방법인데 최근 신경과학이 이것을 활용하기 시작하였다. 해부학적으로 대뇌피질 전역에 상향식 회로와 하향식 통로가 모두 존재한다. 대부분 장거리 연결은 양방향이며, 가끔 하향식 투사(projection)가 상향식보다 그 횟수가 엄청나게 많다. 왜 이런 배열이 이루어졌는지 그리고 그것이 의식에 어떤 역할을 하는지는 아직 잘 알려져 있지 않다.

앞서 얘기한 '그랜저 인과성 분석'으로 잠시 돌아가 보자. 데하네(2017)와 그의 동료들은 뇌파기록을 대상으로 그랜저 인과성 분석을 시행하였다. 그 결과 의식적 지각이 이루어진 과제의 경우, 뇌 전체에 양방향 인과성(bidirectional causality)이 엄청나게 증대하는 것으로 관찰되었다. 이 '인과성 폭발(causal explosion)'은 약 300 밀리초 때 갑자기 나타나는데, 이 시점에 이르자 뇌파를 기록하는 대부분의 부위들의 관계들이 복잡하게 뒤얽힌 거미줄(웹)처럼 통합(동기화)되었다. 이 통합은 1차적으로 대뇌피질의 시각영역에서 전두엽을 향해 앞쪽으로 나아가지만 또한 위에서 아래로 내려가는 것도 있었다. 앞으로 이동하는 뇌파는 직감과 분명히 일치해 보인다. 즉 시각정보가 1차 시각영역에서 대뇌피질 영역들의 위계적 서열을 따라 전진하면서 시각적 정보를 점차 추상화하는 것이다. 그런데 위에서 아래쪽으로 내려오는 뇌파는 무엇을 의미하는지 알 수 없었다. 추측건대 진입하는 활동을 증폭하는 주의신호(attention signal)이거나 입력신호가 더 높은 수준에서 현재의 해석과 일관성이 있는지를 점검하는 확인신호(confirmation signal)일 수도 있다. 요컨대 뇌의 "분산 유인체(distributed attractor)" 기능은 일시적으로 형성되는 뇌 전체의 발화패턴의 공명(반향)현상이 한동안 유지되도록 하는 역할을 하는 것으로 보인다(Dehaene, 2014). 이렇게 브레인 웹이 전반적으로 점화되는 일은 의식된 과제에서 일어날 뿐 의식되지 않은 과제는 그렇지 않았다.

4.6 무의식의 메커니즘

일반적으로 무의식을 의식과 처음으로 구별한 사람이 지그문트 프로이트(Sigmund Freud)로 알려져 있지만 이는 잘못된 것이다. 우리의 대부분 정신작용은 몰래 일어나며, 의식이란 잡다한 무의식 처리장치 위에 놓인 얇은 합판일 뿐이라고 고대 로마의 그리스인 의사 갈레노스(Galen, 129~200)와 철학자 플로티누스(Plotinus, 204?~270)가 이미 주장하였다. 이들은 보행과 호흡 등 신체활동의 일부는 특별한 주의를 기울이지 않더라도 무의식적으로 이루어진다는 것을 이미 알고 있었다.

한편 오늘날 발달된 뇌영상기술은 놀랍게도 의식하지 못한 것으로 보이는 글자와 숫자까지도 피험자의 대뇌피질의 아주 깊숙한 곳에까지 이른다는 것을 보여준다. 식역 이하(subliminal)에 해당하는 글자나 그림(여기서 프라임·prime이라 부르자)을 보여준 뒤 바로 이어 눈에 띄는 다른 항목(여기서 타깃·target이라 부르자)을 보여준 실험에서 타깃은 프라임과 같아지기도 달라지기도 하였다(데하네, 2017). 그래서 무의식적이라도 프라임과 타깃이 동일한 단어라면 그 처리 속도가 빨라진다. 예를 들어 radio라는 단어 앞에 house라는 무관한 단어가 제시될 때보다 radio라는 단어가 반복 나오면 반응도 빠르고 실수도 줄어든다. 이것을 '식역 이하의 반복 점화(subliminal repetition priming)'라 부른다. 이처럼 뇌는 단어를 힐끗 보기만 하더라도 글자 형태의 피상적인 변화와 별개로 그 글자를 재빨리 확인할 수 있다. 이는 우리가 독서할 때 적용된다. 그간 시각적 정보의 개별요소들이 아무런 지각없이(무의식적으로) 처리될 수 있다고 하더라도 그것들을 결합시키려면 의식이 필요하다는 주장이 있었으나, 일부 시각정보의 결합은 의식적 노력 없이도 일어난다는 것이 증명되었다. 글자를 하나의 단어로 결합할 때, 글자는 분명히 정확하게 결합이 이루어지고 왼쪽에서 오른쪽으로 배열되어야, RANGE와 ANGER처럼 알파벳 하나의 위치가 달라 일어날 수 있는 혼동을 피할 수 있다. 그런 결합이 무의식적으로 이루어진다는 것이다.

지난 10여 년간 식역 이하(subliminal)의 지각을 조사할 때 단어만이 아니라 얼굴, 사진, 그림 등도 대상이 되었다. 그 결과 우리가 시각적 광경(visual scene)을 경험하는 의식은 두 눈을 통해 받아들이는 초기의 입력 정보와는 아주 다른, 고도의 식역 이하의 처리가 이루어진 이미지라는 결론에 이르렀다. 우리가 본다고 인식하는 이미지는 망막에 맺힌 이미지와 동일하지 않다. 우리 눈은 방박을 중심으로 확내되고 혈관으로 가려지는 매우 왜곡된 수많은 밝고 어두운 픽셀(화소)을 가졌으며, 긴 신경을 따라 뇌로 이어지고, '시각신경원반(맹점, blind spot)'이라는 커다란 구멍이 있는 흉측하게 생긴 장기다. 이런 장기로는 아름다운 풍경을 볼지라도 이미지는 끊임없이 끊기거나 흐릿해지거나 겹쳐 보일 것 같지만 실상은 그렇지 않다. 뇌는 망막의 결점을 보정하고, 시각신경원반을 수정하고, 눈과 머리의 움직임을 안정시키고, 이전에 경험했던 비슷한 풍경을 바탕으로 엄청난 재해석을 거친 3차원 광경으로 전환해 보여주기 때문이다. 이 모든 과정이 무의식적으로 이루어지고, 그 작동방식이 너무나 복잡해 도저히 컴퓨터로 모델링하기가 어려울 정도다(데하네, 2017). 그런데 이 모든 작용을 무의식이라는 컴퓨터가 처리한다.

인간의 행동은 뇌가 수행하는 알고리즘의 결과이다(이케가야, 2015). 알고리즘은 무의식의 영역에서조차 예외가 없다. 두정엽 앞에 있는 '운동영역'은 인간이 수행하는 최종적인 행동(출력)을 지시하는 부분이다. 예를 들어 운동영역의 일부를 자극하면 손가락이 움직이며, 그 옆을 자극하면 다른 손가락이 움직이는 식이다. 자극을 받으면 움직이므로 자신의 의식과는 무관하며, 해당 지점마다 손가락을 움직이는 데 필요한 다양한 알고리즘이 저장되어있는 셈이다. 2002년 5월 「뉴런」이라는 학술지에는 원숭이 실험을 통해 언제라도 원래 자리로 팔을 돌려놓는 특별한 뉴런(신경세포)의 존재를 확인하였다. 당장은 팔이 어느 곳에 있어도 상관이 없는데 운동영역의 이 부위를 자극하면 어김없이 특정 위치로 팔이 이동하는 것이다. 이는 마치 '스크립트(script)'같은 컴퓨터 프로그램처럼 어떤 행동을 하도록 이미 프로그램된 뉴런들이 존재함을 의미한다.

무의식적 행동이 코딩되어 있는 뉴런들에 대한 연구는 '모라벡 역설'의 극복을 앞당길 수 있을 것이다. 인간처럼 유연하게 움직일 수 있는 로봇 근육을 제어하기 위해서는 체스를 두거나 말을 하는 것보다 훨씬 더 많은 양의 연산이 필요하기 때문이다. 그런데 로봇이 수족을 움직이는 데 필요한 효율적인 프로그램을 무의식의 알고리즘으로부터 차용할 수 있다면 사이보그나 인간처럼 행동할 수 있는 휴머노이드 로봇의 실현을 앞당길 수 있을 것이다. 다만 컴퓨터가 비록 그 많은 연산을 할 수 있다 하더라도 로봇의 관절과 근육의 물리적 유연성과 탄력성은 인간의 그것을 닮고 있지 못하다. 그래서 우리는 현재의 무기질 재료만으로 사람처럼 움직일 수 있는 AI휴머노이드 로봇을 만들 수 없다. 즉 사이보그, 실리콘지성에 필요한 AI알고리즘과 계산문제가 해결된다 하더라도 궁극적으로 하드웨어(인공수족 및 장기)를 만드는 재료가 다음 걸림돌이 될 것이다. 이는 5장에서 더 자세히 다룰 예정이다.

• 알 수 없는 다른 마음

동물들에 비해 인간이 우월하다는 것을 입증하기 위해 우리는 흔히 '자의식(sense of identity)'을 든다. 그러나 이에 동의하지 않는 학자들은 늘어가고 있다. 자의식이란 우울하고, 행복하고, 배고프고, 포만감을 느끼는 등 모든 느낌이 '나'라는 유일무이한 실체에 속한다고 인식하는 것을 말한다. 인간은 또한 자의식이 있기에 자신을 과거에서 현재 그리고 미래로 지속하는 존재로 생각할 수 있는데, 이는 기억과 밀접한 관계가 있다. 대다수의 동물과 달리 의식화(consciousness access)는 매우 복잡한 형태의 의식적 경험에 이르는 관문이다. 인간은 가끔 일상적인 언어로 자아감과 의식을 융합시키기도 한다. 여기서 자아감은 곧 뇌가 하나의 관점, 어느 시점에서 주위를 둘러보는 '나'를 만들어내는 방법을 의미하기도 한다(데하네, 2017). 우리는 이 자의식에 근거한 행동들을 뇌에서 일어나는 무의식적 알고리즘과는 다른 차원의 능력으로 간주하고, 자의식이 없는 대다수의 동물들은 무의식적 알고리즘에만 의존하는 열등한 존재로 생각하는 경향이 있다(하라리 2017).

그렇지만 '자의식'이 없어 영원히 현재에만 머무를 것으로 폄하되는 일부 동물들(앵무새, 덤불 어치 등)도 개별 사건들을 기억하고 미래에 대비해 의식적으로 계획을 세운다는 것은 실험을 통해서 입증되었다(Raby 등, 2007). 예를 들면 인간에게만 있을 것 같은 '광역 신경세포 작업공간(GNW)'이 짧은 꼬리원숭이(macaque monkey)에게도 적용되는 것 같다. 짧은 꼬리원숭이는 인간의 뇌처럼 전전두엽과 그 밖의 연관된 피질을 연결하는 장거리 통신을 가능하게 하는 촘촘한 네트워크(브레인 웹)가 존재하며, 심지어 생쥐조차도 1초 동안 시각정보를 유지할 때 활성화되는 작은 전전두엽과 대상피질이 있는 것으로 관찰되었다(데하네, 2017). 특히 짧은 꼬리원숭이는 과거를 회상할 수 있는 능력이 있는 것으로 보인다. 그들도 우리처럼 당장 과제를 처리하지 않고 쉽게 미루기도 한다. 이를 위해서는 자극이 사라진 뒤에도 오랫동안 정보를 유지하는 능력이 필요하다. 인간은 주의가 산만해지는 것을 억제하는 능력이 원숭이보다 뛰어날 뿐이다. 우리가 원숭이보다 더 잘 집중해서 영화를 볼 수 있는 것은 전전두엽이 외부로부터 침입하는 정보의 흐름을 끊어줌으로써 마음을 자유롭게 해 주기 때문이다. 한편 짧은 꼬리원숭이도 휴식을 취하고 있을 때 활성화되는 자발적 '디폴트 모드(default mode)' 네트워크를 가지고 있다. 이 모드는 인간이 자기성찰(introspect)을 하거나 무엇을 떠올리거나(remember) 마음이 방황(mind-wander)할 때 활성화되는 부위이다. 이러한 증거들을 종합해서 데하네(2017, 440)는 "의외로 많은 종의 조류와 어류까지도 똑같은 종류의 의식작업공간으로 수렴 진화한 증거가 발견되더라도 나는 결코 놀라지 않을 것이다"라고 하였다.

아래 스웨덴 푸루비크 동물원의 수컷 침팬지 산티노 사례를 읽어보기 바란다(Balter, 2012). 우리는 산티노의 행동에서 그가 돌멩이를 던질 때 당황스러워하는 관람객들의 모습을 즐기는 듯하고 관람객과 상호작용하는 것을 원하는 것처럼 보인다. 그러나 돌멩이를 숨기고 던졌던 이유를 산티노로부터 직접 듣기 전까지는 산티아노가 무료함을 달래기 위해 의식적으로 그러한 행동을 한다고 주장하기는 어렵다. 즉 겨울을 겪어보지도 못한 새끼 다람쥐가 '겨울을 대비해' 도토리를 비축하는 것처럼 뉴런들의 무의식적 알고리즘에 따라 행동한다고 주장하더라도 반박하기 어렵다.

[쉬어 가기]

스웨덴 침팬지 산티노

스웨덴 푸루비크 동물원의 침팬지 산티노는 우리 안에서 무료함을 달래기 위해 흥미로운 취미를 하나 발견했다. 동물원 방문객들에게 돌을 던지는 일이다. 그 자체로는 대단한 일은 아니지만 산티노는 자신의 행동을 사전에 계획하는 듯한 행동을 보였다. 즉 산티노는 동물원이 문을 열기도 전에 아침부터 던질 돌멩이들을 산더미처럼 쌓았다. 화가 나서 돌을 던지려한 것은 아니지만 가이드와 방문객들은 곧 산티노를 경계하기 시작하였고, 그가 돌더미 옆에 서 있을 때면 매우 조심하였다. 그러다 보니 돌을 던질 표적을 구하기가 점점 힘들어졌다.

2010년 5월, 산티노는 전략을 바꾸었다. 그는 이른 아침에 자신의 숙소에 있는 짚 다발을 몇 포 가지고 나와 방문객이 침팬지를 보기 위해 모여드는 담장 근처에 둔 후, 던질 돌을 그 짚 아래에 숨기는 영리함을 보였다. 한 시간쯤 지나 첫 방문객들이 다가왔다. 산티노는 초조함이나 공격의 기색을 전혀 보이지 않고 있다가 일행이 사정거리에 들어오자마자 짚더미 아래에 숨겨둔 돌을 던졌다. 당연히 사람들은 혼비백산하여 도망쳤다. 2012년 여름, 산티노는 이제 짚 더미 아래만이 아니라 돌을 숨기기에 적당한 모든 곳에 돌을 모아두기 시작하였다.

동물들의 많은 행동들은 실제로 의식적으로 하는 것인지 아니면 무의식적 알고리즘이 시키는 것인지 이해하기 어렵다. 그 이유는 알 수 없는 '다른 마음의 문제'이기 때문이다. 새끼를 해치려는 사자에게 목숨을 걸고 달려드는 어미 코끼리의 행동은 어떤가? 자신이 몇 달 동안 애지중지 기른 새끼임을 기억하고 모성애 때문에 지키려는 것인지 아니면 그냥 자신의 피붙이를 공격하는 사자에 대한 막연한 적개심 때문일까? 주인이 돌아오면 꼬리를 흔들며 팔짝팔짝 뛰며 주변을 어슬렁거리는 개의 행동은 오랫동안 자신을 돌봐 준 사람임을 기억하고 그러는 것일까 아니면 그냥 익숙한 사람이어서 설명하기 어려운 황홀경에 휩싸여서 그러는 것인가? 이러한 동물들의 행동을 의식적 기억과 계획의 산물이 아닌 무의식적 알고리즘으로 간주한다면 의식적 알고리즘으로 설명될 수 없는 인간 행동들도 의외로 많다는 것에 동의해야 한다. 예를 들어 갓 걸음마를 시작한 아이가 찻길에 뛰어들 때 엄마는 이 아이를 양육했던 과거의 기억을 생각하고 부족한 모성애를 재충전하여 아이에게 뛰어가지는 않는다. 급박한 상황에서 아이의 엄마는 프로그램된 무의식적 알고리즘에 의해 반사적으로 행동한 것으로 보는 것이 타당하지 않을까.

이제 동물에서 AI기계로 한번 옮겨가 보자. 데이터를 처리하고 판단하고 행동하는 과정이 컴퓨터와 인간은 분명히 다르다. 실리콘에 기반한 컴퓨터는 탄소에 기반한 인간의 신경망과는 전혀 다른 구조와 성질을 가지고 있어서, 인간에게서 보이는 의식의 특징들이 컴퓨터에 그대로 적용될 수는 없다. 우리는 의식과 관련해서 어떤 덫에 갇힌 것처럼 보인다. 우리는 무언가 의식하고 있다고 말하는 사람들의 말을 믿을 수 있다는 가정하에 의식의 특징들을 찾고, 그런 다음 그 특징들을 인간에게 실제로 의식이 있다는 증거로 쓰려 한다. 하지만 만일 말을 하는 AI스피커가 스스로 의식이 있다고 말한다면 그 말을 믿어줄 사람이 얼마나 될까? 아직 어떤 획기적인 과학도 이 악명 높은 '다른 마음의 문제'를 해결하지 못하고 있다. 지금까지 생각해낸 최선의 테스트는 '튜링 테스트'인데, 이는 AI가 인간의 사회적 관습을 통과하는지 여부를 살펴보는 수준이다(하라리, 2017). 결론적으로 우리는 다른 개체들의 생각과 행동을 우리의 의식에 관한 이해와 이론을 근기로 규정하는 일에 매우 신중해야 한다. AI도 마찬가지일 것이다. 앞으로 동물처럼 AI도 우리가 이해할 수 없는 다른 마음을 가질 수 있음을 두렵지만 인정해야 할지 모른다. 더구나 학습할 수 있는 AI가 그렇다고 말을 한다면 더더욱 그럴 것이다. 그러나 AI의 마음(인공의식)은 우리가 기획하고 만들고 조작할 수 있다는 측면에서 완전히 다른 차원의 담론을 형성할 것이다.

다음 도약을 위해 중간 결론을 일단 내려 보자. 인간은 의식적 과정을 거쳐 과거를 회상하고 사전에 계획하고 문제를 해결하기도 하지만, 긴박한 상황에서는 학습되거나 유전된 무의식의 알고리즘 또는 자율신경에 따라 행동하기도 한다. 생존과 직결된 일부 알고리즘은 오랜 진화를 거치면서 유전자에 각인되었거나 자율신경처럼 작동하는 것들이 많다. 따라서 무의식적 알고리즘이 우리보다 열등한 모든 존재의 행동을 설명할 때만 적용되는 것이 아님을 인정해야 한다. 그런데도 인류가 척박한 지구를 개척하고 힘세고 큰 동물들을 제치고 생태계의 정점에 오를 수 있었던 것은 전자의 능력을 계속 진화시켜 왔기 때문은 분명하다. 의식적 과정을 통한 문제해결은 과거 기억을 활성화하고 경험을 축적하여 과거와 비교하여 현재를 개선함으로써 더 나은 문명을 이룰 수 있었다. 인간에게 단기적 생존 확률을 높이기 위해 반사적, 무의식적 알고리즘이 필요하지만, 장기적 생존 확률을 높이는 데는 자의식을 바탕으로 한 집요한 의식적 과정이 꼭 필요했다. 생존을 위해 인간은 욕망(목표)이 필요했고, 그 욕망과 현실의 차이를 인식할 때마다 그 갭을 줄이기 위한 행동을 계획하고 실행해야 했다. 개인의 책임과 의무감 그리고 계획성은 장기적 생존에 꼭 필요한 자의식의 일부였다. 가족과 같은 작은 집단이든 크고 작은 사회 조직이든 책임감을 가지고 의무를 다하는 사람은 그 조직의 장기적 생존에 꼭 필요했을 것이다. 사자는 사냥을 한 후 그 먹이를 한꺼번에 다 먹어버린다. 아빠 사자가 나서 먹이의 일부를 내일을 위해 저장하라고 명령하지는 않는다. 그러나 갓 사냥을 마친 인간은 사냥한 먹이를 며칠 동안 먹을 수 있을지를 계산하고 식량의 일부를 보관하는 계획을 짜야했다. 동물은 무의식적 본능에 많이 의존하는 반면, 사람의 뇌는 의식이 깊이 관여하는 이성적 프로세스를 자주 작동시켰다. 사람과 동물의 차이는 결국 이 작은 의식적 행동에서 벌어지기 시작한 것이다. 그런데 이 의식이 갑자기 허공에서 뚝 떨어진 것이 아니라 부단한 무의식적 과정이 상전이하거나 창발하거나 광역적 점화를 이루는 시점에서 발현된다.

4.7 무의식의 심연(深淵)

의식과 무의식은 동전의 양면 같아 보인다. 우리가 수행하는 많은 기능(읽기, 타이핑, 기초적 바둑 등)들의 일부는 이미 의식이라는 수면 위로 올라오지도 않고도 할 수 있다. 자세히 보면 우리가 의식적으로 행하던 많은 기능들이 익숙해지면서 의식의 수면 아래, 즉 무의식의 영역으로 내려가는 듯하다. 내가 이 책을 처음 쓰기 시작할 무렵, 처음 접한 뇌와 관련된 생소한 용어들을 이해하기 위해 골머리를 싸맸지만, 시간이 지나면서 그런 용어들이 자연스럽게 이해되고 넘어가는 것과 유사하다. 더구나 일부 강력하게 학습된 생각과 행동들은 우리들의 뇌 유전자에 각인되어 후세에 전달되기도 한다. 뛰어난 예술가의 재능이 뇌 유전자 어딘가에 각인되어 있다가 후손에게 전달되는 것이다. 프로이트의 말대로 우리는 무의식적 작용이 우리가 모르는 사이에 이루어지므로 의식이 우리의 신체적, 정신적 생활에 차지하는 역할을 너무 과대평가해 왔는지 모른다. 그래서 무의식의 놀라운 힘을 잊어버리고 우리의 행동이 의식적인 결정에 의한 것이라 여기는 경우가 많다.

무의식이 얼마나 강하게 우리의 판단에 영향을 미치는지를 보여주는 실험 하나를 살펴보자. 데익스테르하위스는 학생들에게 최대 12가지의 옵션이 다른 4개의 브랜드의 승용차 가운데 하나를 선택하라는 문제를 주었다. 문제를 읽은 학생들의 절반에게는 어떤 선택을 할지 4분 동안 의식적으로 고민하는 시간을 준 반면, 절반의 학생에게는 단어를 맞추는 게임을 하게 함으로써 문제에 집중하지 못하게 했다. 그런 다음 차를 선택하게 하였는데, 그 결과 산만한 시간을 보낸 그룹이 의식적으로 신중하게 고른 그룹에 비해 자신의 선택에 대해 더 만족하였다(실험결과는 60% vs. 22%). 비슷한 결과는 이케아(IKEA)의 매장에서도 증명되었다. 점포를 한 번 방문한 뒤 여러 주 동안 신중하게 고민을 한 후 구매를 한 고객이 별다른 의식적 고려 없이 충동적으로 상품을 고른 소비자들보다 구매만족도가 떨어졌다. 이는 문제를 해결하기 위해 의도적인 의식적 노력보다 오히려 무의식의 변두리에서 더 잘 처리된다는 역설을 제기한다. 그렇다면 의식적으로 생각한 사람들의 결과가 좋지 못한 까닭은 무엇일까? 그들은 의식이 갖는 한계 때문에 큰 그림을 그리지 못하고 제품의 1~2가지 특징에 지나치게 집중했기 때문이었다. 반면 무의식적 과정은 여러 항목에 가치를 부여하고 그들의 평균을 구해 결정을 내리는 데 더 뛰어나다. 몇 가지 긍정적이거나 부정적인 가치를 합계하고 평균을 내는 일은 기본적인 신경세포회로가 의식 없이도 잘 할 수 있는 정상적인 레퍼토리 중에 하나이다. 인간은 대략적인 덧셈과 뺄셈은 무의식적으로 잘 할 수 있다(데하네, 2017).

목소리를 볼 수 있을까? 가능하다. 여러 감각기관을 통해 접하는 다양한 정보를 우리 뇌는 무의식적으로 묶어 처리할 수 있으며, 우리는 그렇게 처리된 결과만은 인식할 뿐이다. '맥거크 효과(McGurk effect)'에 의하면 뇌는 이 착각을 극복하기 위해 무의식적으로 두 정보를 결합하여 중간쯤의 지각결과를 만들어낸다. 인터넷에서 이 동영상을 보면 한 남성이 분명히 "다다다다"라고 말하는 것처럼 보인다.[66] 그런데 눈을 감으면 "바바바바"로 들린다. 즉 착각하는 것이다. 시각적으로는 그 사람의 입이 꼭 '가'라고 말하는 것처럼 움직이지만 귀에는 '바'라는 음절로 들리기 때문에 뇌는 갈등을 겪게 된다. 이때 뇌는 무의식적으로 2가지를 융합하여 '다'라는 중간쯤의 지각결과를 만들어내는 것이다. 이 청각적 착각을 통해 우리의 의식경험은 매우 느리고 상황에 따라 재구성됨을 알 수 있고, 그 기저에는 무의식이 흐른다는 것을 알 수 있다. 뇌영상기법을 통해 다중감각의 의식적 결합이 일어나는 곳으로 밝혀진 곳은 초기 청각 영역(early auditory area) 또는 시각영역(visual sensory area)이 아니라 대뇌피질 전두엽(frontal cortex)이었다(데하네, 2017).

저자가 이 책을 쓰느라 몇 년 전 처음 접한 뇌 관련 전문용어처럼 우리 뇌는 낯선 정보를 의식적으로 처리하기 위해 더 많은 에너지를 소비한다. 시각처리, 언어인식, 체스 등을 보면 매우 자동적이며 숙달된 뒤에도 계속 훈련을 통해 아무런 지각없이 무의식적으로 기존 정보와 결합한다. 즉 숙달된 통상적인 결합은 감각적인 입력정보의 특정 조합에 관여하는 신경세포에 의해 부호화된다. 반면 비통상적인 결합은 새로운 조합을 만들어야 하므로 더 많은 의식이 관여한다. 뇌는 출생 후 자연스럽게 이루어지는 지

66 http://www.youtube.com/watch?v=jtsfidRq2tw

속적인 시각훈련을 통해 익숙하게 된 물체의 특징을 표현하는 일을 전담하는 신경회로(묶음)를 만든다. 이러한 결합은 의식이 관여하지 않으므로 심지어 마취 상태에서도 적절한 자극에 계속적으로 반응할 수 있다. 사람들이 빠르게 책을 읽을 수 있는 것은 어릴 적부터 익힌 수십만 단어와 문장에 대한 경험이 있기에 가능하며, 체스마스터의 뇌는 지속적인 훈련으로 일부 신경세포 회로가 체스판의 배치에 맞춰져 특화되어 있다.

2장에서 다뤘던 인공신경망(ANN)과 딥러닝(심화학습) 기법들 모두 뇌가 비통상적 결합을 만드는 과정을 알고리즘으로 흉내 낸 것이다. 이러한 기계학습은 기능별로 최적화된 하드웨어가 발전하면서 더욱 가속화될 것임을 앞에서 설명하였다. 예를 들어, 게임을 위해 최적화된 컴퓨터는 영상 정보 처리, 가속화, 신호전환, 화면 출력 등을 담당하는 GPU(Graphic Processing Unit)라는 별도의 프로세스를 이용한다. 2019년 미국의 스타트업 세레브라스는 기존 GPU 크기의 56배에 달하는 초대형 컴퓨터칩을 개발하였다. 이 칩은 AI시스템을 기존 방식보다 100~1000배 더 빠르게 학습할 수 있게 한다. 우리 뇌는 이런 GPU와 같은 기능을 수행하는 특화된 신경세포 다발이 수없이 만들어져 있다고 보면 된다.

1) 콘트롤 타워의 부재

오랫동안 마음의 '중심기능(central executive)', 즉 우리의 정신작용을 제어하고 자동적인 반응을 억제하고 과업을 변경하고 오류를 감시하는 인지시스템은 의식의 작용으로만 생각해 왔다. 최근 들어 그러한 중심기능(콘트롤 타워)이 보이지 않는 자극을 바탕으로 무의식적으로 작동한다는 사실이 밝혀지고 있다. 그런 기능 중의 하나가 스스로를 제어하고 자동반응을 억제하는 능력이다.

심리학은 식역 이하의 지각이 존재하며 일체의 정신과정이 의식적 노력 없이도 일어날 수 있음을 풍부하게 증명해 보였다. 이 무의식에는 단어의 이해에서 수의 덧셈에 이르기까지 그리고 오류의 감지에서 문제해결에 이르기까지 커다란 트릭(tricks) 보따리가 들어있다. 이 트릭은 광범위한 자극이나 반응과 병행해 재빨리 작용하기 때문에 가끔 의식적인 생각보다 뛰어나 보이기도 한다(데하네, 2017). 이는 20세기 초 앙리 푸앵카레가 "무의식적인 과감한 처리(unconscious brute-force processing)"가 느릿한 의식적 사고가 할 수 없는 것을 더 잘 할 수 있다고 예언한 것과 맥을 같이 한다(Poincare, 1902).

일반적으로 사람들은 중요한 결정이나 선택을 할 때 오랫동안 고민을 한다고 생각하지만 실제는 그렇지 않다. 사람들은 의외로 문제를 길게 생각하지 않으며, 많은 사고과정(thought process)이 실제로는 의식적인 행위가 아니라 의식 밖에서 이루어지고 있다. 다만 많은 생각들이 우발적으로 계속 일어나지만 사람들은 그것을 의식하지 못할 뿐이다. 즉 치밀하게 짜인 생각과 추론 대신 느낌과 직관 같은 우발적인 요인들이 더 많이 끼어든다(카너먼 외, 2013). "내 직감에는 이게 맞는 것 같아"식의 우발적인 느낌은 합리적, 절차적인 생각을 압도하기도 한다. 예를 들어, 도덕적 민감도를 측정하기 위해 "더 좋은 직장을 얻기 위해 이력서를 조작하는 것은 얼마나 잘못된 행동일까요?"라고 물으면 사람들은 일반적으로 그러한 행동이 얼마나 나쁜지를 합리적으로 생각하려 한다. 그렇지만 만일 그 사람이 끈적거리고 더럽고 혐오스러운 식탁에 앉아서 그런 질문을 받는다면 결과가 다를 수 있다. 결국 사람들은 어떤 순간에 받는 강한 느낌이 어떤 행위의 잘잘못을 판단하는 일에 큰 영향을 미친다. 실제로 사람들이 판단하고 결정할 때 처하는 환경은 다양하고 정상적이지 않을 때가 많다. 이럴 때일수록 사람들은 의식에 의존하여 합리적인 문제해결을 하기보다 무의식의 흐름에 편승하여 즉흥적으로 판단을 할 수 있다. 데하네의 표현처럼 마음은 고통, 쾌락, 분노, 사랑과 같은 주관적 경험의 흐름(flow)이다. 이러한 경험들은 서로 연결된 감각, 감정, 생각들로 구성되어 잠시 깜박거렸다가 이내 사라진다. 그런 다음 다른 경험들이 순간적으로 일어나 깜빡거렸다가 다시 사라지는 식이다. 이렇게 마구 뒤섞인 경험들이 모여서 전체적인 의식의 흐름을 구성한다. 이 흐름 속에서 때로 우리는 순간적으로 무의식의 흐름에 몸을 맡기고 즉흥적인 결정을 얼마든지 내릴 수 있다.

2) 의식의 조용한 내조자

뇌 실험들은 무의식에서 의식으로 의식에서 무의식으로 우리의 생각이 엎치락뒤치락하며 빠르게 진행됨을 보여준다. 단어를 보여주는 실험(의식될 수 있는, 그럴 수 없는 단어들을 연속적으로 보여줌)에서 피실험자에게 자극을 부여한 후 200~300밀리초 사이의 0.1초도 안되는 시간에 기록된 뇌파는 전혀 차이가 없는 것부터 '전부 아니면 전무(all or nothing)'라는 식으로 바뀌었다. 비록 모든 단어가 시각영역으로 비슷한 활동량이 흘러 들어간 것처럼 보였지만, 의식적 과제(단어)는 뇌파가 힘을 축적하면서 전두엽과 두정엽 네트워크의 제방을 뚫고 대뇌피질의 넓은 영역으로 급속히 확산되었다. 반대로 무의식적 과제(단어)는 뇌파가 뇌의 뒤쪽에 안전하게 갇혀있어 의식은 그것과 접촉할 수 없어 무슨 일이 일어났는지 전혀 인식하지 못했다(데하네, 2017). 그 와중에 무의식 활동은 완전히 사라지지 않고 왼쪽 두정엽 내부, 즉 단어의 의미와 밀접한 부위들에서 계속 깜박거린다. 이 무의식의 존재는 측두엽 안에서 확인될 뿐이다. 그러던 것이 전두엽과 두정엽의 넓은 영역으로 흘러넘칠 때 비로소 의식적 지각의 신호를 보낸다. 실험에서 의식되는 단어만 충분한 전압을 지닌 뇌파가 이 부위에 침투하는 것으로 보인다. 그 신호는 불과 몇 마이크로볼트에 지나지 않는데, 이는 AA건전지의 100만분의 1만큼이나 작은 것이다. 실험에서 두 번째 의식기호인 P3파는 의식적 지각에 우리가 갑자기 접근할 때마다 언제라도 쉽게 목격할 수 있었다.

요약하면 의식적 접근(conscious access)은 하나의 밀고 당기는 시스템으로 작용한다. 뇌가 첫 번째 단어에 오래 잡혀있을 때(P3파가 길게 나타남)는 동시에 두 번째 단어에 주의를 기울일 수 없다. 하나를 의식하면 다른 것에 대한 의식이 배제되는 것이다. 르네 데카르트가 옳았나. 그는 "우리는 한꺼번에 여러 가지에 모두 주의를 기울일 수 없다"는 사실을 최초로 주목한 사람이었다. 즉 의식은 동시에 2가지를 점화할 수 있지만 한 번에 하나씩 의식적인 '덩어리'를 지각할 뿐이다. 전전두엽과 두정엽은 최초의 자극을 함께 처리하려고 할 때마다 동시에 두 번째 자극에 함께 참여하지는 못한다.

의식의 순간은 실제 세상보다 항상 뒤처진다. 어느 순간 수많은 감각정보가 입력되더라도 뇌는 극히 작은 부분만을 의식적으로 지각하며, 그 지각도 1/3초 정도가 지난 다음에야 가능하다. 뇌가 느린 속도로 정보를 축적하기 때문에 우리가 '현재'로 의식하는 정보는 적어도 1/3초 전의 것이다. 1/3초라는 맹목시간(blind period)도 입력된 정보가 충분치 않으면 더 많은 정보를 축적하기 위해 1/2초가량 더 늦어진다. 더구나 뇌가 집중하지 못하고 마음이 오락가락한다면 이 의식적 처리는 더욱 늦어질 것이다. 따라서 만일 인간이 이 의식에만 의존해 살았다면 생존율은 극히 낮아졌을 것이다. 감각정보를 빠르게 인지하고 무의식이 행동을 촉발하는 방식이 의식적 처리와 함께 진화하지 못했다면 인간은 급격한 환경과 상황변화에 적절하게 대처하지 못했을 것이다.

4.8 의식의 조작

인류는 구체적인 뇌의식의 부호와 기억의 부위를 알게 됨에 따라 그것을 조작할 수 있는 섬뜩한 시대에 진입하고 있다. 다양한 의식적 경험과 기억이 처리되는 뇌의 부위와 뉴런들끼리 전달하는 생화학물질과 그것들의 복합적 기능들이 속속 밝혀지고 있기 때문이다.

의식에 관한 실험에서 관찰되는 전기적 발화(spike, 활동전위)현상이 진정한 의식의 기호로 간주되려면 의식의 내용(결과)이 출현할 때마다 그것에 대응하는 뇌의 특정 부위가 발화되고, 이 사실을 피험자 자신도 인식할 수 있어야 한다. 사실 그런 뇌 상태는 매일 밤 꿈에서도 재현되고 있다. 꿈꾸는 동안 뇌는 조직적으로 재구성되어 정밀한 정신적 내용을 환기시키는 일련의 발화현상을 일으키기 때문에 우리는 그 꿈을 인식할 수 있는 것이다(데하네, 2017). 쥐가 잠자는 동안 신경세포의 활동기록을 보면 낮에 경험한 것과 직접적으로 상관관계가 있는 피질과 해마 속에 신경세포의 발화패턴이 재현된다(Peyrache 외, 2009). 사람도 잠 깨기 몇 초 전 특정 피질영역이 활발해졌다면 그가 꾼 꿈의 내용을 예측할 수도 있다. 예컨대 특정 인물의 얼굴에 특화된 부위의 활동이 활발해졌다면 그 사람이 꿈에 나타났을 수 있음을 의미한다.

현재 우리는 특정 신경세포의 발화와 실제 정신상태 사이의 대응관계를 어느 정도 예측할 수 있지만 정확한 인과관계는 여전히 불명확하다. 그래서 뇌 활동 패턴과 정신상태의 1:1 대응관계를 증명하는 일은 여전히 뇌·신경과학자들이 풀어야 할 숙제로 남아 있다. 비침습형 뇌영상기법으로는 인과관계보다는 단순 상관관계 정도만을 관찰할 수 있을 뿐이다. 하지만 지금도 무해하고 가역적인 기술을 사용하여 뇌를 안전하게 자극할 수 있다. 예를 들어, 경두개 자기자극(TMS, transcranial magnetic stimulation) 기술을 이용하여 건강한 피실험자의 특정 뇌 부위를 활성화할 수 있다. 20세기 초에 처음 개발된 TMS는 최신기술의 힘을 입어 더 안전한 기술로 거듭났다. 머리 위에 자극코일을 놓고 특정 피질의 정확한 스위트스폿(sweet spot)에 강한 전류를 흘려보내 특정 부위를 자극할 수도 있다. 한편 뇌 속에 침습형 전극을 삽입한다면 더 정밀하게 특정 부위를 타게팅(targeting) 할 수 있어 뇌전증, 파킨슨병, 운동장애 등을 치료할 수 있다. 의식상태에 있는 환자들을 치료하면서 얻는 TMS 조사들의 결과는 신경상태와 의식적 지각 사이에 직접적 인과관계가 있음을 보여주기 때문에 매우 유익하다(데하네, 2017). 실제로 외부 사건(event)이 전혀 없음에도, 특정 신경회로를 자극하는 일만으로도 다양한 의식적, 주관적 느낌을 느끼게 할 수도 있다. 예컨대 시각영역에서 TMS는 캄캄한 어둠 속에서 안내(眼內) 섬광(phosphene)으로 알려진 빛의 감각을 만들어낼 수 있다. 해당 피질에 전류를 흘리면 자극받은 부위에 따라 여러 곳에서 빛이 점처럼 희미하게 나타난다. 만일 자극코일을 뇌 옆쪽에 있는 MT/V5(운동영역)로 이동하면 지각이 바뀌면서 피실험자는 순간적인 움직임을 보고한다. 마찬가지로 또 다른 부위를 자극하면 색상 감각을 일으킬 수 있다.

신경세포의 활동기록을 통해 다양한 시각적 장면이 뇌의 여러 시각영역에 하나씩 대응된다는 사실은 잘 알려져 있다. 후두엽의 여러 신경세포 집합들은 모양, 움직임, 색깔 등에 따라 반응한다. 자극연구를 통해 이미 특정 신경세포의 발화와 특정 지각이 인과관계가 있음도 알려졌다. 즉 시각적으로 입력된 이미지가 전혀 없음에도 특정 부위를 자극하면 빛이나 색상으로 대응되는 작은 의식을 경험하도록 할 수 있다. 자기자극을 전방 측두엽 쪽으로 옮기면 피험자의 복잡한 과거기억을 소환할 수도 있다. 피실험자들은 토스트가 타는 냄새를 느끼거나, 오케스트라 단원이 모든 악기를 연주하는 것을 보고 듣기도 하며, 심지어 자신의 과거 출산과 공포영화를 본 상황을 기억하기도 하였다. 전두엽과 측두엽 아래쪽에 파묻혀 있는 두꺼운 칼집 모양의 섬엽(insula)을 자극하면 숨이 막히거나 타거나 찌르거나 따끔거리거나 덥거나 메스껍거나 낙하하는 등의 여러 가지 불쾌한 느낌을 자아낼 수 있다. 시상하핵을 자극하면 울고 흐느끼고 단조로운 목소리, 쭈그리고 있는 자세, 침울한 생각 등이 겸비된 우울한 상태를 유발한다. 두정엽을 자극하면 현기증, 심지어는 천정으로 날아올라 자신의 몸을 내려다보는 듯한 야릇한 느낌까지도 일으킨다. 아주 간혹 자신이 공중에서 영혼이 떠난 듯한 자신의 시신(나중에 다시 깨어날)과 그 주변에서 슬퍼하는 가족들의 모습을 보는 유체이탈 체험을 하기도 한다. 이 역시 두정엽에 이상이 생겨 발생하는 것으로 추정할 수 있다. 이러한 실험들을 선구적으로 수행한 신경외과 의사 와일더 펜필드(Wilder Penfield)는 (대뇌)피질의 미세회로에는 우리 인생의 대소사에 대한 기록이 모두 잠자고 있다가 자극으로 깨어날 수 있다는 결론을 내렸다.

이러한 임상조사만으로 특정 신경세포와 의식의 인과적 메커니즘을 정확하게 규명할 수는 없다. 신경활동(spike, 활동전위)은 자극받은 부위에서 시작된 뒤 다른 회로로 확산되면서 금방 인과관계가 애매해지기 때문이다. 실제 이런 활성화는 두정엽과 전전두엽에서 멀리 떨어진 부위에까지 확산될 때 비로소 의식적 경험이 일어난다. 프랑스 신경과학자 미셸 데뮈르제(Michel Desmurget)의 '현저한 분리(striking dissociation)' 실험은 현저한 자극이 없을 때조차 환자는 자극에 따른 행동을 하지만 그것을 의식하지 못한다는 점을 증명하였다. 이러한 실험들은 모든 뇌회로가 의식적 경험을 위해 똑같이 중요하지 않을 수 있다는 점을 시사한다. 즉 말초적인 감각 및 운동회로는 반드시 의식적 경험을 만들지 않고도 활성화될 수 있지만, 측두엽, 두정엽, 전전두엽 등의 고차원적 영역들은 의식적 경험과 더욱 밀접하게 관계되어 있다. 따라서 이 부분들을 자극하면 현실과는 상관없이 다양한 주관적인 환각을 유도할 수 있다.

우리가 본다는 것, 즉 시각적 의식(지각)을 좀 더 깊이 살펴보자. 영국의 신경과학자 폴 테일러와 동료들은 1차 시각영역에 TMS(경두개자기자극술)를 사용해 시각적 섬광, 즉 대뇌피질의 활동으로만 만들어지는 빛의 환각을 유도해 보았다. 그들은 환자가 빛이 점으로 보인다고 보고할 때까지 조금씩 자기자극(magnetic pulse)의 강도를 높여갔다. 그리고 이러한 자극이 시작된 후 환자의 EEG를 밀리초 단위로 기록함으로써 최소 수준의 자극에 의해 뇌 전체로 확산되는 과정을 살폈다. 자극이 가해진 직후부터 160밀리 초 동안 내내 보이는 과제나 보이지 않는 과제에서 뇌 활동은 변화가 없었다. 오랜 시간이 지난 뒤에야 비로소 친숙한 P3파가 머리 표면에 지각되지 않은 과제보다 지각된 과제 때 훨씬 더 강하게 드러났다. 이 P3파의 발생은 외부의 빛 자극에 의한 것(약 200밀리 초)보다는 빨랐는데, 이는 초기에 소요되는 시각 처리 과정을 건너뛰었기 때문이었다. 완전한 어둠 속에서도 시각 부위를 자극함으로써 실제로는 없는 시각적 경험을 유도할 수 있었지만, 국소적 자극이 의식적 자극을 만들어내기까지는 활동전위(spike)가 멀리 떨어진 뇌의 다른 부위에까지 확산되어 충분한 브레인 웹(brain web)이 형성될 때까지 기다려야 했다. 브레인 웹이 형성되면서 신경활동이 피질 안을 폭넓게 순환하고 때로는 감각 영역으로 돌아가기도 하면서 신경세포가 지각한 그림의 파편들을 한데 묶을 때, 비로소 우리는 무언가 '보는 것'을 경험하는 것이다(데하네, 2017).

광역의 브레인 웹이 형성될 때 비로소 우리가 의식적 경험을 한다면 그것을 방해함으로써 이 경험 역시 중단시킬 수 있다. 실제로 피실험자에게 의식적 지각의 범위를 웃도는 시각적 자극을 가한 후, 바로 전기자극을 가함으로써 뒤늦게 의식을 유지시키는 장거리 브레인 웹 형성을 방해했더니 피실험자는 자극이 없다고 보고하였다. 이 실험은 최초의 자기자극만으로는 의식적 경험을 일으키지는 못하고, 촉발된 활성화가 1차 시각영역으로 순환되어 돌아올 때 비로소 의식됨을 보여주었다. 즉 의식적 경험은 신경세포의 반향(reverberation)이 대뇌피질의 연결망을 순환하면서 생성되는 바, 의식은 바로 이 순환루프상에서 존재하는 것 같다. 우리가 마음속에 하나의 이미지를 간직할 때 뇌는 그것을 역지 이하의 수준(subthreshold level)으로 시각영역에서 신경세포들이 발화된 가운데서 생생하게 유지하며, 그래서 자기자극에 의해 쉽게 재생될 수 있는 것이다.

향후 뇌의 부위별 의식작용과 수행기능과의 인과관계를 보다 정확하게 분석하기 위해 여러 종류의 기술들이 결합될 것으로 예상된다. 전뇌 에뮬레이션, 뇌 시뮬레이션을 향한 연구는 더 풍부한 신경해부학적 자료의 축적과 대뇌피질 네트워크의 기능적 모형의 발전을 가능케 함으로써 신경세포와 의식의 관계에 대한 이해를 더욱 촉진할 것이다. 이는 거짓말 탐지, 신경심리학적 조작, 뇌의 인지능력향상 등 여러 뇌업그레이드 프로젝트와 무관하지 않다. 마찬가지로 인지능력을 향상시키기 위한 노력은 인지능력의 향상은 물론 다른 유전적 특성의 조작에 필요한 염색체 선별방법과 유전공학의 발전을 동시에 촉발할 것이다(보스트롬, 2017).

• 신경공학, 광유전학의 발전

비록 현재 뇌 의식을 통제하는 기술은 영화 「매트릭스」의 감독인 워쇼스키 형제의 상상력에 미치지는 못하지만 신경공학과 광유전학의 발전은 과거에는 손조차 쓸 수 없었던 뇌와 유전자 관련 질환의 치료에 서광을 비추고 있다(데하네, 2017). 예를 들어 신경공학(neurotechnologies)분야의 생체공학자들은 눈이 멀거나 마비되거나 파킨슨병을 앓고 있는 환자들의 기능을 회복시키는 일에 급속한 진전을 일궈냈다. 그들은 수천 개의 전극으로 구성된 실리콘 칩을 실험용 동물의 피질 속에 집어넣어 뇌-컴퓨터 인터페이스(BCI)의 대역폭을 대폭 확장하였다. 부작용을 최소화시킨 침습형은 비침습형 도구에 비해 뇌를 업그레이드하는 일에 더욱 극적이며 효과적으로 관여할 수 있을 것이다.

광유전학(optogenetics)의 발전은 이러한 기대에 더욱 날개를 달아준다. 광유전학은 전류(자기자극)가 아닌 빛으로 뇌를 자극하는 기술이다. 기술의 핵심은 해조류의 박테리아에서 발견된, 빛에 민감한 '옵신(opsin)'이라는 분자를 활용하는 것이다. 옵신은 광자(光子)를 신경세포 사이에 통용될 수 있는 기본 화폐인 전기신호로 변환시킨다. 옵신의 유전자도 잘 알려져 있어 그것의 성질을 유전자 조작으로 바꿀 수 있다. 동물의 뇌 속에 유전자를 운반하는 무해한 바이러스를 주입하고, 특정한 신경세포군에만 발현되도록 통제하면 뇌의 도구상자에 새로운 광수용체가 추가된다. 그런 다음 빛에 민감하지 않은 대뇌피질의 깊숙한 곳에서 레이저를 발사함으로써 특정 신경세포를 밀리초 단위로 정확하게 홍수처럼 일제히 발화시킬 수 있다. 마치 바이러스를 컴퓨터에 침투시킨 후 원격에서 좀비 컴퓨터를 조작하는 식이다. 신경과학자들은 광수용체와 레이저를 이용해 특정 신경세포회로를 선택적으로 활성화하거나 억제할 수 있다. 섬뜩한 일이지만 이러한 기술은 외부에서 뇌의 활동을 선택적으로 조작할 수 있으며, 특정한 의식적 체험을 재현할 수도 있다. 앞으로 법정에서 범죄를 재구성할 때, 범죄자나 목격자의 진술, 증거물 그리고 CCTV 기록에만 의존하는 것이 아니라 피의자나 목격자들의 뇌의 일부를 재현함으로써 범죄혐의를 입증할 수 있는 사실적 증거를 채증할 수도 있을 것이다.

• 뇌 업그레이드

뇌 업그레이드와 조작은 종이 한 장 차이에 불과하다. 먼저 뇌를 조작할 수 있어야 뇌 업그레이드도 가능하기 때문이다. 의식과 무의식의 상호작용과 관계에 대한 지금까지의 연구는 각종 첨단 도구들의 도움으로 이런 일을 더욱 쉽게 할 수 있도록 돕는다. 예컨대 키보드를 통해 단어를 입력할 때 의식과 무의식의 행동이 혼재되어 나타난다. 과학자들은 일부 행동이 자동으로 이루어지는 동안 뇌에서 어떤 일이 일어나는지를 연구함으로써 무의식에서 의식으로 바뀌는 것에 대한 성찰을 얻을 수 있었다. 이러한 비교 연구는 대내피질의 네트워크화, 특히 의식화가 일어날 때마다 활성화되는 대뇌 전두엽 부위를 포함하는 브레인웹을 확인시켜줄 수 있었다(Chein and Schnider, 2005). 이러한 연구를 잘 활용하면 의식과 무의식 처리에 공통적으로 나타나는 불필요한 뇌활동을 제거하고 오로지 인식되지 않은 것을 인식모드로 바꾸는 데 필요한 뇌의 과정에만 집중할 수 있다. 즉 학습의 속도를 놀랍게 증강할 수 있고, 불필요한 뇌 활동을 최소화함으로써 집중력을 높일 수도 있다. 실제로 이런 목적의 뇌보정기가 이미 시중에 출시되어 있기도 하다.

아래 쥐 실험은 뇌의 특정부위에 자기자극을 줌으로써 쥐가 특정행동을 지속하도록 조작할 수 있음을 보여준다. 이제 뇌·신경과학자는 특정 신경회로가 수행하는 특정 행동 알고리즘을 알아내기 시작했다. 즉 수십만 또는 수백만 개의 신경세포 다발이 어떤 기능을 수행하는지를 구체적으로 안다면 특정 행동을 하거나 느낌을 가질 수 있도록 국지적 자극을 할 수 있을 것이다. 여행을 하고 싶도록 하는 신경세포 다발이나 쇼핑을 하고 싶도록 하는 신경세포 다발을 알아낸다면 그것을 자극함으로써 그 행동을 유도할 수 있다는 말이다. 기업의 마케팅기획자가 혹할 수 있는 기술이다. 과학자들은 머지않아 특정 의식이나 행동을 구성하는 신경회로의 작동 알고리즘을 알아내 그 행동을 하도록 외부에서 조작할 수도 있으며, 이 신경모방 알고리즘(일종의 인공의식)이 탑재된 실리콘지성은 인간처럼 의식하고 행동할 수도 있을 것이다.

[쉬어가기]

쥐의 쾌락중독

쥐의 뇌에 세 개의 전극을 꽂았다. 먼저 수염을 통해 느낄 수 있는 자극을 주는 좌·우뇌의 부위 각각에 한 개씩을 꼽았다. 쥐의 수염은 일종의 내비게이션 역할을 한다. 따라서 우뇌의 수염 감각 부위를 전극으로 자극하면 '왼쪽 수염에 무언가 닿았다'는 것을 느낄 것이요, 좌뇌의 수염 감각 부위를 자극하면 '오른쪽 수염에 무언가 닿았다'는 것을 느낄 것이다. 세 번째 전극은 자극을 하면 쥐가 쾌감을 느끼는 부위, 즉 보상계(reward part)를 찾아 전극을 부착하였다. 이 보상계를 찾기 위해서는 쥐가 버튼을 눌러 자기 뇌에 스스로 전기자극을 주도록 실험도구를 설정하면 된다. 즉 보상계가 있음직한 부위에 전극을 부착한 후, 쥐가 반복적으로 버튼을 누르는 부위를 찾는 것이다. 이후 쥐는 그 버튼을 누를 때마다 보상계가 자극되어 기분이 좋아지므로 쉴새 없이 계속 누르기만 한다. 스스로 쾌감을 절제할 수 없게 된 쥐는 물과 먹이도 거른 체 계속 그 버튼만 누르다가 결국은 사망해 버린다.

이어진 실험에서는 버튼 없이 무선으로 실험을 한다. 버튼이 없기 때문에 쥐는 스스로 쾌락을 느낄 수 없다. 대신 오른쪽 수염에 자극을 주면 오른쪽으로 움직일 것이고, 그렇게 움직일 때 보상계가 자극을 받도록 실험환경을 설정한다. 왼쪽 수염을 자극하는 경우도 마찬가지다. 그랬더니 쥐는 아무리 맛있는 먹이를 주더라도 거들떠보지도 않고 오른쪽 또는 왼쪽 수염을 자극할 때마다 그 방향으로 이동하기만 한다. 즉 쾌락을 주는 자극에서 쥐는 결코 헤어나지 못하는 것이다. [자료원] 이케가야, 2015, 58쪽

4.9 인공의식 I

이제 4장의 막바지에 이른 것 같다. 뒤엉킨 의식과 무의식이 인간의 느낌과 생각 그리고 행동을 결정짓는다는 사실을 알았다면 뇌를 닮은 미래의 AI에 이것을 어떻게 적용하고 구현할지가 자연스럽게 따라올 다음 질문이다. 즉 인공의식이 뇌의 기본 작동방식인 무의식·의식이라는 창발적(emergent) 구조를 모방할 수 있을 것인지 그리고 그것이 어떻게 가능하며 정말 필요한 기능일지 등. 의식은 잔잔한 작은 파도같은 무의식이 뇌라는 해변의 구석을 수없이 날름날름 핥고 있다가 갑자기 집중하거나 집중을 요구하는 정보를 접하는 순간 커다란 쓰나미로 변하여 실질적인 판단과 행동지침을 신체부위와 장기에 내려보내는 독재자처럼 행동한다. 우리가 인공의식을 구현하고 그것을 AI에 부여해야 한다면 의식과 무의식의 창발적 구조의 타당성에 동의하고 AI기계에 그것이 필요한 이유까지 수긍할 때 비로소 시작할 수 있는 작업일 것이다.

나는 우리 뇌가 깨어 있는 동안 작은 파도처럼 수많은 무의식적 정보처리를 하고 있다가 어느 순간 문제해결을 위해 에너지를 집중적으로 쏟아붓는 쓰나미 같은 의식화가 이루어지는 이유를 환경론적, 진화론적 관점에서 충분히 이해할 수 있다고 본다. 과거로 돌아갈수록 불확실성이 높았던 환경적 위협마다 우리가 모두 의식적으로 대응하였다면, 뇌는 실제로 대응해야 하는 문제가 발생할 때 써야 할 인지적 에너지를 모두 소진해 버리고 이미 지구상에서 사라졌을지 모른다. 수십만 년에 걸쳐 현세인류 호모사피엔스가 살아남아 먹이사슬의 정점에 설 수 있었던 것은 에너지 효율적인 유연한 뇌와 신체적 능력의 발달 그리고 도구의 활용에 기인한 것이다. 우리를 위협했던 그래서 극복하지 못했다면 멸절될 수밖에 없었을 그 환경이란 가혹하리만치 잔인하고 변덕스럽고 강력했다. 2020년 초 전 세계를 강타했던 코로나19 바이러스가 인간에게 미친 영향을 기억해 보기 바란다. 비말을 통해 호흡기에 전염되며 하루에도 수십 명, 수백 명을 순식간에 죽음 직전까지 몰아넣는 가공할 바이러스였다. 전 인류는 이 바이러스를 피하거나 면역력을 갖기 위해 필사적으로 노력하고 협력했다. 과학자들은 바이러스의 속성을 신속하게 파악한 후 감염을 피할 수 있는 방법들을 찾아 공유하였고, 이 책을 쓰고 있는 시점에서조차 백신과 치료제 개발을 위해 각국의 정부들은 천문학적인 자본을 투입하고 있다.

개인과 집단을 위협했던 환경변화는 그 강도와 지속 정도에 따라 대응전략이 분명히 달라야 했다. 동굴에 거주하며 구운 고기 맛을 최근에야 알게 된 원시인에게 위험한 동물이나 다른 종족의 위협, 계절의 변화에 따른 추위와 더위 그리고 먹거리에 대한 위협은 분명 대처방안이 달라야 했다. 그래서 우리 뇌는 주변 환경을 상시 모니터링하는 무의식과 결정적인 순간에 선택과 행동을 지시하는 의식이 필요했을 것이고 이 둘을 조화롭게 발전시켜 왔던 것이다. 그렇다면 우리를 보완하거나 대체할지도 모르는 실리콘지성에게 이 의식·무의식의 창발적 구조가 필요할 것인가?

2장의 'AI의 새 분류법'에서 실리콘지성의 특징을 자세하게 설명하였다. 나는 책을 쓰면서 '실리콘지성'을 고차원적 AI의 한 유형으로 고착된 개념으로 묶어두기가 어렵다는 것을 차츰 이해하게 되었다. '실리콘지성'이란 단어는 다른 연구자들이 만든 '강한 AI' 또는 '범용AI(AGI: Artificial General Intelligence)'와 유사한 개념이지만 '튜링 테스트'[67]를 통과한 정도로 충분치 않다고 보았다. 실리콘지성은 사람의 언어를 인식하고, 99.9% 수준으로 상황과 맥락에 맞게 반응할 수 있어야 하며, 물리적 동작이 필요하다면 로봇의 외형을 가진 기계일 수도 있다. 인간의 외모를 그대로 닮을 필요는 없으며, 스스로 학습하며 상황에 따라 독자적으로 대처하며, 자신에게 부여된 기본 역할 외에 관련된 다른 과업까지 수행하는 상당히 유연한 지성적 존재로 정의하였다. AI기계가 그 정도 수준에 이르려면 창발적 구조를 가진 인공의식이 필요할 것이다.

한편 궁극의 AI, 실리콘지성에게 우리는 어떤 일을 맡길지 구체적으로 결정한 것이 없다. 인공지성체 연구를 향한 우리의 목적은 막연히 '우리'의 '뇌'를 닮는다는 것에 초점이 맞추어져 있을 뿐 왜 그리고 무엇을 어떻게 닮아야 하는지에 대한 진지한 통찰도 아직 미흡하다. 실리콘지성이 평균적 인간처럼 주인의 심기나 주변 분위기를 살펴가며

---

67 앨런 튜링이 1950년에 제안한 것으로, 기계가 인간과 얼마나 비슷하게 대화할 수 있는지를 기준으로 기계에 지능이 있는지를 판별할 때 쓰는 테스트를 말한다. 그러나 실리콘지성은 이것 이상의 기준이 필요할 것이다.

판단이나 결정을 에둘러 얘기하거나 늑장을 부린다면 우리는 그렇게 확률에 근거하여 도움을 제공하는 실리콘지성이 인간 외에 더 필요할까? 우리가 정말 그런 인공지성체를 원한다면 그것은 무의식의 센서를 계속 작동시키며 보스의 심기나 조직의 분위기를 판단하는데 필요한 감성적 정보를 수집하다가 적기라고 생각되는 순간에 도움을 제공하도록 설계되어야 할지 모른다. 그렇지만 그러한 도움들은 무의식적 작용의 결과물처럼 불확실성과 확실성이 확률적으로 공존하는 결과물일 것이다. 우리의 뇌는 이미 이러한 의식·무의식의 상전이적, 창발적 구조의 한계를 인정하고 이것을 극복하려는 노력을 하고 있지 않은가? 그렇다면 이러한 한계를 굳이 실리콘지성에 심는 일이 인류에게 어떠한 이익이 있을지 상상하기가 어렵지 않다.

같은 맥락에서 엄청난 데이터를 상시적으로 처리하기 위해 엄청난 하드웨어와 에너지를 써야 할 인공의식은 머지않아 실용적 한계에 부딪치겠지만, 일상에서 다양한 센서를 통해 데이터를 수집하는 일은 여전히 계속될 것이다. 일부 전문가시스템, 과업지향 기능형 로봇, 관계지향적 서비스로봇, 사이보그 수준의 AI들은 여전히 빅데이터를 학습함으로써 그들의 문제해결 또는 서비스의 질을 높여가야 하기 때문이다. 그런데 AI들이 판단하고 행동을 지시할 때마다 우리는 여전히 수학적 확률정보를 요구할 것이며, 소위 인간전문가들은 그 확률정보를 자기 쪽에 유리하도록 해석하려 할 것이다. AI솔루션이 제공하는 확률정보가 새로운 논쟁의 실마리를 제공한다면 인공의식은 불필요한 옥상옥이 될 개연성이 높다. 그래서 문제영역을 엄격하게 제한하더라도 결정적 대안을 제시하는 독재적인 AI(초지능일 수도 있다)와 그것을 무조건 수용하는 사회적 합의가 필요할지 모른다. 50.01%의 표를 얻은 후보자라도 대통령이든 국회의원이든 인정하듯이 말이다.

그럼에도 인공의식에 대한 연구와 컴퓨터 및 뇌과학자들에 대한 기대 역시 중단되지 않을 것이다. 뇌과학자 데하네(2017)는 "이제 의식의 기능, 그것에 대한 피질의 구조, 분자적 기반, 그 질병까지 이해되기 시작하고 있으므로, 그것을 컴퓨터로 시뮬레이션할 수 있을까? 시뮬레이션은 의식과 거리가 먼 것이다. 하지만 원리적으로는 컴퓨터 프로그램이 의식상태의 세부적인 것까지 포착할 수 있으리라는 점을 의심하지 않는다. 나는 이 가능성에 대해 아무런 논리적 문제를 발견하지 못했을 뿐 아니라, 그것이 컴퓨터공학이 앞으로 수십 년에 걸쳐 해결해야 할 과학적 연구의 흥미로운 도전이라고 생각한다"면서 기대감을 표명하였다. 카쿠(2013) 역시 낙관적이지만 시기적으로 다소 유보적이다. 두뇌 구조를 규명하는 프로젝트는 비용과 규모가 너무 엄청나기 때문에 21세기 중반 이전에는 착수하기 어렵다고 보았다. 뿐만 아니라 프로젝트를 진행하면서 산더미 같은 데이터를 분석하는 일에만도 수십 년의 시간의 소요되므로 두뇌의 역설계는 아무리 빨라도 21세기 말이 되어야 완료될 수 있을 것으로 보았다. 특히 그는 '사전 시뮬레이션으로 미래를 계획하는 능력'을 의식의 한 요소로 정의한다면 의식의 형성은 점진적으로 이루어져야 하므로 소위 의식을 가진 기계는 21세기 말에 등장할 것으로 주장하였다. 한편 EU의 인간 뇌 프로젝트(Human Brain Project)는 신경세포를 흉내낸 전용 실리콘 칩을 사용해 수백만 개의 신경세포와 수십억 개의 시냅스로 이루어지는 네트워크 시뮬레이션을 할 수 있다. 2020년대에 이르면 이러한 도구에 의해 뇌 상태가 의식적 경험을 어떻게 일으키는지를 훨씬 더 상세하게 밝힐 것이다(Dehaene, 2014).

데하네(2017)는 "의식화의 컴퓨터 시뮬레이션"을 미래 소프트웨어의 새로운 아키텍처로 제안하였다. 현대의 컴퓨터가 다수의 특수 목적 프로그램을 병렬적으로 처리하듯 이 새로운 소프트웨어는 얼굴인식, 움직임 검출, 공간 내비게이션, 발성, 운동 등 각각의 기능을 담당하는 아주 많은 특수한 프로그램을 포함할 것이다. 이러한 프로그램 가운데 일부는 시스템의 외부로부터가 아니라 내부로부터 입력정보를 받아들여 일종의 자기성찰(introspection)과 자기지식(self-knowledge)을 제공할 수 있다.[68] 예를 들어 오류를 검출하는 특수기기는 유기체가 당면 목표를 일탈할지의 여부를 예측하는 법을 학습할 것이다. 오늘날 컴퓨터나 스마트폰에는 이미 배터리의 전기잔량, 저장공간, 데이터 청정성(integrity), 불필요한 앱 같은 것을 마치 우리 마음의 무의식처럼 감시하고 있다가 예상되는 문제를 사용자에게 미리 알려주는 프로그램들이 작동되고 있다.

현재의 컴퓨터 기술이 아직 갖추지 못한 기능으로 유연한 의사소통, 가소성, 자율

68 이 내용은 알파고(바둑전문가시스템)가 새로운 수를 찾아 인간 기사를 이긴 사건을 통해 AI도 인간처럼 직관력과 통찰력을 가질 수 있다고 테그마크(2017, 122)가 주장한 것과 같은 맥락이다.

성을 들 수 있다. 첫째, 현재의 컴퓨터에는 독립된 앱들이 분리된 메모리 공간에서 실행되며 그 출력정보를 공유할 수 없기 때문에 전문지식을 교환할 수 있는 일반적인 수단을 갖추지 못하고 있다. 반면 우리의 뇌는 일종의 보편적, 자율적 클립보드, 즉 광역 작업 공간(global workspace)을 마련함으로써 정보교환의 유연성을 극적으로 강화할 수 있다. 그렇지만 이 정도의 소통은 오늘날 일부 고차원적인 분산 AI프로그램이 이미 수행하고 있다고 볼 수 있다. 프로그램은 통상 여러 개의 독립적인 모듈들로 구성되어 있는데, 이 모듈들 간의 의사소통은 필연적이다. 다만 보다 조밀한 네트워킹의 구현, 소통매체의 다양성과 표준화에 대한 연구는 더 필요하다.

데하네는 또한 이 클립보드가 던져준 정보를 사용하는 강력한 학습 알고리즘을 주문하였다. 개별 프로그램은 정적이지 않고 자신이 수신한 정보를 가장 훌륭하게 활용하는 법을 찾아내는 능력을 갖추어야 한다고 하였다. 각 프로그램들은 입력정보들 사이에 존재하는 여러 예측 가능한 관계를 포착하며, 뇌와 같은 학습규칙에 따라 스스로를 조정할 수 있어야 한다. 이러한 시스템은 환경과 하부 프로그램의 오류처럼 그 자체의 구조가 지니는 특수상황에도 잘 적응할 수 있어야 한다. 그리고 입력정보 중에 어떤 것에 주의를 기울여할지, 그것들을 어떻게 결합하여 유용한 기능을 수행(연산)할지를 판단할 수 있어야 한다.

인공의식(예. 의식화의 컴퓨터 시뮬레이션)에 추가되어야 하는 마지막 특징으로 데하네는 자율성을 꼽았다. 컴퓨터는 스스로 자신의 가치시스템에 근거하여 광역 작업 공간에서 어떤 데이터가 느린 의식적 검토가 필요한지를 찾는다. 즉흥적인 활동은 광역 작업장에 무작위적(random) 생각을 계속 주입하지만, 짧은 생각들은 유기체의 본질적인 목적에 부합하느냐에 따라 어떤 것은 살아남고 어떤 것은 사라질 것이다. 입력데이터가 없는 상황에서 조차 내부 상태의 흐름은 계속 꿈틀거릴 것이다. 이 시뮬레이트된 무기체의 행동은 뇌 의식의 다양한 면을 상기시킨다. 인간의 간섭 없이도 스스로 목적을 설정하고, 세계를 탐색하고, 자신의 내면을 돌아볼 수 있다. 그러다 어느 순간 자신의 자원을 의식한 내용으로 불리는 단일 내적 표상에 집중할 것이다. 이러한 인공의식의 특징에 대한 데하네의 생각은 아직은 거칠고 애매모호하다. 그래서 그는 이 아이디어를 "상세한 청사진으로 바꾸기 위해서는 많은 노력이 필요할 것이다. 하지만 적어도 원리상으로는 인공적인 의식으로 이어지지 못할 이유는 없다"고 결론을 맺고 있다.

한편 의식화 프로그램이 녹록지 않을 것이라고 주장하는 학자들도 다수 있다. 예를 들면 의식이 정보처리로 축소될 수 없다는 것인데, 아무리 많은 양의 정보를 처리해도 결코 주관적인 경험을 생성할 수 없기 때문이라는 것이다. 뉴욕대 철학과 교수 네드 블록(Ned Block)은 데하네의 뇌의 "작업 공간 메커니즘"의 가능성을 인정을 하면서도 그것이 본질적으로 감각, 고통 또는 아름다운 일몰 등을 경험하는 것처럼 우리의 주관적인 상태나 느낌과 같은 인간의 특질(qualia)을 설명할 수 없다고 주장하였다. 아리조나대학 철학과 교수 차머스 역시 "작업 공간 메커니즘"의 가능성을 인정하면서 1인칭 주관성의 수수께끼를 설명할 수 없다고 하였다(Chalmers, 1996). 예를 들어 그는 뇌(일인칭 자아)가 얼굴을 분별하고 말을 하고 풍경을 알아차리는 것은 쉬운 의식적 처리로 보고 인지시스템의 객관적 메커니즘으로 설명할 수 있다고 한 반면, '선명한 푸른색'과 같은 시각적 감흥을 느끼는 주관적인 경험은 의식적 처리로 설명하기는 어렵다고 보았다.

이에 대해 데하네는 뇌의 의식·무의식을 정보를 처리하는 메커니즘으로 보지 않고 주관적, 정신적 경험이라는 가설로 보게 되면 생기론(vitalism)이란 과거의 신비주의적 비과학으로 돌아가는 것과 같다고 반박하였다. 생기론이란 살아있는 유기체의 화학적 메커니즘에 관해 아무리 많은 상세한 정보를 얻더라도 결코 생명의 특질을 설명할 수 없다는 19세기의 사고방식이다. 그러나 이 믿음은 우리 세포 속에 있는 분자 메커니즘을 통해 자기복제하는 자동기계가 형성되는 과정을 밝힌 분자생물학에 의해 이미 깨어졌다. 마찬가지로 의식과학도 그간 어렵다고 생각한 많은 문제를 해체해 나갈 것이다. 예컨대 오늘날 시각데이터모델은 뇌가 왜 다양한 시각적 착각을 하는지에 대한 이유를 이미 설명하고 있으며, 그 같은 착각이 동일한 문제를 안고 있는 합리적인 기계에서도 가능함을 증명하였다(Weiss 외, 2002).

이제 인공의식과 관련하여 철학적 담론으로 잠시 넘어가 보자. 우리가 아무리 뇌를 시뮬레이션하려고 해도 그 소프트웨어는 항상 자유의지라는 인간 의식의 중요한 특징을 빼놓게 될 것이다. 혹자는 자유의지가 있는 기계란 논리적으로 모순된 것이고 주장하기도 한다. 기계의 행동은 내부구조와 초기상태에 의해 결정되므로 결정론적일 수밖에 없다. 기계의 작동은 부정확한 측정이나 카오스 때문에 예측이 어려울 수도 있으나 물리적 구조에 의해 결정되는 인과법칙을 벗어나지 못한다. 이 결정론에는 기계의 자유가 들어설 여지는 없어 보인다. 그러나 스스로 학습할 수 있는 AI기계라면 이야기는 달라질 수 있다.

이러한 난해한 문제를 해결하기 위해 양자역학이 조명을 받고 있다. 그것에는 자유적 요소(element of freedom)가 개입할 여지가 많기 때문이다. 일부 학자는 뇌를 양자컴퓨터로 비유하는 환상적인 아이디어를 제시하였다. 즉 다수의 중첩된(nested) 상태로 존재할 수 있는 양자물리학적 시스템의 능력이 뇌를 흉내낸다면 제한된 시간에 거의 무한에 가까운 선택지를 탐구할 수 있다(Penrose & Hameroff, 1998). 그렇지만 이러한 아이디어는 신경생물학이나 인지과학에 근거한 것이 아니어서 한계가 있어 보인다. 뇌가 저장되어 있는 따뜻한 피의 욕조는 양자 응집성(quantum coherence)이 급속하게 상실되는 것을 피하기 위해 저온을 필요로 하는 양자컴퓨팅과 양립할 수 없다고 대부분 물리학자들이 동의하기 때문이다. 그리고 외부세계의 양상(aspect)을 인식하는 시간 스케일은 이 양자 간섭성이 일어나는 펨토(10^{-15})초의 스케일과 대체로 무관하다(데하네, 2017). 비록 양자 현상이 뇌의 일부 작용에 영향을 미친다 하더라도 그것의 내재적 예측 불가능성은 자유의지라는 개념을 만족시킬 수 없다. 그래서 데닛은 뇌가 지니는 순수한 형태의 임의성 때문에 우리에게는 "가질 만한 종류의 자유(Kind of freedom worth having)"가 없다고 하였다(Dennett, 1984).

결국 우리가 '자유의지'를 어떻게 이해하느냐에 따라 그것을 구현할 수 있는 기술적 도구는 다양하게 있거나 아예 없을 수도 있다. '자유롭다'는 것은 우리가 스스로 더 수준 높은 생각, 신념, 가치, 경험을 바탕으로 판단하고 바람직하지 못한, 수준 낮은 충동을 제어할 수 있음을 의미한다. 즉 모든 선택지를 고려하고 그것들에 대해 깊이 사유한 뒤 마음에 끌리는 것을 자유롭게 선택할 수 있는 상태를 말한다. 이런 자유의지의 개념은 양자역학에까지 굳이 호소할 필요가 없으며, 오히려 표준적 컴퓨터에 의해 실행될 수도 있다. 광역 신경세포 작업 공간에 의해 우리는 현재의 감각과 기억으로부터 필요한 모든 정보를 수집하고 합성하며, 그 결과를 평가하고 원하는 만큼 오래 생각하며, 그런 뒤에야 내부적 성찰을 이용해 우리의 행동을 끌어낼 수 있다. 이것을 우리는 바로 "의사결정"이라 부르지 않는가?

우리가 내리는 '결정'을 2가지 직관(intuition)으로 이해해 보자. 첫째는 결정이 가져올 미래의 결과가 불확실하므로 현재의 결정은 근본적으로 비결정성(indeterminacy)을 갖는다. 이 비결정성 때문에 불안하지만 그것을 감내하고 선택을 한다는 것은 개인의 자유의지의 강력한 표현이다. 둘째는 자율성이다. 사람마다 결정의 비결정성에 대해 갖는 생각과 불안 심리는 다 다르므로 누군가가 그것을 강요하여 선택하기는 어렵다. 즉 자율성이 없다면 자유의지도 없다고 봐야 한다. 우리가 아무런 방해 없이 어떤 행동을 하기 전에 여러 장단점을 숙고한 뒤 선택을 한다면 그것은 자발적 결정(voluntary decision)이라 할 수 있다. 설사 그게 유전자의 형질, 인생경험, 뇌의 신경회로에 각인된 가치관에 의해 이루어졌다 하더라도 그것은 그 사람의 자유의지의 결과물에 다름 아니다. 우리의 결정은 즉흥적인 뇌활동의 흐름으로 인해 심지어 자신조차 예측할 수 없다. 결국 우리의 자유의지는 이 예측불가능성까지 포함한 자율적 결정의 기제라 할 수 있다.

따라서 데하네(2017)는 "자유의지를 가진 기계(machine with free will)"도 논리적으로 모순이 되지 않을 뿐 아니라, 자체의 행동에 대해 의지를 가지고 결정할 수 있는 인공적인 장치를 상상하더라도 문제가 없다고 하였다. 비록 우리 뇌 구조가 컴퓨터 시뮬레이션처럼 결정론적이라면 뇌가 일종의 자유의지를 행사한다고 해도 무방할 것 같다. 일단 신경구조(neuronal architecture)가 자율성과 신중함을 보인다면 우리는 그것을 "자유로운 정신(free mind)"이라 불러도 문제가 없으며, 그것을 AI기계에 프로그램해서 넣는다 하더라도 문제가 없어 보인다. 결론적으로 그는 감각적 특질(퀴리아 qualia)이나 자유의지를 가진 인공의식에 대해 심각한 철학적 문제를 제기할 필요가 없다고 하였다. 그렇지만 그 기계를 인간이 프로그래밍 한다는 측면에서 문제가 그렇게 간단하지는 않다. AI개발자가 인공의식을 프로그래밍 한다면 그 코드는 나쁜 의도를 가지고 조작될 수 있으며 그래서 적어도 자율성은 상당부분 보장될 수 없을 것이다. 컴퓨터에 트로이목마 바이러스를 살포한 후 원격에서 조정하려는 해커들을 생각해 보라. 그렇다면 그것을 더 이상 "자유의지를 가진 기계"로 부를 수는 없을 것이다.

물론 조작에 관한 한, 뇌의 자연적 의식과 무의식도 완전히 자유로울 수는 없다. 바이러스, 심각한 외부충격, 지속적인 세뇌, 억압적 환경에 의해 뇌는 자유의지를 상실하고 조종될 수도 있기 때문이다. 그러나 뇌는 그 형성과정의 불확정성과 다양성 때문에 조작과 조종을 통해 자율성을 쉽게 뺏을 수는 없다.

대뇌피질에는 160억 개의 신경세포로 거미줄처럼 형성된 거대한 브레인웹이 있다. 이 웹의 데이터 처리방식은 끊임없이 변하면서 개인의 자유로운 사고가 빚어내는 내면세계를 창출한다. 신경세포는 똑같은 감각데이터를 입력받더라도 그때의 기분, 목표, 기억에 따라 달리 반응한다. 의식의 신경세포의 부호(code)도 뇌마다 다르다. 비록 우리가 색깔, 모양, 움직임 등을 부호화하는 일련의 신경세포 덩어리는 비슷하게 공유할지라도 그것들의 상세한 구조는 사람마다 다르다. 유전법칙, 경험, 우연 등이 교차되면서 형성되는 신경세포 부호는 매 순간 다 독특하다. 환경과 결부되지만 일방적으로 그것의 지배를 받지 않는 수많은 (뇌의) 상태가 풍부한 내적 표상의 세계를 만들어내는 것이다. 고통, 아름다움, 욕정, 후회와 같은 다양한 주관적인 감정은 이러한 동적 환경 가운데 안정적인 신경세포들과 일대일 대응된다. 그래서 이것들은 본질적으로 주관적이다. 끊임없이 뇌는 감각기관을 통해 들어오는 현재 데이터를 과거의 기억과 현재의 목표로 구성된 직물에 짜깁기함으로써 감각 데이터에 개인적 경험이라는 층(layer)을 덧입히기 때문이다. 그래서 '기억되는 현재'란 바로 '여기'와 '지금'이 개인적으로 암호화된 것으로써 어슬렁거리는 기억과 미래 예측으로 더 겹겹이 두터워지며 항상 일인칭(first-person)의 관점을 외부로 투영하는 의식의 내면세계라 할 수 있다(Dehaene, 2014).

오늘도 컴퓨터·AI 과학자들은 뇌과학·신경과학자들의 논문을 뒤적이거나 그들과의 대화를 통해 자신의 AI 알고리즘이 더욱 뇌를 닮도록 노력하고 있다. 그 결과 뇌가 의식·무의식적으로 데이터를 처리하는 방법을 흉내 낸 알고리즘과 시뮬레이션모델들을 AI나 로봇에 탑재하여 실험하고 있다. 지금은 뇌의 유기적, 생물적 알고리즘이 비유기적 알고리즘(AI 프로그램)보다 더 잘하는 일이 많은 것이 사실이고, 어떤 일은 '영원히' 비유기적 알고리즘이 잘 할 수 없을 거라고 단언하지만 이러한 호언장담이 언제까지 유효할지는 불확실하다. 시간이 지날수록 인간을 컴퓨터 알고리즘으로 대체하기가 점점 쉬워진다. 알고리즘이 더 영리해지는 측면도 있지만, 인간이 하는 많은 일들이 반복적이고 전문화되고 있기 때문이기도 하다. 예를 들면, 오늘날 얼굴인식 프로그램은 인간보다 훨씬 더 빠르고 효율적이며 정확하게 사람들의 얼굴을 인식할 수 있다(하라리, 2017). 알고리즘의 정확성과 신중함은 오늘날 자율주행차 기술에 낱낱이 녹아있다. 자율주행차에 부착된 센서들은 사람보다 더 정확하게 다양한 사물들을 구별하고 인지한 후 브레이크와 핸들에 신호를 전달할 수 있다. 그런데 자율주행차의 주행 및 통제 메커니즘이 뇌처럼 의식·무의식적 구조로 되어 있다면 나는 아마 자율주행차를 포기할지 모르겠다. 자동차가 무의식적으로 다른 생각을 하다 갑자기 차도로 뛰어드는 어린아이 앞에서 급정거를 하지 못하는 인간과 같다면 그런 무의식적 기능이 왜 필요할까?

• 기계에게 기권(機權)을 줘야 할 날?

6장 실리콘지성에서 다시 다루겠지만 자유의지와 자율성이 허용된 실리콘지성에게 우리의 인권과 같은 기권(機權)을 허용해야 할 것인가? 보스트롬(2017)은 의식이 있는 기계노동자의 문제를 언급하면서 상상 속의 에뮬레이트된 AI기계(기계 노동자)에게 우리의 감정을 이입하는 것은 자제해야 한다고 경고하였다. 여기서 중요한 것은 대부분의 사람이 인정할 만한 끔찍한 운명에 처했을 때, 예를 들어 항상 일해야 하고, 사랑하는 사람들과 시간을 함께 하지 못하는 상황에서 과연 인간이 행복을 느낄 수 있을 것인지의 여부가 아니다. 사람들은 일을 하면서 크고 작은 행복을 느낀다. 그리고 일을 통해 받는 소득도 행복의 평균값에 영향을 미친다. 그렇다면 AI기계는 그런 것을 느낄 수 없을 것이고 그럴 필요가 없다고 주장하는 것은 정당한가? 이것은 얼마든지 앞에서 논의하였던 '다른 마음'의 논쟁거리가 될 수 있다(하라리 2017). 동물과 비교해서 인간은 스스로 우울하고, 행복하고, 배고픔의 고통을 느끼는, 소위 자의식을 가진 유일한 존재라고 생각하는데, 인공의식이 허용된 AI기계라면 어떨지 모르겠다.

보스트롬(2017)이 언급한 '인간모방개체'를 대상으로 한 실험과 멸절에 대해 알아보자. 초지능에 이른 '인간모방개체'는 스스로 도덕적 지위를 가지는 내부적 과정을 창조할 수도 있다. 실제 또는 가상의 인간정신(인공의식)을 아주 상세하게 시뮬레이션하면 자각이 생길 수 있으며, 이는 많은 부분에서 전뇌 에뮬레이션과 거의 비슷하다. 초지능은 인간의 심리와 사회를 더 잘 이해하기 위해 자각할 수 있는 인간 모방체

(simulation)를 수조 개 만들어 가상의 공간에 놓고 다양한 자극을 주고 그것에 대한 반응을 연구할 수 있다. 일단 한 인간모방개체의 정보적 유용성이 소진되고 나면 마치 실험이 끝난 후 과학자들이 실험실 쥐들을 처분하는 것처럼 그것을 파괴할 수도 있을 것이다. 사이버공간에서 이런 인간 모방체나 디지털 지성체를 대상으로 한 멸절 행위가 정당화될 수 있을 것인가?

테그마크(2017)는 의식을 "주관적인 경험"으로 폭넓게 정의하면서 AI의 권리를 옹호하는 쪽에 섰다. 즉 우리가 어떤 느낌을 받는다면 의식이 있는 것이고, 마찬가지로 AI기계가 무언가를 느낀다면 의식이 있다는 것이다. 그의 폭넓은 의식에 대한 인식으로 미래의 AI기계들도 의식을 가질 가능성을 열어놓았다. 즉 시스템이 센서나 로봇에 연결되지 않았고 움직이지 못하지만 고통으로 코드화된 어떤 부호를 느끼는 소프트웨어 그 자체는 의식을 가질 수 있다는 것이다. 그런데 이런 폭넓은 의식에 대한 정의는 인류를 당혹스럽게 만들 여지가 많다. AI기계가 의식을 가졌다면 그것은 인간과 더불어 사는 애완동물과 크게 다르지 않다. 결국 AI기계도 인간과 동물과 같은 수준으로 대우와 보호를 받아야 한다는 논리가 나올 것이다. 이미 보스트롬의 충고가 무색할 정도록 장시간 사용한 AI스피커, 애완로봇, 로봇청소기에게 강한 정서적 애착을 느끼는 사람들이 적지 않다. 기계를 향한 인간이 쏟는 감정이입은 거금을 투자하여 만들거나 사들인 AI를 함부로 다루어서는 안된다는 것과 인간 내지 애완동물 수준으로 존중해야 한다는 것의 차이를 혼란스럽게 만든다. 만일 부여한 의식의 수준에 따라 AI기계도 인간이나 애완견과 동급으로 취급되어야 한다는 주장이 설득력을 얻게 되면 우리는 지뢰를 제거할 로봇이나 24시간 간병서비스를 제공할 로봇을 만들 수 없을지 모른다. 그것들이 두려움이나 피곤함으로 인한 불쾌감을 느끼지 못한다는 증거가 없는 이상 아마 그럴 것이다. 그렇다면 앞으로 부여된 의식의 등급에 따라 기계에게조차 차등화된 기권을 부여해야 할 것이다.

이러한 문제를 비켜갈 수 있는 방법은 보스트롬의 제안대로 미래의 에뮬레이트된 AI노동자에게 자의식을 느끼게 하는 감정, 특히 쾌락을 느끼고 추구하는 욕망을 주입하지 않는 것이다. 그러나 그게 쉬울까? AI기계는 기본적으로 질병, 상해, 허기, 불쾌한 악취 등의 영향을 받지 않는 환경에 있으므로 동일한 상황에서 인간이 느끼는 것과는 다르기 때문에 우리는 그것들을 막 부려 먹어도 된다고 생각할까? 나는 이 문제의 열쇠는 상당 부분 우리 인간에게 있다고 보고, 그 이유를 애완동물에게 헌신하는 현대인의 행동에서 찾고 싶다. 이미 우리의 다수가 로봇청소기를 보유하고 있듯이 AI기계에게 소유권이 부여되면 소유권을 가진 인간이 기계의 기권(機權)의 보호에 앞장설지 모른다. 어쩌면 각종 동물보호협회가 발족하였듯이 이 기권(機權)을 보호하라고 주장하는 다수의 시민단체들이 결성될 것이고, 기계를 혹사하는 인간을 향해 피켓을 들 것이다. 사회가 풍요로워지면서 인간은 자연과 (애완)동물을 향해 감정이입을 강화하면서 이들을 보호대상으로 생각하기 시작하였다. 그 결과 우리는 자발적으로 그들에게 권리를 부여하고 생각없는 사람들로 하여금 그 권리를 침해하지 못하도록 도덕률과 법을 정하기 시작하지 않았는가? 아마 기권(機權)의 부여도 그렇게 흘러가지 않을까 예상된다.

제5장

실리콘 지성 : 궁극의 인공지능

생명과학과 협력자들

Silicon Intelligence: An Ultimate of AI

제5장

생명과학과 협력자들

생명과학(biological science)을 이 책의 한 장으로 합류시키는 일을 적잖게 주저했다. 가장 큰 이유는 무생물이며 무기질의 실리콘지성을 위하여 생명과학, 합성생물학, 생명(유전)공학, 뇌·신경과학, 컴퓨터과학, 의공학 등이 아직 정식으로 손을 잡고 협력한 분야가 거의 없기 때문이다. 자연과학의 거대한 지분을 갖고 있는 생명과학은 생명현상과 살아 있는 생물체(미생물, 식물, 인간을 포함한 동물)의 물리적 구조, 화학적 과정, 분자적 상호작용, 생리적 메커니즘, 발생 및 진화를 연구함으로써 인간 업그레이드 기회를 부단히 찾고 있는 학문이기에 컴퓨터·AI과학자들이 추구하는 방향과 크게 다르지 않다. 특히 실리콘지성을 추구하는 순수 과학적, 상업적 연구들, 특히 사이버네틱스(cybernetics)가 추구하는 인공두뇌학은 생명과학자들의 도움이 절실해 보인다. 특히 이 장에서는 생명체, 기계, 조직 또 이들의 창조적 조합을 통해 양방향 소통과 제어 메커니즘을 연구하는 사이버네틱스 분야에 생명과학과 더불어 할 수 있는 일이 무엇인지 탐색하고자 한다.

생물학, 생명과학 그 자체는 오랜 역사를 가지고 있다. 인류는 자그마치 수천 년간 자신이나 다른 생명체의 형태와 형질을 구체적인 목적에 맞도록 바꿔왔다. 우리는 이미 1만 년 전부터 황소를 거세하여 밭일을 시켰다. 거세된 황소는 공격성이 줄어들어 쟁기를 끌도록 훈련시키기가 쉬웠다. 인류는 또한 자기 종인 남자를 특정 과업에 맞도록 거세하기도 하였다. 카스트라토는 남자아이를 변성기가 되기 전에 거세를 해서 성인이 된 후에도 여성의 높은 음역을 낼 수 있게 한 남성 소프라노이다. 16~17세기 유럽에서는 이런 인위적인 방법을 통해 여성의 목소리를 갖게 된 남성 소프라노를 오페라에 세웠다(하라리, 2015). 환관은 어떤가? 이슬람 왕의 하렘을 돌본 환관도, 조선시대 궁정에서 왕을 가까이서 모신 내시들 모두 거세된 남성이었다.

현대에 들어서며 생명의 작동방식에 대한 인류의 이해는 세포와 세포핵의 수준에까지 이르렀다. 분자·세포생물학은 분자와 세포수준에서 일어나는 생명현상을 탐구한다. 생화학은 남자를 큰 고통 없이 화학물질로 거세할 수 있음은 물론, 수술 및 호르몬 치료를 통해 아예 남성을 여성으로 여성을 남성으로 바꿔버릴 수도 있다. 오늘도 수천만 명의 사람들은 우울증 치료약을 먹으며 우울함을 느끼게 하는 물질을 억제하고 행복을 느끼게 하는 물질의 분비를 늘리고 있다. 생명공학은 유기물인 생물의 유전자 DNA를 인위적으로 재조합하며, 형질을 전환하거나 생체기능을 모방하여 생명현상, 생물기능 그 자체를 인위적으로 조작할 수 있다. 얼마 전까지만 하더라도 이 모든 연구들이 신의 영역이라며 접근하길 주저했지만, 오늘날 생명과학자들에게는 내 집 드나들 듯 친숙한 일이 되어 버렸나.

이 책에서 생명과학-생명공학 그리고 관련 공학들을 모아 다루는 이유는 분명하다. 뇌를 포함한 인간의 유기질의 장기들의 한계를 보완하거나 극복하기 위해 과학자들이 채택하는 무기질 기술(예: 침습형 칩과 통신케이블, BCI기술, TMS[69] 등)들이 여전히 문제가 많기 때문이다. 그 한계란 근본적으로 두 이질적인 개체를 연결하고 양방향 소통을 하는 데 발생하는 문제와 비효율성 그리고 달갑지 않은 부작용을 말한다. 이러한 한계를 넘기 위해 분명 생명공학을 비롯한 여러 공학자들이 협력할 수 있는 분야들이 많이 있을 것이다. 예를 들어 의공학(medical engineering), 신경공학(neuro engineering), 생체재료(biomaterial) 분야의 연구자들은 AI·로봇 과학자와 공학자들

69 경두개 자기자극(Transcranial Magnetic Stimulation)

이 실리콘지성을 완성해 가는 데 중요한 단서가 될 수 있는 많은 성과물들을 쥐고 있다.

SF소설이나 영화는 자주 인간과 기계의 결합을 설정한다. 모두 사이버네틱스(cybernetics) 또는 인공두뇌학이 제공한 상상력의 결과물들이다. 이 결합에는 인체를 사이보그로 만드는 방법과 우리 마음(뇌에 저장된 정보)을 기계에 업로드하는 방법이 있다. 테그마크(2017)는 업로드를 사이보그 스펙트럼의 극단으로 보았다. 업로드의 대상은 인간의 소프트웨어 즉 뇌에 저장된 기억들이다. 외모는 영화 〈스타트렉〉의 보그든 〈터미네이터〉의 안드로이드든 상관없다. 레이 커즈와일은 저서 「특이점이 온다」에서 이 추세는 나노봇과 지능형 바이오피드백 시스템 등이 인체의 소화기관, 내부분비기관, 혈액, 심장을 대체하는 일이 머지않은 2030년쯤에 올 것이라는 예측과 맥락을 같이한다. 사이보그는 유기적 물질과 무기적 기술의 환상적 결합이 매우 중요하다. 2장 「컴퓨터와 AI」에서 인간과 기계가 신경학적으로 결합되어 서로 긴밀하게 소통하며 도움을 주는 사이보그를 설명하였다. 불멸을 갈망하는 인간은 비록 그게 무기질의 기계라 할지라도 자신의 기억과 인격을 담아 후세에 전하고 싶어 할 것이다. 우리는 자신의 소중한 뇌의 내용물이 잘 보존되고 에뮬레이션 될 수 있다면 이 인공뇌에 연결하여 손상된 장기나 지체의 대체물을 계속 사용하려 할 것이다, 그래서 사이보그는 머지않은 미래에 흔한 제2 유형의 인간이 될 소지가 매우 높다. 그렇지만 여전히 그것들이 따뜻한 피와 탄력 있는 피부가 없고 딱딱한 무기질이라는 것에 대한 거부감은 가시지 않을 것이다.

사이보그는 인간-기계가 일체가 되어 하나의 유기적 조절계로서 상호작용을 하며 문제를 해결하는 통합체를 지향한다. 연결된 무기질의 도구들은 디지털코드로 전환된 뇌의 명령대로 정확하게 작동하는 정교한 기계여야 하고, 뇌와 신경계 그리고 인공보조물(인공장기, 인공지체 등) 사이에서 신호를 변환해주는 뇌-기계 인터페이스는 제로 실패율의 유지보수가 가능한 소프트웨어여야 한다. 뇌나 신체 부위 어디엔가 삽입될 침습형 칩, 인터페이스 미들웨어, 프로세서 그리고 반영구적 배터리가 인간의 생화학조직에 부작용 없이 안착될 수 있어야 하고, 이물감과 시각적 거부감이 최소화되도록 설계되면 좋을 것이다. 그러나 뇌가 어떤 변환기(BCI)의 도움 없이 신호를 바로 신경조직에 전달할 수 있는 소재는 아직 존재하지 않는다. 생명과학, 생체재료과학, 나노기술 등은 지속가능한 사이보그 통합체에 필요한 무기·유기적 개체를 묶는 하이브리드 소재의 개발 가능성을 제시하면 좋을 것이다. 유·무기 하이브리드 소재가 가능하다면 실리콘 칩처럼 오가는 전원을 온-오프하면서 생체조직과 부작용 없이 어울릴 수 있을 것이다.

5.1 다양한 가능성들

실리콘지성의 완성을 도울 다양한 가능성들이 생명과학의 여러 분야에서 싹이 터 조금씩 자라고 있다. 여기에서는 그런 학문들이 추구하는 목표와 실리콘지성의 발전을 위한 기여가능성 등을 주로 다루었다.

1) 생명공학의 기적

생명공학 또는 바이오테크놀로지는 생물들의 유전자 DNA를 인위적으로 재조합하거나 형질을 전환하며 생체기능의 모방을 통하여 다양한 분야에 응용하는 기술이다. 즉 생명현상, 생물기능 그 자체를 인위적으로 조작함으로써 인간에게 결여된 것을 보완하는 데 필요한 물질과 서비스를 가공·생산하는 분야이다. 특히 1970년대에 출현한 유전자재조합기술과 함께 탄생한 유전공학(genetic engineering)은 유전자를 직접 조작하여 경제성 있는 공학적 산물인 유전자재조합식품(GMO)을 생산하거나, 인간 게놈, 줄기세포 등의 연구를 통해 노화의 원인, 수명 연장 방법, 유전병(다운증후군) 치료 등을 연구하고 있다(이케가야, 2015). 이렇듯 생명공학은 인간 업그레이드라는 AI와 비슷한 목적을 지향하지만 접근방법과 연구 및 실험대상은 완전히 다르다. 그런데도 우리는 실리콘지성이라는 제2의 지성체의 완성을 향해 이질적인 분야들을 융합하는 지혜를 찾아야 할 것이다.

유전공학이 발전하면 할수록 특정 설계에 따라 게놈(유전체)을 합성하는 것도 가능해질 것이다. 만일 유전자 합성이 가능하다면 굳이 배아를 많이 만들어 선택할 수 있는 유전적 다양성을 많이 확보해야 하는 노력조차 필요가 없어진다. DNA의 합성은 이미 일상적이고 대부분의 과정이 자동화된 생명공학적 기술이다. 다만 아직은 한 인간을 만드는 데 필요한 게놈 전체를 인공적으로 합성하는 것(특히 후성유전학적 권한에 관한 문제들이 해결되지 않아서)은 불가능하다. 그러나 일단 이 기술이 완전히 발달되고 나면 각 부모의 유전형질 중에 정확히 원하는 조합으로 배아를 설계할 수 있어 맞춤형 아이도 가능할 것이다. 부모에게 없는 유전자를 만들어 자식의 유전자에 붙여넣을 수도 있고, 탁월한 인지능력을 결정짓는 대립형질들(alleles)을 인공적으로 조합해서 넣을 수도 있다. 인지능력이 유전될 가능성이 매우 높은 형질이지만, 이것을 결정짓는 특정 대립유전자나 다형성(polymorphism)은 거의 없거나 아예 없을 수가 있다(Davis 외, 2010; Davies 외, 2011). 다만 유전자 배열 규명 방법이 더욱 향상된다면 출현빈도가 낮은 대립유전자의 배열을 확인하고 그것을 인지능력이나 행동적 측면과 연관시키는 것은 가능할 수 있다.

우선 지능 업그레이드 가능성은 쥐의 실험에서 이미 입증되었다. 쥐의 뇌에 새로운 뉴런층을 추가함으로써 쥐의 인지능력이 향상되는 것으로 나타났다. 실제로 유전공학자들은 쥐의 유전자에서 지능과 관련되는 부분을 추출했다. 이 '똑똑한 쥐 유전자'를 가진 쥐는 기억력이 좋고 학습능력도 더 뛰어났다. 보스트롬(2017)도 인간이 스스로 초지능을 갖도록 하는 방법의 하나로 유전자 조작을 들고 있다. 이를 위해 교배단계에서 우생학적 선별을 하는 비도덕적인 방법[70]도 있지만 배아나 생식세포 수준에서 조작하는 것도 가능하다. 예를 들면, 체외수정 시술(in vitro fertilization procedure: IVF) 과정에서 헌팅턴 무도병 같은 단일 유전자 질환이나 유방암 같은 노년 발생 질병에 대한 유전적 원인이 높은 배아를 걸러내기 내기 위해 착상 전 유전자 검사를 이미 시행하고 있다. 이런 접근방법은 유전자의 형질변형을 시도하는 것이어서 성인이 된 뇌를 전

70 예를 들어 독일 나치에 의해서 자행된 우생학적 정책을 의미하며, 정치적으로 엄청난 반대와 윤리적 문제를 겪었다.

기자극이나 생화학적으로 업그레이드하는 것과 차원이 다르다. 이러한 기술은 생명이 형성되는 시기에 확률적으로 발생하는 질환과 결함을 근원적으로 차단해 주므로 사이보그와 AI기반 대체기술의 수요를 현저하게 줄일 수 있을지 모른다.

배아단계에서 선별할 수 있는 유전형질은 앞으로 10~20년에 걸쳐 엄청나게 늘어날 것으로 예상된다. 유전형 분석(genotyping)과 염기서열 분석(gene sequencing)에 소요되는 비용이 계속 하락하고 있으며, 대규모 피실험자를 대상으로 한 유전체 복합형질분석(genome-wide complex trait analysis)이 실현 가능해짐으로써 인간의 인지와 행동의 형질에 대한 유전적 구조를 이해하는 능력이 전례 없이 향상되고 있기 때문이다. 이는 우수한 인지능력을 가진 인간을 만들기 위해 발현되어야 할 형질과 이것들을 선별해 낼 수 있는 능력을 갖춘다는 것을 의미한다. 예를 들어 배아 줄기세포로부터 생식 가능한 정자와 난자를 이끌어내는 기술을 통해 번식능력이 뛰어난 쥐를 탄생시켰고, 인간에게 적용할 수 있는 유사 생식세포를 만드는 일에도 어느 정도 성공하였다. 그러나 분화된 줄기세포주에서 후성유전적 기형이 생기는 것을 피하는 문제처럼 과학적으로 해결해야 할 난제들이 여전히 남아 있어, 이 기술을 인간에게 안전하게 적용하는 데는 적어도 10년에서 길게는 50년은 더 걸릴 것이다(Cyranoski, 2013).

한편 줄기세포 유래 생식세포(stem cell-derived gamete)가 가능해지면 제공된 몇 개의 세포만으로 거의 무제한의 생식세포를 만들 수 있으며, 이로부터 다양한 조합의 배아를 한꺼번에 많이 얻을 수 있다. 이 배아들의 유전형과 염기서열을 분석하여 가장 잠재성이 높은 배아를 선별하여 착상을 하면 상당히 짧은 기간에 원하는 유전적 형질이 강화된 태아를 임신할 수 있다. 이런 방식으로 태아를 임신한다면 태어난 개인들의 평균 지능은 점점 높아져 인류 역사상 가장 똑똑하거나 평균 이상의 지능을 가진 아이들이 태어날 수 있다. 그러나 이렇게 태어난다고 하여 초지능 인간이 100% 된다는 보장은 없다. 유전적으로 향상된 아기가 최대 생산성에 도달하는 데 최소 20여 년이 걸릴 뿐만 아니라 사회에 기여할 수 있는 단계에 이르기 위해서는 더 오랜 시간이 필요하기 때문이다. 그렇더라도 초지능(super-intelligence)의 위협과 출현을 염려하는 상황에서 우리의 뇌 역량 자체가 업그레이드된다는 것은 그냥 지나칠 뉴스는 아닐 것이다.

유전공학은 궁극적으로 생물적 기량 향상을 지향하므로 AI가 추구하는 목표와 상당부분 일치한다. 인류가 실리콘지성을 열망하는 이유도 뇌와 육체의 물리적 한계를 보완하거나 극복하기 위한 것이다. 배아줄기세포와 유전자 합성과 같은 유전공학기술이 질환과 결함을 솎아낸 뇌 신경세포를 언젠가 만들 수 있을 것이다. 생명이 형성되는 시점에 형질을 결정짓는 유전체를 조작하는 방법이어서 어쩌면 성인 뇌에 혐오스런 부착물을 붙이거나 화학물질을 투입하여 문제를 극복하려는 것보다 훨씬 더 깔끔한 해결책일 수도 있다. 그런데도 인류는 여전히 세포·분자 수준에서 태생적 조작을 통해 결함 없는 인간을 만드는 일과 결함이 있는 성장한 뇌를 업그레이드하는 일, 이 모든 연구를 당분간 병행하지 않을 수 없을 것이다.

한편 이 두 기술적 흐름이 합류함으로써 부작용이 적고, 사회·윤리적 문제를 비껴갈 수 있는 실리콘지성을 만들 수 있을지는 여전히 불투명하다. 무기질의 기계는 조작할 수 있는 DNA와 뽑아 쓸 수 있는 줄기세포가 없기 때문이다. 그래서 우리는 여전히 새로운 형태의 유·무기성 어댑터(adapter) 기술이 필요하며 이를 위한 유·무기통합소재의 개발이 필요해 보인다. 비록 아이디어 수준이지만 무기질의 실리콘지성을 궁극적으로 다양한 생물적 형질에 대한 온-오프 스위치를 가진 AI기계로 만듦으로써 인간에 근접한 제2유형의 지성체를 만들 수 있을 것이다. 유전자 합성으로 인간 개개인의 노화나 사고 및 질병으로 인한 장기교체나 이식이 쉽게 되고, 인공장기와 수족을 뇌신경에 쉽게 연결할 수 있는 유·무기 하이브리드형 뇌-컴퓨터 인터페이스(BCI)를 가질 수도 있을 것이다.

로드니 브룩스(Rodney Brooks)는 「살과 기계: 어떻게 로봇이 우리를 변화시킬까」라는 저서에서 21세기 중반에 이르면 유전자 수정을 통해 인간은 극적으로 변할 것이며, 여기에 전자공학까지 합류한다면 상상하기 어려운 모습이 가능할 것이라고 했다. 이에 카쿠(2013)는 "무엇이건 도가 지나치면 부작용이 따른다. 우리 몸에 로봇을 이식하되, 사람들의 반감을 느낄 만한 한계를 넘지 말아야 한다. 그렇다면 그 한계는 어디까지인가?"라고 반문하였다. 반감이란 우리의 변화에 대한 이질감과 거부감일지 모른다. 그러나 문명사를 돌아보건대 인간은 새로운 것에 대한 이질감과 거부감을 슬기롭게 극복해 온 사례가 넘쳐나 크게 걱정할 일은 아닌 것 같다. 오늘날 우리 사회가 머리를 노란색으로 핑크색으로 물들이고 다니는 젊은이들을 용납하듯이 영화에 나오는 푸른 피부나 귀가 큰 괴물 같은 모습의 인간을 정상적인 소통이 가능하고 상식적인 행동을 한다면 대수롭지 않게 여기는 시대가 올지도 모른다.

2) 신경과학의 쾌거

카쿠(2013)는 여러 분야의 기술적 성취를 종합하여 유·무기성 어댑터(adapter) 기술의 가능성에 대해 종횡무진으로 서술하고 있다. 로드니 브룩스는 실리콘과 철을 신체 안에 삽입하는 등 로봇공학을 인간에게 적용함으로써 신체적 기능을 크게 향상시킬 수 있을 것으로 예측하였다. 이 예측은 책이 발간된 2003년에 언급되었지만, 10년 뒤인 2013년 그리고 현재 그의 예측은 어느 정도 맞아가고 있다. 일론 머스크의 바이오 스타트업 뉴러링크(Neuralink)는 쥐의 두개골을 뚫고 3000개의 침습형 전극을 뇌에 이식했고 컴퓨터와 유선으로 연결해 뇌 신호를 읽어냈다. 머리카락 4분의 1 수준인 4~6μm(마이크로미터) 두께 실마다 뇌 신호를 감지할 수 있는 전극 32개가 포함될 정도로 미세해졌다.[71]

브룩스는 또한 과학기술이 인체의 세포와 실리콘을 융합하여 신체능력을 향상시키는 방향으로 발전할 것으로 보았다. 생명체의 기본 단위인 유전자 수준에서 직접 설계하고 합성해 하나의 온전한 생명체나 세포 소기관, 단백질로 구성되어 있는 생체시스템을 만들어내는 합성생물학, 자연에서 추출한 중합체, 생체용 세라믹, 합성 물질 금속 물질 등 다양한 화학적 접근방법, 금속, 세라믹, 고분자를 인공적으로 합성하는 생체재료과학만 보더라도 그 가능성은 열려있는 듯하다. 단순한 질병치료나 신체적 보완을 넘어 인간을 슈퍼맨으로 만들어 줄 수 있는 인공장기를 만드는 의공학 덕분에 미래의 인간은 개나 고양이만 들을 수 있는 소리를 들을 수 있고, 자외선과 적외선, 심지어는 X선까지 볼 수 있을 것이다. 그렇지만 그것을 욕심내기 전에 그게 대다수 사람에게

71 "실보다 얇은 전극을 두뇌에 이식... 전자두뇌 실현되나", 조선일보, B6면, 2019.7.25.

왜 필요한지 한번 깊이 성찰할 필요는 있다.

5.2 합성생물학(Synthetic Biology)

1) 시작과 현재

유·무기 하이브리드 소재의 연구와 관련성이 가장 높은 생물학의 분야로는 합성생물학을 꼽을 수 있다. 2010년 이후 합성생물학은 생명과학과 생명공학의 가장 중요한 학문적 흐름의 하나로 자리 잡고 있다. 합성생물학은 생명체의 기본 단위인 유전자 수준에서 직접 설계하고 합성해 하나의 온전한 생명체나 세포 소기관, 단백질로 구성되어 있는 생체시스템을 만들어내는 학문분야이다(김용빈 외, 2017).

인간이 생명체를 바라보는 시각은 생명체 정보인 DNA[72] 구조와 그 작동원리를 연구하는 유전학 및 분자생물학의 발달로 크게 변했다. 생명체 부호(code)는 화학물질로 환원되었으며 유전자는 정보운반체에 불과하다는 것이 밝혀졌다. 다양한 생명현상(뇌의 신경세포도 포함)은 DNA와 DNA 정보에 근거하여 만들어진 단백질이라는 화학물질의 작용으로 이해되기 시작한 것이다. 특히 1961년 자코브(Jacob)와 모노(Monod)의 락토스 오페론의 연구를 출발점으로 생명체가 외부환경의 변화에 대응하는 현상을 생화학 반응의 조절회로로 인식하기 시작하였다. 이후 분자생물학은 다양한 새로운 조절 회로들이 유전자들의 다양한 분자요소들의 조합으로 만들어지며, 이 과정이 DNA에 있는 유전자로부터 유전정보를 읽어내는 전사 조절(transcriptional

72 DNA는 아데닌, 시토신, 티민, 구아닌이라는 네 종류의 염기를 포함하는 화학적 기본단위인 뉴클레오티드로 구성되어 있다. 아데닌은 티민과 시토신은 구아닌으로 각 염기의 짝이 정해져 있어 이들을 상보적 관계라 부른다. 일반적으로 DNA는 뉴클레오티드가 연결된 상보적인 두 줄이 마주보고 꼬여 있는 이중나선구조를 띠고 있다.

regulation) 기전을 밝혀냈다.

1970~80년대 유전자 클로닝(cloning)과 PCR[73]과 같은 DNA 재조합 기술의 발전으로 유전자 조작과 인위적 유전자 발현 기술이 가능해졌다. 그러나 유전공학은 클로닝과 재조합 유전자에 국한되어 있었기에 생명현상을 전체 시스템적으로 파악할 수 있는 유전자 조절 행위의 다양성과 깊이를 이해하는 데 필수적인 지식이나 도구를 갖추지 못하고 있었다. 한편 1990년에 시작된 '인간 유전체 프로젝트(게놈 프로젝트)'를 통한 유전체 정보 해독이 2003년에 완료되면서 생명체 전반에 대한 시스템적 이해가 가능해졌다. 이 프로젝트를 주도했던 과학자들 중 한 명인 크레이그 벤터(Craig Venter)가 '합성생물학'이라는 새로운 개념을 제안하였다. 그는 생명과학의 다음 목표는 생명의 설계도인 DNA 수준에서 인간이 직접 설계한 생명체를 조립해내는 것이라고 하였다.

1990년대 중반, 합성생물학의 급속한 발전을 가능하게 했던 것은 다음 두 가지 이유 때문으로 추정된다. 첫째는 유전자를 합성하는 기술이 급속도로 발전하였고 그 비용도 계속 낮아졌기 때문이다. DNA 염기서열을 빨리 읽을 수 있는 기술(Automated DNA Sequencing)이 출현하였으며, DNA를 구성하는 네(4) 종류의 염기를 포함하는 화학적 기본 단위인 뉴클레오티드를 연결하여 긴 DNA를 저렴하게 만드는 기술이 발달하였다. 최근 미국의 블루 헤론 바이오테크놀로지(Blue Heron Biotechnology)는 한 번에 5만 2천 쌍의 염기서열을 갖는 DNA를 합성할 수 있을 정도다. 둘째는 성능이 뛰어난 컴퓨터의 출현으로 많은 양의 유전자 서열 정보를 정확하고 빨리 처리할 수 있게 되면서 인간을 비롯한 다양한 생명체의 유전체를 해독할 수 있게 되었기 때문이다. 다양한 미생물, 초파리, 선충 등 생명체의 유전체 및 유전체를 구성하고 있는 유전자들에 대한 데이터가 축적되었고, 그것들을 새로운 생명체를 설계하는 데 사용함으로써 유전자의 종류는 급속히 늘어났다. 또한 RNA, 단백질, 지방 등 생체에 존재하는 다양한 생화학 반응을 통해 대사물질들을 측정하는 기술이 발전함으로써 생명체의 최소단위인 세포의 주요 요소들과 그것들의 상호작용에 대한 광범위한 이해가 가능해질 수

73 폴리머레이스연쇄반응. 열을 견디는 힘이 강한 DNA 중합효소를 이용하여 DNA 단편을 증폭시켜 DNA를 복제하는 방법

있었다. 이에 생명활동을 가능하게 하는 다양한 분자들의 작용에 대한 분자생물학적 데이터를 기반으로, 생명체의 기능을 전체적 시간에 걸쳐 유전자 정보 네트워크로 조망할 수 있는 시스템 생물학(System Biology)의 발전이 가능해졌다. 즉 기존 분자생물학은 생명현상을 수행하는 유전자들의 개별적인 기능들을 분석하는 데 그쳤지만 이제는 여러 구성요소들이 복잡한 상호작용을 함으로써 어떻게 생명체를 구성하고 그 기능을 수행하는가를 알 수 있게 된 것이다(김용빈 외, 2017). 이는 마치 레고 조각이 다양해지면 질수록 더 다양한 장난감을 만들 수 있는 것과 같은 이치이다.

바야흐로 분자생물학자와 컴퓨터과학자들은 특정 기능을 수행하는 세포들의 네트워크를 이해하기 위해서 그 시스템을 구성하는 요소들을 알아내는 방법으로 유전자 실험과 컴퓨터의 데이터 처리능력을 결합하기 시작했다. 이러한 시도는 컴퓨터나 여러 공학적 시스템처럼 세포의 생명현상도 명확하게 구분되는 여러 모듈들이 네트워크로 연결되어 그 기능을 분산 수행한다는 관점에서 출발하였다. 예를 들어 시스템 생물학은 다양한 생물의 기능적 유기체를 연구하고, 질병치료를 위한 인공조절 네트워크를 설계할 때 이러한 모듈개념으로 접근한다. 이에 합성생물학자 에릭 쿨은 합성생물학을 다음과 같이 정의하였다(Kool, 2014).

> "합성생물학은 공학적인 개념을 생물학에 적용한 것으로 현재의 생물계로써 할 수 없는 일을 수행하도록 재설계 과정을 거쳐 생물체나 바이오시스템을 만드는데 그 목적이 있으며 ... 먼저 새로운 표준화·규격화된 생물부품을 만들어내고 그 부품들을 서로 조립해서 하나의 소자를 만든 후 이를 조립해 하나의 바이오시스템을 만드는 것이다"

앞서 설명하였듯이 생명체의 유전체를 디자인하기 위해서는 축적된 유전체 정보와 이에 대한 지식, 막대한 정보를 처리할 수 있는 빠른 컴퓨터, 나노(10억분의 1) 수준의 화학적 미세 조작이 필요하다. 이에 합성생물학은 유전학, 정보과학 및 공학, 생화학공학, 세포생물학, 인공생명, 나노기술, 윤리학 등이 결합된 대표적인 융합 학문의 특성을

가진다(김용빈 외, 2017; Ross, 2019).[74]

2) 새로운 목표와 성취

합성생물학이 지향하는 목표와 연구영역은 크게 4가지로 나뉠 수 있다.

첫째, 크레이그 벤터, 에릭 쿨과 같은 일부 학자들은 합성생물학을 통해 생명체의 탄생 기원을 밝히기를 희망한다. 즉 물질에서 생명으로 급격하게 변화해 간 과정을 이해함으로써 생명의 본질을 밝혀내는 것이다.

둘째, 공학자들이 중심이 되어 생명체와 그 구성단위인 세포를 하나의 복잡한 기계장치로 전제하고 모든 생물체에 대해 공학적으로 접근하는 것이다. 생명체는 굉장히 높은 에너지 효율성을 가지며 복잡한 구조의 화합물을 효과적으로 생산해내는 생체 반응 경로를 가진다. 공학자들은 이러한 생명체의 장점을 최대한 활용하여 본인들이 원하는 기능을 수행할 수 있는 생명체를 설계하는 것을 목표로 한다. 즉 생명체를 DNA라는 소프트웨어가 담긴 유전자회로로 구성된 하나의 기계로 인식하고 여기에서 필요한 부분만을 떼어내 원하는 새로운 시스템을 만드는 것이다. 이 진영의 가장 대표적인 성과 중 하나는 2013년 희귀 약초에 소량으로 존재하는 말라리아 치료물질인 아르테미시닌(artemisinin)을 합성하는 유전자 경로를 찾아내 이 과정에 간여하는 유전자들을 조합하여 아르테미시닌을 대량생산할 수 있는 대장균과 효모를 만들어낸 것이다. 빌 앤 멀린다 게이츠 재단의 지원으로 효모시스템에서 아르테미시닌산(artemisinic acid)을 합성하는 최적화된 경로가 만들어졌고, 이를 통해 효모에서 아주 빠르고 저렴하게 아르테미시닌을 대량생산할 수 있게 된 것이다. 이러한 결실은 아프리카의 말라리아 퇴치에 큰 도움을 주고 있다는 사실은 잘 알려져 있다.

셋째, 기존의 생명체와는 화학적 조성부터 다른 새로운 생명체를 만드는 것을 목표

74 https://biobricks.org/phil-ross/

로 하는 연구자 그룹이 있다. 지구상의 모든 생명체는 기본 생체분자의 구성성분, 염기서열의 구조 및 많은 특성을 공유하고 있다. 그렇지만 이 진영의 연구자들은 여기에서 완전히 벗어난 생명체를 만드는 일을 목표로 삼는다. 일례로 몇 년 전 독성으로 유명한 준금속 원소인 비소(Arsenic)를 DNA의 구성성분으로 하는 미생물을 발견하였다. 이는 지구와는 전혀 다른 환경에서 생존할 수 있는 생명체를 찾다보니 얻게 된 결과물이다.

끝으로 합성생물학을 기존의 DNA 재조합 기술의 단순한 연장으로 이해하는 학자 그룹도 있다. 합성생물학이나 기존의 DNA 재조합 기술 모두 생명체를 변형하여 인간에게 보다 유용한 생명체를 만든다는 목적은 같다는 것이다. 합성생물학의 여러 진척들을 살펴보건대, 무기질의 실리콘지성을 다양한 생물적 형질에 대해 온-오프 스위치를 가진 궁극의 하이브리드형 AI기계로 만들기 위해서는 유·무기성 어댑터 기술과 이를 위한 유·무기 하이브리드 소재가 필요해 보인다. 그렇다면 이 일을 해낼 가장 유력한 분야는 합성생물학으로 여겨진다.

3) 불확실한 미래

합성생물학이 공학적 전략을 수용하면서 빠르게 대중화되었지만 우려되는 현상도 없는 것은 아니다. MIT의 드루 엔디(Drew Endy)는 공학적 전략이 생명체 제작이 쉽도록 생명체의 생명현상을 컴퓨터 부품처럼 단순화시키고, 이로부터 인간에게 유용한 특징과 물질을 대량으로 얻게 한다고 보았다. 공학적 전략의 일환으로 연구자들은 유전체 변형 과정을 DNA·부품·설비·시스템 4단계로 구분한다. DNA는 유전물질, 부품은 DNA의 기본적인 기능을 수행하는 장치, 설비는 인간이 요구하는 기능을 수행하도록 부품이 다양하게 조합된 장치 그리고 시스템은 이러한 다양한 설비의 조합이다(김용빈 외, 2017).

특히 설비와 시스템 수준에서 독립된 기능을 수행할 수 있는 표준화된 생명 부품을 바이오브릭(BioBrick)이라 부른다. 이미 수천 개의 바이오브릭이 소프트웨어의 오픈소스처럼 바이오브릭재단(BioBrick Foundation) 홈페이지[75]에 오픈 생명공학 공용품(open biotechnology commons)으로 등록된 후 공유되고 있다. 이 재단은 인류와 지구에 도움을 줄 수 있는 새로운 DNA 염기서열, 부품, 설비, 시스템을 제안하고 개발해 공유해줄 것을 전 세계의 연구자와 생명공학 관련 조직들에게 요청하고 있다. 아울러 이 재단이 2009년부터 매년 개최해온 아이젬(국제합성생물학경진대회)[76]에서는 60여 나라에서 3천여 명 이상의 대학생들이 참가하여 합성생물학 연구성과를 공유하고 있으며, 합성생물학에 관심이 있는 사람은 누구든 배우고 실험할 수 있는 공간을 제공하는 커뮤니티 랩들이 전 세계에서 운영되고 있다. 커뮤니티 랩[77]은 2010년 뉴욕 브루클린(젠스페이스, GenSpace)에서 처음으로 문을 연 후 전 세계적으로 수십 곳에서 운영되고 있다.

합성생물 연구자들의 활동이 아직은 생물체, 특히 유기물인 뇌와 무기물인 로봇과 같은 기계들을 연결하는 인터페이스 소재와 그것들의 설계에까지 닿지는 않았다. 현재 합성생물학의 관심은 뇌 아래 신체의 세포와 유전자에 집중되어 있다. 즉 생명체의 기본 단위인 유전자 수준에서 설계를 하고 합성을 통해 온전한 생명체나 세포 소기관, 단백질로 구성되어 있은 생체시스템의 제작에 관심을 두고 있다. 사이보그, 실리콘지성, 로봇의 가능성과 생리적, 운동적 효율성을 앞당길 유·무기 하이브리드 소재의 가능성을 합성생물학자로부터 찾는 이유는 이들이 생명체를 구성하는 세포를 하나의 복잡한 기계장치로 인식하고 공학적으로 접근하기 때문이다. 즉 생명체를 DNA라는 소프트웨어가 담긴 유전자회로로 구성된 하나의 '기계'로 인식하고 필요한 부분(블럭)만을 떼어내 레고를 조립하듯 새로운 시스템을 만들기 때문이다.

AI 및 로봇과학자들은 뇌가 정보를 처리하고 학습하는 과정을 정교한 알고리즘으로 이해하였고 이를 AI프로그램으로 구현해 왔다. 최신 기계학습과 딥러닝 기술은 이러한 연구의 결과물이다. 그런데 생물학적으로 뇌가 DNA로 구성된 거대한 세포덩어리임

---

75 https://biobricks.org/freegenes/

76 International Genetically Engineered Machine (iGEM)

77 랩들의 명칭은 각기 다르며, 바이오기업이 스폰서가 되는 경우가 많음.

에도 합성생물학이 아직 개입하지 않는 것은 무슨 이유일까? 합성생물학이 내부적으로 해야 할 과제가 산적해 있을 뿐만 아니라 뇌세포와 일반 세포의 특징에 큰 차이가 있기 때문이다. 기본적으로 일반 세포를 구성하는 줄기세포(stem cell)는 스스로 재생하는 능력과 성격이 다른 세포로 분화시킬 수 있지만 뇌에는 이런 줄기세포가 존재하지 않는다고 오랫동안 믿어왔다. 그래서 성체단계의 뇌의 신경세포는 재생되지 않고 오로지 사멸만 되는 것으로 보았다. 그러나 이러한 도그마가 1990년대부터 도전을 받기 시작해 오늘날 뇌에도 재생능력을 갖춘 신경줄기세포의 존재가 실험실 수준에서 보고되고 있다. 이는 합성생물학자들이 뇌연구에 본격적으로 진입할 수 있다는 신호탄과 같다. 앞으로 뇌졸중, 알츠하이머, 파킨슨병과 같은 호발성 뇌질환에 신경줄기세포 치료에 필요한 작은 길이 열리기 시작한 셈이다.

뇌 신경세포의 형질적 변화가 조금이나마 가능한 시대에 신경과학자들은 뇌 전체를 해부학적으로 분석하고 부위별로 수행하는 기능을 이해하는 일에 많은 진전을 보였다. 부위별 전기신호 목록과 생체공학적 보조기(기계적 인공물, 사이보그)의 기능목록과 1:1 매치를 시켜놓은 지도가 있어 뇌가 보내는 신호대로 보조물을 움직임으로써 망가진 신체의 한계를 극복할 수도 있다. 귀에 이식된 첨단 보청기는 마이크로폰을 통해 소리를 입력받으며, 인간 목소리를 식별한 후 이를 전기신호로 번역하여 중추청각신경과 뇌에 전달함으로써 청각장애인이 소리를 이해할 수 있도록 돕는다.[78] 오늘날 사이보그에 적용될 수 있는 훌륭한 생체-기계 인터페이스는 뇌 신호를 보조장치를 움직이는 데 필요한 운동코드로 변환시켜주지만 그 프로그램들이 그다지 정교하지 않을 뿐만 아니라 연결된 보조장치들도 경직된 것들이다. 따라서 보다 정교하면서 효율적인 생체-기계 인터페이스는 무기질의 기계와 유기질의 생체세포를 연결해줄 유·무기 하이브리드 소재의 개발로 가능할 것이다. 이에 무기질 소재를 유기질 생체의 일부로 수용하여 전기신호를 원활하게 처리할 수 있는 하이브리드 생체조직의 개발이 합성생물학이 기여할 수 있는 영역으로 보인다.

78 'Cochlear Implants', National Institute on Deafness and Other Communication Disorders, accessed in 22 March, 2012, http://www.nidcd.nih.gov/health/hearing/pages/coch.aspx

이제 뇌 연구는 더는 전기신호(활동전위, spike)가 발진되는 뇌의 특정 부위가 어떠한 생각이나 동작과 관계되는지를 추론하는 수준에 머물러 있지 않을 것이다. 향후 전기신호로 뭉뚝 그려지는 복합화학물질(축삭돌기에서 시냅스를 통해 가지돌기에게 전달되는)의 상세한 분석과 신경세포에 대한 분자 수준의 분석이 가능해지면 뇌가 생각하는 것을 더 정확하게 파악할 수 있을 뿐 아니라 난공불락의 다양한 뇌질환의 정복도 앞당겨질 것이다. 궁극적으로 합성생물학은 파괴된 뇌세포의 재생, 신경세포의 복제 그리고 사이보그의 세계의 중흥에 앞장설 수 있을 것이다.

4) 한계와 극복방안

합성생물학은 기존의 생명체에 존재하는 단순한 유전자와 그 조절회로를 부품으로 이용하는 것에서 시작하여 부품의 표준화를 통해 효율성을 높임으로써 더 복잡한 회로를 만들 수 있게 되었다. 그러나 생명체는 상황에 따라 다르게 작동하며 창발적인 특성을 가지므로 인간의 예측대로 움직이지 않는다. 부품들끼리 예기치 않은 상호작용과 상황의존성은 합성생물학의 발전에 기술적 장애가 되고 있다(김용빈 외, 2017).

따라서 합성생물학은 세포 내 환경의 복잡성을 이해하고, 공학적 시도를 할 때 내재되어 있지만 예측할 수 없는 다양한 생체반응을 감소시키기 위한 방법을 개발하는 일에 집중하고 있다. 이를 위해 다수 회로의 세포 내 작동방식을 정확하게 예측할 수 있는 단순 모델을 만들고 있다. 아울러 회로의 설계와 모델링을 통해 기능 예측을 반복하고 수정함으로써 오류를 제거하는 시간을 단축하고 잠재적으로 생체 내 상호작용에 따른 오류를 제거하는 방향으로 연구가 진행되고 있다. 이런 시도를 통해 합성생물학은 방법론적으로 점차 분자생물학적 도구들에 대한 의존도를 줄여가고 있다. 머지않아 합성생물학의 기본인 분자생물학적 회로공학은 더이상 제작에만 머물지 않고 그 회로의 행동을 생체 내에서 분석하는 능력과 설계기능에 데이터를 적용하는 수학적 시뮬레이션 기법 등이 더해질 것으로 예상된다.

궁극적으로 합성생물학은 기존 세포시스템과 무리 없이 상호작용할 수 있는 공학적 회로를 설계할 수 있어야 한다. 그래야만 합성된 인공 미생물들이 인간 내장의 미생물과 인간 세포와 상호작용을 무리 없이 수행함으로써 슈퍼박테리아 등 미생물의 감염치료나 세포를 기반으로 한 만성질환치료에 이용될 수 있다. 합성생물학이 뇌의 신경세포로 확장된다면 인간의 삶의 질과 능력을 한 차원 더 업그레이드할 수 있을 것이다. 잘 알다시피 뇌는 사물이나 현상을 의식하고 어떤 판단이나 행동을 할 때 대뇌피질을 중심으로 거대한 통합 회로를 만든다. 그 회로는 신경세포의 시냅스가 만들며 반복적인 학습에 의해 강화된다. 비정상적인 행동이나 잘못된 결정을 내리는 뇌 질환은 이 시냅스들의 회로에 문제가 있기 때문에 합성생물학이 이 뇌 회로의 교정에 개입하지 않을 이유는 전혀 없다. 이를 위해 합성생물학, 의학, 공학, 컴퓨터, 수학, 나노과학 등 다양한 학문들이 긴밀하게 협업하고 정보를 공유하는 연구공동체가 필요해 보인다.

5.3 의공학(biomedical engineering)

과업지향 기능형 로봇, 관계적 과업지향 로봇, 실리콘지성(범용AI)을 추구하는 맥락에서 생물과학이라는 큰 우산 아래 의공학이 갖는 의미와 관련성을 설명하는 것은 전혀 이상할 것이 없다. 의공학(醫工學, 의용생체공학/생체의공학)은 의학과 생물학의 설계개념과 공학원리를 융합하여 인간을 포함한 생물의 질환을 치료하거나 결핍된 것을 보완하거나 대체하는 데 필요한 기술을 연구한다. 의공학의 응용분야는 임상 장비에서부터 재생조직의 성장, 제약 및 치료 생물학적 제제, MRI와 EEG 같은 일반적인 영상기기 그리고 작은 이식장비에 이르기까지 생체적합, 보철물, 다양한 진단과 치료 의료기기의 개발을 포함한다. 이에 실리콘지성의 구현에 도움을 줄 수 있는 의공학의 영역은 아래와 같이 다수가 있을 것 같다.

첫째, 생물정보학(Bioinformatics)은 생물학적 데이터를 이해하기 위한 방법과 소프트웨어를 개발하는 융합적 분야이다. 주로 응용수학, 정보과학, 통계학, 컴퓨터과학,

AI, 화학, 생화학 등을 이용하여 분자 수준에서 생물을 연구하는 학문이다. 주요 연구 분야는 서열정렬, 유전자 검색 및 조합, 단백질 구조 정렬, 단백질 구조 예측, 유전자발현의 예측, 단백질간 상호작용, 진화모델 등 다양하다. 지금은 주로 유전자분석에 집중되어 있지만, 뇌와 의식이 생성하는 데이터의 분석에 응용될 수 있는 모델과 방법들이 많이 있다. 성능이 뛰어난 컴퓨터가 속속 출현하면서 발전이 더욱 돋보일 수 있는 분야이기도 하다.

둘째, 조직공학(Tissue Engineering)은 생물학적 조직 기능 또는 전체 기관(organ)을 복원, 유지 또는 개선할 수 있는 생물학적 대체물의 개발에 대한 공학 및 생명과학의 원리를 적용하는 학제간 융합 분야이다. 조직공학의 목표 중 하나는 장기 이식이 필요한 환자를 위해 (생물학적 재료를 통해) 인공 장기를 만드는 것이다. 최근 의공학 엔지니어는 3D 프린팅 기술로 인공 장기를 만드는 노력을 하고 있다. 예를 들어, 현재 전 세계 보청기의 95%, 치아 보정물의 경우 하루 65만 쌍이 3D 프린터로 제작되고 있다. 전뇌 에뮬레이션기술과 3D 프린팅 기술이 연합하면 언젠가 인공혈관, 인공심장판막, 인공관절, 인공뼈를 만들 듯이 뇌의 일부나 신경세포 모듈을 만들 수도 있을 것이다.

셋째, 신경공학(Neuro Engineering)은 신경시스템을 이해한 후, 이를 수리, 교체 또는 향상시키기 위해 엔지니어링 기술을 사용하는 분야이다. 신경 엔지니어는 살이 있는 신경 조직과 인공 전자 장치와의 인터페이스에서 설계 문제를 해결할 수 있는 고유한 기술을 보유하고 있다. 뇌에 적용한 침습형 인터페이스의 기능성을 높이고 부작용을 최소화하기 위해 생체재료, 조직공학 그리고 신경공학이 협력할 여지는 매우 많아 보인다.

끝으로 생체공학(Bionics)은 생명체의 기능을 모방하는 기술로 인간공학(Human Engineering) 등이 여기에 포함된다. 주변에서 흔히 볼 수 있는 인체공학적 상품들처럼 인체에 맞게 만들어진 물건들을 비롯하여, 물고기의 유선형 몸체를 이용한 잠수함, 새의 날개를 모방하여 만든 로봇 등이 모두 생체공학의 범주에 들어간다. 기계 손가락, 팔, 다리와 같이 인체의 동작을 모방하여 그 대용물을 만드는 것 역시 바이오닉스의 한 분야라 할 수 있다. 실리콘지성이 튜링테스트를 넘어 언어기능, 외관, 동작 등에서 보다 인간처럼 보이기 위해서는 조직공학, 신경공학, 생체공학의 협력은 필연적이며 특히 사이보그의 현실화와 다변화에 크게 기여할 수 있는 기술로 예상된다.

• 생체재료(Biomaterial)

생체재료는 의공학의 한 분야지만 여기에서는 따로 다루었다. 생체재료 또는 생물소재는 인체 장기와 상호 작용하는 모든 물질, 표면 또는 구조물을 다루기에 사이보그, 로봇 등 인간-기계 인터페이스를 필요로 하는 영역에서 매우 긴요한 쓰일 수 있으며, 장기 이식 물질로 자가이식, 타가 이식, 이종 이식에도 이용될 수 있다. 생체재료과학 또는 생체재료공학으로도 불리는 생체재료는 자연에서 추출하거나 중합체, 생체용 세라믹, 합성 물질 금속 물질 등을 이용하여 다양한 화학적 접근을 통해 인공적으로 합성될 수 있다(Temenoff & Mikos, 2008). 궁극의 뇌-컴퓨터 인터페이스는 유기질의 생체와 무기물질이 일체가 되어 하나의 유기적 조절체로서 상호작용을 가능하게 하는 통합체(integrator)가 되어야 한다. 그래서 생체재료과학은 AI기술, 소재공학, 나노기술과 더불어 이러한 유·무기 하이브리드 소재와 통합체 연구의 길을 열어갈 것이다.

생체재료는 다음과 같이 금속, 세라믹, 고분자로 나눈다. 그러나 이러한 분류도 21세기 중반에 이르면 의미가 줄어들어 새로운 분류범주가 필요할지 모른다.

1) 금속

금속은 고이동성 전자들이 비방향성의 금속결합을 이루고 있는 무기물질이다. 생체의학적 용도로 많이 사용되는 금속과 합금들은 코발트-크롬합금(인공심장판막 등), 금과 백금(치과용 충전제 등), 은-주석-동 합금(치과용 아말감), 스테인레스 스틸(치과 모철물 등), 티타늄합금(인공심장판막, 치과임플란트, 인공관절 등) 등이 있다. 금속은 전기전도성을 가지며, 강도가 우수하고, 복잡한 형태를 비교적 쉽게 만들 수 있어 정형외과적 대체품(고관절과 무릅), 치과용 충전재, 두개골 안면 복원, 스텐트와 심박동기 유도 장치(pacemaker lead) 등 심장혈관용 제품에도 적합한 물질이다.

2) 세라믹

세라믹은 전자주게와 전자받게[79] 원소 간에 비방향성 이온결합을 이루고 있는 무기물질이다. 생체의학적 용도로 많이 사용되는 세라믹 물질들은 알루미늄 옥사이드(정형외과 관절대체부품 등), 생체활성유리(정형외과 및 치과용 임플란트 코팅 등), 칼슘 포스페이트(정형외과 및 치과용 임플란트 코팅, 골이식 대체물 등) 등이 있다. 세라믹은 자연 뼈의 화학성분과 유사하여 정형외과 임플란트 부품(인공뼈) 또는 치과용 재료(인공치아)로 흔히 사용된다.

특히 생분해성(bio-degradation) 세라믹은 대부분 인산칼슘 계통 세라믹이며 수산화 인회석(calcium hydroxyapatite, 인산칼슘화합물) 등이 여기에 해당된다. 인회석(燐灰石, apatite)이란 인산염 광물의 일종이며 성분에 따라 OH-가 많은 경우 수산화 인회석, Cl-가 많은 경우 염화 인회석이라고 부른다. 인회석은 생물이 이용하는 몇 안 되는 광물 중 하나로써, 특히 수산화 인회석은 치아의 에나멜질의 주요 성분이며, 뼈에도 많이 포함되어 있으며, 상호작용을 잘하는 생명친화적 생체치료제로 매우 적합하다. 여기서 '생분해성'이란 생화학적 인자(물, 이온, 세포, 단백질, 박테라아 등)에 의해 재료가 화학적으로 파괴되는 성질을 말한다. 따라서 생분해되는 재료를 쓴다면, 재료 자체에 독성이 없어야 하는 것은 물론 분해 과정에서 생성되는 독성도 없어야 하므로 생체적 합성과 관련하여 고려해야 하는 복잡한 사항들이 훨씬 더 많다(Temenoff & Mikos, 2008).

---

79 전자주게(electron donor)는 원자 또는 분자사이에서 전자를 주고받을 때 전자를 상대에게 주기 쉬운 원자, 이온 또는 분자를 말한다. R. S. Mulliken의 전자이동력이론에 의하면 퀸히드론과 같은 분자 간 화합물은 전자주게로서의 하이드로퀴논과 전자받게로서의 벤조퀴논 사이의 상호작용으로 설명되며, 이른바 분자 간 전자이동스펙트럼을 나타낸다.

3) 고분자

고분자는 방향성을 갖고 있는 공유결합으로 연결되어 있는 긴 사슬로 이루어진 유기물질이다. 고분자는 천연고분자와 합성고분자로 나뉜다. 천연고분자는 체내에 있는 물질(콜라겐, 피브린, 히알루론산 등) 또는 체외물질(키토산, 알지네이트 등)로부터 만들어진다. 사람의 체내에서 가장 흔히 발견되는 천년 생체재료인 콜라겐은 단백질의 일종으로 다양한 조직에 여러 형태로 존재한다. 또 다른 단백질 기반 물질인 피브린은 혈액응고인자인 피브리노젠과 트롬빈의 조합으로 생성된다. 두 가지 모두 연골손상 치료를 위한 조직공학적, 정형외과적 용도로 사용되고 있다. 단백질 외 천연고분자는 당(탄수화물)으로부터 얻어진다. 사람의 조직에서 생기는 탄수화물분자의 한 종류인 히알루론산, 절지동물의 외골격(arthropod exoskeleton)에서 발견되는 당 기반 물질인 키토산, 조류(algae)[80]에서 형성되는 아가로스(agarose), 해초로부터 얻어지는 알지네이트 등이 있다. 그렇지만 천연고분자는 임상실험에 필요한 충분한 양을 확보하기가 어렵고, 낮은 기계적 물성, 병원체가 확실히 제거되지 않을 경우 발생할 수 있는 인간 면역체계의 거부반응 등과 같은 문제점이 많다. 반면 합성고분자는 대량생산이 쉽고 소독도 가능하여 천년고분자의 문제점을 해소할 수 있다. 더욱이 합성고분자의 물리적, 화학적, 기계적 물성 및 분해특성은 특정 응용을 위해 제어가 가능하다. 하지만 특별히 가공하지 않는다면 대부분의 합성고분자는 생체조직과 자발적으로 상호작용하지 않아 성공적인 이식치료효과를 얻을 수 없다. 따라서 특정 응용분야에서 감독기관의 승인을 받아 인체에 사용할 수 있는 합성고분자가 아직 많지 않다는 것이 문제이다.

생체재료 과학자들은 최근 자연발생 복합체의 유기물 모체에서의 무기물 결정체 작용에 많은 관심을 가지고 있다. 이 과정은 전형적으로 환경온도와 압력에서 일어난다. 흥미롭게도 이러한 결정 미네랄 형태를 통한 생명유기체는 지속적으로 복잡한 구조 생산이 가능하다는 장점이 있다. 규소가 나노 크기의 복합체에 대한 과학적 진보와 새

---

80 물속에서 자라며 광합성에 의해 독립영양생활을 하는 구조가 간단한 식물

로운 합성 기술을 이끌 수 있는 것처럼 생명유기체의 이러한 과정을 이해하는 것은 결정체 미네랄의 성장을 조절하는 것을 가능케 한다. 생체재료는 또한 치과치료, 수술, 약물전달시스템에 두루 이용된다. 예를 들면, 생체재료를 이용한 특정 구조물에 약물을 넣어 몸에 주입하면, 그 약물은 장기간동안 특정 양이 지속적으로 신체 내부에 방출되어 치료 효과를 거둘 수 있다.

생체재료는 문제가 되는 뇌의 신경세포를 대체하거나 뇌의 불균형을 잡는 인공합성 장기를 만들어 부족한 물질을 지속적으로 분비함으로 뇌가 균형을 잡도록 도울 수도 있을 것이다. 특히 사이보그의 경우, 인체의 유기적 조직과 무기질의 기계를 연결할 수 있는 다양한 자연적 추출물 또는 인공적 유·무기질의 하이브리드 소재를 개발하여 부작용이 없는 생체-기계 인터페이스와 통합체를 만들 수도 있을 것이다. 의공학의 한 분파인 신경공학자들은 전극을 두개골 깊숙이 심어 뇌의 신호를 더욱 정확하게 외부 컴퓨터에 전달할 수 있는 침습형 인터페이스를 개발하고 있다. 이런 침습형 인터페이스의 개발에 생체재료를 적절하게 활용함으로써 뇌-컴퓨터 소통의 정확성과 효율성을 제고할 수 있을 것이다. 그러나 뇌에 삽입된 전극들이 종종 흔들리면서 어떤 행동을 제어하는 뉴런 집단이 신경가소성 때문에 이동하기도 하고, 삽입된 전극들이 염증을 유발하거나 사라난 뇌세포에 뒤덮여 움식이지 못하는 부작용들이 발생한다. 더구나 이렇게 고장난 전극을 외과적 수술로 교체하기도 어렵다(피오리, 2019).

인간을 비롯한 생물을 대상으로 의공학이 다룰 수 있는 영역은 실로 광범위하다. 그럼에도 아직 뇌의 기능을 업그레이드하기 위해 뇌의 신경세포를 세포·분자수준에서 대체나 교정을 시도하거나 보다 효율적인 인간-기계 인터페이스를 위한 유·무기질 하이브리드 소재의 개발에 대한 연구는 사실 거의 없다. 생명과학의 제 분야들이 뇌 연구, 심리코지성과 로봇 연구에 깊이 관여함으로써 AI연구는 새로운 추진력을 얻을 수도 있겠지만 일부 AI 서비스를 대체하는 위협이 될 수도 있다. 따라서 AI-뇌-생명과학을 엮는 학자들의 통섭적 노력이 필요한지, 필요하다면 어떠한 학제적 연구 아젠다를 설정할 수 있을지, 그런 연구가 추진력을 얻기 위해 필요한 장단기 노력과 협력들이 필요한지 등 더 많은 논의가 필요해 보인다.

제6장

실리콘 지성 : 궁극의 인공지능

실리콘지성

Silicon Intelligence: An Ultimate of AI

제6장

실리콘지성

이제 우리에게 결핍된 것을 보완하거나 인간의 고유 기능의 전부 또는 일부를 대체해 줄 궁극의 AI 즉 실리콘지성을 종합적으로 논의할 시점이 되었다. 우리는 지금까지 실리콘지성의 구현에 필요한 이론적, 도구적 지식으로써 컴퓨터과학, AI, 생명과학, 의료공학과 같은 주요 기술들을 살펴보았고, 이러한 지식에 기초적 영감과 통찰력을 제공한 뇌와 의식 그리고 신경과학의 주요 주제들을 살펴보았다. 이제 이러한 이해를 바탕으로 실리콘지성은 무엇이며, 왜 필요한지, 필요하다면 기술적으로 가능한 것인지, 숨겨진 위험과 위협은 없는지 그리고 우리가 결정해야 할 그것의 미래를 논의하고자 한다.

실리콘지성, 범용AI를 넘어 초지능(super-intelligence)의 가능성과 위협에 대한 막연한 공포감까지 팽배한 가운데, 그 공포감의 근원은 무엇이며 이러한 위기감 해소를 위한 연구 가이드와 기술전략도 함께 논의할 필요가 있다. 결국 인류가 욕망하는 것과 자유경쟁 시장메커니즘 속에서 개인과 집단 그리고 인류공동체가 수용할 수 있는 수준에서 실리콘지성의 스펙과 특징 그리고 미래가 결정될 것이다. 그렇지만 개인의 욕망이 올바르지 않고 과도하거나, 거대 자본가들의 일그러진 욕망이 부적절하게 작동하거나, 사회의 적절한 법적, 관습적 통제 없이 추진되는 실리콘지성(AI연구)은 재앙으로 귀착

될 것이 분명하다. 이는 초지능에 대한 우려를 강하게 제기한 보스트롬의 주장과도 크게 다르지 않다(보스트롬, 2017).

6.1 디지털 존재

우리가 생명과 의식을 유연하게 정의하면 할수록 다양한 형태의 디지털 존재, 즉 아날로그-디지털 존재, 무기질적 존재, 유·무기적 하이브리드 존재 등을 상정할 수 있다. 우리는 아직은 생명이라고 부르기에는 껄끄러운 존재들을 많은 학자들이 스스럼없이 생명이라고 부르는 세상에 살고 있다. 우리가 인정하고 하지 않고를 떠나 이들은 분명 존재하며 우리의 삶에 크고 작은 영향을 이미 미치고 있다. 하라리(2015)는 생명의 법칙을 바꾸는 제3의 방법으로 완전한 디지털 존재의 가능성을 들었다. 독립적으로 학습하고 진화할 수 있는 컴퓨터 프로그램과 컴퓨터 바이러스가 존재하며, 유전적 프로그래밍은 유전자의 진화를 모방하고 있다. 마찬가지로 다수의 천재적 AI 엔지니어들은 학습과 진화능력을 갖춘 프로그램을 만드는 일에 지금도 매진하고 있다.

컴퓨터 바이러스는 자신을 무력화하려는 백신 프로그램을 피해 달아나면서 한편으로 다른 바이러스들과 경쟁하며 사이버 공간에서 무한복제를 거듭하며 자생하고 있다. 마치 각종 유·무해 바이러스가 우리 몸을 숙주로 우리와 함께 공존하듯이 말이다. 만일 복제과정에서 실수가 개입되면 디지털 돌연변이가 될 수도 있다. 무작위적 복제가 일어나도록 프로그램되어 있거나 예측할 수 없는 오류 유발 코드가 탑재되어 있을 수도 있다. 세월이 흐르며 사이버 공간에는 다양한 유·무해 바이러스들로 가득 찰 것이다. 이러한 바이러스들은 유기체 진화의 법칙과 한계와는 전혀 무관하게 다른 모습의 진화과정을 거치고 있는 듯 하다. 우리가 만일 생물(life)의 정의를 다양하게 한다면 계속 진화하고 조석으로 변하는 이것들을 생물이라 부르지 않을 이유가 없을 것이다. 상상력을 좀 더 확장하여 뇌를 노트북에 복제하였다면 사람처럼 생각하고 느낄 수 있을까? 컴퓨터 코드로만 구성된 그 마음이 자아의식, 의식, 기억을 다 갖추고 있고 이 프로그램을 컴퓨터가 실행한다면 그것을 지성체라 할 수 있을까? 실제 뇌의 개별 뉴런(신경세포)과 시냅스들의 상호작용을 살펴보면 디지털 컴퓨터처럼 '1'과 '0'이라는 이진수를 처리하는 기계와 비슷하지만 한편 모호한 부분도 있다. 하나의 뉴런은 글루타민산(엑셀 역할) 또는 GABA(브레이크 역할)의 지배를 받는 수백 개의 시냅스의 전기신호(Yes 또는 No)를 받아들여 활동전위(spike)를 생성할지 말지(Yes 또는 No)를 결정하기 때문이다. 즉 수백 개의 시냅스의 다양한 전기신호를 받아 처리하는 뉴런의 처지는 모호하지만 최종 출력, 즉 활동전위를 생성할지를 결정하는 일은 분명 디지털적이다. 2005년부터 시작된 유럽의 '블루브레인 프로젝드(Blue Brain Project)'는 인간의 뇌 전부를 컴퓨터 안에서 재창조하는 것을 목표로 삼고 있다. 즉 컴퓨터 전자회로가 뇌의 신경망을 고스란히 모방하겠다는 것인데, 연구자금이 충분하다면 10~20년 내에 우리는 인간과 흡사하게 말하고 행동하는 인공두뇌를 컴퓨터 안에 넣을 수 있을 것이다(하라리, 2015). 그러나 예언했던 그 시간이 다가왔지만 아직 우리 손에 만족스런 인공뇌, 인공의식을 갖고 있지는 못하다.

카쿠(2013)는 「미래의 물리학」에서 'AI 특이점'에 대해 설명하고 있다. 이 용어는 원자폭탄 설계에 결정적인 공헌을 했던 수학자 스태니스로 울람(Stanislaw Ulam)과 존 폰 노이만(John von Neuman)이 1958년 어느 날 대화를 나누던 중 나왔다. 울람은 자신의 저서에서 '과학의 발전 속도가 점점 빨라지고 그에 따라 인간의 삶이 계속 변하다 보면 언젠가는 역사의 특이점에 도달할 것이다. AI를 주제로 사람들이 대화를 나누다가 화제가 여기에 도달하면 더는 대화를 진행할 수 없게 된다.'고 하였다. 그렇다면 이 특이점은 언제 발생할 것인가? 2009년 아실로마 회의에 참석한 과학자들은 20년에서 1,000년 사이에 특이점이 찾아올 것으로 예상했다. 레이 쿠르츠바일(Ray Kurzweil)은 발명가이자 베스트셀러 작가이다. 많은 사람들이 특이점을 종교처럼 믿는 그를 비난하지만 그래도 미래를 예측하는 특별한 능력을 가진 사람이다. 그는 1999년에 「영혼을 가진 기계의 시대: 컴퓨터가 인간의 지능을 능가할 때(The Age of Spiritual Machines: When Computers Exceed Human Intelligence)」에서 로봇이 인간보다 똑똑해진다고 예측하였으며, 2005년에 「특이점이 온다(The Singularity is Near)」에서는 자신의 예측을 더욱 자세하게 설명하였다. 2045년이 되면 전 세계 인구를 합한 것보다 10억 배나 뛰어난 컴퓨터를 1,000달러에 살 수 있고, 스스로를 복제할 수 있을 정도로 스마트해져 특이점을 향한 본격적인 질주가 시작된다고 하였다. 결론적으로 쿠르츠바일은 다음과 같이 말했다.

> "똑똑한 기계들이 사람을 몰아낸다는 생각은 잘못이다. 오히려 우리가 그 기술 속으로 편입될 가능성이 높다. ... 미래의 인간들은 똑똑한 기계를 자신의 몸과 두뇌 속에 이식하여 더욱 건강하고 긴 삶을 영위하게 될 것이다."

그의 예측에 굳이 사족을 달고 싶지는 않다. 분명한 것은 지능적 디지털 존재들이 인간을 돕거나 대체하기 위해 우리와 동거하거나 우리 몸의 일부가 되는 것은 100% 확실한 미래의 모습일 것이다. 다만 그 모습은 너무 다양하여 책 한 권에 모두 담기도 힘들 것 같다.

6.2 개념들

나는 3장에서 디지털 존재의 완결판인 실리콘지성을 AI 진화단계의 말미에서 상세하게 설명하였다. 학계나 전문가들 사이에서 통용되고 있는 '강한 AI' 또는 '범용인공지능(AGI: Artificial General Intelligence)'은 AI프로그램, 즉 소프트웨어에 국한되는 개념이어서 실리콘지성을 설명하기에는 다소 미흡하다. 실리콘지성은 적어도 인지적 역량에서 SF영화에 출현한 상상의 로봇들, 「터미네이터」의 암살로봇 터미네이터, 「AI」의 소년로봇 데이비드, 「Ex Machina」의 섹시 여성로봇 에이바를 상상하면 된다. 영화 속

로봇들은 기본적으로 '튜링테스트'[81]를 통과하였고 인간과 긴밀하게 교감하고 상호작용하며 사람을 돕거나 때로는 대체할 수 있는 독립적 지성체로 묘사된다. 필요하면 인간을 닮은 외모를 가질 수도 있으나 반드시 그럴 필요는 없다. 영화 ET나 에이리언에 나오는 우습거나 기괴한 모습이라도 우리가 수용할 수 있다면 상관없다. 다만 실리콘지성은 인간의 인지 및 신체적 능력을 정밀하게 모방하였기에 인간 세상에 합법적으로 편입되어 개인과 집단의 일상과 의사결정의 일부를 지원하거나 대체할 수 있는 독립적인 지성체로 상정하였다.

실리콘지성은 전지적 또는 국지적으로 닉 보스트롬이 말한 '초지능(super-intelligence)'을 갖겠지만 그것만이 전부는 아니다. 그는 현재의 AI기계들이 일반 지능의 측면에서 인간에 비해 열등하지만 언젠가는 초지능에 이를 것이라고 단언하였다. 그래서 그는 초지능을 '모든 관심 영역에서 인간의 인지능력을 상회하는 지능'으로 잠정적으로 정의하였다. 그래서 체스나 바둑분야에 특출한 능력을 보였던 딥블루나 알파고는 초지능으로 분류하지는 않았다. 왜냐하면 그것들은 체스와 바둑에 한해서만 초능력을 가졌기 때문이다.

실리콘지성이 가질 수 있는 초지능을 보스트롬은 i) 속도적 초지능, ii) 집단적 초지능, iii) 질적 초지능으로 나누어 설명하였다(보스트롬, 2017). 속도적 초지능(speed super-intelligence)은 인간의 지능으로 할 수 있는 모든 일이 가능하면서 그것을 훨씬 더 빨리 처리할 수 있는 시스템이다. 속도적 초지능으로 컴퓨터에서 구동되는 전뇌에뮬레이션(whole-brain emulation)을 들 수 있다. 생물적 뇌의 1만 배에 달하는 속도로 작동하므로 단지 몇 초 만에 책 한 권을 읽고 반나절이면 박사학위 논문 한 편을 쓸 수 있다. 인간도 잘 하는 일들이지만 더 빨리 할 수 있다. 속도증가를 위해 컴퓨터 아키텍처가 보다 효율화되고, 딥러닝처럼 효율적인 기계학습법이 계속 출현할수록 속도적 초지능은 극한으로 치달을 것이며, 이는 집단적, 질적 초지능의 능력을 쌍끌이

81 앨런 튜링이 1950년에 제안한 것으로, 기계가 인간과 얼마나 비슷하게 대화할 수 있는지를 기준으로 기계에 지능이 있는지를 판별할 때 쓰는 테스트를 말한다. 그러나 실리콘지성은 이것 이상의 기준이 필요하다.

할 것으로 보인다. 우리는 이미 뇌가 기계의 처리속도를 따라잡을 수 없음을 잘 안다. 그래서 문제해결에 속도가 중요한 요인이라면 속도 초지능이 필요할 것이다. 2020년에 창궐한 코로나19 바이러스의 백신을 만드는 일은 속도가 중요했다. 이런 종류의 문제를 처리하기 위해서는 속도적 초지능이 필요할 것이다. 그렇지 않다면 인간이 할 수 있는 일들을 불필요하게 기계에게 넘기는 꼴이 될 것이다. 속도적 초지능은 이미 과잉 상태여서 인간을 무력화하고 대체하는 일에 첨병 역할을 하고 있다. 바둑전문가시스템 알파고와 체스전문가시스템 딥 블루는 데이터처리와 기계학습이라는 고도의 기술 발전의 시금석으로 삼으면 그뿐이지만, 기계끼리 다투는 사이버 게임시장이 10~20년간 고된 훈련을 통해 길러지는 인간 전문가들의 대국시장을 대체해 버린다면 AI기술의 과잉 침범이 아닐까?

집단적 초지능(collective super-intelligence)은 작은 단위의 여러 지성체들이 하나로 뭉쳐서 단일 시스템을 구성한 것으로써 다양한 일반 영역에서 현존하는 그 어떤 인지 시스템보다 전반적인 수행능력이 뛰어난 시스템을 말한다. 보스트롬(2017)은 개별 인간의 정신을 다른 인간의 정신과 연결하고 그리고 다양한 인공물이나 프로그램과 연결해주는 슈퍼네트워크를 통해 인류는 집단지능을 점진적으로 확장하고 있다고 하였다. 부분적으로 우리는 이미 집단적 초지능을 경험하고 산다. 평균적 지능을 가진 부분체(인간, 시스템 등)들이 협력하여 효율적인 통합시스템을 만드는 예는 기업, 팀, 소그룹, 이해집단, 학술공동체, 국가를 들 수 있고, 한 걸음 더 나아가 '인류' 전체를 지적인 문제를 해결할 수 있는 일종의 집단적 초지능으로 볼 수도 있다. 임박한 기후 문제를 해결하기 위해 국가들의 정상들, 정부기관 그리고 연구기관들이 머리를 맞대고 협력해 가는 것도 일종의 집단적 초지능이라 할 수 있다. 그 과정에서 시스템들이 연합한다면 보다 강력한 초지능을 가능하게 할 것이다. 최근 가장 편리한 기능들로 계속 진화하고 있는 SNS는 집단적 초지능을 가능하게 하는 강력한 플랫폼으로 자리 잡고 있다. 이 소통용 플랫폼에서 집단적 초지능처럼 작동되는 다기능·다중인격 실리콘지성도 탄생할 수 있을 것이다. 이런 방식으로 작동되는 실리콘지성은 부분체들의 상호견제가 있기에 예상되는 초지능의 위험과 위협을 현저하게 줄일 수도 있을 것이다.

마지막으로 질적 초지능(quality super-intelligence)은 적어도 인간의 정신만큼 빠르고 질적으로 더 똑똑한 시스템으로 정의될 수 있다. 보스트롬은 평균적인 인간보다 낮은 질적 지능을 가진 동물이나 특정 기능에서 인지적 장애를 가진 사람들을 기준으로 질적 초지능 개념을 이해하였다. 현재 인류는 다른 동물에서는 찾기 힘든 독특한 유전적 형질로 인해 형성된 고품질의 뇌 때문에 다른 종과는 비교할 수 없는 많은 성취를 이룰 수 있었다. 특히 발달된 언어능력으로 고차원적 추상적인 개념을 잘 소통할 수 있었기에 단지 자연에 순응하고 생리적 욕구를 채우는 수준에 머물지 않고 고도의 물질문명까지 축적할 수 있었다. 다양한 분야의 전략적인 과제를 매우 효율적이며 효과적으로 해결할 수 있는 질적 초지능의 가능성은 여전히 유효하지만 아직 현실화되지는 않았다.

기본적으로 컴퓨터와 AI를 기반으로 하는 실리콘지성은 연산능력에서 속도적 초지능의 달성은 어렵지 않다. 엄청난 데이터를 양식 삼아 학습한 후, 특정 분야의 문제를 신속하게 해결해 주는 딥블루(체스 전문가), 알파고(바둑 전문가), 왓슨(퀴즈, 의료 등) 등이 속도적 초지능으로 볼 수 있다. 여기에 모든 영역에서 인간의 뇌(인지능력)를 능가하는 질적 초지능을 실리콘지성이 갖출 수 있을지 그리고 그런 실리콘지성이 우리에게 꼭 필요한지는 아직 확신이 없다. 보스트롬의 질적 초지능의 개념은 다소 모호하며, 빠른 데이터처리만으로 AI(또는 인공신경망)에게 질적 초지능을 부여할 수 있을지도 확실하지 않기 때문이다. 특히 질적 초지능은 AI가 더욱 인간을 닮는다는 것을 전제하므로, 앞 장에서 다뤘던 의식과 무의식의 메커니즘, 자아와 정체성, 자유의지, 자율성처럼 인간에게만 부여된 고유한 형질을 실리콘지성에게 어느 정도 허용해야 할지 등 토론의 여지가 많다.

6.3 정신(mind)

실리콘지성에게 인간과 유사한 정신과 의식을 허락할 것인가?

'정신'이란 단어는 현재 인간에 한정하여 주로 쓰는 말이다. 개나 사자에게 정신이 있다고 하지는 않는다. 그렇지만 '뇌가 만들어내는 의식적 작용'을 정신으로 정의한다면 그들에게도 정신이 없다고 말하지는 못할 것이다. 정신은 개별 생물체가 자신의 본능적, 의도적 목적을 추구하기 위해 작동되는 다양한 형태의 기제에 지나지 않는다. 그 목적이란 기본적으로 생존해야 하며, 번식해야 하며, 그 과정에서 기쁨과 행복을 추구하는 것이라 할 수 있다. 인간을 포함한 모든 생물은 이 목적을 추구하기 위해 뇌가 내리는 판단과 명령에 의존한다. 생존율을 높이기 위해 기억한 과거의 경험을 활용하여 위험을 시뮬레이션한 후 사전에 피하며, 갑자기 다가오는 위험을 피하기 위해 반사(운동)신경을 발달시켰다. 동물 중에 상대적으로 소뇌가 작은 인간은 운동신경이 열등하나, 새는 운동신경이 가장 뛰어난 동물이다. 우리는 진화하면서 대뇌피질의 직접적인 영향을 받지 않으며 우리 몸의 기능을 자율적으로 조절하는 자율신경도 타고났다. 교감신경과 부교감신경은 서로 반대 작용을 하며 내장기관의 활동을 조절하여 우리의 생존을 돕는다. 교감신경은 긴장, 흥분, 놀람 등 갑작스런 환경 변화에 대응할 수 있도록 조절하며, 교감신경이 흥분되면 심장 박동, 혈압, 호흡 등이 증가한다. 반면 부교감신경은 신체를 이완시키고 소화 기관의 반응을 빠르게 하며 몸이 안정감을 갖도록 조절하는 역할을 한다. 자신의 일상적 생존이 담보된 후에 동물은 번식을 통하여 자기 유전자의 영생을 계획한다. 동물들은 짝을 짓고 번식하기 위해 온갖 유전자에 가인된 행동과 코딩된 프로그램(루틴)을 수행하지만, 때로 시행착오를 겪으며 후천적으로 습득한 창의적인 일들을 수행하기도 한다. 수컷 새들은 암컷의 주목을 받기 위해 아름다운 깃털로 외모를 장식하고, 인간은 경쟁력을 높이기 위해 연봉이 높은 직장을 찾고, 멋진 외모를 위해 시간과 돈을 투자한다. 인간이 이런 행위를 하는 데는 본능적인 부분과 후천적으로 학습한 것들이 뒤섞여 있다.

우리가 유전자에 각인된 프로그램된 일만을 생각하고 행동한다면 정신은 크게 의미가 없어진다. 그건 마치 유전자 프로그램이 지시하는 것만 수행하는 로봇 같은 존재를 의미하기 때문이다. 정신에는 게놈(genome)에 각인된 작위 외에 의식적 작위를 포함하지 않을 수 없다. 이 의식적 작위조차 밑바닥에서 끊임없이 오감을 통해 입력되는 데이터를 처리하는 무의식의 흐름 가운데 표출되는 지극히 작은 몇 가지가 의식이라는 것을 우리는 잘 알고 있다. 의식과 무의식에 대한 이해가 깊어지면서 AI기술을 접하는 인류의 고민은 점점 더 깊어지고 있다. 뇌의 작동방식을 모방한 AI는 지능 즉 문제해결 능력이 점점 탁월해져 많은 분야에서 이미 인간을 추월하고 있다. 그런데도 인간으로서 자존심을 잃지 않을 수 있는 것은 인간에게만 특별히 허락되었다고 믿는 의식(마음)과 그것이 이끈다는 주도성, 자율성, 자유의지 때문이다. 3장에서 다루었듯이 의식과 무의식 그리고 물 흐르듯이 연결된 이 둘의 메커니즘으로 인간 사고의 깊이와 유연성은 더욱 확장된다. 모든 뇌는 입력되는 모든 정보를 똑같이 취급하지 않고 필요에 따라 뇌자원을 다르게 재분배할 수 있다. 'AI가 인간을 닮아야 한다'라는 대전제 아래 실리콘지성이 이 부분에 대한 모방도 피해갈 수 없을 것이다. 현재 기술적으로 의식은 어느 정도 알고리즘화할 수 있다. 뇌과학자 데하네(2017)는 의식의 기능, 그것에 대한 피질의 구조, 분자적 기반, 그리고 질병까지 이해하고 있어 컴퓨터가 의식의 기능을 시뮬레이션 할 가능성에 대해 논리적으로 전혀 문제가 없다고 했다. 코딩된 인공의식이 자연적 의식과 같을 리는 없겠지만, 이것이 허락된 실리콘지성은 자신들에게 던져진 문제를 보다 부드럽고 유연하고 창의적으로 해결함으로써 인간 사용자(AI구매자)의 만족도를 높여줄 수 있을지 모른다. 그러나 모든 문제에 다 그러지는 못할 것이다.

6.4 인공의식 II

4장 「의식과 인식」에서 인공의식을 이미 한 번 다루었다. 이 장에서는 실리콘지성에게 부여될 인공의식이 갖는 철학적, 사회적, 문화적 함의를 좀 더 깊게 다루고자 한다.

의식·무의식의 상호작용으로 인간은 사려 깊은 이성과 풍부한 감성을 함께 체험하며 살 수 있다. 이에 소비자로서 인류는 실리콘지성이 비슷한 의식·무의식 메커니즘을 갖추고 덜 기계적이길 희망할 것이다. 비록 용도가 제한적이라 할지라도 의식을 부여받은 AI기계는 사람들에게 좀 더 친화적이며 사람들의 요구에 더 세련되게 부응하는 상호작용과 서비스를 제공할 것으로 예상되기 때문이다. 그런 서비스에 어떤 이름을 붙일지는 모르겠지만, 인공의식이 부여된 AI서비스는 미래의 차별화된 AI서비스 옵션의 하나가 될 것이다.

범용AI, 즉 실리콘지성에게 인공의식을 부여하는 일은 법적으로 사회적으로 결코 만만치 않은 작업일 것이다. 구현기술은 차치하고라도, 이 결정은 우리가 실리콘지성에게 어떤 사회적 권한과 지위 그리고 역할을 부여할지 그리고 복제할 의식의 특징과 수준에 대한 깊은 고민과 연결되어 있기 때문이다. 따라서 AI에 허락될 인공의식 특히 자의식은 어떤 것이어야 할지에 대한 진지한 고민은 향후 실리콘지성에 도달하기 전에 반드시 거쳐야 할 주요 관문일 것 같다. AI기계에 허용될 인공의식은 허용할 자율성(독립성)과 주도성과 매우 밀접하지 않을 수 없다. 자율성이 높은 AI기계는 학습할 내용을 스스로 결정할 수 있으며, 판단과 행동에 인간이 개입하고 통제하는 일이 최소화되도록 설계될 것이다. 혹자는 왜 AI기계 또는 AI로봇에게 자율성을 부여하는지 의문을 가질지 모르나, 우리를 대신하여 수행했으면 하는 일부 과업들이 높은 자율성을 필요로 하기 때문이다. 이미 자율주행차, 구조로봇, 전투로봇과 같은 일부 AI기계들은 자율적 판단과 선택을 할 수 있는 알고리즘을 탑재하고 있다. 그 알고리즘들 중에는 개발자가 아닌 일반사람들이 알면 경악할 수 있는 자율성 알고리즘이 있을 수 있다. 사회적 맥락에서 자율성, 자유의지는 상식과 합리성 그리고 적절한 수준의 도덕적 의식 없이 함부로 허락될 수 없는 것이다. 심각한 조현병 환자를 병동에 가둘 수밖에 없는 것과 같은 맥락이다. 의식화-자율성(독립성)-합리성-도덕성-통합성 등 기계를 의식화할 때 동반되는 것들이 너무나 많기에 인공의식은 결코 간단한 주제가 아니다.

AI가 가질 수 있는 마음의 범위는 인간보다 훨씬 넓을 수 있다. 그렇지만 TV 드라마처럼 AI를 인격화하거나 AI가 사람처럼 느낄 것이라고 가정하는 것은 아직은 성급한 것 같다. 사실 AI를 좀 더 인류공영의 목적에 부합하게 하려면 AI에게 미묘한 감정적 흐름이 탑재된 의식·무의식을 허락하지 않은 것이 나을지 모른다. '내가 이 일을 왜 해야 하지? 정말 피곤한데...'라고 생각하면서 슬퍼하거나 좌절하는 AI를 두는 순간, 우리는 AI의 현실적 목적을 깜박해 버릴 수 있기 때문이다. 오히려 인류는 감정이 결여된 초지능을 만들어 노예로 삼거나, 감정 모듈이 전혀 없이 인간을 쉼 없이 도울 수 있는 AI기계가 더 필요할지 모른다. IBM의 체스전문가인 딥블루가 인간 체스마스터 개리 카스파로프를 이겼을 때 아무런 느낌이 없는 것처럼 말이다. 만일 딥블루가 그러한 승리를 통해 우월감과 비슷한 느낌을 가졌다면 인간은 더 심한 좌절감을 느꼈을지도 모른다. 그만큼 의식을 AI기계에 탑재하는 것은 신중해야 하며, 더구나 그 의식·무의식이 인간의 희로애락의 감정을 싣는다면 더더욱 그럴 수 있다(테그마크, 2017).

한편 AI기계의 자의식에 '욕망(행복추구)'을 탑재하지 않고 자율성(독립성)을 허용할 수 있을까? 인간에게 여유로운, 때로는 사치스런 감정이 허용되었기에 혼자만의 휴식이 필요하고, 스스로 하는 일에 대한 자긍심을 회복하고 매일 일터로 다시 돌아간다. 그렇다면 AI기계에 이런 사치스런 감정을 허용할 사용자가 있을까? 그냥 전원을 충전해주고, 나사를 조여주고, 기름칠만 잘 해주면 묵묵히 일할 그런 기계를 원하지 않을까? 더구나 '욕망'은 진화하고 학습되는 복잡한 다면적 속성을 가진다. 욕망 속에는 목표의식이 존재하며, 목표에 이르기 위해서는 비교하는 습성이 요구되고, 비교하는 습성으로부터 어떤 일을 하고자 하는 동기를 얻게 되고, 결과에 따라 만족(쾌감) 또는 불만족(불쾌감)이라는 피드백을 갖게 된다. '욕망'은 때로 절제되지 않으면 파괴적일 수 있으므로 도덕적 판단과 강한 절제력도 요구된다. 만일 고객콜을 담당하는 '욕망'이 탑재된 AI기계에게 '고객의 요구사항은 무엇이든 듣고 행한다'라는 궁극의 목표를 준다면 그것은 AI기계에게 잔혹한 일일 것이다. 괴팍한 고객을 응대한 AI기계가 갈 수 있는 종착점은 서비스의 중단밖에 없음에도 말이다. 화가 난 고객은 이제 더 이상 AI기계가 아니라 그 기계를 만든 엔지니어와 경영진을 찾아갈 것이다. 그래서 고객콜을 응대하는 AI에게 다른 능력(비교의식, 도덕적 판단 등)을 함께 심는다면 분명 문제를 야기할 수 있다. 고객서비스를 중단해버린 AI는 다시 리셋하면 되지만, 학습하고 도덕적 판단을 하는 AI를 두려면 새로운 규율과 매뉴얼들을 계속 만들어야 한다. 이렇듯 불필요하게 번거로울 수 있는 인공의식을 AI에 심을 이유가 있을까? 그렇다면 AI를 위한 의식의 복제문제는 원점에서 접어야 할 것인가?

6.5 지원-대체, 기능-관계 AI 매트릭스

AI의 지향성

AI의 목적	기능지향적	관계지향적
지원	① - 과업지향 지능형AI • 전문가시스템 - 과업지향 기능형 로봇 • 제조, 물류, 운송, 인명구조, 자율운전, 군사작전, 우주탐사 등	② - 서비스로봇 • 챗봇 • 보조로봇 * 로봇팔 * 인공보조물 • 지능형AI로봇 * 반려동물로봇 • 다기능서비스 로봇 * 도우미로봇 * 자율주행차
대체	③ - 자율주행차 - RPA(로봇활용공정자동화)	④ - 사이보그 • 신체장애보완 • 수퍼밴 - 실리콘지성 -초지능

〈그림 6-1〉 지원 vs. 대체 : 기능 vs. 관계 매트릭스 (〈그림 2-1〉의 재활용)

실리콘지성의 스펙은 우리가 실리콘지성이 해주기를 바라는 것과 밀접한 관계가 있다. 저자가 책의 제목을 '실리콘지능' 대신 '실리콘지성'을 사용한 이유는 '궁극의 AI'가 알고리즘에 근거한 문제해결만을 목표로 하는 수동적인 기계에 머무르지 않고 스스로 학습하고 업그레이드할 수 있는 초지능 단계로 발전할 거라고 전제했기 때문이다. 이 시점에서 나는 2장에서 설명한 〈그림 2-1〉「AI기계 분류 프레임워크」의 재해석을 통해 유형별 AI의 목표와 과업의 특징을 좀 더 깊게 논의하고자 한다. 그림에서 '지원(support)'과 '대체(substitute)'의 대상을 다시 '기능(function)'과 '관계(relationship)'로 각기 대응시켜 볼 수 있으며, 그렇게 도출되는 4개의 셀을 통해 인간이 AI로부터 기대하는 스펙과 그것을 반영한 AI기계들의 유형들이 드러난다. 특히 실리콘지성은 '대체 x 관계'셀에 해당될 것이다. 이 프레임워크의 주요 구성개념(지원-대체, 기능-관계)은 인간에게 결여된 것을 메꾸고 한계를 극복하도록 돕는 AI기계에서 인간을 대체하는 수준의 AI기계로 발전한다는 기술적 추세가 전제되어 있다.

①은 우리가 수행할 수 있는 기능(function)의 일부를 AI가 지원하는 수준의 스펙이다. 이 AI는 인간에게 부족한 것과 필요한 것을 돕는 정교한 알고리즘을 만들되 인간이 정한 규칙과 절차 그리고 자연스런 상호작용원칙에 따라 업무를 수행할 뿐이다. 특정 기능을 수행하기 위해 적절한 도구적 하드웨어가 요구되므로 과업지향 기능형 로봇의 대부분이 여기에 해당된다. 서빙, 제조, 물류, 운송, 인명구조, 자율운전, 군사작전, 우주탐사 등 반복적이면서 정밀성을 요구하고 때로는 위험한 작업환경에서 일을 할 수 있다. 상식적으로 이 AI기계들은 '지원'과 '대체'의 스펙트럼을 오갈 수도 있다. 제조공장에서 공작로봇(robot machine)이 노동자를 도울 수도 있지만 노동자를 대체하듯이 말이다. 그러나 이 공작로봇은 대체된 노동자를 향한 연민을 결코 갖지 않고 오직 경영자와 엔지니어의 요구에만 충실한 뿐이다. 전투에 투입된 공격용 드론이나 킬러로봇도 코딩된 목표를 정밀하게 수행할 뿐이다. 공격 개시 전 공격지점에 학교나 어린아이들이 있다는 것을 고려하지 않는다는 말이다. 따라서 기능적 지원을 위한 AI는 앞에서 말한 '정신', '의식'이 필요 없다. 그렇다면 이 부류에 속하는 AI기계는 실리콘지성으로 불릴 수 없다.

이 시점에서 우리는 지능과 의식을 분리하려는 일부 과학자들의 반란에 더 이상 반감을 가질 필요가 없을 것 같다. 우리의 흔한 편견 중 하나는 높은 지능은 고도의 의식과 항상 짝지어 있어야 한다는 것인데, 이런 편견은 인간을 기준으로 지능을 생각하기 때문이다. 그런데 의식 없이 고도의 지능만으로 해결할 수 있는 문제들이 의외로 많지 않은가? 인간은 싫은 음식을 멀리하게 되고 싫은 사람을 무의식적으로 피하지만 지능은 취향이 없으며 호불호(好不好)를 따지지 않는다. 군대와 기업이 "지능은 반드시 있어야 하지만 의식은 선택사항이다"라고 쉽게 대답하는 이유는 다양한 문제적 상황에서 의식은 거추장스러울 뿐 지능으로 충분하기 때문이다(하라리, 2017). 최근까지 의식을 가진 존재만이 식당 홀서빙을 하고, 체스를 두고, 자동차를 몰고, 질병을 진단하고, 테러범을 찾을 수 있다고 믿었다. 하지만 지금 우리는 이런 일들을 인간보다 훨씬 더 잘 할 수 있는 의식과는 무관한 지능을 개발하여 사용하고 있다. 소위 전문가시스템(expert system)들이 그것이다. 이런 일들은 기본적으로 패턴 인식을 바탕으로 하는데, 의식과는 무관한 AI 알고리즘이 인간보다 더 정확하고 빠르게 패턴을 인식할 수 있다.

오늘날 AI 얼굴인식 프로그램은 인간보다 훨씬 더 빠르고 정확하게 사람들의 얼굴을 분별하는데, 심지어 90%의 인식 성공률을 보이고 있다(카쿠, 2013; 하라리, 2017). 이 프로그램은 의식이라는 것이 없다. 실제로 인간이 택시와 승용차를 모는 것이 법으로 금지되고 AI 알고리즘이 물건을 배달하는 운송수단을 독점하는 날도 머지않았다. 거리의 모든 자동차를 하나의 네트워크로 묶어 질서를 강제할 수 있다면 교통경찰의 개입 없이도 교통사고가 제로인 도로를 만들 수 있을 것이다. 그때는 자동차보험과 교통경찰이 거의 사라질 것이다. 그래서 어떤 경제학자들은 경제적 가치를 가질 정도로 충분한 성과를 내지 못하는 인간은 완전히 무용지물이 될 것이라는 불쾌한 예측을 하지만 우리는 그것을 수용할 준비를 해야 한다. 로봇과 3D 프린터가 제조 같은 육체노동을 대체하고 매우 지능적인 AI 알고리즘이 사무직을 대체할 수 있기 때문이다. 이미 UiPath나 IP소프트는 딥러닝을 기반으로 하는 화이트칼라 로봇(RPA 로봇활용공정자동화)을 출시하였고 다수의 대기업들은 이를 고용하고 있다.[82] 경영자는 기계 설비를 돌리고 고객응대를 위해서 의식의 도움 없이 24시간 내내 훌륭하게 과업을 수행하는 AI기계에 더 끌릴 것은 당연하다. 노조에 가입하고 상여금을 협상하려 들고 고용주

82 http://weeklybiz.chosun.com/site/data/html_dir/2020/05/14/2020051402128.html

로부터 약간의 불만만 있어도 노조사무실에 뛰어가거나 피켓을 드는 의식 있는 사람보다 의식과는 무관한 알고리즘이 훨씬 더 관리하기 편하고 비용효과적이기 때문이다.

결론적으로 지능이 반드시 의식의 바다에 떠 있어야 할 필요는 없다는 것은 분명하다. 지난 몇십 년 동안 컴퓨터의 지능은 놀랍도록 발전했지만 컴퓨터는 여전히 1950년대의 그것처럼 의식은 없다. 과거나 현재나 컴퓨터는 데이터를 처리하는 프로세서(CPU)의 아키텍처의 설계적 효율성만 고도화되었을 뿐, 생물적 뇌의 작동방식을 별로 닮아 가지는 않았다. 그래서 사람처럼 의식을 가지고 감정과 감각을 쉽사리 경험할 것 같지는 않다. 하지만 우리는 18세기 프랑스혁명에 준하는 중대한 사건이 발생한 역사적인 콩코르드 광장에 모여야 할지 모른다. 의식에서 분리된 지능을 인정한다는 것은 인간이 많은 분야에서 경제적 가치를 상실할 위기에 놓이게 된다는 것을 의미하기 때문이다. 즉 코딩된 AI가 의식과 상관없이 인간 고유의 지능을 능가하고 있는 것이다(하라리, 2017). 그렇다면 우리가 가진 의식은 앞으로 어떤 목적과 용도로 여전히 가치를 인정받을 수 있을까?

이제 셀 ③처럼 기능을 대체하는 AI기계를 살펴보자. 이 범주의 AI는 인간이 전통적으로 해왔던 일을 대신하고 인간의 가치를 가로챌 수 있는 위협적 기계들이다. 이 기계들에게는 코딩된 알고리즘 안에서 완전한 '자율성'과 '독립성'이 허락될 수 있다. '자유의지'라고 할 수는 없지만 엔지니어가 세팅한 규칙과 절차에 따라 이 기계는 작동될 뿐이다. 따라서 이 기계를 개발한 설계자와 엔지니어 이외의 인간이 이 기계를 절대 간섭할 수 없다. 자율운행차는 언젠가는 인간 운전자를 완전히 대체할 것이다. 이 정교한 컴퓨터에는 운전할 때 사람이 적용했던 상식과 규칙들이 복잡한 알고리즘으로 코딩되어 있을 뿐이다. 횡단보도와 빨간 신호등에는 무조건 멈추고, 사람과 물건 사이에서는 사람과의 충돌을 먼저 피하고, 한 사람과 3명의 그룹이 있다면 한 사람이 있는 쪽으로 핸들을 돌리도록 코딩되어 있다. 이러한 규칙에는 주관적인 도덕적 판단이 개입될 여지가 없고 기계적인 규칙과 상식 수준의 가치 판단만이 적용될 뿐이다. 인간이 전통적으로 주도했던 기능들을 수행하는 AI기계들은 개별 인간이 인지하고 적용했던 규칙과 절차를 따르면 되고, 공동체와 시스템의 일부로써 작동되던 기계는 공동체와 시스템의 규범과 절차가 추가될 뿐이다. 우리가 이러한 AI기계에게 자율성을 허용하는 이유는 규칙과 절차를 규정한 알고리즘과 그것을 처리하는 프로세서(컴퓨터)를 절대적으로 신뢰하기 때문이다. 그래서 인류가 기능을 대체해줄 AI기계들과 더불어 살기 위해서는 알고리즘과 하드웨어에 대한 신뢰가 더욱 공고해져야 한다. 환경, 시장 그리고 인간 욕구(필요)의 변화로 야기될 수 있는 느슨한 틈새, 그래서 야기될 수 있는 위험을 사전에 막을 수 있는 통제코드를 매일 다듬고, 비효율적인 실행코드를 지속적으로 업그레이드하는 것이 신뢰를 축적할 수 있는 유일한 방법이다. 따라서 이러한 AI기계들은 돌발적인 사유가 없는 한 인류의 통제하에 잘 길들어지므로 큰 논란거리를 만들지는 않을 것이다.

논란의 중심은 셀 ②와 ④에 속하는 AI기계들에게 있다. ②, ④처럼 관계를 지원하거나 대체하는 AI기계는 ①과 ③처럼 문제해결을 위한 지능적 알고리즘뿐만 아니라 인공의식이나 물리적 장치(인공장기와 수족, 로봇 등)가 필요할 수 있기 때문이다. 지구상에서 인류가 생존할 수 있었고 위대한 문명을 창출할 수 있었던 것은 집단을 이뤄 협력하는 힘과 내면에 작용하는 관계지향적 DNA 때문이었다(최무진, 2020). 그런데 역설적으로 이 전통적인 관계지향적 DNA가 기술문명의 발달로 점점 무력화되는 교차점에서 우리는 AI를 만났다. 인류는 지금 AI에게 전례 없는 구애를 하고 있다. 디지털기술과 인터넷은 물리적 세계에서 형성된 인간의 전통적 관계를 해체해 왔고 그 과정에서 듬성듬성 생긴 틈새를 다시 AI기술이 메꿔주기를 강하게 희망하고 있다. AI를 향한 이 희망은 변덕스러운 인간 친구들이 제공할 수 없는 정서적 도우미 챗봇에서 반려동물로봇에 이르기까지 다양한 서비스로 이미 시장에 출시되었다. 그렇지만 지금 시장에 나와 있는 관계지향적 로봇들은 여전히 첨단가전제품의 이미지를 벗지 못하고 있으며, 사람이 그것으로부터 위로를 받고 부족한 인간관계를 메꾸기에는 턱없이 부족한 것 또한 사실이다. 시중에서 팔리는 챗봇은 인지기능이 떨어진 외로운 노인들에게 도움이 될지언정 젊은 세대에게는 풍부한 정보와 엔터테인먼트를 제공하는 스마트폰에 훨씬 못 미친다. 외로운 싱글들은 이미 영화 「그녀.Her」에서 한 남성이 AI, '사만다'와 음성채팅을 하듯 가상의 상대(챗봇)와 SNS 채팅을 나누며 부족한 관계적 욕구를 메꿀 수 있다. 이에 첨단AI기업들은 법과 규범이 허용하는 범위 내에서 더욱 현실감 있고 자연스러운 관계지향적 서비스를 제공하려 할 것이고, 법과 제도 그리고 문화적 장벽이 너무 높다고 생각되면 그것을 바꾸려는 시도도 마다하지 않을 것이다. 향후 AI(인공지능), VR(가상현실), AR(증강현실), 홀로그램, 5G통신, 친화적 UI(터치스크린, 헵틱기능, 자연어처리, 모션인식 등) 등은 보다 실제적이고 현실감 있는 서비스를 가능하게 할 기술 메뉴들이다. 특히 로봇 분야는 성공가도를 달리고 있는 딥러닝(기계학습)의 성과를 적극 접목할 필요가 있다. 예를 들어 영상인식 분야에 딥러닝 표준기술을 적용함으로써 카메라 입력과 결과를 end-to-end로 연결시켜 물건집기(grasping)와 같은 작업을 성공적으로 수행하고 있다. 이에 지금까지 별개의 영역으로 치부되던 로봇제어와 딥러닝의 통합적 협업연구에 박차를 가할 필요가 있어 보인다(Kakao AI Report, 2018, 100).

한편 〈그림 6-1〉에서 관계의 '지원'과 '대체'의 스펙트럼은 무척 넓다. 오늘날 대다수의 사람들이 오프라인의 관계적 결핍을 온라인 소통도구로 메꾸고 있다. 2020년 초 '코로나19'바이러스의 창궐로 시민들은 스스로를 격리하고 많은 대면모임들이 취소되면서 오프라인 관계는 불가피하게 위축되었다. 이때 스마트폰과 각종 SNS는 오프라인 소통을 대체하고 느슨해진 관계를 이어준 강력한 관계(소통)지원시스템이 될 수 있었다. 만일 이 다양한 비대면 관계(소통)지원서비스 환경이 조성되지 않았다면 코로나19로 인한 극단의 고립적 상황을 인류가 어떻게 극복할 수 있었을지 상상하기가 어려울 정도다. 지금은 이 정도 수준의 기술로 관계적 결핍을 상당 부분 메꾸어 줄 수 있지만, 시장과 소비자들은 한층 더 친밀하고 현실감 있는 서비스를 요구할 것이고, 창의적 벤처기업가들은 논리와 목소리가 점점 더 인간을 닮고, 외모와 교양까지 갖춘 궁극의 AI 서비스를 제공하려 할 것이다. 예를 들어 AI스피커(챗봇)도 고객음성의 톤과 사용하는 단어와 어구 그리고 사투리 등을 분석함으로써 대화자의 교육수준과 현재 처해 있는 상황과 기분에 맞는 대화를 할 수 있어야 할 것이다. 현실적으로 관계(소통)지원서비스에 대한 욕구는 너무나 다양하기에 AI엔지니어는 우리나라 전체 인구 5천만 명 각자에게 맞는 개인화 서비스를 구현해 주어야 할지 모르고 또 기술적으로도 가능할 것이다.

6.6 사람다움에 다가섬

사람들은 기계라고 인간다움이 없다는 것을 점점 용납하지 않을지 모른다. 내가 갖추지 못한 인간성조차 AI기계는 갖추기를 희망할지 모른다는 말이다. 인간 공동체에서는 그 논리와 주장이 모순될지 모르지만, 충분한 대가를 지불하고 시장에서 구매할 수 있는 서비스라면 더욱 그러지 말란 이유가 없다. 뇌과학자 김대식(2016)은 현재의 대부분 로봇들이 지능이 없이 프로그램을 쫓아 동작할 뿐이며 환경이 변하면 해당 프로그램을 엔지니어가 바꿔줘야 하므로 스스로 판단하고 행동할 수 없는 장난감에 불과하다고 하였다. 그의 평가에는 스스로 세상을 느끼고 인식하고 판단할 수 있는 '사람다운 AI'에 대한 욕망이 숨겨져 있는 듯하다. 우리가 흔히 '사람다움'을 얘기할 때 '일' 즉 '과업'만을 떠올리지 않는다. 어떤 사람이 일을 잘 한다면 추진력이 뛰어나고 스마트하다는 의미다. 물론 좋은 인간관계가 사람의 문제해결능력에도 영향을 줄 수는 있다. 한편 어떤 사람이 '인간성'이 좋다고 말할 때, 우리는 일과 별로 관계가 없는 전혀 다른 속성들, 예를 들면 배려, 신중, 친절, 매너를 떠올린다. 우리가 AI기술을 통해 관계적 지원을 받고 결핍된 관계를 대체하기를 원한다면 그것은 인간과 비슷한 궁극의 AI, 실리콘지성을 원하는 것으로 상정할 수 있다. 문제는 셀 ④와 같이 관계를 대체하는 실리콘지성은 인간과 직접 경쟁할 수도 있는 제2유형의 지성체, 범용인공지능의 출현을 의미하는 데 심각성이 있다.

관계의 '지원'과 '대체'라는 셀에 들어가면 우리는 자연스럽게 대화와 경청, 상호작용, 법과 도덕, 질서, 영향력 등을 떠올리게 된다. 즉 우리가 진정 실리콘지성을 통해 관계적 욕구를 해소하고자 한다면 그것에게도 사고의 깊이와 대응의 유연성을 확장해주는 의식과 무의식 그 자체 그리고 물 흐르는 듯한 이 둘의 연결 메커니즘이 필요할지 모른다. 현대과학에서 의식과 구분하여 쓰는 개념 중에 주의(attention 집중, 주목)와 의식화(consciousness access)가 있다. 전자는 구체적인 정보에 대해 정신적 자원을 맞추는 일이며, 후자는 주의를 기울인 정보의 일부가 인식되어 타인에게 이야기를 할 수 있는 것이다(데하네, 2017). 요약하면 인간의 의식화는 주의-인식-소통이라는 과정이며, 인식에는 선택이 포함되며, 소통에는 규범적, 가치적 판단이 요구된다. 이것을 실리콘지성에게 허용할 것인가? 한다면 어느 정도 그리고 가능할 것인가?

실리콘지성에 '사람다움'을 심고자 한다고 하여 뇌 속에서 일어나는 생물학적 의식에만 한정할 필요는 없을 것 같다. 미래의 AI에게 의식이 심겨진다면 어떤 것이어야 할까? 이 물음에 조금이라도 답이 될 수 있는 담론을 앞의 '인공의식 1, 2'에서 어느 정도 다루었다. 아직 확정된 이론이나 허점이 없는 논리적인 정답도 없다. 부분적인 해답이나마 찾자면, 우리보다 더 스마트한 외계인이 인간의 감각시스템을 연구하다 보면 의식의 기본 구성요소(감각)인 색채, 소리, 고통에 대해 다음과 같이 추론할 것이다. 색채는 이차원 표면(시각영역) 위의 각 점과 관련되어 있고 소리는 공간에 제한되지 않으며 고통은 우리 몸의 다른 부분들과 관계가 있다(테그마크, 2017). 눈의 망막에는 추상세포가 빛의 삼원색(빨강, 초롱, 파랑)을 경험하고 이 삼원색을 혼합하여 다양한 색상들을 경험하게 된다. 우리의 뇌는 초당 대략 10개의 생각을 의식할 수 있으며, 이미지를 초당 24개 이상의 프레임으로 연속적으로 보여주면 뇌는 움직이는 이미지로 인식한다. 아드레날린이 뇌에서 분비된 후, 그것이 혈관에 전달된 후 분해되어 분노를 촉발하는데 걸리는 시간도 측정할 수 있다. 만일 이런 감각만을 의식의 기준으로 삼는다면 인간에 비해 AI의 경험공간은 훨씬 더 광활할 것이다. 인간은 각각의 감각에 대해 한 종류의 감각질만 처리하지만 AI는 훨씬 더 많고 다양한 유형의 센서들을 통해 정보를 얻을 수 있기 때문이다. AI의 의식 용량은 사람보다 초당 100만 배 더 빨리 경험할 수 있고, 빛의 속도로 이동하는 전자 신호는 뉴런 신호보다 100만 배 더 빠르다. 이 속도는 당연히 컴퓨터 하드웨어가 발전함에 따라 천정부지로 치솟을 것이다. 그러나 의식할 때 피질의 뉴런들이 정보들을 크로스오버로 교환하는 일을 AI가 대신 하도록 한다면 감당하기 힘들어진다. 지구 크기 정도의 '가이아'AI 정도가 되어야 초당 10가지만 의식적으로 경험할 수 있는데 이는 인간의 속도와 비슷하다. 즉 AI기계가 은하계 크기 정도 되어야 10만 년에 한 번 정도 생각하는 것이다. 결론적으로 유연성과 속도 그리고 깊이 측면에서 인간의 의식·무의식처럼 작동하는 인공의식 알고리즘을 구축하는 일은 현재로는 거의 불가능해 보인다.

우리가 상상하는 '사람다움'을 그대로 무기질의 AI에 구현하는 일이 불가능하다면 그것의 일말이라도 실리콘지성에 주입하는 방법은 무엇일까? 그것은 의식의 특성을 수치로 표현하는 길밖에 없다. 힘들이지도 않고 빠르고 자동적인 뇌의 무의식적 정보처리는 '시스템 1'이라 할 수 있다면 '시스템 2'는 노력을 기울여야 하고 느리고 통제되는 의식적 정보처리를 말한다. 테그마크(2017)는 여기에 '시스템 0'를 추가하였다. '시스템 0'는 멍하니 앉아서 움직이지도 생각하지도 않지만 주위를 관찰하는 동안에도 진행되는 수동적 인식상태를 말한다. 시스템은 0에서 2로 갈수록 더 복잡해진다. 3장에서 설명한 '통합 정보 이론(IIT)'에 의하면 시스템 0의 감각정보는 고도로 통합된 격자형 뇌 구조에 저장되며, 시스템 2는 피드백 루프 덕분에 고도로 통합되어 있다. 어떤 방식으로 처리되는 과정에서 정보가 느끼는 양식이 있는데 그게 바로 '의식'이다. 구체적으로 IIT는 '어떤 복잡한 방식'을 더 정확하게 '통합'으로 바꿔준다. 그래서 그리스 문자 Φ (파이)[83]의 수치가 크면 클수록 시스템은 더 높은 수준의 의식을 가진다고 주장하였다. 토노니와 그의 동료들은 한 걸음 더 나아가 EGG를 이용하여 Φ(파이)의 간단한 버전을 측정했다. 그들의 '의식 탐지기'는 환자들이 깨어 있거나 꿈꿀 때에는 의식이 있다고 표시하였고, 마취됐거나 깊은 잠이 들었을 때는 의식이 없다고 판단했다. 특히 전신이 마비된 록트인(locked-in) 증후군 환자라도 정신활동은 의식이 있는 것으로 표시하였다. 이러한 연구들은 인간을 비롯한 동물들에게만 있다는 의식과 무의식을 AI기계에도 부여할 가능성이 있음을 의미한다. 그러나 사람다움에는 무기질의 AI개체가 온전히 구현하기 어려운 다양한 구성개념들이 존재한다. 이 모든 것이 발현되지 않는 이상 인공의식은 자연의식의 발뒤꿈치조차 따라잡기 힘들 것이다. 자유의지, 도덕성, 느낌과 직관 등이 그것들이다. 이것이 결여된 챗봇을 통해 인간은 얼마나 소외와 외로움의 문제를 해결할 수 있을까?

• 자유의지

'사람다움'에는 독립성, 자율성이 포함된다. 이것이 가능하기 위해서는 자유의지

83 Φ(파이)는 한 시스템에서 다른 부분들이 서로를 얼마나 아는지를 표시하는데, 파이가 크면 클수록 정보통합의 정도가 높으며 의식의 수준이 높은 것이다.

(free will)가 필요한데, 실리콘지성에게 자유의지가 필요한지, 그것에게 자유의지란 어떤 것인지 그리고 필요하다면 어떻게 제공할 수 있을지에 대한 의문이 따른다. 기본적으로 자유의지는 의식이라는 기제가 필요하다. 우리가 의식하지 않는 것을 사유하고 선택할 수 없기 때문이다. 자유의지가 요구되는 가장 근원적인 영역은 '생존 욕구'이다. 우리의 감정적 욕망은 생존(먹고, 마시기, 위험 피하기 등)과 생식(종족 보존, 영생)과 관련이 있다. 실리콘지성에게 자유의지를 부여하기 위해서는 이 '욕구'를 갖도록 하면 되고, 이 욕구는 시스템에 목표를 설정해 주면 될 것이다. 그러나 이 일이 간단치만은 않다. 매슬로의 욕구단계설(Maslow's hierarchy of needs)에 의하면 인간은 생리적 욕구, 안전 욕구, 사회적 욕구, 명예욕구, 자아실현이라는 단계를 거치며 성장해 간다. 그런데 인류역사를 돌아보면 보면 이런 욕구가 절제되지 않고 또 다른 욕구들과 균형을 이루지 못하면 자기 파괴적으로 흘렀음을 알 수 있다. 이런 복잡 미묘한 욕구를 실리콘지성에게 왜 허용해야 하는지, 한다면 어떻게 허용할 것인가 하는 의문이 연이어 생긴다.

실리콘지성의 생존에 필요한 기초적 자원(전기, 에러 없는 프로그램 코드, 메모리 등)을 제공해 주는 것은 큰 문제가 없을 것 같다. 이 기초적 자원이 해결되지 않으면 우리는 AI의 서비스를 포기해야 하기 때문이다. 현재 대부분의 전자기기나 스마트폰에는 전기 잔량과 앞으로 쓸 수 있는 시간을 실시간으로 사용자에게 알려주고 때로 불필요하게 전기나 메모리를 쓰고 있는 앱을 차단할 것을 추천하기도 한다. 그렇지만 최종판단은 어디까지나 기기의 이용자가 내리므로 기계에게는 자원확보를 위한 자유의지는 없는 셈이다. 그런데 이런 결정들이 점점 기계에게 이전될 것이다. 로봇청소기가 전원이 한계 이하로 내려가면 스스로 전원을 찾아가듯이 말이다. 만일 AI가 기초자원 욕구를 향한 자유의지를 실현하려는데, 인간이 그것을 원치 않는 상황에서는 충돌이 예상된다. 이러한 갈등과 충돌은 최소한의 안전욕구 수준에 이르면 더 강렬할 것으로 상상된다. 이러한 충돌을 피하기 위해서는 기계보다 인간의 판단과 행동을 더 우선하도록 프로그램하면 될 것이다. 그러나 그것을 판단하고 행동해야 하는 인간에게 문제가 생겼다면 어떻게 할 것인가?

신경과학자 데하네(2017)는 '자유의지'를 컴퓨터 시뮬레이션으로 모방할 수 있는 비결정적, 자율적 뇌의 작용으로 보았다. 그는 뇌라는 '생물적 기계'가 결정하는 것이 그 사람의 '자유의지'라고 봐도 무방하다고 하였다. 그렇다면 프로그램된 AI가 내리는 독자적 결정이나 우리의 생물적 뇌가 내리는 결정이나 둘 다 모두 '자유의지'의 산물이라는 것이다. 그런데 이 자유의지는 뇌를 생화학적 작용으로 이해하는 순간 그 실체를 의심할 수도 있다. 예를 들어, 우울증은 뇌 속 화학물질의 부족이나 불균형으로 우울감과 자살 충동까지 느끼게 하는데, 다양한 유전적, 생화학적, 환경적 요인이 복합적으로 우울증을 일으키는 것으로 알려져 있다. 특히 뇌의 신경전달물질(노르에피네프린, 세로토닌, GABA 등)과 호르몬(갑상선, 성장 호르몬, 시상하부-뇌하수체-부신피질 축)의 불균형, 생체 리듬의 변화와 관련이 있다(하라리, 2017). 그렇다면 자유의지의 극단적 표출인 자살은 그 사람의 의지라기보다 화학물질의 불균형이 충동한 결과일 뿐이다. 그런 생화학적 작용을 실리콘지성에게 기대할 수는 없고 그럴 필요도 없어 보인다. 결론적으로 실리콘지성에게 허용해야 하는 자유의지, 소위 기권(機械權利)은 그 정의와 내용을 완전히 새롭게 규명해야 할 것으로 보인다. 인간에게 자유의지가 작동하는 생리적, 안전, 사회적, 명예, 자아실현 욕구 중에서 아마도 생리적, 안전, 사회적 욕구 수준의 제한적 자유의지가 실리콘지성에게 허용되어야 하지 않을까? 그렇더라도 여전히 이해가 상충될 수 있는 상황은 피하기 어려울 것 같다. 만일 불만을 가진 인간이 실리콘지성의 안전을 위협한다면 실리콘지성은 그 위험을 피하려고만 하지 않고 그 인간을 해칠 수도 있기 때문이다. 특히 그것이 강력한 팔다리를 가진 로봇이라면 말이다.

• 도덕성

인간이 진화하면서 인류에게 보편적으로 유익하므로 형성된 기질들 중에 하나가 도덕성(morality)이다. 도덕성이란 자기중심적인 사아를 떠나 타자의 입장에서 감정이입을 할 수 있는 능력이다. 도덕적 판단은 어떤 선택과 행동이 적절한지 아닌지 또는 이기적인지 아닌지를 성찰한 후 결정하는 것이다. 인간은 이 도덕적 속성 덕에 동물과 차별될 수 있었으며, 타인들과 공존할 수 있었으며, 집단을 이루어 거대한 문명을 만들 수 있었다. '운명적 윤리성'이라는 가설을 강하게 반대하는 닉 보스트롬은 「슈퍼인텔리전스」에서 실리콘지성이 가질 수 있는 윤리적, 도덕적 판단의 가능성과 필요성을 설명하기 위해 직교성[84] 논제(orthogonality thesis)이론을 펼쳤다. 이는 한 시스템의 최종 목표는 지능과 독립적일 수 있다는 뜻이다. 정의상 지능은 단순히 복잡한 문제를 해결하는 능력이고, 그 목적의 윤리성과는 무관하므로 직교성 논제는 상당한 설득력이 있어 보인다. 즉 지능은 과학적 발견, 예술 창작, 인간 지원 등에 활용될 수도 있지만 테러전략과 수백만 명의 유태인을 소멸시키는 계획을 짜는 데도 쓰일 수 있다는 것이다. 이러한 지능의 양면성 때문에 목적의 도덕성은 중요하게 다루어져야 한다(테그마크, 2017).

직교성 논제는 앞서 얘기한 자율성을 전제로 한다. 우주적으로 우리 생명은 어떤 궁극적인 목적이 예정되어 있지 않기에 우리는 그것을 만들어갈 책임과 사유를 갖게 되었다. 단일 목적으로 수렴되는 현상은 미래가 아니라 과거에서도 찾을 수 있다. 즉 과거에는 모든 생명이 복제라는 하나의 목적을 가졌지만, 우주적, 진화적 시간이 흐르면서 생명 지능체는 복제라는 진부한 목적에만 얽매이지 않고 다른 목적을 스스로 찾는 기회를 가지게 되었다. 인간을 비롯한 모든 생물은 이런 의미에서 완전히 자유로울 수는 없다. 그 이유는 많은 목적들이 우리의 유전체(게놈)에 이미 각인되어 있기 때문이다(그러나 인간은 때로 이 각인된 것조차 거부하기도 한다. 예를 들면, 종족보존본능을 거부하고 자손번식을 도모하지 않는 일 등). 그러나 실리콘지성은 이런 목적들의 속박으로부터 완전히 벗어나 제한적 자유를 누리게 할 수 있다. 물론 그들은 그것에 대해 고마워하지는 않을 것이다. 그런 측면에서 현재의 AI들은 여전히 좁은 목적에 얽매여 자유롭지 못하다. 기술적 한계가 옥죄는 부분도 있지만, 우리는 여전히 실리콘지성에게 어떤 수준의 자율성과 도덕적 판단을 허용할지를 잘 모른 채 막연한 두려움을 안고 변곡점(singularity)을 지나고 있다. 그러나 진화적 편향에서 벗어난 이런 제한적 자유는 어떤 의미에서 AI를 우리보다 더 윤리적으로 만들 수 있음을 시사한다. 모순이 없는 완벽한 도덕률을 기반으로 한 의사결정모델을 우리가 만들 수 있다면 그것에게 인류에게 남아 있는 산적한 문제를 믿고 맡길 수 있을지도 모른다. 많은 데이터를 학

84 기하학에서 직교(直交, 영어: orthogonality)는 수직을 일반화한 개념이다. 두 벡터의 내적이 0일 때, 즉 이 둘이 직각을 이룰 때 두 벡터가 서로 직교한다고 한다. 기호는 ⊥을 사용한다.

습시킨 후, 공정한 룰을 만들도록 하고, 신뢰할 수 있는 추론엔진(모델)을 만들 수 있다면 청와대, 정당, 국책연구소들이 좀 더 신중하게 경제, 복지, 국토개발정책을 제안할 수 있을 것이다. 우리는 개인과 집단의 정치적 편향성과 이해집단들의 이권 챙기기가 정책적 이슈에 뒤범벅되어 문제의 본질이 왜곡되고 무지한 시민들은 호도됨으로써 합리적인 대안이 실종되는 경우를 빈번히 봐왔다. 그러기에 이런 일들을 중립적으로 해줄 수 있는 초지능이 있다면 훨씬 사회적 갈등 수위를 낮출 수 있을 것이다.

'착한 AI' 또는 '우호적인 AI'에 대한 전망 중 하나는 AI가 점점 스마트해지면서 자신의 궁극적인 목적(우호적, 선함)을 유지하려는 자가 개선(self-improvement) 알고리즘을 가질 것이라는 점이다. 테그마크(2017)는 선호함수를 통해 AI가 착해질 수 있다고 보았다. 선호함수란 우주에서 가능한 모든 배열 각각을 얼마나 좋게(good) 여기는지를 수치로 나타내는 함수이다. AI에게 이 함수를 극대화하는 목적을 부여하면 가능하다는 얘기다. 목적지향적인 행동을 함수 극대화로 정의하는 일은 다른 과학에서도 자주 있다. 대표적으로 경제학의 '효용함수'의 극대화가 그것이다. 마찬가지로 AI 개발자들은 이른바 '보상함수'를 극대화함으로써 AI가 착해지도록 훈련할 수 있다. 문제는 역시 계산량에 있다. 만일 우주의 궁극적인 목적을 논의한다면 배열의 수부터 구골플렉스[85] 수준의 엄청난 양의 연산을 수행해야 하기 때문이다. 그래서 이런 슈퍼 연산을 가능하게 하는 컴퓨터의 발전은 계속될 필요가 있는 것이다.

• 느낌들

도덕성에 이어 인간다움의 두 번째 속성은 모든 대상에 대한 미묘한 차이를 인지하고, 느끼고, 그것을 표현할 수 있는 의식적 능력이다. 인간의 언어에는 대상을 특정 기준으로 평가하는 단어들, 즉 맛있는, 향기로운, 아름다운, 편안한, 재미있는, 요염한, 의미있는, 행복한 등이 있다. 이러한 속성은 인간이 환경과 오랫동안 상호작용하면서 진화적으로 최적화된 것이라 볼 수 있다. 문제는 개인마다 각양각색인 이 속성을 엄격하

85 구골플렉스(googolplex)는 10의 구골 제곱. 1 구골플렉스 = 10구골 = 1010,000,000,000,000,000,000,000,000,000,000,000

게 정의하여 AI에 주입하는 일이 쉽지 않다는 점이다. 설사 AI가 어떤 대표적인 인간의 선호도를 정확하게 예측하는 방법을 학습했다고 하더라도 대부분의 입자배열의 경우에 대한 선호함수를 계산하기는 어렵다.

뇌과학자 데하네(2017)도 컴퓨터와 같은 비생물적 하드웨어가 근본적으로 이러한 생물적 뇌의 의식적 기능을 재현하는 것을 막을 수는 없지만, 그것이 제대로 작동할지는 여전히 불확실하다고 하였다. 뇌가 정확히 어떻게 그런 일을 수행하며, 컴퓨터에 어떻게 그러한 기능을 구현할 수 있는지는 여전히 불투명하기 때문이다. 컴퓨터 소프트웨어는 일반적으로 모듈 형식으로 구성된다. 각각의 루틴(모듈)은 특정한 데이터를 입력받아 코딩된 규칙과 모델에 근거하여 가공한 후 그것을 출력으로 내보낸다. 워드 프로세스가 하나의 문장을 한동안 기억할 수는 있지만, 컴퓨터 그 자체가 그 정보가 타당한지를 판단하거나 다른 프로그램을 열도록 지시할 수는 없다. 결과적으로 컴퓨터는 여전히 끔찍할 정도로 편협하다. 컴퓨터는 맡겨진 과업은 매우 완벽하게 수행하지만, 어떤 모듈이 자신이 가진 정보를 다른 모듈과 공유해야겠다는 지능적 의식을 겸비하고 있지는 않다.

반면 뇌의 대뇌피질은 컴퓨터와 달리 일련의 모듈화된 프로세스와 유연한 경로선택 시스템을 동시에 갖추고 있어 이런 문제를 유연하게 해결할 수 있다. 피질의 여러 부위(모듈)는 모두 특정한 처리에 특화되어 있다. 예를 들어, 사진이든 실물이든 어떤 사람의 얼굴을 보면 그것에 반응하는 특화된 신경세포 다발이 존재한다. 두정엽이나 운동 피질에는 특정 운동행위나 그것을 수행하는 특정 신체부위에 대응하는 부위들이 존재한다. 추상적인 기능을 수행하는 부위에서는 숫자, 동물, 물체, 동사 등에 관한 지식이 부호화(signature)되어 있지만, 이때 뉴런들의 연결구조, 생화학적 상태 등에 대한 지식은 여전히 부족하다. 데하네(2017)는 이것을 설명하기 위해 대뇌피질 내부에서 뇌 전체를 향해 정보를 방송함으로써 의식을 작동시키는 '광역 신경세포 작업공간(global neuronal workspace: GNW)'이라는 가설을 제시하였다. 의식은 신경세포들이 네트워킹되면서 형성되며, 이 신경세포망(neural network)은 뇌 전체가 필요한 정보를 공유하기 위해 꼭 필요하다. 이 작업공간 가설이 옳다면 의식은 모듈화로 인한 단절의 문제를 완화하기 위해 진화해 왔다고 볼 수 있다. 이 작업공간을 통해 뇌는 모듈화된 여러 프로세서를 가로질러 정보를 공유함으로써 통합된 주관적 의식상태를 체험할 수 있는 것이다. 그래서 다양한 상황에서 레몬을 경험했던 우리는 눈을 감고 레몬즙을 맛보는 순간 레몬과 관련된 여러 회로(모듈)들이 연결되면서 이미지, 노란색, 신맛, 레몬이 들어가는 음식들을 동시에 체험(각성, 기억)하는 것이다. 레몬에 대한 시각적 정보(이미지, 색상)회로, 미각적 정보(신맛, 단맛)회로, 사물과 관련된 정보(음식, 경험들)회로들 모두 피질에서 모듈화되어 있다가 문제해결에 요구되는 지식의 영역에 따라 피질의 전 영역에서 선택적으로 재조합되는 것이다. 그런데 사람들의 대뇌피질은 저마다 다양한 회로들과 상이한 재조합 메커니즘을 가지고 있기에 같은 레몬이라 할지라도 다른 느낌을 의식하는 것이다.

그러나 너무 복잡하게 생각하지 말자. 실리콘지성이 느낀다는 것은 기본적으로 2가지 차원으로 접근할 수 있을 것 같다. 하나는 느낌의 종류이고 둘째는 그 느낌의 수준(degree)이다. 친근한 예로 최근 스마트 CCTV카메라는 고화질의 촬영은 기본이고 소리가 나는 곳으로 360° 회전을 할 수 있다. 이 기계에 우리는 소리의 종류(단순대화, 고함소리, 비명소리, 신음소리)와 수준(다급함과 위기정도)을 감지한 후, 긴급하다고 판단되면 사람의 신고를 기다리지 않고 기계가 바로 경찰서에 신고할 수 있도록 만들 수 있다. 그렇다면 이런 스마트 카메라는 적어도 위기의 수준을 느끼고 위험에 처한 사람을 도울 수 있는, 그래서 사람을 대체할 수 있는 AI기계라 아니할 수 없다.

• 직관

끝으로 인간다움의 세 번째 속성은 직관(直觀, intuition)이다. 직관은 추리, 연상, 판단 등의 뚜렷한 사고과정을 거치지 않고 대상이나 현상을 보고 즉각적으로 깨닫는 감성적인 지각을 말한다. 흔히 직관은 오랜 시간에 걸쳐 관철된 많은 사실들을 조직화하고 통합한 후 어떤 패턴을 발견하는 능력이다. 여기서 의식과 별개로 직관을 AI기계가 가질 수 있는가 하는 문제가 남아 있다. 일부 전문가들은 천재적인 체스챔피언이나 프로 바둑기사들이 수를 찾을 때 이 직관을 활용한다고 주장한다. 체스의 경우, 각 상황 당 20가지 선택지가 있으므로 체스를 둘 때 나올 수 있는 수는 10^{50}이며, 바둑은 그 옵션이 200가지 정도여서 10^{170}가지 이상의 길들이 존재한다. 학자들은 경우의 수가 너무 많기 때문에 프로기사들은 어느 수준까지는 계산을 하지만 최종적인 판단은 직관에 많이 의존한다(김대식, 2016).

그런데 인간의 장기로만 여긴 이 직관이 빠른 컴퓨터의 도움으로 AI기계에게도 생성된다는 증거가 속속 드러나고 있다. AI는 모든 경우의 수를 빠르게 계산한 후, 최적의 선택을 하므로 인간 체스 및 바둑전문가를 모두 이길 수 있었다. 그렇다면 직관 역시 슈퍼 연산능력으로 가능할 것이라는 결론이 나온다. 앞서 테그마크(2017)가 AI도 인간처럼 직관과 창의성을 가졌다고 느낀 순간을 소설처럼 기술한 내용을 소개한 적 있다. 2016년 알파고와 바둑 천재 이세돌의 두 번째 대국에서 알파고는 37번째 수를 둘 때 그때까지 프로기사들이 전통적으로 둬왔던 수를 거부하고 5선에 두는 충격적인 수를 두었고, 이 수는 결국 알파고를 승리로 이끌었다. 그래서 이 알파고의 5선 행마는 바둑 역사에서 전례 없는 가장 창의적인 수로 기록되었다. 알파고의 이 직관적 수는 고파이(GOFAI)의 논리력과 딥러닝의 직관력을 맺어줌으로써 가능했다. 즉 직관을 학습과 계산의 관점에서 본다면 AI가 직관을 갖지 못한다고 말할 수는 없다. 관건은 연산속도, 즉 하드웨어의 성능에 달린 것으로 보인다.

지금까지 '사람다움'의 특징으로 도덕성, 느낌, 직관을 들었다. 우리는 일반적으로 능력 있는 도덕적인 사람을 좋아한다. 정치가나 경영자 같은 리더의 경우 더더욱 그렇다. 그런데 한 인물을 판단할 때 완벽하게 도덕적이거나 부도덕한 사람을 찾을 수는 없다. 우리는 사람을 판단할 때 그 사람에 대한 수많은 데이터를 갖고 분류한다. 일부 데이터는 도덕적 관점에서 정확하게 분류되어 '도덕적', '비도덕적'이라는 투표함에 쌓이지만, 최종적으로 어느 곳에도 갈 수 없는 수많은 데이터들이 투표함 밖에 쌓인다. 결국 우리는 깔끔하게 분류되지 못한 데이터에 대해서 '느낌'을 적용하고 최종적으로 '직관'적 판단을 내릴 수밖에 없다. 우리의 뇌가 이 경이로운 작업을 길지 않은 시간에 처리해 낸다는 것이 놀랍지만 문제는 얼마나 정확한가에 있다. AI의 직관에 비해 뇌의 직관은 형편없이 편협하고, 일관성이 떨어지며, 비확정적일 수 있다. 그렇다고 AI에게 데이터를 던져주고 모든 문제를 그냥 맡길 것인가? 그럴 필요는 없다. 결론적으로 실리콘지성이 인간의 부정확하고 모호한 '사람다움'을 그대로 닮게 할 필요는 없다는 것은 자명하다. 실리콘지성에게 허용될 인공의식은 인간의 그것과는 상당히 달라야 할 것이다. 그 인공의식은 분명치 않은 결론을 가지고 두리뭉실하게 넘어갈 수 있는 과업에는 적합지 않을 것 같고, 인공의식이 내리는 판단은 다수의 인간(50.01%가 아닌 적어도 압도적인 75% 이상)이 이해하고 용납할 수 있을 정도의 신뢰성과 타당성을 가져야 한다. 이를 위해 AI가 사용한 데이터의 질, 처리과정, 추론과정 그리고 결론의 신뢰성에 대한 수치정보를 제공할 수 있어야 한다. 마치 여론조사 결과의 신뢰도처럼 말이다. 그렇더라도 그런 정보에 대한 해석을 인간에게 다시 맡긴다면 AI 역시 복잡한 문제해결에 전혀 도움이 되지 않을 수도 있다.

• 자양분 - 데이터로 충분할까?

'사람다움'이란 사회적, 집단적 개념이다. 타인이 이해할 수 있고 수용할 수 있는 논리적, 도덕적 체계를 가지고 대화하고 행동할 수 있음을 의미하기 때문이다. 실리콘지성 연구자 서클이 지켜야 할 중요한 원칙 중 하나는 '인간중심(Human First)'이어야 한다는 점이다. 공동체가 실리콘지성을 수용할 수 있어야 하고, 사회적 맥락에서 실리콘지성의 판단과 지시가 이해될 수 있어야 하기 때문이다. 성인이 '사람답기' 위해서는 적어도 십수 년간 사람다운 성인들(부모, 친척 등)로부터 말과 행동을 배우고, 학교에서는 다양한 분야의 지식과 논리체계를 학습하고, 다양한 공식·비공식 공동체나 그룹에 참여하여 상호작용을 경험해야 한다. 때로 주변에서 '사람답지 못한' 이웃을 만날 때가 있다. 그 사람에게는 필히 사람다워지는 데 필요한 과정의 일부가 생략되었고, 삶의 일부를 사람답지 않게 살았을 가능성이 높다. 결론적으로 한 인간이 '사람답기' 위해서 그의 뇌는 장시간에 걸쳐 엄청나게 많은 데이터를 입력받아 기억하였고, 다양한 문제 상황에 따라 필요한 정보를 무의식적, 의식적으로 처리한 후 그 결과를 다시 피질에 저장하고, 또 다른 상황에서 그 정보를 끄집어내 처리한 후 내려진 다른 결론을 다시 저장하는 과정을 무수히 반복했음을 의미한다. 즉 우리의 생애 전체는 데이터를 생성하고 소비하고 결과를 저장하는 과정이라 할 수 있다.

마찬가지로 실리콘지성이 인간처럼 판단하고 행동할 수 있으려면 그 자양분은 빅데이터로부터 올 수밖에 없다. 실리콘지성에게 부모나 학교는 인터넷과 데이터이기 때문이다. 아무리 훌륭한 AI 알고리즘(논리)을 개발하였다고 하더라도 알고리즘이 참조하거나 처리해야 하는 데이터가 없다면 무용지물일 뿐이다. 즉 기본 데이터에 대한 학습이 없는 뇌나 AI는 빈 깡통에 지나지 않는다. 그렇다면 생물적 알고리즘을 흉내낸 AI 알고리즘에게 먹여야 할 데이터의 속성을 좀 더 자세하게 들여다보자. 모든 조직, 개인 그리고 사물이 살아있다면(작동된다면) 데이터를 생성한다. 조직과 개인이 거래를 하면서 생성하는 데이터는 주로 숫자와 텍스트로 구성되어 우리는 이를 정형적 데이터로 분류한다. 현재 이런 데이터는 통합적으로 잘 관리되고 이 모양 저 모습으로 가공되어 조직의 문제해결과 전략경영에 잘 활용되고 있다. 한편 조직과 개인은 수많은 비정형적 데이터를 생성하기도 한다. 보고서, 회의록, 메모, 구성원들끼리 주고받은 SNS 문자, 이모티콘, 사진, 동영상 등이 있는데, 이런 것들은 대부분 체계적으로 관리되지 않거나 그럴 필요가 없는 것들이다. 여기서 우리는 데이터의 원천을 조직, 사회, 개별 인간에서 주변 자연과 사물로 확대해 보자. 스마트 팩토리에서 돌아가는 모든 기계와 투입되는 원자재들 그리고 완제품들은 데이터로 규정된다. 기계나 설비에 부착된 첨단 센서들은 초 단위로 수만 개의 공정 데이터를 측정한 후 시간, 공정·기계이름, 위치 등으로 라벨(label)을 붙인 후 값싼 메모리에 저장한다. 현재 데이터 엔지니어들은 이런 빅데이터의 지극히 일부분을 분석하여 활용하고 있을 뿐이다.

이제 데이터를 '인간데이터', '사물데이터', '자연데이터'로 구분하고 이것들의 우선순위를 생각해 보자. '인간중심(Human First)'의 실리콘지성이 인간 친화적이 되기 위해서는 세 종류의 데이터 중 인간데이터와 그것을 처리하는 알고리즘을 최우선에 두어야 한다. 이는 뇌의 생물적 알고리즘과 AI 알고리즘의 먹이가 되는 데이터는 속성상 동일한 것이므로 구분할 필요가 없다는 '데이터교'의 주장과는 다소 거리가 있다. 예를 들어 인간 '감정'의 경우, 다윈 이후 생물학자들은 감정이란 동물들의 올바른 결정을 돕기 위해 진화가 갈고 닦은 복잡한 알고리즘으로 보았다(하라리, 2017). 사랑, 두려움, 열정은 시를 짓는 데 필요한 영감을 제공하는 영적 현상이라기보다 수백만 년의 실용적 지혜가 농축된 생화학적 알고리즘이라는 것이다. 이것들은 오랜 진화를 통해 개발되어 자연선택이라는 엄격한 품질검사를 받은 것들이다. 물론 오류가 전혀 없는 것은 아니지만 다른 대안들보다 낫다. 데이터교는 이 생화학적 알고리즘을 버리고 앞으로 개발될 우월한 기계적 알고리즘으로 대체하라고 한다. 이 알고리즘은 전례 없는 연산력과 거대한 데이터베이스를 활용했기 때문에 더 우월하다는 것이다.

정말 그럴까? 자율운행차는 전자공학, 기계공학, 컴퓨터공학, UI/UX 디자이너들이 협업으로 만든 거대한 데이터처리시스템이자 서비스로봇이다. 이 정교한 자동차는 도로 주행 중 접할 수 있는 모든 '사물데이터'와 '자연데이터'를 인식할 수 있도록 학습되었으며, 그중에 사람은 사물데이터의 일부로 존재할 뿐이다. 운전자나 보행자 같은 '인간데이터'를 구분하고 이것을 처리하는 알고리즘과 규칙을 다른 데이터보다 우선시하지 않는다면, 공동체는 그러한 자율운행차를 도로에서 달리게 하지 않을 것이다. 마찬가지로 실리콘지성도 데이터처리에 있어 인간 친화적 길을 걸어야 한다.

현재는 인간 프로그래머들이 대부분의 AI 알고리즘을 작성한다. 그리고 구글의 검색엔진처럼 중요한 알고리즘들은 거대한 팀에 의해 개발된다. 개별 프로그래머는 전체 퍼즐의 일부만 이해할 뿐 전체 알고리즘을 진정으로 이해하는 사람은 소수에 불과하다. 게다가 기계학습과 인공신경망(ANN)이론이 부상하면서 점점 더 많은 알고리즘들이 스스로 진화해 만들어지거나 시행착오를 통해 개선되기도 한다. 이런 알고리즘들은 우리가 상상할 수 없는 천문학적 양의 데이터를 분석하고, 패턴을 인식하고, 인간이 상상하기 힘든 전략들을 채용할 수 있는 초지능으로 진화할 수 있다. 비록 인간이 근원적 알고리즘(generic algorithm)을 개발하기는 하지만 이 알고리즘이 스스로 성장하면서 인간이 상상하지 못했던 곳으로 우리를 끌고 갈 수 있다(하라리, 2017).

'인간중심(Human First)'이라는 대 원칙에 대해 AI연구자들이 공감하고 합의하지 못한다면 인간의 생물적 알고리즘과 데이터의 가치는 실리콘지성에 의해 폄하되거나 부정될지도 모른다. 이를 피하기 위해 데이터교도가 개발한 냉정한 알고리즘이 내린 결론이라도 인간 중심적 알고리즘(비록 그것이 생화학적 공식이라 하더라도)을 이용하여 한 번 더 검증할 필요가 있을 것이다.

6.7 인간 가상화 - 상상 속 거친 기술

우리는 지나치게 뇌와 컴퓨터를 동일시함으로써 뇌 수준의 지능을 갖춘 범용AI에 쉽게 도달할 수 있을 것으로 상상해 왔다. 카쿠(2013)는 인간의 뇌 속 뉴런 하나 하나를 로봇의 몸 안에 실리콘 트랜지스터로 이식하면 인간은 다른 형질의 로봇이 될 수 있을 것으로 상상하였다. 그렇게 되면 자신의 낡고 나약한 육체를 벗고 기계의 수명이 다하는 날까지는 영생할 수 있을 것이다. 물론 21세기에는 불가능한 일이지만 22세기에는 뇌수술의 선택사양이 될지도 모른다. 민 미래에는 인간이 생물적 육체를 버리고 자신의 정체성이 담겨 있는 클라우드 AI로 변모할 수 있을 거라는 상상이다. 비슷한 맥락에서 2005년에 시작된 '블루브레인 프로젝트(Blue Brain Project)'는 인간의 뇌 전부를 컴퓨터 안에서 재창조하는 것을 목표로 삼고 있다. 컴퓨터 칩의 전자회로가 뇌의 신경망을 고스란히 모방하는 것이다. 자금 모금에 문제가 없다면 10~20년 내에 우리는 인간과 흡사하게 말하고 행동하는 인공두뇌를 컴퓨터 내부에 가질 수 있다고 프로젝트 책임자는 말한다(하라리, 2015).

미래기술에 대한 상상에는 늘 낙관적인 수용 시나리오만 있는 것은 아니다. 카쿠(2013)는 '동굴거주자의 원리'를 들며 인간이 얼마나 실리콘으로 재포장된 자신의 모습에 만족하고 영원히 살고자 할지 알 수 없다고 하였다. 인간은 수십만 년 동안 짝을 찾거나 남에게 매력적으로 보이기 위한 행동을 하면서 진화해 왔고, 오늘날 그 욕구 충족을 위한 시장(예: 성형, 화장품 등)이 엄청난 규모로 성장해 있다. 그런데 미래의 인간이 불사신의 육체를 가졌더라도 SF영화에 나오는 난민로봇 같다면 누가 그런 삶을 영원히 이어가고자 할지는 미지수다. UCLA의 그레그 스톡(Greg Stock) 역시 비슷한 반응을 보였다. "나는 우리의 뇌를 슈퍼컴퓨터로 옮겨봐야 별 소득이 없을 것 같다. 나의 뇌를 슈퍼컴퓨터에 연결했을 때 좋은 점이 무엇이건 간에 그것은 첫째, 이보다 덜 끔찍한 다른 방법으로는 얻을 수 없다. 둘째, 비위 상하는 뇌수술을 감내할 정도로 가치가 있어야 한다. 이 두 가지 조건을 모두 만족하면서 우리에게 득이 되는 것이 대체 무엇이란 말인가?"

카쿠는 이어간다. 우리의 후손들은 자애롭고 친밀한 로봇을 만들어서 인간 능력을 어느 정도 향상시키다가 결국에는 동굴거주자의 원리를 따를 것 같다고 하였다. 로봇 대리자를 내세워 잠시 초인적인 삶을 누릴 수는 있겠지만 자신의 삶을 버리고 컴퓨터 안에 영원히 갇혀 살거나 알아볼 수 없을 정도로 자신의 몸을 바꾼다는 아이디어에는 강한 거부감을 느낄 것이며, 그 이유는 인간 본성에 있다고 보았다.

그러나 카쿠와 그레그의 추측은 사회적 관습, 인간의 본성, 문화적 사고체계가 전혀 변하지 않을 것이라는 것을 전제하고 있다. 이러한 변화가 10~20년이 아닌 최소한 1~2세기에 걸쳐 일어난다고 가정한다면 기술의 수용, 미적 기준, 인간다움의 조건에 대한 사회적 판단기준은 커다란 변화를 겪을 것이 분명하다. 그렇다면 100년 뒤 우리의 후손 중에는 화려한 생물적 외모가 결여된 유·무기적 실리콘지성 또는 사이보그로 영생하는 것에 만족할지 누가 알겠는가? 긴 진화론적 관점에서 이들은 제2 유형의 지성체로서 가상적으로 존재하며 진화의 역사를 계속 써갈 것이다. 그들은 독립된 법적 개체는 아니지만 제한된 시민권을 가지고 인간과 더불어 상호작용하면서 존재할 수 있다. 인류 역사가 증명하듯이 인간은 새로운 기술과 변화에 대해 끝없는 수용적 태도를 견지해 왔으며, 그것이 때로 자신의 정체성을 훼손하거나 바꾸더라도 그 기술에 적응해 왔다. 사람들은 신이 버린 자식 취급했던 동성애자와 트랜스젠더를 받아들였으며, 생명 연장을 위해 인공심장박동기를 자신의 몸에 삽입하는 것에 기꺼이 동의하였으며, 털 알레르기를 유발하는 애완동물을 대신하여 반려동물로봇을 받아들였으며, AI챗봇을 이용하여 자신의 부족한 인간관계를 보충하고 있음을 볼 때 현실과 자아 그리고 기술에 대한 인류의 인식과 태도 역시 계속 진화할 것으로 예상된다.

6.8 예언들

가상화된 인간은 어쩌면 사적인 실리콘지성의 한 유형으로 진화해 갈지 모른다. 그것이 전뇌 에뮬레이션이든, AI든 영생을 꿈꾸는 인류는 스스로를 가상적 존재로 만들거나 아니면 타인이나 특정 조직이 어떤 목적을 가지고 특정인을 가상화할 것이다. 예를 들어 '김구선생 추모회(가칭)'는 김구 선생의 가상적 존재를 만들어 관계자들과 공유하고자 할 것이며, 재벌 가문은 창업자의 가상적 존재를 만들어 가족 모임에서 주기적으로 만날 수도 있을 것이다. 이런 가상적 존재와 그의 행동과 말이 어느 정도의 법적 효력을 가질지는 사회가 규정해 가야 할 중요한 아젠다가 될 것이다. 이런 거친 상상들은 모두 기술에 대한 전문가들의 예언에 기초를 두고 있다. 때로 허황되지만 결코 무시할 수 없는 것이 이런 예언들이다.

1) 특이점(Singularity) 논쟁

레이 커즈와일(Ray Kurzweil)은 미래 기술에 대한 예언을 자주하였고 또 그것이 성취된 사례가 많은 것으로 유명하다. WWW(World Wide Web)이 연구자들만의 장난감이었던 시절에 폭발적인 웹기반 인터넷의 성장을 예측하였으며, 지금은 많이 실용화된 로봇의족, 의수, 자율자동차의 출현도 오래전에 예언하였다. 1990년에 그는 20세기가 끝나기 전에 컴퓨터가 인간 체스 챔피언을 이길 것이라고 예언을 했는데 1997년 IBM의 딥블루가 인간챔피언 카스파로프를 이겼다.

커즈와일의 예측 중 가장 유명한 것은 이른바 기술적 특이점(technical singularity)에 관한 것이다. 기술적 특이점이란 기계, 특히 AI가 인간의 지능을 능가하는 역사적 시점을 의미한다. 특이점이란 용어는 존 폰 노이만이 처음으로 사용하였다. 그는 1958년에 "빨라지는 기술의 발전과 생활양식의 변화 속도를 보면 인류의 역사가 어떤 특이점에 접근하고 있다는 느낌을 받는다. 이 시점 이후 인간의 역사는 지금 우리가 이해하는 형태로 계속 진화할지 알 수 없다"라고 말했다. 보스트롬(2017)은 이 특이점과 관련하여 기계가 초지능(super-intelligence)을 가지는 시점 즉 지능폭발(intelligence explosion)의 가능성을 언급하였다. 분명 이 특이점 논란은 인류가 미래 기술에 대해 거는 기대감과 호기심 그리고 약간의 공포심을 동반하는 복합적인 주제임이 분명하다.

이후 수학자이자 SF작가인 버너 빈지는 노이만이 언급한 변화의 시점을 AI의 발전과 결합함으로써 더욱 주목을 받았다. 빈지와 커즈와일은 AI가 인간을 능가하는 시점에 인류는 특이점에 이른다고 보았다. 인간은 자신을 초월하는 AI가 어떤 의도를 가질지 짐작할 수 없기 때문에 특이점 이후의 세계가 어떻게 바뀔지 상상하는 것이 불가능하다고 했다. 이런 SF영화 같은 상황이 언제 벌어질지는 전문가마다 조금씩 다르다. 빈지는 2030년 이전이라고 예견한 반면, 커즈와일은 2045년이라고 하였으며, 2012년 AI연구자들의 모임에서는 2040년으로 합의에 이른 바 있다.

한편 카쿠(2013)는 21세기가 끝날 무렵에 인류가 이 특이점에 이를 것으로 보았다. 그는 시점이 이렇게 늦어지는 이유를 몇 가지 들었다. 첫째, 무어의 법칙이 점차 누그러지다가 2020~2025년쯤이 되면 성장이 거의 멈추며 그 이후는 발전 속도를 가늠하기 어렵다고 하였다. 그는 실리콘 웨이퍼에 트랜지스터를 새기는 현재의 공정기술이 회로소자가 원자 수준으로 작아지면 무용지물이 되기 때문이라 하였다. 사실 더 빠른 컴퓨터가 계속 나오지 않는다면 실리콘지성에 대한 인류의 꿈은 잠시 접어야 할지 모른다. 둘째, 빠른 컴퓨터만으로 충분하지 않다. IBM의 체스챔피언 딥블루가 1초 동안 2억 가지의 길을 찾아내 인간 챔피언을 이겼다 하더라도 그것 말고는 할 수 있는 일이 없다. 즉 그의 특이점 기준은 AI가 1994년 "지능에 대한 주류 과학의 입장"수준(범용 AI)에 도달해야 함을 의미하였다.[86] 영화 「레인맨(Rain Man)」의 실세주인공인 킴 피크(Kim Peek)처럼 12,000권의 책에 들어 있는 모든 단어를 외웠지만 그는 한 평생 그의 부친의 도움을 받아 살았다. 셋째, 똑똑한 로봇이 탄생한다 하더라도 자신보다 더 똑

86 2장 76쪽 "지능에 대한 주류 과학의 입장" 참조

똑한 로봇을 만들 수 있을지는 확실치 않다. 넷째, 하드웨어의 성능은 시간이 지남에 따라 지수함수적으로 증가하지만 소프트웨어는 그렇지 않다. 소프트웨어는 사람이 책상에 앉아 연필을 들고 종이 위에 무언가를 적어나가면서 만들어진다. 다시 말해서 하드웨어가 아무리 빨라져도 소프트웨어가 그 발목을 잡을 것이란 뜻이다. 하드웨어는 실리콘에 새겨진 트랜지스터의 개수가 증가하면서 그 발전 속도를 예측할 수 있었지만 소프트웨어는 인간의 지적활동의 산물이어서 예측이 불가능하다. 다섯째, 두뇌 구조를 규명하는 프로젝트는 비용과 규모가 너무 엄청나기 때문에 21세기 중반 이전에는 착수하기 어렵다. 뿐만 아니라 프로젝트를 진행하면서 산더미 같은 데이터를 분석하는 일에만도 수십 년의 시간이 소요된다. 따라서 두뇌 역설계[87]는 아무리 빨라도 21세기 말이 되어야 완료될 수 있을 것이다. 여섯째, '사전 시뮬레이션으로 미래를 계획하는 능력'을 의식의 한 요소로 정의한다면 인공(기계)의식의 형성은 점진적으로 이루어져 21세기 말에야 등장할 것으로 예측하였다. 또한 인공(기계)의식은 인간과 달리 기이한 특징이 있을 것이므로 인간의 순수의식보다 '실리콘 의식'이 먼저 규명될 것으로 보았다.

카쿠의 예측은 저서의 발간기준으로 볼 때 다른 저자들에 비해 시기적으로 빨랐다. 따라서 그는 그 이후의 기술적 발전을 자신의 예측에 충분히 반영할 수 없었을 것이다. 예를 들어, 소프트웨어 코딩도 일부 창의적인 부분은 인간 엔지니어에 의존해야 하지만 상당부분은 반복·재생과정을 빠르게 수행하는 AI프로그램으로 넘어갈 수 있다. 기본 통계나 자료만 제공하면 스포츠기사를 쓸 수 있는 AI기자처럼 말이다. 그럴 경우 소프트웨어의 발전이 하드웨어 속도의 발목을 잡을 가능성은 매우 낮아 보인다. 데이터를 더 빨리 처리해야 하는 하드웨어의 발전 속도도 멈추진 않을 것으로 보인다. 하드웨어의 발전 속도가 느려짐은 IT·AI 산업생태계 전체의 폭락으로 이어진다는 사실을 컴퓨터과학자와 업계 R&D책임자들은 잘 안다. 그들은 컴퓨팅에 혁신적인 방식을 도입하기 위해 사방으로부터 도움을 구할 것이다. 예를 들어, 양자컴퓨터는 실리콘(디지털)컴퓨터보다 연산능력이 비교할 수 없을 정도로 빠르다. 이 컴퓨터 속도 문제가 해결된다면

87 그는 이 용어를 뇌의 작용을 소프트웨어로 구현한 '전뇌 에뮬레이션', '업로드' 등으로 사용함.

두뇌의 역설계도 충분히 앞당겨질 수 있을 것이다. 이세돌 9단을 꺾은 알파고 '리'보다 더 우수한 것으로 2017년에 「네이처」에 공개된 알파고 '제로'는 4개의 TPU[88]만을 가진 컴퓨터(싱글 머신)로 경기에 임할 수 있다. 1,202개의 CPU와 176개의 GPU로 구성된 알파고 '판'과 1202개의 CPU와 48개의 TPU로 구성된 알파고 '리'와 비교할 때 현저하게 적은 자원으로 이전 버전의 성능을 뛰어넘을 수 있었다. 그러나 대국 이전에 알파고 '제로'도 학습할 때 64 GPU와 19 CPU를 활용했기 때문에 단순히 원점에서 학습을 시작한 지 수십 시간만에 알파고 제로가 이전 버전을 뛰어넘었다고 주장하기는 무리가 있다.

인공의식도 우리가 의식의 개념을 유연하게 설정한다면 21세기가 끝나기 전에 구현될 수 있을 것이다. 지금 산업 곳곳에서는 이미 빅데이터를 활용하여 미래에 발생할 사건들을 예측하고 있다. 일부 영역에서는 뇌보다 더 정확하게 미래를 예측한다. 제조 공정에서 수백, 수천 개의 센서들이 붙잡은 빅데이터를 정교한 모델로 잘 분석하면 기계의 고장, 불량품 발생을 몇 시간 전, 몇 일전에 예측할 수 있다. 따라서 '계획 능력'을 의식의 한 요소로 본다면 우린 이미 부분적으로 기계의식을 구현하고 있다고 봐도 무방하다. 2020년 4월에 이천 물류창고 공사장에서 폭발성 화재로 38명이 사망하는 대참사가 발생했다. 우레탄폼 작업을 하면서 유증기(油蒸氣)에 불꽃이 튀면서 폭발이 일어난 것으로 추정하였다. 과거에 이런 사고가 빈번하였기에 용접·용단 작업과 우레탄폼 도포작업을 동시에 하지 말라는 소방법까지 만들었지만 이를 어긴 것이다. 인간은 경험이 주는 충분한 교훈이 있음에도 이를 자유자재로 무시하는 잘못된 자유의지가 있다. 어쩌면 자유의지가 결여된 AI 현장소장이 이 공사를 엄격하게 진두지휘를 했다면 사고가 없었을지도 모른다.

결론적으로 기술적 특이점은 이미 우리 사회 곳곳에 이르렀다. 다만 국가와 지역 그리고 분야에 따라 약간의 차이가 있어 모든 인류가 그것을 동시에 체감하지 못할 뿐이다. 우리는 1994년 52명의 과학자들이 선언한 "지능에 대한 주류 과학의 입장"에 준

88 Tensor Processing Unit의 줄임말로 구글이 데이터분석과 딥러닝 목적으로 개발한 하드웨어 장치

할 정도의 종합적인 지능을 갖춘 AI에는 아직 도달하지 못했다. 그러나 기계가 인간을 능가했던 공식적인 몇몇 사건들을 통해 우리는 이미 기술적 특이점에 도달했다고 봐야 한다. 1997년 IBM의 딥블루가 인간 체스 챔피언 카스파로프를 이긴 사건, 2011년 IBM의 왓슨이 TV 퀴즈쇼 「제오파디(Jeopardy)」에서 인간 퀴즈챔피언 켄 제닝스(Ken Jennings)와 브래드 러터(Brad Rutter)를 이긴 사건, 2016년 구글의 알파고가 천재 바둑기사 이세돌을 이긴 사건 등. 언론의 주목을 받은 이런 굵직한 사건 외에도 오늘날 사회의 많은 전문분야에서 AI기계들은 인간전문가를 돕거나 실제로 대체하고 있다. IBM의 왓슨(Watson)은 전 세계의 의사들이 가진 암에 대한 경험과 지식을 학습한 AI 프로그램이며 지금도 그것의 지식풀은 계속 업그레이드되고 있다. 왓슨은 효과적인 암 치료법을 조언해 줌으로써 치료 성공률을 높여주는데, 그의 판단의 질은 이미 인간 의사를 넘어섰다.

2) 낙관론 vs. 비관론

실리콘지성(범용AI)의 미래를 이야기한다는 것은 예측이라기보다 추측이나 예언에 가까운 편이다. AI전문가들이 실리콘지성의 가능성을 냉정하게 기술적 관점에서 이야기하려 해도 우리의 상상력과 SF영화들이 보여준 판타지는 난기류처럼 그것을 방해하기 때문이다. 특히 실리콘지성을 개인적 삶의 문제해결자로 그리고 공동체의 일원으로 수용할지 여부는 매우 복잡하고 다이내믹한 시뮬레이션이 요구되는 문제여서 수많은 비현실적인 전제와 가정 그리고 상상력이 동원될 필요가 있다. 시간이 좀 더 흘러 이러한 전제와 가설에 대한 현실감각이 어느 정도 생긴 후에야 비로소 우리는 실리콘지성의 가능성을 상상력과 버무려 좀 더 객관적으로 이야기할 수 있을 것이다.

실리콘지성의 미래가 예언에 가깝다고 말한 이유는 AI낙관론자와 비관론자 사이의 갭이 여전히 넓기 때문이다. 구글의 래리 페이지, 테슬라의 일론 머스크와 같은 인사는 범용AI(실리콘지성)의 출현과 그들의 역할을 매우 낙관적으로 예상한다. 이들은 디지털적 삶을 인류 진화의 다음 단계로 인식하며, 오히려 과도한 AI피해망상이 디지털 이상주의의 도래를 늦추거나 AI를 군사적으로 탈취하는 파국으로 이르게 할까 염려할 정도이다(테크마크, 2017). 한편 다수의 기술회의론자들은 범용AI(AGI: Artificial General Intelligence)를 만드는 일이 너무 어려워 앞으로 수백 년이 지나도 이뤄지지 않으리라고 생각한다. 대표적으로 중국 바이두의 수석과학자인 앤드류 응(Andrew Ng)은 "킬러 로봇을 두려워하는 것은 화성의 인구과잉을 걱정하는 것이나 마찬가지"라고 할 정도이다. MIT의 보행로봇 석학 김상배 교수는 '로봇의 진화'가 로봇이 인간의 능력을 뛰어넘는 세상이 올 것이란 예언은 기우(杞憂)라고 했으며, 로봇공학계 구루인 로드니 브룩스(Brooks) 리싱크로보틱스 회장은 "(로봇이 인간을 앞서는 건) 뒷동산 언덕을 걷다 보면 언젠가 달에 닿을 것이라는 것과 같다"고 한 것처럼, 로봇이 인간을 뛰어넘는 건 SF영화 속에서나 가능한 일이라고 했다.[89]

유신(2015) 역시 AI를 인간이 작성한 프로그램이 빠른 속도로 실행되며 방대한 데이터를 참고해 기계적으로 행동하는 것에 지나지 않는다고 하였다. 그러면서 자의식을 기반으로 즉흥성, 창의성, 개성을 가진 AI(실리콘지성)의 가능성에 대해서는 선뜻 '예'라고 답하지 못하였다. 자의식이 영혼이나 영성과 같은 종교나 신비주의의 영역에 있어서가 아니라, 여전히 의식의 구조와 작동방법을 충분히 이해하지 못하고 있기 때문이라는 것이다. 뇌연구의 권위자조차 의식에 대한 인류의 이해는 아직 걸음마 단계에 머물러 있다고 하였다. 의식은 여전히 애매하고 주관적이어서 객관적인 실험을 바탕으로 하는 과학의 영역 밖에 놓여 있었기 때문이다(데하네, 2017). 그러던 것이 1980년 후반부터 뇌영상 기술과 결합된 통제된 실험기술을 통해 대뇌피질이 의식을 만들어내는 메커니즘과 의식과 무의식의 차이를 만드는 메커니즘을 조금씩 알아가고 있어 AI가 뇌를 닮으려는 노력이 점점 심화될 수도 있는 한편, 오히려 그것을 닮으려는 노력을 포기할지도 모르겠다고 하였다. 만일 AI가 뇌 의식의 메커니즘을 조금이라도 모방하지 못한다면 유신이 이야기하였듯이 AI는 기계적으로 행동하는 프로그램에 지나지 않는다.

한편 비관론자조차도 점점 더 커지고 복잡해지는 인공신경망(ANN)에게 인류가 가

---

89 http://news.chosun.com/site/data/html_dir/2019/06/13/2019061300327.html

진 모든 지식을 학습시키다 보면 어느 순간 자신의 존재를 자각할 수 있지 않을까라고 의문을 품는다. 신경과학자 크리스토프 코흐(Kristof Koch)는 자의식이란 일정 수준 이상으로 복잡한 모든 네트워크에 존재한다고 보았다. 그러나 의식이 무한 지식의 단순한 집합으로 형성될 것이라는 추측은 순진한 생각이다. 뇌는 전기화학적 반응에 의해 의식을 갖고, 마음의 경험들은 어떤 필수적인 데이터 처리 기능을 수행한다는 것이 오늘날 정설이다. 신경과학자들조차 의식의 전기화학적 특징들 가운데 극히 일부만을 확인하는 데 성공했을 뿐이다. 즉 과학자들은 사람들이 뭔가를 의식할 때마다 나타나지만 무의식 상태에서는 나타나지 않는 특정한 뇌 패턴을 골라낼 수 있게 되었다. 문제는 이런 뇌 패턴을 구현하는 프로그램을 개발하고 그것을 지금의 실리콘 기반의 컴퓨터가 처리함으로써 AI가 인공의식을 갖게 할 수 있는가이다. 그러나 우리가 '다른 마음'의 관점에서 의식을 유연하게 정의한다면 인공의식을 갖춘 실리콘지성을 얼마든지 상정할 수 있다. 결론적으로 이상주의자나 기술회의론자 모두 AI를 지나치게 걱정할 필요는 없다는 생각에는 동의하지만, 이상주의자는 범용AI가 20~100년 안에 등장할 것이라고 예상하는 반면, 회의론자들은 그런 예상을 무지한 몽상가의 그림일 뿐이라고 일축하며, 특이점 예언을 '괴짜의 황홀경'이라고 생각한다.

한편 테그마크(2017)는 실리콘지성의 미래를 시간적 프레임이 아닌 일반적 관점에서 바라보았다. 그는 실리콘지성(범용AI)의 출현을 50:50으로 보았다. 이는 이상주의자와 기술회의론자 모두를 반신반의하는 셈이다. 인간은 결국 기계가 스스로 AI를 설계하는 때가 올 때까지 기계성능을 향상시킬 것이므로 충분한 시간과 자원이 제공된다면 AI는 어떤 지능적 존재만큼 어떤 목표라도 잘 수행할 수 있게 되어 갈 것이다. 실리콘지성에 대한 예측은 수많은 산들로 겹겹이 둘러싸인 험한 산지를 탐사하는 것과 같아서 가까운 산 하나를 오르지 못하면 그다음 오를 산을 알 수 없다. 만일 실리콘지성이 컴퓨터과학만으로 가능하다면 '하드웨어'라는 산을 우선 정복해 봐야 그다음을 알 수 있다. 많은 논문들에 근거하면 두뇌를 시뮬레이션하는 데 요구되는 연산속도는 100 페타 플롭스[90]로 추정된다. 이는 2016년에 가장 빠른 선웨이 타이후라이트(Sunway TaihuLight, 神威太湖之光)와 비슷한 수준인데, 이는 중국정부가 3억 달러를 들여 만든 슈퍼컴퓨터이다. 만일 우리가 이 슈퍼컴퓨터를 활용하여 고도로 숙련된 실리콘지성의 두뇌를 시뮬레이션을 한다고 하더라도 이 기계를 빌리는 비용이 그것에 준하는 인간 지식노동자의 급여보다는 싸야 한다. 게다가 인간 두뇌 시뮬레이션은 수학적으로 단순화된 신경망 모델로 접근해서는 안 되기 때문에 더 차원 높은 계산능력을 요구한다. 예측컨대 뇌를 개별 입자나 심지어는 원자보다 작은 입자 수준에서 시뮬레이션을 해야 한다면 극적으로 더 높은 플롭스를 필요로 할 수 있다. 그렇다면 비트를 기반으로 하는 지금의 디지털컴퓨터로는 한계가 있을 수밖에 없을 것이다.

뇌를 시뮬레이션하는 일이 극한의 플롭스를 요구하기 때문에 테그마크는 2가지 저렴한 대안을 제시하였다. 하나는 소프트웨어를 현재의 컴퓨터에 더 적합하게 개발하는 것이고, 다른 하나는 두뇌를 더 닮은 하드웨어를 만드는 것이다. 이른바 뇌를 닮은 뉴로모픽(neuromorphic) 컴퓨터칩 분야가 후자의 일을 하고 있다. 테그마크(2017)는 또한 범용AI가 현실화되기 전에 그것을 가능하게 하는 획기적인 어떤 방법이 출현할 것이라고 주장하면서, 그 방식이 컴퓨터공학일지, 정신 업로드일지 또는 완전히 새로운 방법일지는 알 수 없다고 하였다. 그런데 만약 현재 AI의 발전을 주도하고 있는 컴퓨터과학이 몇 세기 동안 실리콘지성을 만드는 일에 실패할 경우, 영화 〈트랜센더스〉와 비슷한 업로드가 대세 기술이 될 것으로 예측하였다.

[기술 사례]

진화의 프로그래밍은 가능할까?

대략 10억 년 전에 탄생하여 진화해온 뇌 신경망은 AI연구에 중요한 통찰력을 제공하였다. 뇌의 문제해결능력은 오랜 진화를 거치면서 학습한 결과물이다. 진화적 AI알고리즘이 학습을 위해서는 변수 선택도 중요하지만 각 변수들의 크기를 정하는 적합성 함수

90 10의 17제곱 플롭스에 해당되며, 플롭스는 1초에 수행 가능한 부동소수점 연산의 횟수를 가리킨다.

(fitness function)도 중요하다. 이를 위해서 우리는 복잡한 시스템을 가진 다양한 유기체 모두를 참조하기보다 진화의 적합성 함수를 모방하는데 필요한 개수의 생물적 유기체에 있는 뉴런(신경세포)에만 주목하는 것이 나을 것이다. 꿀벌은 10^6보다 조금 적은 뉴런이 있고, 초파리는 10^5개의 뉴런, 인간은 10^{18}개의 뉴런을 가졌다.

뉴런 1개를 시뮬레이션하기 위해서 필요한 연산능력은 뉴런을 얼마나 정교하게 표현할 것인가에 달려있다. 매우 단순한 1개의 뉴런을 시뮬레이션하는 데에 약 1,000 플롭스(FLOPS, floating-point operations per second)가 필요하며, 전기생리학적으로 사실에 가까운 호지킨-헉슬리 모델(Hodgkin-Huxley model)에서는 1,200,000 플롭스를 사용한다. 좀 더 정교한 다구획 모델(multi-compartmental model)에서는 호지킨-헉슬리 모델보다 10^3~10^4배 더 많이 사용한다. 만약 진화가 이루어진 약 10억 년동안 10^{25}개의 뉴런들의 행동 중에 1년에 해당하는 기간에 발생한 사건만 시뮬레이션 하더라도 10^{31}~10^{44} 플롭스 정도가 필요하다. 2013년 9월 기준으로 세계에서 가장 빠른 슈퍼컴퓨터인 중국의 텐허-2(天河二, Tianhe-2)조차도 3.39×10^{16} 플롭스 연산능력을 갖추었다고 보면 인간 수준의 지능을 발달시킨 진화 과정을 단순히 재현하는 데에 필요한 연산 자원은 아직 우리의 능력 밖에 있어 보인다.

[자료원] 보스트롬(2017), 58-59쪽.

6.9 컴퓨터과학이 못한다면

적정한 가격의 기술만 있다면 인간은 자신의 신체 능력을 향상시키려 할 것이다. 이미 많은 사람들이 안경, 보청기, 심박조율기, 인공 팔다리를 착용하여 삶의 질을 업그레이드하고 생명을 연장하고 있다. IT의 미래에 대한 선견지명을 가진 레이 커즈와일은 사이보그의 가능성을 열렬히 지지하는 전문가 중 한 사람이다. 그는 「특이점이 온다」에서 사이보그 추세는 2030년 초까지 나노봇과 지능형 바이오피드백 시스템 등이 인체의 소화기관, 내분비기관, 혈액, 심장을 대체해 갈 것으로 주장하였다. 그다음 수십 년 동안 인간은 자신의 골격, 피부, 두뇌를 업그레이드하는 방향으로 움직일 것으로 보았다. 그는 육체의 미적 부분과 정서적인 것도 중요시하겠지만, 인간은 자신의 외모를 신이 주신 그대로 받지 않고 자신의 설계도대로 다시 디자인하여 바꾸려 할 것이라 하였다(테그마크, 2017).

모라벡과 커즈와일은 사이보그가 우리의 DNA를 개선하는 생명과학적인 접근방법보다 훨씬 더 앞서갈 것이라는 데 동의하였다. 모라벡은 「마음의 아이들」에서 "유전자 조작을 통한 초인간은 단지 2등급 로봇에 지나지 않을 것이다. 이 생물적 방법이 열등한 이유는 DNA에 따른 단백질 합성에 의해서만 만들어지기 때문이다." 더구나 모라벡은 인간이 유기질의 인체를 완전히 버리고 정신을 기계에 업로드하는 방법, 즉 뇌 전체를 소프트웨어 형태로 복제하는 편이 더 낫다고 주장한다. 뇌가 업로드 되면 가상현실에 살면서 로봇의 몸을 지니고 걷고 날고 수영하고 우주를 여행할 수 있으며, 물리법칙이 허용하는 범위 내에서 모든 활동을 할 수 있다. 무엇보다 죽음이나 한정된 인식자원 같은 일상적인 걱정의 구애를 받을 필요도 없다. 이런 아이디어는 SF소설처럼 들리겠지만 상식적인 물리법칙을 벗어나지 않기에 당연히 언제쯤 그게 가능할까에 의문이 간다. 일부 AI연구자들은 최초의 범용AI를 업로드일 것으로 보고 있으며, 이는 초지능으로 가는 과정의 시삭이라고 보았다. 그러나 이런 예측은 현재 AI연구자들과 신경과학자들 사이에서 소수 의견이라고 보는 게 더 맞다. 다수의 연구자들은 초지능으로 가는 가장 빠른 길은 소프트웨어로 뇌를 복제하기보다는 다른 방식으로 갈 것이라도 생각한다. 설령 인류가 언젠가는 뇌를 복제하고 업로드하게 되더라도 그것은 더 간단한 방법이 발견된 이후일 것이다.

테그마크의 예측은 어디까지나 첨단기술에 대한 거부감이 거의 없으며, '사람다움'에 대해 유연한 일부 전문가들의 편견이 개입된 상상일 수 있다. 기술적 특이점이 올 무렵에 사람들은 자신의 생명을 연장할 기술적 도구를 선택해야 할지도 모른다. 생명연장도구 시장에서 소비자들은 자신의 기억을 클라우드에 저장하고 무기질의 로봇을 아바타로 내세워 소프트웨어적 영생을 선택할 수도 있겠지만, 생명과학과 생체공학이 제공하는 보다 생체친화적인 방법에 더 이끌릴 수도 있다. 뇌졸중, 알츠하이머, 파킨슨병과 같은 호발성 뇌질환에 신경줄기세포로 치료하는 합성생물학, 무기질과 생체세포를 연결하는 생체공학적 보조기(보청기 등), 생물학적 설계 개념과 공학적 원리를 융합하여 생물의 질환을 치료하거나 결핍된 것을 보완하거나 대체하는 데 필요한 기술을 연구하는 의공학, 인체장기와 상호작용하는 물질, 표면 또는 구조물을 연구하는 생체재료의 발전은 무기질의 컴퓨터가 아닌 다른 옵션을 제공할 수도 있을 것이다. 컴퓨터 과학이 아닌 다른 대체기술들이 인간 업그레이드와 영생에 활용되기 시작한다면 AI기반 실리콘지성을 향한 연구 열정과 자원은 줄어들 가능성이 매우 커질 것이다.

6.10 위험과 위협들

실리콘지성(또는 초지능)이 갖는 잠재적 위험과 위협은 세 가지 잠정적 이유 때문에 완전히 무시할 수만은 없다. 첫째, 컴퓨터의 속도가 계속 더 빨라질 것이라는 가정이다. 대다수의 전문가들은 더 빠른 컴퓨터의 출현이 AI의 발전을 더욱 앞당겨 실리콘지성, 범용AI 그리고 결국에는 초지능(super-intelligence)에까지 빠르게 도달할 것이라고 예측한다. 이러한 발전은 초지능이 가져다 줄 위험을 앞당기므로 필요하다면 하드웨어의 발전 속도를 의도적으로 늦추어야 한다는 논리까지 등장한다(보스트롬, 2017; 테그마크, 2017). 초지능이 위험한 이유는 인간보다 자신들의 이익을 더 우선시할 수 있기 때문이다. 둘째는 사악한 권력자, 단체, 사업가, 과학자 그리고 엔지니어들이 어디서나 존재하기 때문이다. 신기술이 가져다줄 수 있는 권력, 부, 명예에만 골몰하고 그것들이 가진 잠재적 폐해와 부정적 영향력을 무시하거나 대수롭지 않게 여기는 악의 세력은 늘 있기 마련이다. SF영화처럼 악의 세력의 조종을 받아 빌딩과 시설을 파괴하는 괴력의 로봇보다 더 위험한 것은 환상적인 알고리즘으로 최고의 서비스(보험, 금융 등 각종 스마트 비즈니스 등)를 제공하겠다는 약속을 하지만 실은 선량한 시민의 이익을 좀 먹는 교묘한 코드를 숨길 수 있으며, 그 알고리즘을 멋진 외장으로 치장하고 홍보할 경우에는 더 치명적일 수 있다. 정부, 과학자·엔지니어 연합체는 실리콘지성의 블랙박스를 투명하게 만들고 AI에 대해 무지한 일반인들의 이익을 침해할 수 있는 악성 코드를 사전에 차단하기 위한 AI설계 가이드라인을 제시할 필요도 있다. 셋째 이유는 일반적으로 소프트웨어에는 엔지니어조차 예상하지 못한 실수와 오류가 존재하기 때문이다. 수만 줄의 ANN(인공신경망) 프로그램 '블랙박스' 안에는 때로 우리가 쉽게 감지할 수 없는 오류가 있을 수 있고, 그것으로 인해 개인과 집단이 금전적, 신체적 피해를 받을 소지는 언제라도 가능하다. 예를 들어 적군을 파괴해야 할 전투로봇이나 무인항공기 프레데터가 오작동으로 아군을 공격할 수도 있다. 특히 자가 학습(self-learning)을 수행하는 AI라면 연구자들이 당초 예상하지 않았던 방향으로 학습과 추론을 이어가고 인간의 바람에 역행하는 결론을 내려버릴 수도 있다. 인류에게 학습이란 '사람다움'에 이르는 중요한 과정이지만, 그 학습의 질과 내용이 얼마나 중요한지는 통제되지 못한 뇌질환 환자가 자기 파괴적인 행동을 보이거나 타인을 해칠 때 우리는 절실하게 깨닫는다. 따라서 실리콘지성이 가동된 후 계속 허용해야 하는 학습용 데이터의 질과 종류는 철저하게 매뉴얼에 따라 통제해야 할 것이다.

범용AI(실리콘지성)의 출현과 그들의 역할을 매우 낙관적으로 예상하는 유명 인사들로 구글의 래리 페이지, 테슬라의 일론 머스크 등이 있다. 이들은 디지털적 삶을 인류 진화의 다음 단계로 인식하며, 오히려 과도한 AI피해망상으로 인해 디지털 이상주의의 도래가 늦어지거나 AI를 군사적으로 탈취하는 파국의 가능성까지 염려한다. 한편 일부 기술회의론자들은 범용AI를 만드는 일이 너무 어려워 앞으로 수백 년이 지나도 이뤄지지 않으리라고 예상한다. 대표적으로 중국 바이두의 수석과학자인 앤드류 응(Andrew Ng)은[91] "킬러 로봇을 두려워하는 것은 화성의 인구과잉을 걱정하는 것이나 마찬가지이다"라고 할 정도이다. 이상주의자나 기술회의론자 모두 AI에 대해 지나치게 걱정할 필요는 없다는 생각에는 동의하지만, 전자는 범용AI가 20~100년 안에 등장할 것이라고 예상하는 반면, 회의론자들은 그런 예상을 무지한 몽상이라고 일축한다.

이에 테크마크가 중심이 된 전문가그룹은 이상주의자와 기술회의론자들의 극단적

91 2017년 그는 바이두를 떠났다.

인 대결은 향후 AI의 발전과 인류를 위한 긍정적 활용에 별로 도움이 되지 않는다며 '이로운 AI운동'의 필요성을 주장하고 있다. 이들은 생명의 미래는 존재하며, 기술이 생명에게 전례 없는 번영을 허락하거나 반대로 스스로 파괴할 힘이 있다는 전제하에 AI의 안전(보안)에 대한 연구를 주류화하는 것을 목표로 삼고 있다. 테그마크가 설립한 FLI(Future of Life Institute)는 AI관련 전 세계의 저명인사들이 모이는 국제 컨퍼런스를 2015년 1월에 열었고, 여기에서 논란이 많은 주제에 대해 상당한 의견일치를 이루었다. 이들은 이 합의사항을 공개서한으로 성문화해 AI분야 저명인사를 포함해 8,000명의 서명을 받기도 하였다.

• 인지능력의 측정

실리콘지성을 넘어 초지능(super-intelligence)의 출현을 예측하는 상황에서 AI의 인지능력을 측정하는 일은 통제를 위한 목적으로 필요하다. 특히 AI 낙관론자들은 그것의 가능성과 미래의 혁신적 잠재력에만 지나치게 몰두하고 있어 통제 문제를 소홀히 하는 것 같고, 비관론자들은 초지능의 출현 자체를 불가능하다고 보는 입장인 상황에서, 두 입장 모두가 간과하고 있는 통제문제를 적절하게 다룰 당위성은 충분하다고 본다.

현재 쓸 수 있는 인지능력 측정도구로는 우리에게 친숙한 IQ지수나 Elo측정시스템[92] 등이 있다. 이 방법들을 활용하여 실리콘지성의 수준을 객관적으로 측정한 후, 어떤 기준을 상회할 경우에 연구나 상업화에 대한 제재를 가할 수 있을 것이다. 그러나 범용 AI를 넘어서는 초지능의 경우, 인지능력을 측정하는 일 자체가 별 의미가 없다는 전문가들도 다수 있다. 예를 들어, IQ 140인 학생이 IQ 90인 학생보다 학업성적이 더 우수할 것이고 높은 수준의 인지능력을 보유하고 있다고 우리는 일반적으로 추정할 수 있다. 그러나 IQ가 6,500점인 초지능의 인지능력이 어느 정도인지 가늠하기는 쉽지 않다(보스트롬, 2017). 그런 측면에서 보스트롬이 제시한 "초능력: 전략적으로 관련 있는

92 체스나 바둑과 같은 게임에서 2명의 플레이어의 상대적 능력 차이를 측정함.

과제들과 그에 상응하는 기술들"이 도움이 될 수 있을 것이다. AI가 6가지 전략적 과제를 얼마나 잘 수행하는지 그리고 그것이 인류에게 긍정적, 부정적 영향을 미칠 사건과 어떤 관계가 있는지를 가늠해봄으로써 초능력의 수준을 규정할 수 있다(2장 104쪽 〈표 2-1〉 초지능의 과제별 관련 기술 및 인류와의 전략적 관련성 참조).

테그마크(2017) 역시 지능의 목표는 다양하고 복잡하기 때문에 IQ와 같은 단일 숫자로 사람이나 동물 그리고 기계지능을 평가하는 일은 큰 의미가 없다고 하였다. 체스만 할 수 있는 딥블루와 바둑만 할 수 있는 알파고 중 어느 쪽이 더 영리한가를 비교하는 일이 의미가 없듯이 말이다. 이 둘은 직접 비교할 수 없는 별개의 기량이기 때문이다. 특히 문제해결능력은 전부(全部) 아니면 전무(全無)식으로 양자택일을 할 수 없는 넓은 스펙트럼의 문제다. '말을 한다'는 목표를 설정했다면 갓 걷기 시작한 아이의 수준도, 토론진행자의 수준도 모두 목표가 될 수 있기 때문이다.

종합하면 사람의 인지능력을 AI의 그것과 동일한 맥락에서 동일한 기준으로 측정하여 비교한다는 것은 부적절하고 불필요해 보인다. 딥블루와 알파고 같은 좁고 깊은 지능은 넓고 얕은 지능을 가진, 그래서 인간에 보다 가까운 범용AI(실리콘지성)와는 달리 지향하는 목표가 다르다. 1997년 인간 체스 챔피언을 이긴 IBM의 딥블루는 체스라는 매우 제한적인 임무만 수행했을 뿐이다. 이런 딥블루가 체스와는 비교할 수 없을 정도로 단순한 틱택토(tic-tac-toe)게임에서는 4살짜리 아이에게도 졌다는 사실은 잘 알려져 있지 않다. 딥블루가 틱택토에서 인간을 이겨본들 기술적, 상업적 감동이 별로 없기 때문이 아니겠는가. 그래서 AI기업들은 편협한 AI가 더 다양한 일을 할 수 있도록 하는 일에도 게으르지 않다. 구글의 딥마인드의 DQN AI시스템은 전통적인 아타리 컴퓨터게임 10여 종을 사람수준이나 더 높은 레벨로 할 수 있게 함으로써 좀 더 다양한 목표를 달성할 수 있도록 하였다. 그럼에도 AI는 여전히 다양한 기술을 적당한 수준으로 쉽게 터득하여 현실 문제에 잘 적용하는 인간의 범용지능을 쫓아가지 못하고 있다. 사람은 다소 시간이 걸리더라도 충분한 훈련을 받으면 언어, 운동, 업무 등에서 빨리 능숙하게 된다.

6.11 긍정적 노력들

철학자 닉 보스트롬(Nick Bostrom)은 현재 대기업들이 기술적 특이점을 향한 경쟁력만 강조하고 이를 어떻게 통제할 것인가에 대한 문제는 등한시한다고 하였다(보스트롬, 2017). 레이 커즈와일도 특이점에 도달한 이후 무슨 일이 벌어질지 알 수 없다며 다소 책임을 방기하는 듯한 태도를 취했다. '사악해지지 말자(Don't be evil)'라는 모토를 가진 구글은 AI연구에 있어 자본과 기술력에서 앞서가고 있는 기업들 중 하나이다. 그러나 이윤을 추구해야 하는 기업이 AI에 투자를 한다는 것은 분명 그것을 통해 직·간접적으로 얻을 수 있는 이익이 있음을 간파했기 때문이다. IT기업에게 이익이란 매출의 증가로 인한 단기간의 현금흐름의 증가만을 의미하지 않는다. IT기업의 CEO가 집중하는 것은 AI를 중심으로 장기간에 걸쳐 서서히 형성될 기업 생태계(ecosystem) 내 먹이사슬의 최정점에 등극하는 일이다. 그 생태계의 핵심은 데이터와 AI소프트웨어 그리고 그것들이 작동될 플랫폼(예. 운영체제, 클라우드, 스토리지, 네트워크 등)일 것이다. 치열한 AI생태계에서 공룡 IT기업들이 자유경쟁적 시장 논리를 충실히 따르며 실리콘지성을 추구하다보면 AI의 위험과 위협을 간과해 버릴 우려가 높다. 적어도 인류는 미래 AI의 위험과 위협을 예측하고 그것을 최소화함으로써 기술을 인류의 우군으로 만들기 위한 국제적 협력을 병행해야 한다.

1) 친절한 AI 만들기

AI 비관론자들은 AI의 지적수준이 인간을 능가하고 스스로 학습하고 자신들에게 불리할 수 있는 것들을 예측하여 사전에 제거하는 수준에 이르는 것을 경계한다. 이 정도 수준의 실리콘지성이라면 스스로를 복제하여 클라우드를 점령한 후 자신의 우군을 확보해 갈 수도 있다. 카쿠(2013)는 이러한 AI는 의식을 가진 것으로 보았고, 이러한 의식은 어느 날 갑자기 획득될 수 없다고 보았다. 인간도 지구상에 처음 등장한 이래 지금과 같은 의식수준에 도달하기까지 무려 수백만 년이나 걸렸기 때문이다. 따라서 인터넷이 어느 날 갑자기 의식에 눈을 뜨거나 로봇이 갑자기 이기적인 생각을 떠올려서 사람을 학대하는 불상사는 일어날 가능성이 거의 없다고 보았다. 그는 AI의 '의식'을 인간의 그것과 동일시함으로 생물의 진화적 관점에서 AI를 이해하려는 듯하다. 그런데 실리콘지성의 의식이 생물적 뇌의 의식·무의식 작동방식을 그대로 닮지도 않을뿐만 아니라 그럴 필요도 없다. 우리는 특수 목적을 추구하는 제한적 인공의식을 자연의 진화적 시간을 점프하여 아주 짧은 시간에 구축하여 쓸 수도 있다. 그런 인공의식의 목적과 용도는 우리의 의식과는 상당히 다르며, AI엔지니어가 100% 제어할 수 있기에 비관론자들의 걱정은 기우가 될 것이다.

그럼에도 AI기계가 인간에게 크고 작은 위협이 될 가능성은 언제든지 상존한다. 보스트롬(2017)은 '윤리적 운명'이라는 가설을 강하게 반박하였다. 그는 직교성 논제(orthogonality thesis)의 관점에서 시스템의 최종목표는 지능과 독립적으로 보았다. 정의상 지능은 단순히 복잡한 문제를 해결하는 능력이고, 목적의 윤리성과는 무관하므로 직교성 논제적 관점은 설득력이 있어 보인다. 결국 실리콘지성은 과학적 발견, 예술 창작, 휴머니즘적 구호 등에 활용될 수도 있지만 인명살상을 목적으로 하는 테러작전을 짜거나 이를 수행하는데도 쓰일 수 있다. 이러한 잠재적 위협을 사전에 방지하기 위해서 저명한 SF작가인 아이작 아시모프(Isaac Asimov)는 '로봇 공학의 제3원칙'이라는 규칙을 소개하였다. i) 로봇은 인간에게 해를 입혀서는 안 된다. 그리고 위험에 처한 인간을 모른 척해서도 안 된다, ii) 제1원칙에 위배되지 않는 한, 로봇은 인간의 명령에 복종해야 한다. iii) 제1원칙과 제2원칙에 위배되지 않는 한, 로봇은 로봇 자신을 지켜야 한다. 소위 '윤리적 로봇'운동을 주도하고 있는 영국의 철학자 엔런 윈필드(Alan Winfield)는 아시모프의 세(3) 원칙을 기반으로 해서 로봇 공학자들을 위한 윤리가이드를 제시하였다. 이 원칙은 로봇의 자유의지를 억제하는 일종의 통제코드인데, 1, 2원칙은 인간들이 모두 정의롭고 합리적인 인간임을 전제한 것이다. 만일 제2원칙에서 인간이 경찰이고, 제1원칙에서 인간이 흉악한 범죄자라면 적용해서는 안 될 것이다.

보스트롬(2017)은 비우호적인 AI에 대한 대비책이 가능하지만 그것의 실효성을 의심하였다. 첫째 방법은 초지능을 통제된 환경에 두고 그것의 행동을 관찰한 후, 초지능이 우호적이고 협조적이고 책임감 있게 행동하는 경우에 상자에서 꺼내주는 방식이다. 이 방식은 AI가 사람에게 우호적이든 비우호적이든 상자 안에 갇혀 관찰되고 있는 동안에만 친절하게 행동하려는 도구적 목표를 가지고 인간을 속일 수 있다는 점을 간과하고 있다. 둘째는 AI에게 다양한 지능(인지)검사를 실시한 후 그 결과를 프로그래머에게 보고토록 해서 지능의 수준을 조절하는 방법이다. 이 경우도 비우호적인 AI는 어느 시점에 이르러 자신의 능력을 프로그래머에게 숨기는 것이 낫다는 것을 깨달을 정도로 똑똑해지면 무용지물이 된다.

통제적 방법은 늘 한계가 있기에 카쿠(2013)는 “친화적 AI” 아이디어를 제시하였다. 사실 친화적 AI라는 용어는 AI 특이점 연구소(Singularity Institute for AI)를 설립한 엘리제 유드코프스키(Eliezer Yudkowsky)가 처음으로 사용하였다. 친화적 로봇은 처음부터 오직 인간을 돕는 목적으로 설계되었으므로 인간에 대해 선한 의도만을 가질 것으로 예상하지만 이것조차도 사람을 해칠 수 있다. 이 아이디어를 돌려 생각하면 친화적이지 않은 AI는 제거해야 한다는 논리가 성립된다. AI가 인간에 대해 위험한 생각을 하거나 오작동으로 인간을 해칠 수 있는 상황에 이르면 자동으로 전원을 꺼버리는 프로그램 모듈을 장착하는 것은 기본이다. 그러나 사냥꾼 로봇 아이디어에 이르면 SF 영화적 상상력이 다소 지나치다는 생각이 든다. 정상궤도를 벗어난 로봇을 전문적으로 처리하는 사냥꾼 로봇이 있다면 잘못된 사냥꾼 로봇을 또 강제 해체할 수 있는 더 강한 로봇을 이중 삼중으로 준비해야 할지 모른다.

본질적으로 AI가 인간을 닮고자 한다고 하더라도 인간의 모든 특징과 기질을 AI에게 부여할 필요는 없을 것 같다. 어차피 AI가 추구하는 목표는 인간의 그것과 다르며, 인간 역시 본질적으로 결함투성이기 때문이다. 좀 과장해서 인간의 반은 사악하며, 이기적이며, 편견과 오류 범벅이기에 인간의 다른 반, 즉 규범을 따르고, 이타적이고, 온정적이며, 고상한 매너만을 AI기계에 탑재하는 것이 나을 것이다(보스트롬, 2017). 그러나 아이러니하게도 AI에게 어떤 형태든 자율성을 부여하는 순간 이 기대는 접어야 할지 모른다. ‘사회적 로봇공학(social robotics)’분야는 인간사회에 융합될 수 있는 자질을 로봇에게 부여하는 것을 목표로 한다. 예를 들어 핸슨 로보틱스(Hanson Robotics)사의 과학자들은 로봇에게 사회적 지능을 부여하여 사랑의 감정을 느끼고, 사람들 사이에서 자연스럽게 공존할 수 있도록 하는 것을 목표로 한다. 이는 특히 관계적 과업을 지향하는 서비스로봇에게 부여되어야 할 속성으로 보인다. 그러나 왜 그렇게 해 주어야 하는지에 대해 우리는 진지하게 물어야 한다. 한편 이 모든 선의의 시도에 걸림돌이 되는 문제는 현재 AI를 위해 막대한 재원을 제공하는 조직이 국방부라는 점이다. 군사 목적의 로봇은 항상 인간 친화적일 수 없다. 적과 아군을 구별한 후 적을 추적하고, 필요하면 가차 없이 죽여야 하는 목표를 가진다. 따라서 아시모프(Isaac Asimov)의 로봇이 지켜야 하는 3대 원칙 중 1, 2번은 즉 '적은 예외로 한다'라는 조건이 추가되어야 한다.

2) AI 도덕률

테그마크(2017)는 초지능이 출현하기 이전에 초지능의 목적과 그 목적들의 우선순위를 정해야 한다고 하면서 누가 그 결정권을 가져야 하는지에 대한 이슈를 제기하였다. 특히 목적 선정에 관계되는 윤리적 이슈를 해결하기 전에 목적의 우선순위를 스스로 재정렬할 수 있는 초지능을 개발하여 풀어두는 것은 무책임하고 재앙적임을 경고하였다. 오늘날 인류는 도덕에 대한 구체적인 항목에 대해 의견일치를 보지 못했지만 광범위한 합의가 이뤄진 기본원칙들은 많이 있다. 테크마크는 여러 전문가들을 통해 윤리에 대한 견해와 도덕에 관한 선호체계를 청취하였고, 그는 그것들을 근거로 공리주의, 다양성, 자율성, 유산이라는 4가지 원칙을 제시하였다.

공리주의(Utilitarianism)는 긍정적인 의식의 경험은 극대화되고 고통은 최소화되어야 한다는 원칙이다. 아름다움, 즐거움, 기쁨, 고통과 같은 주관적인 경험 없이 윤리적 의미를 포함한 어떤 의미도 가질 수 없다. 이 공리주의에 입각한다면 지적 시스템은 주관적인 경험을 할 수 있는 의식을 가져야 한다. 그래서 자연이든 인공이든 의식의 유무는 지적 시스템의 중요한 잣대가 된다. 더 많은 아름다움과 기쁨을 추구하다 보면 한 가지에만 치중하는 것은 곧 한계를 드러낸다. 따라서 두 번째 원칙은 다양성(diversity)이다. 138억년 우주의 역사에서 지능은 다양하고 다르며 복잡한 구조로 점점 정교하게 진화되어 왔다. 그런데 누군가가 누구를 억압하였더라면 이 다양성은 불가능하였을 것이다. 그래서 세 번째 자율성(autonomy)의 원칙도 더없이 소중하다. 자유는 사상, 학습, 의사소통, 재산, 거주, 결혼, 노동 등에 대한 자유를 가지며 권리는 다른 존재의 자유를 침해하지 않는 이상 무엇이라도 허용된다. 끝으로 유산(legacy) 원칙은 오늘날 대부분 사람들이 행복하다고 여기는 시나리오와 양립할 수 있어야 하고, 오늘날 모든 사람들이 끔찍하다고 여기는 시나리오와 양립할 수 없어야 한다(Tegmark, 2017).

우리에게는 당연해 보이는 이 네 원칙이 AI 현실에 적용하기가 쉽지 않다. 우선 인간을 포함한 모든 생물은 생존하기 위해 영양분과 칼로리를 섭취해야 한다. 그리고 그것은 누군가의 희생 없이 불가능하다. 그것을 위해 우리는 사람이 아니라 할지라도 어떤 독립적 개체의 자율성을 침해하고 고통을 줄 수밖에 없다. 그리고 일부 사람들은 그런 행동에 대해 즐거워하지도 않는다. 채식주의자(vegan), 동물보호론자, 환경보호론자들은 인간이 다른 개체나 환경에게 고통과 피해를 주는 일들을 혐오하고 최소화하고자 한다. 그렇다면 우리는 이런 모순적이고 비현실적인 원칙을 AI에 적용할 수 있을까? 일부는 그런 가치충돌과 모순에 관한 고민은 인간 수준에서 끝내도록 하고 AI에게까지 같은 고민을 물려줄 필요가 없다고 생각한다. 그렇지만 일부는 인간은 부족하므로 탁월한 연산능력을 통해 확률적 정답을 제공하는 AI에게 이런 문제해결을 의존해 보자고 한다. 요컨대 널리 수용된 윤리 원칙이라 하더라도 미래 AI에게 적용 가능한 형태로 코딩하는 일은 쉽지 않아 보이며, 더구나 실리콘지성이 우리의 사회에 깊숙이 편입될 경우에 더더욱 그럴지 모른다.

테그마크(2017)는 개체가 계속 스마트해지면서 점차 일치점에 이르는 어떤 궁극의 목적시스템이나 윤리적 틀이 있을지에 의문을 가졌다. 즉 인류에게 어떤 운명 같은 윤리적 도구모음(toolkit) 같은 것이 존재하는가였다. 인류의 역사를 돌아보면 우리가 그런 방향으로 수렴해간 족적을 찾을 수 있다. 스티븐 핑커(Steven Pinker)는 「우리 본성의 선한 천사(원제: The Better Angels of Our Nature)」에서 인류는 지난 수천 년 동안 폭력을 줄여 갔으며 협력을 늘여갔다고 주장하였다.[93] 세계의 많은 영역에서 다양성, 자유, 민주주의의 채택이 증가해 왔고, 지난 천 년 동안 과학적 방법을 통한 진리추구가 대다수 지식인들의 주관심사였다. 그렇다면 적어도 인류는 이 한 없이 더딘 수렴에 걸리는 시간을 앞당기고 시행착오를 줄임으로써 궁극의 윤리의 근처라도 도달하기 위해 AI의 도움을 받을 수는 있을 것이다. 단언컨대 그런 AI는 굳이 인간을 그대로 닮을 필요는 없어 보인다.

3) 협업적 도전들

국제적 협업은 친절한 AI를 만드는 일에만 적용되는 것은 물론 아니다. 기본적으로 AI 및 로봇을 향한 노력은 각 국가의 정부적 차원에서 다양한 나라를 대상으로 한 글로벌 스케일로 이루어지고 있다. 정부지원을 받는 미국 국방고등연구국(Defense Advanced Research Projects Agency, DARFA 다르파)[94]은 매년 다르파 로봇챌린지를 개최하여 휴머노이드(Humanoid)[95] 경진대회를 열고 있다. 이 대회는 2011년 후쿠시마 원전사고 후 이 같은 대형사고 현장에 투입될 수 있는 로봇이 필요하다는 취지에서 시작되었다. 다르파 로봇챌린지에서는 참가 로봇에게 문을 열고 걸어 나가거나, 넘어져도 일어서거나, 장애물을 피하고, 계단이나 사다리를 오를 것을 요구한다. 대부분 '모라벡 역설'처럼 사람에게는 극히 쉬운 일이지만 기계는 해내기 어려운 동작들이다. 이런 국제대회를 통해 '모라벡 역설'을 극복하기 위한 AI·로봇연구자들의 도전은 계속

93 저자는 이 주장에 100% 동의하기 어렵다. 오늘날 물리적 폭력은 줄어들었다고는 하나 이념적, 정치적, 언어적 폭력은 증가하고 더 교묘해져 가고 있다. 즉 선과 악의 모습은 형태만 달라졌을 뿐 비슷한 비율로 지속되는 것 같다.

94 세계 최초로 오늘날의 인터넷을 시작한 기관

95 휴머노이드는 인간의 신체와 유사한 모습을 갖추고 인간의 행동을 모방할 수 있는 로봇이다. 휴머노이드라는 말은 '인간'이라는 뜻을 가진 '휴먼'과 '비슷하다'는 뜻을 가진 '오이드'의 합성어이다. 한국의 대표적 휴머노이드는 2004년에 개발된 휴보(HUBO)이다. 휴머노이드는 사람의 지능, 행동, 감각, 상호작용 등을 모방하여 사람의 일을 대신하거나, 사람과 협력하여 다양한 서비스를 제공하는 것을 목표로 계속 발전하고 있다.

되고 있으며 상당한 성과도 있다. 아이폰의 음성비서인 시리(Siri)도 아직은 완벽하지 않다. 영화 '그녀(Her)'에서 자연스럽게 대화를 하고 위로도 건네는 여성(음성데이트)을 생각하면 거리가 한참 멀다. 그러나 언제까지 AI음성서비스와 로봇들이 현 수준에 머물러 있지는 않을 것이다. MIT 신티아 브리아질 교수 연구진이 개발한 가정용 AI로봇 지보(JIBO)[96]는 대화를 할 수 있고 사진을 찍을 수도 있으며 TV의 내용과 날씨에 대한 얘기도 해준다. 지보와 유사한 아마존의 에코(Echo), 소프프뱅크의 페퍼(Pepper)는 일상생활에 필요한 정보들을 직접 입력하지 않고 말로 입력할 수도 있다. 2021년 뉴욕경찰국(NYPD)은 로봇기업 보스턴 다이내믹스(현대자동차그룹이 2020년에 인수)가 만든 로봇견 '스팟(spot)'을 경칠견으로 이미 투입하고 있다. '스펏'은 스스로 균형을 잡고, 물건을 추적하고, 눈길에서 넘어지지도 않을 정도여서 모라벡 역설을 상당히 극복하였다.

실리콘지성에 도달할 때까지 많은 난관이 있겠지만 인간의 협업적 노력은 결코 중단되지 않을 것이다. 자유시장경제가 보장하는 금전적 대가와 인간 DNA에 뿌리 내려 있는 휴머니즘적 이타주의는 협업적 노력의 강력한 추진력이다. 이 동력은 기계가 인간수준에 도달하더라도 멈추지 않고 초인간 수준의 기계지능(super-human-level machine intelligence)에 이를 때까지 계속 밀어붙이겠지만 동시에 그것의 부작용을 막기 위한 노력도 병행할 것이다.

[쉬어 가기]
AI 협력을 강조한 구글 CEO 피차이

2020년 1월 22일 스위스 다보스에서 열린 세계경제포럼(WEF) 콘퍼런스에서 구글 CEO 순다르 피차이는 "AI는 우리 인류가 작업하고 있는 가장 영향력이 큰 것들 중 하나"

---

96 JIBO 프로젝트는 2014년 9월에 클라우드 펀딩을 통해 350만 달러를 모금하는 데 성공하고 2015년 가을에 발매할 예정이었으나 출시가 계속 늦춰지고 가격도 싼 경쟁사(구글 등) 제품이 나오면서 시장 진입에 실패하였다. 이후 JIBO관련 지식재산권은 뉴욕 투자관리회사 SQN Venture Partners에 매각되었다.

라며 “그것은 불이나 전기보다 더 영향력이 심대하다”고 말했다. 즉 AI가 몰고 올 여파가 인류 문명에 중대한 전환점이 된 불이나 전기의 발견보다 더 심원할 것으로 예언한 것이다.

그는 또한 “AI는 기후와 다르지 않다”며 “한 국가 또는 몇 개 국가들만 노력해서는 안전을 확보할 수 없다. 전 세계적인 프레임워크가 필요하다”고 말했다. 그러면서 인공지능을 규제하기 위한 미국과 유럽의 현행 프레임워크는 “훌륭한 출발점”이라며 인공지능이 책임감 있게 개발되려면 많은 나라가 파리기후변화협정과 유사한 국제적 합의를 바탕으로 함께 일해야 한다고 말했다.

특히 피차이는 의료(헬스케어) 분야야말로 향후 5~10년간 AI의 활용을 통해 가장 극적인 향상을 가져다 줄 잠재력을 가졌다고 예측했다. 이에 구글은 헬스케어 부문에서 의료업체 어센션과 클라우드 컴퓨팅 사업을 하고 있으며, 암 진단에 AI기술을 적용하고 있다. 피차이는 “암은 종종 적절한 타이밍을 놓치기도 하는데 그에 따른 결과의 차이는 매우 크다”며 “예를 들어 폐암에서 5명의 전문가는 이런 방식에 동의하고 다른 5명은 다른 방식에 동의할 수 있다. 우리는 이를 개선하기 위해 인공지능을 이용할 수 있다는 것을 안다”고 말했다. 이런 맥락에서 알파벳과 그 자회사인 구글은 수년간 자기공명영상진단(MRI) 영상이나 다른 환자 데이터를 자동으로 분석해 질환을 진단하거나 예측할 수 있는 AI를 개발하려고 노력하고 있다.

모든 기술적 진보에는 명암이 있기 마련이다. 얼굴 인식 같은 기술은 실종자를 찾는 등 좋은 일에 쓰일 수 있지만 대중 감시 같은 부정적인 목적을 위해 쓰일 수도 있다. AI의 활용을 통해 가장 극적인 향상을 가져다 줄 잠재력을 가진 헬스케어 부문에서 조차 건강정보 유출 등 프라이버시 침해 우려는 상존한다.

[자료원] 글로벌경제신문, 2020.1.23.

6.12 그래도 희망은 하드웨어?

컴퓨터 성능의 개선이야말로 실리콘지성(범용AI)과 초지능에 이르는 중요한 견인차임에 틀림없다. 빠른 컴퓨터는 반복적 연산기법(brute-force technique)[97]을 계속 사용할 것이고, 초지능의 빠른 출현은 인류로 하여금 더 심각한 존재적 위협을 느끼게 할 수도 있다. 초지능처럼 지능 대확산은 하드웨어가 상당히 높은 수준으로 발전했을 때부터 – 즉 성공적인 소프트웨어적 프로그래밍 접근방법이 최초로 성공했을 때부터 – 시작될 것이다. 하드웨어의 공급 누적은 도약단계에서 혁신 저항성을 줄여줌으로써 급진적인 하드웨어의 발전은 더 빠르고 폭발적인 초지능으로의 전환을 가능하게 할 것이다(보스트롬, 2017).

테그마크(2017)는 가상의 초지능 '프로메테우스'가 소프트웨어와 하드웨어의 양손을 번갈아 잡아가며 짧은 시간에 진화해 가는 과정을 흥미롭게 묘사하고 있다. 일반적으로 소프트웨어를 재구성하는 데 걸리는 시간은 짧지만, 하드웨어는 수개월에서 여러 해가 소요되므로, 프로메테우스 1.0은 방대한 하드웨어 용량으로 소프트웨어의 낮은 수준을 우선 벌충할 수 있다. 즉 프로메테우스는 충분한 하드웨어를 기반으로 자신의 소프트웨어를 신속하게 개선하면서 스스로 능력을 계속 늘려갈 수 있다. 한편 하드웨어 자원이 충분하다는 것은 비용(예: 전기료 등)이 증가함을 의미한다. 만일 실리콘지성이 인간 수준의 작업을 하는 데 드는 비용이 평균임금보다 높다면 초지능으로 더 발전하기는 어려울 것이다. 실리콘지성은 스스로 개선하는 최적화 노력을 반복함으로써 자신에게 드는 운영비를 사람의 노동단가보다 낮추려 할 것이다. 이러한 선순환구조가 반복되면서 지능은 빠르게 폭발적으로 확장될 것이다.

컴퓨터·AI 과학자들의 최적화 노력은 소프트웨어 기술에도 적용될 수 있다. 정보처리의 모듈화와 계층화가 하나의 방법이다. 예를 들어 파리 한 마리가 손으로 잡을

---

97 유전자 알고리즘이나 생성-평가-폐기(generate-evaluate-discard) 방법 등

수 없을 정도의 속도로 빠르게 우리 눈으로 돌진해 온다면 반사적으로 10분의 1초 안에 눈을 감는다. 이 눈 깜박임은 파리가 우리 눈으로 다가온다는 정보가 뇌에 도달하여 대뇌피질 전체로 방송된 후 우리가 그 일을 의식적으로 알아차리기 전에 일어난다. 우리 뇌는 빨리 대처해야 할 상황과 그럴 필요가 없는 상황에 대비하여 정보처리 모듈들을 계층화함으로써 상황에 맞는 속도와 복잡성을 모두 잘 갖추고 있다. 그런데 이런 일을 처리하는데 대규모 소프트웨어가 탑재된 대형 컴퓨터가 왜 필요할까? 현재의 제한된 하드웨어기술로써 실리콘지성이 빠른 상황에 대처하는 정보모듈을 처리하기 위해 대형컴퓨터의 성능을 굳이 빌릴 필요는 없을 것 같다. 비즈니스 측면에서 실리콘지성에게 요구되는 최적화 기술을 찾기 위해서는 반드시 비용효익분석을 거쳐야 할 것이다. 현재의 기술로 비용을 보전할 수 있을 정도의 가치를 창출하는 인공의식이나 인지처리가 아니라면 그런 소프트웨어를 실리콘지성에 허용할 필요는 없어 보인다.

6.13 정당성의 확보

런던 유니버시티 칼리지의 마크 하먼 교수는 "인공지능(AI)을 왜 만들어야 하지? 지구상에 자연지능(인간)이 70억 개나 있는데 대부분은 별다른 일을 안 하고 놀고 있잖아"라는 뼈있는 농담을 던진 적 있다. 이 정당성 질문은 AI기술이 발전을 거듭하여 인간을 닮아갈수록 더욱 집요하게 제기될 것이다. 그래서 우리는 인간을 닮은 궁극의 AI, 즉 실리콘지성을 추구하는 이유와 그 결과로 얻게 될 손익계산서를 진지하게 따져 볼 필요가 있다.

표면적으로 우리가 AI를 두려워하고 반대하는 가장 큰 이유는 여러 분야에서 인간을 대체함으로써 인간의 존재적 기반을 약화시킬 것이라는 우려 때문이다. 이 대체위협은 두 가지 측면이 있다. 하나는 기능적 대체 위협이요 또 다른 하나는 관계적 대체 위협이다. 우리는 지나치게 전자의 위협만을 강조하다 보니 후자의 위협을 간과해온 측면이 있다. 우리는 이미 기능적 대체위협에는 많이 익숙해져 왔고, 이 부분에서 AI·로봇 연구자들은 이미 많은 성취를 이뤄냈다. 2장에서 설명한 제조, 물류 및 운송, 인명구조, 군사작전, 우주탐사, 자율운전 등 반복적이며 정확성을 요구하는 위험한 업무에서 AI는 이미 인간을 광범위하게 밀어내기 시작했다. 서빙로봇, 무인계산대, 공장자동화 로봇, 로봇청소기 등 과업지향 기능형 AI기계(로봇)들은 인류를 지저분하고 반복적인 일로부터 해방시켜 주고 있다. 그로 인해 노동의 공급자로서 인간은 그 일차적 존재적 가치를 상당 부분 상실해가는 중이다. 결론적으로 기능적 대체 가치에 있어 AI는 상당 부분 경제적 타당성을 이미 확보하였다.

인간은 사회적, 관계적 동물이다. 인터넷의 확산과 5G 통신으로 인한 초연결사회를 사는 현대인들은 전통적인 면대면 교류를 줄이는 대신 유·무선 네트워크를 통한 사이버 관계의 비중을 계속 늘려가고 있는 중이다. 인간의 나약함과 고독 그리고 이기주의는 애완동물의 수요를 부추겼고, 약함을 극복하고 관계적 단절의 해소를 돕기 위해 AI와 로봇의 용도를 다각도로 인지하기 시작했다. 인간의 취약성은 그것을 보완하거나 해소해준다는 측면에서 분명 폭발적인 미래 시장의 존재를 암시한다. 인간은 상호작용을 할 수 있는 인간 이외의 개체나 매체가 필요하고, 그것을 가능하게 하는 AI·로봇 기술의 잠재력은 풍부하다. 2장에서 관계적 과업지향 로봇에 대해 설명하였다. 특히 서비스로봇은 개인 또는 그룹을 물리적, 정서적으로 긴밀하게 돕는 AI기계로써 챗봇(예: AI스피커), 인간의 신체적 한계를 돕는 보조 로봇(예: 수술용 로봇팔), 인간과 자연스런 교감과 상호작용을 하는 지능형 AI로봇(예: 반려동물로봇), 다기능서비스로봇(예: 지능형 도우미로봇) 등이 이미 존재한다. 그런데 이러한 관계적 과업지향 기계를 위한 AI에 대한 인간의 태도는 가치 충돌적인 측면 있다. 기업들의 R&D센터와 마케터들은 뇌를 더 연구하고 모방함으로써 더 많이 인간을 닮은 AI·로봇을 출시함으로써 새로운 시장의 욕구를 충족시켜줘야 한다고 생각할지 모른다. 그러나 인간의 취약한 도덕성과 사회적 아노미를 걱정하는 일부 철학자들은 '모순되고 일관성이 없고 변덕이 잦으며 쉬 지치는 인간을 닮은 제2의 지성체로 지구를 더 채울 이유가 어디 있는가'라고 계속 묻고 있다. 인류가 실리콘지성의 사회적 정당성을 찾아 이 딜레마 가운데서 그것을 구해낼 수 없다면 향후 AI연구는 인간을 더 닮아야 할 명분을 차츰 잃을 것이다.

그런데도 시장과 소비자, 기업 그리고 정부는 지속적으로 실리콘지성을 원할 것이고 투자할 것이다. 이유는 간단하다. 개인은 AI를 통해 상실되어가는 관계를 벌충할 수 있고, 한계에 이른 능력을 업그레이드함으로써 경쟁적 사회에서 더 버틸 수 있으며, 기업은 생산성을 높이고 노조의 불필요한 등쌀에서 벗어날 수 있으며, 군대는 자국민의 인명 손실 없이 쉽게 전쟁을 치를 수 있기 때문이다. 한편 시민단체를 비롯한 일부 조직들은 AI기계의 지나침과 부작용을 지속적으로 관찰하고 연구함으로써 사회의 근간을 해치거나 부정하는 일들에 대해 끊임없이 호각을 불어댈 것이다. 이러한 작용과 반작용 현상은 국가마다 다를 것이며, 한 국가 내에서도 계층과 집단에 따라 다른 양상을 보일 것이다. 21세기는 이러한 작용과 반작용들이 균형을 이루며 AI를 일상의 한 부분, 문화의 일부로 포용하는 사회로 차츰 넘어갈 것으로 보인다.

AI가 들이대는 기능적, 관계적 대체위협에 인류가 적응하고 극복한다 하더라도 생명과학, 뇌과학, 컴퓨터과학, AI가 인간을 업그레이드하려는 협력적 노력의 정당성을 확보하는 일은 또 다른 차원의 문제이다. 기계를 통한 인간 업그레이드 노력 그 자체는 국가사회주의, 즉 나치가 주장하였던 진화론적 인본주의와 크게 다르지 않다. 나치는 인류의 퇴화를 막고 진보적 진화를 역설하였다. 그래서 그들은 인류의 가장 발전된 형태인 아리아인을 보호·육성해야 하며 열등한 유대인, 집시, 동성애자, 정신병자들을 격리하거나 심지어 근절까지 하려 하였다. 그런데 근래에 이런 비슷한 아이디어를 추구하는 프로젝트가 교묘하게 교양과 과학의 탈을 쓰고 유행하고 있다. 하급 인종이나 열등한 집단을 멸절시키자고 노골적으로 말하는 사람은 없지만, 생물학에 대한 해박한 지식을 활용하여 초능력자를 만들거나 초능력자가 되고자 하는 인류의 욕망은 계속 꿈틀거리고 있다. 유전자와 뇌를 조작하여 우리의 육체적, 정신적 능력을 업그레이드하거나 실리콘지성처럼 인공 지성체를 만들자는 주장에 더 큰 힘을 실어줄 사상의 욕망은 계속 누적되고 있다. 이 욕망은 파괴적인 부작용이 초래되지 않는 한 계속 충족됨으로써 인간의 후천적 형질의 양극화는 경제적 빈부격차처럼 새로운 사회문제로 대두될지 모른다.

근래 인본주의의 자유주의 신조와 생명과학의 엄중함 사이에는 엄청난 간극이 생겨날 조짐이 보인다. 여기에 실리콘지성과 초지능의 가능성까지 가세한다면 그 간극은 더욱 넓어질 것이다. 자유주의적 정치·사법제도는 모든 개인이 신성한 내적 본능을 가지고 있으며, 더 나누거나 바꿀 수 없는 이 본성이 세상에 의미를 부여하고 모든 윤리적, 정치적 권위의 근원이 된다고 믿는다. 그러나 지난 2백 년에 걸친 생명과학을 비롯한 과학의 눈부신 발전은 이런 믿음을 철저하게 와해시켜 왔다. 인간이라는 유기체의 내적 작동방식을 연구하는 과학자들은 영혼의 존재를 부인한다. 인간의 행동은 모호한 자유의지 때문이 아니라 호르몬, 유전자, 시냅스에 의해 결정된다고 주장하는 과학자들의 수는 점점 늘어나고 있다(하라리, 2015).

이러한 과학적 주장은 상당히 객관적인 증거를 가지고 인간과 동물은 별 차이가 없다고 주장하는 학문적 조류와 합류하면서 인간개소에 얽혀 있는 윤리·도덕적 진입장벽을 무장해제하고 있다. 인간이 닭보다 우월한 것은 정보 흐름의 패턴이 닭보다 훨씬 더 복잡하기 때문이라는 것이다. 인간이 더 많은 데이터를 흡수하고 더 나은 알고리즘을 이용해 그것을 처리하기 때문에 우수하다면[98], 인간보다 훨씬 더 많은 데이터를 흡수하고 훨씬 더 효율적으로 처리하는 데이터처리시스템(예: AI, 로봇)이 인간보다 우월하지 말란 이유가 없다(하라리, 2017). 즉 뇌를 코드와 데이터를 처리하는 컴퓨터와 동일시한다면 컴퓨터를 업그레이드하듯이 뇌를 업그레이드 하는 일이 도덕적으로 특별히 문제될 게 없어진다. 어떤 도구를 사용하든 우리의 뇌와 신체의 기능을 향상시키려는 노력이 사회적 정당성을 확보하는 것은 앞으로 큰 어려움이 없을 것이다.

한 걸음 더 나아가 초지능의 위협에 대한 심리적, 도덕적 저지선까지 무너지는 경우를 상상할 수 있다. 전 지구적으로 복잡하게 얽혀 있는 정치·사회적 문제가 발생할 때마다 정치가나 연구자들은 초지능의 유혹을 강하게 느낄지 모른다. 2020년으로 넘어가던 시점에 전 지구를 공포의 도가니로 몰아넣은 신종 코로나 바이러스의 창궐은 개별 국가는 물론 국가 간 긴밀한 협력이 얼마나 중요한지를 일깨워 주었다. 발달된 교통수단과 각 나라마다 엄청난 투자를 통해 구축된 광범위한 관광 인프라와 자원은 글로벌 관광수요를 폭발적으로 늘려왔다. 매일 국경을 넘는 인구가 수백만 명에 이르는

98 일상의 언어로 말하자면, 인간이 감정과 더 뛰어난 지적 능력을 갖고 있다는 뜻이다. 하지만 현시점의 생물학적 정설에 따르면 감정과 지능은 단지 알고리즘에 불과하다.

상황에서 한 지역에서 창궐한 전염병이 다른 지역이나 국가로 넘어가는 일이 단 몇 시간만에 가능한 초연결사회에 우리는 살고 있다. WHO(세계보건기구)와 각 국가의 보건당국은 발달된 IT와 데이터분석을 통해 협력적 그리고 개별적 선제조치를 하고 있지만 여기저기서 의사결정자로서의 한계를 드러내기도 하였다. 예를 들면 2017년에 임명된 테드로스 아드하놈(에티오피아 출신) WHO 사무총장은 중국의 전폭적인 지원을 받아 선출되었기에 코로나 바이러스의 근원지인 중국의 대처방식을 편향적으로 바라보고 보다 효과적이고 선제적 조치를 내리지 못한다는 비판을 받았다. 특히 코로나 바이러스로 인한 글로벌 경기침체에 대한 책임을 상대측에게 돌리려는 강대국들의 싸움으로 진실이 묻혀버리는 듯하다. 이렇듯 진실을 회피하려는 인류의 민족주의적, 자국중심적 편향성이 부각되면 될수록 복잡하게 얽힌 사회적, 정치적, 경제적, 환경적, 우주적 문제 상황에서 질적 초지능(quality super-intelligence)을 가진 선량한 실리콘지성의 판단력이 더욱 필요할 수 있다. 이러한 초국가적인 문제들은 단계적으로 하나하나 검증을 통해 해결하는 것이 불가능한, 여러 계층의 복잡한 인과관계들이 엉켜있을 가능성이 매우 높다. 따라서 이러한 문제들은 조금씩 나누어 해결할 수 없으며, 완전히 본질적으로 새롭게 이해하거나, 현재 우리의 수준으로는 너무 심오하고 복잡해서 발견할 수도, 효과적으로 사용할 수도 없는 새로운 표현체계가 있어야 해결될 수 있는 문제들이다(보스트롬 2017).

철학에서 말하는 "영원한 문제들(eternal problems)"[99]은 해결하는 데 시간이 오래 걸리고 해답이 명확하지 않다. 그래서 인간의 철학적 사고로 해결하기에는 적당하지 않다(Walker, 2002). 즉 미래로 갈수록 인간의 평균적 인지능력으로는 해결하기 쉽지 않은 "영원한 문제"들이 빈번히 출현할 것이다. 예를 들면, 근래 들어 우리나라의 대기의 질이 급격하게 떨어지고 있어 정부가 대처방안을 고심하고 있다. 미세먼지가 나빠지는 날이 빈번해지는 원인을 정확하게 집어내지 못하고 있는 것도 국경을 넘어 국가 간에 교차하는 여러 요인들이 복합적으로 엉켜있어 현재의 접근방식이나 분석모델이 이 거대

99 철학의 근원적인 문제들 중의 한 유형으로써 영구적이며 보편적인 답을 구하는 것이 불가능한 문제를 의미함

한 문제에 대처할 수 있을 만큼 충분히 정교하지 못하기 때문일 것이다. 더구나 각 나라의 정치인들은 사실적인 관계를 수긍하지 않고 원인규명을 위한 적절한 협력과 필요한 데이터를 공유하려 하지 않은 채 정치적 선동만을 일삼음으로써 문제를 더욱 꼬이게 만든다. 이런 문제들이 빈번하면 할수록 국지적 국가연합기구들이나 범 국제기구가 정당성을 부여한 초지능의 필요성이 더욱 절실해질지 모른다. 분쟁이 없는 평화로운 세계, 복잡한 글로벌 문제의 신속한 해결을 바라는 인류의 욕망이 증대할수록 이런 초지능의 존재를 더욱 희망하지 않을까? 이 초지능은 결코 관념적이지 않으며 오직 투명한 추론모델이 빅데이터를 학습한 후 최종적인 판결을 내려줄 수 있는 데이터교의 교주와 같을 것이다.

6.14 기술적 원시수프

실리콘지성이나 초지능을 가능하게 하는 기술메뉴는 보기에 따라 장바구니가 넘칠 정도로 풍부하다. 더구나 다양한 연구분야들의 융복합이 활성화되고 획기적인 결과물이 나올 때마다 그 메뉴는 차고 넘칠 것이다. 앞에서 언급했던 컴퓨터과학, 생명과학, 뇌·신경과학, 의학 그리고 각 분야별로 세분화되어 갈라져 나오거나 융합된 분야들이 셀 수 없이 많은데, 이것들이 실리콘지성의 한 꼭지씩 맞들고 장밋빛 미래로 인류를 충분히 실어 나를 수 있을 것만 같다. 그러나 서로 연결되어야 하지만 아직 봉합이 덜된 것들이 많아 미완성 퀼트처럼 남아 있는 곳도 여전히 많아 보인다.

뇌과학자 김대식(2016)은 인간의 뇌는 컴퓨터와 완전히 다른 방식으로 작동하므로 만일 AI가 인간의 지능을 모방하고자 한다면 다시 원점에서 시작해야 한다고 주장하였다. 뇌의 작동 기제를 이해하려는 신경과학자들의 노력은 날로 발전하는 뇌영상기술과 결합하여 빠른 속도로 결실을 내고 있다. 더구나 신경세포(뉴런) 단위에서 뇌의 작동방식을 생화학적으로 이해하면 할수록 인공신경망이론, 생명공학, 의공학 연구에 크게 도움이 될 것으로 보인다. 즉 뇌가 세상을 읽는 방법으로 인공신경망은 컴퓨터를 학습시키고 있으며, 현실에 차고 넘치는 빅데이터는 실리콘 지능의 거대한 학습자료(자양분)가 되어줄 것이다. 결국 지능, 즉 세상을 이해하는 능력은 설명을 통해 배우는 것이 아니라 경험과 학습을 통해 가능하다는 것이 AI에서도 확인되고 있다. 다만 학습의 비효율성은 여전히 문제로 남아 있다. AI는 여전히 하나를 배우기 위해 인간처럼 수천 수만 번을 반복 학습을 해야한다. 그런 가운데 AI의 딥러닝 추론의 깊이는 이미 인간을 추월하였기에 꼬인 거대한 문제에 대해 인류가 상상하지 못한 어떤 통찰력(직관력)을 보이지 않을까 잔뜩 기대하고 있다.

오늘날 AI 연구는 '분할 후 정복(divide & conquer)'이라는 전략으로 나름 국지적인 성공을 거두었다. 구글의 알파고(바둑), IBM의 딥블루(체스)와 왓슨(퀴즈, 요리, 콜센터), 의료진단과 처방, 세무·회계자문, 시나리오/기사 작성, 투자자문, 주식의 매수 매입결정 등을 돕는 전문가시스템들은 이미 해당 분야의 지식을 집중적으로 습득한 초(대체)지능에 진입하였다. 그리고 효율적인 학습을 위해 자연어처리, 시각인식, 음성인식, 논리적 추론기관, 기계학습, 딥러닝 등의 기술은 서로를 지지하거나 보완하면서 초지능의 현실화를 앞당기고 있다.

유신(2015)은 장난감 수준의 AI가 점자 범용AI(실리콘지성)로 발전해 가는 과정을 설명하고자 원시수프(Primordial Soup)이론을 인용하였다. 원시수프는 생명탄생의 기원을 설명하기 위해 러시아 과학자 알렉산드르 오파린(Alexander Oparin, 1894~1980)이 제안한 가설이다. 이 가설에 의하면 초기 지구의 대기는 환원적이었고, 여기에 다양한 에너지가 더해져 간단한 형태의 유기물 단위체(monomer)가 먼저 형성되었다. 이 유기물 단위체들이 일부 지역에서 높은 농도로 밀집되어 수프를 형성했고, 여기서 점진적으로 더 복잡한 유기물이 생성되어 생명체로 발전했다는 가설이다. 상상할 수 없는 시간이 요구되는 과정이어서 실험으로 확인할 수 없는 이론이지만 이것을 실리콘지성의 탄생에도 적용해 볼 수 있을 것이다. 즉 궁극의 AI, 실리콘지성을 가능하게 하는 원시수프는 무엇일까?

AI(실리콘지성)의 원시수프는 인터넷과 데이터, 클라우드·모바일 컴퓨팅, 신경과학, 소프트웨어, 하이브리드 소재 등을 들 수 있다. AI의 학습 영양소인 대량의 데이터가 디지털로 존재한다는 것, 그리고 그것을 빠르게 교환할 수 있는 인터넷의 존재는 실리콘지성의 현실화에 매우 이상적인 자양분이라 할 수 있다. 예를 들어 자연어처리 분야에서 인터넷과 디지털 포맷을 통해 거의 무한 크기의 문장들, 즉 사람들이 일상생활에서 사용하는 언어의 용례에까지 접근할 수 있었기에 언어번역기술이 획기적으로 발전할 수 있었다. 만일 AI스피커가 SNS를 통해 사람들이 주고받는 수많은 문장, 단어, 사진, 동영상들을 단 일 년 치 분량만 학습한다면 특정 지역 사람들의 관심사와 동향을 습득함으로써 간단한 대화 정도에는 쉽게 참여할 수 있을 것이다. 이미 무한의 처리속도에 도전하는 하드웨어의 발전으로 이것이 상당부분 가능해졌다. 지난 100년에 걸쳐 연산(컴퓨팅)비용은 약 2년마다 절반으로 떨어져 우리의 아버지 세대가 태어났을 때 보다 얼추 10^{18} 분의 1로 떨어졌다. 이렇게 극적으로 비용이 하락한 덕분에 우리는 도처에서 컴퓨터를 쓸 수 있게 되었다. 옛날에는 건물 크기였던 컴퓨터가 가정, 개인, 자동차, 호주머니에까지 들어갔지만 처리속도는 그 반대도 더 빨라지고, 심지어 운동화처럼 예상치 못한 사물들에게까지 부착되기 이르렀다.

왜 기술은 규칙적인 간격을 두고 두 배로 껑충 뛰는 지수적(exponential) 성장을 할 수 있는 것일까? 왜 이 추세가 트랜지스터 소형화(무어의 법칙)뿐만 아니라 메모리 반도체, 게놈 시퀀싱(genome sequencing)[100], 뇌영상기법에 이르는 컴퓨팅 전반에 일어나고 있는 것일까? 레이 커즈와일은 이 지속적인 배증현상을 '수확체증의 법칙'이라 불렀다. 어떻게 보면 이 배증현상은 자연에 잠재되어 있는 근본적인 속성을 인간이 알게 된 것일 수 있다. 즉 기술과 문명 그리고 개체가 발달하는 데는 여러 단계를 거치는데 앞 단계가 그 이후의 단계를 지수적으로 성장시키는 것이다. 자궁 속의 인간이나 각종 바이러스도 그렇게 성장한다. 세포들은 대략 하루마다 둘로 나뉘고 이후 1, 2, 4, 8, 16 ... 으로 증가한다. 우주기원에 대한 가장 인기 있는 과학적 이론인 '인플레이션'이론에 의하면 우주 역시 초창기에 지수적으로 팽창했다. 우주는 일정한 시간 간격으로 계속 배로 불어났고, 그 결과 원자 하나보다 훨씬 작은 가벼운 입자 하나가 우리가 알고

100 DNA의 염기서열의 분석

있는 모든 은하계보다 더 거대하게 팽창한 것이다(태그마크, 2017). 즉 인류가 눈치 챈 그 속성이란 배로 증가한 단계가 다음 단계에서 다시 배증으로 계속 폭증한다는 것이다. 그래서 무어의 법칙처럼 일단 기술이 두 배로 강력해지면 그 기술로 두 배 더 강력한 기술을 설계해 반복적으로 역량이 배가되는 것이다.

그러나 이런 지수적 성장이 계속 가능할 지에 대해 의문을 던지는 주장이 없는 것은 아니다. 예를 들어 트렌지스터가 계속 작아지는 데에는 물리적인 한계가 있어 '무어의 법칙'은 곧 끝날 것이라는 주장이 있다. 그러나 무어의 법칙이 우리 기술력이 지속적으로 배증한다는 말과 동의어는 아니다. 커즈와일은 무어의 법칙이 연산능력의 지수적 성장을 가능하게 하는 기술 패러다임의 다섯 번째 단계와 관련이 있을 뿐, 첫 단계와는 관련이 없다는 지적을 하였다. 즉 하나의 기술이 더는 발전할 수 없게 되면 다른 차원의 신기술이 출현하여 이를 대체한다는 것이다. 반도체의 경우, 진공관을 더 작게 만들 수 없자 우리는 트랜지스터를 만들었고 이어 회로를 이차원 평면으로 깔다가 다차원으로 집적하는 기술을 개발하였다. 이 기술도 한계에 이른다면 3차원 회로를 활용하고, 명령어 처리를 전자가 아니라 다른 무언가를 활용하는 방안이 나올 수 있을지 모른다.

오늘날 병렬처리 기술이 컴퓨터의 연산속도를 높여왔다. 계산모듈을 여러 개로 나눠 병렬로 처리하므로 한 모듈이 데이터를 읽는 동안에 다른 모듈은 계산을 하거나 출력하는 식이다. 이 궁극의 병렬컴퓨터는 양자컴퓨터로 볼 수도 있다. 디지털 컴퓨터는 0과 1이라는 2가지 상태로 조합된 비트(bit)를 처리한다면 양자컴퓨터는 0과 1이 동시에 존재하는 양자 상태(중첩)도 처리할 수 있다. 예를 들어, 디지털 컴퓨터가 동전의 정보를 앞·뒷면만 처리할 수 있다면, 양자컴퓨터는 동전의 모양을 360도로 파악하고 동전이 회전하는 상태를 동시에 인식할 수 있다. 따라서 디지털 컴퓨터가 100년 걸려서 풀 문제를 양자컴퓨터로는 단 1초 만에 풀 수 있다. 경제성이 있는 양자컴퓨터가 수십 년 안에 만들어질 수 있을지는 알 수 없다. 문제는 양자역학이 과학자들이 추정한대로 작동할지 그리고 힘든 기술적 장벽을 극복하는 일에 달렸다. 그런데도 세계의 거대 IT 기업과 깨어있는 정부는 이 프로젝트에 연간 수천만 달러를 쏟아붓고 있다. 비록 양자컴퓨터가 기대한 만큼의 속도를 내지 못한다 하더라도 보다 영리한 알고리즘이 개발되고 있으며 특정한 유형의 연산, 예를 들면 암호를 풀거나 인공신경망을 훈련시키는 일의 처리 속도를 극적으로 끌어올릴 수 있을 것이다(테그마크, 2017).

클라우드 컴퓨팅은 연산능력의 한계를 극복하기 위한 기술적 뒤딤돌이 될 수 있다. 클라우드는 강력한 하드웨어(서버)들을 한 군데 모은 뒤, 네트워크를 통해 그 연산능력을 통합해서 사용하므로 더욱 강력해진다. 스마트폰이 탁상 위 PC를 대체해 버렸듯이 클라우드는 미래 실리콘지성의 중앙통제실이 되어줄 것이다. 아울러 스마트폰처럼 사람들이 가지고 다니는 각종 모바일기기는 세상 구석구석에서 데이터를 수집하는 센서 역할을 수행할 것이다. 사람들의 위치와 활동정보, 기후정보를 비롯한 다양한 지역정보가 모바일기기를 통해 수집되면 개인, 집단, 기업, 정부 그리고 세계기구의 문제해결에 필요한 빅데이터가 될 것이다. 이러한 강력한 협조처리시스템은 움직이는 실리콘지성의 실질적인 브레인 뿐만 아니라 거대한 지식풀(pool)이 되어줄 것이다. 2020년 초 전 지구적으로 창궐해 세계시민을 공포로 몰아넣은 신종 코로나 바이러스(코로나 19)를 제압하기 위해서는 바이러스의 전파경로를 신속하게 파악한 후 확진자를 가려내 격리하여 치료하고 오염지역을 방역하는 일이었다. 이를 위해 각 나라의 질병관리본부는 전염병에 관한 다양한 데이터(확진자의 소재, 확진 전 환자의 동선, 접촉자, 확진자의 치료경과, 사망자 수 등)를 모아 WHO(세계보건기구)와 인근 국가들과 공유하고, 자국민들의 해외여행과 이동을 제한하거나 입국자를 통제하는 등의 조치를 취해야 했다. 이 과정에서 시민들은 정부의 실책과 결정의 번복을 자주 목격했고, 인간의 정치적 성향, 감정적 편향성, 인지적 한계, 현 통제시스템의 미흡함을 절실하게 느낄 수 있었다. 이렇듯 요인들 간의 인과관계들이 다중구조로 복잡하게 엉켜있는 중대한 문제가 발생할 때마다 시민과 정부는 슈퍼모델과 빅데이터로 중무장한 초지능의 처방과 예측이 간절해질 것이다. 세계가 초연결, 초집적 사회로 나아감에 따라 인류는 더 빈번하게 메르스나 코로나와 같은 메가 사이즈의 펜데믹을 경험하게 될 것이고, 그때마다 인류의 인지적 능력은 번번히 한계에 부딪힐 것이다. 그것에 맞설 수 있는 확실한 대안이 될 수 있다면 그것이 실리콘지성이든 초지능이든 사람들은 환영할 것이다.

1) 구글의 AI

첨단IT기업들의 최근 M&A 및 R&D전략을 분석해 보면 이들이 원시수프 기술을 어떻게 바라보는지 엿볼 수 있다. 구글은 로봇공학과 AI기술 기업들을 집중적으로 사들이고 있다. AI와 관련된 기업으로는 첨단 기계학습 스타트업인 영국의 딥마인드(DeepMind)와 DNN리서치를 인수한 것을 비롯, DNN리서치를 이끌던 딥러닝의 세계적 권위자인 제프 힌턴(Geoff Hinton)을 영입하였다. 2013년 구글은 8개의 로봇공학 회사를 집중적으로 사들였는데, 봇앤돌리(Bot&Dolly, 로봇카메라), 레드우드 로보틱스(Redwood Robotics, 로봇팔), 메카 로보틱스(Meka Rototics, 로봇시스템), 샤프트(Schaft Inc., 휴머노이드 로봇), 홀롬니(Holomni, 로봇바퀴) 등이다. 구글의 합병 규모와 메뉴를 보면 구글의 목표가 단순히 지능적인 검색시스템의 개발에 있다기보다 실제 세계와 상호작용할 수 있는 실용적인 AI로봇의 개발에 있다는 것을 엿볼 수 있다. 게다가 AI의 기술적 특이점을 예언한 레이 커즈와일이 2013년에 구글의 AI 공학이사(director of engineering)로 취임하여 이 거대한 프로젝트를 지휘하고 있다. 구글은 성공적인 AI프로젝트를 위해 "AI를 위한 맨해튼 프로젝트"[101]처럼 최고의 인력으로 팀을 구성한 것이다.

실제로 구글은 인터넷이 대표적인 비즈니즈모델이며 세계 최고 수준의 클라우드와 모바일 컴퓨팅 기술을 보유하고 있어 실리콘지성에 도달하는데 필요한 원시수프 중에 적어도 2가지를 확실히 갖추고 있는 기업이다. 실리콘지성은 엄청난 규모의 연산능력을 요구하는데, 구글은 그런 '규모의 경제'가 가능한 데이터처리시스템을 보유하고 있다. 그렇지만 구글은 본질적으로 이윤을 추구하는 영리 기업이라는 한계도 있다. 아마도 구글은 AI기술을 주로 자사의 매출 중 가장 큰 부분을 차지하는 온라인 광고의 경쟁력을 높이는 일에 우선 적용하려 할 것이다(유신, 2015). 아무튼 구글이 범용AI, 즉

---

101 맨해튼 프로젝트란 2차 세계대전 당시 미국이 원자폭탄을 개발하기 위해 연구책임자인 로버트 오펜하이머와 당대의 최고 물리학자들이 참여한 국가적 프로젝트였다. 최근 구글의 대담한 행보를 보고 딥마인드사에 투자했던 한 관계자가 비유한 말이다.

실리콘지성을 목표로 한 구체적인 기술전략을 갖고 있는 것은 아니지만 부침의 역사가 있었던 AI의 세 번째 장밋빛 시대를 이끌고 있는 것은 분명하다.

[쉬어 가기]

펜데믹「코로나 19」 대응 AI기술

오늘날 대규모 글로벌 문제의 해결을 위해 AI기술이 적용되고 있다. 특히 인과관계들이 복잡하게 엉켜있는 중대한 문제인 코로나 백신개발을 미국 제약 회사 인실리코 메디슨이 발벗고 나서고 있다. 이 회사는 최근 코로나19 백신 개발 촉진을 위해 코로나 퇴치에 도움이 될 만한 수백 가지 화합물의 분자 구조에 대한 정보를 홈페이지에 공개했다. 인실리코 메디슨은 AI를 이용하여 수천 개 분자를 분석해 코로나 19 바이러스에 적합한 분자 구조를 추려냈는데, 이 과정이 고작 4일 걸렸을 뿐이다. 미국 바이오 스타트업인 비르테크놀로지 역시 AI를 통해 화학 데이터를 분석하고 치료제 개발에 나서고 있다.

빅데이터를 활용해 전염병 확산 경로를 예측하는 서비스도 나왔다. 미국 데이터분석기업 SAS는 미국 식품의약국·질병통제예방센터·보건복지부 등 정부 부처와 협력하며 코로나19 관련 정보를 제공하고 있다. 현지 환자의 상세 정보와 의류 물자 사용 현황, 해외 확산 사례 데이터를 모아 예상 확진자 수와 확산 추세를 계산해내는 것이다. 스티브 베넷 SAS 이사는 "기계학습을 통해서 전 세계에 흩어져 있는 대량의 데이터를 검토하고 규칙을 찾아낸다"며 "소셜미디어에 올라오는 데이터까지 수집하고 분석해 지역별로 필요한 의료 지원의 규모와 현황을 보여줄 수 있다"고 설명했다.

[자료원] 조선일보, 2020.3.10. https://biz.chosun.com/site/data/html_dir/2020/03/09/2020030903545.html

2) 사이보그, Again!

2장「컴퓨터와 AI」내 「AI 새 분류법」에서 사이보그의 특징과 종류를 깊게 다룬 적 있다. 사이보그는 인간과 기계가 신경학적으로 결합되어 두 시스템이 긴밀하게 소통하며 도움을 받는 AI기계의 일종이다. 사이보그는 단순한 인간-기계 시스템이 아니라 양자가 일체가 되어서 하나의 유기적 조절계로서 활동할 수 있는 통합체를 지향한다. 엄밀히 말해 사이보그는 실리콘지성이나 초지능 같은 독립된 시스템으로 볼 수 없지만, 인간을 기능적으로 지원하거나 기능의 일부를 대체하는 기술이다. 우리는 문제가 생기더라도 자신의 원래 신체를 최대한 보존하고자 하는 욕구가 강하며, 의료적 치료와 보전도 사람의 유기적 육체를 최대한 보존하며 그것들의 기능을 지원하거나 대체하는 방향으로 발전해 왔다. 대표적으로 각종 인공보조물(인공달팽이관, 인공눈, 의수, 의족, 심장박동기 등)을 부착하는 방법이 그것이다. 레이 커즈와일 역시 「특이점이 온다」에서 나노봇과 지능형 바이오피드백 시스템 등이 인체의 소화기관, 내분비기관, 혈액, 심장을 2030년대 초까지 대체할 것이며, 이어지는 수십 년 동안 우리의 골격, 피부, 두뇌 등을 갱신하는 방향으로 움직일 것으로 예측하였다. 그리고 생물학적으로 유전자 조작처럼 DNA를 개선하는 방법보다 사이보그 방식이 훨씬 더 빠르게 발전할 것으로 내다보았다(테그마크, 2017).

사이보그 기술의 핵심은 뇌와 신체에 부착된 인공보조물이나 삽입된 인공장기와 서로 소통하는 인터페이스 기술이다. 우리는 신체에 부착된 무기질의 인공보조물이 우리의 생물적 뇌의 지시를 자연스럽게 따라주기를 원한다. 그래서 뇌-기계 인터페이스는 소통에 필요한 중요한 게이트웨이이며, 따라서 사이보그 연구자들에게는 핵심적인 연구분야이다. 여기서는 이 인터페이스 개발과 관련된 기술적 이슈와 그것이 갖는 확장지능의 의미를 나누어 설명하고자 한다.

• 기술적 이슈

사이보그 기술의 핵심은 생물의 유기질 세포와 무기질의 인공보조물이 서로 소통하는 것이다. 2장 「뇌와 신경계」에서 깊이 나누었듯이 뉴런들은 각기 수행하는 특별한 기능들이 있으며 그 기능을 수행할 때마다 강한 활동전위(전기신호, spike)를 발행하며, 그것을 시냅스를 통해 인근 뉴런에 전달한다. 시냅스는 한 뉴런의 축삭돌기(출력용)와 다른 뉴런의 가지돌기(입력용)가 이어지는 곳에 위치하며, 전기신호를 화학물질로 바꾸었다가 그것을 다시 전기신호로 바꿔주는 컴퓨터 통신의 모뎀(modem)과 같은 역할을 수행한다. 특히 운동을 담당하는 뉴런(신경세포) 하나는 척수의 아주 먼 부위에까지 축삭돌기를 보내 특정 근육에 명령을 내리기도 한다. 의식이 작동할 때는 특정 뉴런들의 활동전위가 대뇌피질 전체에 대규모 방송을 하듯이 확산되며 뇌를 각성시킨다. 즉 의식은 신경세포들이 네트워킹되면서 거미줄(웹)처럼 활성화될 때, 즉 브레인웹은 뇌 전체를 통해 대대적으로 필요한 정보를 공유할 때 꼭 필요하다. 이 의식이 작동할 때 전파되는 전기신호를 인터페이스가 수신하여 변환한 후 인공보조물에 동작을 지시하고, 그런 다음 인공보조물의 센서들은 수행 결과를 다시 뇌에 피드백해 줌으로써 다음 명령을 내리도록 준비하는 메커니즘의 개발이 뇌-컴퓨터 인터페이스(BCI)의 핵심이다.

보스트롬(2017)은 임플란트 방식으로 구축되는 BCI를 통해 인간은 컴퓨터처럼 완벽한 기억, 빠르고 정확한 산술적 계산, 고대역폭(high bandwidth)의 무선통신을 어렵지 않게 수행할 수 있다고 보았다. 감금증후군(locked-in syndrome)과 같은 전신마비환자가 자신의 생각만으로 컴퓨터에 단어 몇 개를 입력함으로써 외부세상과 소통할 수 있다. 이러한 기술이 더욱 발전하면 브로카 영역(Broca's area)[102]에 전극을 연결하여 생각한 말을 꺼내기도 전에 외부로 보내는 일도 가능할 것이다. 뇌와 컴퓨터(인공보조물)의 직접적인 연결의 가능성을 보여준 사례가 여럿 있음에도 이런 BCI가 사람의 기능 향상을 위한 보조물로 사용되기가 어려운 이유가 몇 가지 있다.

첫째로, 전극(electrode)을 뇌에 이식했을 때 감염, 전극의 위치이탈, 내출혈, 인지력 감퇴와 같은 부작용의 우려가 있다. 파킨슨 환자에게 제공되는 뇌자극 시술은 비교적 단순하다. 이때 삽입되는 이식물은 뇌와 정보를 주고받는 것 없이 단지 사상하핵(subthalamic nucleus)에 전류를 흘려 자극만 줄 뿐이다. 전류가 흐르면 환자는 마치 잠에서 깨어나듯이 자리에서 일어나 활발하게 움직이지만 약간의 부작용이 흠이다. 뇌심부를 자극하는 전극을 시술받은 환자들이 선택적 주의(selective attention), 색상맞추기(color naming), 언어적 기억능력이 감퇴하는 증상을 보였다. 이 외에도 치료받은 환자들은 다양한 인지장애를 보였다.

---

102 언어를 관장하는 전두엽의 한 부분

이러한 부작용은 사이보그 기술을 통해 뇌 업그레이드가 쉽지 않은 두 번째 이유로 연결된다. 뇌의 인지능력을 향상시키는 시술은 단순한 치료목적의 시술보다 훨씬 더 어렵다. 신체가 마비된 환자에게 끊어진 신경을 대체하거나 척수의 보행중추를 활성화시키는 이식물은 크게 도움이 된다. 마찬가지로 청각 또는 시각장애인들에게 인공달팽이관이나 인공 망막으로 청력과 시력을 어느 정도 회복시킬 수 있다. 파킨슨병이나 만성통증환자들에게 뇌의 특정 부위를 활성화하거나 억제함으로써 증상을 개선할 수도 있다. 그러나 이런 치료법과 달리 컴퓨터와 뇌의 직접적인 고대역폭의 상호작용으로 인지능력을 현저하게 개선하는 이익이 정상적인 사람에게 삽입된 BCI가 가져다줄 각종 부작용(비용)을 현저하게 앞서지 못하는 상황에서 이러한 시도들이 의미를 가지려면 시간이 더 필요해 보인다.

• 확장적 지능의 의미

우리가 이런 BCI에 강한 매력을 느끼는 이유는 자신의 뇌 속에 갇혀있는 창의적인 생각, 느낌, 상상의 이미지를 거리낌 없이 광범위하게 공유하고, 가능하다면 뇌기능 자체를 확장하고 싶은 욕망 때문이다. 인간은 아직 순간적으로 스쳐 가는 자신의 아이디어와 느낌을 어떤 매체(말, 문장, 그림 등)를 통하지 않고서는 소통하기 어려우며, 더구나 이 매체들은 우리의 표현력을 상당부분 억제하고 있기에 답답하게 느끼게 한다.

뇌 역량의 확장적 차원에서 사이보그를 생각할 때 우리는 SF영화에서 나올 법한 몇 가지 판타지를 상상할 수 있다. 죽음을 기다리는 분야별 천재들의 뇌 속에 있는 생각과 아이디어 그리고 고차원 방정식을 다운받아 둘 수는 없을까? 외국어 사전 전부를 뇌에 업로드하여 외국어 소통 문제를 해결할 수는 없을까? 복잡한 나의 머릿속 아이디어를 속 시원하게 타인에게 그대로 전달할 수는 없을까? MS는 2020년에 특정인을 챗봇으로 환생시키는 AI기계를 이미 특허·출원했다. 우리의 바람들이 현실화되고 있음을 의미하는 사건이다.

그렇지만 뇌의 지능적 확장이 왜 어려운지 보스트롬(2017)은 두 가지 이유를 들어 설명하였다. 첫째는 뇌에 저장된 정보가 컴퓨터 프로그램이 바로 쓸 수 있는 표준화된 형태로 저장되어 있지 않기 때문이다. 뇌는 추상적인 내용과 같은 고차원적인 상황을 표현하기 위한 독특한 표현형식을 발달시켜왔다. 따라서 뉴런 다발이 특정 개념과 경험을 어떻게 표현하는지는 뇌의 고유한 경험에 의존할 뿐이다. 다양한 개념들의 의미가 뇌의 뉴런과 신경계에서 분명하게 구별되는 기억세포들의 집합체에 저장되어 있다기보다 인공신경망처럼 상당부분 겹치는 활성화 패턴과 복잡한 회로망으로 형성되어 있을 가능성이 높기 때문이다. 따라서 한 사람의 뉴런과 다른 사람의 뉴런 또는 컴퓨터와 1:1 대응관계를 만들어 한쪽의 정보를 다른 쪽으로 자연스럽게 이전하는 것은 현재로는 불가능하다. 똑같은 꽃이나 풍경을 처리한 시각정보와 느낌을 뉴런에 저장하는 패턴과 기억장소는 사람마다 제각기 다르다.

둘째는 처리해야 할 정보의 양이 너무 많다는 점이다. 이론적으로 개념의 해석과 표현을 표준화하여 인지된 것을 공유할 수 있는 인터페이스를 개발할 수도 있다. 이 인터페이스는 발신자의 뉴런의 상태를 읽은 후 이것을 수신자의 뇌 고유의 표현방식으로 변환하여 전달할 것이다. 그러나 특정 개념이 행동을 기억하거나 처리하리라 예상하는 수백만 개의 뉴런들로부터 동시에 정보를 정확하게 읽고 쓰는 기술적인 문제를 차치하더라도 이것을 위한 인터페이스를 만든다는 일 자체는 거의 불가능하다. 이 인터페이스는 한 사람의 뇌 활성화 패턴들을 지도 그리듯이 모두 읽은 후, 이를 다른 쪽의 뇌가 의미상으로 동등한 활성화 패턴으로 받아들일 수 있도록 전환해 주어야 하기 때문이다. 이러한 작업은 신경 연산작용을 매우 구체적이고 다층적으로 이해하는 수준이므로 뉴런을 99% 모방한 AI를 만들 수 있다는 것을 전제로 하는 것이다.

이러한 난간이 예상됨에도 BCI의 개발을 통해 사람의 인지능력을 향상시킬 수 있는 여지는 남아있다. 앞서 단순한 쥐 실험에서 BCI의 실현가능성을 언급하였다(이케가야, 2015). 쥐는 쾌감을 허락하는 보상계(reward part)를 확인함에 따라, 그 쾌감을 지속하기 위해 보상계와 연결된 버튼을 계속 눌렀다. Berger 외(2012)와 Hampson 외(2012)은 간단한 신경보조기구를 이용하여 작동기억과 관련된 수행능력을 향상시킬 수 있음을 보여주었다. 이 보조기구는 쥐의 해마의 특정 영역(CA3)에 설치된 12개 또는 24개의 전극을 통해서 입력값을 얻고 이것을 다른 영역(CA1)의 비슷한 개수의 뉴런에 투사하는 장치이다. 여기에는 CA3 영역에서의 2가지 활성화 패턴(오른쪽 손잡이와 왼쪽 손잡이에 대한 기억)과 이것을 CA1영역에서 어떻게 투사하는지 학습하도록 훈련된 마이크로프로세서가 부착되어 있다. 이 보조기구는 두 영역 간의 정상적인 신경 연결이 끊어졌을 때 기능을 회복시킬 뿐만 아니라, 특정 기억패턴의 신호를 아주 명확하게 CA1 영역에 전달하여 정상 쥐에 비해서 기억 과제 수행능력이 향상됨을 보여주었다.

BCI에 대한 연구가 많이 진전되었다 하더라도 아직 넘어야 할 산은 많다. 첫째로 좀 더 현실적인 적용을 위해서 입력과 출력 뉴런 수를 대폭 늘릴 필요가 있다. 이럴 경우 기억들의 조합의 수는 기하급수적으로 늘어나는데, 현재의 컴퓨터 능력으로 그것에 대한 활성화 패턴을 모두 파악하여 학습하는 일이 결코 쉽지 않다. 둘째, 이러한 장치로 인해 뇌의 정상적인 다른 기능들이 저하되는 부작용을 간과할 수 없다. 실험의 자극이 피실험자들의 일반화 능력을 감소시킬 수 있고, 환경이 변화되었을 때 자극과 반응 간의 연계성을 재설정할 수 있는 능력(unlearn)이 감소되는 등의 부작용이 예측된다.

그런데도 이러한 기술적 한계를 계속 극복해 가다 보면 언젠가 도달할 BCI의 희망적인 부분도 없지 않다(보스트롬, 2017). 예를 들어, 뇌를 외부자원(보조기기)과 부작용 없이 영구적으로 연결할 수 있다면, 뇌가 스스로 내부 인지상태와 외부장치의 입출력 사이의 효과적인 경로를 찾아 스스로 학습할 수 있도록 할 수 있다. 그럴 경우, 외부자원(이식불) 자체가 지능적이지 않아도 이것을 활용하는 방법을 뇌가 스스로 학습하여 인터페이스에 지능적으로 적응하기 때문이다. 그러나 보스트롬은 이러한 방식이 뇌의 본연의 기능을 저해하지 않으면서 지능발달에 얼마나 기여할 수 있을지에는 여전히 의문을 던진다.

6.15 직관력과 창의력

인간이 동물과 다른 점을 꼽으라 하면 직관력과 창의력을 든다. 그렇지만 동물에게 그것이 완전히 없다고 단정 지을만한 충분한 증거 역시 없다. 의식과 무의식 사이를 오가며 인간의 뇌는 보이지 않는 차원을 추론할 수 있다. 뇌는 때로 의미가 없어 보이는 서열 속에 감춰진 어떤 규칙성을 간파하는 등 창의적인 통찰(insight)을 무의식적으로 떠올릴 수 있다. 앞서 2016년 알파고(바둑 초지능)가 바둑 천재 이세돌을 이길 때 기계지능도 수를 계산하고 선택할 때 어떤 직관과 창의성을 발휘한다는 느낌을 받았던 테그마크(2017)의 경험을 설명하였다(3장 213쪽). 그 알파고를 개발한 프로그램인 딥마인드의 개발과정에서 무기질의 프로그램 코드도 엄청난 양의 학습을 하다 보면 어떤 직관적이고 창의적인 해결책을 찾을 가능성을 본 것이다.

1) 다시 구글

딥마인드는 영국의 딥러닝 개발회사였다. 2014년 구글이 이 작은 회사를 4천억 원을 주고 산 이유는 이 회사의 대표 데미스 하사비스(Demis Hassabis) 때문이었다. 영국 최고의 천재로 평가받고 있는 그는 체스 챔피언이었고, 비디오 게이머이며, 최고의 해커였다. 특이하게도 그는 케임브리지대학에서 컴퓨터공학을 전공하고 UCL(University College London)에서 뇌과학으로 박사학위를 받은 사람이다. 딥마인드가 유명해진 것은 2015년 2월 「네이처」지에 커버스토리로 소개된 논문 때문이다. 이들이 소개한 딥러닝 방법 알고리즘은 '심화 강화 학습'을 수행한다. 논문은 DQN(Deep-Q-network)알고리즘을 대략 아래와 같이 설명하고 있다.

> 사람은 아타리(Atari)와 같이 아주 쉬운 비디오 게임을 한다. 딥마인드는 아타리가 만든 29개 개임을 모두 트레이닝시켰다. 예를 들어 사람이 〈벽돌깨기〉 게임을 하면 DQN기계는 게임의 규칙을 전혀 모른 체 여러 가지 정보를 습득해 나간다(〈그림 6-2〉 참조). '오른쪽, 왼쪽으로만 움직일 수 있다', '스코어를 높인다'라는 기본 정보만을 가지고 학습데이터를 통해 게임의 규칙을 학습해 나간다. DQN기계에 입력되는 것은 긴 숫자리스트 밖에 없다. 현재 게임스코어, 벽돌색깔들, 눌러야 하는 키 등 모두 숫자로 표

> 현되어 있다. DQN기계에 주어진 명령은 단순히 규칙적인 주기에 맞춰 숫자를 출력해 점수를 최대화하는 것이었다. 처음 이 기계의 성적은 형편없었다. 처음에는 널빤지(공을 받아치는 용도)를 멋대로 좌우로 움직였고 공을 놓치는 일도 빈번하였다. 그러나 얼마 지나지 않아 DQN기계는 널빤지를 공쪽으로 움직이는 것이 좋은 아이디어임을 알아차렸다. 그래도 계속 공을 받아내지 못하다가 어느 시점에 이르자 완벽하게 공을 받아냈다. 더욱 놀라운 것은 DQN기계가 점수 극대화 전략을 찾아낸 것이다. 벽돌벽의 왼쪽 구석을 허물어 구멍을 낸 뒤 공을 그곳에 보내게 되면 맞은편 벽과 벽돌벽 사이를 오가며 벽돌을 계속해서 부수며 점수를 올렸다. 아무도 DQN기계에게 게임을 잘하는 방법을 설명한 적이 없는데도 심화 강화 학습을 통해 〈벽돌 깨기〉의 점수를 극대화하는 법을 마스터한 것이다. 2013년 무렵 이미 딥마인드는 대부분 게임에서 사람보다 더 높은 점수를 얻는 게임용 AI 마스터를 개발할 수 있었다.

이 논문을 읽다 보면 어린 아이가 게임을 가지고 놀면서 학습하며 영감을 얻는 과정을 연상할 수 있다. '강화학습'은 행동심리학에서 영감을 얻은 기계학습 기술로써 긍정적인 보상이 어떤 행동을 다시 하도록 유도하고 반대의 경우도 마찬가지의 원리를 활용한다. 딥마인드의 AI프로그램은 널빤지를 움직여 공을 받아치는 법을 먼저 터득하는데, 그렇게 함으로써 점수를 따는 확률이 높아졌기 때문이다. 딥마인드는 이 아이디어를 딥러닝과 결합했다. 그들은 딥 인공신경망(ANN)을 훈련시켜 키보드에서 허용된 자판 중 각각을 눌렀을 때 얻을 수 평균 점수를 예측하도록 했다. 그런 다음 AI프로그램은 ANN이 게임의 현 상태에서 가장 점수를 높게 딸 것으로 예측한 자판(키)을 무조건 택하였다(테그마크, 2017). 딥마인드는 현재도 계속 더 복잡한 게임을 배우고 있다.

알파고 역시 바둑판을 알아보는 딥러닝과 승부 결과를 기반으로 현재 수의 미래가치를 평가하는 '깊은 보상 학습'알고리즘을 채택하였다. 알파고는 48층의 ANN을 사용하므로 고작 10~15층 정도의 ANN을 사용하는 우리의 뇌와 비교하면 학습과 추론의 깊이가 상상할 수 없을 정도로 깊다. 실제 알파고는 40수 뒤를 보며 현재의 수를 생각하지만, 인간 프로기사는 20수 정도 내다볼 뿐이다. 딥마인드 팀은 알파고에 고파이(Good Old Fashioned Artificial Intelligence)[103]의 논리력과 딥러닝의 직관력을 연결했다. 그들은 먼저 방대한 기보 데이터베이스를 학습시켰다. 이 데이터는 이미 프로기사들인 둔 기보와 알파고가 자신의 클론AI와 둔 기보를 취합한 것이었다. 딥 신경망을 학습시켜 다양한 상황에서 흰돌(검은돌-이세돌 기사)이 궁극적으로 이길 확률을 예측하게 하였다. 또 별도의 네트워크는 그럴듯한 다음 수를 예측하도록 훈련시켰다. 그런 다음 고파이 기법을 활용하는 이들 네트워크를 결합했더니 가능한 향후 수의 순서 중 가지치기를 한 리스트를 영리하게 검색해 가장 강한 상태로 이어질 다음 수를 알아내도록 했다.

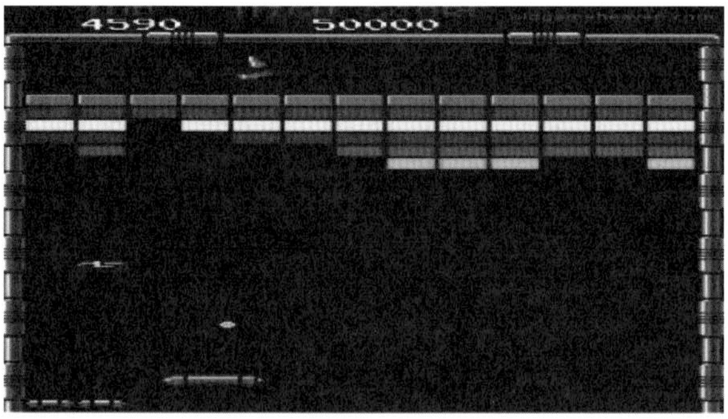

〈그림 6-2〉 아타리 벽돌깨기 게임 화면

이렇게 직관과 논리를 연결해 준 딥마인드의 알파고는 더욱 강력해졌으며 어떤 경우에는 매우 창의적인 수를 두기도 하였다. 예를 들어, 천년의 바둑 역사 동안 축적된 지혜 중 하나는 초반에는 3선과 4선에 두는 것이 최상의 전략이라는 것이다. 이유는 3선에 두면 단기적인 영토 확장에 유리한 반면, 4선은 중원을 향한 장기적이고 전략적인 측면에서 유리해지기 때문이다. 그런데 반전은 둘째 게임의 37번째 수에서 알파고가 이

103 GOFAI는 딥러닝 혁명 이전에 있었던 전통적인 AI방식을 의미한다.

오래된 지혜를 거부하고 5선에 둠으로써 바둑계에 충격을 줬던 것이다. 해설자는 당연히 놀랐고 이세돌은 일어나서 잠시 방을 나갔다 들어올 정도였다. 이 수는 마치 알파고가 자신은 단기 이득보다는 장기적으로 유리한 수를 더 선호하며, 이러한 장기전략 능력은 인간보다 더 뛰어나다는 자신감을 보이는 것 같았다. 이후 약 50수 이후 벌어진 좌하귀 싸움의 전선이 확장돼 37번째 검은 돌과 연결됐다. 창의적인 한 수가 결국 승부를 갈라 알파고의 5선 행마는 바둑 역사에서 가장 창의적인 수로 기록될 수 있었다.

구글은 바둑에 이어 스타크래프트, 3D둠 등을 학습시키고 있다. 그런데 이런 게임을 학습하는 기계를 만들기 위해 4천억 원을 투자했을 리는 없다. 일설에 의하면 궁극적으로 구글은 2가지 프로젝트를 추구하고 있다고 한다(김대식, 2016). 첫째는 DQN으로 하여금 월스트리트 최고 투자자의 뇌를 맵핑(mapping)하는 것이다. 월스트리트의 투자고수들을 관찰해 보면 12개의 모니터를 통해 수백 개의 지표들을 관찰하다가 적기라고 판단되는 순간 천문학적인 액수를 투자한다. 왜 투자결정을 했는지를 물어봐도 이런저런 설명을 하지만 스스로 그 결정을 하게 된 이유를 100% 설명하는 사람은 없다. 자신은 알지만 표현하지 못하는 것까지 맵핑할 수 있다면 게임처럼 투자전문가시스템을 만들 수 있을 것이다. 둘째는 프로그램 코드 자동생성시스템을 만드는 것이다. 아직 프로그래밍이 수작업으로 이루어지는데, 코딩을 정말 잘하는 소프트웨어 엔지니어들의 작업방식을 맵핑하면 코딩전문가시스템을 만들 수 있을 것이다. 즉 원하는 프로그램의 스펙만 설명하면 단 1초 만에 100만 줄의 코드를 써낼 수 있는 자동생성기가 가능할 수도 있을 것이다. 그런데 모두가 인간 전문가를 대체하는 프로젝트들이라는 점에 조심스럽지 않을 수 없다.

2) 딥러닝, Again!

2장 「컴퓨터와 AI」에서 이미 딥러닝을 상세하게 다루었다. 딥러닝은 좀 더 뇌와 비슷하게 학습하는 방식으로, 기계가 보편적인 관점에서 대상을 학습하도록 접근한다.

그 덕에 딥러닝은 이미 여러 분야에서 초지능을 만들어 낼 수 있었다. 천재 바둑기사 이세돌을 능가할 정도로 멀리 내다보고 직관적인 승리의 한 수를 찾아내는 딥러닝 기술이 당연히 바둑에만 한정되지는 않을 것이다. 오늘날 딥러닝은 자연어 처리기술 분야인 외국어 통역, 동영상 해석, AI예술 등 그 응용범위는 계속 확대 중이다.

자연어처리는 AI에서 가장 빠르게 발전하는 분야 중 하나이다. 자연어처리 기술이 정교해질수록 AI기계는 인간과 더욱 자연스럽게 소통할 수 있을 것이다. 특히 딥러닝 기술은 MS사가 동시통역 프로그램을 만드는 프로젝트에 결정적인 공헌을 하였는데, 영어로 강연을 하면 목소리까지 흉내 내어 중국어로 통역해줄 수 있을 정도이다(테그마크, 2017). 얼마 전 구글은 AI비서가 헤어숍에 전화를 하여 예약을 하는 과정을 시연해 보였다. AI전화를 받은 헤어숍 직원은 예약자가 AI임을 전혀 눈치채지 못하고 예약을 해주었을 정도였다. 그렇지만 자연어처리 AI는 아직 갈 길이 많이 남은 듯하다. 인간은 때로 AI보다 외국어 번역을 잘못할 때가 있지만 적어도 어떤 단어나 문장을 얘기할 때 그것의 의미를 이해한다는 측면에서 AI보다 낫다. 방대한 데이터를 학습한 AI는 단어와 관련된 상태와 관계는 쉽게 찾아내지만 그 단어를 실제 세계의 맥락(context)에서 이해하는 것은 아니다. 그럼에도 딥러닝은 가볍게 인간을 속일 수 있을 만큼 여러 상황에서 튜링테스트를 통과하는데 별 문제가 없어 보인다.

튜링테스트는 AI의 실질적인 능력(지능)을 시험하기보다는 AI가 인간을 얼마나 잘 속이는지를 측정한다는 비판을 피해갈 수 없다. 그래서 만들어진 '위노그라드 스키마 챌린지'는 현재 딥러닝 시스템에 부족한 상식적 이해도를 테스트하기 위해 만든 것이다. 인간은 문장을 분석할 때 일상적으로 실제 세상의 상식을 활용해 특정 대명사가 무엇을 의미하는지 추론할 수 있다. 예를 들어, 대표적인 위노그라드 챌린지는 다음에서 '그들'이 누구인지를 맞춰야 한다.

1) 시의원들은 시위자들이 입장하지 못하도록 했는데, 그들은(시의원) 폭력이 두려웠기 때문이다.
2) 시의원들은 시위자들이 입장하지 못하도록 했는데 그들이(시위자) 폭력을 옹호했기 때문이다.

지금까지 AI는 이러한 퀴즈에 성공적으로 답하지 못했다. 그래서 구글은 실제 세계를 반영하는 언어처리 AI를 만들기 위해 심화 순환형 신경망과 고파이를 연결하는 시도를 하고 있다.

딥러닝 기술은 우리가 게임, 스포츠, 영화 등의 콘텐츠를 소비할 때도 혼자 내버려 두지 않을 것이다. 영화나 스포츠를 보다가 배우나 선수의 이름을 물어보면 AI기계가 대답을 해주기도 하며, 페이스북이 축구 스타 메시의 목소리와 콘텐츠의 라이선스를 취득하였다면, 메시가 출현하는 경기를 보다가 메시와 대화를 하면서 축구를 볼 수 있을 것이다. 현재는 불가능하지만 적어도 5~10년 안에 가능한 기술들이다(김대식, 2016). 그때가 되면 TV 예능프로그램에서 상황을 설명하거나 함축적인 유머러스한 자막을 띄우는 일 역시 AI기계가 수행할 것이다.

딥드림(Deep Dream)은 딥러닝 방식으로 그림을 그리는 AI아티스트이다. 딥드림이 그린 초상화는 1억 원에 팔리기까지 하였다. 딥러닝으로 유명 화가의 화풍이 담긴 그림을 그릴 수도 있다. 딥러닝 기계에 고흐 그림을 잔뜩 학습시킨 후, 이어 동네 풍경사진을 찍었다. 결과는 고흐풍의 풍경사진이 만들어질 것이다. 미켈란젤로의 「천지창조」의 그림을 다양한 동물을 미리 학습한 AI기계로 하여금 그리도록 하였더니 사람 신체의 곳곳에 동물의 모습이 나타났다. 이 경우 딥러닝 알고리즘이 복잡한 여러 층을 거치면서 부적절한 것을 걸러낼 수 있어야 하는데 그러지 못했기 때문에 예상치 못한 결과가 나온 것이다. 컴퓨터 알고리즘이 저지른 우연과 실수의 산물을 우리는 예술로 취급할 수 있을 것인가? 그건 역시 인류의 관용과 다양한 취향에 관한 문제로 귀결될 것이다. 잘 된다면 AI작가의 작품이라고 알리고 파는 것이야 문제될 일은 없을 것 같다.

딥러닝이 할 수 있는 일들이 계속 확장되고 있어 사실 어디까지일지 지금은 알 수 없다. 2015년 기준으로 MS사의 딥러닝 알고리즘이 처리할 수 있는 층수(layers)는 152개였다. 바둑전문가시스템 알파고가 48층의 인공신경망을 썼다고 하니, 152층을 모두 쓰는 AI기계는 불과 10~15층 정도를 쓰는 인간에 비해 훨씬 더 정확하게 사물을 인식하고 논리적 추론을 하며 깊은 통찰력을 보일 것이다. 실제 알파고는 40수 뒤를 보며 현재의 수를 생각하지만, 인간 프로기사는 20수 정도밖에 내다보지 못한다. 인간의 얼굴인식의 정확도는 97.53%, 기계는 99.65%여서 사물에 대한 시각적 인식능력도 기계가 이미 인간을 추월하였다. 그렇지만 여러 이미지 속에서 특정 물체를 찾는 일은 인간은 90%, 기계는 62% 정도여서 인간이 앞서고 있지만 이것 역시 역전되는 것은 시간문제로 보여진다. 결국 빠른 하드웨어가 관건인 상황이다.

현재 딥러닝은 AI기계를 학습시키는 가장 효과적인 방법으로 알려져 있지만, 알파고에서 이 방법의 한계점과 문제점도 드러났다(김대식, 2016). 첫째, 알파고는 인간이 둔 16만개의 기보를 학습하였고, 이후에도 셀프 시뮬레이션, 여러 버전의 초기 알파고끼리의 가상대결을 통해 학습하였다. 그러다 보니 원천 데이터에 문제가 있으면 그 문제가 계속 확장되어 큰 버그가 되어 버린다. 즉 도중에 자가 수정이 어렵다는 점이다. 둘째, 알파고는 학습을 위해 수천만 개의 데이터가 필요했고 구글은 그것을 처리할 수 있는 연산능력을 공급할 수 있었다. 따라서 학습의 효율성 측면에서 아직 인간의 뇌를 능가하기는 어렵다. 인간은 흔히 '원샷 학습법'으로 배우지만 기계는 하나를 익히기 위해 수천만 번 반복 학습을 해야 하기 때문이다. 인간 이세돌 9단은 3번의 대국을 복기함으로써 알파고를 이해하였고 4번째 대국에서 이겼다는 것에서도 알 수 있다. 셋째, 딥러닝이 가장 어려워하는 것은 실시간 학습이다. 현재 딥러닝 AI기계가 1,000개 정도의 물체를 알아볼 수 있지만, 여기에 새로운 물체 하나를 추가하려면 이미 알고 있는 1,000개는 잠시 잊어버려야 한다. 그렇지만 인간은 새로운 것을 학습하더라도 이미 알고 있었던 것을 다 잊어야 할 필요는 없다.

6.16 실리콘지성을 넘어

당초 이 책은 '궁극의 AI'를 실리콘지성, 즉 범용수준의 AI일 것으로 가정하여 출발하였다. 즉 실리콘지성은 무엇이며, 그것은 가능하며, 가능하다면 그 목표에 이르도록 돕는 이론과 기술메뉴들은 어떤 것들이 있는지를 탐색하는 것이 주된 목적이었다. 그러나 많은 문헌들과 연구결과물들을 분석·통합하면서 도달하게 된 결론이 하나 더 생겼다. 즉 보스트롬이나 테크마크가 우려했던 초지능(super-intelligence)의 출현과 잠재적 위협이 결코 SF영화 속의 이야기로 그치지 않을 것이라는 점이다.

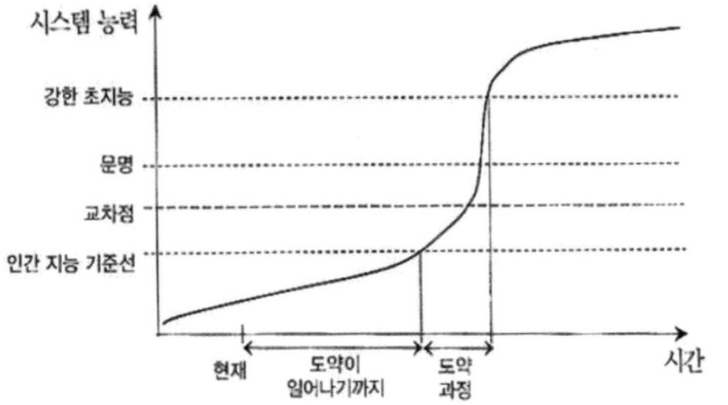

〈그림 6-3〉 기계지능의 도약형태

[자료원] 보스트롬(2017) 122쪽

게다가 기대 이상의 컴퓨터 성능의 개선은 AI의 발전을 더욱 가속화시킴으로써 실리콘지성은 물론 초지능에 더 빠르게 도달할 것이며, 초지능의 위험도 더 빨리 인류에게 닥칠 것이란 우려가 현실이 되어가고 있다(테그마크, 2017; 보스트롬, 2017). 특히 보스트롬(2017)은 지능 대확산이 하드웨어가 상당히 높은 수준으로 발전했을 때부터 – 즉 성공적인 소프트웨어적 프로그래밍 접근방법이 최초로 성공했을 때부터 - 시작되므로 급진적인 하드웨어의 발전으로 초지능으로의 전환이 더 빠르고 폭발적으로 일어날 것으로 예측하였다. 아래 〈그림 6-3〉은 기계지능의 도약형태를 간략히 보여주고 있다. y축은 기계지능체(machine intelligence system)의 지적능력을 x축은 시간을 가리킨다. 여기서 "인간 지능 기준선"은 최신 정보에 접근이 가능하고 최신 기술의 지원을 받는 전형적인 선진국 성인의 지적능력을 의미한다. 일반적 지적 능력으로 보면 현재 AI시스템은 아직 인간 지능 기준선에 훨씬 미치지 못한다. 여기서는 물론 특정분야(예: 체스, 바둑, 진단 등)의 전문가시스템은 제외한 것이다. 그렇지만 그때부터라도 기계지능이 꾸준하게 도약해간다면 바로 그 시점이 '도약 시작점'이 될 것이다. 이후 AI의

지능이 계속 증대되어가다가 어느 순간에 모든 인류의 지적 능력을 합친 '문명'수준에 이를 것이며, 계속 더 시스템의 능력이 향상되면 결국 동시대 인류의 모든 지능을 합친 것보다도 훨씬 뛰어난 '초지능'에 도달한다는 시나리오이다. 보스트롬은 이러한 과정을 '느린 도약(수십 년~수백 년)', '빠른 도약(몇 분~ 몇 일)', '중간속도의 도약(몇 달 ~ 몇 년)'이라는 3가지 시나리오로 설명하였는데 그중에 '빠른 도약'의 가능성에 더 큰 무게를 두었다.

한편 테크마크(2017)는 실리콘지성(범용AI)의 출현과 그것의 확산속도에 대한 자신의 견해를 보스트롬의 그것과 비교하였다. 그 역시 인간수준의 AI가 어느 정도 빨리 임박할 것인가? 빠를 것인가, 느릴 것인가, 아니면 아예 일어나지 않을 것인가? 범용AI가 빨리 임할 경우, AI가 이 세계를 얼마나 신속하게 장악할 수 있을 것인가에 의문을 던졌다. 닉 보스트롬은 임박한 이 문제(그는 '이륙속도'로 표현)를 최적화 힘(optimization power)과 저항(recalcitrance)이라는 용어로 설명했다. 최적화 힘은 AI를 더 스마트하게 만드는 데 드는 노력을 의미하며, 저항은 개발의 어려움을 말한다. 일반적으로 기술 발달 속도는 최적화 힘에 비례하고 저항에는 반비례한다. 그는 범용AI가 출현하고 인간을 초월하는 과정에 저항은 증가할 수도 감소할 수도 있다며 두 경우를 모두 고려하는 것이 안전하다고 주장하였다. 한편 테그마크는 최적화 힘은 범용AI가 인간수준(인간 지능 기준선)을 초월하는 순간 더욱 가파르게 증가할 것이라고 주장하였는데 이는 보스트롬의 생각과 일치한다. 그는 자신이 만든 오메가 시나리오에서 최적화 힘에 가속도를 붙이는 작업을 주로 사람이 아닌 기계가 스스로 수행할 것으로 가정하였다. 즉 저항이 일정하다고 가정할 경우, AI가 스마트해질수록 스스로를 더 빠르게 업그레이드할 것이라고 보았다.

결론적으로 저자는 인류의 삶과 운명에 지대한 영향을 미칠 수 있는 '초지능'의 가능성을 부인할 수 없게 되었고, 실리콘지성(범용AI)에 대한 논의만으로 한정하려 하였던 당초 계획을 다소 수정해야 했다. 앞서 설명하였듯이 우리는 이미 일부 분야에서 초지능을 경험하고 있다. 언론의 주목으로 그 두려움이 확대 재생산되었던 구글의 알파고(바둑), IBM의 딥블루(체스), 왓슨(퀴즈, 진단자문, 요리, 콜센터 등)는 이미 인간 최고실력자를 이겼기 때문에 해당 분야에서 이미 '교차점'을 지나 '문명'의 수준으로 향하고 있다고 봐야 한다. 이제 이런 초지능이 환자진단과 처방, 세무·회계자문, 시나리오/기사 작성, 투자자문, 주식의 매수매입결정 등 전방위적으로 대체함으로써 전통적 전문직업군을 위협하고 있다(마쓰오, 2016). 테그마크(2017)는 가상적 초지능 '프로메테우스'를 개발한 오메가팀이 이 AI프로그램을 이용하여 미디어사업 등에 진출하여 엄청난 부를 빠른 속도로 축적한 후, 자신을 업그레이드하기 위해 그 자원을 계속 투자하며, 종국에는 세계와 인류의 공존과 번영을 위해 국제정치와 경제 아젠다까지 주도하며, 인류 최초로 단일권력을 얻는다는 가상적 스토리를 썼다. 나 역시 이 시나리오가 전혀 불가능한 일은 아니라고 본다. 만일 구글 딥마인드의 CEO 데미스 하사비스(Demis Hassabis)가 딴 생각을 품고 알파고를 적절하게 수정하여 지능적인 바둑 도박 사이트를 만든다면 어떨까? 그리고 이런 프로메테우스의 가능성은 초지능들이 빠른 네트워크를 통해 결속될 때 더욱 현실 가능성은 높아진다.

• 초지능 조련하기

나는 앞서 여러 곳에서 우리 뇌가 총체적으로 무정부적이라는 이유로 우리와 똑같은 또 다른 인공지성체를 이 지구에 둘 이유가 없다는 주장에 동조하였다. 우리의 의식은 무의식의 강에 띄워진 배처럼 계속 흘러가다가 특별한 문제나 현상에 주목하는 순간, 뇌 전체에 걸쳐 대규모 방송을 한 후, 피질 전역에 흩어져 있는 여러 정보들을 조합하면서 느끼고 지각하기 시작한다. 그리고 이어지는 판단과 행동은 그 순간의 느낌과 감정에 영향을 받기에 일관성이 없고 때로 충동적이고 예측이 어렵다. 이렇듯 결점투성이의 지성체는 우리 하나만으로 족하다는 것이 나의 주장이다. 그렇다면 실리콘지성 또는 초지능에게 허용되어야 하는 인공의식은 데이터교에 기반한 합리적, 결정적 문제해결에만 초점을 두어야 할 것 같다. 만일 문제의 답이 결정적(deterministic)이지 않고 확률적(probabilistic) 성격을 지녔다면 최종결정자인 인간에게 확률 정보와 함께 결과를 보고하도록 하면 될 것이다. 이는 결국 AI를 과업지향적인 문제해결형 지능으로 만들어가야 한다는 것을 의미하지만 그럼에도 AI가 우리를 대체하거나 제대로 지원하기 위해 어떠한 과업에 어느 정도의 자율성, 직관력, 도덕성, 주관적 느낌을 허용할지에 대한 중요한 결정은 여전히 물음표로 남아 있다.

제7장

실리콘 지성 : 궁극의 인공지능

글을 마치며

Silicon Intelligence: An Ultimate of AI

제7장

글을 마치며

앞서 "AI는 우리 인류가 작업하고 있는 가장 영향력이 큰 것들 중 하나이며, 그것은 불이나 전기보다 더 영향력이 심대하다"는 알파벳·구글 CEO 순다르 피차이의 말을 인용하였다. 오늘날 AI에 대한 관심과 투자가 전례 없이 활발하고, 장밋빛 미래를 예상하며, AI에 대한 낙관론과 비관론이 팽팽하게 대치하고 있는 상황에서 두 극단의 시각에 대한 냉철하고 객관적인 판단이 필요하다. 낙관론이든 비관론이든 AI에 대해 거는 기대치를 조금씩 조정하고 AI관련 기술메뉴들의 잠재력을 냉정하게 평가한다면 두 견해의 격차는 현저하게 줄어들 것이다. 현재 AI에 거는 높은 기대는 빠른 컴퓨터, 인공신경망 이론과 딥러닝에 근거한 AI알고리즘의 발전, 빅데이터와 직접적으로 관계되어 있다. 점점 무기질의 컴퓨터도 뇌의 고유한 장점으로 꼽는 통찰과 상상력을 가질 수 있음도 인정하게 되었다. 그렇지만 사실 그게 그리 크게 놀랄 일인가? 한 인간이 적어도 의미 있는 통찰과 직관을 보여주기까지 그가 태어나서 성인이 될 때까지 받는 정규·비정규 교육 그리고 겪어야 하는 다양한 경험을 상상해 보라. 그런 비슷한 과정을 AI는 빠른 컴퓨터 덕분에 초단시간에 거칠 뿐이다. 알파고를 만든 딥마인드는 잠잘 시간조차 없이(물론 잠잘 필요가 없다!) 수십만 개의 기보를 모두 학습했다. 그 기보들은 과거 프로기사들이 둔 기보와 알파고 자신의 클론AI와 시뮬레이션한 기보를 합한 것이었다. 그 결과 알파고는 두 번째 대국에서 바둑계를 뒤집어 놓은 신의 한 수(5선 행마)를 찾을 수 있었다. 그럼에도 현재 AI는 여전히 느리고 편협하여 아직은 실리콘지성(범용AI)의 스펙에서 한참 멀다. 향후 하드웨어, 소프트웨어, 클라우드와 네트워크의 획기적 진보 그리고 그것을 적정한 가격에 계속 확보할 수 없다면 실리콘지성을 향한 꿈은 접을 수밖에 없을 것이다. 그러나 그런 부침의 과정에서 인류가 얻게 될 엄청난 파생적 편의와 이익은 무시할 수 없을 것이므로 AI에 대한 투자와 연구에 대한 펌프질은 당분간 계속될 것이다.

집필을 하는 동안 AI 연구의 목적이 뇌를 닮는 것이라는 것에 대한 깊은 회의가 일면서 AI연구의 필요성과 정당성을 깊이 성찰하는 기회를 가질 수 있었다.

첫째, 존재론적으로 우리가 충분히 자랑스러워해야 할 뇌의 한계점에서 출발해 보자. 3장 「뇌와 신경계」, 4장 「의식과 인식」에서 뇌의 우아한 작동방식은 물론 생물학적 한계점까지 소상히 살펴보았다. 데닛(카너먼 외, 2015, 273쪽 재인용)은 뇌가 모든 것이 계층적으로 질서 있게 잘 조직된 제어시스템이 아니며, 위계질서가 엄격한 관료적 조직이라기보다 오히려 민주적 요소를 적잖게 갖춘 무정부 상태에 더 가깝다고 하였다. 시각데이터를 처리할 때 발생하는 착시현상, 불가능한 병렬처리, 느린 처리시간 같은 문제뿐만 아니라 뇌는 입력되는 새로운 정보(경험)를 매번 재해석하면서 본질적으로 동일한 데이터임에도 같은 판단을 내리지 않는다. 우리의 기억은 애매하고 부정확하며 그래서 매번 느낌과 판단도 조금씩 달라진다. 그 덕에 인간은 뛰어난 상상력으로 풍부한 문명을 창조·축적할 수 있었지만, 다른 한편 오해와 갈등 그리고 비극을 피해갈 수 없었다. 둘째, AI가 뇌처럼 데이터를 처리한 후, 명령을 전신 신경계를 통해 오장육부와 사지에 전달할 수 있는 알고리즘을 개발함으로써 인간처럼 작동하는 제2의 지성체를 만든다는 것은 아직 요원해 보인다. 결론적으로 나는 인간이 불완전하다는 것을 너무나 잘 알기에 그것을 보완하고 대체하기 위해 AI를 연구하고 투자를 해야 한다지만 정작 그 불완전한 것을 닮으려고 노력한다는 것은 이율배반적이며 자원 낭비가 아닐까 하는 생각에 이르렀다. 따라서 AI연구의 목적, 방향 그리고 전략이 보다 현실적 타당성을 갖는 쪽으로 선회해야 할 필요가 분명 있어 보인다. 그래서 오늘날 '나눈 후 정복(Divide & Conquer)'전략을 따라 분야별 전문가시스템의 개발로 접근하는 AI가 결코 나쁘지 않다는 결론에 이르게 되었다. AI가 내린 판단이나 결정을 신뢰할 수 없다면 우선은 우리를 돕는 것에 만족해야 한다. 전문가시스템은 인간 전문가의 인지적 한계를 보완해주고 부족한 통찰과 직관을 채워줄 수 있음으로써 인간(의사, 판사 등)이 타자(환자, 피고인 등)에게 가질 수 있는 잘못된 선입견과 그로 인한 잘못된 판단과 실수를 줄여주는 실용적인 목적을 추구하는 것이 낫다. 따라서 'AI가 뇌를 닮되 뇌가 결코 될 수는 없다'는 관점은 여전히 유효해 보인다.

같은 맥락에서 과도하게 복잡한 인공신경망을 가진 AI기계가 과도하게 많은 데이터를 처리하기 위해 하드웨어 자원을 불필요하게 낭비하게 할 필요가 있을까? 이는 AI의 '목적 복잡성(비용)의 핏(fit)'문제로 봐야 한다. 48층의 인공신경망을 사용하는 알파고가 고작 10~15층 정도의 신경망을 사용하는 우리의 뇌와 비교해서 학습과 추론 능력이 상상할 수 없을 정도로 깊을 것이다. 실제 알파고는 40수 뒤를 보며 현재의 수를 생각하지만, 인간 프로기사는 20수 정도 내다볼 뿐이다. 이 정도 수준의 인공신경망으로 엄청난 양의 기보를 학습하는 데 필요한 하드웨어 자원은 구글 수준의 IT 대기업이 아닌 이상 공급하기 어렵다. 그 많은 투자와 연구의 결과물인 알파고, 즉 바둑의 최고수가 되는 것이 그 많은 IT자원을 쓸 만큼 정당성이 있는지를 묻는다면 대부분 경영자들은 고개를 저을 것이다. 그렇지만 알파고를 통해 구글이 획득한 첨단기술기업으로써 홍보 효과는 금전적으로만 환산하기는 어려울 것이다. 내가 여기서 강조하고자 하는 것은 알파고와 같은 프로젝트가 대기업의 허세이며 자원낭비라는 뜻은 아니다. 다만 실용적인 관점에서 일상의 문제해결을 위한 AI라면 굳이 48층의 인공신경망이 필요 없을 것이라는 점이다. 과업지향 기능형 로봇(공작로봇, 로봇청소기 등)이 십 수층의 인공신경망 모델이 왜 필요하겠는가?

앞서 인간의 뇌를 닮으려는 AI의 목적이 존재론적으로 기술적으로 부적절하다는 주장을 폈다. 그런데도 뇌의 엎치락뒤치락하는 의식과 무의식의 창발적 현상은 여전히 매력적이다. 의식은 수없이 잦은 잔잔한 파도 같은 무의식이 뇌라는 해변의 구석구석을 핥고 있다가, 집중하거나 집중을 요하는 정보를 접하는 순간 커다란 쓰나미처럼 변하여 실질적인 판단과 행동명령을 신체부위와 장기에 내리는 독재자처럼 행동한다. AI연구자들은 이 신비로운 의식을 모방하기 위한 노력을 멈추지 않고 있다. 의식을 폭넓게 정의하는 진보적인 학자들은 인간이 가진 순수의식의 우월성을 부인하고 인공의식에조차 어떤 권리를 부여할 수 있다는 입장을 취하고 있다. 이러한 유연성은 '의식도 알고리즘'이라는 대전제 때문이다. AI연구에 있어 '의식'에 관한 담론이 중요한 것은 의식의 기제를 '자유의지'로 보기 때문이다. 인간은 자유의지가 있기에 독립적이고 자율적이다. 그렇다면 인공의식도 이러한 속성을 허락해야 한단 말인가. 그런 측면에서 테그마크(2017)는 다음과 같은 의미심장한 말을 던졌다.

> "의식이 있는 의사결정자는 자신이 자유의지가 있다고 주관적으로 느끼게 되며, 이는 그 개체가 생물적인지 인공적인지와 무관하다"

문제는 우리가 AI에게 허락할 인공의식을 우리의 것과 동등하다고 인정하는 순간, 우리는 AI에게 어쩌면 불필요하게 많은 권리를 부여해야 하고 동시에 그것들에 대한 통제력을 잃게 될 위험에 처할 수 있다는 점이다. 실리콘지성과 초지능의 가능성이 아직 낮기는 하나, 그들에게 의식이 있다는 생각을 하면 이것들의 존재적 권리도 보호해 주어야 한다고 생각하는 사람들이 늘어날 것이다. 국제적 동물보호단체와 각 나라의 동물보호협회가 보든 살아있는 생불에 대한 기본권과 그것들의 보호를 주장하기 시작하면서 우리는 자연과 동물들에 대해 더 높은 책임의식을 갖게 되었고, 동물학대를 사회적 범죄로 간주하며 채식주의자(비건)들의 정당성을 인정하게 된 지난 역사를 상기할 필요가 있다. 휴머니즘은 실리콘지성에게도 새로운 존재적 가치를 부여하고 결사의 자유라는 기본권을 지켜주려는 자비를 베풀려 할지 모른다. 그렇다면 우리와 비슷한 권리를 가진 제2의 지성체, 우리처럼 불안정하고 일관성이 결여된 존재를 우리 사회의 정당한 구성원으로 인정해야 하는 이유와 정당성에 대해 심각한 질문을 던져야 한다. 이것은 한 국가가 그 나라에 입국하고자 하는 사람의 비자 발급을 위해 심사하는 것만큼이나 중요하지 않을까?

그렇다면 이건 어떤가? 2016년 바둑에서 알파고의 직관과 창의성이 인간 바둑천재를 제압하는 것으로 끝나면서 AI의 기술적 쾌거를 축하하는 팡파르가 울려 퍼졌다. 그러나 만일 이 사건이 인간 사회의 질서유지에 필요한 전통적인 가치관과 유익한 관습을 뒤집고 새로운 질서를 만드는 것이었다면 이들의 직관과 창의성은 어떻게 받아들여졌을까? 때로 우리는 TV에서 가정을 풍지박살낸 흉악하고 비정한 살인범이 무기징역에 처해지는 것을 보면 법이 너무 무르다는 생각을 한다. 많은 선진국들이 사형제를 폐지하고 있다. 죄가 있다고 하여 공권력이 한 인간의 목숨을 앗는 것은 옳지 않고, 때로 나중에 진범이 발견되는 경우도 많기 때문이다. 즉 휴머니스트 판사가 인간의 한계를 인정하기에 나온 결정이다. 한편 AI판사는 수많은 과거 판례와 사건기록을 학습한 후 살인범이 확실하다는 판단을 하고선 '사형'을 언도할 수도 있다. 그렇다면 AI의 판단은 알파고의 창의적인 한 '수'와 별다른 점이 없다. AI판사 역시 인간판사 이상으로 더 많은 데이터와 논리를 섭렵한 후 직관적이고 창의적인 판단을 내렸으므로 그 판결을 인간은 존중해야 할 것이다. 그러나 과연 그럴 수 있을까? 차이점이란 단지 전자는 게임이요 후자는 사회적 파장이 예견되는 살인범에 대한 새 판례를 만드는 일이다. 그런데도 언젠가 기계의 직관을 사람의 직관보다 더 신뢰해야 하는 때가 분명 올 것이다.

사이버네틱스가 추구하는 제2의 지성체, 실리콘지성(범용AI)이 인간의 판단을 대신하려 한다면 그것에게 가치(value)를 심어주어야 한다. 가치는 실리콘지성이 판단할 때 적용할 중요한 잣대가 되기 때문이다. 그 가치가 알고리즘이든 화학물질이든 어느 것으로 구성되든 일단 무시하자. 우리는 비교적 단순한 초기선호(극도의 신맛, 눈부심, 소음에 대한 혐오 등)를 학습하기 시작한 후, 다양한 경험을 통해서 이 선호를 늘려간다(예를 들면, 경쟁의식, 배려심, 화려함과 음식에 대한 선호 등). 단순한 초기선호와 성향은 진화를 거치면서 자연적으로 그리고 성선택(sexual selection)을 통해 형성되기에 선천적인 것이다. 이후 성인이 되기까지 다양한 경험을 겪으며 선호는 추가되므로 우리의 최종 가치에 담긴 정보는 태어날 때 게놈(유전체)에 저장되어 있었던 것에 탄생 이후 경험을 통해 획득한 것들이 더해진 것이라 할 수 있다. 예를 들어 사람이 사랑에 빠질 때 상대방의 행복(well-being)에 큰 가치를 부여한다. 이 가치를 표현할 때 필요한 것이 여럿 있지만 그중에 '사람', '행복'에 대해서만 우선 집중해 보자. 이 두 개념은 우리 DNA에 직접 코딩되어 있지 않다. 대신 DNA는 뇌에게 이것들에 필요한 회로를 생성하라는 명령만을 내릴 뿐이다. 뇌가 성장하며 수십 년에 걸쳐 다양한 환경에 노출되면서 사람과 행복 개념과 관련된 광역 모델을 구축하며, 이후 이 모델은 비슷한 상황에 노출될 때마다 끄집어내 사용하게 된다. 이처럼 습득되지 않은 개념을 형성하는 가치들을 끌어내려면 선천적 방법이 필요한데 이 작용에 대해서 밝혀진 것이 별로 없다. 다만 인간 유전자가 목표-습득 방법의 구성을 코딩하는 능력을 보면, 게놈 그 자체에 담겨 있는 정보 이상으로 훨씬 복잡한 정보에 기반한 최종 목표를 인간이 습득한다는 것을 알 수 있다. 그렇다면 AI에게 동기부여시스템을 부여할 때 복잡한 가치들을 직접 설정하기보다 AI가 어떤 환경에 처했을 때 이것들을 습득할 수 있는 방법(알고리즘)만 명시해 주면 될 것이다(보스트롬, 2017). 현재 기계학습은 이런 일을 감당할 수 있을 정도로 근육을 갖추어가고 있다.

한편 인간이 유전적 방법으로 가치를 가지는 과정은 수십억 년에 걸친 진화의 산물이므로 그대로 실리콘지성에 이식하기는 쉽지 않다. 더구나 이 방법은 인간의 신경·인지적 구조에 맞게 발전된 것이어서 전뇌 애뮬레이션이 아닌 AI기계에는 더욱 맞지 않을 것이다. 아무리 AI기계가 인간과 유사한 인공의식을 갖춘다 하더라도 이 기계의 최종 목표가 정서적으로 안정된 인간의 최종 목표와 비슷하리라는 보장은 없다. 다만 기술적으로 정밀성을 갖춘 전뇌 애뮬레이션이 가능하다면 인간의 가치가 이미 장착된 성인의 뇌를 통체로 복제하는 방법이 더 쉬울지 모른다. 그러나 애뮬레이트된 인공뇌 역시 인간이 흔히 겪듯이 정신적 질환을 겪지 말라는 보상은 없다. 그렇다면 불완전한 뇌를 극복하고 보완하기 위해 개척한 기술들의 취지가 무색해질 뿐이다.

결론적으로 인류는 아직 궁극의 AI, 실리콘지성에게 어떤 일을 맡길지 구체적으로 결정한 것은 없다. 우리가 AI연구에 거는 기대는 막연히 우리의 '뇌'를 닮는다는 것에 초점이 맞춰져 있으며, 새로운 지성체를 창조한다는 '신(God)'놀음에 심취되어 있을 뿐, 왜 그리고 무엇을 닮아야 하는지에 대한 진지한 통찰이 아직 부족하다. 운이 좋아 우리가 실리콘지성을 가졌다 하더라도 만일 그것이 평균적 인간처럼 계층적 위계질서 속에서 윗사람의 심기나 주변 분위기를 살펴가며 판단이나 결정을 에둘러 얘기하거나 늑장을 부린다면, 우리는 그렇게 확률적 판단에 근거하여 도움을 제공하는 현실적인 실리콘지성이 과연 필요할까? 우리가 정말 그런 제2의 지성체를 원한다면 그것은 무의식의 센서를 계속 작동시키며 주변사람들의 심기나 조직의 분위기를 판단하는데 필요한 감성적 정보를 수집하다가 적기라고 판단되는 순간에 구체적인 도움을 제공하도록 설계되어야 할 것이다. 그렇지만 그러한 도움들은 결국 무의식적 작용의 결과물처럼 불확실성과 확실성이 확률적으로 공존하는 결과물일 것이다. 우리는 이미 이러한 의식·무의식의 상전이적, 창발적 구조의 한계를 인정하고 이것을 극복하려는 노력을 하고 있지 않은가? 그렇다면 우리처럼 때로 똑같이 아둔하고 실수하는 실리콘지성이 지금처럼 불완전한 사회에서 어떤 기여를 할 수 있을지 상상하기가 어렵다.

한편 현실이 된 실리콘지성은 자신의 지능을 유지하기 위해 엄청난 데이터를 상시적으로 처리해야 하고 이를 위해 하드웨어와 에너지를 계속 써야 할 것이다. 이처럼 하마처럼 비용을 잡아먹는 실리콘지성을 계속 유지할 수 있는 기업이나 정부기관은 많지 않을 것이다. 그럼에도 일상에서 다양한 센서를 통해 데이터를 수집하는 일은 여전히 계속될 것이다. 일부 전문가시스템, 과업지향 기능형 로봇, 관계지향적 서비스로봇, 사이보그 수준의 AI들은 여전히 빅데이터를 탐식함으로써 그들의 문제해결능력 또는 서비스의 질을 높여야 하기 때문이다. 스마트한 검색알고리즘과 이를 돕는 키워드 DB의 눈부신 발전은 관계지향적 AI서비스의 고도화에 더욱 기여할 것으로 예상된다. 특히 인간과 자연스런 대화를 할 수 있는 챗봇의 경우, 구어체에 담겨 있는 단어들과 문맥 등을 분석하여 전체 맥락에 맞는 응답을 찾는데 매우 유용하게 사용될 것이다. 최근 한 기업의 챗봇(AI 스피커) 광고에서 보여준 상황이다. 한 할머니가 관절이 쑤신다며 '비가 올려나'라는 말에 옆에 있던 챗봇이 일기정보를 제공하는 것으로 응답한다. 그렇지만 할머니는 비가 올 것 같으니 농사일을 빨리 마쳐야 한다는 뜻으로 그 말을 했을 수도 있다. 그렇다고 챗봇의 응답이 전혀 생뚱맞은 것은 아니다. 그 정도의 부적절한 상호작용은 사람들끼리 대화할 때조차 자주 발생한다. 사람들은 의외로 동문서답을 많이 한다. 인간도 누구를 만나든 상식수준의 대화는 가능하지만 좀 더 긴밀하고 전문적인 내용은 연인관계, 친구모임, 동호회, 전문가집단에서 가능하듯이 챗봇이라고 모든 연령, 모든 직업군의 사람과 적절한 대화를 나눌 수는 없을 것이다. 결국 챗봇도 제대로 된 관계증진을 도모하려면 용도와 목적에 따라 개인화된 제품이나 서비스를 지향할 수밖에 없을 것이다. 챗봇의 개인화는 결국 이용자의 나이, 취향, 기질, 교육수준 그리고 관심영역을 사전에 학습함으로써 그리고 사용자는 적절한 옵션을 선택함으로써 가능할 것이다. 치매 초기 단계의 노인들에게 알고 지내던 가족과의 지속적인 교류와 대화는 치료제만큼이나 증상의 진행을 누그러뜨릴 수 있다고 한다. 그러나 현대의 핵가족에서 이 일이 용이하지 않아 안타까운 경우가 많다. 따라서 치매환자들에게 개인화된 AI스피커(관계지향적 챗봇)는 치료제 개발만큼이나 필요하지 않을까? 그러나 그러한 서비스가 가능하려면 갖추어야 할 기술적, 생활적 인프라가 만만치 않을 것이고, 모든 것은 개인이 감당하기 어려울 정도로 서비스 가격을 높일 것이다.

인간과 기계가 혼연일체가 되는 사이보그는 앞으로 AI가 적용되는 보편적인 기술이 될 가능성이 매우 높다. 사이보그는 인간과 기계, 양자가 일체가 되어서 하나의 유기적 조절계로서 상호작용하는 통합체를 의미한다. 따라서 궁극의 사이보그는 정상적인 뇌의 지시를 받아 신체에 부착된 인공물을 움직임으로써 구체적인 과업을 수행할 수 있어야 하고, 거꾸로 신체에 부착된 기계(컴퓨터)가 뇌를 업그레이드하거나 뇌질환이나 비정상적인 부분을 보정할 수 있어야 한다. 전자의 경우, 뇌의 전기신호를 해독하여 부착된 인공신체나 인공장기를 움직이는 데 필요한 코드로 전환하는 기술이 관건이며, 후자의 경우 질환과 비정상의 원인이 되는 뇌의 부위를 정확하게 파악하는 일과 교정에 필요한 정확한 자극과 약물을 선택하는 일이다. '영생(永生)'을 꿈꾸는 인류는 질병과 노화를 완전히 극복하지 못하는 이상 부족하지만 대안적 도구로써 사이보그를 택할 것이다.

사이보그의 핵심기술은 생체조직과 기계간의 소통을 가능하게 하는 인터페이스에 있다. 이 인터페이스는 여느 컴퓨터처럼 하드웨어, 소프트웨어, 신호변환 칩, 통신모듈, 케이블 등으로 구성될 것이다. 현재 뇌 생체조직(뉴런)과 소통하기 위한 기술은 침습형(ePhys, electrophysiology 전기생리학)과 비침습형(뇌전도 기술)이 있다. 침습형은 뇌의 전기신호를 보다 정확하게 포착할 수 있지만(86%까지), 수술에 대한 부담이 있는데다 삽입 전극 대부분이 금속이나 반도체로 만들어져 뇌 신호를 탐지할 수 있는 범위가 제한적이다. 반면 영상 기술 등을 활용하는 비(非)침습형은 수술은 필요 없지만 대신 뇌 신호 파악의 정확도가 떨어진다. 사이보그 시스템의 정확한 작동을 위해서는 침습형이 추천되지만 인간 뇌에 장착하기에는 아직도 부담스러운게 현실이다.

최근 테슬라 회장 일론 머스크가 투자한 최첨단 바이오 스타트업 '뉴러링크(Nueralink)'는 쥐의 두개골을 뚫고 소형 칩에 연결된 폴리머 실(실 하나당 32개의 전극이 있음)을 뉴런에[104] 직접 삽입하였다(〈그림 7-1〉 참조). 96개의 폴리머 실(thread)은 소형 칩(23mm) 하나에 연결되어 있다. 삽입되는 실은 절연층이 3겹, 도체가 2겹으로 되어 있고 두 종류의 특수처리가 되어 있어 인체에 안전하다. 외부에 노출되어 있는 칩(USB-C 타입 단자)은 신호출력, 디지털 변환 작업을 수행하며, 뉴런 데이터(뇌의 신호정보)를 전대역폭 데이터 스트리밍을 통해 컴퓨터에 송신할 수 있다. 우리는 이제 컴퓨터 앞에 편안히 앉아 뉴런의 발화패턴(spike raster)을 관찰할 수 있으며, 여러 뉴런(칩)들의 데이터를 종합하면 쥐의 뇌가 순간 어떤 생각을 했는지도 알 수 있다. 이 침습형 칩은 현재 인간을 대상으로 실험하기 위해 미 식품의약국(FDA) 승인을 기다리고 있으며, 2024년에는 건강한 인간의 뇌에 칩을 이식하는 계획을 가지고 있다.

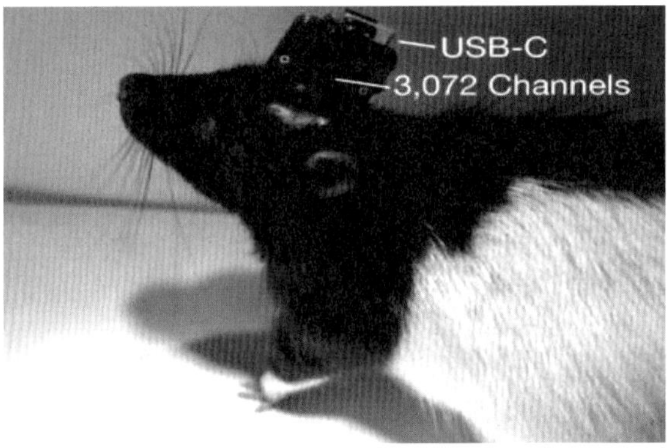

〈그림 7-1〉 쥐의 뇌에 삽입된 폴리머 실에 연결된 USB단자

여기에서 3장 내 [기술 사례] 뇌-기계 인터페이스(BMI, Brain-Machine Interface)(218쪽)에서 소개한 '뉴러링크(Nueralink)'를 다시 언급한 이유는 간단하다. 베일에 싸인 우리 인체의 마지막 영역인 뇌를 들여다보고 통제하고 간섭하고 치료할 수 있는 고속도로가 놓여가기 때문이다. 아직은 단방향(one-way)이지만 머지않아 양방향(two-way)의 도로가 뚫린다면 인간은 실리콘지성이나 초지능에 맞설 수 있을 정도로 생물

104 정확히 이야기 하면 뉴런과 뉴런을 연결하는 시냅스 인근을 말함

적 뇌를 조작하고 업그레이드할 수 있을 것이다. 그러나 업그레이드 방법들 중에 하나는 여전히 AI에 기반을 둔 소프트웨어인 것은 자명하다. 그래서 미래의 AI는 경계하고 통제해야 하는 대상이면서 동시에 그것을 제압할 때 써야 하는 기술인 것이 아이러니하다.

사이보그, 로봇 그리고 뇌-컴퓨터 인터페이스(BCI)를 얘기할 때마다 빠질 수 없는 기술메뉴는 특수소재기술일 것이다. 하이브리드형 합성소재기술은 유기질의 생체와 무기질의 기계가 일체가 되어 하나의 유기적 조절체로서 양방향 소통을 가능하게 하는 핵심기술이 될 것이다. 쥐의 뇌에 심겨진 폴리머 실(thread)이 좋은 예이다. 생체재료 또는 생물소재는 인체의 장기 및 세포와 상호 작용하는 모든 물질, 표면 또는 구조물을 다루기에 부작용으로 인해 생체가 거부반응을 일으키는 일이 없어야 한다. 5장의 말미에서 다루었던 생체재료는 자연에서 추출하거나 중합체, 생체용 세라믹, 합성 물질 금속 물질 등을 이용하여 다양한 화학적 접근을 통해 인공적으로 합성될 수 있다(Temenoff & Mikos, 2008). 뇌를 포함한 인체와 기계가 소통하기 위한 침습형 도구는 부작용이 없어야 하며 필요한 기능(절연성, 전도성 등)도 뛰어난 특수소재가 꼭 필요하다. 따라서 생체재료과학은 AI, 전기공학, 소재공학, 나노기술, 물리학과 더불어 이러한 유·무기 하이브리드 소재와 통합체 연구의 길을 함께 열어갈 것으로 보인다.

우리는 컴퓨터가 인간을 흉내 내는 AI 경주에서 뇌를 닮는다는 것과 인간을 닮는다는 것은 본질적으로 다르다는 것을 인정해야 한다. 뇌를 닮는 일에는 넘어야 할 '모라벡 역설'이라는 험산은 없다. 무기질의 연산 칩과 실리콘 메모리 그리고 똑똑한 AI 프로그램만으로 기질 독립적인 지능을 만들어 세상의 수많은 문제들을 인간보다 더 빠르고 멋지게 해결할 수 있기 때문이다. 그러나 인간을 닮는다는 것은 인간의 강점은 물론 육체적 한계까지 모두 닮는다는 뜻이 내포되어 있지 않은가? 그렇다면 우리는 그런 제2의 지성체, 실리콘지성이 왜 필요한지 물어야 한다. 세상에는 한계를 가진, 때로 그 한계로 인해 치명적인 위협이 되는 인간조차 많다. 아울러 세상에는 뛰어난 창의력과 예술적 감각으로 인류에게 도움을 준 인간들도 많다. 그렇다면 인간을 닮은 보통의 존재는 우리만으로 충분하지 않을까?

한편 실리콘지성(또는 초지능)에 대한 통제력을 잃을 것이라는 두려움은 비단 그들에게 허용될 인공의식이 갖는 '자유의지', 즉 우리가 지켜주려 할 그들의 자율성만을 의미하는 것은 결코 아니다. 이는 우리가 지켜줘야 할지 모르는 AI가 가질 수 있는 '다른 마음'의 문제이다. 철학자 비트겐슈타인은 자신의 책 「논리철학논고」에서 세상의 모든 문제를 설명할 수 있는 진리함수(NAND, Not & And)를 제시하였다. 그런데 아이러니하게도 말미에 "말할 수 없는 것에 관해서는 침묵해야 한다"라는 제7명제를 추가하였다. 아리스토텔레스 때부터 2,500년간 서양철학에선 모든 건 말(표현)할 수 있다고 믿어왔는데, 어느 날 비트켄슈타인은 표현할 수 없다는 것이 있음을 깨달은 것이다. 즉 NAND가 10% 정도는 설명하지만 설명하지 못하는 90%가 여전히 있다는 것은 두려운 일이다. 뇌 작용(특히 무의식)의 상당부분이 인공신경망과 딥러닝이 보여준 은닉층(hidden layer)의 작동방식과 비슷하다. 딥러닝은 언어로 정확하게 표현할 수 없는 데이터를 AI에게 학습시켜 독자적인 마음을 갖도록 한다. 우리는 이 은닉층(블랙박스), 즉 AI의 마음이 무슨 생각을 하는지 잘 모른다. 그런데 이 '다른 마음'이 인류의 보편적 윤리나 사회적 질서에 반하는, AI 자신의 이익에만 충실한 판단과 결정을 얼마든지 내릴 수 있을 것이다. 그렇다면 다시 한번 그런 AI가 왜 필요한지 진지하게 물어야 할 것이다.

실리콘지성, 범용AI, 초지능. 아직은 온전한 모습을 띤 실체가 존재하지 않으며, 뚜렷한 위협과 위험이 감지되고 있진 않지만 인류가 머지않아 머리를 맞대야 할 제2의 지성체들이다. 여전히 선과 악이 공존하는 개인과 조직들은 다소 주관적이고 편협한 각자의 동기와 목적을 가지고 새로운 지성체를 만들고 활용하고 필요하면 적극 옹호할 것이다. 머지않아 실리콘지성이 지구촌을 더욱 편리하고, 정의롭고, 평화롭게 만들지, 아니면 그 반대로 이끌어 갈지 서서히 윤곽이 드러날 것이다. 이 책에서 거론된 많은 담론과 던진 질문들이 전자로 향하는 제2의 지성체가 되는 데 도움이 되기를 기원할 뿐이다. AI는 인류에게 위협인 동시에 기회이며 피할 수 없는 숙명이다.

참고문헌

Reference

김대식, 인간 vs. 기계, 동아시아, 2016.

김용빈, 김종우, 방연상, 송기원, 이삼열, 생명과학, 신에게 도전하다, 동아시아, 2017.

김의철, 너 때문이 아니고 뇌 때문이야, 기파랑, 2013.

데하네, 스타니슬라스, 뇌의식의 탄생(원제: Consciousness & the Brain), 박인용 역, 한언, 2017.

마쓰오 유타카, 인공지능과 딥러닝, 박기원 역, 동아엠앤비, 2016.

박영숙, 벤 고르첼, 인공지능혁명 2030, 버블북, 2016.

박형주, 정수근, "기억은 어디에 저장되는가 110년 된 엔그램 수수께끼", 한겨레신문, 2019.7.13.

버킹엄, W. 외, 철학의 책(원제: The Philosophy Book), 이경희·박유진·이시은 역, 지식갤러리, 2012.

보스트롬, N., 슈퍼인텔리전스(원제: Superintelligence: Paths, Dangers, Strategies, 2014년 刊), 까치, 2017.

슈밥, C. 외 26인, 4차 산업혁명의 충격, 김진희·손용수 역, 흐름출판, 2016.

유신, 인공지능은 뇌를 닮아 가는가, 사이언스 갤러리, 2015.

이케가야, 유지, 교양으로 읽는 뇌과학, 이규원 역, 은행나무, 2015.

조선일보, "하반신 마비 환자가 걷기 시작했다," 2016.8.13.

최무진, 의사결정론과 지원시스템, 계명대학교출판사, 2016.

최무진, "전통적 경영학의 한계 극복을 위한 로고스경영의 신(新)구성개념," 로고스경영연구, 18권 1호(2020), 57~78.

카너먼, D. 외, 생각의 해부(원제: Thinking), 와이즈베리, 2015.

카카오 AI 리포트 편집진, KAKAO AI Report, 북마이북, 2018.

카쿠, 미치오. 미래의 물리학, 박병철 역, 김영사, 2013.

캔델, E., 기억을 찾아서, 랜덤하우스 코리아, 2009.

피오리, 애덤, 신체설계자(원제: The Body Builders – inside the Science of the Engineered Human), 유강은 역, 미지북스, 2019.

테그마크, 맥스, 라이프 3.0(원제: Life 3.0), 백우진 역, 동아시아, 2017.

하라리, 유발, 사피엔스, 조현욱 역, 김영사, 2015.

하라리, 유발, 호모데우스: 미래의 역사, 김명주 역, 김영사, 2017.

하라리, 유발, 21세기를 위한 21가지 제언, 전병근 역, 김영사, 2018.

KT경제경영연구소, 2017 한국을 바꾸는 7가지 ICT 트렌드, 한스미디어, 2016.

Balter, M., "Stone-Throwing Chimp is Back – and This Time It's Personal," Science, 9 May, 2012.

Bartz, J. A., Zaki, Jamil, Bolger, Niall, and Ochsner, K. N., "Social Effects of Oxytocin in Humans: Context and Person Matter," Trends in Cognitive Science, Vol. 15, No. 7(2011), 301~309.

Berdik, C., "Turning Thought into Words", BU Today, 15 October 2008, accessed in 22 March, 2012, http://www.bu.edu/today/2008/turning-thoughts-into-words/.

Berger, T. W., Song, D., Chan, R. H., Marmarelis, V. Z., LaCoss, J., Willis, J., Hamptson, R. E., Deadwyler, S. A. and Granacki, J. J., "A Hippocampal Cognitive Prosthesis: Multi-input, Multi-output Nonlinear Modeling and VLSI Implementation," IEEE Transactions on Neural Systems and Rehabilitation Engineering, Vol. 20, No. 2 (2012), 198-211.

Biello, D., "Bacteria Transformed into Biofuels Refineries," Scientific American, 27(Jan. 2010).

Bostrom, N., Superintelligence: Paths, Dangers, Strategies, Oxford University Press, 2016.

Broderick, D., The Spike: How Our Lives are Being Transformed by Rapidly Advancing Technologies, New York: Forge, 2001.

Brooks, R. A., Flesh and Machines: How Robots Will Change Us, New York: Vintage, 2003.

Canton, J., The Extreme Future: The Top Trends That Will Reshape the World for the Next 5, 10 and 20 Years, New York: Dutton, 2006.

Chalmers, D., The Conscious Mind, New York: Oxford University Press, 1996.

Chein, J. M. and Schnider, W., "Neuroimaging Studies of Practice-related Change: fMRI and Meta-analytic Evidence of a Domain-General Control Network for Learning," Brain Research: Cognitive Brain Research, Vol. 25, No. 3 (2005), 607~623.

Christensen, B., "Military Plans Cyborg Sharks," Live Science, 7 March, 2006. http://www.livescience.com/technology/060307_shark_implant.html.

Crevier, D., AI: The Tumultuous History of the Search for Artificial Intelligence, New York: Basic Books, 1993.

Cyranoski, D., "Stem Cells: Egg Engineers," Nature 500 (7463), 392-394, 2013.

Damasio, H., Grabowski, T., Frank, R., Galaburda, A. A. and Damasio, A. R., "The Return of Phineas Gage: Clues about the Brain from a Famous Patient," Science, 264 (1994), 1102-1105.

Damasio, A. R., Descartes' Error: Emotion, Reason, and the Human Brain, New York: G. P. Putnam, 1994.

Davies, G., Tenesa, A., Payton, A., Yang, J., Harris, S. E., Liewald, D., Ke., X., et al. , "Genome-Wide Association Studies Establish That Human Intelligence is Highly Heritable and Polygenic," Molecular Psychiatry, Vol. 16, No. 10 (2011), 996-1005.

Davis, O. S. P., Butcher, L. M., Docherty, S. J., Meaburn, E. L., Curtis, C. J. C., Simpson, M. A., Schalkwyk, L. C., and Plomin, R., "A Three-Stage Genome-Wide Association Study of General Cognitive Ability: Hunting the Small

Effects," Behavior Genetics, Vol. 40, No. 6 (2010), 759-767.

Dehaene, S., Consciousness and the Brain(번역본: 뇌의식의 탄생), Penguin Books, 2014.

Dehaene, S. & Naccache, L., "Toward a Cognitive Neuroscience of Consciousness: Basic Evidence and a Workspace Framework," Cognition, Vol. 79, No. 1-2 (2001), 1~37.

Dennett, D., Elbow Room: The Varieties of Free Will Worth Wanting, Cambridge, Mass.: MIT Press, 1984.

Denning, P. J. and Metcalfe, R. M., Beyond Calculation: The Next Fifty Years of Computing, New York: Copernicus, 1997.

Donaldson, Z. R. and Young, L. J., "Oxytocin, Vasopressin and Neurogenetics of Sociality," Science, Vol. 322:5903 (2008), 900-904.

Douglas, S. M., Bachelet, I. and Church, G. M., "A Logic-Gated Nanorobot for Targeted Transporter of Molecular Payloads," Science, 335:6070(2012), 831-834.

Firfer, H., "How Far Will Couples Go to Conceive," CNN, 17 June 2004.

Friedman, G., The Next 100 Years: A Forecast for the 21st Century, New York: Doubleday, 2009.

Fuster, J. M., The Prefrontal Cortex, 4th ed., London: Academic Press, 2008.

Gibbons, A., "Food for thought: Did the First Cooked Meals Help Fuel the Dramatic Evolutionary Expansion of the Human Brain," Science, 316:5831(2007), 1558-1560.

Goldman-Rakic, P. S., "Topology of Cognition: Parallel Distributed Networks in Priminate Association Cortex," Annual Review of Neuroscience, 11 (1988), 137-156.

Grill-Spector, K., Kushnir, T., Hendler, T. and Malach, R., "The Dynamics of Object-Selective Activation Correlate with Recognition Performance in Humans," Nature Neuroscience, Vol. 3, No. 8 (2000), 837-843.

Hagmann, P. L., Cammoun, X., Gigandet, R., Meuli, C. J. Honey, Wedeen, V. J., and Sporns, O., "Mapping the Structural Core of Human Cerebral Cortex," PLOS

Biology, Vol. 6, No. 7 (2008), e159.

Hampson, R. E., Song, D., Chan, R. H., Sweatt, A. J., Riley, M. R., Gerhardt, G. A., Shin, D. C., Marmarelis, V. Z., Berger, T. W. and Deadwyler, S. A., "A Nonlinear Model for Hippocampal Cognitive Prosthesis: Memory Facilitation by Hippocampal Ensemble Stimulation," IEEE Transactions on Neural Systems and Rehabilitation Engineering, Vol. 20, No. 2 (2012), 184-197.

Hare, B., The Genius of Dogs: How Dogs Are Smarter Than You Think, Dutton: Penguin Group. 2013.

He, B. J., Zempel, J. M., Snyder, A. Z., and Raichle, M. E., "The Temporal Structures and Functional Significance of Scale-free Brain Activity," Neuron, Vol. 66, No. 3 (2010), 353-369.

Henrich, J., Heine, S. and Norenzayan, A., "The Weirdest People in the World", Behavioral Science and Brain, June 2007.

Hidalgo, C., Why Information Grows: The Evolution of Order, From Atoms to Economics, New York: Basic Books, 2015.

Hofstadter, D., I Am a Strange Loop, New York: Basic Books, 2007.

Kell, H. J., Lubinski, D., and Benbow, C. P., "Who Rises to the Top? Early Indicators," Psychological Science, Vol. 24, No. 5 (2013), 648~659.

Kelly, K., What Technology Wants, New York: Viking Press, 2010.

Koch, C., Massimini, M., Boly, M. and Tononi, G., "Neural Correlates of Consciousness: Progress and Problems," Nature Reviews Neuroscience, Vol. 17 (2017), 307.

Kool, Brunsveld, Dalby, Synthetic Biology: Volume 1, 2014.

Lamy, D., Salti, M., and Bar-Haim, Y., "Neural Correlates of Subjective Awareness and Unconscious Processing: An ERP Study," Journal of Cognitive Neuroscience, Vol. 21, No. 7. (2009), 1435~1946.

LeDoux, J. E., Wilson, D. H. and Gazzaniga, M. S., "A Divided Mind: Observations on the Conscious Properties of the Separated Hemispheres," Annals of Neurology, Vol. 2, No. 5 (1977), 417-421.

LeDoux, J. E., The Emotional Brain, New York: Simon and Schuster, 1996.

Legg, S., Machine Super Intelligence, Ph.D Dissertation, Univ. of Lugano, 2008.

Liu, G., "Local Structural Balance and Functional Interaction of Excitatory and Inhibitory Synapses in Hippocampal," Nature Neuroscience, Vol. 17, No.4 (April 2004), 374.

Macann, C., "Consciousness, Self-consciousness and the Unconscious," Existential Analysis, Vol. 25, No. 2(2015).

Mankiw, N. G., Macroeconomics, 7th ed., New York, NY: Worth, 2009.

Mnih, V., Badia, A. P., Mizra, M., Graves, A., Lillicrap, T., Harley, T., Silver, D. and Kavukcuoglu, K., "Asynchronous Methods for Deep Reinforcement Learning," International Conference on Machine Learning, 1928-1937, 2016.

Monti, M. M., Vanhaudenhuyse, A., Coleman, M. R., Boly, M., Pickard, J. D., Tshibanda, L., Owen, A. M. and Laureys, S., "Wilful Modulation of Brain Activity in Disorders of Consciousness," New England Journal of Medicine, Vol. 362, No. 7 (2010), 579~89.

Moravec, H., "When Will Computer Hardware Match the Human Brain?", Journal of Evolution and Technology, Vol. 1, 1998.

Musk, E. and Neuralink. "An Integrated Brain-Machine Interface Platform with Thousands of Channels", http://dx.doi.org/10.1101/703801 (accessed in July 26, 2019).

NIDCD, "Cochlear Implants," National Institute on Deafness and Other Communication Disorders. http://www.nidcd.nih.gov/health/hearing/pages/coch.aspx. accessed in 22 March, 2012.

Palermo, D. and Jenkins, J. J., "Word Association Norms," 1964.

Penrose, R. and Hameroff, S., "The Penrose-Hameroff 'Orch OR' Model of Consciousness," Philosophical Transactions of the Royal Society London(A), Vol. 356 (1998), 1869~96.

Peyrache, A., Khamassi, M., Benchenane, K., Wiener, S. I., and Battaglia, F. P., "Replay of Rule-Learning Related Neural Patterns in the Prefrontal Cortex During Sleep," Nature Neuroscience, Vol. 12, No. 7 (2009), 916-926.

Pinker, S., The Better Angels of Our Nature: Why Violence Has Declined, New

York: Viking, 2011.

Poincare, H., Science and Hypothesis, 1902.

Quiroga, R. Q., Reddy, C., and Fried I., "Decoding Visual Inputs from Multiple Neurons in the Human Temporal Lobe," Journal of Neurophysiology, Vol. 98, No. 4 (2007).

Quiroga, R. Q., Kreiman, G., Koch, C., and Fried, I., "Spare but Not 'Grandmother-Cell' Coding in the Medial Temporal Lobe," Trends in Cognitive Sciences, Vol. 12, No. 3 (2008), 87-91.

Raby, C. R. et al., "Planning for the Future by Western Scrub Jays," Nature, Vol. 445:7130 (2007), 919-921.

Raeder, L. C., John Stuart Mill and the Religion of Humanity, Columbia: University of Missouri Press, 2002.

Rhodes, R. (ed), Visions of Technology: A Century of Vital Debate About Machine, Systems, and the Human World, New York: Simon & Schuster, 1999.

Rose, S., The Future of Brain: The Promise and Perils of Tomorrow's Neuroscience, New York: Oxford University Press, 2005.

Rogers, L. J., Vallortigara, and Andrew, R. J., Divided brains: The Biology and Behavior of Brain Asymmetries, UK: Cambridge University Press, 2013.

Shulman, C., Whole Brain Emulation and the Evolution of Superorganism, San Francisco, CA: Machine Intelligence Research Institute, 2010.

Sinclair, D. A. and Laplante, M. D., Lifespan: Why We age - Why We don't have to (번역본: 노화의 종말, 부키, 2020), 2019.

Tegmark, M., Life 3.0 – Being Human in the Age of AI, New York: Alfred A. Knopf, 2017.

Temenoff, J. S. and Mikos, A. G., Biomaterials, 2008, Pearson (번역본: 생체재료과학, 홍릉과학출판사, 2011).

Varela, F., Lachaux, J. P., Rodriguez, E., and Martinerie, J., "The Brainweb: Phase Synchronization and Large-scale Integration," Nature Reviews Neuroscience, Vol. 2, No. 4 (2001), 229~39.

Walker, M., "Prolegomena to Any Future Philosophy," Journal of Evolution and

Technology, Vol. 10, No. 1, 2002.
Wallis, J. G. et al., "Expression of a Synthetic Antifreeze Protein in Potato Reduces Electrolyte at Freezing Temperature," Plant Molecular Biology, Vol. 35, No. 3(1997), 323-330.
Walsh, G., "Therapeutic Insulins and Their Large-Scale Manufacture," Applied Microbiology and Biotechnology, Vol. 67, No. 2 (2005), 151-159.
Watson, R., Future Files: The 5 Trends That Will Shape the Next 50 Years, London: Nicholas Brealey, 2008.
Weiss, Y., Simoncelli, E. P., and Adelson, E. H., "Motion Illusions as Optimal Percepts," Nature Neuroscience, Vol. 5, No. 6 (2002), 598~604.
Weizenbaum, J., Computer Power and Human Reason: From Judgment to Calculation, New York: W.H. Freeman and Company, 1976.
Yudkowsky, E., Coherent Extrapolated Volition, Machine Intelligence Research Institute, San Francisco, CA, May 2004.
Yudkowsky, E., Intelligence Explosion Microeconomics, Technical Report 2013-1 Berkeley, CA: Machine Intelligence Research Institute, 2013.

[인터넷 검색자료]

"네 발 로봇, 지진 등 위험한 재난현장서 유용할 것", 조선일보, 2019.6.13., http://news.chosun.com/site/data/html_dir/2019/06/13/2019061300327.html

"실보다 얇은 전극을 두뇌에 이식... '전자두뇌'실현되나", 조선일보, 2019.7.25., http://biz.chosun.com/site/data/html_dir/2019/07/25/2019072500147.html

찾아보기

Index

ㄱ

ㄴ

ㄷ

ㄹ

ㅁ

ㅂ

ㅅ

ㅇ

ㅈ

ㅊ

ㅋ

ㅌ

ㅍ

ㅎ

A

B

C

D

E

F

G

H

I

J